如歌的岁月

——北工大“老五届”纪事

主编 李庆林　　副主编 李士贵 马 英

当代中国出版社
Contemporary China Publishing House

2020年·北京

图书在版编目(CIP)数据

如歌的岁月：北工大“老五届”纪事 / 李庆林主编
. -- 北京：当代中国出版社，2020.8
ISBN 978-7-5154-1051-7

Ⅰ. ①如… Ⅱ. ①李… Ⅲ. ①北京工业大学–校友–纪念文集 Ⅳ. ① K820.7-53

中国版本图书馆 CIP 数据核字（2020）第 144120 号

出 版 人　曹宏举
责任编辑　袁又文
责任校对　康　莹
印刷监制　刘艳平
封面设计　八月之光
出版发行　当代中国出版社
地　　址　北京市地安门西大街旌勇里 8 号
网　　址　http: //www. ddzg. net　邮箱：ddzgcbs@sina. com
邮政编码　100009
编 辑 部　（010）66572264　66572154　66572132　66572180
市 场 部　（010）66572281　66572161　66572157　83221785
印　　刷　北京润田金辉印刷有限公司
开　　本　720 毫米 × 1020 毫米　1/16
印　　张　34 印张　1 插页　615 千字
版　　次　2020 年 8 月第 1 版
印　　次　2020 年 8 月第 1 次印刷
定　　价　98.00 元

序：值得一读的书 值得一交的人

许国安

人们常说：书画是案头的山水，山水是大地的书画。摆在我们面前的这本书——《如歌的岁月——北工大“老五届”纪事》是2015年10月出版的《难忘的青春——北工大“老五届”纪事》一书的姊妹篇。它真实地记录着北工大“老五届”群体多彩而跌宕起伏的生活经历，不仅有校园的读书成长，还有走进社会在各个领域和岗位上脚踏实地默默奉献，以及退休后仍初心不改，热心服务社会。这个群体的人生经历，深刻反映了我们那个时代的风貌，无论是幸福的时光，还是蹉跎岁月，都是祖国大地上的一片感人的山水。山，虽然不是高耸入云，摸云接天，却也是峻秀挺拔，郁郁苍苍；水，虽不是大江大海，波澜壮阔，却也是跌宕起伏，奔腾不息！踏着他们走过的脚印，使我们不由得肃然起敬！

这“老五届”是怎样的一代人呢？

他们就生活在我们中间，平凡而又普通，但他们经历了不平凡的年代和蹉跎的岁月。看现在，他们大多数人已年过古稀。看过去，他们生在旧社会，长在红旗下，戴着红领巾，唱着《歌唱祖国》的歌曲成长；他们受到了比较系统严格的教育，掌握了一定的专业知识和实践技能；他们初步树立了自己崇高的信仰和积极向上唯物辩证的世界观，却也经历了颠倒是非、否定“真善美”的“无产阶级文化大革命”的磨难。然而，“老五届”毅然走进社会，毫无怨言地在各自的岗位上与工农打成一片，踏实苦干，勤奋奉献，成了祖国建设中一支值得信赖又肯干能干的骨干力量。

特别是刚刚进入改革开放时代，要使中国经济迅速振兴起来并走上世界的前列，那是何等艰难！就如同战争年代一样，需要千百万英雄挺身而出；如同在炮火连天、硝烟弥漫的战争年代一样，和平建设同样需要不怕牺牲、奋不顾身的革命精神，同样需要忠诚感恩、无私奉献的高尚品德，以及毫不动摇、坚定不移的崇高信仰！“老五届”群体时值壮年，毅然投身改革开放的洪流砥砺前行。

人们都说：大海航行靠舵手。不错，在茫茫的大海上要靠舵手指明航向，指引航程。但大海航行也离不开水手，只有舵手团结爱护水手，水手拥护爱戴舵手，心心相印，同心同德，才能风雨同舟，战胜一切狂风恶浪，渡过一切激流险滩！“老五届”就是这个时代呼唤出来的忠诚而又勇敢的水手。他们始终和党一心，同舟共济，不计荣辱，不负使命。多少委屈，至死不悔；多少挫折，百折不回。他们是中华民族伟大复兴道路上，不计名利、不讲报酬的默默奉献的无名英雄！

北工大“老五届”群体，是整个“老五届”中骄傲的一员。他们从迈进北工大校门的第一天起，就深受母校的“脚踏实地，从我做起，感恩奉献，报效祖国”校风的熏陶和培育；他们没有任何的优越感和“骄娇”二气，而是经历下厂下乡、劳动实习、农村社教、“真刀真枪”毕业设计等教育活动，与社会基层工农大众零距离接触，深感国家贫穷和落后，深感民间大众的疾苦和所求，从而立志“俯首甘为孺子牛”，走上了真正与工农相结合的道路。他们在每一个微不足道的岗位上都能兢兢业业，诚心诚意地严格要求自己，虚心向工农学习，向实践学习。正是这种脚踏实地、求真务实的人生态度，成就了他们的精彩人生。如同万里长城是一块砖一块砖砌成的，汪洋大海是一滴水一滴水汇聚而成的，每个人无论是修炼品德，还是经营财富，要成就自己一生一世的无愧人生，都得从一点一滴的平凡小事做起。一切伟大的思想和行动，都有一个微不足道的开始。成功正是从我们每个人从事的微不足道的小角色开始的，这正是北工大“老五届”的特色。

“老五届”群体深深知道，生活中有许多事是我们个人无法选择的，在历史的大潮中，我们每个人都是渺小的。你只有努力去改变自己，完善自己，弥补自己的不足和缺陷，努力去适应外部环境，我们才有可能让生命之花绽放。就像人的一生，总是在有幸和不幸之中呈现生命的波澜壮阔一样。人的一生总是遗憾多于满足，也正因为如此，才激励我们不断去拼搏，去奋斗，也才造就了“老五届”群体每个人生命的灿烂。他们苛求的不是自己一生都幸福，而是追求一生都充实，敢于接受任何工作的挑战，不挑剔专业是否对口，不挑剔工作环境是否舒适，不挑剔报酬是否合理，更不挑剔离家是否便利……。他们不挑剔而宽容，不高傲而平和，不冷淡而善良，以淡泊化解贪婪，以平和抗拒浮华，以坦荡傲视权贵，历史让他们成了为复兴中华而勤奋努力、承前启后的一代！他们无愧于历史！更无愧于那个时代！

“老五届”群体是一群平凡而普通的人，又是有理想、有追求、有责任、有担当的共和国脊梁！他们怀着“位卑未敢忘忧国”的强烈感恩报国之心，在他们服务社会、报效祖国的人生中，展示了自信心、勇气和毅力。他们有善于同别人合作，善于为他人着想等优秀品质，并沉淀在他们朴实的人格当中。社会肯定了他们创造物质财富的贡献，也更珍视他们在内心积累的那些不易被人一眼看到的宝贵品格，而那些更值得关注，更值得敬佩，是更有价值的财富！我们编辑出版这本书，恰恰是把这些看不见的、更有价值的财富记载下来，传承下去，更希望能够凝聚起巨大的推动历史向前发展的一份力量！

世上总有些事物，是不管我们怎样努力，也不可能阻止和改变它的发生，如衰老。成长是一种美，一种充满盎然生机和活力的美，但它总是要逐步逝去。从成长走向衰老并不可怕，世事沧桑，一群最勤奋、最勇于奉献的人群——“老五届”，正在渐渐老去，但他们内心不为变化所动，一切荣辱得失都不能困扰他们，只是在退休的新起点上，再次与命运抗争，创业、奋斗、成功、挫折，再创业，到慢慢衰老，再抗争。这就是“老五届”生活的原汁原味，不加任何修饰的真实和平凡，也是“退一步海阔天空”。

一个人能走多远，要看他与谁同行；一个人有多优秀，要看他身边有什么样的朋友；一个人能有多大成就，要看他有谁帮助和指点。我们向大家介绍和推荐《如歌的岁月——北工大“老五届”纪事》这本书，是相信它会成为大家真正的朋友，这本书值得一读！“老五届”这批人值得一交！它所记载的和反映的历史和群体的精神风貌值得大家回味，值得永远记忆和珍藏！

这就是我们编辑出版这本书的初心和意义！

2018 年 12 月

大学时代

2014年9月与夫人周文清在一起

许国安

1961年9月—1968年7月，北京工业大学电机系（二系）本科毕业；

1968年7月—1978年12月，江苏宝应开关厂技术员、技术科长；

1978年12月—1982年7月，北京计算机外部设备一厂技术科长；

1982年7月—1984年7月，北京计算机外部设备三厂设计科长、厂长；

1984年7月—1988年1月，北京计算机工业总公司副总经理、党委副书记；

1988年1月—2003年1月，中国电子进出口北京公司副总经理、总经理、党委书记；

2003年3月，退休。

目录
CONTENTS

建校初期的若干回忆（1960—1965）

原北京工业大学党委书记　郭德远

记得 2015 年北工大 55 周年校庆时，20 世纪 60 年代在校读书的那几届大学生，即 60 级到 65 级共六届毕业生，把编辑出版的回忆文集《难忘的青春——北工大“老五届”纪事》一书送给了母校，我很高兴，对这本书也很感兴趣，读起来也感到特别亲切。2020 年将迎来母校 60 周年校庆，为迎接建校 60 周年，这些 60 年代毕业的六届毕业生又在筹划出版续集，用以回忆人生的奋斗历程和退休后的生活。他们希望我能为这本续集写一篇文章，尽管我已 92 岁高龄，精力不佳，力不从心，但我还是答应了。

北工大于 1960 年建校，早在 1959 年，当时的北京市委书记彭真、副书记刘仁等领导，远见卓识，认为“大跃进”后北京将稳步进入工业化的初期阶段，下决心创办一批院校，为首都北京培养高素质的建设人才，北京工业大学排在这些院校的前列。

20 世纪 60 年代，在我们国家的发展进程中遇到了许多困难，尤其是三年经济困难时期人民生活十分艰苦。在这样的条件下，李晨同志受北京市委委托担任了北工大建校后第一任校长兼党委书记，尹凤翔为党委副书记，带领一批拓荒者，一个有能力、有水平、实干的领导班子，在这个特殊历史时期完成了北京工业大学的初建。由于受到 1966 年爆发的“文化大革命”的影响，20 世纪 60 年代，北工大仅培养了 60 级到 65 级的六届，近 5000 名毕业生。

李晨校长是一位德高望重的老校长。他善于接近群众，倾听群众呼声；他常住在学校，常到校园或操场和教员及学生聊天，通过无意中的交流和攀谈及时掌握师生的思想动态，拉近了和群众的距离。

李晨校长工作深入实际，时常到教学楼，了解同学们的学习情况，连学生的晚自习都给予关注，我就曾晚上在教学楼遇到过李校长。李校长不仅关心同学的学习，也很关心同学的生活。建校初期，学校接收了一批华侨同学，对于这些华侨同学，学校在生活上给了一些照顾，成立了华侨食堂。一次，李校长特意来到华侨食堂了解伙食情况，华侨同学邀请校长和他们一起就餐，当时华侨食堂伙食最好，但因吃饭需华侨同学付饭票，李校长婉言谢绝了。

李晨校长还形象地倡导大家“踮起脚，够得着，以可能达到的标准要求自己”，以激励师生员工脚踏实地，不断进取。

1964年李晨校长调离北工大后，朱兆雪、宋硕分别担任北工大校长和党委书记，同样为北工大初期的建设付出了辛勤的努力作出了不可磨灭的贡献。

校风建设。那时有不少同学高考成绩不错，由于各种原因未被一类院校录取而来到北工大；也有一些同学认为北工大是二类学校，学校小，没名气，牌子也不响，设施简陋，校园一眼望穿，和北大、清华没法比，对未来信心不足。针对同学中的这些情况和种种想法，校领导班子认为，要创建好的学校，首先要把师生员工的思想统一到共同的认识基础上来，要建立好的校风，把校风建设作为大事来抓。学校党委、系主任、教授、教师深入实际，共同研究、讨论，确定了校风。这就是以“一个方向”和“四条作风”为内容的校风。“一个方向”即“全心全意为人民服务，为社会主义建设服务，为首都建设服务”；“四项作风”即“刻苦钻研，力争上游；实事求是，谦虚踏实；团结互助，严肃活泼；艰苦朴素，热爱劳动”。校风确定了，方向定了，就大张旗鼓地宣传，上大学为什么，教书为什么，都是为人民服务，使艰苦朴素、勤奋学习、勤俭建校的好校风逐步树立起来。

建校初期，面临的问题首先是教师的来源。那时学校的教师来自三个方面：一是老的高等院校的支援，从兄弟院校抽调一批教师；二是从工业企业中抽调的技术人员；三是在清华、北大、人大、北师大等院校挑选了一批应届大学毕业生，组成了工大建校初期的教师队伍。这是一支非常年轻的队伍，他们思想业务素质好，有朝气，勇挑重担，但也缺乏经验，教学水平有待提高。对青年教师，学校加强对他们的培养，采取的方法是和北大、清华、北师大对口挂钩，组织青年教师去听课，进修学习；在教研室内部以老带新，通过集体备课，青年教师写讲稿、试讲，集体讨论，不断提高教学水平。

20世纪40年代，我毕业于清华大学法学院，时任清华大学校长梅贻琦说过：“所谓大学者，非谓有大楼之谓也，有大师之谓也。”说的就是对学校师资力量的重视。那时北工大对师资力量的配备是相当重视的，除了对青年教师的培养外，学校还聘请了一些教授，作为学校的学术带头人。

当时学校要求教师，讲课要准确无误，当堂讲课要使学生当堂听懂，要理论联系实际，要教会学生获取知识的方法，要符合辩证唯物主义。学校在组织学习和贯彻教育部制定的“高教六十条”的基础上，结合北工大的实际情况，制定和颁布了《教师教学工作条例》和《学生学习方法三十条》，这对于提高教学质量起到很大的促进作用。

教学要理论联系实际，并得到认真落实，例如机械系的60级和61级的同学，在上机械制图课的时候，找来一辆报废的无轨电车，拆解零件，画零件图和装配图。

还有是抓好专业设置，专业设置要适合北京市的发展，学制上确定为五年，前三后二，即前三年打基础，学好基础课和专业基础课；后两年是专业课，深入实际，来到工厂，针对工厂企业生产中遇到的实际问题，进行“真刀真枪”的毕业设计，很受社会的欢迎。在教学水平上也曾提出学清华的口号，可见那时就想把北工大办成一流大学。

建校初期，国家投入的教学经费有限，教学条件简陋，设备、器材极为缺乏。一方面教师走出学校，寻找外援；另一方面是自力更生，简单的教学设备、试验设备能自制的都自己制作。那时学校的交通不便，学校附近没有家属宿舍，学校又要求教师坐班，不少教师家住海淀区八大院校，只好每日骑车往返或挤乘公交车，非常辛苦。

20世纪60年代毕业于北工大的六届毕业生，离开学校已有50多个年头，那时充满活力的青年，如今都已进入古稀之年。他们怀念母校，对母校有眷恋之心，对于老师有感恩之情；他们怀念班集体，怀念过去的同窗校友。作为北工大的老教育工作者，我很受感动，对于当时在校的领导、教师来讲，这比什么都珍贵。因为经过努力，我们为国家、为社会培养了大批专业技术人才，也表明我们尽到了职责。

建校初期，各方面条件都很艰苦，但是他们一边学习一边参加建校劳动，为北工大这座大厦的建设打下了基础。

这六届大学生均完整接受了从小学到高中的系统教育。头几届毕业生，完成了大学的基础课、专业基础课和专业课的学习。后两届的同学由于受到“文革”的影响，大学的课程没有完整地学完，但他们完成了从中学到大学的转变过程，在以后的工作实践过程中，他们又经过自身的努力，多成为工作单位的骨干力量或栋梁之材。这些建校初期的毕业生，经过半个世纪的考验，可以说是合格的，也说明大学的教育质量是优质的，是符合德智体全面发展要求的。

那个时期的同学们有理想、有抱负，学习刻苦，政治上要求进步。马克思曾说过这样的话：“在科学的道路上没有平坦的大路可走，只有在崎岖小路上勇于攀登，不畏艰险的人，才有希望到达光辉的顶点。”我感到那时北工大的同学们就是这样去做的。

那个时期，学校的学习氛围很浓，同学们在学习上很刻苦、很努力，一到晚上整个教学楼灯火通明，每个教室都坐满了同学，上晚自习，复习或预习第二天的课程，要到晚上 10 点钟熄灯铃声响过，才陆陆续续离开教室。一到星期天或节假日也有不少同学留在学校自学。

大学是世界观形成的时期，在德育教育方面，教马列主义是主战场，还有哲学、中共党史的学习。政治课是学政治经济学、唯物辩证法，学会两面看问题，对事物要“一分为二”。北京市委也非常重视对大学生的思想教育工作。

有一年，国家领导人在人民大会堂给毕业生作报告，国务院总理周恩来和副总理陈毅出席了那次会议。我和一些高年级的同学晚 7 点多就来到人民大会堂，报告一直听到第二天凌晨 2 点。当时能够上大学的是“百里挑一”，即 100 个同龄人当中，只有一个人能够由国家培养上大学，并提出办大学、上大学，是为人民服务，是为国家建设服务。国家领导人的讲话深深地激励了每位同学，他们深感肩上的担子沉重，责任重大。

1965 年在工体又一次召开了大学毕业生大会，彭真同志到会讲话，他根据接班人的五条标准对毕业的大学生提出了要求。可见，当时国家对办好大学和对学生人生观的教育是非常重视的。

我是 1960 年学校筹建时调入北工大，担任机械系的党总支书记，1962 年进入校党委常委，1964 年后担任学校的党委副书记、党委书记。1965 年和同学们下到农村参加社会主义教育运动，简称“四清”，而后又和 60 级、61 级的同学来到工业企业，指导学生进行“真刀真枪”的毕业设计。

相对来讲，我和建校初期那六届同学接触的机会多，对他们的情况是了解的。我教过政治理论课，也经常去课堂听课，跟着学生开班会，去学生宿舍了解情况，和同学谈心做思想工作是常事，对 60 级和 61 级的学生几乎都很熟悉。即使在“文革”最困难的时期，我被打成“黑帮”和“修正主义分子”，在接受群众的监督改造时，也和学生中被打成“反革命”和“修正主义苗子”的同学一起被关“牛棚”，监督劳动也在一起。几十年过去了，时常有不少那个时期的老同学看望我，亦有通过网络交流文章，沟通信息，对建校初期的那几届大学生我是很有感情的。

那几届同学在毕业分配时，和预想的分配方案发生了很大变化。原来是为首都培养建设人才，应该留在北京工作，但一下子又根据“四个面向”的原则，分配到了全国各地基层单位和边远山区。虽然遗憾，但北工大的毕业生义无反顾，服从国家分配，到基层的厂矿企业，一干就是几十年。他们有理想，扎实肯干，没有大学生架子，为当地的发展作出了贡献。多年前我曾看望过部分在外地工作的校友，他们怀着一颗报效祖国的拳拳之心，运用学到的知识，靠自己不懈的努力，成功了，成才了，“红与专”有机结合，在他们身上得到充分体现。

北工大建校初期那六届大学生书写回忆文集，是一项很有意义的事情，已出版的《难忘的青春——北工大“老五届”纪事》虽然书中只收录了一小部分同学的文章，却能够概括地反映出大多数毕业生的情况，反映出他们的青春岁月以及工作的真实经历。从整体上看，他们的回忆文集很值得一读，对于北工大的历史也是一种补充，可以作为史料保存下来。

在我们都已进入古稀之年的时候，我希望老校友们事业有成，身体健康，家庭幸福！

2019 年 2 月

不解之缘

原三系老教师　孙景琪

在北京工业大学建校55周年时，由李庆林先生主编过一本书——《难忘的青春——北工大“老五届”纪事》。通过几十位“老五届”同学的回忆文章，忠实反映了北工大建校初期的人与事，以及他们在毕业后奋斗与创业的事迹。我读过这本书，感受颇深，受益匪浅。

为迎接北京工业大学60周年大庆，李主编受邀，将继续主编有关“老五届”同学的作品，对此我十分期待。虽然我不是“老五届”的学生，但我是和他们同时期踏入校园大门的，只不过他们是考入北工大的天之骄子，我是被分配来的青年教师。若忽略二者间个位数的年龄差距，我们算是同龄人吧……

也许正是出于这种原因，这本书的编委会也约我写点东西，谈谈自己，谈谈我与“老五届”同学间的事情。对于这几届学生，我教过他们课、带过实验、辅导、答疑、指导毕业设计等，几乎涉及所有教学环节。此外，1964年春节后和6132班下乡延庆，进行社会主义教育的宣讲工作；1966年初带6531班下无线电厂搞实习，与同学们一起同吃、同住、同劳动，同在一个地铺上休息……教与学、吃与住的过程，使我跟“老五届”的同学们打成一片，收获了许多许多。并且与他们中的许多人结下了深厚的友谊，这种亦师亦友的情谊一直延续至今。

从教五十余年，也写过十多本本科教材与技术著作，但对于这种以纪事为主，又要有一定文学水平的短文，我却有些无从下手。然而，回忆起几十年过往的人与事，却历历在目，心潮澎湃……经过再三考虑，也欣然同意。

请允许我试着用自己的方式讲给大家听。

一、扎根北工大

1962年夏末秋初，我毕业于北京邮电大学通信与广播专业，同年被分配到北京工业大学任教。当时的北工大校园可以用下面几句小诗来概括：

五十年前南磨房，满目荒芜乱田岗，
工大有楼三五座，千余师生建校忙。

当年，我沿着夹在菜地与荒坟之间的小道，第一次跨进并不显眼的大门后，映入眼帘的是教学楼之间泥泞的土路，是实验楼建设中的脚手架，是大操场东侧还未拆迁完毕的农户，是空旷的操场上悠闲觅食的几只老母鸡……。难道这就是北京工业大学？这就是我要工作的地方？沮丧、失望吗？不，说真的，真不！我能留在北京，能到高校任教，我知足了。那个年代，历经新中国成立的喜悦，抗美援朝的风雨，以及历次运动的洗礼，我们都过早地成熟了、懂事了，知道自己肩上的担子和应负的责任，除了好好工作，做一颗永不生锈的螺丝钉外，不应该有更多的奢望和苛求。我立志要扎根北工大，把自己的青春和热血奉献给祖国的教育事业。

二、创建专业实验室

到 4 号楼人事处报到后，我被分配到无线电系（即三系，现在改称信息与通信学院）任教，由张德有系主任布置具体工作。张主任很随和，在无线电方面是内行，很有发言权。见面后简单介绍了三系的具体情况：三系现有教职员工 20 余人，教师以青年人为主，目前已有 60 级、61 级两个年级共 9 个班的学生，62 级新生刚刚入校。近两年这些学生都在上数理化外等公共基础课，很快就要进入本系专业课程的学习。

我被分配至“无线电发送设备”课程组，组长是汪庆宝老师，我的主要任务是创建一个有特色的专业课程实验室，并积极备课，写好教案。当谈到工作条件和工作环境时，张主任很认真地说，现在条件很艰苦，一切从零开始，实验项目需自行设计，实验装置需要自己制作，元器件需自行购买，连机箱和主板的钣金加工也需要自己动手，至于实验场地目前还未有着落，正在解决中……，时间紧、条件差、任务重、资金又十分紧张，对于一个刚走出校门又跨入另一个校门的青年大学生而言真是难上加难！在当时的情况下，再难也得上。幸好，五年的大学教育为自己打下了坚实的理论功底，培养了良好的工程实践能力，加之自己多年的业余无线电爱好与实践，以及历次政治运动对思想和意志的锤炼，面对艰巨的任务，唯有坚定信心，全力以赴了。

学习、参观、查阅资料、请教高人，设计、计算、采购、安装、调测，经过夜以继日的努力，在同组其他老师的帮助下，问题一点点解决，项目一个个完成，失败了再重来，不服输、不怕输、更不气馁。记得在调试发射机的一个功率放大器时，出现了电路的自激故障，这类高频电路与系统中的自激故障，是许多电子技术工程师都头疼的一件事情。我翻资料、做实验，用了一个多星期的时间才解决。这个故障处理及其他在实践中所获得的经验与教训，一直是日后数十年课堂教学和实践培训中常常列举的鲜活案例，有血有肉，对学生很有启发。

那时候学校里的房子特别紧张，没有我们的宿舍。新分配来的十几名青年教师只能借住在校外十里堡国棉一厂的一个大仓库里，睡地铺。白天在学校工作、战斗，夜晚又不能加班太晚，校园、住地两点一线的生活持续了近一年时间。

功夫不负有心人，真心投入必有回报，经过半年多的奋战，终于设计并调试完成了无线电发送设备课程实验项目，连同实验指导书一并通过鉴定验收。这个实验项目的特点是：以中波段发射机为整机系统，以功能电路单元为模块的设计方案，合则为整机，可做音乐、语言的无线广播，使学生有整机设备概念；分则为各个功能单元电路，学生可动手调测、改进，验证课堂理论说教。这种以系统为整体，以单元电路为模块的设计思想，与实际电子产品的设计方法和过程相符合，也与医学教学中人体解剖的教学方法相类似，既有全貌（整体），又有特写。这种设计思想、实践过程为我十年后创建“电路基础实验室”、十六年后创建“高频电路实验室”、三十年后领衔创建“电子工程设计”等实践课程奠定了坚实的基础，取得了良好的教学效果。直到21世纪的今天，实践课程的这种设计思想和方法仍公认是先进的，并广泛为许多高校所采用。尤其是电子工程设计课程，这是北工大的首创，20年来一直是我校各教学环节的一个亮点，为培养大学生的工程设计能力作出了巨大贡献。2009年该课程被评为北京市精品课程。

60级、61级的无线电发送设备课程的实验由我负责指导，上课时，先由教师讲解实验目的、内容、方法及注意事项后，再由学生动手实践，教师巡视，解答学生所提出的各种问题。当看到同学们倾心操作，记录一个个数据，解决一个个问题时，心中有说不出的喜悦与欣慰。

遗憾的是由于“文革”的到来，教学工作全部停止，62级以后各年级的发送设备课没有上，实验课也就更无缘了。

三、难忘的教学答疑

唐代韩愈在《师说》中写道:“古之学者必有师。师者,所以传道授业解惑也。”教学的对象是学生，教师的职责是传播道理教授课业和解答疑惑。我认为解惑是一个多层面的问题，在教学中，教师要解学生的学习之惑、思维之惑、创新之惑，甚至是人生之惑，要教他们如何更好地做人与做事。既要教书又要育人，当老师之难也就难在这里。

在各个教学环节中,授业解惑之责任是随时随处体现的,讲课、实验、答疑、毕业设计等等，无不如此，而其中的答疑是最为有效的一个环节。

“文革”前，我协助主讲教师完成三系（无线电系）61 级 3 个学生班的无线电发送设备课程教学工作。除了上习题课、指导实验外，答疑是一项主要的工作内容。这门课程难度大、课时多，每周常常是三节大课，因此答疑的工作量相对很繁重。每天吃过晚饭 6 点整，老师必定坐在答疑室，没多会儿工夫，就会被同学围成一圈，少时四五人，多则一二十人。有问问题的、有来听答题的，甚至还有来测评老师能力的。问题更是五花八门，有课堂上未听懂的，有看书、看资料弄不明白的，有数理化等基础课内容的，甚至还有钻研业余无线电过程中生出的种种疑问……。说真的，一个答疑老师如果没有一定的理论深度与广度，没有良好的实践经验和动手能力，是无法招架的。

当老师的都知道，课堂的主讲老师好当，因为他总是处于主动地位，自己尚未搞清楚的问题，可以回避，可以不讲。而答疑老师则不然，他总是处于被提问、被追问的被动地位。三个学生班，一百多位同学，什么问题都有。所以，备课不充分，不在教学上下死功夫的教师是很难过答疑这一关的，一个好老师就好比一个一专多能的全科医生。

不可否认,答疑是一种极好的教学环节,是授业解惑的一个重要方式和手段,也是师生相互交流、相互沟通、教学相长的一个有效措施，更重要的是对于青年教师的业务成长、思想成熟极为有益。一位教师，经过 2—3 轮的教学答疑，他对本课程会有更全面、更深入、更彻底的了解，再做主讲时，他定会站在一定的理论高度，针对学生存在的问题，深入浅出、有的放矢、卓有成效地提升教学质量。

我怀念“老五届”时期的教学答疑,它给了我太多太多的教益,使我终身难忘,在这段难忘的过程中，我还结识许多我所欣赏的同学，我们成了非常好的朋友。

反观现在，大学里的答疑工作已名存实亡。晚上谁还在答疑室耐心地静听学生的提问，解答学生的疑难问题呢？！教学环境、硬软件设施明显提高了，但教学方式方法的退步是不是值得我们好好反思呢？

四、亦师亦友

61级是我来到北京工业大学当教师后所教的第二个年级。无线电系在这个年级共有三个学生班，我和这三个班级的学生很有缘分。尤其是6132班，更是缘中有缘。除了上课、实验、答疑等教学环节与他们有很多接触外，1964年春节后，还和这个班的同学一起到北京延庆康庄地区进行社会主义教育运动的宣传工作。我和王大智、蒋瑶莉、陈允西、张宗良、郭瑛（已过世）等几人分到下屯公社谷家营村，我们一同劳动，一同到老乡家吃派饭，老乡们总是笑脸相迎，热情款待。记得同桌吃饭的还有中国歌舞剧院的首席二胡易之的，青年舞蹈演员郭祥林、陈帼等人。我们围坐在一个炕桌旁，吃着绵糯诱人的年糕、雪白的腌杏仁……至今回味起来仍觉香甜无比，口水渗溢。每到傍晚，房东老大爷常和我们促膝谈心，忆苦思甜，谈古论今。兴致浓时，老大爷会从墙上取下二胡，一曲乡间小调，甚是醉人……每当此时，易之的老师总能完美地复奏此曲，且更为动听，兴起之时二人联奏，悠扬的曲调回荡在宁静的山村，瞬时让人忘却了劳累。和我们在一起过组织生活的还有邻村以张榕明为首的6132班另一组学生，我们常在一起交流情况，共商大事。张当时是该班班长，毕业后被分配至辽宁省，后升任辽宁省副省长，数年后出任全国政协副主席。

这段难得又难忘的经历，使我和这个班的同学相互间有了更多的了解，更多的信任，并和他们中的许多人结下了深厚的情谊，有两位同学与我关系最深、联系最久、对我帮助最大，一位是王大智，一位是刘祥（已过世）。

王大智是我在谷家营同吃一锅饭，同挖一筐土、同在一个土炕上做梦的“战友”，我又是他毕业设计的指导老师，他的毕设题目是《多路全晶体管化直流稳压电源的设计与制作》。在当时电子管技术大行其道，晶体管则刚刚兴起，是新器件、新技术，用晶体管作稳压电源的产品尚未问世。面对这个具有挑战性的课题，王大智同学以他特有的好学、钻研、求实、沉稳的品格，克服种种困难，解决一个个难题，终于在1966年5月完成了实验样机，这一设计受到教师和同学们的赞许。本应继续改进、提高和定型，并撰写毕业设计论文，怎奈一场“文化大革命”，以迅雷不及掩耳之势铺天盖地压来，一切教学工作戛然而止，我们的毕设成果只能搁置一旁。直到工农兵大学生进校的1971年，我重返讲台，当初的毕设初生儿才得到了重生。后经唐伯珩、葛明浩（已过世）、李荣厚（已过世）等诸位老师的进一步改进与完善，使这台稳压电源（WQ-2-A型）成为我校电子厂第一个拳头产品，为电子厂挣得第一桶金。这一产品的最大特点是功能全，质量特别过硬。自20世纪80年代问世，直到21世纪初，仍有不少院校还在使用这种电源。我有幸在2012年收集到一台，仍可正常工作，且性能良好，在北工大建校60周年大庆时，我将捐赠给校档案馆作永久留存，它将是我校建校初期脚踏实地培养学生工程设计能力的一个有力见证，对于今天的教研也会有借鉴作用。

6132班的刘祥同学，是我的课代表，南方人，个子高挑，面目清秀，声音动听，他的歌唱得好，是班里公认的金嗓子。他学习刻苦，成绩优异，又为人正直，个性豪爽，深得同学们的信任、老师的赞许。我与他也是一见如故，他常尊称我为"孙先生"，我们在校时为师生，毕业后为好友。几十年间，对我真心相助，在我的科研方面提供了有力的支持与帮助。1991年底，身为北京印刷机械总厂电器总工的刘祥同学给了我一个科研课题，为他们厂设计一台光机电一体化的印刷版信息读版装置。随即我组织了几位青年教师进行方案验证、技术攻关。在一无图纸，二无样品的艰苦条件下，项目组与刘祥密切协作，经过半年多的努力终于如期完成了任务。所制作的设备通过了由北京市科委组织的鉴定。鉴定意见中有这样一段话："鉴定委员会一致认为：IPC-3读版装置填补了我国印版信号自动检测装置的一项空白，属国内首创。对彩色印刷技术的提高，减少印刷的辅助时间具有重大的意义。"这台设备于1992年7月参加了在北京举办的第三届世界印刷机械展览会。

北工大40周年校庆时6132班部分同学的合影

顺便指出，6132班毕业的郭瑛同学在电子设备测试方面很有造诣，当时是北京无线电厂专职产品测试的工程师，是此次鉴定会的测试组组长，主持设备的指标测试工作。在产品的研发过程中也提出了很多宝贵意见。

此后，我与刘祥密切合作，又为该厂搞了几个项目，均取得较理想的成果，这些项目中的技术关键与创新之点，使我和我的同事们获得了2项国家发明专利。

刘祥、郭瑛这两位好同学、好朋友虽已故去近10年了，但我脑海中仍常浮现出他们的音容笑貌，愿他们在天之灵能放声高歌、尽展才情。

五、风雨情真

在“文化大革命”的岁月里，我很庆幸自己在北京工业大学。

“文革”前的几年中，我跟同学接触、相处时，由于自己年轻，难免会说错话，办过不当之事，所以在那些难熬的日子里，天天担心学生会贴自己的大字报，开批斗会。但我们无线电系的四百多位学生几乎没有贴过老师的大字报，也未开过一场有关老师的批斗会。

事后想想，一个主要原因是学生们善良！他们都有一颗仁爱之心，他们未被邪恶所裹胁，人性与良知占了上风。还有一点是有些同学的家庭或多或少也曾受过不公正的对待，个别人虽然高考成绩优异，却因所谓的“出身问题”被清华、北大等高校拒之门外。幸亏北京市委领导采取不唯成分论、重在自身表现的政策，要为新建的北工大招录一批人才，所以这些品学兼优的学生才能进入北工大学习。在那些岁月里，他们十分理解教师的处境。

65级是一年级，情况有些特殊。同6531班一起下北京无线电厂劳动实习时，我和这个班的许多同学关系都很好，如贺曼谷（后改名贺漫古）、付敏、刘诗章、刘佩琦等。尤其与贺曼谷，师生间有相见恨晚之感。我十分看重他的才华，赞赏他那种洒脱耿直的作风，所以走的更近一些，曾单独请他到我家做客。在“文革”中，小贺出了大事，被冤屈成现行反革命遭到隔离与批斗，有关此事的前因后果在《难忘的青春——北工大“老五届”纪事》一书中，他用《青春十年》一文进行了详细记述。在那些难熬的日子里，我心急如焚却无能为力。每当参加批斗他的大会时，我总是心痛和心颤：心痛的是贺曼谷，那么一个才华横溢，热情奔放，心直口快的天之骄子，我的一位好学生，怎么就被押在台上，被人架成飞机式地低垂着头，听他人的训斥、吼叫，甚至是污辱；心颤的是担心我的厄运会顷刻到来，会被别有用心的人指责我是他的后台，揪到台上陪斗。那个时期，揪后台成风，拿老师做学生的后台顺理成章，指鹿为马，有口难辩。谢天谢地，贺漫古没有诬陷任何老师，这一次学生又将老师遗忘了。

在风浪稍微平静的时段，我还得下到6531班参加他们的学习和批斗会，每次到教室时，总看到贺漫古坐在第一排一个靠门的位置上，低头不语，心事重重。我常常找机会低声和他说几句安慰的话，让他千万想开些，来日方长；有次跳忠字舞时，在众目睽睽下，我又和他唠叨了几句，以示对他的支持；在他解除隔离监视的第一时刻，我又把他接到我家吃饭，和我的夫人一起，尽全力去安慰心灵受到重创的他。总之，我利用一切机会开导他。我深知一个人在身处逆境，孤立无援时，别人一个善意的眼神，一句关怀贴心的话语，常可暖心多日，甚至可救人一命，这一点在我以后受到冲击时深有体会。

1970年，贺漫古同学被分配（按小贺自己的话是发配）至安徽淮北濉溪农村一个小农机厂工作。临行之前，我把一套完整的当时最好的八管半导体收音机散件送给了他，希望他装好这部收音机，不要放弃无线电技术的学习。在以后的日子里，我们仍保持书信联系，我鼓励他要向前看，绝不要丢弃学习，让他将自己的专业坚持下去。功夫不负有心人，他坚忍不拔的精神，坚持无线电技术学习的意志，善于捕捉机会的敏锐，使他最终跨入安徽大学的校门，成为“文革”后首几届的研究生。经过几十年的拼搏与磨炼，最终进入教授行列，学术上能如此的“老五届”，尤其在65级学生中能当上教授的为数不多。

在北工大55周年校庆时，我和贺漫古在工大校园欣喜相逢，紧紧地拥抱，泪水夺眶而出……为此我写了一首小诗为念：

谊结工大五十载，相知相识心扉开。
虽有狂风与恶浪，总将彼此挂心怀。
而今相聚虽鬓白，当年风采依然在。
但愿身心俱康健，天长地久话未来。

尾　声

我在北京工业大学已整整工作了半个多世纪，自首届1960级至2016级的56个年头中，先后教过4000余学生，始终在教学第一线耕耘不止，直到2016年，我80周岁时，才走下三尺讲台。至今，依然还在信息学部的教学督导组做教学督导工作，继续为我校教学质量的提高，为青年教师尽快的成长而尽绵薄之力。

在这沧桑巨变的近60年的教学生活中，值得回味的人与事太多太多，但令人不能忘怀的还是我刚来校的头几年，即与“老五届”（含首届60级）同学相处、相识的那几年，它对我的成长，对我日后为人为师都有很深的教益与启迪，我深深怀念那个时期，那个我风华正茂的青春岁月。

2016年与贺漫古相聚在上海

在我们大学毕业时，有句口号是“为祖国健康工作五十年”，这个诺言我兑现了。虽然1974年我查出有胸腺肿物（不排除恶性瘤），1986年又查出脾患有“多发性实性占位病”及胆结石（2.4厘米直径）等病痛，但我没因病请过一天假，也未迟到过一堂课，我忠于我的诺言，我爱我的教育事业，我爱我的学生。

最后，用一首词说出我的心声：

江城子

六十春秋讲台旁，雪纷飞，韵音长。
勤耕施教，桃李尽芬芳。
历经坎坷搏风浪，感天地，尚健康。

朝枚之年仍如常，授业乐，督导忙。
甘为人梯，后浪推前浪。
百万字著又出版，老有为，心欢畅。

青年时代

孙景琪教授

孙景琪，祖籍江苏，1936年生。1962年毕业于北京邮电大学，主修通信与广播专业，同年被分配至北京工业大学无线电系（三系）任教。2001年，延聘5年后，正式退休。2002—2017年，受聘于北京工业大学实验学院任专业指导教授，并任4门课的主讲；2013年，被北京工业大学评为“立德树人”榜样（十人之一，时年77岁）；1997年，获北京市人民政府颁发的高校教育科研二等奖奖励；1990—2013年，任北京工业大学校教学质量督导专家组副组长；1994年至今，任全国大学生电子线路设计竞赛北京赛区专家组专家。

任聘期间，以第一作者身份主编或编著15部著作，其中含本科教材5部（其中1部于2004年被评为北京市精品教材）；主持省部级和大型企业的科研项目7项，获国家发明专利授权5项；先后指导8名青年教师的教学工作，其中3人获北京市青年教师教学基本功大赛一等奖。

第一辑　校园生活

从工大起步延续前行

6013 班　阜柏楠

1960 年正值国家遇到困难时期，在北京东郊九龙山，一颗新星——北京工业大学冉冉升起。

当我接到北工大录取通知书时，难掩激动之情。报到那天，我起得很早，乘着早班公交车（车顶上还背着大煤气包），在化工路西口下车。一眼就看见工大迎新牌，等不得有人来接，就迫不及待地背着行李，拎着脸盆，沿着那条不宽的柏油路径直向前走去。看到不远处有几幢楼房，走过一个简易的门楼式校门，没见到校园，也没有多少树木，心里难免有一丝凄凉之感，但很快被笑脸和热情融化了。先来的接后到的，我很快成为团委书记晋军老师麾下迎新队伍中的一名主力队员。紧接着，捡石块、清渣土、平整土地，自然而然就成了“校园的主人”。

我被分在机械系，1964 年又成为半脱产干部，1965 年未能和同班同学一起毕业，留在学校，1966 年又遇到“文化大革命”，比别的同学多在校三年。在母校的七八年学习生活，在老师的教诲和校风的熏陶下，不仅学得了知识，又经受了锻炼，这更是我人生中最难得、最重要的起点。我立志要成为一个对祖国、对北京有用的人才。这个信念激励我在以后的学习和生活中不忘初心，有所进、有所为，奋力前行。

出校入厂　初试合格

“文革”前，我已留校任团委副书记，由于众所周知的原因，我被定为“修正主义苗子”，列入重新分配的名单。1968 年 5 月，我被分配到安徽省合肥发电厂。这是华东电网新建的一座大型火力发电厂，每天要燃烧上千吨煤，用十几辆专门的密封罐车，把燃烧后的数百吨粉煤灰运到几十公里外的窑坑进行填埋，不仅污染环境，还破坏土壤的生态平衡。如何变废为宝，成了我进厂后遇到的第一个课题，我是电厂唯一一个学机械的大学生，设计研制粉煤灰压砖机的任务，就自然而然地落到我头上。

从相关资料中，了解到利用粉煤灰生产蒸养砖是一个可行的出路，但由于当时还没有专门生产制砖设备的厂家，更没有蒸养生产线，一切都需要自己动手，自设自制。在厂领导和老师傅们的带领下，我大胆地投入了设计工作。我离校时最不忍丢弃的就是课堂笔记本，翻开带在身边的《机械原理》《机械零件》笔记本，很快就找到关于控制元件凸轮板的设计思路，进而和师傅一起群策群力，逐步理出一个从设计、制造到安装的蒸养生产线的可行方案。随着预定荷载和及时排气两大技术难题的解决，第一台粉煤灰压砖机终于试制成功。紧接着第一条蒸养生产线落成，第一批粉煤灰蒸养砖试制成功！我们用自己生产的粉煤灰砖建成了运输分场厂房和厂区围墙。这一系列的成果使全厂上下无不欢欣喜悦，我也随之交出了第一份合格的答卷。

此后不久，有一次在搬运新制的排粉机叶轮途中，因雨后地面湿滑，突然叶轮向我所扶一侧倾倒，当时，我没一跑了之，紧紧用手撑持着，其他几个师傅有惊无险，而我的脚踝骨被砸成开放性骨折，师傅们送吃、送药，无微不至地关心我，还专门请民间骨科世医为我疗伤，虽然骨折疼痛，但心里却是暖暖的。我得到厂领导和师傅们的认可，从接受“再教育”很快就成了一名“合格的徒弟”。

能力历练　源远流长

我在校期间，先后担任过系、校学生会主席，半脱产后又兼任校团委副书记，一边学习、一边工作，两副担子一肩挑，确实受益匪浅，为步入社会、投入实战，练就了比较扎实的功底。

在历年的国庆庆祝活动中，北工大多次参加文艺大军（龙舞）、体育大军（航模方队）、晚会狂欢等一系列活动。成百上千人的组织、排练和参加彩排工作，都是以团委、学生会为主，会同体育教研室等部门一起进行的。以“为国争光，为工大争气”的信念，组织和鼓舞参练师生，不辞辛苦，认真排练，次次都顺利地完成任务，受到很好的锻炼，练就了实战的“基本功”。

由于在校的这些历练，使我在参加工作后，特别是回京后在市政管委工作期间，接受和完成了一系列特殊任务，都取得了比较圆满的结果。

北京市的市政设施建设和服务工作事事都关系到市民百姓的切身利益，历来受到党和国家领导人及相关部门的重视。他们曾多次亲赴现场视察并参加一些重大项目的奠基典礼，诸如京昌高速、京津塘高速、西直门立交、第九水厂等等。受市领导的委派，我多次牵头做接待准备和现场安排，都能比较得心应手地完成任务，这和在校时打下的根基分不开。

在我几十年的工作生涯中，压力最大、任务最重、时间最紧的一次任务，就是1995年，在我担任北京市市政管委副主任期间，为保证第四届世界妇女大会在北京安全、顺利召开，市里临时决定会场由工人体育场迁到怀柔县城。该工作由市常委、常务副市长张百发同志负责组织落实，鉴于出现了特殊情况，百发同志当时实在难以脱身，无奈之下把任务压给了我，市里指定我为市委、市政府驻怀柔工作组组长。在条件不够、准备不足、任务急促的情况下，落实和完成一个大型国际会议的接待任务，千头万绪，困难重重。面对这样一个只能做好，不能出差错的政治任务，我怀着为国家争光、为北京担责的心愿，以少有的勇气，毅然决然地投入现场工作。在当地政府和群众的大力支持下，统筹协调十几个委、办、局、总公司，从吃住、交通到会务，事无巨细、面面俱到。记得我们曾实地测算过，为奥体中心的开幕式运送参会人员，几十公里长路，数百辆大巴首尾相接，一字长蛇，当第一辆车到会场时，最后一辆车还可能未出县城。历经半年夜以继日地不懈努力，终于确保第四届世界妇女大会安全、顺利、如期召开，取得了比预想还要好的结果，得到国务院秘书长罗干同志和相关部门的肯定、赞许。

在国庆五十年筹备之际，在上海学习考察期间，北京市委书记贾庆林、市长刘琪有感而发，对我当面交代：立即着手成规模、上档次，启动首都夜间灯光工程。时间紧、任务重，为保质保量完成任务，请专家、做调研、定规划、抓实施，在长安街等主要街道，在名胜古迹、重点旅游场所，分市、区两级全面布局、定点实施。经过几个月的努力，首都灯光夜景工程的雏形面世。每逢夜幕降临，就是一片新景象，这充分呈现出一座现代城市的生机和活力。

10月2日，国家主席江泽民偕同夫人登上天安门城楼，观赏天安门广场灯光夜景。在乘车沿街观看市区夜景时，破例在王府井北口下车实地观景，向沿途群众挥手致意。

能力培养源于母校，历练和提高在于一系列的社会实践，难忘初衷、源远流长、永无止境。

少想自己　多想群众

入工大后一年多，在党组织的教育和关怀下，我于1962年2月光荣加入了中国共产党，成为工大学生中第一个学生党员。

按照李晨校长提出的“踮着脚，够得着”的标准，我为自己规范了一个“少想自己”的座右铭，以此约束自己的举止行为。与低年级学生座谈时，曾作为一个主要心得体会介绍给大家，赢得共鸣，得到认可。

母校曾接受过一批印度尼西亚排华时主动回国的华侨同学，许多人是只身回国来校，全部家当都在一个改造过的大油桶内，他们怀着爱国之心，只身来校学习，难免有孤单之感。我经常主动接近他们，关心他们、和他们做朋友。“每逢佳节倍思亲”，过年时，我一定来学校和他们一起唱歌、游戏、包饺子、放鞭炮，一起欢度春节。

记得有一年，工大组织体育大军“航模方队”参加国庆游行，学校让我领队，在两次夜间彩排时，都是我坐在方队中间的滑翔机座舱内，我觉得配合训练的体育教研室吴老师很尽责也很辛苦，应比我更受到尊重。在国庆节准备出发时，我就请吴老师登上驾驶舱，在方队中，我和大家一起浩浩荡荡地走过天安门，心里感到非常坦荡和舒畅。

在工作岗位上，特别是担任市政管委领导职务后，十几年的工作经历，联系到我所担当的工作任务，都和广大人民群众切身利益息息相关，联想在大学时为自己立下的“少想自己”的约定，理所当然地又增加了一个“多想群众”的要求，形成了一个“姊妹篇”。

全市人民最关心的是什么？最迫切需要解决的是什么？这是我工作日志中最重要的篇幅。

城市道路交通一直是特大城市运行中永恒难解的课题。当年市民群众一直期盼建设四环路。这是当时缓解拥堵必须解决的“要害”问题。但苦于资金受限，力不从心，每年的城市道路建设费用都十分有限。连修修补补都不够用，何谈建设一条 98 公里的四环路！我们怀着为政府分忧、为百姓解难的信念和事在人为、志在必得的决心，群策群力，多方筹划，终于谋出一线生机，通过与交通部相关部门多次请示、沟通，在理解和互通的基础上，把四环路界定为城市道路和公路的联络线，把有养路费作依托的公路建设费合法用于四环路建设。市政管委还专门成立了四环路联络线建设指挥部，经过三年多的努力，2001 年 6 月四环路终于建成通车，为方便百姓出行，缓解城市交通立下新功。

“以气代煤”是老百姓又一个关心的问题。由于液化气常年供应不足，老百姓为了一个液化气罐苦于无门，有时不得不去买倒卖的高价气，常常是半罐渣半罐气，怨声载道。如何把陕北天然气引进京城，作为头等要务列入我们工作日程。我们多次与中石化策划论证，与管线途经的相关省市县沟通、协调，为衙门口进京门站选址、拆迁，为落实天然气管线相关的技术骨干进京安置等事一件件、一桩桩地奔波落实，通过近五年的努力，终于在 1997 年 9 月 10 日建成第一条陕京天然气管线，实现天然气进京。谱写了“净化空气，为民造福”又一崭新篇章。

北京作为首都，作为特大城市，水、电、气、热的供应能力不足，脆弱失养，一直是难愈的“城市病”。每当出现停热、跑水等重大险情时，不管我在哪里，都会第一时间奔赴现场。想政府所想，急百姓所急，一直坚守现场，直到解决险情恢复常态。

1965 年 5 月 4 日，在人民大会堂曾隆重举行“五四”青年节纪念大会，我作为全市唯一的大学生代表在人民大会堂受到刘少奇等党和国家领导人的接见，并在主席台合影留念。这充分体现市委市政府对“办好工大”的决心，对“多出人才”的期盼。

回顾往事，展望未来。值此 60 周年校庆之际，我衷心祝愿母校乘改革开放春风，“桃李满京城，再展新风采”。

在大学

退休后

阜柏楠

1960 年 9 月—1968 年 5 月，北京工业大学学习，半脱产，曾任系、校学生会主席、校团委副书记；

1968 年 5 月—1983 年 5 月，安徽合肥发电厂修配分场技术员、主任；

1983 年 5 月—1987 年 5 月，安徽电力职工大学党委书记；

1987 年 5 月—1989 年 9 月，北京工业大学党办主任；

1989 年 10 月—2002 年 3 月，北京市市政管理委员会副主任、主任；

2002 年 4 月—2011 年 8 月，北京绿化隔离地区基础实施开放建设有限公司董事长。

建校初期侨生纪事

6017 班　邱银福

许国安、李庆林两位校友盛情邀请我写在北工大的往事回忆，我仔细拜读了《难忘的青春——北工大“老五届”纪事》一书，许多校友的事迹感人，更觉得自己没什么可写的。我在北工大学习、生活、工作了近 60 年，只是平平淡淡度过了一生，没什么值得回忆的。既然要写就写我的特点，华侨学生的一些点滴事情。

我是 6017 班的学生，是北京工业大学建校初期第一批入学的，而又留在学校任教直到退休。我还是北工大建校初期入学的 301 名归侨学生之一。1941 年，我出生于印度尼西亚苏门答腊的实武牙，小学在实武牙中华小学，中学在棉兰的棉华中学度过，就读于爱国华侨创办的学校，受到的是爱国主义教育，向往新中国，盼望能回到祖国继续深造。1960 年，我离开了出生地印度尼西亚，登上荷兰轮船“芝渣连加”号邮轮，由勿老湾港启程回国。经过七昼夜在南中国海的风浪颠簸，4 月 11 日到达广州黄埔港。先在广州石牌华侨补校暂住一个月待分配，之后北上到北京，在阜外西口华侨补校等待参加高考。由于当时正值印度尼西亚排华高潮，回国的侨生日益增多，补校无法容纳更多的侨生，市里决定在部分市属的高校，如新建的北京工业大学、北京师范学院、北京工农师范学院、北京建工学院等院校提前高考招生。6 月北工大从华侨补校录取了 301 名归国侨生。当时北工大仍在筹建阶段，正式校址尚未确定下来，暂借用九龙山的化工学校校址。当时还未安排好，筹委会主任尹凤翔便把我们带到地质学院暂住，并安排开学前的补课，分成十个班，每班配班主任一人，只记得我所在的班主任是刘俊德，记得还有艾蓬等老师。补习数学、物理、化学等课程。8 月份就正式搬迁到九龙山现校址。当时也只有 1 号和 2 号学生宿舍楼，北楼教学楼（今天的一教）及食堂，3 号、4 号楼尚未完工。那时也没有校门，入口处在 1 号楼西北角围墙处，“北京工业大学”的校牌是挂在一号楼的东门上。北楼刚刚完工，我们还参加当时的建校劳动，清理楼道、教室，为 9 月正式迎新开学作准备。9 月我们归侨学生参加迎新工作，因知道我的爱好和擅长是画画和写美术字。当时的团委书记晋军找我，让我画了一幅迎新宣传画《北京工业大学欢迎您》和用美术字写的欢迎标语，挂在化工路西口西北角农机总厂围墙外迎新。当时的公交车，只有 11 路化工路西口有站，再往南到校园只能步行，有部分道路还正在修建。校门北边的小河沟当时没有桥，还要“翻山越岭”过来。我入学时先是分配到数理系（五系）数学专业的 6051 班。1962 年，因专业调整，数理系下马，我转到机械系（一系）6017 班。

我们班归侨学生较多，全班 28 位同学中就有 14 位是华侨，13 位来自印度尼西亚归侨，只有一位柬埔寨归侨。学校归侨生数量在以后几年中有所增加，成长较快。1960 年入学时是 301 名，后因北京市高校院系调整，由北京工业学院、北京师范大学，北京建工学院部分专业调入北工大，归侨人数增加至 321 人。到 1961 年 3 月，归侨学生占全校学生总数的 22%，其中学生有 313 人，教职员工 28 人。而学生中的归侨来自印度尼西亚的占 95.5%，其余 22 人分别来自老挝、柬埔寨、越南、缅甸、印度、马来西亚等国。1962 年 7 月 18 日至 22 日，首次召开侨联小组会议，有 38 名代表参加。会上决定成立“北京工业大学侨联小组”，成员有陈可辰（六系）、陈鸿明（一系）、曹南兴（二系）、陈博民（三系）、张伯朝（四系）、李兆炎（六系）。据校档案资料表明，当时陈可辰（5966 班系建工学院转入工大）曾任侨联小组副组长，组长则是黄汉权，五系力学教师，印度尼西亚归侨。领导小组设立宣传部、体育部、文艺部及影剧部四个机构。由于侨联小组以学生为主，当时是团委负责指导侨联工作。

20 世纪 60 年代初正是三年困难时期，多数归侨是从生活较富裕的国外回到祖国，生活水平有较大落差，有很多不适应，生活习惯也不同。团市委、市侨联组织一系列爱国主义教育活动，增强了克服困难的信心，稳定侨心。学校除组织中国革命史教育讲座外，还组织参加团市委、市侨联暑期组织的各项有意义的活动，如形势报告会、英雄模范人物报告会、观剧看电影等。还组织了 16 名归侨学生参加市侨联的北京归侨学生旅行参观团，到东北六大城市参观工业建设成就，使他们受到很大的鼓舞和教育，立志学好专业，为祖国社会主义建设作出贡献。市侨联每年春节期间还组织归侨到人民大会堂参加联欢活动，有电影、娱乐等活动项目，还参加过中山公园音乐厅的音乐会，到天桥剧场观粤剧等。

在困难时期，为照顾归侨学生的生活习惯，北京市有规定，华侨的粮食定量中大米的比例较多，有的归侨学生还有侨汇，每一笔侨汇都有侨汇券，其中有米票、面票、油票、肉票等补助。学校为归侨学生单独办了华侨食堂。可用油票供应油条等油炸食品。由于他们多数是单身回国，在国内无亲戚，周日大部分京籍同学都回家了，华侨食堂还专门开设灶火，供侨生自己做饭。为了做好对归侨学生的宣传工作，侨联宣传部在华侨食堂开设两块黑板的板报，定期出版，宣传侨生生活、学习动态、侨务政策，当时宣传组由曾耀明负责编辑撰稿，我负责出版、画报头、宣传画及抄写。

1960年，从印度尼西亚归来的学生，大多数行李较多，还有的同学有一米见方的大木箱，无法放在八人间的宿舍里。学校给他们安排了行李保存室，先是安排在垂杨柳宿舍里暂存，后移至南楼一层，由马来西亚归侨生邱顺生负责看管。

学校领导一直十分关心归侨学生，除夕晚上在食堂二楼举办的团拜会上，参加团拜会的多数是北京没家的侨生，李晨校长亲自到场致新年贺词。记得李校长还曾端着从大食堂打来的中午饭，边吃边来到华侨食堂看望我们，嘘寒问暖，了解我们有什么困难，学习生活怎么样。李校长对这批华侨学生印象也很深。记得一年校庆日，我在去礼堂的路上遇到李校长，当我向他打招呼问好时，他想了想说："你是当时的三百归侨之一吧！"除夕夜，学生宿舍里只剩下归侨学生，机械系总支书记郭德远还亲自到宿舍看望我们。大年初一，班上的国内同学、学委赵淑华还盛情邀我们归侨学生到她家一起吃饺子，使我们感到在北京到处有亲人。

60年代初，我们上大课一般都在北教学楼东西两翼的大教室，小班课、习题课则有固定教室，也是晚自习室，教室前后有黑板，后面的黑板作为班级的板报。团宣传委员是王秀芬，班宣委印度尼西亚归侨曾跃明负责撰稿，我负责出版。团支部还搞了小报，小报用复写纸复写四五份，每个团小组一份，宣传学习雷锋活动，产生良好的效果。我当时曾在校学生会美工组工作过，学生会宣传部长是阜柏楠，在他当了校学生会主席后，就由梁瑞恒担任。美工组是宣传部的下属单位，有刘汝江（四系）、卫敬国（六系）等人。主要工作是组织一些爱好美术的同学一起画宣传画、漫画、板报等，有时也在放映电影前播放自制的宣传幻灯片，也曾搞过一期连环画展，在北楼三层东侧楼道中展出。美工组还曾请过北京日报社的孙以增开过讲座，讲如何画漫画、写生，还组织去北海公园写生。1964年我们班下乡到农村延庆县参加社会主义教育运动，宣传"双十条"。系里抽调我和蒋振南老师、张燕莱同学到总部永宁镇搞宣传、出小报。蒋老师和张燕莱负责采访、撰写稿件，晚上我负责刻蜡板、油印，第二天下午发到各个工作点（班级）。当时我不在6017班，而在总部永宁镇上，随6313班一起学习工作。

学校不仅关怀华侨学生的学习和生活，还注意思想教育工作，让他们参加团日活动，开展学雷锋、学习先进人物事迹活动，注意培养积极分子，发展了一批归侨学生加入共青团。在毕业前夕，还发展了部分归侨学生入党。我是

1962年入团，1965年毕业前入党的。校学生会副主席、印度尼西亚归侨赵春燕（一系）还当选为北京市人大代表、市侨联委员、市青联委员。印度尼西亚归侨黄顺禧（六系）被选为朝阳区人大代表。这些对侨生起到了积极的凝聚作用。

大学五年的生活是丰富多彩的，是值得留恋的幸福回忆。毕业50多年，很多同学已经很少联系，也有的同学已经不在了。我们班14名归侨，由于不同的人生经历和各种原因，留在国内的只有两位。其余同学回到了港澳地区或国外，他们在不同的地方、岗位，仍然是思念祖国、热爱祖国、想念母校的。为此，在香港成立了北京工业大学校友分会，积极为我校对外交流联络作出必要的贡献，在国外的同学也为祖国统一大业，为实现中华民族伟大复兴的中国梦而努力！

在大学

退休后

邱银福

1941年5月，出生于印度尼西亚实武牙；

1947—1959年，在印度尼西亚上小学、中学，1955年曾在棉兰“中国画院”师从岭南派画家黄独峰先生学国画；

1960年4月，由印度尼西亚回国；

1960年6月—1965年8月，北京工业大学6051班、6017班学习；

1965年8月—2002年1月，留校任北京工业大学机械原理及零件教研室助教、讲师、副教授、教授，其间曾任基础科学部副主任；

2002年1月，退休。

北京工业大学侨联副主席，朝阳区潘家园街道侨联主席。

北工大一甲子之回顾

60112 班　罗廷赞

2019 年春节期间，接到老同学阜柏楠转来的《如歌的岁月——北工大“老五届”纪事》征文启事，邀请北工大老校友撰文回顾建校初期历史及本人奋斗一生的经历。我作为 1960 年考入北京工业大学的第一届学生，在学校学习工作了 8 年，直到 1968 年离开母校。在接到征文启事时，心中立即激起千层浪，久久不能平静，60 年来的种种往事，历历在目，久久不能忘怀。尽管本人笔拙，不善言辞，但想到老校友的责任，我应该如实把这段历史记载下来送给母校，表达我们对母校多年培养的感激之情，也作为一份人生答卷，向母校做个汇报。

建校之初的北工大

1960 年初，我在北京四中高三（5）班读书，有一天在图书馆看到一张大大的招生广告，作为北京市委、市政府直接领导的北京工业大学正式成立，开始在北京市招生，以便为首都北京培养一大批社会主义建设者、科技人才。当时我被这个目标触动了，暗暗下决心，朝这方向努力。当时我在班上是团支书，学习成绩是全五分，并获得优良奖章。在高考报志愿时，我把北工大列为第二志愿，第一志愿是北航发动机专业，因政审原因没有被录取，而北京工业大学机械系直接录取了我。

在报到的第一天，我背着行李，手提着绿色铁皮箱从阜成门乘公共汽车到化工路西口下车，沿着一条正在施工的马路一直朝南走，一路堆满挖沟形成的黄土坡，高高低低，起起伏伏，十分难走。终于看到校门口“欢迎北工大新校友”的横幅挂在空中，十分引人注目。我找到机械系新生接待处，报上自己姓名，接待我的是系办公室的马老师，她立刻高兴地告诉我：“你就是罗廷赞！你高考外语 100 分呀！”我虽然对自己的高考成绩蛮有信心，但听到这个好消息还是备受鼓舞的，一路奔波辛苦早已忘掉，燃起了一定好好学习的激情。

来到我心中向往的北京工业大学的第一时刻，就得到了这般温馨和鼓励，心里非常高兴！

当时，刚建成的北工大只有四座宿舍楼、一座教学楼、一座食堂兼礼堂。学校当时设立五个系：机械系（一系）、电机系（二系）、无线电系（三系）、化工系（四系）、数理系（五系），后来建工学院并入北工大形成土建系（六系）。我所在的机械系当时还没分专业，60级分8个小班，每班大约30人。我被分到6013班。这届同学主要由三部分组成：一部分是应届高中毕业生，一部分是工业学校、化工学校的中专生，还有就是当年从印度尼西亚归国的华侨学生。在我们班，应届高中生和华侨生大约各占一半。后来，数理系一部分学生调整到机械系。到二年级下学期，我们机械系60级学生自愿报名分成四个专业，按专业重新编成十二个班：6011至6014班为机械制造专业；6015至6018班为仪器仪表专业；6019至60111班为热加工专业；60112班为锅炉汽轮机专业，后转为内燃机专业。我报名内燃机专业，分到60112班。以后一系几届直到1965年招生都是这种格局，每年招生基本都是这几个专业。其中6118班、6217班、6315班、6415班、6517班都是内燃机专业。

建校初期，学校党政领导和老师尽最大努力给我们新入校的学生提供了很好的生活、学习条件，住崭新的宿舍，在宽敞明亮的教室上课，派十分有经验的老师讲课，各班有专职班主任帮助我们安排各种活动。我们6013班班主任李世伟老师，像大哥哥一样与同学们相处，把大家团结在一起，他关心每一位同学，在班上组织大家选举团支部和班委，使这些怀着报国大志刻苦读书的年轻人齐心合力、克服困难、努力学习、奋力拼搏。尽管时光已过去近60年，我还记得班上吴克铮、房树义、吴俊田、李兆新、李玉竹、谭利民、王渥民、周泰菜、江锦龙、林水玉、王辉秀、许开平、敖定宇、曾道成、黄梓达、李瑞梅、张庆存、赵美玲等各位老同学当年的形

1960年12月31日，6013班迎接元旦晚会合影，二排中为李世伟老师

象。后来李世伟老师由于工作出色，改革开放以后在北工大担任过副校长，我们后来虽然一直没见过面，但对他为学校改革开放、创业发展作出的贡献早有耳闻。

北工大办得有特色

在北工大历史上令我们这些学生难以忘怀的是李晨、宋硕、朱兆雪、尹凤翔、樊恭炼等几位老领导，建校初期他们带领全校广大师生在极其困难条件下，坚持党的教育方针高标准严要求，坚持德智体全面发展，团结有德有才之士，爱护培养青年学生，坚持高起点，办学有特色，把北工大办成了为首都培育社会主义建设人才的摇篮。特别是李晨校长略带鼻音的北京话，幽默风趣的讲话风格，“踮起脚，够得着”比喻脚踏实地又奔向更高目标的奋斗精神等名句，时隔近60年还记忆犹新。他经常在食堂就餐后，与同学们在食堂或十字路口聊天散步，没有一点架子，甚至能叫出有些同学的名字。

当时给我们讲课的老师，都是来自八大院校的各学科的专家、教授、学者，至今他们的音容笑貌还犹在眼前。高等数学课是阮志娥教授亲授的，杨老师负责课外辅导；画法几何、制图课是姚希梦老师讲的；机械原理是由白师贤老师讲课；机械零件是由董庆华老师授课；流体力学是陈明绍教授讲的；工程热力学是宋一昌教授亲授的。

老师们讲课很有特色，绝不照本宣科，所以，我们学生听课也都全神贯注，边听边记。我在笔记本上划分几个区域，不要写满，以备课下阅读书本，整理补充笔记，提出问题。我的听课笔记，至今还保留着，当时有的低年级同学还借去参考。课后我抽时间到图书馆借阅参考书，有的直接阅读外文资料翻译记录，补充一些知识点。

1961年暑期，与北京第一机床厂工人师傅们在北海公园九龙壁的合影

当时，国家还处于三年

1963 年，春季运动会 60112 班部分同学合影

困难时期，粮食定量，学校提出要劳逸结合，维持最低能量的消耗保证学习。我们晚上经常学习到 10 点，肚子饿得咕咕叫，但同学们谁也不叫苦，继续坚持学习。当时，有个别同学在食堂打饭，做些小动作，沾光多拿饭票，以解决自己饥饿问题。当这种错误被发现时，同学们很愤怒，要求严肃处理。这时学校在大会上指出，不要处分这种因饥饿一时犯错的同学，要理解、宽容，改了就好。这种爱护学生、宽以待人、尊重人格的精神，对我教育很大。

北工大很重视培养学生劳动习惯，坚持组织学生参加义务劳动。一方面，参加建校劳动，修道路、运砂石砖瓦；另一方面，参加麦收劳动、收运大白菜等就近农村劳动。还有一些公益活动，譬如帮助华侨同学搬运行李到地下室，有的行李很重，几个人搬一个，同学们团结互助都很高兴。我有时寒暑假还去市里打短工，参加体力劳动。工大把我们首先培养成一个社会主义普通劳动者，使我们终身受益。

学校从一开始就坚持教育改革，强调要理论联系实际，特别提出要下工厂向工人师傅学习，“真刀真枪”搞设计。一年级下学期就组织我们 6013 班到北京第一机床厂重型车间（2211 车间）实习劳动，和工人师傅一起组装八米立车机床，既增长了知识，开阔了眼界，又学会实际操作本领，与师傅们增进了友谊。

1962 年夏天分专业后，我成为内燃机专业 60112 班的一名学生。新的班集体在共同喜爱的专业基础上，团结一心，努力学习。班上团支书韩怀经、班长巩中华，还有张培鋆、张世修等同学都是从工业学校来到工业大学的，他们对人热情、乐于助人、学习刻苦、工作负责，我们成了好朋友。巩中华毕业留校，后来担任过北京工业大学副校长，为北工大发展创新进步作出了巨大贡献。

北工大德智体全面发展

学校党委很注重在学生中发展党员的工作。我在中学已经提出入党申请，来到北工大，组织也知道。入校开学后，在 6013 班被选为团支书，后来又被选为系学生会主席。当时系党支部书记是郭德远同志，施柯老师是组织干事，他们对我们非常关心，把一系要求进步的同学组织起来，成立入党积极分子培训班，经常给我们讲党课，从党的性质、任务、组织原则、入党动机、群众路线、民主集中制、批评与自我批评，到结合我们一系同学的实际，讲如何靠近组织，以党员标准严格要求自己，争取通过组织考验入党等。我在中学听过不少老红军、老革命、老党员的革命传统教育，特别是陈毅元帅 1958 年在四中大操场讲话时说道："直到见马克思时一直拥护毛主席，坚持革命到底，才能称为真正的共产党员！"这句名言，我一直牢记在心中，打下了一定的思想基础。在北工大党组织培养督促下，更促使我不断学习马列主义、毛泽东思想，不断坚信社会主义、共产主义必胜的信念，坚持走又红又专的成才之路，各方面有所进步。我终于在 1963 年 1 月 11 日被一系党支部讨论通过，成为一名中国共产党预备党员。并于 1963 年 3 月经上级组织批准担任一系 62 年级政治辅导员，实行半脱产学习两年，延迟一年毕业。自己深感肩上担子更重了：除了按给我安排的教学计划完成学习任务之外，还要抽出一半时间完成党组织交给我的社会工作，在革命道路上接受锻炼与考验，自己下决心更要努力干！

北工大党委很重视我们这些年轻党员的培养教育，除了和其他同学一起参加政治学习，结合国家重大活动接受爱国主义、共产主义思想教育，还请英雄模范人物到校讲座。特别使我终身难忘的是，在 1963 年放暑假前，学校组织我们到人民大会堂聆听周恩来总理给高等学校应届毕业生作形势报告，使我深受教育。他老人家作为党和国家主要领导人，在百忙中抽出时间，连续给我们讲了四个多小时，他饱含对祖国下一代的热爱、期望、鼓励的激情，谆谆教导，深入浅出。在报告中，从每个人如何选择道路和走什么道路，如何树立正确世界观、人生观、价值观，如何学好本领、又红又专、德智体全面发展，到如何加强个人道德品质的修养，以至于如何一颗红心多种准备，到祖国最需要的地方去等方方面面，循循善诱。我详细记着笔记，把这些做人的道理牢牢记在心上。我暗暗下定决心，向老一辈革命家学习，牢记使命，为祖国和人民服务一辈子。

1964 年根据北京市委安排，在北工大 60 级开展了人生观教育，我在 60112 班参加了此活动。按照活动要求，每个人要从思想深处挖掘阴暗面，这样总可以找到缺点和不足。在班主任魏仲猷的领导下，同学之间开展批评与自我批评，从家庭、社会关系、自身表现等方面如实检查，找问题、查原因、挖根源、定目标，真是整出了一身汗。还好，我理清了思路，坚定了目标，顺利过了这一关。

北工大教育我们，要吃苦在前、享乐在后；要脚踏实地、做老实人，说老实话；要好好学习，互相帮助，争取好成绩，擦亮北工大这块牌子。我们努力身体力行，刻苦学习，努力工作，各项任务都争取最好。1964 年在带领 62 级下乡收麦子时，系领导郭德远、殷德义等与各班主任带头参加劳动，作为辅导员，我除了做好组织联系工作，也与同学们一起干活，不怕脏、不怕累，争先恐后收麦子。

1964 年夏在楼梓庄收麦子时，郭德远、殷德义等领导同志与一系 62 级部分同学合影

还记得 1964 年学校组织一系 60 级、61 级参加延庆县社会主义教育（“四清”）运动的前期文件宣讲活动。我们 60112 班被分配到千家店的花盆公社，这里是深山老林，从北京出发，要乘火车到西拨子转汽车到刘斌堡，住一夜，第二天再走 35 里山路到千家店，然后第三天去花盆公社，还要再走 30 里山路，到平台子村还要走十几里山路。这里许多老乡没出过山，没见过汽车，沿途可以看到老太太骑着毛驴在崎岖山路上赶路，悠然自得、毫无惧色。我们在农村工作近一个月，与当地老乡同吃、同住、同劳动，访贫问苦：从几十米深的黑河峡谷中担水上山，送到孤寡老人家；和老乡上山背柴，还能看到野兽吃家畜的痕迹。我们还积极开展宣传工作，为老乡演出节目，受到大家的欢迎，方圆几十里的老乡都赶来观看。我们在活动中增进了与农民的感情，受到很大教育，为人生增添了色彩。

北工大也十分重视对学生的国防军事教育。1963 年 8 月我受学校委托参与组织一系部分同学到长辛店坦克学校野营拉练，过了一段时间的军事生活。

1963 年 8 月，北工大一系部分同学在坦克学校与官兵合影

我们听志愿军老战士讲抗美援朝英勇战斗的故事，听教官讲解坦克结构性能等技术知识，到靶场观看坦克打靶实弹射击，接受紧急集合、夜行军、坦克兵操练等训练，十分辛苦，使我们身心切切实实接受了一次军事化的锻炼，受益匪浅。

在北工大，学校很重视学生的文体活动，锻炼学生的健康体魄，除了完成教学计划规定的体育课程外，还组织我们参加业余文体活动，组织各种运动队，参加各种运动会和竞技比赛。我们把“为祖国健康工作五十年”作为人生的奋斗目标。即使在困难时期，也坚持适量体育活动，形势一好转，立即召开北工大第一届运动会。学校重视培养学生的体育文艺素养，经常邀请知名文体团体到校表演。比如邀请国家乒乓球队庄则栋、李富荣、徐寅生、张燮林、邱钟惠等在食堂二楼当场献技，获得师生们的满堂喝彩；又如中央乐团到我校演出，李德伦大师指挥，使我们欣赏到了音乐艺术的阳春白雪；还邀请中国京剧院袁世海、杜近芳、刘长瑜等名角来校表演京剧《红灯

在北京高校运动会上北工大代表队杜润、陆广新等部分同学合影

1963 年，北工大首届运动会李晨、尹凤翔、郭德远、陈仁高等领导与机械系部分运动员合影

记》，使观众大饱眼福。

我们北工大还经常组织文艺汇演，唱歌、跳舞、曲艺、话剧小品样样都行，特别是华侨同学带来的印度尼西亚的音乐舞蹈，具有强烈的异国风味，受到广大师生的欢迎。我们北工大羽毛球队曾经为学校夺取过几届北京市高校冠军，受到大家的赞许。当时，我参加了学校田径队，参加跨栏跑和三级跳远项目，取得较好成绩，并代表北工大参加了北京市高校运动会。

北工大毕业前的记忆

我在 60112 班完成了专业基础课和部分专业课，又按照教学计划于 1964 年底到内燃机专业的 6118 班完成专业课和毕业设计。在这期间魏仲猷、杨茂芬、程兆练、叶霭云、陆宝安、朱永豪、李俊成、朱倩、陈一正等各位老师给我们上专业课，系统学习了内燃机原理、设计、制造工艺、维修技术、汽车驾驶等方面知识技能。除了在北京公共汽车公司、运输公司、北京内燃机总厂等企业进行劳动实习、课程设计外，在 1965 年 9 月我还花半年时间与陈舜圣、关家锟、刘镒生等同学在北京运输公司四场完成毕业设计，“真刀真枪”结合北京市汽车发动机空气、燃油、机油滤清器改造项目与北京滤纸厂等有关企业合作，参考法国汽车展览会纸滤清器技术，进行三滤使用纸滤清器的改进设计实验，在北京汽车运输行业推广。在 1966 年 3 月，我与滤纸厂有关技术人员到洛阳拖拉机研究所发动机室进行了三滤滤清效率性能实验。这期间，我给洛阳拖拉机研究所留下了较好印象，对后来的毕业分配导向起了一定作用。

1966 年初，我受一系党组织委派担任一系团总支书记，在此期间我带领 65 级部分班级的同学参加了怀柔建校劳动，在长城脚下，为北工大新校址铺设道路，与新进校的同学共同劳动、吃苦受累，以实际行动践行传承了母校多干实事、增光添彩的奋斗精神。当时，一系 62 级正在房山县参加社会主义教育运动，大家分散到各个公社深入农村开展宣教活动，我们系团总支分别走访在基层的同学，表彰好人好事，树立优秀典型加以宣传。

1966年5月31日，是我一生中难忘的日子。此之前的5月25日，北京大学聂元梓等人贴出了《宋硕、陆平、彭佩云在文化革命中究竟干了些什么？》的大字报；北工大也出现类似的大字报。我和一些同学连夜赶写了一篇《紧跟校党委，彻底闹革命》的大字报，贴在食堂门口，与他们持有不同看法。第二天，《人民日报》发表社论，支持北大“第一张马列主义大字报”。我当时立刻受到巨大冲击，心想，我们拥护党的领导，错在哪儿了？毛主席您老人家在哪里？紧接着，学校掀起大字报揭批高潮，针对走资派、“反动学术权威”、“保皇派”的斗争越来越激烈，我们也作为“北京市委彭真修正主义苗子”受到大字报、大标语的点名批判。我一连几天想不通，饭吃不下，觉睡不着，精神接近崩溃。直到市委派来工作组到北工大，我第一时间找到工作组长大哭一场，恨不得把满腹冤屈哭诉出来。还好，在工作组和同学们的耐心劝说下，我逐步恢复正常，能正确对待面前发生的新事态，知道这是“文化大革命”开始了。当时的北工大实际上也就变成了“文化大革命”初期的舆论中心，我们也就必须自觉不自觉地接受它的考验。回想起来，在那动乱的年代，学校不能正常上课，红卫兵的“革命无罪、造反有理”充斥大街小巷，专家、教授、各级领导变成所谓的走资派被打倒、挨批判，许多无辜百姓被“破四旧”浪潮冲击，打砸抢肆虐成风，所谓阶级路线的“血统论”更是推波助澜，使很多群众受打击遭迫害。那段日子真是不堪回首呀！

在经过初期红卫兵运动、革命大串连、组织革委会、派工宣队、“复课闹革命”等过程，时间过得很快，很多同学期盼着尽快毕业分配，不少人变成了逍遥派，在宿舍搞“线路斗争”、组装半导体收音机、冲洗照片等。我们终于等到1967年9月，开始给61级毕业生发工资了。接着国家对已经延迟一年的毕业生进行统一分配。到1968年初，我跟随6118班按国家计划进行毕业分配。我和周梦庚同学被分配到洛阳拖拉机研究所。经过“文革”这样一个动乱时期，我们对斗来斗去很厌烦，希望尽快奔赴新岗位，为国家建设作出新贡献。接到通知，就抓紧时间，带着派遣单和户口粮食关系，于1968年5月2日奔赴洛阳报到去了。

在中国一拖接受锻炼不辱使命

我和周梦庚到洛阳拖拉机研究所工作了三个月，又被重新分配到第一拖拉机厂接受劳动锻炼。由于我1966年曾经到过洛阳，对“一五”计划期间毛主席选定的赫赫有名的重点建设项目第一拖拉机厂留下了深刻的印象。中国一拖在1955年10月奠基，1959年7月生产出中国第一台拖拉机，1959年11月1日谭震林同志在第一拖拉机制造厂落成典礼上庄严宣布：“中国人民耕地不用牛的时代来临了！”中国农机工业从此实现了零的突破，进入了一个从无到有的新阶段。一拖的产品和主要制造工艺在我们工科大学教科书里都有介绍，有幸在一拖这样现代化企业中锻炼成长我深感自豪，对来到一拖工作，贡献自己的青春和力量，充满了使命感和光荣感。从进入一拖的第一天起，我就充满激情全力以赴地投入一拖的建设中去，历经三十多年，矢志不渝。

我在一拖公司工作33年，分为两个阶段：1985年前17年在发动机分厂工作；后16年在总厂（集团公司总部）工作。

我在发动机分厂工作期间，先参加车间劳动，当工人，后陆续担任工艺员、设计员、技术副主任、技术科长、车间主任、副总工程师等工作。1981年5月任工程师资格。在490柴油机技术改造中和4125柴油机产品节能改造中，我担当了主要角色，对缸体、曲轴、连杆、凸轮轴、缸盖五大件和装配试验工艺的制定与改造熟练掌握。我还参加了704坦克发动机设计、试制工作，参加手扶拖拉机开发、设计、试制工作，在产品设计和工艺制造技术上充分发挥了在北工大受到良好教育的优势，表现出专业知识全面、结合实际紧密、综合协调能力强，脚踏实地、努力创新、争当一流的素养，在分管工作中取得了初步成绩。

在这里，值得强调的是北工大和一拖给我们树立的“学习、学习、再学习”的精神使我终身受益。在北工大，我除了完成了必修课，还攻读了第二外语英语；在一拖一边工作，一边自学广播电视英语。1978年，改革开放的春风吹拂神州大地，以计算机为代表的新兴信息技术产业渐露萌芽，一拖领导派我返回母校北京工业大学，进修三个月的计算机算法语言和英语。在1982年又派我和俞家骅等五位同志到吉林工业大学参加机械工业部技术厂长培训班，系统进行技术经济学、企业管理学、BASIC语言等经济管理课程培训。我还在拖拉机学院工程师培训班给学员讲计算机BASIC语言课，还进行计算机编程操作实习，普及学到的知识。随后1984年我和20多位一拖技术人员被派到解放军外国语学院进行了一年的英语口语脱产培训。这些培训学习使我在改革开放时期能跟上形势发展，更新知识，为适应经济体制转轨创造条件，为以后在一拖公司专业技术指挥决策岗位上工作，打下了坚实的理论基础和实际操作本领。

我在总厂和公司总部工作期间，从1985年6月开始，历任中国一拖厂长助理、工会主席、副厂长、副总经理、集团董事等。1995年前，组织分工我主管人事、教育、法制、公安、消防、工会工作；又不断和其他主管领导共同担任柴油机质量攻关、市场开拓、国家安全级企业评价、工艺突破口、技术改造等工作。1988 年 3 月任高级工程师资格。一方面，在企业管理上完成了岗位技能工资制改革、工人技师评聘、岗位标准和职工培训教材的编写，以及公司职称改革、与高等学校合作培养人才等工作；另一方面，在集团公司引进英国 RICARDO 公司的 100/105 系列柴油机上开展质量攻关、技术改造，并取得了显着成绩。获得公司科技进步一等奖、二等奖，使柴油机市场年年有较大增长，效益显著。

1994 年担任一拖汽车柴油机工程（一号工程）指挥部常务副指挥长和 1995 年 8 月担任主管技术工作的副总经理以后，我更是竭尽全力，狠抓公司发展规划和产品结构调整、技术改造工作，取得突出成绩。

首先，在担任一号工程指挥部常务副指挥长期间，参与完成了柴油机试验车间、汽车驾驶室冲压线、焊装线、汽车总装线、涂装线、检测线及零部件生产线等工程建设，完成了英国 TM 驾驶室引进消化吸收和投产，形成了汽车万台生产能力和柴油机 2 万台生产能力，投资 2 亿元。

其次，主持完成了一拖公司“八五”计划期间国家立项的“852 履带拖拉机技术改造项目”，形成了 1.8 万台能力（投资 13798 万元）。1997 年 5 月通过国家经贸委、机械工业部的竣工验收。

我还主持完成了河南省立项的五个技术改造项目：压路机、重型汽车、1002/1202 履带拖拉机、铸钢履带板生产线，以及液压挖掘机等技术改造项目，1996 年 3 月通过了河南省经贸委、机械工业厅的竣工验收。其中，铸钢履带板生产线和 1002/1202 履带拖拉机项目获得河南省及国家的优秀技术改造奖。我于 1996 年获河南省技术改造先进工作者，1997 年获机械工业部“八五”技术改造先进工作者称号。

在“九五”计划期间，我参与了一拖公司规划制定工作，并主持了国家经贸委立项的两个“双加”项目：100—120 马力履带拖拉机技术改造项目和 100—120 马力轮式拖拉机技术改造项目。1996 年申报立项，与机械工业部规划院和第四设计院合作完成可行性研究报告、初步设计、施工图设计，组织公司技术改造实施过程。总投资近 4 亿元。分别于 1999 年和 2000 年通过了国家经贸委委托河南省经贸委进行的竣工验收。

1997 年，主持大功率农用柴油机开发项目，与英国 RICARDO 公司合作研制 100/105 柴油机新一代增压中冷型，达到欧洲二号排放标准。这一国家级技术创新项目为我国农机、工程机械、汽车产业提供了环保新动力。达到 20 世纪 90 年代末国际水平，当时国内领先水平。为了解决曲轴加工质量和能力问题，我与柴油机公司一起完成引进 7 台国外关键设备任务，克服了瓶颈问题。该新产品实现产业化后，LR105 系列柴油机 1999 年产量超过 25000 台，获得初步成效，真正成了一拖发展新的经济增长点。

2000 年，一拖 100/105 系列柴油机技术改造项目在国家经贸委第二批国债专项资金重点技术改造项目中立项，投资 2.5 亿元，形成年产 4 万台生产能力，建成后为一拖进一步增加新的经济实力。

2000 年初，我主持编写了《中国一拖集团公司“十五”产品结构调整及技术改造规划》。2000 年 3 月 21 日通过了国家机械工业局专家评审，上报国家经贸委。

1999 年 10 月 25 日我被河南省委、省政府命名为河南省优秀专家。2001 年 1 月被河南省评为教授级高级工程师。曾任中国内燃机学会常务理事至 2000 年。

在风力发电创新开发上的足迹

随着改革开放不断深入，国家发展可再生能源项目步伐加快，任务也下达给了一拖公司。1996 年由我负责国家计委“乘风计划”和国家科技部立项的“660kW 大型风力发电机国产化”项目，主持与西班牙 MADE 公司谈判合资、技术引进，成立一拖—美德（洛阳）风电设备有限公司的工作，并担任项目负责人、公司董事长。在此期间，引进了 330kW 和 660kW 风力发电机组制造技术，1999 年上半年在西班牙培训了 20 余名工程技术人员。回国后，在 MADE 公司工程师的指导下，一拖—美德公司的工程技术人员参与了辽宁营口仙人岛风电场、吉林通榆风电场 20 台 660kW 风力发电机组、内蒙古朱日和风电场、锡林浩特风电场 16 台 330kW 风力发电机组的安装调试、并网发电及售后维修服务等工作。

2000 年底，第一台 70% 国产化率 660kW 样机完成。这项高新技术为国际水平，国内领先，1999 年 12 月河南省科委认定 660kW 风力发电机组为“高新技术产品”、一拖—美德公司为“高新技术企业”。我曾任中国农机工业协会风力机械分会副理事长至 2001 年。

2001 年，在国家计委支持下，一拖—美德公司的 660kW 风力发电机组在内蒙古赤峰达里风电场的招标项目中中标，并于 2001 年 12 月在赤峰达里风电场完成了安装、调试等工作。在并网发电后，承担所有售后服务维修工作。2001 年我退休了，辞去合资公司董事长职务。一拖—美德运行几年，曾在新疆国债等项目中标，国产化率达到 90% 以上。后来，由于外方原因公司解体了。我们培养的第一批大型风电机组设计、组装、调试、服务的技术骨干成为国内同行开发风力发电机组的主力。

我 2001 年 4 月退休，与一些企业、高校、行业协会、学会保持联系，参与一些科研、企业管理、工程项目方面的工作。2006 年被一拖集团有限公司聘为风电项目顾问。2008 年风能设备协会介绍我去广东东兴丰盈风电设备制造有限公司担任风电顾问，陆续开发了 800kW 和 2.0mW 大型风力发电机组。特别是与丹麦 DWD 公司国际风电专家合作研发的异步发电机—全功率变流技术路线，量身打造 2.0mW 风电机组。产品具备良好的低电压穿越能力，优异的功率调节特性和良好可调度性，填补了国内空白。2011 年底在张北风电试验场安装试运行，取得初步成果。此后，我因年过七旬自感不宜在一线工作，2012 年初辞职回家过退休生活，自己仍然继续保持愉快上进的心态，不断学习新事物，关注新时代，不忘初心，跟上祖国前进步伐。

篇后寄语

北京工业大学 60 周年校庆即将来临。有人说，你们都这么大岁数了，还参加校友活动？还真是，转眼间，我们已经年近八旬了，早已是古稀之年，按过去说法，也该是“风烛残年”了。为什么还有这么大的劲头？因为我们是北工大培养出来的毕业生，我们在母校接受了系统、全面、科学、严谨的教育，在工大精神的鼓舞、熏陶下，我们铸就了灵魂、锻炼了体魄、增长了知识、培养了技能。在人生道路上我们经历了风风雨雨、坎坎坷坷，我们走过来了，我们在社会主义祖国成长壮大、改革开放的历程中，留下了足迹，作出了贡献。可以骄傲地说，我们兑现了当年在母校立下的“为祖国健康工作五十年”的诺言，不用“为虚度年华而悔恨”，我们没有辜负母校培育之恩，我们满怀激情对母校表示感谢，我们心中永远怀念着我们亲爱的母校一直到老。以上回顾篇幅虽短，都是实话实说，相比母校 60 年的巨大发展，也就是九牛一毛、沧海一粟。我们为北京工业大学多年来为祖国、为首都社会主义建设培养了大批能人志士、栋梁之材成为社会主义劳动者、建设者而自豪，为在 211 工程建设和世界一流学科建设中取得的成绩而骄傲，向为北工大快速发展作出贡献的历届领导和校友致敬！

2019 年 5 月 25 日

1965 年，在大学

2017 年 10 月，在天安门广场

罗廷赞，1941 年 3 月 27 日生于北京，籍贯河北新城，1963 年 1 月 11 日入党。教授级高级工程师，河南省优秀专家。

1949—1954 年，北京西城福绥境小学学习；

1954—1960 年，北京四中学习；

1960 年—1968 年 5 月，北京工业大学学习、工作，1963 年 3 月—1965 年 3 月半脱产任一系 62 年级政治辅导员，1966 年 3 月任一系团总支书记；

1968 年 5 月—1968 年 8 月，洛阳拖拉机研究所技术员；

1968 年 8 月—1972 年 6 月，第一拖拉机制造厂发动机分厂劳动，设计员；

1972 年 6 月—1985 年 6 月，发动机分厂工艺员、设计员，车间副主任、主任，技术科长、副总工程师；

1985 年 6 月—1986 年 1 月，第一拖拉机制造厂厂长助理；

1986 年 1 月—1992 年 10 月，第一拖拉机制造厂工会主席、党委常委、副厂长；

1992 年 10 月—2000 年 8 月，中国一拖集团公司党委常委、董事、副总经理；

2000 年 8 月—2001 年 4 月，副总经理级调研员，退休（1999 年 1 月—2001 年 4 月，一拖—美德（洛阳）风电设备有限公司董事长）；

2006 年 1 月—2008 年 3 月，中国一拖集团公司风电顾问（返聘）；

2008 年 4 月—2011 年 12 月，广东东兴风盈风电设备制造有限公司风电顾问。

工大导引了我一生的路

6116班　孙裕昌

一、接到录取通知书的喜悦

考大学在我们那个年代还是非常了不起的大事，那时高中毕业就已经很了不起了。我能幸运地接到北京工业大学的录取通知书别提多高兴了。我中学的班主任老师和我们班的同学一起为我祝贺，我们祝贺彼此新生活的开始。那时我们还没有确立自己的人生道路到底怎么走，但是，学习知识建设我们的祖国的一颗红心是有的。考大学时就作了两手准备，现在考上了，就要努力地去应对人生的第一次挑战。

我是我们家族的第一代大学生，我们家祖祖辈辈都是北京最底层的工人，父亲只是小学程度，母亲是文盲，哥哥初中毕业就参加了工作。我考上大学似乎也没感受到父母和哥哥的特别祝贺，考上大学还要增加父母及兄长的负担。我藏起了我的喜悦，暗暗地下定决心，我绝不辜负父母及兄长，一定好好学习，学好本领报效祖国。

二、初次尝到了大学生的滋味

我是先于同学拿到录取通知书到学校报到的，学校安排我做班干部参加迎接新同学的工作。来到北京工业大学，首先见到的是一座座崭新的宿舍大楼和宽敞漂亮的教工和学生食堂，在南面是一座高大的教学楼，它的东面是一个拥有400米跑道的运动场。我们的宿舍宽敞明亮，8个同学被分到一起住上下铺，室内还有储藏柜。这就是大学么，我感受到了。我的同学，个个脸上充满阳光，朝气蓬勃，其中好多同学来自北京市非常棒的中学。

北工大是一所市属大学，我们刚进校就感受到学校的发展方向，那就是要建成莫斯科大学式的北京工业大学，我和我的同学备受鼓舞，我们将被培养成北京工业的建设者。我被分配机械系（一系）6112 班，这和中学的班级有很大的不同，全班只不过 30 多位同学。新鲜劲儿过后，真的大学生活开始了，紧张而有序。基础课都是大课，在宽敞的教室上，我们的老师都是很优秀的，他们教我们的讲义和北京的名校同步。再看我的同学个个勤奋，哦，大学就是这样子，在我心中扎下了根，我一定努力不辜负工大对我的培养。

三、掌握本事的专业学习

学习专业课时我被转到 6116 班，和 6112 班分手了，和已经熟悉的同班同学分开，到了一个新班，但这是系组织的决定，我很快便融入新的集体。

我们班所学专业是热加工（铸、煅、焊、热处理）。其中焊接为主。教焊接原理课的就是可亲可爱的徐碧宇教授。他生动的教学吸引着我们，把我们带入了熔融金属的微观世界。认识性学习，我们到了北京锅炉厂，那高大的兰开夏锅炉，是钢板用电弧焊连接完成的。我被分配到下料工段，第一次尝试了用氧乙炔气的火焰切割钢材，那熔融的铁水被高压氧吹散，留下一条明显的割痕，在师傅的帮助下我把钢板割开了。学校很重视理论联系实际的学习方法，学习一段理论课就马上安排我们实习。我们先到长春第一汽车制造厂，热处理工段实习，我在化学热处理车间跟班，在钢制零件的表面渗碳、渗氮或氰化以增强零件表面的强度和耐磨性。和那些曾在苏联培训过的师傅在一起，学到了书本以外的知识。后来学校还组织我们到大连起重机厂实习焊接。那是在起重机大梁上进行的，为防止变形，工人师傅有序地布阵一起施焊，非常讲究焊点的位置和顺序，这就是焊接工艺。在这里我还学习了用切炬火焰矫正起重机梁板变形的工艺。

时间飞快，转眼间我们就要毕业了，校方让我们搞“真刀真枪”的毕业设计，恰在此时我光荣地加入了中国共产党，汤琴、熊第京两位老师是我入党的介绍人。我带着沉甸甸的责任进入了我的毕设。

我们这个课题组被分配到北京金属结构厂铸造车间。课题是“水爆清砂工艺”，经过翻砂造型，冲天炉熔化铁水，浇注后，铸件凝固不等冷却即刻投入水中，含有型芯的热铸件浸入水中后，水在型芯的缝隙中，迅速形成蒸汽而爆炸，铸件内外被清理得干干净净。这个工艺减轻了翻砂工人繁重的清砂作业，减轻了粉尘的吸入。我们都知道翻砂工人的职业病就是硅肺病。在本毕设中，既完成了毕设水爆清砂工艺，又对整个翻砂铸造有了实际的认识，对以后工作大有好处（此工艺为试验性质，因为激冷对铸件有害，弊大于利，后来在实用中停止了）。

四、焊接工作伴我一生

毕业后我被分配到北京锻压机床厂，从事了我一生为之奋斗的焊接事业。在铆焊二组开始了我的焊接生涯。二年出徒，我成了一名电焊工。河北微水发电厂扩建，要生产5万千瓦高温高压机组，急缺金属监督人才，我应聘成功，这也解决了我夫妻分居生活的问题。我倾其所学，把在校学习金属学的全部知识，应用在5万千瓦机组上。我们当时是“有窝没鸡”，自力更生，我跑哈尔滨汽轮机厂，买他们汽轮机不合格或半成品的叶轮叶片，返回后我将这些叶片按其成分分别进行热处理。那时候是全省一盘棋，各厂可以协作，热处理在北京国棉七厂，我们吃住在热处理炉旁，我还经常跑良乡修造厂进行高压门杆热处理。还组织筹建了金属监督试验室，采购了金相显微镜、理化设备、探伤设备。我满怀热情地投入了电力大发展的时代。从5万千瓦到10万千瓦、20万千瓦、30万千瓦、60万千瓦。从亚临界到超临界，再到超超临界。材质从珠光体耐热钢到马氏体、奥氏体不锈钢，我担任了火力发电厂建设全过程所采用金属的监督，特别是焊接监督。

在汽轮机缸体的补焊、汽轮机叶片的断裂再植焊接技术、锅炉受热面钢管异种钢焊接技术、汽包集中下降管口的半自动补焊工艺及热处理等方面我都取得了成功。这些成绩的取得，都得到了母校的指导，在此特别要感谢熊第京教授，他曾多次到我单位进行指导。

五、老师与我们一起搞科研

压力22.1兆帕、温度593摄氏度的锅炉，选用马氏体P91耐热钢。首先碰到的问题是焊接工艺，经过电力建设研究所我们的小师弟北工大杨建平单位的努力，较好地解决了焊接工艺。但是焊接用焊条焊丝需全部使用进口材料，国内空白。

20世纪90年代，火力发电厂装机台容量已达到600兆瓦超临界高温高压机组。在此之前我们有幸曾多次与我的老师熊第京交往，请他来我院做论文审定工作，如不预热焊后不做热处理耐热钢焊条的研制及工艺等。在与老师的交流中，了解到咱校材料学院有一台药芯焊丝生产设备，对此我们产生浓厚兴趣。若采用药芯焊丝代替SA213–T91进口焊丝不是一个很好的选项吗？经过与熊教授的多次沟通，他终于答应帮我们立项与合作。

由于国内外尚无此类钢材的药芯焊丝的标准，只能参照进口实心焊丝TGS–9CM的技术指标制定，为此咱工大材料学院刘建萍和蒋建敏两位老师也积极加入，在药芯的配方上反反复复做了大量的工作。我们也数次到校与老师们共同探讨，药芯焊丝研制成功，熔敷金属成分及力学指标满足进口实心焊丝的要求。故而第一阶段和老师的合作取得圆满成功。

第二阶段是工艺试验，要把药芯焊丝应用到生产实践中去，把科研成果转化为生产力。在熊教授多次指导和帮助下，我们很快地掌握了手工氩弧焊用药芯焊丝技术，通过测试药芯焊丝使得焊缝根部有一层薄渣保护，从而省掉了管子对接时，内部要充氩气保护。这大大降低了施工难度，也大大节约了成本，同时免去了高额进口焊丝的费用，填补了国产焊接材料的空白。在母校材料学院的帮助下，我们锅检中心获国网公司科技二等奖，并获国家专利。这一科研成果迅速在河北在建和改建的机组生产中普遍获得应用。在此我要感谢敬爱的熊第京教授和刘建萍、蒋建敏两位老师。

六、忆恩师徐碧宇先生

我的专业焊接原理是徐碧宇先生授课，他是一位非常可亲的长者。他的每堂课都能把我们带入那微观的金属世界。

毕业后我从事了焊接工作，每每想起老师的教诲，心中总是不能平静。

谁能想到！我在耐热铸钢焊接材料的研究中，意外得到了徐先生的指教，我太幸运了，从此时隔 20 多年的师生又有了联系。那是 20 世纪 80 年代末，徐先生多次来信指导我的“不预热不热处理焊条”的研制。此后，他老人家又把我推荐到焊接协会，又见到了会长，我们焊接的小课老师李永安先生。当时我 50 多岁，李先生说我是少壮派，惹得大家哄堂大笑。还记得徐先生让我去他家，他夫人还给我沏了杯咖啡。然后他带我去亚运村参加焊接年会。老先生在耐热铸钢的配方方面给了许许多多的建议。后来我们研制出来，并且在邢台 20 万千瓦汽轮机补焊中应用，获国家专利。我校材料学院熊第京老师参加评定。经李永安老师的推荐我又先后参加了两届全国焊工比武大赛，当评委。这些都是在徐老的亲切安排下进行的。

这些成绩的取得，都是老师指引的结果，我非常怀念他，万万没想到老师对学生孜孜不断的教诲，在他 80 多岁高龄下还那么热心地帮助他 60 来岁的学生。我怀念他，我怀念我的母校。我受益于母校，我要用毕生的努力来感恩母校，母校我爱你。

2018 年 12 月 29 日

在大学

退休后

孙裕昌，汉族，中共党员。

1940 年 10 月 29 日，降生在北京北池子井儿胡同 3 号；

1949 年，上北池子小学；

1955 年，北京四中读初中；

1958 年，北京二十三中读高中；

1961 年，考入北京工业大学直至毕业；

1968 年 3 月，北京锻压机床厂上班，焊接技术员；

1970 年底，调河北微水发电厂，焊接工程师，河北焊协理事；

1986 年，调河北电力科学研究院，河北省焊协理事长，金属材料高级工程师；

2000 年，退休。

2000—2006 年，电力焊接监理，对河北定州电厂两台 60 万千瓦机组和黄骅电厂两台 60 万千瓦机组监理；在上海三大电力生产厂（汽轮机、锅炉、发电机）旁站监理工作。

2006 年，组建河北石家庄裕华合唱团至今并任团长。

激情燃烧　无怨无悔

——我和红色福尔摩斯的战友情

6116 班　及顺德

一、公安部展厅

2017 年 7 月 4 日中央电视台十二频道（法制）约我在公安部展厅进行采访，其他几位都是曾经在公安工作的首长和领导，顺着走廊走了一会儿向右拐，中间有一个比较突出的展柜，我走近一看震惊了，原来这个项目的展厅是专门为布鲁（陈泊）而设。展柜的右上角挂着习仲勋为布鲁同志题词“红色福尔摩斯”，落款是“习仲勋 2001 年 12 月 5 日”。左边挂着布鲁（陈泊）在延安时期的照片：粗布衣服挡不住他的帅气，严肃警觉的面孔带着微笑，这对我是何等的亲切！我向着他的照片深深地鞠了一躬，眼泪涌出，往事浮现一幕：五十一年前被我们从劳改农场接到学校住下的他，由我骑自行车带着他与已经十七年没有见面的妻子吕璜在灯市口见面。二人相视一会，沉默一下，淡淡地一笑，伸出各自的双手，“你好！”又一幕：住在北工大期间的他，有一天对我说：“及顺德同志呀，我到了广州后野心很大，当然不是个人的野心了。我要把广州、香港作为中国的南大门对外作战。我设想得很远，并且也做了许多前期的工作，没想到冤案一砸下来，全都完了，损失非常大。”眼泪从他的面颊滚下，这是我接触他近十个月时间里他唯一的一次落泪。忽然旁边有一声音响起：“‘文革’时你们是北工大的学生，为什么花那么大力气搞起两陈专案了呢？”记者问我的这句话，将我带回到了“文革”时代……

二、与陈泊、吕璜结缘

“文革”爆发时我是北工大 6116 班学生，过几个月就要毕业了，结果走不了，响应毛主席、党中央的号召参加了“文化大革命”。“文革”运动中我没有卷入其他潮流和事件中，只是自始至终参加和领导了“二陈专案”工作，也因此与陈泊、吕璜（陈泊夫人）相识并且成为终身的朋友。

“二陈（陈泊、陈坤）事件”是共和国成立后第一起将共产党的功臣掐肩入狱的冤案。此案早在潘汉年冤案三年之前发生，而第一受害人是赫赫有名的延安“红色福尔摩斯”布鲁也即陈泊。他在延安破获了国民党打入共产党内部的 56 人特务案，被党内称为“红色福尔摩斯”；还只身破获了戴笠派遣高级特务刺杀毛主席险些成功的惊天大案。这两件大案所起的作用从长远看，可能改变了中国历史的进程。但是当陈泊 1949 年在广东省任公安厅厅长兼广州市公安局局长时，被罗瑞卿派去顶替他为一把手的谭政文诬陷为“英国特务”“里通外国”，并于 1951 年 4 月 23 日在罗瑞卿亲赴广州坐镇的情况下和陈坤一起被押送北京，而叶剑英反对无效。之后谭政文将几百名广东公安系统的干部和香港地下工作人员打成黑线嫌犯，大搞“逼供信”，在粤港造成了极坏的影响。

此案为何与北工大联系上了呢？原因是 1966 年 8 月 20 日北工大红卫兵（工作组撤走后由出身“红五类”学生组成的组织）的司令谭力夫就“老子英雄儿好汉，老子反动儿混蛋”的对联发表了极具煽动性的宣扬“血统论”的讲话，在学校，在北京和全国造成恶劣影响，使“破四旧”的红八月变成“抄家，打死人不偿命”的血腥红八月。谭力夫就是谭政文之子！在当年八月的红色恐怖中，一些反对“血统论”的老师、学生成立了“东方红公社”的群众组织，对抗以谭力夫为首的“红卫兵”，我就是在此时参加了“东方红公社”。

北工大“东方红公社”是 9 月 3 日成立的。10 月中旬，中央文革小组看到谭力夫讲话掀起的恐怖浪潮干扰了毛泽东的战略部署，宣布“谭力夫讲话是修正主义的，必须批判”。在此情况下谭力夫逃跑了，于是“东方红公社”一方面派出小分队捉拿谭力夫，而更多的学生跑到全国各地肃清谭力夫讲话的余毒。当“东方红”同学到广州后发现：原来谭力夫的爸爸在新中国成立初期就制造了一起大冤案“二陈事件”，于是北工大“东方红”领导孙定忠、谈根林决定成立“二陈专案组”，不久我接替为组长。这样，搞清二陈冤案的由来

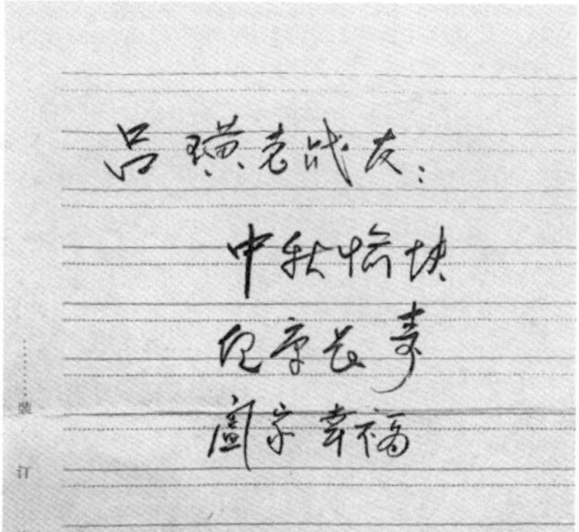

2014 年中秋节，齐心的题字

和为二陈（主要是陈洎，因为陈坤已经在监狱死亡）翻案，这不仅成为我在“文革”中参加的唯一活动，也影响了我一生，同时也使我和陈洎、吕璜成为一生的挚友。2014年中秋节，吕璜特意请我和她一起品尝了齐心（习仲勋夫人）赠送的月饼；此前的2005年春节后，吕璜还特别邀请了北工大当年“二陈专案组”的全体成员和有关人员聚餐，进行答谢。

三、调查二陈案和为二陈翻案的历程

当1978年公安部部长赵苍璧代表公安部和中央为陈洎、陈坤平反以后，人们才慢慢看清这一案件牵涉到党内高层的恩怨、斗争，其涉及领导级别之高，人际关系之复杂，令人震惊。但是当年我们莽撞的学生哪里知道啊？结果一猛子扎进去，穷追不舍，定要为二陈平反，不达目的誓不罢休，我也因此在毕业后背上了“包庇反革命分子，为反革命分子翻案”的重大政治问题的包袱，被划为另类，付出了15年的沉重代价。

由于篇幅有限，这里浓缩一下当年北工大“二陈专案组”的工作和我的所为：（1）为获得中央领导的支持，先后多次将陈洎的材料直接交到周总理、江青、康生以及谢富治等人手里。（2）在中央领导的批示下，去秦城监狱20多天，调查了有关二陈判刑的所有的42卷档案资料。（3）未经领导许可，将陈洎从劳改农场接到北工大学校居住了七个月；不仅使蒙受冤屈，分别了17年的陈洎、吕璜得以相聚，而且深刻地了解了红色福尔摩斯陈洎的高贵品质，也由此和他们成为终身的朋友。（4）向钱益民（延安时期负责军内反奸，退休前为国防工办副主任）等高级领导了解到陈洎冤案涉及的案外之情及不为人知的历史原因和情节。（5）当陈洎于1968年3月被公安部趁他离开工大看望吕璜时突然抓住押回劳改农场后，我带领专案组的同志去公安部据理力争，并通过各种渠道将我们完成的“关于陈洎，陈坤二同志冤案的报告”送给周总理和中央文革小组。（6）我毕业到天水后仍然和陈洎、吕璜

我和吕璜的合影

和陈泊家乡亲人秘密保持书信联系，从精神上最大限度地给他支持，延缓了陈泊的死亡时间（陈泊驻在北工大期间已经查出胃部有问题），他死于湖北劳改农场，时间是1972年2月。

我清楚地记得：分别了十七年的陈泊夫妇在灯市口匆匆见面的第二天，吕璜来到北工大和陈泊住了一晚后，动情地对我说："幸福难以言表"，"及顺德同志，你应叫吉大德"。当陈泊被押回湖北劳改农场后不久，我们61级学生都已毕业分配，我也待走在即，但是经请示孙、谈后和刘景纯仍然去农场看望陈泊，并最大限度地向军管会、两派组织、基层群众做工作，说明陈泊是冤枉的，正等待中央平反，并和陈泊促膝长谈到深夜。临走那天我们还去了医院向院方也说明情况，并且请医院注意陈泊的胃部毛病。清楚地记得：临走时陈泊紧紧握着我的手，久久不放，最后深情地说："谢谢！"

我也还记得吕璜对我说，当陈泊和她先后被平反后，全国政协主席邓颖超打电话给她说："这是你的胜利，党的胜利，也是我们大家的胜利！"她手握电话，啜泣不止。而后，曾宪植（中国妇联秘书长，叶剑英第一任夫人）也对她说："我一直相信'两陈案'是错误的，但是在当时的背景下，总理、叶帅、邓大姐都搬不动，你哭有什么用？"

1982年5月在公安部召开"陈泊、陈坤同志追悼大会"之际，吕璜请我参加。由于我在天水，时间仓促，在追悼大会后才赶回北京。吕璜告诉我，大会在八宝山召开，叶剑英、彭真、习仲勋（并有齐心）等送了花圈。邓小平没有送但是他夫人卓琳参加了追悼大会。部长赵苍璧主持，大会很隆重。听后我告诉她：当年公安部给我写的罪名和保存在我档案里的"包庇反革命分子"的材料还没撤销。她第二天就找到赵苍璧，由公安部正式给我单位发出了对我的平反函。

2018年6月，参加陈泊、吕璜合葬仪式

四、终生友谊

陈泊1972年去世时，吕璜和我都处于悲惨境地。吕璜下放到衡水"五七干校"黑帮营中，每个月工资从130元减少到18元。我不仅在车间劳动改造还要经常站在车间工作台上接受群众大会的批判，罪

2005年春节期间，吕璜和“二陈专案组”的聚会

名就是为反革命分子“翻案”。但是我坚信：吕璜为他丈夫翻案和我为“红色福尔摩斯”翻案都是正确的。陈泊是有功和有高贵品质的人，是我尊敬的人，一定会平反，所以我从来不认错。相反，我继续和吕璜秘密通信，互知情况，互相暗示（鼓励）。1976年唐山大地震时吕璜已经回到北京，我从天水回北京时第一时间去看望吕璜（此前我已经知道我母亲平安），找到在地震棚里的她，她很感动，催促我赶快回家看妈妈，我告诉她我已经知道妈妈平安。后来，吕璜被平反并成为中纪委巡视员，有次利用到四川、甘肃工作返京的机会，让小汽车送她到天水，路过我厂下车给我打电话约我见面。她还找到已经复出的钱益民想调我回京，虽然最终是我自己以高工名义调到首钢，但说明我们在过去的斗争中已成为患难之交。吕璜有时称我是他第二个儿子。2017年3月7日吕璜去世了，享年97岁。逝世后齐心让儿子习远平代表她告别遗体。吕璜临终的愿望是将她的骨灰与陈泊的一起移送到海南博鳌合葬。2018年6月广东省委和海南省委为陈泊、吕璜的合葬举行了仪式，齐心和习远平送了花圈。我和马士田应邀参加。

正如2005春节期间吕璜请“二陈专案组”聚会所表达的：“在那个乌云密布的艰难岁月，你们支持了我和陈泊，使我们俩相聚、给了我们勇气。你们是正直、热情，也是有能力的青年，大家都为此遭受过打击和迫害。但是我们一起坚持正义，终于赢得了胜利，我们的战斗友谊永远值得纪念！”

回顾往事，我无怨无悔。

2018年8月26日

在校时期

退休后近照

及顺德，高级工程师。

1968 年 7 月，北京工业大学毕业后分配到北京开关厂工作；

1970 年 9 月，支援三线建设，被调到甘肃天水长城开关厂工作 23 年；

1980 年，为厂新产品 GC–2 高压开关柜的制造，设计 18 套焊胎和制定焊接工艺是全国同类产品中最好的，获得上级公司的多项嘉奖；

1986 年，作为厂桥牌队主力代表甘肃省参加全国桥牌邀请赛，获得第三名；

1987 年，加入九三学社；

1988 年，晋升高级工程师职称；

1993 年 9 月，应首钢专家聘用，调入首钢机电公司设计研究院工作；

2001 年 7 月，退休。

校园琐记

6165 班　关家琬

1961 年，我考上北京工业大学，全家都很高兴，特别是爷爷说："我的孙女也上大学了！"我家这一辈人里，我是排头老大，他的希望肯定是往后的第三代都跟我一样，也都像他的儿子那样，个个都能上大学，真是"万般皆下品，唯有读书高"啊！入学那天，是爷爷背着行李把我送进了大学校门。

如果说中学阶段是玩童，没有明确的信念和思想，那么大学可以说是我走向成熟的重要阶段。我在大学里形成了为人民服务的世界观，树立了坚定的共产主义信念。1961 年的北京工业大学，发展目标是要成为中国的"莫斯科大学"，为首都建设培养人才。当时虽然学校有不少设施还没有完善，但是具备了大学开课的基本条件。那时候生源的大部分是北京各中学经高考录取的高中生，也有不少刚刚回国的华侨，此外还有许多因家庭出身不好，或所谓家庭社会关系复杂未被重点院校录取的高才生。

大学中的记忆对我是刻骨铭心的，因为那是自己思想成熟和青春所在。

上大学以后，我被分配到土木建筑系（六系）。我对前途并没有具体的设想，对选择什么专业自然没有更多的考虑。搞土木建筑野外作业多，工作条件艰苦，有的人对从事土木建筑失去兴趣。当时，大部分同学选择工民建专业，觉得盖房子总比修马路、修下水道好。我开始在四班给排水专业，后来调整专业被调到五班道桥专业学习。有人为此闹情绪，找老师要求调换专业。我没有想那么多，很自然地就服从了分配，直到毕业实习，钻进大山沟才恍然大悟，作为一个女生，知道了自己所学专业的艰苦，那有啥办法呢？服从革命工作需要，顺其自然吧！

新学期开始，我被指定为团支部的干部（因为高中三年一直是团干部）。全班 34 人，只有 9 名女同学。同学之间的关系很融洽，作风正派。然而，绝大多数同学家里都有政治问题，只有三个家庭没有问题，有的父亲新中国成立前是伪县长新中国成立后被镇压，也有的还在服刑，最简单的父亲曾是国民党员。我父亲是"右派"，当然也在其中。我知道自己要想进步，必须要经过"脱胎换骨”的改造。为此，除了努力学习以外，不管参加校内外公益劳动，还是下乡支农锻炼，我都争先恐后去做。那时学校一学期至少劳动一个月，或下乡一次。我们还在校园里挖坑种树、挖游泳池，到农村去拔麦子、收白薯等。这些活动我都带头领先，由于是女生，干起活来除带头外还要领先就太难了。业余时间我找同学谈心，向组织汇报思想。每年的暑假，同学们都回家了，我必须参加全校团干部培训，学习毛主席著作，学习刘少奇的《论共产党员的修养》，斗私批修，以及《人民日报》的重要社论，等等。学校里的各种政治活动，比如反对苏联修正主义的学习、向雷锋同志学习的活动、“红”与“专”的大讨论、清理世界观、狠斗“私”字一闪念的教育活动等，我无一不积极投身其中，而且在班里还要组织各种活动。我印象最深的，是到全国劳动模范时传祥所在的清洁大队去体验掏粪坑、背粪桶的经历，弄得大家满身是粪汤，那也要坚持走到底。还有全班同学在教室里吃忆苦饭，糠窝窝头不喝水就难往下咽，就是不许喝水，等等。这些积极而又极左的做法，自己当时还蛮以为得意，现在想起来，同学们心中还不定怎么骂我呢！实在是太“执着”了。但是，由于不断地学习、接受教育，在我心中“听党的话，按毛主席的指示办事”成为坚定的信念；“为人民服务”成为明确的世界观。

大学的学习比起中学时自由得多，也轻松了一些。第一年基础课紧张些，我的学习成绩一年级时还不错，期末考试，高等数学全班只有三个满分，有我一个。到了二年级以后，学习成绩一直处于中等，有过两次不及格，印象深刻。一次是二年级的结构力学考试，因为考题出难了，大多数同学都不能按时交卷，有的题根本不会做，满分的没有，但不及格的也不多，我居然没有及格。还有一次政治考试，毛主席著作背熟了，但是答题时张冠李戴，大概全班只有我一个最差，考试不及格，我的压力很大。作为班上的领头人，学习不好怎么面对大家，特别是有些男同学，最爱看不起人，我下决心从此不再落后。学习上的追赶我很费劲，一方面社会工作多，占去了我不少应该读书的时间；另一方面，外界的干扰分散了精力，不专心则不达也。往后的几年，我的学习成绩一直是中游。

在大学，我一直是团支书，是大家选的，不是老师指定的。那时做团干部不需要学习拔尖，要群众关系好，没有群众基础，大家是不会选你当团支部书记的。

1965 年下半年，我们临近毕业，开始进行“真刀真枪”的毕业设计。毕设内容是到门头沟山里进行一条山区公路的勘察设计，即 109 国道上清水到祁家庄段的勘察设计。那是我第一次见到大山，住在杜家庄的土炕上，白天背上干粮、咸菜和水，到大山中进行地貌测量；晚上在煤油灯下画图做内业，粗茶淡饭，虽然艰苦但其乐融融，全班同学朝夕相处，互相帮助，互相照顾，建立了深厚的友情。

1965 年下半年，在门头沟山区进行勘察测量

这次毕业设计，大家收获很大，不仅把所学的专业知识付诸实践，同时在其他各方面都得到了很好的锻炼。在这种环境中，我加入了中国共产党。发展会场设在老乡家的土炕上，党员老师盘腿而坐，围在煤油灯下，通过了我的入党申请，我的心情无比激动。因为从 1961 年走进大学校门时，就向党表明决心，成为一名共产党员是我奋斗的目标。今天，在实际演练的现场如愿以偿，当时叫作“火线入党”。由于我的家庭出身有政治问题（父亲 1957 年反右时被划为“右派”），按说在那个年代入党没有希望，要入党，首先就是要与家庭划清界限。我从小没和父母亲生活在一起，并不知道父亲犯了什么错，但政治课上讲到“右派分子就是反动派”的观念，深深地印在我脑海中。我曾经为自己有这样一个家庭而沮丧过，在老师的帮助下，我明白了一个人无法选择家庭出身只能选择自己所走的道路。我没有丧失信心，但是我所付出的努力和经受的“考验”不知要比家庭没有问题的人多了多少倍！那时学校里还是重在政治表现的，没有唯成分论，老师们也都很讲政策，所以我能坚持努力向上。

1964 年 4 月，我们全班分散到几个工地进行公路施工的实习。我又被分到门头沟最远的路段上，条件还不如设计阶段，春天的一场大风，能把工棚的顶子掀翻，男同学半夜抱着被子无处睡觉。我们的工棚四处透亮，风沙过后，早上醒来鼻子都被灰尘堵住了。这样的日子使我受到很大锻炼，在以后的生活中

1965 年，6165 班在北京门头沟山区进行“真刀真枪”毕业设计现场留影

是有作用的。现在的年轻人不可想象，也不易相信。

1966 年 6 月初，“文化大革命”的风暴到来，接到返校通知，我们如期而至，想不到学校里发生了翻天覆地的变化，我蒙住了。校园里铺天盖地的大字报，校领导和好多老师都成了“走资派”和“黑帮分子”。学生造反了，毛主席说的“你们要关心国家大事，要把无产阶级文化大革命进行到底！”成了青年学生的行动指南。学校里课也不上了，年级、班组全打乱了，三个一群，五个一伙，拉帮结派，成立战斗队，斗领导，骂老师，游行示威。我当然也必须把自己融入“文化大革命”的洪流中去，组织全班同学召开誓师大会，豪言壮语表决心，批判“资产阶级”的教育路线，捍卫毛主席的“革命路线”。

然而，1966 年 8 月，无线电系的高干子弟谭力夫在全校召开的“工作组是执行了毛主席的革命路线还是执行了资产阶级反动路线”的辩论大会上，发表了宣扬“老子英雄儿好汉，老子反动儿混蛋”反动“血统论”的讲话。我突然从一个从小接受党的教育，入了团，入了党的班干部，一下子被列入“混蛋”的行列，成了“可教育好的”子女。我们几个不服气的同学被赶出教室，无奈把课桌搬到楼道里。学校里到处是红卫兵的皮带，冷嘲热讽的吼声，皮笑肉不笑的面孔。一时间，偌大的校园里，竟没有我们的立足之地，我感到十分压抑和窒息。哪里有压迫，哪里就有反抗，我们几个人组成了“干革命战斗队”，以大字报的形式抵制和批判反动的“血统论”。但是寡不敌众，我们的力量太微弱了，我一百个想不通，这是为什么？！满腹的委屈无处宣泄，更不能放纵。

母亲在“文革”开始不久，一次走在街上，因中学红卫兵打架，出了车祸，大腿骨折，本应该由学校全责处理。当时警察竟然问我：“什么家庭出身？”我立刻想到了，如果知道是“右派”的家属，肯定就没人管了。我没犯傻，紧跟着一句：“我是共产党员。”这样才把母亲送进了医院。这件事很长时间我心有余悸。

不管怎样，“文化大革命”是要进行到底的。校园里一群穿着军装的高干子弟“红五类”，今天抄了张三的家，明天又去李四家打人，今天把彭真拉到学校里批斗一顿，明天又把学校党委书记戴上高帽子游街。这些革命行动，我们是没有资格参加的。我也实在不忍心看着一向被人尊敬的老师被剃了阴阳头和挂上“黑帮”的大牌子游街。我们61级的同学面临着毕业分配，学校里没有人能顾得上，只有毕业生自己着急，因为我们早就该拿工资了，还等着挣钱养家呢！

“文革”初期，鼓励“革命小将”到全国各地进行串连，其本意应该是全国的革命者联合起来，推动运动的全面发展，而实际上大多数革命小将是免费旅游。可我们没有旅游，而是到了四川参加运动，“煽风点火”，人家把我们看作是毛主席派来的红卫兵。其实后来才知道，那里没有我们的掺和，还不至于乱上加乱。我们一行七八个人还曾经响应毛主席的号召，背着行李，还唱着语录歌，从成都步行到重庆，每天徒步行走100里路，走到哪里就住到哪里，刚一停下来，腿就抽筋，疼得动不了。这样的活动除了锻炼身体以外毫无意义。同年底，四川武斗白热化，我领头又杀了回马枪，想去制止武斗，想当那里的救世主，其实同样是添乱。后来中央文革派了专列，把这一群激进的革命者拉回了北京。这一段历史也成了我说不清道不白的罪状，甚至带到工作单位，怀疑我参加了武斗，怀疑我们受到中央文革某些人的指使，等等。学校的资料中也有我们在武斗现场打回电话的记录。这身污秽真是跳到黄河里也洗不清，以致在后来的很长时间里都得不到信任，参加工作以后，领导也都戴着有色眼镜对待我。

1967年初，为了领导学校的运动，中央文革派军宣队、工宣队进了学校，领导学校的斗、批、改。不管别事如何，我们关心的毕业分配有了进展。过去的一切别说了，有了分配单位就赶紧走吧！由于“文革”，本来很团结的班集体四分五裂，本来很真挚的学友变得冷若冰霜；师生之间，同学之间，甚至连声告别的话都没有，就这样沮丧地分手了。怀着满腹的委屈，离开了这个曾经抚育我成长的摇篮、我日夜眷恋的地方。我心里很迷茫，不知今后的路要怎样走。

走出学校，回头望去，离开母校就像原来慈祥的母亲一下子对孩子翻了脸，孩子流着眼泪被迫离开了深爱着的母亲。但是不管过去了多少年，她永远是孩子的慈祥母亲。四十年、五十年过去了，孩子对母亲的怀念，随着时间的流逝，反而越来越深重了，所以学校每逢校庆或校友返校日，我都要回去看看。教过我的老师有的过了百岁，很多师弟师妹已经是学校的顶梁柱。

人老了，过去的事情一清二楚，而近日发生的什么却怎么也想不起来。

学生时代已经跑远了，然而任何一个时代都不会轻易过去，一个长长的影子，注定会贯穿在以后的年代里……。我走进社会以后，深切地体会到在大学的几年中，最有用的还是在学校里通过课堂学习和参加各种实践活动而学到的分析问题的方法和解决实际问题的能力！

在大学

退休后

关家琬，女，1942年12月生人。

1961年7月，北京市第六女子中学高中毕业；

1961年9月—1966年7月，北京工业大学土建系道桥专业毕业；

1968年5月—1972年5月，交通部公路一局技术员；

1973年5月—1978年1月，北京市公路管理处宣传科科员；

1978年1月—1980年1月，北京市公路管理处技工学校副校长；

1978年2月—1986年，北京市公路管理处计划科技术员、科长；

1993年—2003年3月，北京市公路局局长助理兼计划处处长；

2003年3月，退休。

在校读书时光

6362 班　李庆林

进入古稀之年，容易忘事，特别是近期发生的事情或刚做完的事，转眼就忘却了。可是 50 多年前的往事，在大学读书的时光，却依然清晰地留在脑海里，岁月的流逝没有把记忆冲刷得一干二净。

1963 年暑假，我考入了北工大，报到时间在 8 月底。那天，父亲从外地赶回，骑车驮着我的行李送我来学校报到。新生报到的集合地点设在化工路西口，那里飞舞着彩旗，高年级的同学热情地迎接每一名报到的新生，感到很亲切。

来到学校办理完入学手续，一位高年级同学送我到宿舍。我的宿舍在 1 号楼 201 室，窗户朝北，背阴，右侧紧邻盥洗室。房间有十五六平方米，放有四张上下铺的双层床，窗台下有一张两屉桌和一个凳子，屋门的背后是一个带门的小储藏室，可以存放衣物和提包。

房间住有八名同学，已有两名同学先于我到达，不在屋内。我被分配在下铺，坐在床铺上环视室内，感到很高兴，因为我从来没有住过这么大的房间，没有睡过单独的床，眼下的床是属于我个人的小天地，再也不必和弟弟们挤睡在一张床上，真的很高兴。

送走了父亲，回到宿舍，躺在床上，想到自己已成为名副其实的大学生，未来的学习和生活将是什么样呢?

60 年代的北工大

想起高中毕业时，班主任钱老师送给同学的那首诗："不登高山不知山之高，登上高山反知己渺小，这渺小的感觉，正是伟大呢！"虽说北工大建校只有三年，但要比起我就读过的三十五中学不知大了多少倍。学校有四座宿舍楼，一座教学楼、一座实验楼、一座二层楼食堂兼礼堂，一个运动场，学校还有医务室，设在 4 号宿舍楼一层东侧，图书馆在 2 号宿舍楼中部，除此之外，还有一些辅助用房。能在这样的大学里念书，心里感到很高兴。后来才知道，由于北工大建校不久，设施简陋，和北京西北郊的八大院校相比，不知又小了多少倍。

当时的北工大地处北京东南郊的工业区，是北京的下风向，它的北面有化工机械厂、化工试验厂、玻璃厂、农业机械厂、酿酒厂、内燃机厂、木材厂，等等。西北风一刮，化工厂和酿酒厂的气味时常飘落在校园里。

1964 年，在教学楼旁留影（左起：李庆林、顾传昆、刘金泰）

学校的西面、南面和东面都是农田和菜地，属南磨房人民公社管辖。校门口的柏油马路是专门为学校铺设的。校园北面一百多米远的地方，有一条无名的小河，河水由西向东流淌，流向学校东边的湖泊，同学们习惯称之为“工大湖”，是同学们晚饭后经常散步的好地方。

在新生的开学典礼上，校长李晨向同学们介绍了北工大建校的一些情况，同学们听了深受鼓舞。

北工大是一所地方院校，北京市委、市政府十分重视，要把北京工业大学建成世界一流、拥有万人规模的大学，规划中的主楼要比莫斯科大学的主楼还要高出一米。学制和清华大学一样定为五年，并提出了“学清华、赶清华”的口号。学校办学宗旨是为北京市的工业和城市建设，特别是为首都工业向高、精、尖、新方向发展培养现代化的建设人才，是以工为主，理工结合的多学科性大学。

每位同学都为学校的远景规划和奋斗目标而感到高兴和自豪，但是建校之时正赶上经济困难时期，国家实行“调整、巩固、充实、提高”的方针，宏伟计划不得不暂时搁浅。

我入学的那一年，学校共设有六个系，一系是机械系、二系是电机系、三系是无线电系、四系是化工系、五系是数理系（那年未招生）、六系是土木建筑系，在校学生已达 3000 多人。当时规模比较大的系要数一系和六系。

六系下有工业与民用建筑、给水排水和道路桥梁三个专业，我就读于给水排水专业。

北工大从建校的 1960 年开始招生，到“文革”爆发，共招收了六届学生，从 60 级到 65 级。学生大部分来源于北京市的高中毕业生，其中也有一些因家庭出身不好或社会关系复杂，未被重点院校录取的高才生；还有一些是建校时印度尼西亚排华而归国的爱国华侨；再有就是部队代培的学员。同学虽然来自不同的地点，但大家都能互相关心、互相爱护、互相帮助、团结友爱、共同学习、共同进步。

学校的教师水平标志着学校的水平，没有一批高水平的教师队伍，要建设一流大学是不可想象的。在建校初期北工大很重视师资队伍建设，聘请了一些国内有名的专家学者，学校还从其他院校、设计院所、施工单位调入一些教师和工程师，充实教师队伍。我们入学的第二年即 1964 年，一批清华大学的毕业生分配到学校当老师，后来他们都成为学校教师的中坚力量。

校园生活

20 世纪 80 年代，在大陆曾一度流行台湾校园歌曲。实际上，60 年代，在我们的大学校园里也有校园歌曲。它的主旋律是歌颂社会主义祖国，是催人奋进的革命歌曲。如《社会主义好》《祖国颂》《我们走在大路上》《学习雷锋好榜样》《逛新城》《航标兵之歌》《建设者之歌》《革命人永远是年轻》《打靶归来》，等等。还有就是苏联歌曲，像《共青团员之歌》《莫斯科郊外的晚上》《山楂树》《小路》《喀秋莎》等。无论是开大会前，还是列队行走在路上，都会高唱，常给人以奋发图强、拼搏向上的感觉。班里每周会定期教唱革命歌曲，“老师”则是陈君琪和王弘，她俩是班上文艺积极分子。

那个时代生活是艰苦的，建校之初恰逢三年困难时期，社会的基本生活物资极度匮乏，人们的生活必需品都要定量凭票证供应。

大学的生活，作为男同学，最大的愿望就是能吃饱，年轻人的食欲很强，总想吃点东西，平时总有一种饥饿的感觉。刚一进大学伙食费标准是每月 13.5 元，到了 1964 年，经济有所好转，国家给提高到 15.5 元。那时的生活费，除了少数同学享受助学金外，大多数同学都是由家长负责。由于是住校，一日三餐都在食堂用餐。

学校有三个食堂，即学生第一、第二食堂、教工食堂和华侨食堂，我们六系被安排在学生第一食堂（食堂一楼）就餐。饭厅里的设施很简单，每个班一个饭桌，用于存放餐具，没有凳子，大家围拢在饭桌周围站着就餐。一个班 30 余人，一张饭桌挤不下，天气暖和时，有的同学端着饭碗，来到食堂外，在路边的宣传栏下就餐。中午下课集中就餐的人最多，有时要排很长的队，但很少有人加塞。

学校的文体活动很丰富，有各种各样的社团组织。文艺方面有合唱队、舞蹈队、话剧团及各种乐器演奏队。体育运动队就更多了，有足球队、篮球队、排球队、羽毛球队、乒乓球队、田径队、体操队、武术队、举重队、击剑队、游泳队、航海队等，其中羽毛球队在北京高校里是冠军队。参加运动队的同学会有粮食补助。我上高中时很喜欢体操，单杠、双杠、跳箱、滚环等，玩得都不错。

那时虽说学习任务相当紧张，但大家都不会忘记身体锻炼，当时有一句口号是"为祖国健康工作五十年"，每天下午的第三、四节课是文体活动时间，大家都会自觉地参加体育锻炼，班长和团支部书记也会提醒大家"该出去活动了"。那时，一到下午第三、四节课，整个操场到处都可以看到参加锻炼的同学和老师，充满着蓬勃向上、生龙活虎的气氛。

为了提高同学们的体质，1965 年 5 月学校开始修建露天标准游泳池，地点就在操场的东南角，仅用两个多月时间就建好，8 月初就可下去游泳。游泳池的设施很先进，采用循环水处理系统。这套水处理系统据说是给排水专业 6164 班同学参与设计的。

到了冬天，学校在大操场泼溜冰场，下午课后同学可以凭学生证免费借用冰鞋，由于冰鞋数量有限，需要提前排队才能借到，我滑冰，就是在那里学会的。

学校的文艺活动也很丰富，一到"五四"青年节、"一二·九"纪念日，还有元旦，都会有大型文艺演出。演出的节目都是校文艺社团自编自演，很受同学们的欢迎。记得 1963 年刚进大学那一年，"一二·九"纪念日的文艺演出是在操场东侧的健身房 (实际是一个很大的工棚) 里演出的，以后的文艺演出改在食堂二楼，在那里搭建了一个舞台，场地较为宽敞，可以容纳更多的人观看。

六系的合唱队，在学校里很有名气，有 61 级同学荆一凤和刘福东两人的表演唱《逛新城》，还有女生小合唱《俺是个公社饲养员》，深受同学们的喜爱，在学校里一提起"鸭子队"指的就是那个女生小合唱队。

春天来了，学校为丰富同学们的业余生活，会组织大家去春游，由学生会具体组织。给我印象最深是 1964 年的那一次春游，是由校学生会组织，去门头沟的潭柘寺，当时去的同学很多，租用了多辆斯柯达大轿车。斯柯达轿车是捷克生产的，那时算是顶级轿车了。车队浩浩荡荡行驶在路上很是显眼，引来道路两旁的市民驻足观看，现在回想起来，这反映出当时对培养大学生的重视。

车厢内，同学们高兴极了，就像飞向大自然的小鸟，不停地高唱那个时代的校园歌曲《祖国颂》。在车厢内还有同学高声朗诵："啊！鸟在高飞，花在盛开，江山壮丽，人民豪迈，我们伟大的祖国，进入了社会主义时代！"

1965 年国庆节，校文艺团体在天安门广场演出

春天的时候，班里的同学也会自发地组织去春游，去的地点是郊区的有名景区，如香山公园、植物园的樱桃沟花园、颐和园等。春游很简单，不是乘公交车，就是骑自行车。食物是学校食堂的馒头和咸菜，要带上糖饼那就是上乘食品。条件好一点的同学会带上一个铝制军用水壶。我没有水壶可带，走到哪儿喝到哪儿，颐和园昆明湖的水我喝过，香山公园的泉水我喝过，樱桃沟的水我也喝过，渴了，哪里有水，趴下就去喝，没那么多讲究。

严谨的教学

进入大学，对大学的学习要有一个适应的过程。大一的课程主要是基础课的学习，随着年级的增高逐步转入专业基础课和专业课，毕业前是毕业实习、毕业设计与论文答辩。

有人说，一、二年级的课程最难，难在理论强，抽象不具体，到了高年级，专业课就好学了。实际上专业基础课和专业课学起来也并不轻松，这是因为没有实践经验，缺少感性认识，总有一种似是而非的感觉。

参加工作多年后，在实践中亲身感觉到，大学的学习重点要放在基础理论的学习，掌握分析问题、解决问题的方法。在漫长的实际工作中，很多东西在学校是学不到的，更不要说新知识、新技术层出不穷。五年制的大学，后两年因“文革”，学业被耽误，但值得庆幸的是，大学前几年基础课的学习是扎实的，对于我后来在工作中能够得心应手地处理和解决工作中的问题起了重要作用。

学校很重视前三年的基础课和专业基础课的教育。记得大学一开始就学习高等数学、普通物理、普通化学、外语、画法几何学、政治经济学等基础课。随年级增高，逐步增加了理论力学、材料力学、结构力学、水力学、热工学、金属工艺学、水文地质学、测量学、工程制图等技术基础课程。

基础课的教学，采用大课教学方式，我所就读的土木建筑系（六系）63 级三个专业的同学 100 多人在一个大教室上课。老师在讲台上授课，边讲边用粉笔在黑板上书写重点，那时没有多媒体教学，老师很辛苦。学生们都很认真专心听讲，还要做笔记，以备课后复习之用。

一般情况上午都是大课，下午是习题课，习题课则是按专业小班上课。习题课的老师大都是刚从学校毕业不久的年轻教师担任。做作业和复习的时间是在晚自习，晚七点至十点是自习课时间，所以一到晚上整个教学楼灯火通明，同学们都很刻苦地学习。十点半教学楼和宿舍楼熄灯，一天下来感到很紧张，学习不轻松。

进入大学不久，学校在学生中贯彻《学生学习方法30条》，指导学生如何适应大学的学习和掌握良好的学习方法。记得那时给每位同学发一个小册子，要在小册子上填好一周的学习计划。当时一周六个学习日，每天分成上午、下午和晚自习三个单元，每个单元你是如何安排的，上什么课，什么时间复习，复习多少时间都要填写清楚。每周一要交到班主任那里，由老师负责检查指导。据说那时学校还制定了《教师教学工作暂行条例60条》，对教师的教学也提出了指导性原则和检查标准。可见那时学校对教师的教学要求和对学生的学习要求是很严格的。

那时的考试非常严格，一到期末大家都非常认真地复习功课，准备考试。课程分为考试课和考查课。大一的基础课都是必考科目，像高等数学、普通物理、普通化学、外语等。和以往不同的是，有的理论课除了笔试外还有口试，比如高等数学就是这样，笔试和口试成绩的综合结果才是你的最终成绩。

我记得一年级的高等数学就有口试，由于刚刚步入大学，对这种考试方法有些不适应、感到紧张。考试时采用抽签的方法来确定试题，接下来有一刻钟左右的时间准备。口试时有2至3名老师坐在你对面，这种阵势过去没有遇到过。那次我抽到的试题是一道数学公式的推导，我根据试题要求，叙述了公式推导

1964年，密云测量实习现场，刘金泰和秦效敏专心致志地工作

现场测量后汇总测量结果

过程，从老师的表情来看是满意的，接着老师又引申地问了一个问题，我没有回答上来，口试过程大约有十分钟，但对于我们每一位同学来讲都感到很漫长。

为什么要采取口试的形式，目的就是要训练和考查你的逻辑思维能力、你对知识掌握的深度和灵活运用的能力，还有就是你的语言表达能力。这也是对我们进行严格的工程师训练的一种方式，但是这种考试方式也有它的缺点，就是考试所需要的时间长，教师的工作量很大，不仅学生紧张，老师也并不轻松，后来就很少采用了。

关于考试还有一点要说的，就是考试绝对没有作弊的（如果有那是极个别的），因为考试作弊是要牵扯到品行问题，一旦发生了，会使你在学校期间永远抬不起头来，至少我是这么认为。你可以仔细地观察，从那个时代过来的大学生，大都具备最基本的品行，就是老老实实做人，认认真真做事，绝大多数人对工作兢兢业业、一丝不苟，这也是作为一名工程师所具备的最基本的素质。

学校的这种严谨的教学体系随着 1966 年 6 月“文革”的爆发，如正常的教学环境等完全被打乱，学校处于无政府状态。

人生观教育

进入大学，在我的记忆里，设有政治课或类似的课程，对学生系统地进行人生观教育。

我们这一代人，从上小学开始，就受到非常正统的共产主义、爱国主义、集体主义思想教育，也深受革命先辈的艰苦奋斗和全心全意为人民服务精神的影响。

进入大学，学校很重视人生观的教育，记得，入学教育就是为什么上大学？怎样上好大学？大学毕业后怎样工作？李晨校长在开学典礼时还特意提到给排水专业，让来到这个专业学习的同学热爱自己的专业。

那时学校号召学习毛泽东主席的著作，毛主席的教导对同学世界观的形成起到重要作用。

如在《纪念白求恩》一文有如下叙述：“白求恩同志毫不利己专门利人的精神，表现在他对工作的极端的负责任，对同志对人民的极端的热忱。每个共产党员都要学习他。”“我们大家要学习他毫无自私自利之心的精神。从这点出发，就可以变为大有利于人民的人。一个人能力有大小，但只要有这点精神，就是一个高尚的人，一个纯粹的人，一个有道德的人，一个脱离了低级趣味的人，一个有益于人民的人。”

又如："我们共产党和共产党所领导的八路军、新四军，是革命的队伍。我们这个队伍完全是为着解放人民的，是彻底地为人民的利益工作的。"

再如："全心全意地为人民服务，一刻也不脱离群众，一切从人民的利益出发，而不是从个人或小集团的利益出发，向人民负责和向党的领导机关负责的一致性，这些就是我们的出发点。"

这些名言，那时成为同学们的座右铭，很多人都能够背诵下来。

苏联卫国战争中的英雄保尔·柯察金在他的著作《钢铁是怎样炼成的》中有一段话："人，最宝贵的是生命；它，属于人只有一次。人的一生应当这样度过：当他回首往事的时候，不因虚度年华而悔恨，不因碌碌无为而羞耻；这样在他临死的时候，他就能够说：我已经把我的整个生命和全部精力，都贡献给了这个世界上最壮丽事业——为人类的解放而斗争！"这段名言，我在读高中时，就可以用俄文背诵下来，保尔的话曾激励过整整一代人。

那个时代产生了一批具有共产主义世界观的代表人物，例如，有完全彻底为人民服务的雷锋、战斗英雄麦贤得、人民的好儿子刘英俊，还有优秀县委书记焦裕禄等，这些英雄人物的光辉形象，对那个时代的年轻人产生了很大的影响。

人生观教育的结果，具体反映在学生中间，就是端正学习目的，要树立为人民服务的思想，人民送我上大学，我上大学为人民。要树立为建设社会主义和最终为实现共产主义远大理想而奋斗的思想。反对不刻苦学习、好逸恶劳、贪图享乐的思想。

那时党的教育方针对学生的健康成长也起到了积极的作用。教育方针提出要"使受教育者在德育、智育、体育几个方面都得到发展，成为有社会主义觉悟、有文化的劳动者"。

同学们政治上大都积极要求进步，有的同学申请加入中国共产党。刚一入学时班里没有党员，只有团支部和班委会，团支部和班委会的成员表现都很好，作风正派，学习努力，注意团结同学，在班里有很高的威信，是班里的领导核心，大家都听他们的。

随着阶级、阶级斗争的阵势不断强化，什么事情都要和阶级斗争联系起来。在现实生活中，往往把本人成分和家庭出身、社会关系，看得比什么都重要，它会影响你的一切社会活动。

那时，还有一句口号"教育为无产阶级政治服务，教育与生产劳动相结合"，"无产阶级政治"大家理解为"为人民服务"。"教育与生产劳动相结合"是指在学习上要联系生产实际，因而增加了不少下厂参观学习的机会，这对理论联系实际有一定的作用。毕业设计也是结合企业的生产，结合实际，使课题进行“真刀真枪”的毕业设计，很受社会的好评。

在世界观教育方面，还有一条就是走和工农兵相结合的道路。毛泽东在谈到和工农兵相结合时有一段很著名的讲话：“看一个青年是不是革命的，拿什么做标准呢？拿什么去辨别他呢？只有一个标准，这就是看他愿意不愿意、并且实行不实行和广大的工农群众结合在一起。愿意并实行和工农结合的，是革命的，否则就是不革命的，或是反革命的。”

这段讲话也是那个时代大学生在世界观教育方面的重点内容之一。和工农相结合、为工农大众服务是大学生在人生路上的正确选择，何况那时的大学生都是国家出钱培养，许多大学生也是来自工农大众。

学校时常会组织同学参加农业劳动，如初夏去农村人民公社参加麦收劳动，秋天参加秋收劳动，一方面在劳动中得到锻炼，另一方面也是要求增强同劳动人民之间的阶级感情。这样的劳动大家都会踊跃参加，从那个时代过来的人对农业劳动都不生疏。时代虽然发生了很大变化，那时所受到的人生观教育至今还深深地影响着一代人。

正常的校园生活和教学秩序一直持续到 1966 年 5 月“文革”的爆发，正常的教学秩序和校园生活完全被打乱，学校处于无政府状态。

“文革”中的复课

“文革”进入第二年的 1967 年，学校仍处于停课状态，招生停止，毕业生也停止分配，混乱局面没有好转的迹象，大多数同学内心深处已不再像运动初期那样狂热，尽管口头上还喊着“三忠于，四无限”口号。

社会上有识之士认为学校运动要搞，但课不能不上，毛泽东采纳了这一意见，发出了“复课闹革命”的最高指示。3 月 27 日的《人民日报》很快转载了这一指示。同年的 11 月又进一步重申：“大、中、小学都要复课闹革命。”

重要指示的发表，似乎给学校的教学工作带来新的生机，但由于受“一月风暴”（夺权）的影响，各地都忙于夺权和成立革委会，派性斗争激烈，复课闹革命步履艰难。

此时，北工大运动的主流也是酝酿成立革委会，两派对立情绪仍然严重，但由于复课是广大师生的共同心愿，这也成为两派实现大联合的共同基础。学校中的各派组织都希望尽快复课。

自从“文化大革命”爆发以来，我的班集体虽然也有不同的派别，不同的观点，但同学之间的对立情绪不那么严重，同学之间没有根本的利害冲突，大家形成了共识：复课闹革命，一起完成学业，增长才干，把自己美好的青春贡献给祖国和人民！

很快班上的同学联合在一起，进行复课的准备工作。为了尽快复课，使班上工作走向正轨，大家希望民主选举勤务组。所谓勤务组，相当于以前的班委会，为大家办事，负责班上的工作。选举的结果，我被高票选为勤务组组长。我很高兴，因为我的当选完全没有背景，也不受任何人指派，是自然形成的，是有代表性的，是有群众基础的。

接下来的工作是把复课的想法和系里的老师沟通，这很快得到老师们的理解和支持，并排出了课程表，系里还设法找来了教材。有的教材不够，便组织大家刻蜡板、油印。复课大约从 1967 年 5 月开始一直持续到 1968 年 6 月，也就是我们毕业的那一年。专业基础课和专业课的学习大都在这段时间完成的。专业基础课有水力学、水化学、水文地质学、工程地质学等，专业课有给水工程、排水工程等。

复课期间还组织了参观实习，水文地质实习去了昌平的山区，了解水的径流和流量的确定；工程地质实习是在房山永定河流域，老师讲解地形地貌的形成，这些实习不仅学到了知识，接近了大自然，而且加深了同学之间的友谊。记得那次去昌平的实习，午餐是在山里野炊，大家自带锅碗瓢盆，吃的是煮面条，虽然不丰盛，但值得回味。

在专业课实习方面，老师带领我们参观城子水厂，在当时来讲，它是一个很典型的地表水的水厂，将河水经混凝、沉淀、过滤、消毒等工序而净化成饮用水，北京仅此一家，适宜教学。后来又参观了高碑店污水处理厂、南菜园的污水提升泵站、首钢石景山的污水处理设施、北京印染厂的污水处理设施等。

那段时间班里的工作开展得不错，系里的老师也深入我们班参加学习。记得一次晚上组织学习，梁东生走过来，悄悄对我说："老师都不住在学校，住家很远，是不是叫他们先回去。"我立刻采纳了他的意见，晚上不再让老师和我们一起学习或搞运动了。

1967 年，在昌平水文地质实习时休息

校、系革委会成立后，则按革委会的要求参加斗、批、改和组织有关学习，上边怎么安排，下面就怎么执行。

“复课闹革命”是我在这所五年制大学生活的最后一年。时间虽然不长，但也留下许多值得怀念的地方。同学间的情谊，不因“文革”而割裂，不因出身不同而疏远，尽管对“文革”有各自不同的看法和观点，但大家都能求同存异，结伴而行。

春天我们结伴去春游，去香山碧云寺，坐在东侧的水泉院的茶座里，畅想美好的未来；我们翻山越岭来到潭柘寺，坐在流杯亭下畅想美好的明天；夏天，我们结伴去十三陵水库，在碧波荡漾的水面上，游水奋进；我们躺在水库中心的荒岛上，沐浴着红太阳的光辉；中秋节的夜晚，我们登上北教学楼的顶层阳台，一边赏月，一边品尝美味月饼……

1968年8月，五年的大学生活即将结束，我们63级的学生到了毕业时限，但分配方案迟迟下不来。

1968年夏天，去十三陵水库游泳（后排左起：李庆林、阮如新、孟繁达、龙世通，前排左起：马迎光、卢长元、梁东生）

同年12月，毛泽东主席发出“大中学校的毕业生都要到工农兵当中去，接受工农兵的‘再教育’很有必要”的最高指示。在城市很快掀起了轰轰烈烈上山下乡落实最高指示的热潮。北工大63级毕业生则被统一安排到北京军区野战部队六十九军接受“再教育”，地点是山西省雁北阳高县4661部队农场，享受大学毕业生工资待遇。

1969年1月14日我们怀着对母校眷恋和遗憾的特殊心情告别了母校，登上北去的列车。

2013年5月写于家中“抱素书屋”
2019年1月修改

在大学（1965年）

2005年退休

李庆林，1945年3月生人，教授级高级工程师。

1968年，毕业于北京工业大学土建系给水排水专业（6362班），毕业后到部队农场劳动锻炼；

1970年8月，正式分配到工作岗位，几十年来一直从事城镇燃气供应工作，1980年曾到日本进修学习，先后在原北京市煤气公司担任设计所副所长、煤气公司技术设备科科长，公司副总工程师等职务；

2000年，任北京市燃气工程设计公司经理，工作期间曾任中国土木工程学会第七、八届城市煤气学会理事；

2005年，退休。

退休后，一边受聘从事高等职业院校的教学，一边开始写作。曾写过多篇散文，如《儿时玉渊潭》《什刹海情缘》《阜外旧事》《赴朝游记》等，其中有的已在刊物公开发表；回忆文章有《怀念母亲》《我在日本研修》《我那60年代的大学生涯》等。

我们的舢板队

6362 班　梁东生

记得那是 1964 年 4 月，我们刚从大兴县庞各庄参加“小四清”回来。学校举办春季运动会，我参加了投掷项目比赛，虽名落孙山，却结识了一些校运动队的同学，如舢板队的吴嘉林、游泳队的施韵生。

吴嘉林是舢板队队长，他见我“身强力壮”，便邀请我参加舢板队，说参加舢板队可以有计划地进行训练，详细介绍了舢板运动，包括荡桨、驶帆、撇缆、爬绳、结绳、武装泅渡、旗语通信等项目。暑假期间可到颐和园昆明湖集训半个月，平时每 1—2 周去龙潭湖划船训练一次，到工人体育馆或北京体育馆游泳训练一次，这些活动内容丰富多彩、新颖有趣，并告诉我参加运动队粮食定量可由原来的每月 32 斤增加到 45 斤，正是长身体的阶段，这是个巨大的诱惑！我欣然答应了，从此参加了校舢板队。

每天下午 4—5 点正是全校师生文体活动时间，舢板队也利用这段时间进行训练。训练项目都是日常基础训练内容，目的主要是练腰腹肌、臂力、腕力，如练哑铃、杠铃、推举、爬绳、爬杆、实心球、俯卧撑、“小燕飞”、仰卧起坐等，最后是 800 米或 1500 米中长跑，这是训练耐力。越是气喘吁吁，越要坚持，最后是拼尽全力的冲刺。

第一次去龙潭湖训练，我就喜欢上了舢板，白白的船身，尖尖的船头，长长的桨，六个桨手在舵手的号令下“一二、一二”地喊着号子，六只船桨齐刷刷地划破水面，舢板冲向前方，留下两道长长的浪痕，涟漪不断，美极了！龙潭湖水面不大，但湖中鱼很多，有时一划桨，桨叶顺势就把鱼拨出水面，甚至打到船上，我们还要将其放回湖中，非常开心！

1964 年暑期 7 月底，我们舢板队全体队员带上简单的行李前往颐和园，参加北京高校舢板队集训半个月。参加的高校有十几所，清华、北大、北航、地质、农大、邮电、化工等。集训后进行舢板荡桨和驶帆比赛。这是我第一次参加高校舢板队集训。

集训驻地设在颐和园新建宫门外路东，一处原为解放军军区工兵折叠舟、冲锋舟的仓库，木板房，闷热得很。里面蚊虫太多，自带蚊帐，睡地铺，一间屋子住十几个人。训练集中码头设在颐和园龙王庙，这是高校舢板队集训的专用码头。训练用的 6 桨舢板有 20 多艘。

上午进行舢板荡桨训练，在昆明湖的南湖水域。舢板的动力就是靠人力，所以，它是一艘纯爷们划的船！有这么一句话流传在舢板界："划舢板，练背阔。"

下午进行驶帆训练和游泳训练。游泳是游到龙王庙围栏处返回。记得有一次在铜牛码头的大石板处练习跳水，论茂丕跳水时，来个燕子展翅入水，很漂亮，但入水深了，出水后看到他胸、腹部划了好几道口子，都流血了，大家惊出一身冷汗，好在口子不太深，真悬呀！

舢板荡桨竞赛中，因桨数不同舢板的规格有几种，针对当时高校暑期集训、比赛场地设在颐和园，由水面开阔的程度决定比赛采用 6 桨舢板。舢板荡桨竞赛由作为全船组织指挥者的 1 名舵手和 6 名桨手组队进行。荡桨竞赛距离为 500—1000 米。

我们的舢板队在颐和园昆明湖岸边留影

训练中，我们这艘舢板，因我个子比较高，臂长腿长，被安排在 1 号桨位，位于舵手右手侧，是全船领桨者，2—6 号桨手为吴嘉林、论茂丕、郑家瑞、丁林绪、吕德增，舵手是孙士达。这艘舢板就我是新来的，他们几位都是老队员。几位学长特别热情、耐心，手把手地教会我很多荡桨、驶帆中的操作和技术动作，更主要的是教会我做人。全船桨手都要听从舵手指挥，并要紧跟领桨者的速度频率，团结协作，达到全船步调一致。

双手握桨把，每个人根据自己习惯掌握握把的方法。一般是内侧反握，外侧正握，一正一反便于用力和转桨。手掌在划桨时与桨柄摩擦极易起水泡，泡被磨破时很疼，尤其是臀部与座板接触部位，为了在划浆时用上力，脚要蹬前板，臀部顶在座板上不滑动，极易被磨破，磨破了，汗水渍入，真是更加难受！随着舵手的口令，我们一次次起航，一划就是500米，精疲力竭时还要冲刺、加速，大汗淋漓，没人喊累；手起泡、磨破、结臁，屁股磨破那是人人都有过的经历，没人叫苦。

舢板驶帆竞赛是舢板运动的主要竞赛项目之一。舵手决定和掌握舢板的方向，统一全船人员的意志和行动，常说“大海航行靠舵手”嘛！ 6名队员有明确、细致的分工，根据舵手的指令操纵前后帆绳，保证帆面有较好的受风角度，增大帆的推力，提高船的航行速度；负责压舷和瞭望舢板前后水域，调整舢板的纵横倾斜，减小舢板旋回半径，创造转向、绕标的有利条件。舵手灵活机动、勇敢果断的指挥，前后瞭手熟练的操作技术和互相默契的配合都是取得胜利的保证。

驶帆训练通常在有风的情况下进行，起航、绕标、驶帆。首先要判断风向，最简单的方法就是拿一根小细线，放在眼前，看它的飘动来判断风向。逆风行驶，要有一定的角度，船行“Z”字，走一定距离，需要转向，使左、右舷交替受风，沿“Z”字航行前进，去接近转向航标。转向时要压舷，防止侧翻，要防止与其他舢板碰撞，还要特别注意安全，防止手指、身体在会船时碰伤。顺风行驶，支起蝴蝶帆，紧拉帆绳，前帆、后帆全面受力，加大船的动力，全速前进。

结绳也是水手必须掌握的技能。有多种方式，如水桶结、自锁结、蝴蝶结等。驶帆时要用各种结绳方式将挂在桅杆上的船帆用帆绳前后固定在船舷钩环上，以保船帆在一段时间里处于迎风的最佳状态。

手旗通信是船与船、船与码头的联系方式。发令、听令，都是旗手用旗语这种无声的动作传递信息给接受者。记得男队孙士达与郑家瑞两人的旗语动作掌握熟练，女队宁念慈、刘艾莉两人也掌握得娴熟，所以他（她）们都曾是很好的舵手。

集训期间正值三伏天，烈日当头，荡桨是个力气活，出大力，流大汗，一点也不假。当时体育界学习日本女排大松博文的训练方法、学习解放军郭兴福练兵法，“从难从严，从实战出发”进行训练。个个汗流浃背，咬牙坚持，竟没有一个退缩的。

驶帆训练更要有耐心，头顶烈日等待起风，有时在起航线上等半个小时、一个小时是常有之事。大家开玩笑说："这哪儿是比赛呀，是在'比晒'……"记得有一次，各集训队练习起航、绕标训练，起航时就在无风情况下等了一个多小时，忽然刮起三四级风，大家高兴得不得了，迅速通过起航线，开始进行绕标航行，一切都很顺利，训练操作也就半小时，突然天气骤变，乌云密布，刮起六七级大风。指挥部鸣警，挂起返航旗，让大家落帆返航。正巧，我们这条船请来一位原北京市航海队的教练，指导我们在大风中疾速航行，船行如箭，乘风破浪在白色大浪中穿行，转向压舷，风吹浪打，全身湿透，船也进了不少水，十分紧张，但大家镇定自若，团结协作，化险为夷。这次航行，思想品质确实得到了很大的锻炼。

那天有 19 条船出航，有 7 条船扣翻在湖中，其中就有我校女队的船。好在湖中水不太深，也就 1.5 米左右，没出大事故，真是有惊无险啊！

夕阳西下之时，我们在八方亭开会，总结一天的训练收获、不足、改进之处及明确训练计划内容。我们还大声练习唱歌，如《打靶归来》《雷锋之歌》《我是一个兵》《我们走在大路上》《革命人永远是年青》等，大家有说有笑，非常开心，忘记了一天的疲劳！

1964 年暑期 8 月中旬，参加集训的十几所高校最后举行了舢板荡浆和驶帆两项竞赛。虽然我是第一次参加集训，校舢板队鼓励我，让我参加了两项男队竞赛，我非常高兴，也觉得责任重大，在比赛中特别卖力。因时间太久了，只记得男队一项取得了第 4 名，另一项取得了第六名，大家非常满意。

结束集训后回到学校，又进入了日常训练。我更加勤奋、努力。有几位高年级的队员要退役了，我觉得我们班富平义的身体条件不错，有股子蛮劲，就和他聊起参加校舢板队一事，他欣然答应了。后来，文琳也参加了舢板队，具体时间不记得了。

1965 年暑期，我们舢板队又到颐和园集训，这是我参加的第二次集训，队长为徐明达。今年的感觉要比去年好多了，手上全是老腩子，身体也棒了，背部宽阔且坚实，胸肌更发达啦！

列队行走的舢板队

舢板队的集体合影

集训后竞赛那天，徐明达队长带队走进比赛场地。走在男队第一个的就是富平义，后面是孙士达；女队第三个是杨惠人，第五个是文琳，我个子高，在最后。你看，个个精神抖擞，准备迎接挑战！

这次我非常荣幸，又被选为男队参赛队员，而且，荡浆比赛我仍是1号桨手，因时间久远，没记清其他桨手的姓名，只记得还有徐明达、杨荣振，舵手仍是孙士达。比赛中大家铆足了劲，配合默契，同心协力，男队取得了不错的成绩。大家非常开心、高兴。赛后，我们在昆明湖边拍照留影。

这是一张舢板队集体合影。前排从左至右依次是：梁东生、吴嘉林、论茂丕、齐东伟、高传富、杨荣振、孙士达、富平义、徐明达；后面站着的女队员，只记得刘艾莉、吕惠娟和杨惠人等，其他的记不起姓名了。你看，经过半个月的风吹雨打和日晒，个个队员皮肤乌红油亮，颇像“印第安人”吧！

回想起当年的舢板队生活、训练的日子，好像就浮在眼前。两年的训练，不但身体健壮了，练就了一个健美的身材，更主要的是意志品质得到了锤炼，培养了互相爱护、互相帮助、互相关心、互相协作的团队精神，培养了吃苦耐劳、忍耐力强、作风顽强、乐于助人的品质等，这些都是北工大舢板队赋予我的精神财富！使我一生受益匪浅，终生难忘！在走向社会的工作中和退休后的生活中，每当有人夸奖我时，我都会非常骄傲、自豪地说：我是北工大舢板队的！

2018 年 2 月

大学期间

工作期间

梁东生，1944年7月生人，高级工程师。

1963年9月—1968年12月，北京工业大学土木建筑系给水排水专业（五年制）学习；

1969年1月—1970年8月，到解放军六十九军位于山西省雁北阳高县的部队农场劳动锻炼，即接受“再教育”；

1970年8月—1971年3月，北京市市政四公司工作；

1971年3月—1985年10月，北京第一钢铁厂工作；

1985年10月—2004年7月，首钢设计院从事给排水专业设计；

2004年7月，退休。

大学生活二三事

6362 班　唐正一

1963 年暑假，我接到了入学通知，成为同龄人中幸运者，踏进了北京工业大学的校门，成为一名大学生。想象中的大学生活应该是紧张、浪漫、简单而平静的，但我们却遇到了一个特殊的年代。

在学校上了两年基础课后，根据上级安排，我们先后参加了农村的社会主义教育运动，简称“四清”，紧接而来的是“文化大革命”。1968 年到了毕业的年限，我们又被整体安排，来到雁北的军垦农场，接受解放军的“再教育”。我们的经历可能是历届大学生都不曾有的。现在回想起来，那时虽然我们的学业受到不同程度的影响，但却大大丰富了我们的人生经历，学到课堂上没有的东西，近距离地接触了社会，提高了自身的能力，锻炼了意志，使我一生受益匪浅。

“四清”的农村生活，让我变得坚强。

1965 年 9 月至 1966 年 5 月我参加了为期八个月的农村社会主义教育运动。同班的阮如新、苗春元、林少萍和我被分配到房山县武侯公社孤山口大队。在那里和人民日报社、618 厂、市公安局及县里的干部们组成“四清”工作队，队长是人民日报社印刷厂的陈厂长，负责孤山口大队（村）的“四清”运动。我是班里的先遣人员，比大家早到几天。

在八个月和社员同吃、同住、同劳动的社会实践中，使我在各方面经受了锻炼，并有所收获。其中最主要的是使我了解了农村的实际情况，在和农民一起同吃、同住、同劳动的“三同”中，经受了艰苦环境的锻炼，使我变得坚强起来。

我们所在的孤山口村是半山区，生活条件相对艰苦，其中最大的问题之一是缺水。村落下游有一座水库，名曰“天开水库”，但名存实亡，因库底漏水，到了旱季根本无水可用。村里全靠几口水井解决生活用水和农业灌溉用水。由于山坡地多，水源缺乏，在那里生活的几个月，对由于缺水给农业生产和日常生活所带来的不便感触颇多。

有一次生产队要在山坡上种树，浇水全靠人挑，我也和社员一样要挑水浇树。最近的水井离种树的山坡很远，路况也不好。我一个不足 90 斤体重的人挑着两桶水在高低不平的路上走，摇摇晃晃。实在感到喘不过气来时，就找个平地歇一会儿，喘口气再接着走，途中要休息几次。当走到山脚下，山坡上便没有路可走，虽山坡不陡，但我挑着水桶上山来到植树地点时，不是水全都跑光，就是连人带桶滚下山坡。为了完成植树任务，我只好用手一桶一桶地往山坡上提水，真是太累了。那时，我们发扬“一不怕苦，二不怕死”的革命精神，咬着牙，终于坚持下来，和社员一样完成了植树任务。

刚到工作队，队上分配我、林少萍和人民日报社的小曹同志居住在一个孤老太太家里，四个人一个炕，老人屋子收拾得很干净。那时，我们三个人由于工作不在同一个生产队，工作安排也不一样。生活用水全靠设在屋内的水缸，水缸里的水少了就要去附近的水井挑水。如果两个人能在一起打水，就能轻松地把水缸挑满。但有时人手不够，就要一个人去挑水。赶在冬天井台上又没有别人，井口又结了冰，很滑。对于我一个弱小女子，一手摇辘轳，一手还提着满满的一桶水，稍不留神，弄不好会滑落到井里。现在回想起来都后怕，但当时却咬牙坚持了下来。

“四清”快到尾声时，由于工作需要把我从村里最东头的第一生产队调到最西头的第七生产队。队上给我找了一间独立的小屋让我住下，为了给我壮胆和安全，让小队的副队长和我同住。我和这位姑娘相处得很好，互相照顾。谁知住了一些日子后觉得身上很痒，越来越痒，我怀疑是否有虫子咬，脱下内衣仔细一看，果不其然，真有小虫子在衣服上爬，衣服缝里还有虫卵，虫卵用手指一掐，还会“嘎嘣”一声响，我恍然大悟，这不就是战争年代革命青年所说的“革命虫”吗？原来是虱子在作怪。

村里缺水，无处洗澡，只能在室内用水擦身和经常更换内衣，有时也会在太阳底下晒，消灭衣服上的虫卵，当地人把虫卵叫“虮子”。那时，我真的体会到了虱子多了不咬的滋味儿，好在“四清”工作就要结束了。

“四清”期间我家里也发生了变故，全家搬离了北京，正想今后的生活中有了困难怎么办？回校后衣服怎么处理？林少萍说：“回去后让我母亲帮助处理吧。”果不其然，回城后林妈妈不嫌脏，不怕麻烦帮我把内衣全部用开水烫洗了，解决了我的问题，使我摆脱了困境。直到现在，我也忘不了，我在最困难的时候帮我的是我的好朋友、好同学林少萍，也忘不掉帮我解除困境的林妈妈。

“四清”运动结束返校后，“文化大革命”爆发了。“文革”进行到第二年，即 1967 年，轰轰烈烈的造反时期已经过去，党中央号召学生下厂“闹革命”。

学校三系有个战斗队要去二七车辆厂丰台机务段。那时正好闲来无事，我和王铁湘、孟繁达、高风芝等几名同学报名去了丰台机务段。我们的任务是边劳动，边帮助工人师傅写大字报，每个人分到不同的班组，孟繁达荣幸地分到毛泽东号机车组，大家都很羡慕他。

那个年代火车是烧煤的蒸汽机车，每个机务组三个人一班，司机、副司机和司炉。我们的工作就是和司炉一起往蒸汽机车的锅炉中加煤。机车内部的情景是，正前方是机车锅炉，面对锅炉有两扇左右开启的门与地上的踏板连接，我们的身后则是煤堆。往锅炉加煤时，手拿煤铲铲煤后，左脚向前踏住开炉门的脚踏板，炉门便会开启，此时用煤铲将煤抛入锅炉中，再退回左脚，炉门关闭。司炉的工作就是这样，根据锅炉的火力情况，循环往复地向锅炉里加煤，蒸汽机车飞奔向前。

我所在的机务组负责在北京周边运行，经常是半夜上班，由于没熬过夜，开始时经常困得眼皮都抬不起来。工人师傅们长期工作都习惯了，看到我们可怜样，有时说点笑话让我们精神起来，有时让我们坐着睡一会儿，后来也就慢慢地适应了。

那个年代，科技落后，通信不发达。车头上也没有通信设施，全靠人工信号和铁路两边的固定的信号灯来联系。司机要仔细看这些信号才能安全行驶，每次机车开出前都要去管理部门领取任务单。有时行驶过程中任务会有变化，这时或经过路边的小站会有人递一个变更的任务单，或利用铁路路边固定的杆子挂一个铁圈放任务单。火车在行进中需要车头上的人探出身子，把铁圈夹子上的任务单取下来。为了锻炼我的胆量，有时师傅们让我做这件事。当时我害怕极了，如果抓不牢，会拽不下任务单，抓不住把手又担心掉下车去。师傅们鼓励我，我壮着胆子抓紧扶手，这时司机师傅特意把车速放慢，我在行进的列车上，终于把铁圈上的任务单拿下来了。这时我心里，甭提多高兴了，师傅们也为我高兴。看来遇到什么困难都不要怕，咬咬牙坚持下去，终会克服的。

这次下厂中，无意间当了一次“活雷锋”。一天下班在宿舍里休息时，突然听到厂内大喇叭广播：“附近医院，有一个危重病人抢救需要血，希望大家踊跃支持。”听到这个消息，我虽然几个月前在学校已经义务献过血，但仍毫不犹豫地和大家一起奔向医院，经过检验，我完全符合条件。和我一起参加献血的还有三系的刘京同学。我们毫不犹豫，无偿地献出了200毫升鲜血。我们是在为从没有见过面的陌生人献血，至今我也不知道这个人是男、是女，长得啥样，是干什么的。

事后母亲知道了也埋怨我，你体重不到90斤的人，在学校刚献完血，怎么又到外边献血，你不要命了。我想问题没那么严重，其实这就是那个年代革命青年的精神面貌，我们是国家培养的，是劳动人民供养的大学生，只要国家需要，人民需要，大家都会无私奉献的。

“文革”中批判大学培养的是修正主义苗子，但是我们这些大学生从小受的是党的优良传统教育。党的教育方针是“教育为无产阶级政治服务，教育与生产劳动相结合”。我们上中学就开始到工厂、到农村和工人农民接触。这种经历对我们的成长有很大帮助，使我们这代人对国家、对人民、对集体都非常热爱，懂得并实践着雷锋同志“毫不利己专门利人的精神”。以至参加工作后都能勤勤恳恳、踏踏实实地像一颗螺丝钉一样，做好自己的本职工作，为国家贡献自己的力量，我为我们这一代大学生感到自豪！

2018 年 2 月

大学期间

退休后

唐正一，高级讲师。

1963—1968 年，北京工业大学土木建筑系给水排水专业（五年制）学习；

1969—1970 年，山西省雁北阳高县六十九军部队农场劳动锻炼；

1970—1981 年，北京市政工程局市政一公司宣传干事，工区团总支书记、秘书、机械施工处宣传干事、预算统计员；

1981—1994 年，北京市政工程局职工中专学校教师，1992 年评为高级讲师；

1994—1997 年，北京市政工程局市政六公司计划科计划员；

1997—2000 年，北京市政工程局市政工程处二所办公室；

2000 年，退休。

真情忆往事　往事见真情

6363 班　邹范武

在纪念大学毕业 50 周年之际，我曾在《踏石留印也是歌》之三《踏石者的心声》中感言道：

岁月是一条永不枯竭的河，
人生自有写不尽的歌。
五十载寒来暑往，山一程水一程，
踏石路上留下一串串深深浅浅的脚窝窝。

今日回想来时路，我们普通凡人走过的脚窝窝里，总会藏着一些令人或欣慰或感慨的动人故事，可以写成文字，用文字书写情怀，用心灵感悟人生，让思想与回忆一起飞，与感兴趣的同道人共思共忆共分享。

一、一床棉被传递爱心

1964 年春节过后，我们进入大学第二学期。当时全国城乡陆续开展社会主义教育运动，简称“四清”运动。这是“文革”前的最后一场政治运动。根据上级安排，我们前往北京郊区大兴县庞各庄公社参加为期一个月的“小四清”，通过与农民同吃、同住、同劳动，经受锻炼与考验。

在此期间发生的一个故事给我留下了深刻的记忆。

记得在一个寒风刺骨的冬日，我们到达乡下的第一个晚上，我与李广俊被分派住在冯大娘家。55 年前的农村农民生活十分贫困，住房很是简陋。我和广俊就住在一间冯大娘家平日里摆放农具等杂物的土坯房里。说起来现在的青年人很难相信，这间土坯房不仅墙面四处透风，而且只有门框没有门板，仅靠在门框上挂一个破门帘子遮挡。屋子土坑也无柴烧，说此屋近似冰窑般寒冷，一点也不夸张。我们理解，不是老乡不关心，不体贴我们这些青年后生，实在是家里穷得叮当响。他们自己家住房也同样是家徒四壁。那天晚上我穿着毛衣毛裤，头戴棉帽，脚穿袜子，全身“武装到牙齿”，迅速钻进自已厚厚的棉被窝里，即便如此，我躺在冰冷的土炕上也难以入睡，咬紧牙关总算熬到了天亮。

在与冯大娘一家接触中我了解到，冯大娘丈夫因病早逝，是她一人既当娘又当爹把两个儿子拉扯大。两个儿子都没上过几天学，早早地就在村里参加集体劳动挣工分，与老娘一家三口相依为命。就在我们即将结束为期一个月的锻炼，准备返回学校之际，从冯大娘口中得知一个消息：公社要组织青壮男丁自带干粮和棉被去水库工地，学大寨搞农田基本建设，每户出一个劳力。对于冯大娘家来说，有一道难迈的坎，冯家仅有两床破棉被，老娘一床，兄弟俩合盖一床，如果哥哥拿去工地，那弟弟咋办？全家人为此长吁短叹，愁得没着没落。

通过一个月的接触，我们这些来自城里的大学生与冯大娘一家也有了一定的感情。当时正值举国上下轰轰烈烈开展学雷锋做好事之时，自己作为一个从小就接受革命传统教育长大的热血青年，面对冯大娘家的天大难事，将心比心，我们住在有墙有屋顶的土坯房里，尚且冻得夜夜“当团长”，他们去工地住在简易帐篷里岂不更冷更难熬？我来不及细想，也无从征求家里父母的同意，当即决定将自己下乡带的自用棉被，也是自己唯一的棉被借给冯大娘家，以解大娘一家的燃眉之急。大娘接过我的棉被，自是再三感谢，转愁为喜。她向我保证，孩子从工地返回家后，一定将棉被拆洗干净，寄回学校。

回到家中，我将借棉被给冯大娘的事情告知母亲。母亲一方面肯定我急人所难助人为乐的善举，另一方面，母亲也很为难，家里实在也拿不出富余的棉被给我了。因为我全家八口人仅靠父亲一人工资生活，平日里常捉襟见肘，甚至寅吃卯粮，想到这里，我不免也感到有点焦虑。

回到学校后，李广俊得知我的困难，二话没说，当即拿出自己多余的一床棉被借给我用。就这样，我盖着充满同学深情的棉被，心里感到十分温暖，正是：莫道闺中总多情，同窗情更浓。

约一个月后，冯大娘儿子结束水库工地劳动回到家中，她将拆洗干净的那床棉被如约寄回北工大，记得好像还托人写了一封感谢信。接到冯大娘寄回的棉被时，我心里为朴素的冯大娘诚实守信而感动，同时也为自己对冯大娘一家急难之时施以援手助人为乐以及李广俊同学对我的爱心传递而感动、而欣慰。

通过这次下乡经历，我第一次真切感受到了中国农村与农民的真实状况，让我从思想感情上与农民更贴近了一步。现在回想此事的前因与后果，我感悟到：赠人玫瑰，手有余香；受人玫瑰，心中珍藏。

二、几行诗文见深情

1969年的元月，天气十分寒冷，但是我们都很兴奋。因为很快我们即将告别校园，奔赴山西部队农场接受“再教育”，开始人生新征途。

记得元旦刚过，我班张志忠同学脸上带着喜悦的笑容，从身上的书包里掏出糖果往大家手上边塞边说：“我结婚了，这是喜糖，大家尝尝！”同学们接过喜糖，纷纷表示祝贺。下来后，王金明、李大鹏与宗大武等一众学友提议让我写几句，表达我们对老同学的衷心祝福。我虽不才，却难推辞，经过一番思考，写了几句既表祝福也表示对即将开始接受“再教育”的态度的词句：

旭日照窗，笑语贺新郎。
根深叶茂历风霜，更须丹心向阳。
红鹰展翅翱翔，战士志在四方。
喜看稻菽香处，那里炉火正旺！

这里“笑语”原作为“欢歌”。因为当时大家都是穷学生，这几句热情的祝贺之语就表达了老同学们的心意了，话虽短，情意深长。

2015年，我们大学的首任班主任陈建平先生不幸仙逝。11月7日，我们6363班同学聚会，地点在王府井四川眉家酒店。此次聚会活动内容有两项：第一，分发每位同学一本由李庆林主编的北工大“老五届”学友的回忆录；第二，由参加陈建平先生追悼会的李广俊与苏纪明等同学介绍追悼会情况，寄托同学们的哀思。

为了准点到达聚会地点，这天我老早便从南四环住地出发。我坐在拥挤的公交车上，眼望着车外纷纷飘洒的鹅毛大雪，想起我们在工大曾经的往事及已然驾鹤西去的学友王金明、王玉才与杜惠娥，不禁心头一热，生出诸多感慨。感动之余，头脑里不觉流淌出一首《悼念陈建平先生》的藏头诗：

悼亡佳作诗百篇，
陈年往事涌心间。
建我同窗多珍重，
平平安安即是仙。

这首发自肺腑的藏头诗，真切地表达了我对已故陈建平先生和王金明等学友的悼念之情，同时也是对仍健在但却日渐老去的6363班学友们的相互关心与美好祝福。

我坐在公交车上用老式手机，用写短信的方式，第一个将此诗发给了聚会召集人之一李广俊同学。来到聚会地点，在与李大鹏聊天时，当他得知我刚写的这首藏头诗，随即让我用短信方式发到他的手机上。多年后的老同学聚会时，李大鹏告诉我说，他仍记得我当年所写的那首诗。我想，这除了说明李大鹏的好记性外，也明确无误地表明了我们对已故师友的真切怀念之情吧！

记得在2016年3月，我第二次赴美国加利福尼亚州探亲之前，我班潘海东、陈敏之与苏纪明等人先后发微信向我表达对我的衷心祝福。对此，我很感动。我当即仿李白《赠汪伦》，写了四句小诗回复：

我今乘机将欲行，
喜闻学友祝福声。
九龙山畔同窗谊，
教人感念到终生。

就在我探亲期间，忽然有一天接到刘显民微信。除了表示对我的关心与问候，微信上面还附有若干照片，开始我以为是从国内发来的。后来，显民学友告知：他是从美国发给我的，当时他正随国内某个书画代表团访问美国。当我在异国他乡，看到显明学友的关心问候，自然让我感动不已。

以上两首小诗虽无多少诗意，却是我一介书生真性情的自然流露。

三、我叫“洋药”，不叫草药

毛泽东同志在与中央领导同志谈“党群关系”这一重要问题时，说过一句很有意思的话：“营长在我们看来不算什么，但在老百姓眼里就是大官了。”

我们在山西阳高解放军农场锻炼期间，直接接触到的最大官儿，就是营副教导员。那是在1970年的春末夏初，为开展清查“五一六”运动，上级派了一位营级干部坐镇学生连，担任领导小组长，来人是营副教导员杨跃同志。杨副教导员政策水平高，没有当时那种极左的惯性思维，故在他的直接领导下，连队在运动全过程中，没有发生乱批乱整的差错。不仅如此，杨跃同志的平易近人作风与言之有物的幽默谈吐让他在我们这些大学生心中有较高威信。他与我们聊天时，不无风趣地自我介绍：“我的名字特别好记，我叫‘洋药’，不叫草药。”这里他用谐音，将自己本名“杨跃”活灵活现地呈现在众人跟前。一句幽默谈吐，立刻拉近了领导与被领导之间的距离。从他身上看不到一点毛主席批评的“大官”的架子。

正因为如此,同学们有事有问题都爱找他聊,就连个人婚恋的私密也不例外。在运动后期，他甚至对我们学生连队很多人的婚恋状况都很了解了，这也为即将到来的毕业分配作了很好的准备。

我记得大约是1970年8月初，我们即将结束在山西阳高部队农场的锻炼。一天傍晚，吃罢饭后，杨跃副教导员把我叫到一处谈话。他开门见山地告诉我，第二天他要回北京,去北京工业大学和工大毕业领导小组商定我们的分配问题。我估计杨跃同志事先摸清了我的情况，他面带微笑地对我说：“范武，你有什么事需要我帮忙的吗？”闻罢此言，不觉心头热乎乎，感到一股暖流在周身流淌。我马上回答：“如果方便，请给工大毕业分配领导小组捎个话，告知我女友所在系与班级，在拟订分配方案时适当予以照顾。”杨跃副教导员笑道：“我今日找你谈，正是此意。”

这次谈话后，我日夜盼着北京能有佳音传来。不久，我女友来信告诉我，她的毕业分配已定，被批准留在北京。

在我们返回北京，见面时她告诉我，她之所以能分在北京，有多方面原因：第一，我已分配在北京，她沾了我的光；第二，你们领导给工大毕业分配领导小组谈了你的请求；第三，工大有关领导也在其中起了作用。我心里明白，女友这次分配能如愿也是承各方努力及帮助的结果。我们衷心感谢有关领导的关心帮助！并将这种感谢化为日后工作的动力，在各自岗位上作出自己应有的贡献!

顺带提一句，我一直收藏着当年北京市革命委员会“大专院校毕业生统一分配工作报到证”。我的报到证为：京（70）毕统字第3934号。如今，这张具有历史意义的报到证,虽然已经陈旧,它却是我“文革”藏品中唯一不二的珍品了。记得去年在6363班微信群里晒出此张1970年的报到证及1966年大串连时我从南方返回北京的火车票时，李广俊即言道：“这有纪念意义，应该好好收藏！”

四、三年电大工作站的经历

1979年3月，我所在市政二公司二大队正处于东南郊污水管线与泵站施工收尾阶段。一天下班后，领导通知我说，现在有个新任务交给你，我问什么任务？领导笑答，你明天到公司教育科去报到，具体任务由他们交代给你。

第二天我来到位于马尾沟的市政二公司本部，教育科领导告知说：粉碎“四人帮”后，恢复了高考，但正规大学招生名额毕竟有限，一些参加高考落榜生都有强烈的求知欲望，他们都有工作经历，又有较好的文化基础。现在中央和北京都恢复了广播电视大学招生，我们市政局也决定对口开办两个专业电大班。其中，市政一公司与市政二公司合办机械班；市政三公司与市政四公司合办电子班。我被安排去市政一公司电大工作站，是借调去那里工作。分配我的具体任务有两项：第一，负责市政二公司学员的行政事务及与公司教育科之间的联络工作（此后，1980 年市政一公司又增办了第二个电大班，我则又担任了第一个电大班的班主任工作）；第二，协助外请高等数学老师做些辅助工作，例如学生作业批改，在外请老师不在时，尽我所能回答学生的疑问，为学生提供力所能及的帮助。

第一项任务不算什么，难的是第二项。我在大学学习高等数学是 1963 年到 1964 年，距离 1979 年已有十五六年的时间了。而在市政施工工地上也用不到多少高等数学知识，因此也就忘得所剩无几。我找出十几年前我们用过的樊映川主编的《高等数学》教材，那上面记有当年我写的学习心得，又搬来其他一些教材当参考读物，如北京大学出版的《一元微积分》与《多元微积分》等，认真学习钻研。

北京广播电视大学每周有一次配合电视教学的辅导课，我都会准时前往收听学习。

给我留下深刻印象的是：1979 年 10 月 26 日，在厂桥电化教育馆收听北京大学教授冷生明的一次专题讲座，讲座的题目是《微积分提纲》。冷教授用 3 个小时将他多年研究微积分的心得体会作了高度概括的分析讲解，听后很有收获。这份《微积分提纲》我一直珍藏至今。

我在钻研教材与辅导材料过程中，一时弄不明白的问题，我也会向外教老师请教，只是他每周只能来半天，用来给电大学员解答，他走后学员们再有疑难问题，我就是这些求知若渴的学员们的“小先生”了。

我们这个电大班学员都是来自市政工程施工生产一线，将来毕业仍然是回原来单位，继续从事市政工程施工工作。所以，我在与他们讨论答疑高等数学问题时，会尽量结合一些与工作关系较为密切的工程力学及道路工程等技术工程问题，既分析讨论数学知识本身的问题，也介绍一些普遍适用的方法（我在后来市政职教工作中又有所发挥）。例如，“观大略”“量纲分析”“添而复舍，向标准型转化”“数形结合”“数理结合”等。再如，教材上讲“导数的应用”，所举例子多为数理方面的，我则会引申到材料力学课程中，用“微分法”作“内力图”的例子。当学到“台劳级数”与“富里哀级数”时，我喜欢结合恩格斯《自然辩证法》中的论述来与学员们共同加深理解。

恩格斯指出：“数学，把某个确定的数，例如把一个二项式，化为无穷级数，即化为某种不确定的东西，从常识来说，这是荒谬的举动。但是，如果没有无穷级数和二项式定理，那我们能走多远呢？”用恩格斯的这段话，结合四位数学用表的编制与使用，再结合道路工程中“缓和曲线”常数与元素计算公式的推导，说明其中离了“台劳级数”是根本走不通的。这样做的好处是：对“无穷级数”的学习不仅认识深化了，而且对马克思主义的哲学学习更有兴趣了。事实上，心智健全的成年人无论是学习或者是工作都不可能不涉及哲学。只是有自觉与不自觉的区分罢了。

我不是爱为人师的人，但是面对求知若渴且学习刻苦认真的成年人，则会尽我所能给予帮助。我在与学员们聊天时，将工地木工师傅利用“方五斜七”口诀进行放样的实例，说明此口诀简单方便，但须进行误差分析。甚至于我还会将末位数是 5 的两位数的平方速算方法及其证明与学员们一起学习讨论。

我在期末参加了北京广播电视大学高等数学的阅卷工作。由于了解有关阅卷的评判标准，后来我还为几名考分接近 60 分的学员找补了分数，避免了这几个人补考。

我在与电大班学员共同学习生活中建立了较深的感情，由于工作认真负责，并且也确有成效，故而得到领导的好评与学员们的好感与信任。

给我留下较深印象的有两个实例。第一个，我当时的痔疮很厉害，市政一公司一位学员小张知道后，主动约我去某三甲医院（他父亲曾是该院院长），找到相关科室主任为我做了“指诊”等检查，排除了我担心的癌变可能，使我没有后顾之忧，以便将更多精力投入工作。也是这位学员及市政二公司学员小王，当着市政一公司教育科领导也是电大工作站领导，多次半开玩笑半认真地对我言道：“一日为师，终身为父。”我在那里给这两位学习比较吃力但却好学的“难兄难弟”尽我所能地“开小灶”是经常的，也是必须的（这两位老兄都有挂科补考记录）。

第二个，是一件令我感动至今的事情。市政一公司一位女学员，因为个人感情问题学习不专心，影响了她电大课程学习成绩，有关领导找她谈过话，我作为她的班主任自然也应该关心过问此事。出乎意料，还没等我找她谈话，此学员将她写给其男友一封长达约 3000 字的信交到我手里，恳请我看后将我的意见写在此信的字里行间。这在我一生经历中是第一次，也是唯一的一次。

拿到此信后，我将此事告知爱人。随后认真阅读了这封颇有文学水平的长信，并在信上适当位置写下自己长达数百字的意见和建议。我像批改学生作业一样，连她信中的错别字都予以订正。我把此信交回到此学员手里，表示我只是一个“书呆子”（我爱人对我的评语），虽然当时我已过而立之年，但就我本人的生活阅历来说，远未达到“不惑”与“人生导师”的水准，所写意见与建议，仅供参考。同此前一样，她看过我的“批语”，再次出乎我的意料，提出这封长信让我替她保存。我表示这恐怕不妥，她却坚持如此。

爱因斯坦 1936 年 10 月 15 日在纽约州立大学所作《关于教育的一些想法》的讲演中指出：“使学生对教师尊敬的唯一源泉在于教师的德和才。”（详见《纪念爱因斯坦译文集》）

回想我在电大工作站的工作经历与表现，自认问心无愧。她之所以如此，首先是相信我的人品，是对我的极大信任。同时有可能是相信我这个“蹩脚文学爱好者”能读懂理解其信中的深意。她在信中曾经表示几年后要做一名“写文章小说的人”。我本想待她实现自己理想后再将此信完璧归赵，这也许是她的考虑吧。遗憾的是，若干年后，据知情者说，她已不在了。因此，这封颇有文学水平的长信至今收藏在我手里。俗话说“好记性不如烂笔头”，为了写此文，我找出那封 40 年前约 3000 字的长信，从头到尾又认真阅读了一遍。不同的是当年我不用戴眼镜十分轻松一气呵成即可读完，现在却是必须戴眼镜且颇费眼力心力才能看清那密密麻麻的蝇头小字。但我却乐此不疲，我边读边享受着被人信任的幸福与快乐感。这种幸福与快乐感绝非金钱等物质财富可与之相提并论。当然，这是一种必须以谦逊和感激的态度来对待的幸福。

我在此同学的信中所写的最后一段文字是：马克思曾把他度过的最有意义的一段年月，喻为自己生命沙漠中的一片绿洲。那么我们每个人生命的绿洲中应该收获些什么呢？那就去问将来吧，将来会告诉我们的！只是却必须从现在做起！

在高等数学的“微积分”这部分内容告一段落时，我曾经尝试用七言杂诗的形式将自己的学习心得写成一篇诗文，题目是《“数学分析”学习拾零》。我尝试用 20 余句的文字将我们这个层次所学到的微积分主要概念予以小结。因为是“拾零”，自然难免挂一漏万。可以说，当时几乎每句都有丰富内涵可以展开，即“此中有深意”，只是相隔 40 年后，若再相问，多数内容只能是“欲辨已忘言”了。但是，不论怎么说，这也是我在电大工作站工作经历中的一段难忘的真实记录。

我在这三年中，利用一切机会，“搂草打兔子”，学习了其他一些相关的课程。只要对市政工程施工有用的知识我都不放过。结束电大工作站工作后，我被调到市政职校，正式走上教书育人的职教岗位，开始了新的人生征途。

马克思在总结自己学习数学，主要是高等数学的体会时写了一本专著，书名是《数学手稿》。我有幸拜读了此书，虽然不能完全理解吃透，但也颇有收获。马克思在谈到用定义求导这一重要问题时，他将计算相对增量这一步骤，称为求“预备导数”。借用“预备导数”一词，我将自己在市政工地第一线 9 年施工工作实践与 3 年电大工作站工作经历，合计 12 年的历练，也当作自己此后 20 余年教书育人的“预备导数”。正是有了这个“预备导数”，才为我后来职教生涯作了必要且难得的准备。

感恩岁月，感恩难得的三年电大工作站的经历！

五、一个蹩脚文学爱好者的“信念”与“回眸”

这里首先交代一下“蹩脚文学爱好者”称谓的由来。

1964 年五四青年节，是我们在大学度过的第一个青年节。这天全班同学兴致勃勃地畅游了北京香山公园，登上了“鬼见愁”高峰。

返校后，6363 班一群愣头小伙，少不更事少年狂，自发组织“蹩脚文学爱好者之联”，应自龙同学执笔撰写了《发刊词》与《歌一首》。受此鼓舞，我也破天荒写了一首《重登鬼见愁》的小诗。

正如鲁迅先生所言：婴儿的第一声啼哭绝不会是一首好诗。但我却喜欢“蹩脚文学爱好者”这一略带自嘲意味的雅称。因为我坚信：唯其“蹩脚”，方显陋室学子底色。唯其“蹩脚”，纵使娱人不足，但可自娱自乐，也是人生一大快事。我喜欢鲁迅先生的一段话，大意是：一条小溪清澈见底，即使浅吧，却浅得澄清，倘是烂泥塘，谁知是深是浅呢，也许还是浅点好。

其实“蹩脚文学爱好”无论对学习、对工作，还是对个人生活还是有一定作用的。

我在市政职校考高级职称时，报给专家审阅的总结材料名称是：《体系完整，内容从简，面向市政，填平补齐》。这是根据以下实际状况而决定的：现有教材只有《公路工程》，没有现成的“城市道路工程”，而我们职校的专业无论中专与大专都是市政工程施工专业，而不是道路桥梁工程专业。学员的专业课除了道路工程与桥梁工程之外，还有给排水工程。学制也不是三年，而是两年半。学员多数是来自市政工地，毕业后仍旧回各施工单位。

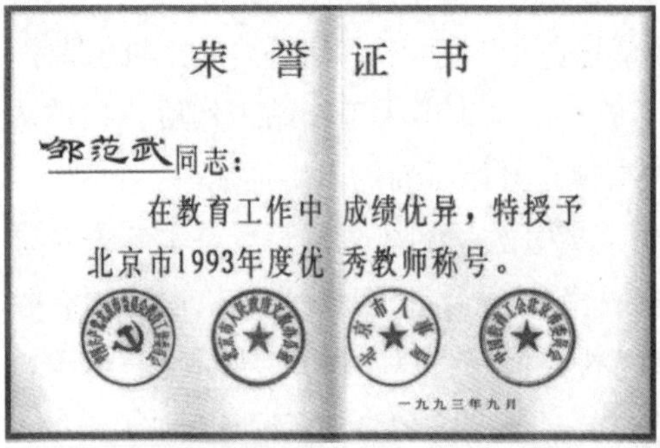
荣誉证书

郐范武同志：

在教育工作中成绩优异，特授予北京市1993年度优秀教师称号。

一九九三年九月

1993 年，荣获北京市优秀教师称号

专家在我所写总结材料上的评语，我记得有这样几句：内容翔实，文笔顺畅。既是很好的教学工作总结，也是一篇较好的道路工程科普文章。

对此，我感到十分欣慰。因为专家批语不仅是对我专业课教学工作的肯定，同时还是对我总结文字水平的赞扬。看来“蹩脚文学爱好”在关键时刻还是有用的。

在我担任市政职校道路工程课教学及班主任期间，承蒙领导关心、同事帮助、学生支持，我在教书育人岗位上取得一定成绩，多次评为学校先进工作者。特别是1993年荣获北京市先进教师称号。

但是，正如人们常讲的一句话：金杯银杯，不如学生的口碑。尤其令我欣慰的一件往事是：1995年夏天，我校9208班副班长，来自市政四公司的学员王维同学送给我一件十分珍贵的毕业礼物——王维同学委托著名书法家杨再春先生书写的一轴中堂。上面书写了12个大字：“行止无愧天地，褒贬自有春秋”左下角有杨再春先生对我的鼓励与自谦之语：“范武先生正之”，随后是书法家的署名及印章。

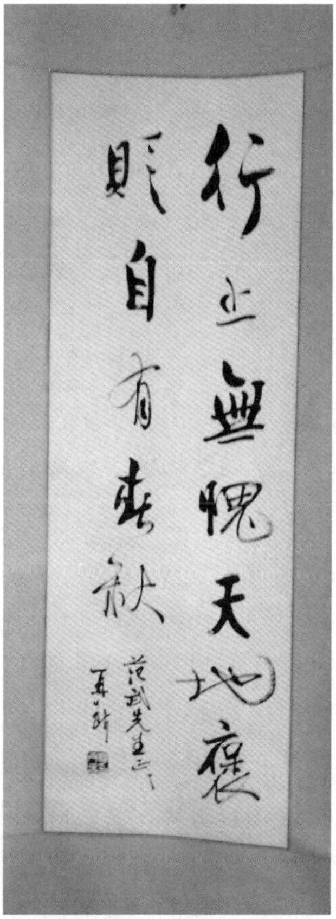

著名书法家杨再春先生书写的一轴中堂

我将学生送给我的这幅由著名书法家执笔的珍贵墨宝，视作对我教书育人工作及我的人品的褒扬，更是对我的鼓励与鞭策。它对我日后的工作与退休后的生活均有着其他物质财富难以启及的意义。我会将其作为传家宝留给后代，激励他们继续努力，砥砺前行。

2016年7月我在加州河滨探亲期间，在6363微信群里写了一篇很长的微信文章，题目是《猴年再回首》。这是我与学友潘海东微信聊天时所写。其中的重点是一首词《信念》：

大幕终须落，四海无看客。
惯听雷雨书声，敢担福与祸。
纵然时运难测，也曾岁月蹉跎，信念依未磨。
众口说聊斋，凭甚论对错？

天在看，人在做，云记着。
大浪磨洗，历史老人辨善恶。
集结号角相闻，神州愿景在望，风正千帆过。

远轮近码头，回眸心愈阔！

我写此词的背景是这样的：在我写《猴年再回首》的长篇微信之前，在我还未去加州探亲的一段日子里，在与潘海东及应自龙等学友的微信聊天中，曾经就一些大家关心的热议话题各抒己见。我写道：“张也说聊斋，李也说聊斋，张李谁言更实在？实践检验更实在。如果一时分辨不清，那就问一句：对谁有利？”

这后面一句是列宁所言。记得大约是2014年，社区在每个月一次的党员学习日，分数次放映了一部专题教育片，片名是《苏共亡党亡国20周年祭》。对于列宁的这句话印象十分深刻，我在看第一遍时就牢牢地铭记于心了。

关于“大幕终须落”这一短语，是我学习列宁另一段重要谈话心得之简略概括。

列宁在确认自己因健康状况不得不离开自己心爱的工作岗位时，以超乎寻常的平静口气，说了如下一段感人肺腑，令我刻骨铭心的话：“歌已经唱完，角色已经演完，该把自己的事情交给他人了。”对于一代伟人的博大胸襟不由肃然起敬并深受教益。据此，我感悟到：人生总有谢幕的一天，无论伟人与凡人，不管在政治舞台还是戏剧舞台，或者人生舞台上的主角与配角，终将退居幕后，最终驾鹤西去。这是万古不变的自然规律。是任何人也改变不了的。

对于我们“老五届”大学生来说，纵然时运难测，也曾岁月蹉跎，改变的是容颜，不变的是信念！

2017年12月31日深夜，在中央电视台迎新春文艺晚会即将落幕之际，我于大学与中学及亲友和社区志愿者微信群里写有一句留言：新春钟声即将敲响，让我们满怀信心迎接习近平新时代中国特色社会主义的壮丽日出！时隔一个半月，在2018年除夕之夜，只觉言犹未尽，我于《集改“三联”总关情》的短文中，有感而发又写了四句短诗：

集改“三联”墨未浓，
飞舟已过山万重。
五载砥砺乾坤转，
壮丽日出看主峰。

2018年10月14日是北工大返校的日子。我们6363班的学友们在中午聚餐时，大家一致同意：从本班实际情况出发，自己编辑电子版纪念册，纪念大学毕业50周年。当即决定成立一个五人编委会。由王瑞雪同学牵头担纲编委会主任，委员有刘显民、延峰、李广俊及苏纪明。

在此之前，王瑞雪已经收集了全班同学从入学以来的照片。有在校期间的，有在山西阳高部队农场锻炼，接受解放军“再教育”期间的，还有退休后同学们历次聚会的。这次聚会后，同学们纷纷活动起来，翻箱倒柜，将自己手上所有的有纪念意义的照片，只要是有关6363班历史记忆的均不放过，都整理了出来。有人实在找不到当年合适照片，延峰同学就采用“切”的办法，从有关合影照片中取出使用。

以王瑞雪为首的编委会五人小组，牺牲休息时间，不顾年老体弱多病，经过多日辛劳，终于圆满完成任务。我曾借用刘禹锡所写的一句唐诗，用以表述以王瑞雪同学为首的五人编委会，在完成此项工作中遭遇的困难及完成后的喜悦心情：“千淘万漉虽辛苦，吹尽狂沙始到金。”因为正是他们的不懈努力与坚持，在预定时间内，交出了一份令全班同学满意的有纪念意义的珍贵礼物——四册电子版相册。另外将已然驾鹤西去的王金明、王育才、杜惠娥及蒋志贤等四人单独又编为一册，以示对已故学友的纪念。

根据李广俊同学提议，编委会将我写的《回眸》一诗收入6363班电子版相册中。

意态钟爱少年狂，
乌发明眸神飞扬。
九龙山畔有雄鹰，
凤凰亭里无凤凰。
未必今日似朽木，
笃定当年俱好钢。
人生易老天难老，
但留风骨共菊香。

与上面这首《回眸》同时收入电子版相册中的文字还有应自龙填写的一首词《江城子》及我写的《踏石者的心声》的结尾（相册中略去了第一句，只引录了后面的三句）。《踏石者的心声》全诗如下：

难说往事如烟，秉烛前行，笃信大幕终须落，
夜阑卧听耳畔飘来逝去的青春之歌。

如果惊涛裂岸的海面上有一群海燕展翅飞过，
那同经风雨初心如故的踏石者中，一准有你有他也有我。

《中国诗词大会》的一位评委老师在评点一位选手识别杜甫的“黄四娘家花满蹊”时，说了一句话：人亲近什么不如亲近文化。

话虽短，意味长。此虽为一家之言，我却以为不无道理，值得每个热爱中国传统文化（包括中国古典诗词）的人认真感悟。

下面我以 2019 年除夕之夜，我集改的一副对联作为本文结尾：

学而无厌只为书到用时方恨少谦虚使人进步
习而不倦须知文从疑处始悟深骄傲使人落后
秉烛前行

2019 年 2 月 16 日于北京怡海花园

在大学

退休后

邹范武，1944 年 3 月生人，高级讲师。

1963—1968 年，北京工业大学土木建筑系道路桥梁专业学习；

1969 年 1 月—1970 年 8 月，山西省阳高县 4661 部队农场劳动锻炼；

1970 年 8 月—1979 年 3 月，北京市市政二公司工作；

1979 年 3 月—1982 年 1 月，借调在北京市市政一公司电大工作站工作；

1982 年 2 月—2004 年 3 月，北京市市政职工学校工作。

参加国庆20周年游行

6441班　崔连起

正常情况下我们应该1969年毕业，但是没有毕业消息，继续在军宣队、工宣队领导下进行无休止的“斗、批、改”。不知不觉之中迎来了中华人民共和国20周年大庆。北京市下来的任务，要求北工大组织学生参加国庆“文教方队”游行队伍。历年国庆游行北京的高校学生都是重点，因为好管理、好训练，还不影响生产。这样，学校军宣队、工宣队宣布要组织学生参加游行，要求同学积极报名。

北京的学生谁没参加过天安门国庆游行呢？参加过多次游行的并不少见。我第一次参加“十一”游行是1959年十年大庆。那时是初中二年级的学生，参加的是少先队队伍，游行时男同学身穿白衬衣、蓝裤子，女同学则是白衬衣、花裙子，脖子上戴着红领巾，手里拿着花环。说是花环，其实没有花，是彩纸条做的。老师指导同学们自己做，先用细树枝做成一个圆形的环，再将彩色纸剪出细穗，最后将纸条缠绕在树枝环上，粘牢。游行到天安门时将花环举起来，按着节奏晃动。第一次参加这样隆重的庆典还是很兴奋的。后来又参加过两次“五一”“十一”游行，好像是群众队伍，没有留下深刻印象。

进入北工大后，参加“十一”游行不一样了，是“体育大军”——听着就激动人心。北工大学生组成滑翔机方队。游行前必须经过严格的训练，踢正步；双手半握拳，前臂摆到与肩平，小臂、大臂、肩要成直角；后臂向后、略向外倾伸直；踢腿时膝盖绷直、脚面也绷直，脚面与地面大体平行。9月的天气，骄阳依然似火，拔慢步、走队列，不免大汗淋漓。训练中间休息时到食堂门口喝上一碗绿豆汤，很是惬意。方队训练，几十个人排成一排，行进时要保持一条直线，要求每个人的步幅要保持一致，这是最困难的。游行时按照《运动员进行曲》的节拍，“啪、啪、啪……”行进，展显出运动员蓬勃的精神与矫健的身姿。

参加游行次数多了，也就没有了新鲜感，发自内心也就没有多少积极性。

但是当年这可是一件十分严肃、十分庄重的事，要求参加游行的人必须是政治可靠、立场坚定、无限忠于伟大领袖毛主席、忠于无产阶级司令部。既然对参加游行人员的政治条件要求如此严格，军宣队觉得谁可靠就指定谁参加不就行了吗？但是，军宣队却要求同学自己积极报名。报不报名？参不参加？这反而成了问题。不报名吧，你是什么态度？这样重大的政治活动不积极。报名吧，如果不让你参加，明显是政治不可靠，对个人的精神压力该有多大！几个同学私下里一起议论、权衡着，最后还是决定报名！如果批准了，说明我们政治可靠，也就踏实了；如果军宣队认为你不可靠，载入另册，即使你不报名你也是被排斥的，还落得一个不积极。没想到我们都被批准参加，皆大欢喜。其实后来仔细想想，当初的顾虑是根本不必要的。如果我们都不报名，或者军宣队不让我们参加，游行队伍组织得起来吗？靠谁完成游行任务？当时主要是我们太单纯、太书生气了；另外也是当时在“知识分子要接受再教育”的口号下被军宣队、工宣队压制得没有了一点自信、没有了尊严。

这次游行北工大的任务是“文教方队”。参加游行的同学全部集中到北京机械学院（当年机械学院校址在红庙）进行训练。一间大教室住二十几个人，一个月多的队列训练，虽然很艰苦，却是军宣队、工宣队在校期间一段少有的轻松时刻。尽管每天也要政治学习，也要天天读，早请示、晚汇报，但没有火药味，不必批判别人，也不需自我批判。

当年正是样板戏红火的时候，《智取威虎山》讲的是东北剿匪的故事，戏中主角杨子荣的战友孙达德还健在，被人请去到处作报告。为激励我们的革命斗志，用革命传统对我们进行教育，军训团拿来了孙达德报告的录音，组织我们全体参加游行训练的同学听录音报告。在9月的阳光之下，我们全体同学集中在操场，按队列顺序席地而坐。主持人站在主席台上严肃地宣布会场秩序：“要怀着对英雄崇敬的心情……，认真收听……，不许交头接耳，不许随便走动……”他还没讲完，政委一把抢过话筒，操着浓重的口音对同学说：“你们可以交头接耳，可以上厕所、走动，可以……”然后似对同学也似对主持人说：“这个报告，你让他走也不会走的！”果然，孙达德的口才很好，讲话富于夸张、幽默，妙趣横生。

你们看《智取威虎山》有头有尾，让我说“没头没尾”！孙达德这第一句就让我们大吃一惊。接下来主要讲杨子荣如何英勇，机智，讲自己时则作一些贬损，以衬托杨子荣的“高大上”。讲到百鸡宴、威虎厅时他说哪儿有威虎厅？只不过是一个小山洞，土匪也不过几个人，更没有百鸡宴。为了活捉座山雕，杨子荣只身上山，其他战士在山洞下守候接应。孙达德等战士守候了两天两夜不见杨子荣的动静，还以为杨子荣牺牲了，这时杨子荣发出了信号，孙达德等人一举冲入山洞将土匪擒获。孙达德与其他战士饥饿不堪，见土匪洞中有炖好、吃剩的鸡肉就想吃，杨子荣见状一脚踢翻了煮鸡的锅，用手枪指着孙达德说：“你要敢吃，我就毙了你！”孙达德心里不高兴：“敢情你吃好喝好了！”下山后孙达德先被喂以米汤，然后逐步吃稀饭，再到吃干饭，身体才得以恢复。如果杨子荣允许孙达德吃鸡肉，可能下不了山就会被撑死。或许孙达德说的是实情，但是他忘了戏中的“杨子荣”不是他的战友杨子荣；戏中的“孙达德”也不是他自己。几天后孙达德因为“恶毒攻击革命样板戏，丑化军队，把革命战士描绘成贪吃敌人鸡骨头的胆小鬼”，被批判，被审查，孙达德的政治生命就此发生了意想不到的变化。现在想起来很荒唐，这可是真人真事，在当年也是一种必然。

虽然这样一场宣讲革命传统的教育是如此收场，但军训团的教育、激励办法还是很多的。再后来一场动员大会上政委热情洋溢地对我们训话：“你们要刻苦训练，精神饱满地接受毛主席的检阅，接受毛主席检阅的部队是英雄的部队，接受毛主席检阅的战士是光荣的，我们要给你们每个人发一个光荣证，当你们毕业分配到新单位，向你们单位领导拿出这个光荣证，他们一定会表示：欢迎欢迎……”当训练快结束时真地给我们发了“光荣证”。拿到这个“光荣证”让人哭笑不得，原来是一张游行编队卡片。本来应当填写姓名、队列等信息，既然军训团懒得填写，我们自己也没有必要去填写。当然，到了新单位以后谁也不会将这样的卡片向单位领导“显摆”，不过这张卡片我还是保存至今，现在看到它难免浮想联翩。

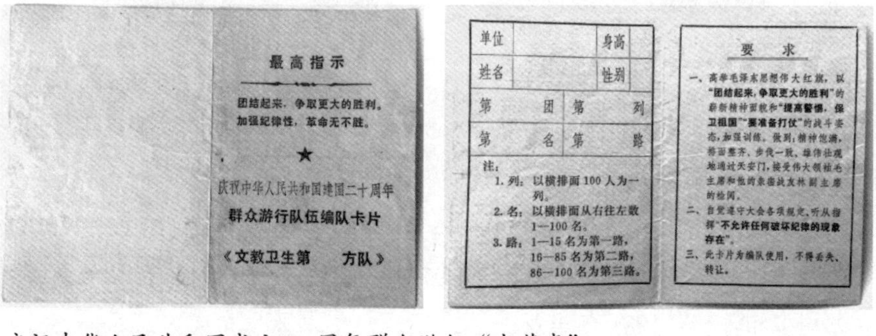

庆祝中华人民共和国成立20周年群众游行“光荣卡”

正式游行之前有两次彩排，在夜深人静时，在长安街上，按照游行总指挥部的调度，依照各方队的顺序，以及要求的动作和步伐一一走过天安门。彩排时我们的集结地点在北京饭店门前，等彩排开始后，前面的队伍陆陆续续动起来，我们也开始整队。

这时，忽然发现几名工作人员陪同谢富治（当时的北京市革命委会主任）正从王府井方向走到我们队伍后面，一些同学顾不得站队，跑过去围住谢富治，大家七嘴八舌地向他询问：“‘4600 部队’什么时候来支左呀？”（当时大学毕业生每月实习工资 46 元，所以戏称“4600 部队”，把工资发到手，那就是支左了。）“我们什么时候毕业分配呀？” 当年我们都是二十四五岁的青年，生活还需要向家长要钱，情何以堪？国家不让我们毕业、不分配工作，就这样耗在学校，大家早已厌倦。谢富治倒不见怪，一面说：“快了，快了！”一面催促我们去站队。我们真以为“快了”，听得心里很兴奋。可是国庆游行过后不久，我们就被疏散到京郊怀柔，继续“斗、批、改”，又折腾了将近一年，才被分配到全国各地。

大学时期

退休后

崔连起，教授级高级工程师。

20 世纪 70 年代初，在甘肃盐锅峡化工厂生产科任技术员；

1978 年，考入北京工业大学环化系环境化学专业研究生，指导教师李婉，研究方向多相催化，1981 年毕业；

先后在中国石化兰州化学工业公司化工研究院环保所任所长，中国石化天津石化研究院任副院长，中国石化股份有限公司天津分公司技术开发处任处长；

2006 年，退休，现居住在北京。

我和钟岩

6441 班　马士田

我是 6441 班的，钟岩是 1965 年入学，比我低一年级，是 6544 班的。如果不是 1966 年的“文革”发生，我们俩大概不会有交往，自然也发生不了恋情。何况当时学校规定：学生上学期间不许谈恋爱。男生住一号楼，女生住二号楼，除了课堂、食堂，就是宿舍，男女同学是绝不可以进入对方宿舍楼里的。

钟岩个子不高，但长得很漂亮，清美的面庞，秀丽的身材，皓齿薄唇，嗓音清晰，加上一双清澈明亮的大眼睛，如果是现在也仍然可以成为校花。但是那个年代人们以朴素为荣，排斥靓丽，女生们几乎不穿花衣，不讲究色彩搭配。因此钟岩也好，其他漂亮女同学也好，并没有在芸芸学子中特别显示出美的诱惑。

“老五届”是指 1961 年到 1965 年考入大学的学生，但是从 1966 年 6 月因“文化大革命”的爆发，学生不上课了，老师不教书了，学校完全处于无政府状态。师生之间不再以班和教研室为单位进行学业和授业，而是以看法相同与否，自行组成“战斗组”，以大字报等形式写文章表达各种观点。北工大也是在毛泽东下令广播聂元梓大字报（6 月 1 日）的前后开始了大字报浪潮。我和钟岩虽然同处在出身不好的组织“东方红公社”，在同一战壕里为批判谭力夫的“血

大学在校期间的我和钟岩

统论”而战斗，但无暇西东，并不认识。直到1966年底，当翻身后的“东方红”组织内部成立了一个“东方红红卫兵”时，我和钟岩才走到一起了。因为我们俩加上杨寄宁三人被高年级同学推选为“东方红红卫兵”的头目。此后我和钟岩由战友发展为恋人，并一直保持到毕业前夕。又因为我俩后来又都成为校革命委员会的成员（我是常委，她是委员），因此恋人关系为相当多的同学和老师知晓。

光阴似箭，人生如梦。转眼五十年过去了，竟然还有许多同学甚至老师问我：你们俩为什么分手了？钟岩是怎么去世的……对我而言，真情往事，历历在目，旷世凄离，不堪回首！但也如朋友所言：只有那个年代才能出现那种凄美的恋情。现在伴着泪水书写文章是对钟岩最好的纪念。

钟岩是毕业两年后（1972年9月）去世的，去世的原因是：患有二尖瓣狭窄心脏病的人一般是不能怀孕的，而她怀孕了，由此付出了生命的代价。现在还清楚地记得，我当时去北医三院看她的景象：我和6542班的陈涵一起去的。先在走廊看到她丈夫，问了问情况后我就一人先走进病房。她斜靠在床头上坐着，微闭着眼睛，看到我后她的眼睛一下子睁开闪亮了，虽然不像以前清澈但仍然传神，盯着我说了一句：“你怎么来了？”（她知道我正被审查）随即就用手轻轻示意一下，让我坐在她病床旁，好像我俩没有久分，一切都那么熟悉。陈涵和她丈夫可能有意回避，没跟我进来。我问她为什么不打胎？她说：“我丈夫是独子，家里不能没后代。”接着眼神暗淡了，并用命令的口气对我说：“你不要再提这事”！我稍微愣了一下，这时她丈夫和陈涵就进来了。陈涵问她感觉身体如何？她简单回答“难受”，就岔开说别的事，大概是问其他同学的情况。她的脸色很黄，说话微喘，已经没有过去清晰而爽朗的嗓音了。她又转头问我怎么样。我告诉她：“学校军宣队又把过去整我们的材料寄到工厂，正挨整呢！”她马上猜出我是逃跑出来的，微喘了一下，着急地看着我说：“你赶快回去吧！”然后不想再说什么了，眼睑垂下了。分别时她丈夫和陈涵先走了，我站起身来没马上走，她用手指头指了指她丈夫的背影向我摇了摇手。我一惊，想问她是什么意思，但犹豫了一下，没有问。这时头脑感觉有些木，机械地往门口走了两步就站住了，回过头来深情地盯着她，足有一分钟。她也不眨眼地看着我，不似往日的坚定，突然眼睛眨了一下现出一丝凄凉。我当时一下子就感觉她要离开我了，泪水涌出，扭头出门。擦了泪就对她丈夫说：“必须打胎，要保大人！”她丈夫还犹豫地说要找医生会诊。时至今日，我也不明白钟岩向我摇手指头是说她丈夫软弱靠不住，还是不让我向他说打胎之事。

当时我看望钟岩确实是从清苑县工厂偷偷跑回北京的，因为北工大军宣队把“我们认为毛泽东思想可以一分为二为主要内容的观点”定为反动思想，编成整我的材料寄到清苑县，工厂正把我当作反动学生审查。幸好寄给我的信件还没被扣押，我可能是从陈涵的来信中得知钟岩住院的事情，所以赶到北京去看她。从医院回来的当天夜里我就梦见钟岩死了，而且我把枕头都哭湿了。我妈问我是怎么了？我说梦见钟岩死了。我们家人差不多都见过钟岩，也都知道我们俩已经分手了，但谁也没说什么。吃了点饭我去了陈涵家（他家离我家很近）和他说：“我做梦梦见钟岩死了！”陈涵说：“你瞎扯，不可能！”他担心工厂会来人抓我，催我赶快回去，并答应代我再去医院看看她。我又赶快去了孙定忠家和张蔚柏家，把钟岩情况和他们的家人说了说（没见到他俩），在张蔚柏家里我留了一首诗：“辗转七年两茫茫，前程未展友已亡（写亡后又改写伤）；枯容泪下哀肠断，一生辛苦为谁忙？”紧接着就返回工厂了。十多天后听到钟岩去世的消息，我禁不住大哭一场。又以生病为由再回北京，但她的葬礼已过，我只是给吴德（先后担任北京市革命委员会主任等职务）发了个电报，因为吴德曾认钟岩为干女儿。又看望了钟岩的母亲。她母亲告诉我，她没去医院看女儿，因为女儿答应她不怀孕，却违信怀了孕还不打胎。她说：“我只想保留她原来的形象，不要看到她憔悴的面容！”

二十四年后我从深圳出差回京，约陈涵再去看望钟岩的母亲的时候，她依然坚持不去看钟岩是对的。只是惊讶我再婚后不要小孩之事，并说：“钟岩有心脏病后问你要不要小孩，你说要啊？”我一愣，想了想说：“她当时问我喜欢不喜欢小孩，我说喜欢，并不知道是由于心脏病而问我。”她沉默了一会儿，又和我聊了其他的话题近两小时。临走时她匆匆拿出一个玻璃瓶对我说：“这是我从田村山坡采的蘑菇，你拿着。钟岩说你妈妈炒的蘑菇很好吃。”我一时语塞，眼睛湿润了，握住她的手说：“明年再来看您。”那天风大，但她坚持送我俩一直到大门外，直到我们打上“面的”才挥手告别。风将她的围巾吹开与她的手同时舞动着，那又是一幕心酸而没想到的最后的告别！第二年我再去看她时才知她已于当年春节期间因脑溢血意外去世了。

世上女人的美有两种，一种是钻石的美，一种是翡翠的美。前者是由里到外的，由远而近的，晶莹通透的美。钟岩就属于这一种。钟岩的才气包括文学水平、语言水平和组织号召能力，再加上容貌都远在我之上，怎么就和我走到一起了呢？应该说这种缘分和当时的年代有关。“文革”那种年代，美丽的人、美丽的物都要用泥土和灰尘包裹自己才能安全。因此缘分是基于你拂去泥土看到美丽，以及美丽透过灰尘展现给你。对钟岩来说，最初看到我的身影是欢迎新生入校时。我是 64 级，欢迎 65 级入校有我在其中，虽然我们俩并没有接触，但是我的热情张罗进入了她的视线。“文革”尚未开始我曾因“生动、主动、活泼地学习”给系领导贴过大字报，但那时她还没有和我对上号。“文革”初期杜万荣工作组进驻学校后曾令全校广播了一篇中学生来信《马士田，你要干什么？》批判我去市委贴大字报时，见到几个中学生，曾鼓动他们贴大字报的事。这次钟岩从其同学的背后指点，才知道我就是欢迎她们入学的那个男生。而我是看到她写的批判“血统论”的大字报，内容引经据典很有说服力，毛笔字也俊秀有力，才打听写这篇大字报的钟岩是谁？才知道是个个子不高，大眼睛，爽朗靓丽的女生，6544班的。但我也没有和她直接接触。直到1966年底成立“东方红红卫兵”时，我们走到一起了。当时我的心情无比愉悦，每天都盼望能和她见面，她也和我有说不完的话。我们俩这时的初恋被殷大川（6161班）看在眼里了，在我俩聊天时他经常回避，因为他也在“东方红红卫兵”总部忙于杂事，杨寄宁也看出来了，有时也借口躲开。在“东方红红卫兵”总部讨论学校形势时，殷大川同班的赵某以及年轻教师郝东山等人都说谈根林是“东方红”内部的保守势力而反对他，孙定忠不太同意但十分孤单，我则有时发言支持孙定忠。赵某等人讥笑我：“你这么小懂什么？现在是权力斗争！”钟岩虽然在高年级同学讨论时不发言，但会下和我交流时很赞同我的团结观点。

1967年1月，上海市委被夺权了，北京新市委随后也被夺权了。学校“东方红公社”一把手孙定忠带着我和钟岩还有其他同学在夺权的当天也入驻了北京市委，我们俩在那里相处了三个多月。当时我和市委最后一名书记马力一起“抓革命促春耕”，而钟岩经常和市委领导人吴德在一起。在那时期学生是“革命小将”，算是监督老干部的，吴德很喜欢钟岩，要认她为干女儿。钟岩以一句“行吗？”既没肯定也没否认的方式化解了。她回来对我说时，我说：“我看那老头挺和善的。”在参加市委夺权那段时间里我们俩无所不聊，包括对方的家庭情况。钟岩父母的离婚对她影响很大。她的生父在本溪，是本溪钢铁公司的副总工，钟岩放假时经常两边跑。（弟弟颜晟从本溪来北京串连时也见到了我。）聊天中发现我们的政治观点非常一致：都认为毛主席发动的这次夺权行动是二次革命（也都写过文章发表在《首都红卫兵报》和《北京日报》上）；也认为1957年反右运动是错的；都以保尔·柯察金的座右铭作为自己的信仰；同时对散文和歌曲有相同的审美观点。当我说起初中毕业时受到《勘探队员之歌》影响曾报名地质中专时，她开心地笑了，随即哼起“是那山谷的风吹动了我们的红旗！是那狂暴的雨，洗刷了我们的帐篷！……”我也情不自禁地随着她哼唱起来。她还说曾为此写了一首诗，以后她拿给我看时，感到她就是诗中表现的站在山岗被风吹拂的少女。我更了解和体会到她的才华：清澈和纯美。她也赞赏我对大事的敏感、率直地表达和诚信的观念。三个月的密切接触确立了我俩的恋爱关系，可以说是山盟海誓了。

从北京市委回来后我和她先后去了沈阳，接着去了大连。大连是我的出生地，在那里她见到了我叔叔一家，我见到了她哥哥颜邦逸。我们抽时间起在海滩游泳。钟岩的游泳技术一般，我比她好。我想游得远一点，她不让。于是我们在沙滩上玩，我把她埋在沙子里，亲吻了她。回去的路上她像快乐的小鸟，一边轻轻地哼着小曲，一边不时歪着头看看我，我也不时地把她湿漉漉的头发捋捋，她就势将头靠在我的肩膀上。那几天是我俩度过的整个恋爱时期最轻松愉快的日子。

从大连回校后学校内正筹备成立校革委会，全国出现了武斗。而四川两派斗争最厉害，不断有人来到各高校呼吁北京大学生介入。钟岩是四川人，就带了一些同学去了。结果没几天就在成都被四川“产业军”抓走了。我在学校听到消息后急得睡不了觉，天天跑到电话前问消息。孙定忠通过李玉衡请总理办公室打电话给四川，我则找吴德秘书赶快把消息告诉吴德。几天后“产业军”将她放回来了（钟岩说她没听说上面有指示“产业军”才放了她）。在四川革委会主任张国华召开的座谈会上，钟岩以自己被抓走后向他们宣传中央精神，做工作，“产业军”才将她放回来的这件事情为例发言，认为“产业军”只是受蒙蔽，应该团结他们。张国华非常重视她的发言，亲自记下她的姓名、学校名称，散会后又与她交谈。钟岩回校后向“东方红”的一、二把手孙定忠、谈根林讲述了整个过程，呈现出她临危不惧，冷静处理的大将风度，大家都很赞赏，孙定忠还夸奖了她。

过了一段时间，我校去四川宜宾的同学张玄杰和王俊英遇难，全校震惊。在召开纪念张玄杰和王俊英的大会时，钟岩把吴德请来看望家属予以安慰。1967 年 7 月 15 日学校由“东方红”这一派主导力量成立了校系革委会，孙定忠和谈根林两位清华毕业的年轻教师分别担任了校革委会的主任和第一副主任。吴德、丁国钰代表北京市革委会参加了成立大会。我、钟岩和杨寄宁也都（根据选票）进入了校革委会。钟岩随后还兼任了四系革委会主任。

从1967年7月到1968年8月一年时间里钟岩除做了许多她分管的工作之外，也做了分外的事，其能力和号召力令人刮目相看，这里不多说了。用当时同在革委会工作的吴艳的话来说：“钟岩的美有川妹子及江浙女孩的那种一方水土养一方人的气质，特别有灵气，特别让人有好感的那种。她眼睛大而圆特别有神，非常纯净透明，就像孩子一样。不由得你对眼睛后的人产生了单纯和喜欢的感觉，不由得你会把她当成邻家的小妹妹一样可信可交。她交谈时总是挂着微笑，这种发自内心自然的微笑会给你一种友善的感觉。她说话很有说服力，即使在辩论中她也会保持着这种友好的微笑，让你能听进去她的话，感到大家闺秀的气度。”在这里顺便说一下，当时革委会里孙定忠的稳重，谈根林的冷静，钟岩的微笑，吴艳的细语每每支撑着会议不被外面的火爆的时局所左右。

我和钟岩的关系在各自的瞎忙中十分稳定。局外者知道我们俩是恋人关系的同学和老师都羡慕和祝福。那么我们俩看似牢不可破的关系怎么在三年后破裂了呢？问题是在1968年8月军宣队进校以后逐渐演变了。军宣队进校后先把杨寄宁打成“现行反革命”并逮捕，之后又把近十名革委会成员打成“反革命”，这里面必然要包括我和钟岩。因为杨寄宁与我和钟岩是三人好友，几乎无话不谈，杨寄宁所谓反对毛泽东思想的罪行必然也有我们俩的份儿（李惠祥所写的钟岩被两人押着去食堂的情景就是此背景）。那半年多挨整的时间真是天昏地暗，刻骨铭心，真正领教了什么叫整人！虽然由于在毛主席的新指示和吴德的压力下，1969年5月军宣队象征性地给我们平了反，但将所有革委会学生成员一律调整成委员，令其回到本班处于待批判的靶子地位。被整这半年多的时间里钟岩得了心脏病，检查的结果是二尖瓣狭窄。现在分析可能是将我们关押在南楼“学习班”挨整时，钟岩因感冒没治疗而得了此病。当年在被关押的学习班里孙定忠和我等许多人都感冒了。青春期的女性抵抗力下降后患感冒如果不治疗，极易得心肌炎和二尖瓣狭窄。当然这是我后来学医才知道的。

钟岩患心脏病不是我们俩分手的主因，主要原因是四系军宣队制定了针对她的分化瓦解工作。因为不久军宣队就又开始以抓“五・一六”分子为由再次整肃革委会成员的重点人物，尤其是所谓出身不好的人。这次采取了重点打击，分化瓦解的政策。四系军宣队的营教导员是一个满口黄牙（抽烟熏的），满脸色相和眯着三角眼的人。他在钟岩身上下足了功夫。多次找钟岩谈话，一谈就是两三个小时。主要内容就是：“你们对毛主席不忠的原因一是家庭影响，二是自身的小资产阶级思想。你们必须听从军宣队的领导，和工农兵相结合才有出路。”这样的多次谈话对钟岩产生了影响。在战备疏散去怀柔之前，她忧心忡忡地问我：“我们是小资产阶级思想吧？我们应该接受工农兵的‘再教育’吧？”在当时情况下这个问题真无法回答。我看着她那忧郁的眼神说：“我们革委会是没有树立毛主席的石像，没跳忠字舞，但是我们从心里热爱毛主席啊。我们从来没有反对周总理，他们不应该批判我们。”她的思想很矛盾，听我说后点了点头，并告诉我：李教导员也是大学生，正以他的经历感化她。我说：“他很阴，你要注意！”她说：“我明白，你放心。”我绝对放心她的人格，但是感觉到她在认识未来前景上想了很多。这里面有我的错误使得她担心：我对她患的病不了解，以为可以治好而掉以轻心。虽然她没有指责过我，但总是闷闷不乐。终于在去怀柔之前向我表示：“我现在有病，承受不了太多的冲击。咱俩都是头头，又总是同一个观点，像一根绳拴的两个蚂蚱，来了运动就挨批；批一头另一头就同样受罪，谁也跑不了，不如分开。”我很吃惊，但还是以为她不是认真的，就用不久前挨整又平反的事情作为例子劝说她。她看到了我的惊讶，没有再进一步说明，只表示希望我考虑。

1969年5月根据当时“战备疏散”的指示，北工大当时只有64级、65级两级学生，在军宣队的带领下都到了怀柔。四系住在杨宋庄，全校开大会也在那里。刚开始我们帮助农民收水稻，拉练到长城虽然很累但是对于我来说反而心情舒畅，因为没有针对我的批判。过一段时间大批判就没完没了地展开了，批判我的大字报贴满了杨宋庄的大街小巷，大喇叭天天广播批判的文章，其中多是点名道姓地批判我。由于有了此前挨整半年多的经验，我很顽固，小错承认，大错没有。因为我心中有底：既没有参加围困中南海、火烧英代办，更没有参加涉军的“抓军内一小撮”冲击京西宾馆的极左行动，只是对林彪和康生说过反感的看法。但是我在此时犯了一个愚蠢的错误，用钟岩家的地址从怀柔县城发给钟岩一封信，内容是让她和我一起不说某件事(可能是在沈阳作报告的事)。信被李××扣压，然后叫钟岩去看，令钟岩十分难堪。学校军宣队总指挥、北空作战处处长袁×找她谈了一个多小时。后来，在杨宋庄召开的全校批判大会上，第一个批判我，还有意贬低我，说我是“鬼头蛤蟆眼”。此后四系对我的批判升级了。我们班每个人以及同年级各班再加上6542班等都要轮流批判我，还要面对面地批。昔日同派同战壕的铁杆纷纷倒戈，还要表现得更凶狠以便划清界限……，但是最毒的是这个李教导员为了彻底地分化我和钟岩，让钟岩作广播员（男广播员是她后来的丈夫）念批判我的文章。我只好每天晚上在广播时间拉着房东小孩去河边，以后又限制我在广播时间出村。在怀柔八个月的时间里我见不到钟岩，只有一次通过华侨同学偷偷递给她一纸条。此段心酸的往事也不堪回首，唯有房东周姓一家对我时时地关怀，才感到人间尚有人情和温暖。在怀柔的后期，上级通知64级、65级两级学生同时毕业，而此时我们64级已经在校六年了。当时不知出自何种目的，将这两级学生面向全国分配。

军宣队根据此前的批判运动中每个同学的表现（或表演）做了毕业鉴定，确定了分配地点，大家都忙着各奔前程的准备。钟岩分配在陕西周至县。我呢?不予分配，继续检查。我抓紧时间和钟岩长谈了一次，在脱离了被军宣队控制的环境下，她感情重现，但更多的是冷静替代温情。对我们两人的关系，她说：“不会有任何人像咱们俩彼此懂得和知心。但是我们两个人不能在一起，因为会互相连累，我有病承受不了。今后我要找一个不发声的人相伴。但条件是他必须接纳你；你找对象也要我同意，我们两家四人要如同亲戚，将来还要成为同学们的联络基地。”此外我们还商定不能让“东方红”的同学认为我们俩已经分手了，走的那天我要送她上火车。第二天她就要回家准备行李，我一直送她到化工路西口（军宣队不准我离校）。她到达分配地周至县后第一封信就写给我，我们一直保持书信来往。

我是在一个月以后才离开学校的，军宣队给我写的毕业鉴定是：“出身于资产阶级家庭，持有对毛泽东思想一分为二的反动观点，散布了有损于无产阶级司令部的错误言论……”分配地点：保定清苑县，当农民。阴差阳错的是，保定是 38 军的驻地和支左区域，县委也是一个姓李的指导员（连级），看了我的档案后大笔一挥：不去农村，到化肥厂建厂！要知道化肥厂可是当时全国各地的重点建设单位，我不久成为建厂副指挥。第二年，即 1971 年 4 月我借口出差去西安见钟岩，试图令她回心转意，她虽然是感情起伏但仍然拒绝了。此时她尚未考虑她后来的丈夫，而且她班同学和别的系的同学也在追她，但她实施着和我的约定，不予考虑。最终，钟岩选择了她后来的丈夫，并用信件告诉了我，说她未婚夫老实忠厚，在怀柔广播站常给她施以援手，希望我同意，我别无选择。在钟岩母亲也同意的情况下，她叫我回京见了他，并带着她同母异父的弟弟小季与我和她未婚夫一起在动物园附近见面聊了大概一小时。后来她又写信给我，希望我能和她们班上的一位女同学做伴侣，我不同意。她说：此人长得也不差，脾气好，我们两家能相处好。我哭笑不得。

钟岩去世五年后我才结婚，结婚后又离婚，因为钟岩的形象时时地笼罩着我。她对我的影响是一生的，包括我转行去医药局，在医药局又去学医等都是回首我过去对她的失误。她是“文革”灾难的牺牲品，但同时又是黑暗年代中善良、纯洁人性的绽放者。她的形象、品德和言行举止至今还在北工大“老五届”许多同学（包括老师）中留有深刻印象，在我心中也依然没有淡化。相信将来我会在天堂拥抱她！

2018 年 9 月 10 日

大学时期

退休后

马士田（大学时是马世田，现改为马士田）
1964 年，由北京六十五中学考入北工大；
1970—1973 年，在河北清苑县化肥厂工作；
1973—1978 年，在河北省化工局工作；
1978—1987 年，在河北省医药局工作；
1987—1988 年，在中山市国际生物化学开发公司工作；
1988—1989 年，在深圳华源磁电公司工作；
1989—1990 年，在深圳南粤制药厂工作；
1990—1991 年，美国李若梅生化研究所驻深圳办公室；
1991—1992 年，香港达通有限公司驻深办事处；
1992—1999 年，独自进行进出口工作；
2001—2006 年，青岛金滩房地产公司董事；
2006 年，退休。

我与谭力夫讲话

6463班　董　舒

我是北京工业大学6463班(1964年入学,土建系道桥专业)的学生董舒。“老五届”校友所以对我还留有些印象,恐怕也和谭力夫讲话有关系。因为,除了我在学校的文艺、体育方面比较活跃之外,也因为,谭力夫在他当年大名鼎鼎、流毒全国的讲话里点了我的名字。自那以后我的命运也就发生了不可逆转的改变。对此,留下一些文字,应该对年轻人有些参考价值吧!

我考上北工大之前,初中在北京二十五中,同期在东城区业余体校接受游泳训练,主项自由泳。上初三时正赶上三年困难时期,体校无法坚持让孩子们饿着肚子训练,只得暂停活动。我的教练遂把我推荐到北京市少年游泳队,但当我发现那是专业运动队,而我参加训练纯属锻炼身体,是为了响应周总理提出的“为祖国健康工作五十年”的号召,以实现自己科技报国的理想,所以当即坚决地回到学校。高中在北京二中,为了保证学习、节约体力,合理安排业余时间,也是为了落实中国书生琴棋书画的传统,参加了学校的民乐队,主修二胡。每周末去中央音乐学院附中拜师学艺,其间,演奏水平有了极大提高。我们的乐队还曾光荣地登上过人民大会堂宴会厅的舞台,给周总理和外宾演出。总之,当年真是精力充沛,无忧无虑啊!

学生的主要任务——文化学习,我也丝毫不敢掉以轻心。当时中苏大辩论,中方陆续抛出“九评”雄文,旨在驳斥苏修头子赫鲁晓夫的修正主义言论。我们这些在校学生学后热血沸腾,发誓努力学习文化知识,考上大学,学成之后,投身军工产业,为国争光,回击“苏修”的欺辱!

北京二中是东城区重点中学,我们班有许多干部子弟,但他们都很低调,从不炫耀自己的出身,全班同学相处和谐。我知道他们有的是将军的孩子、有的父母在外交部工作,更深一步的情况我就没兴趣了解了,只觉得那是他们的个人隐私,不该好奇。当时唯一沾光的就是能从这些同学手中借到大批的灰皮书,像反映苏联修正主义内幕的小说《叶尔绍夫兄弟》《州委书记》《多雪的冬天》《你到底要什么》等，还有反映中印边境反击战的回忆录、国民党战犯写的回忆录“文史资料”，等等。同学们争相传阅，有时在自己手中只能一晚时间，就通宵开夜车，一气儿啃完一大厚本儿，还真过瘾！这三年我如饥似渴、疯狂地拓宽知识面，收获颇丰。从此，博览群书就成了我终生追求的目标。

真正感觉到出身的影响只是在高三时，国家要从应届毕业生中选调一批学生留学苏联、东欧、古巴。我所在班级推选的几乎全是干部子弟，我才隐约感觉有些区别对待的味道，但反应不强烈，自己并没有什么委屈情绪，当时自己是孩子一个，没心没肺，没想那么多，更不懂其中还有什么政治含义。

1964 年考取到北工大后，学校对新生进行例行的专业教育，鼓励我们把心中的活思想都袒露出来，老师们好帮助我们端正认识。我响应号召，老实地把自己的思想说出来：想不通为什么其他高中同班同学基本都考取了一类大学，而我却考取的是二类大学？为什么我报的志愿是建筑学专业，却把我分到了根本不了解的道桥专业？没想到我的这些活思想马上被反映到学校党委书记尹凤翔那里，被当了典型，并被他在全年级大会上给予了不点名的批评。我当时确实很单纯，根本不知道讲真话还有什么危险。充分相信领导，虚心接受了教育，决心既来之、则安之，干一行、爱一行，学好道桥专业，为国效力。我这个人一诺千金，用实际行动实现了自己的诺言，在全班 30 人中，我是始终坚持道桥专业的三名同学之一，而其他同学都改了行。

按惯例，学校还举行了新生运动会，选拔各个校队的新队员，我根据兴趣报了游泳队、羽毛球队。当时，体育教研组的林老师，是印度尼西亚归侨，一人负责游泳队和羽毛球队二个队。经她面试后认为我都符合条件，由于当时校羽毛球队基本都是印度尼西亚归侨学生，其中包括国家羽毛球女子冠军陈玉娘的启蒙教练，阵容强大，位列全北京高校冠军，但她综合考虑两队情况动员我去游泳队，我服从了安排。又因为我接受过业余体校的正规训练，所以我成了游泳队副队长，负责带领新队员训练。

那时北工大刚建成露天游泳池，是标准的比赛用池，对我们游泳队的成绩提高大有裨益。1965 年新生加入后，实力大增，尤其是 6563 班的史昆忠在中长距离自由泳项目上成绩突出，一人就在全市高校游泳比赛中获得 400 米、800 米、1500 米三项冠军，我们取得男子团体第四、女子团体第三名，名列清华大学、地质学院之后获男女团体总分第三名，名次超过了北京大学，创历史最好成绩。

刚入学时我还报名了校民乐队，也获得认可。但因我要参加游泳队训练，没那么多时间再到民乐队排练，就当了一名特约演奏员，领到一把二胡，有演出任务时，提前给我乐谱，我自己抽时间练习好，直接上台演出即可。民乐队

我的自由泳身姿

充分信任我，我也没有辜负这份信任，全都顺利完成了任务。

1966年我大学二年级第二学期，北工大按照市政府领导的指示，开始试点大学半工半读。老师们也不知这样办大学和办职业学校还有什么差别，也不知该如何是好。道桥专业只好先联系让我们下工地劳动。从4月开始，我们全班都拉到北京市东轴线——京通线公路工地劳动，该路是水泥混凝土路面，其中还有一段是设计为平战二用，和平时跑汽车，战争时起降飞机。因此，路面设计异常坚固、厚实，每道伸缩缝都加设了传力杆。我们学生为能参与施工感到异常光荣，劳动起来一个比一个卖力气。但不久“五一六通知”下达了，学校立即通知我们全部返校参加“文化大革命”。我们班的21名男生在工地为了干完活时，洗起来方便，统一剃了光头，回校参加文件传达大会，我们支开马扎，一字排开，在操场上坐成一路纵队，同时摘下草帽，一大串白花花的秃瓢儿，引起周围其他班同学一片哄笑。就是在这样轻松愉快的氛围中我们开始了“文化大革命”。

游泳队赛后合影（后排右一是本文作者）

不久市领导根据中央相关指示，给北工大派来了工作组。由防化兵某部杜万荣带队的工作组一进校就仿效搞农村“四清”、桃园经验的路数，扎根串连，专门召集各班出身“红五类”的同学开会，布置工作。我和其他出身不好的同学深深感到有被划入另册的失落感！我至今还清晰地记得印度尼西亚归侨女生林美珠与我交换目光时流露出的困惑眼神。她是印度尼西亚一家大珠宝商的女儿，在印度尼西亚反华的危急关头义无反顾地投入祖国怀抱，回大陆参加学习和革命，她单纯、善良，现在却被生硬地划入“右派”，对她真是莫大的不公平！我也不理解，自己满腔热情地响应毛主席号召，积极投入“文化大革命”，为什么不被信任！单凭出身，不看表现，就划分左、中、右，实在荒唐！对工作组人为地分裂革命队伍，制造同学的对立，我非常反感。

在“文革”初期利用工作队大整无辜的干部和群众，杀气腾腾地准备再打“几十万右派”的过程中，谭力夫在后来的讲话中对工作组大加“赞扬”，可见，他们的形“左”实右的本质。

“文革”中 6463 班的小组学习（左二为本文作者）

很快，毛泽东回到北京，立马撤销了各个大学的工作组。我们当时真有被解放而欢呼雀跃的感觉。清华大学当时一副对联，上联：眼含热泪迎来刁保姆；下联：敲锣打鼓欢送灭火队；横批：别了叶林（清华工作组组长）！记得不太准确，大意如此吧。其生动地表达了广大师生的心情，真是与我心有戚戚焉！为此我也写了一篇大字报，表达了自己对照毛选认为工作组犯了“左”倾关门主义错误的观点。

孰料，8 月 20 日 6331 班的谭力夫（工作组在时是无线电系“文革”组长，当时是工大红卫兵负责人），在学校大操场举行的“工作组执行的是毛主席的无产阶级革命路线还是资产阶级反动路线”的辩论会上，发表了臭名远扬的支持反动对联“老子英雄儿好汉，老子反动儿混蛋，基本如此”的讲话。善于言辞的他在全校集会上，滔滔不绝，一气呵成了近二小时的讲话。谭的讲话集中宣扬了“老子英雄儿好汉，老子反动儿混蛋”的“血统论”。他说：“对‘黑七类’子女要七斗、八斗，斗得他背叛了家庭，然后才可能团结。”“我反正权力还在手，我就敢骂人。骂完了，我挺着肚子，像无产阶级的样子下台，不能像狗熊一样，不能给无产阶级丢脸。”谭的讲话也道出了一些学生在当时历史条件下的某些直觉：“共产党的干部犯了错误，你高兴什么？”

谭力夫在讲话中点名批判了我的“工作组犯了‘左’倾关门主义”观点。他说：“董舒的大字报论点没驳倒，这问题早有人谈，但没抓住。为什么核心问题要回避呢？董舒不是说：前一段运动冷冷清清的根本原因在于杜万荣实行了‘左’倾关门主义的阶级路线。一语道破实质！有人说我和刘 × 的大字报反动，篡改了党的政策，要把我们的大字报批倒、批透、批臭！跟你们吹个牛吧！关于阶级路线的问题，你们来一百人，我一个也能对付！（掌声）老实告诉你，我们的根子硬，我们的根子在哪？（群众：毛主席！）你看，这还怕什么？（大笑，热烈鼓掌）”因为我的观点来源于毛选，他不便否定，但大有“我们就这么干了，爱谁谁，怎么着？”的霸道劲。

辩论会开始我并没有在现场，而是和校友施益源在游泳。游完出来后路过大操场，站下来听到他讲话的后半段，也算是半个亲历者吧！北工大学生 4000 人，当时听他讲话的大约 1500 人。虽然他的讲话不乏对北工大对立面师生观点的断章取义、颠倒黑白、指鹿为马、强加于人，但他嬉笑怒骂，皆成文章，现场“红五类”对他的狂热支持，他本人的口才和煽动力都给我留下了深刻印象。他讲话的主旨就是以唯成分论、“血统论”为依据，所谓“基本如此”的辩证法，只是掩人耳目的诡辩。

其讲话一方面，替当权派畅快淋漓地破口大骂，成为各地当权派的及时雨，受到广泛欢迎，被大量翻印、宣传。另一方面，挑动“红五类”子女打压“黑五类”子女，影响恶劣！对“黑五类”七斗八斗，结果是血光四溅、冤假错案堆积如山。

谭力夫就是在这里发表的讲话

北工大的老红卫兵也开始到学校四周的农村寻找“黑五类”进行消灭！五系的女生郝 ×× 就曾拎着宽皮带在食堂门前的十字路口耀武扬威地宣称：“我们今天出去又打死一个‘黑五类’！”大兴县更是发生了残杀“黑五类”分子的严重事件！谭力夫讲话给他们提供了理论依据。

从此之后，噩梦也就开始笼罩了我！“血统论”容不下一个热血青年、阳光学子啊！

首先，被抄家。因为我父母都是教师，我填报出身为职员。而且，我父亲新中国成立初就应召参加了新政府组织的土改工作组，从此投身革命。所以我自以为自己不是“黑五类”出身，发表观点也就无所顾忌。但是，“文革”中是查三代，不光看父母，还要看爷爷、姥爷。而我祖籍福建闽侯县，爷爷是晚清官僚，曾官至盐务大臣，辛亥革命后，我大伯是败家子，因赌博，输掉全部家产，家族一蹶不振，家道败落。而我姥爷是山东掖县的贫农，少年时进北平到洋行里当学徒，成年后自己独立开商行，成了名副其实的红色资本家。新中国成立时留在北京，坚决支持共产党，抗美援朝时带头个人捐献一架战斗机，受到北京市政府表彰，入选北京市政协委员。父母二家的家道一降一升，反映了当年中国社会的变革。

我家在姥爷的赞助下拥有一套四合院。“文革”前，我请病假在家时，班上部分同学曾去我家探望，对我家的生活环境有所了解，这反而埋下了祸根。去过我家的个别人，少见多怪，看到我家情况，认为我的出身应该是旧官僚或资本家，应该是“狗崽子”！为了证明他的观点正确，在谭力夫讲话之后，他煽动和引领土建系（六系）65 级以路 ××、冯 ×× 为首的红卫兵，开着学校大卡车去我家抄家。

当时，北京基本都是中学红卫兵搞抄家，大学红卫兵出动，进城抄家恐怕北工大是独一份。而且当时抄家风潮的高峰已过，我家附近的中学生虽然在对我家羡慕嫉妒恨的原房主的举报下，来我家转了一圈，仅在我家正房门口贴上了封条，把财产给予了封存，并未挪移。反而是工大红卫兵完成了抄家，谭力夫讲话使我家终归没能逃过此劫。当天天降大雨，他们逼迫我 60 多岁的老母亲站在院中淋雨，惨无人道。可笑的是他们还在我家刨地三尺，怀疑父母是否埋藏了什么武器或金条。当然，什么收获也没有。

所抄回来的东西都集中到学校食堂二楼，开办了“破四旧”成果展。听说我家的东西确实不少，档次也可以，我根本没去看，然后，全部东西都上缴到市里，具体在什么地方我也没打听。“文革”后落实政策，退还抄家物资时，我已分配到外地，家里人只领回少得可怜的一点点，其他都不知所踪，解释理由是找不到了。然而，我从电视新闻中看到与我家被抄走的相似的一对紫檀木带顶柜的大立柜，在香港竞拍卖了700万元。可找谁说理去呀！

尽管如此，极左的氛围里也不乏人性的光辉，当时我迫于形势的压力，不得不找到六系红卫兵办公室主动上缴父母给我买的上海手表、永久自行车，以表示与家庭彻底划清界限。值班的负责人是6562班的段晓乔，她出乎意料，态度温和地答复我：“不用了，你留着吧，思想上划请界限就行了。”真让我如沐春风、终身难忘！可见，干部子弟也不是铁板一块，不全是不可理喻啊！实在是难能可贵！

接下来，就是没收房产。我家四合院原是慈禧太后修建颐和园的总管大太监，挪用偷工减料的东西在城里给自己修建的私宅，磨砖对缝、雕梁画栋，标准跟颐和园一样，虽然没有颐和园那么豪华，却也是文物级的建筑。20世纪50年代其败家子的后人把其卖给了我家，当时售价一万元。我家被抄后，街道房管部门就认为我父母是“黑五类”，就连在原地缩小面积安置都不配，把我家彻底从四合院中赶出，安置到同一条富强胡同内8号院的南房小三间。

我家七口人，平时我住校、弟妹上山下乡，奶奶、爸爸、妈妈、哥哥住起来还算可以，但春节放假，全家人都回来时就拥挤不堪。尤其是兄弟姊妹面临谈婚论嫁时，解决住房更是成为天方夜谭！直至“文革”后落实政策，房管局无论面积大小，按每间房400元收购，全部十二三间房，不到五千元就收购了整个四合院，比现在一平方米的商品房价格还便宜！而现在的四合院售价更已高达1亿—2亿元。当时，因为占住我家四合院的革命群众有八九家，还不属同一单位，房管局无法说服他们一齐腾退，安置的成本也比给我家人安置的代价高得多，只好同时分配给我家四套单元房，三套小二室，每套建筑面积五六十平方米。给我都已成家的哥哥、妹妹、弟弟每人一套小两居；那套小三室，建筑面积八十几平方米，分给奶奶、爸爸、妈妈，仅有租住权，没有产权。

我毕业分配到河北，在北京无户口，无权获得分配，无形中剥夺了我的继承权。即便如此，房改时又让住房人必须出钱买下各自产权，小三居先要二万元，整栋楼落实政策时，无人理睬，又涨到五万元，并警告：再不买，还涨！迫不得已，全楼住户都只好东拼西凑，老实交钱完事！而我则在北京无房可归！好在，我对任何身外之物从不看重，一贯认为天无绝人之路，义无反顾，继续走自己的路！

再接下来，就是转移斗争大方向，对我一个普通学生进行批判、围剿！还是我们班那个领头抄家的人写大字报批判我在学生宿舍楼楼道拉二胡曲《豫北叙事曲》《江河水》是借古讽今、是对新社会的控诉；拉二胡曲《赶集》是歌颂农村走资本主义道路，等等，不一而足！他还在教室门口张贴对联进一步对我进行挑衅和侮辱："我家无产千仇万恨何所惧，你家被抄左思右想能心甘，立场不同"。还一而再、再而三，连换四副对联，内容大同小异，淋漓尽致地反映了他的无知、无聊、一派胡言。我嗤之以鼻、不予理睬！只要没对我专政，不限制我自由，我就仍然我行我素，该丁嘛丁嘛。

随着谭力夫讲话在全国的迅速传播、流毒甚广，我的名字也不胫而走，许多外地"黑五类"出身的子弟仿佛发现了知音和偶像，纷纷给我写信求助。而且出乎意料的是以女孩为多，可见女孩受迫害的更普遍、更严重。其中，上海舞蹈学校一个女生的来信给我留下深刻记忆，不是内容，而是她所用信纸，充满脂粉气息，一闻就可知这是一个经常生活在化妆间的女孩。既然是舞蹈演员，肯定还是美女，但我能怎么帮助她呢？"黑五类"在当时的环境里统统都是在劫难逃。我对她也是爱莫能助，所以我对来信只能一律不予回答。因为回答肯定也会让她们失望，我是无足轻重、无职无权的区区一个普通大学生，怎么可能改变她们的命运呢？无可奈何啊！痛心啊！

大串连后期，毛泽东接见红卫兵时，也有外地的学生专门来北工大找我串连。我记得那年冬天，几个从广州来的中学女孩特意到工大来看我，她们不适应北京的干燥气候，手脚都冻得裂开大口子，看了真让人心痛。还有一个四川来的初中女孩，我记得她叫李晓渝，胖胖的，戴一副眼镜，到工大后，打听怎么才能找到我。被问的肯定是个"红五类"，得到侮辱性的回答："你找那个'狗崽子'干嘛？"让她大吃一惊。见到我后，不理解地问我，他们怎么这样？我无言以对，只能安慰她："别理他们。"交谈后得知她父亲是一个地师级的干部，被打倒后她也变成"黑五类"子女，受到歧视，说话时忧郁的神情楚楚可怜。我只能安慰和鼓励她，让她相信前途是光明的，总会有水落石出、真相大白的时候。

这些大学时代的记忆，促使我几十年不断地观察、分析所谓"黑五类"和"红五类"的表现。

最近，一些电视剧，如《闯关东》《大宅门》等，大胆地反映了农民、知识分子如何奋发图强、勤劳致富变成地主、资本家，但仍非常爱国家、非常有骨气。发人深省啊！也证明地主、资本家的来历和革命性，他们在农村和城市是先进生产力的代表，简单地一概视为敌人，完全是违背科学的欺人之谈。

"血统论"的要害是剥夺人权。民众平权的程度，是社会制度先进与否的根本标志。"血统论"随着现代主流价值观的普及而逐渐土崩瓦解。有些发达国家至今还保留着王室和贵族，也只是某些传统文化的象征，并不侵犯普通公民的利益。实践是检验真理的唯一标准！谭力夫讲话中那套阶级分析理论在社会实践中完全失灵！老子英雄，儿子不见得是好汉！

在北工大我与谭力夫从无个人接触，毕业后更无来往，只是断断续续从侧面听到一些有关他的消息：“文革”中，他被文革小组抓捕过，有人说是迫害，有人说是保护，其说不一，上网也可以轻易地查到他的简历。

对他个人，我表示尊重。他的回忆录也应该内容曲折、丰富，引人入胜。但愿他能实事求是，实话实说，正确认识自己的讲话给全国人民带来过多大灾难。

以上就是我与谭力夫讲话的不解之缘！记录的不是个人恩怨，是历史！

60年代青涩照

近照

董舒，1946年9月出生。1964年，考入北京工业大学土建系道桥专业；1970年，跟最后两批“老五届”大学生一起毕业分配，先被分配到河北省邢台地区新河县农机厂铸造车间，经受二年劳动锻炼；1972年，按专业二次分配到邢台地区交通局工程队，先后担任技术员、工程师、工段长；因冬歇期偶然间上书的一封意见信，引起主管交通的副省长和交通厅副厅长的重视，1985年被调到省交通厅科技处当公务员；1997年，升任副处长；1998年，被评为河北省十大名人之一；2000年，毅然申请提前离岗，给年轻人腾出处长位置；紧接着受聘于南非蓝派冲击压实公司北京办事处，任高级顾问；后因不适应国内工程市场的不正之风，不肯随波逐流，同流合污，2002年辞职；2006年回河北省交通厅正式办理了退休手续。目前在京颐养天年。

工大记事之一

6522 班　伍嘉穗

不　甘

记得进入清华附中第一天，班主任老师就对我们说，你们是北京市的精英学生，将来你们中绝大多数都会进入清华大学。我一直以上清华大学为自己的唯一。当接到北京工业大学的录取通知书时，我首先想就是要重考一年。老妈说，就愿意你上这学校能分到北京，不要重考了。我最后还是听了父母的话。直到后来有同学看过档案告诉我：你的分数挺高的，是政审问题。那时的我真的没意识到，因为我在大学一年级的第二学期就加入了中国共产党，更不会想到自己是因为政审没有被清华录取。

学校对新生的关怀

怀着不甘心的心情到学校报到，看到小小的校园和清华没得比，没有好心情，但是接待我们的毕业班学长们却改变了我的沮丧。我除了上小学时因为住校是母亲送去的，刚满十三岁上中央音乐学院附中，后来上清华附中也都是住校，全靠自己背着行李乘公交车报到的，学校也没有这么贴心的学长接待。他们是按专业对口接待我们，我是 6124 班的周志贤学长接待的，他首先引导我到各处办理了入学手续。因为档案记载我的 400 米跑速度不错，他特地陪同我去学校田径队报了名。看来他负责接待我也是安排好的，因为他是我们系学生会负责体育的委员。

学长还介绍了学校的办学目的是为北京市培养建设人才，学校的老师绝大部分是清华大学调来的。学校的远景规划是要把学校建成莫斯科大学那样国际知名的大学，在怀柔正在建新校舍。我们这几届将来就是建校元老。听到学长充满了自豪感的介绍，我沮丧的心情得以改变，对即将来到的大学学习生活产生了期待。后来他们还经常给我们讲他们做的毕业设计的项目，如给化工厂搞的射流控制技术、计算机技术，让我们对将要从事的专业产生了浓厚的兴趣。

晚上二系主管学生的魏光老师到宿舍看望大家，除了一般的问候，还特别登记了农村来的同学和城里家庭收入低的同学的名字，准备发放助学金。这点点滴滴都体现了学校对新生的关怀和爱护。

自己动手

记得那时是学生轮流打扫教室和宿舍的走廊。每一个多月轮到一次的帮厨劳动是我最喜欢的。我是个南方人，第一次在北京过春节时，看到传达室的大爷包饺子，就吵着妈妈非要吃饺子。妈妈没办法，擀了大大的一张皮，用罐头盒子刻成小圆，我请传达室的大爷看，把他笑坏了！他把面重和好给我们擀饺子皮，我们凑合着包好了饺子，基本还是煮好的多，我们孩子包的应该是破的居多。

所以，一直想学擀饺子皮和包饺子。每次帮厨我都是抢着到饺子那个大台子，见识了师傅的厉害，两根细细的擀面杖，一次擀出两张皮。北方同学耐心教我如何拿擀面杖，如何拿面剂子如何擀面皮，第一次虽不熟练但还是学会了，毕竟量大有足够的面我可以练手。后来又学会了挤饺子。这两样都学会后，我在家带徒弟包饺子了，当然徒弟就是两个弟弟！除了包饺子也学会了怎么烙饼。

难忘的游泳池和溜冰场

当时学校的游泳池是北京市数一数二的，除了是标准尺寸还有起跳台，最重要的是循环过滤系统，保证了水质的清洁，水清洁到一眼望到池底和池边的磁砖缝。由于参加了田径队，不能每天去游泳，但是周末总会游泳后再回家。后来“文革”时可自由行动，我经常早上一起床就穿好游泳衣翻墙进去游几圈。暑假还带小弟弟来游泳。

到了冬天，学校在操场的土地上泼水冻成溜冰场，还有冰鞋可以借来穿。田径教练不许我们过多滑冰，怕我们脚腕练硬了影响跑的速度。但是我还是偷偷试穿跑刀并且能滑起来了，代价还是挺大的，两个膝盖摔得紫黑紫黑的。

座右铭和入党

父母对我们的教育并不刻意，只是比一般的家长给我们更多的书籍，看更多的电影和戏剧。所以很小就知道保尔·柯察金的故事，再大一点看了《钢铁是怎样练成的》一书后，就一直牢记那段有名的话：“人最宝贵的是生命，生命属于人只有一次。一个人的生命应当这样度过，当他回首往事的时候，他不因虚度年华而悔恨，也不因碌碌无为而羞耻；这样在临死的时候，他能够说：‘我的整个生命和全部精力，都已献给世界上最壮丽的事业——为人类的解放而斗争。’”

我不认为我们是折翼的一代人。我们的父辈在中学开始经历抗日战争和解放战争，但是他们从新中国成立直到“文革”后一段时期一直是国家各行各业的领导和技术骨干。我们虽然在“文革”时没有上完必修的文化课，但是后来通过各种方式补上，并紧跟科技发展学习现代技术，还是在各自的岗位上为国家的发展尽了一份力量。我的座右铭也是我们这代人共同的座右铭！我们接受的教育是单纯和积极向上的，我们都有一颗报效祖国的心！“文革”从另一个侧面让我们具有对事物不盲从，要有清醒分析的头脑，使得我们在政治上更加稳健。

开学后我到系团总支做宣传干事，由于61级在工厂和研究所搞毕业设计，62、63级的同学去参加“四清”了，学校只有我们64、65级，团总支的工作还是挺多的。一天魏光老师问我，你为何不写入党申请书？我说觉得自己离党员的标准差距好大，他说要有勇气严格要求自己，写申请书是对自己的鞭策。由于他的启发，我写了入党申请书，更积极地做系里和学校的工作，并特别注意关心大家平时不太注意的同学。也是魏光老师要求我要特别关心不怎么爱说话、不被人注意的同学的。他们并不一定是后进同学，我和他们都成了真挚坦诚的好朋友，我们之间的友谊一直到“文革”结束并延续至今。

1966年3月4日我和我班的惠来彩经过学生支部讨论上报总支后报党委，被批准为中共预备党员。在学生党支部认识好多品学兼优的学长，如周凯宁、许国安、尹金玉等，我把他们作为自己的楷模。

“文革”的风云

被党委批准入党后，我觉得做什么事情都特别有劲。不想风暴却悄悄来临了。批《海瑞罢官》，批“三家村”，传达“五一六通知”我都觉得离自己好远。1966年5月25日在曹轶欧授意下，聂元梓与哲学系另外六位教师在北大食堂共同张贴《宋硕、陆平、彭佩云在文化革命中究竟干些什么？》的大字报，被毛泽东称誉为“全国第一张马列主义的大字报”，并在当年6月1日向全国广播。由于宋硕兼任北工大的党委书记，工大立即卷入“文革”风暴中，我不理解是怎么回事，当班上的同学要我揭发系里的领导时，我觉得不能胡说八道，他们只能算作执行路线，没有什么发明创造，没跟我说什么不好的。这样就稀里糊涂成了“保皇派”，还差点和校学生会主席方有征他们一样被拉去劳改。好在我的遇事不怕，本着我凭什么去的强硬态度就是不去，扛过去了。从此我也成了另类，肯定不是红卫兵，也没资格去天安门参加毛主席接见，更没有参加对班上同学家的打砸抄家活动，如果去了，我肯定是坚决反对的。好在有我在班里结下的朋友总给我通风报信，后来发生对我的批判能有思想准备。我至今都保留着对他们的感激之情，也说明他们第一不落后，第二有鉴别是非并敢作敢为的勇气。

我没有被限制自由，可以到各高校看看大字报，拿些资料，周末给被劳改的方有征和阜柏楠看看，让他们好了解外面发生了什么。有一天从别的学校回来，有同宿舍同学悄悄告诉我谭力夫发表了一通长篇大论，宣传“老子英雄儿好汉，老子反动儿混蛋”的“血统论”，当时只有吴钊站出来反对他的观点。我也觉得怎么这么可笑，充其量中学生的水平，太唯心了。马上去写了大字报反驳他的观点。我的论据是中央的很多首长都不是贫下中农和工人出身，他们却是中国革命的领导人。我也不怕事，落款写上自己的名字。没想到他的讲话被中学红卫兵印出散发到全国各地，流毒广泛。引起了对一些出身“不好”的同学抄家，并其将父母扫地出门，遣返回原籍！我们学校就发生打死本班同学父母的几起事件。我班上同在田径队的好友张秀珍同学的父亲，就是被我班上的人暴打后送回东北老家的。他们甚至要把她上中学的弟弟也送回去，幸亏被惠来彩制止了。

寻找制止谭力夫讲话流毒影响的途径

由于班上和学校发生的恶性事件，还有社会上的打砸抢愈演愈烈，我总是在想难道党中央不知道吗？该出来制止了！到别的大学去，大家也谈到这个问题，我收集了很多资料，想找反映到党中央的途径。

这里要说说我和郝晓玲的友谊。她在校团委做干事，我经常去看他，由于都特喜欢看书，我们俩成了好朋友。“文革”开始，我们一起帮助方有征和阜柏楠。

一开始她是谭力夫讲话的拥护者，随着事态发展她也感到明显不对了。我把我的想法告诉她后，她说可以试试。由于她家住在红旗杂志社那个中宣部的院子里，她找到了红旗杂志社的一个年轻编辑，对方很重视我们的意见，约见谈过后，对方又约我们晚上再见。晚上我们见到了关锋、戚本禹等。他们已经看了我们递的资料，也从别处得到很多资料，所以明确表态中央会尽快解决这个问题的。不久《红旗》杂志就发表社论批判反动“血统论”。我说这些并不是要为郝晓玲“文革”中不当行动辩护，而是要让大家了解一个完整的郝晓玲。

不悔的青春年华

虽然后来发生了好多好多想不到的事，如莫名其妙成了“五·一六”分子，学校还在我们毕业几年后寄过所谓“五·一六”分子的材料到工作单位，使我这个引进项目的总负责人却不能出国考察。但是我一点都不后悔，如果从头来过，我仍然不会揭发系领导的所谓“罪行”，我仍然会反对谭力夫的反动“血统论”，仍然会想方设法去反映问题。通过这几年的“文革”磨炼，我的心智成熟了许多，对人生的起伏看得更淡了。

在以后的人生经历中仍然在做着敢于坚持真理，敢于对恶势力抗争的事。

大学期间

退休后

伍嘉穗，高级工程师。

1965—1970 年，就读于北京工业大学电机系电器专业；

1970—1972 年，河北邢台任县电机厂装配车间副主任兼产品检验；

1973—1984年，山西榆次电缆厂设备科技术员、助理工程师、副科长、动力科书记；

1984—1990年，河北石家庄电缆厂副厂长、工程师；

1990—1997年，广州电缆厂引进办副主任、副总工程师、高级工程师；

1997—2002年，广州工业发展集团技术部经理兼广花工业城有限公司总经理。

我要读书

6523 班　张永亮

1965 年某日，我正在清理自家的露天猪圈。任村干部的邻家五哥给我送来大学录取通知书。我擦擦手，谢过五哥，接过一看，是北京工业大学录取通知书，上面写着我的录取专业是北工大电机系（二系）自动控制专业。

我当时的心情难以言表，喜极而泣。

作为工大的学生，快乐而刻苦地学习了一年。主要是学习工科大学的基础课，如高等数学、大学物理、外语、政治等。学期末，各门课的成绩还算理想。

一年的在校学习，对工大老师的景仰，对全班同学如兄弟姊妹般的互助互爱，铭记于心。憧憬着在此后的 4 年（北工大当时的学制是 5 年）就会这样在团结、紧张、严肃、活泼的校园里度过，成为一名合格的能适应首都工业建设的高级自动控制人才。

天坛公园的书桌

真是人算不如天算。1966 年，随着北京大学聂元梓的“第一张马列主义大字报”的发表，全国乱了，高校乱了，北工大也乱了。和全国高校一样，北工大也容不下老师的三尺讲台和学生的一张书桌。

什么工科院校、文科院校？什么机械系（一系）、电机系（二系）？什么教师、学生？全然不分。大家都清一色地进行“无产阶级文化大革命”。所有人员的身份都是“文革”的宣传员、战斗员。“文革”的教材就是“两报一刊”社论和中央文革小组成员的讲话，等等。

我是北工大首批红卫兵，出身好（首批红卫兵的唯一条件就是出身好）。当时，学校的每一个基层单位，每一个教学班，基本上都分为两派。一派是红卫兵，另一派是所谓出身不好的。据说，有的班两派互视为国民党和共产党，是国共两党斗争的继续，水火不容。我们班则两派和平共处，大家还是相互尊重，有商有量，平安无事。

遵照系工宣队、军宣队的指令，我努力学习毛选，学习政治文件，参加“文化大革命”。但是，对有些红卫兵的过激做法，深表不屑。

当时，校园的常态是：今天，A派高举“红宝书”斗B派；明天，B派口念《红旗》社论斗A派。周一，天派的北航（北京航空学院）来校支持A派；周三，地派的地院（北京地质学院）来校支持B派。

一天又一天，明日复明日，反反复复，毫无新意。广大师生员工对此很厌烦，却又无力改变。

我记得很清楚，我要改变自己，我要读专业书的想法是从北工大老红卫兵首领谭力夫讲话受到批判开始的。谭力夫讲话是宣扬“血统论”，即当年北京航空学院附中提出的对联：上联是“老子英雄儿好汉”，下联是“老子反动儿混蛋”，横批是“基本如此”。因此，我参加的老红卫兵就成了“保皇派”了，谭的地位不保。随之，北工大老红卫兵自动解散（树倒猢狲散嘛），我也就和大多数人一样，成了“逍遥派”。

我当时确实不理解，以满腔的革命热情，没日没夜地学习、开会、抄大字报、写心得体会，最后，成了声名狼藉的“保皇派”，心里烦闷。

我们老家有言：“惹不起，躲得起。”躲！赶快躲！我来自顺义农村，当时家里生活很苦，四口人靠父亲一人在农田里干活，辛苦劳累一年，只能求不被饿死。我是享受国家发的甲等助学金（每月19.5元）读书的。每月从助学金中扣下几元，为奶奶买她爱吃的槽子糕（蛋糕），有时贴补家里打油、买盐之用。

家里省吃俭用供我上学，对我有着很大的期望。毕业后，哪怕能当个工人，每月挣固定工资，就可以改变家庭的困境，让家里人过体面的生活。

我从小就爱读书，见书就读，尤其受“学好数理化，走遍天下都不怕”思想的影响很深。作为“逍遥派”的我，也只有靠读书过日子。当时，每日每月的长时间的政治学习，只学习毛选、社论、讲话。看不出何时能结束这种状态，何时能进行正常的专业教学活动，我觉得这样下去不是个事儿。

我想，我读的不是政治大学，是工业大学的自动控制专业。我将来要到工厂去，工厂需要有技术的人。

那段时间，脑海里常常出现幻影，家庭的困境无助，奶奶无望的眼神，父亲塌腰的身影总在我眼前晃悠。

在农田里整日耕作，眼睛红肿，嘴唇干裂的父亲，时而问：“儿啊，你整天吵呀，闹呀的，以后到工厂能干什么呢？”时而又说：“儿啊，要向老师好好的学习，一日为师，终身为父呀！”……

“我要学技术！”“我要读专业书！”我喊了起来，我的眼眶里，满含泪水。

从学校印发的资料，老师们的言谈中，我基本知道：电机系（二系）的专业基础课有电工基础、工业电子学等。自动控制专业课有计算机原理、自动控制原理、自动控制系统、专业数学，等等。

我决定要自学，这是因为：第一，我有了正规的在校学习一年的高等数学、外语的基础，有在图书馆饱览群书的经历；第二，在全国、全校“文化大革命”的如此大环境下，在老师们尚不能自保的情况下，不可能登堂讲课，我可以自学，也只能自学，自学二系的专业基础课和自动控制的专业课。

有了想法，就付诸行动。只要没有工宣队、军宣队要求必须要参加的校、系活动，我就每天早餐后，买二个窝窝头（或一个窝头，一个馒头）和一碟咸菜，背着书包，骑上自行车，去天坛公园南门偏僻的树林里学习（当时，南门景点少，很荒芜，去的人少，我的印象是南门不开）。

从电工基础学起，到工业电子学，到计算机原理以及外语、专业数学等。此时，我成了一个名副其实的自动控制专业的学生。

开始是席地而坐，手捧着书。几天过后，感觉很累，且写字、计算不方便，效果不好。我想应搭个书桌，读、写、算就方便了。我就从学校拿块木板，在公园捡些砖头、石块等堆砌一下，这样，我就有了学习专业书的“书桌”了。

人逢喜事精神爽

在天坛这得天独厚的皇家宝地，在我那偏僻的小树林，人少，安静，又有了天然书桌，真是如有天助，书本生辉，一月一本书，边读、边写、边算，其效大增。

当然，地上的爬虫也不时爬到腿上，有的甚至爬到脸上，我竟全然不觉。它们是我的伴，古时的文人不是有书童吗？我有书虫做伴，很知足了。

一天，听人说，二系自动控制教研室的桑老师今天结婚，洞房就在校内一号楼X室，我记住了。到晚上，我估计大部分祝贺婚礼的人都走了，就背着书包，里面装有书和自己制作的要问问题的记事本，径直去了桑老师的新婚洞房。

可能是年轻？可能是不懂礼仪？不，不不，目的太明确了。

我既没带礼品，也没有说恭贺结婚的套话，开门见山，拿出书和记事本就问问题。考虑到时间的宝贵，我对每一个问题的答案，请求点到即可，只想多问几个问题。楼道很静，洞房里的闹钟嘀嗒滴嗒地响。

我问的文字问题，桑老师会简要而精准地回答，给出个一二三。我问电子线路图问题，他就用手指在图上比画出电流的方向，且指出主要晶体管在线路中的作用。还告诉我主要章节的重点、难点，及分析问题的方法。

我一问，他一答，一本书问完了。我胆怯地，不知“耻”地又拿出另一本书，桑忠坦老师没有反对……。这哪里是老师的新婚洞房，这不就是答疑室吗？！

说实话，就是今天，我也想不起来那晚在桑老师洞房待了多久，我是怎么怀着矛盾的心情（内疚和窃喜）回到宿舍的。

现在看来，这是多么的不近人情！不懂礼貌，不可思议之事啊！但是，我确实这么做了。

苍天可以做证。那几年，我还请教过陆培新教授、陈志磊教授、卢衍桐教授和郭贞生教授等。我至今铭记他们的教育和培养之情。

2015 年某日，在天客隆商场门口遇见早已移居国外的桑忠坦老师的夫人。我问桑老师何时回来，她说，桑老师就在国内，要住些日子。我就打听了他们的生活规律，在他们空闲时，去拜访，并请他们夫妇在家附近的餐厅聚餐。

当时年轻、英俊的清华大学自动控制专业毕业的桑老师，如今确已显老态。但仍很渊博，吐字如金。席间，我又主动地提到当年去洞房答疑之事，他们夫妇很坦然，说早已忘了。我却仍诚惶诚恐，深知此情难以回报。

在校奋斗的 42 年

1970—2012 年，在北工大奋斗的这 42 年，我始终坚持在教学、科研第一线。我参加了北工大可控硅学习班开班，助教工作。并在该班结业期和学员一起在北京玻璃总厂（603 厂）搞“玻璃搅拌机可控硅调速装置”。

为本科生的教学和科研情况：

为 7126 班和 7127 班辅导晶体管电路和脉冲数字电路。指导 71 级毕业实践项目“MOS 电路电子秤”的研制。指导 7323 班为解放军总后印刷厂研制“误页控制器”。指导 7423 班搞“自动电泳仪”。并在工厂主讲“场效应管及放大器”。指导 7423 班（5 人）去北京人民机器厂毕业实践——“MOS 电路简易数控车床”。参加研制“自动电泳仪”项目，获全国科学大会表彰。为 7822 班辅导“模拟电子技术基础”。为 7921、7922、7972 班主讲“数字电子技术基础”。指导 80 级学生课程设计“数字电压表”。为北京汽车厂装配分厂研发“TP805 微机控制煤油加空气渗碳工艺在井式炉中的应用”，获北京市科技进步三等奖。为北京内燃机总厂研发“X 炉微机控温系统”。

为硕士研究生的教学和指导科研情况：

2012年5月至8月，为计算机学院08级工程硕士主讲ERP与企业管理；1991—2012年，作为硕导，21年间指导研究生52名，他们都圆满如期毕业。其中学术型研究生20名；工程硕士32名。

可以无愧地说："我已把毕生精力奉献给亲爱的北工大。"在母校即将迎来60周年校庆之际，祝北工大"不息为体，日新为道"。早日成为国际上有知名度的研究型大学。

在大学

退休后

张永亮，研究员。

1965年，考入北京工业大学电机系（二系）自动控制专业；

1970年，毕业留校任教；

2012年，完全脱离工大计算机学院工程硕士教学工作。

校内职务：北京工业大学校学位委员会委员（第五届）；北京工业大学计算中心副主任；北京工业大学计算机学院信息与网络学科部主任，计算机公共课部主任，责任教授。

校外社会工作：全国电子与信息研究生教育委员会委员；北京市教委计算机教育教学指导评议委员会（市教委计算机专家组）成员；全国高等院校计算机基础研究会之学术委员会委员；北京高等院校计算机基础研究会理事兼学术委员会委员。

回忆我的大学生活

6551 班　黄相民

短暂的学习生活

1965 年高考结束不久，班主任周先生 (当年三十五中老师均尊称“先生”) 喊我：“黄相民，过来！赶紧把你第二批志愿第一个改成北京工业大学。你不是喜欢数学吗？填计算数学专业 !”直至“文革”中听同学讲才知道，我的档案里因家父蒙冤案，写了“控制使用”，虽然高中毕业获得金质奖章，第一类院校不录取且可能名落孙山。感恩周树德先生指引，考上北工大。

录取通知书让我 8 月下旬提前报到。到了学校，系里孙会兴老师接待我和 6552 班李松波，领我们转关系、换饭票等，并安排到 1 号楼宿舍。当晚我俩过了今生难忘的一夜，遭到成群结队的臭虫攻击，奋战一夜。第二天赶紧找孙老师，要来敌敌畏四大瓶、“六六粉”四包，开始“灭臭虫大战”。将药物喷洒在床铺和储物间、犄角旮旯等处，门口撒了一条“隔离带”防止臭虫逃跑，赶紧关好门窗。呛得我俩鼻涕眼泪直流。整整一天过去，傍晚我俩打开门，瞬间吓了一跳！哇！从没见过这么多臭虫！床上、地上几乎布满。换了会儿空气，我俩开始收拾死臭虫。每间屋扫出一大脸盆该死的臭虫！后来几天，我们就在逐渐减淡的气味中接着打扫卫生。

这几天里，系总支书记李新之老师找我谈了一次话。让我明了了我们班的使命，1961 年有过五系，后在困难时期下马，师兄师姐们转其他专业。1965 年北京市领导和北工大领导为了北京计算机事业培养人才恢复五系。“你们班五年功课三年学完，后两年筹建北京市计算中心，边干边学。毕业时 17 人去北京市计算中心，13 人留校当老师。”“要努力学习，团结互助。”团总支书记亢秀英老师找我谈话除了讲学习任务，又强调“先指定你当临时团支书，以后再选举，要起带头作用，搞好班上工作”，等等。

9月1日前，迎来了报到的新同学，我们班17个男生、13个女生，安排好大家，就把我“孤独”到6552班男生宿舍，一直到去怀柔建分校时才“归队”。

我们开始了紧张、愉快的大学生活。为了五年功课三年完，系里老师们进行教改。老师到班里征求大家意见：“你们愿意学俄语还是学英语？”大家一起喊：“学英语！”这也许与当年批“苏修”大形势相关。当时只有王为同学一人中学时学英语，其他同学全是学俄语，从此开始了“ABC”。老师是贺绍宇，同学们亲切的称他“Teacher He”。贺老师是我们的恩师，为我后来从事计算机工作打下了英语基础。

我们的课程有数学（微积分、高等代数）、物理、政治等。数学第一学期把一阶微积分学完，期末开卷考试“根据学过的知识，推导出二、三阶微积分相应公式、定理、定义及证明”，大家整整写了十天。第二学期一开学，邱玉圃老师（我们亲切地尊称他“丘老夫子”）拿着新书，让大家对照，就是上学期期末考试的全部内容。林公予老师（我们亲切地尊称他“林公”）教我们高等代数，也是快马加鞭，一学期学了大半本书。期末开卷考试，涵盖了全部难点，一周做完。物理实验课两人一组，实验报告填写练就了我严谨全面分析问题和处理问题的能力。加上“文革”后期的“复课闹革命”，我们有幸一年多时间里学了两年的功课，练就了自学能力。

第二学期不久，为了“战备”在怀柔沙峪北沟建教室、宿舍、机房。我们五系在长城脚下北沟村，住在老乡家，边劳动边上课学习。学习效率因此大大下降。为了建校，在梨树园里盖新房，学校瓦工师傅七人全部出动，人手不够，挑了几个同学学习瓦工砌墙，我是其中之一。经过二十多天边干边学，评级是每人砌一面山墙，根据质量评定，当时给我评了五级，心里美滋滋的！一直到1966年6月，离开建设基地，回校参加“文革”。由此学会了瓦工基础，后来到东方红炼油厂（以下简称“东炼”）会战劳动时，砌油罐之间的防火墙；毕业分到宣化县农村劳动砌炉灶、火炕；到包钢后，生活中砌菜窖、凉房、院

和同学李春茂（右）在教学楼顶

墙都用上了。

在北沟有两件事深深印在脑海里。一件是房东大爷的两个小孙子，上小学了，入了少先队，没钱买红领巾。刘凯年看在眼里记在心中。放假回京自己花钱买了两条绸子红领巾。回到住处给两个孩子戴上。孩子们高兴极了，直说“谢谢叔叔！”平时凯年吃馒头时，宁可自己吃不饱，也经常分给两个孩子吃。他的博爱之心深深感动了我，由此我认准了这个好朋友。

另一件，有一天正要开饭，房东大爷问我：“你们天天吃大米、白面也是毛主席让你们吃的？”当时一愣，真不知如何回答好。思考了一下，我说：“是毛主席、党和政府照顾大学生身体给的。”几十年此情此景常常浮现在眼前，经常思考这么多年农村为什么还这么贫困？

“文革”折断了我们的翅膀

回到学校，已经是铺天盖地的大字报。批判“资产阶级教育路线”、批判校系领导和老师。从此没有了正常的学习生活。高等教育“断代”从此开始了。

因为在高三第二学期时，曾遭到班主任带领全班团员批判我“走白专道路”。我当时回家不上学了，我不走了还不行吗！准备去当工人，在家整整一周。班主任到家里给我母亲“解释”“是同学之间提意见”。老师走后，母亲下令“老师也来了，也算道歉了。明天上学去！”，只好乖乖地“接着走起”。思想上一直不服气，所以对批判“资产阶级教育路线”反感。我这个出身不好的学生在“文革”中也逐渐被边缘化。

当“东方红公社”成立后，反对谭力夫鼓吹的“血统论”，我报名参加了“东方红”。

大串连时班上已有人回到北京，别的同学都出去了，当班上和宿舍里只我一人在时，我去革委会问我能出去吗？得到肯定回答后，领了乘火车的票卡，回家禀告妈妈。然后一人一路南下，武汉→长沙→贵阳→重庆→南充→重庆→北京，饱览祖国和家乡大好河山，一路看望亲友。

在重庆到四川外语学院看望表哥厉国钧，赶上学生整他，让他交出黑材料。我问他有没有，他说没有。他被学生推搡跌倒扭了脚，我搀着他，陪他去挨批判。他情绪很低落，产生不想活了的想法。我鼓励他：“没事，早晚会搞清楚的，想开些！”回到城里，去他家给他取了换洗衣服，返回交给他。住了几天，等他心情平静了我才离开重庆。

表哥厉国钧上高二时参加了志愿军，重伤回国。美军炮弹落在正吃饭的全班战士中，就他一人活了下来，炮弹皮穿过武装带扎在肠子上，包扎一下，拉回哈尔滨救治。伤好后在哈尔滨外语学院进修俄语两年，分到清华当俄语助教，后因解决夫妻两地生活调回重庆四川外语学院当老师，“文革”前提任系总支书记，“文革”后调四川美院当党委书记，已去世。

补充一件事，6551 班接受任务，王为带队，去青岛请回刘京。在他哥哥海军部队找到刘京，对他很客气地讲了是“校革委会请他回去讲清一些事情”。返回北京火车上，刘京对王为说要去奶妈家取东西和打招呼告别。王为很客气地告诉他，那你办完赶紧回校；他也满口答应，我们也没派人跟着，他就此半路下车，回京不见踪影。

沙家浜交响乐团招电工班后台人员，我和班上的郭励中报名参加了。其间我们随团到部队、军博、王坪村煤矿等地演出。

沙家浜交响乐团

谷岱那次机智果断救张绍祖一幕至今仍留在我脑海深处。在《难忘的青春》中，看了谷岱写的回忆文章，现补充点滴。当时我在离绍祖兄十米远的地方，当时只听“啊！”的一声惨叫，我抬头顺声音看去，只见张绍祖手握电线抽搐，说时迟那时快，谷岱拿起马扎，朝绍祖手中电线打去，一下打落电线，救下绍祖！事先已经告诉大家，正在接线，不许合电闸，不知谁给合了电闸，这可是 380 伏的三相电啊！险些酿成重大事故。绍祖手心被严重烧伤，但没人懂投影仪强电线路的布设，只得包扎一下就又投入工作。几十年来此情此景经常浮现在脑海。

去王坪村煤矿演出，大家到井下参观，那时王坪村煤矿是现代化程度较高的矿，掌子面工作仍是满身煤尘，汗流浃背。煤矿工人用血汗付出换来人们的温暖和光明，敬佩之情油然而生。

军宣队进校后，办“清理阶级队伍学习班”，不知何故把我编入此班，没有五系其他人。近三个月，我住在教室里，我的板床紧邻恩师三系武轩利。每天开会让讲清历史，接受批判。开会固定位置，40 多人围成方阵，我对面是三系晋军书记。几个月下来晋书记的谈吐给我留下了深刻印象。军宣队的张营长对大家也客客气气，大家称他“大老张”，也给我留下深深的记忆。开会以外还算自由。正值大家开始组装电子管、半导体收音机热，我就近请教武老师电子电路知识，武老师亦兄亦长手把手教我，使我学会了电子电路知识。自己在组装了一个万用电表的基础上，组装了一台五灯超外差式电子管收音机，分配工作后一直用到 1978 年。后来历时半年多，给家人每人组装了一台 4 管半导体超外差式收音机。这都是买的便宜处理品，从牙缝里省出来的，为后来从事计算机和网路硬件系统维护打下了基础。这也算是“因祸得福”吧。学习班结束后我请武老师去我家做客一次。他送我的照片至今保存完好。

我的大学前四年生活费全靠大哥一个月从家里寄 15 元供我读书。从嘴里省出钱满足爱好。向刘凯年学习照相技术，自己在储物间搞成暗室洗相片（都是买的处理边角相纸），因此保留了一些老照片。

“文革”中很多事由不理解到困惑不已。于是钻图书馆，学习马恩列全集想寻找答案。近一年的学习就记住了列宁的两句话：在路线斗争时“肩膀上要长着自己的脑袋”，就是不要人云亦云；第二句“无政府主义是对机会主义的惩罚”。很多乱象回过头看，均是前边执行的是“左”、右倾错误路线。

在“东炼”劳动休息时，站在边上看推土机工作，认识了链轨式推土机手崔师傅，他大我 4 岁。看我对开推土机感兴趣，就收了我这个“编外徒弟”。每天午休、晚饭后我俩不休息，他手把手教我开推土机。半个月学会了操作。这个师傅大哥也挺高兴有一个大学生徒弟。离开“东炼”我俩还有联系，毕业分到农村后断了联系。1970 年，在宣化县沙岭子大队劳动锻炼时，我主动参加冬耕队，开拖拉机耕地。

战备疏散到怀柔县杨宋庄公社，我们班分驻在张自口村。除了帮队里干农活就是学政治、开批判会。我也被迫作检查，是因大串连时到四川，对当时“支左”部队的“拉一派打一派”不满，成了“反对解放军”的错误。正赶上工宣队军宣队要把我这个出身不好的团支书换掉，前两次选举仍是多数票，没选下来。第三次各半，只剩我自己一票，我明白如果达不到他们目的还会再来折腾。干脆投自己反对票，由此下台。几十年来每每想起此事，感念支持我的同学，

当年张自口村的小朋友，想来现在也都五六十岁了

教会我此生高调做事、低调做人。

张自口村老乡们对我们很热情。我用初中时学会的理发技术几年来一直给同学理发，到了张自口又加上给老乡及孩子们理发，得到孩子们的欢迎。并给小朋友们照相，至今此照片和底片保存完好，想来他们也都五六十岁了。

趣事一件，当时不经批准不许回京。一天在村道上，正好碰上一位军宣队员批评6552班郝晓玲。因为她家中有急事，请假没批，她私自回京返回。“你这是无政府主义！好好检讨！”“不是我‘无政府主义’，是你政府没主意！”我当时心里就乐，郝晓玲水平高！应了列宁那句话了“无政府主义是对机会主义的惩罚”。

离开怀柔回校待分配。此时张自口村的一个13岁男孩，因贫血转院到协和医院。

他家人告诉我和其他同学了。我买了蛋糕，去协和医院看望。他姐姐讲是体育课跑步时发病摔倒。怀柔医院检查不出病因，只说“严重贫血”。家人已经给他输了两次血了。隔了几天，第二次去时，他姐姐高兴地告诉我查出原因了。开始主治大夫也查不出原因，就悄悄地问正在打扫厕所的被整的“资产阶级反动学术权威”老师，老师问他：“病人来自哪里？”“怀柔农村。”老师让他查大便寄生虫。一下找到猪绦虫，进一步检查，虫子已经进入大脑和眼球。原因是半年前他家养的猪杀了后，发现是病猪，舍不得埋掉，全家人都吃了，因此发病了。医生对症下药，控制了贫血，并告诉他家人此病要两年才能完全康复。

过了几天分配了，我离开了北京几十年，再也没联系了。但愿那个男孩得益于老教授一生平安！

一波三折的毕业分配

分配前，三连工宣队队长找我，让我看档案里给我的评语。我边看边流泪，哭着说：“我不是这样的人！”评语写的是：“资产阶级思想严重，个人主义严重，不团结同学……”队长说没有空白表了，没法重写，只能用白纸条贴上，去掉这些话，也只能如此了。当时应该先划掉，再贴就没有后患了。由于年轻没有政治经验，直到家父1979年平反后，才得知档案里的白纸条被取下了，好在能看出贴过的糨糊印。极左害了我几十年，有冤无处申！

分配期间鲁世杰老师对我说，把我分到张家口地区了。当时64、65级有三次分配方案，第一是分配到北京市各大企事业单位；第二是分配到北京各区县基层单位和小企业；第三是将在山西部队农场锻炼的63级换回来，64、65级分出去。从通知到上火车离京只有3天时间。家里没有箱子，我用1951年从重庆搬家到北京时的大木条包装箱，带上书、收音机、组装收音机的工具和行李，离开生活了18年的北京，木条箱一直陪伴我到1984年。

2018年4月于北京家中

在大学

退休后

黄相民

1970年6月，北京工业大学计算数学专业（6551班）毕业，分配到河北省宣化县先后当过农民、中学教师、水泥厂电气技术员；

1978年6月—1999年6月，在包钢从事IT技术工作，助工、工程师、高工，曾编写软件17年，曾任软、硬件室、通讯室主任13年、科研管理科负责软件研发管理3年；

1999年7月，办理“离岗退养”（内退），10月回到北京，打工；

1999年12月—2005年2月，北京泰达讯通科技有限公司；

2005 年 3 月—2005 年 5 月，北京西教易通公司（泰达讯通公司子公司）；

2005 年 6 月—2009 年 5 月，北京多星企业管理咨询公司。

实践与科研成果：

与其他专业科技人员、管理人员合作，用数学方法解决包钢冶金科研、企业管理多个难题。受聘于包头钢院、包头市职大、包钢职大及内蒙古大学自考班教师（副教授级别）历时 19 年，教学 40 个班近 3000 名学生，讲软件工程 20 遍及其他 30 余门计算机专业基础课、专业课的教学。4 届冶金系统青工比赛包钢计算机总教练、评委，每次均取得好成绩。受聘为包头市科委计算机专家组成员，后任副组长参加 20 多个市级项目开题、结题评审。包头市公安局 110 报警系统顾问。2006—2011 年回京后，软件行业协会组织 4 次讲座，被选为中国软件行业协会过程与系统改进分会专家委员会主任委员之一。

1961　1974 年，发明二次曲线、面、体折叠作图法。计算机应用名学科多项华北区优秀论文二、三等奖；内蒙古科技成果三等奖；包钢先进科技工作者。论文参加亚太地区劳动保护学会国际会议及发表（均为第一、二作者）。

我的大学生活

6551 班　张成习

1965 年 8 月的一天我正在家焦急地等待中，楼下传来了邮递员响亮的呼唤声：“张成习的信！”我立刻跑了出去，邮递员说：“北京工业大学的录取信！”我回答：“谢谢！”接过一封沉甸甸的信封，打开了一看，哈！有录取通知书、学生会的欢迎信、入学缴费通知书、学校各种文艺、体育队招人的报名表。

北工大学校在北京东南角大郊亭化工路西口，环境还是不错的，既有宽敞明亮的教室，有可从事各种体育活动的大操场，还有一个新建的游泳池，这无疑让我们这些刚从中学迈进高等学府的大学新生为之振奋。听到学校未来发展方向和远景蓝图介绍，特别是要把北工大建成像莫斯科大学一样的综合性大学，我们都对未来充满着憧憬。

学校有各种文艺社团、体育运动队，都在招新队员。我被校射击队录取，成为一名射击队员。射击队归校武装部管，我们每星期活动一次，练习小口径步枪瞄准、射击。每个月实弹打靶一次。由此我认识了射击队各年级的同学。我联系从武装部领出三八式步枪，组织我们班进行了一次步枪拆卸组装的军事活动。

我是校射击队的一名成员

我们班不少同学也都加入了各种团队：刘开年在羽毛球队，他羽毛球打得很好。张泉生在中长跑运动队，他善长跑五千米，每天早上都绕着操场跑圈。蒋代梅是体操运动员，常看到她在平衡木上练习。吴延佳是跳高运动员，每天都在向自己的纪录挑战。孙德义是个从石景山中学来的壮小伙，每次的爆发力都想把铅球推向更远。周鸿顺、杨永山、栗培林课后经常在一起踢足球、打排球。

冬天足球场改为大的滑冰场，同学们在下午课余休息时间锻炼身体。我是上了大学才学会滑冰的。

姚美岀是校舞蹈队的，也是系学生会文艺委员。我们刚入学她就组织我们五系同学开了联欢会，她蒙古舞跳得很好。王学智洋琴敲得好，也会拉二胡，他会好几种乐器。杨永山板胡拉得好，琴声悠扬，还上台表演独奏《草原骑兵之歌》。周燕生、孙友华经常教我们唱当时流行的歌曲如《英雄之歌》《地道战之歌》。同学们各有所长各有特点，学习、运动紧张忙碌充实，每天都很晚睡觉。

由于我在高中是班长，系领导指定我为 6551 班临时班长，一个月后得到同学们的认可正式选为班长。我们班有 30 名同学，17 名男生 13 名女生，蒋代梅、周鸿顺是学习委员，刘凯年是文体委员，工学智、裴萍实先后是生活委员，周燕生是英语课代表、汪仲寅是数学分析课代表。

学校有两个很大的图书馆，我们每个人可以一次借五本书。阅览室里书架放满了各种各样的书籍，真是知识的海洋。开学后前两周里，我就泡在图书馆翻看各种书籍，建筑设计学、物理学、天文学、无线电学、机械制造学、生物学，甚至弗洛伊德精神学，等等。真是世界之大知识之广学海无涯。

经过三年调整的 1965 年全国经济状况明显好转，学校的食堂办得很好，品种多又实惠，每天都有饺子、包子、面条、馒头、米饭、窝头，菜有狮子头、肉片豆角、猪肉粉条、红烧茄子、鸡蛋炒西红柿，也有炒萝卜条、熬白芽，等等。当时学校的食堂办得好，在高校是有名的。

参加校运动队比赛时还有伙食补助，我还享受过一次，那是射击队要参加比赛，需要加强训练，每人发了一个月的补助菜票，每天 3 毛钱。

大学第一学期的学习是紧张的，我们 6551 班吉础课是数学分析、高等代数和英语三门课程。授课的老师分别是邱玉圃老师、林公予老师和贺老师。林老师还是我们的班主任。那时我们每天上午有四节课，下午有两节课，晚上为自习时间。每堂课老师都要讲十几页的教材和指定几本参考书。大学学习的内容和高中相比发生了很大的变化，从有限静止的数据变为无限动态的数据，什么 1 到 M、1 到 N、矩阵，无穷大、无限小、求极限，从直观的思维转变到抽象思维方式。 一开始不适应，总感到时间不够用，学得有些累。大家都很用功，自习课时间同学们分别在教室、图书馆、宿舍进行，一般都是 11 点以后才睡觉。

1966 年 4 月，学校开始在怀柔水库边上建设北京工业大学新校址，学校各系低年级同学轮流去建校劳动，半工半读（当时高年级同学在农村参加“四清”

工作队）。

我们班同学们打好背包坐着卡车向怀柔山区挺进。一路上同学们情绪激昂，姚美臣、周燕生、孙友华带领我们唱着“太阳出来照四方……”的电影插曲来到沙峪北沟村。四月初的山区真美，蓝天白云，山上古长城雄伟蜿蜒，山腰开满了粉红色的杏花、桃花，白色的梨花及各种果树花和野花，绿色的柳枝和杨树叶随风摆动，这是个美丽的小山村，一条清澈的溪水从上而下流水潺潺，绕村而过。早上山坡上山鸡、飞鸟成群，一个美丽的世外桃园。

我们住在小村老乡家，开始了一边劳动建校一边学习的半工半读生活。我们用溪水洗脸刷牙漱口洗衣服。吃完早饭，我们排队扛着劳动工具翻过小山包来到另一个山谷，这就是我们五系的校址。我们要在这里建设教室、宿舍、食堂。我们的任务是当壮工，挖水池、挖地基、和水泥、抬石头。劳动强度很大，但同学们情绪很高，干劲十足。

星期天我们班集体爬上长城，站在山顶长城上四望，江山多娇，长城雄伟壮观。来时我从家里带了照相机在长城上为同学们留下珍贵的合影。照片中的老师是我们的政治课老师兼班主任徐万成。山上有石洞，在战争年代村里农民藏东西的地方，山腰有许多摩崖石刻，据说那都是当年驻守长城时士兵们刻下的。

一个月后我们基本适应了强体力劳动，开始半天上课，半天劳动。贺老师教我们英语，鲁士杰老师辅导我们数学。

6551 班的同学在沙子口长城

1966年初，出现了中学生在公交车上高声朗读毛主席“革命不是请客吃饭”等语录。报纸、广播用大量的篇幅在全国掀起了声讨“三家村”、评《海瑞罢官》的斗争高潮。已是山雨欲来风满楼，只是我们在农村建校劳动感受不深。

1966年5月25日下午，北京大学聂元梓等七人在北大贴出了反对陆平校党委的大字报。《人民日报》刊登了这张大字报，还同时发表了题为《欢呼北大的一张大字报》的评论员文章。从此“文化大革命”转为急风暴雨式的群众运动，学校开始了长达数年的“停课闹革命”。

1966年5月29日，我们接到通知，紧急回学校，大家都不知发生了什么事情。我们打起背包坐上卡车返回学校。一进校门就看到铺天盖地的大字报，让我们眼花缭乱，学校食堂前路口聚满了人群，我们十分惊讶。大字报的矛头直指学校党委，说他们是修正主义的“黑党委”，是反党、反社会主义的走资派……。看到这些我们十分地迷茫，几天后全国的形势变化很快，怀疑一切、打倒一切、横扫一切牛鬼蛇神，17年的教育路线是反动的，资产阶级专了无产阶级的政等极左思潮在迅速蔓延。学校领导、老教授都成了走资派、牛鬼蛇神，被游街示众、批斗，受到了折磨。学校里是一片混乱，正常的教学秩序荡然无存。这场史无前例的“文化大革命”把我们每个人都卷了进去，很快我们也开始热血沸腾，头脑开始发热高烧，要革命要忠于毛主席。学校和社会上出现了无数的红卫兵、战斗队、兵团、公社组织，派系斗争不断。都用毛主席语录批判对方，上纲上线斗争异常激烈。几乎每个人都批斗过别人，也被别人批判过，昔日的同窗好友变成了对立派。不管你愿意不愿意，好像谁也逃脱不了，那段日子真是不堪回首。

“文化大革命”彻底打乱了我们的大学生活，也改变了我们的命运。

“文化大革命”虽然进行了十年，但实际上许多人到1966年底、1967年初已经头脑逐渐冷静下来，消极对待运动了。全国的革命大串连逐渐演变成“全国学生大旅游”。1966年9月我和班里部分同学一起串连到上海市住在复旦大学，看到了黄浦江外滩、南京路、城隍庙。到桂林市住在独秀峰下的桂林师范学院，领略了桂林山水甲天下的美景。还去了贵阳。到重庆山城，住在重庆大学，参观了红岩村、渣滓洞。到成都，又回重庆坐船经长江一路饱览三峡风光。到武汉市住在武汉大学，后又到长沙住师范学院，到韶山参观毛主席故居。又到广州住中山大学，参观了林则徐虎门销烟地、三元里、黄花岗、越秀公园。开始的8、9月份串连人少火车上还有座，后来串连学生爆满，火车上通道都站满了人，座椅下有人，座椅背上也坐了人，行李架上也躺着人，就连厕所内都站满了人，甚至车箱顶上也坐着人。真是全国大串连！ 8、9月份，火车上串连的学生们大多是身穿绿军装或深蓝制服胳膊上戴着红卫兵袖章，肩背绿书包手拿“红宝书”，革命性十足；12月底，我坐火车返回北京时发现大多数学生们胳膊上的红袖章已不见了，衣袖上留下一条未被太阳晒退色的痕迹（我自己也早已不戴袖章了）。大多沉默，话语不多。我平生第一次走这么多地方，观看领略了祖国各地的大好河山、风土人情。

1967年1月底，听说福建前线动荡需要支持，我又跟着学校的30多名同学乘上火车来到福州市，车票是有同学到铁道部搞到的通票有效期三个月。记得那时北方冰天雪地，南方却绿树成荫，火车沿着闽江行走时，江水清澈，两岸山上长满了茂密的翠竹。清晨火车到达福州市，我们身穿棉衣脚穿棉鞋，还冻得直跺脚。可看着当地人穿单裤穿着拖鞋行走，很是惊奇，才知道南方人比北方人抗冷经冻。

我们住在福州大学，校园美丽，到处是竹林、香蕉树、樟木树，一派南国风光，学校早已停课，大字报贴满墙。我和几个同学就乘船顺闽江而下来到闽江出海口的琅岐岛上。这个岛是一个行政乡，有十几个村子。地处福建前线，距岛不远的海面上就是台湾的马祖列岛。我们下船刚踏上岛，突然有许多民兵荷枪实弹向我们跑来，枪对着我们。我们的服装棉袄棉裤和当地人的单衣服装反差太大，一看就是外地人。他们警惕性很高，盘问我们。他们说的闽南话，我们一句听不懂。幸好我们同来的有一位福州中学的同学。经她解释，民兵们露出了笑容。

我们住在岛中心的一个村子里。当地的房子都是木板房，缝隙很大、透风。在岸边摆放着许多旧船只，里面都住着人，那就是他们的家。我们拜访了海岛上的驻军，一个团长接待了我们。他听说我们是北京来的很感兴趣，问我们北京的“文化大革命”情况。还特别问了侯宝林被批斗的情况。听到相声大师侯宝林被批斗时用自制的可伸缩的高帽子逗得大家哈哈大笑的故事，他也开怀地笑了，认为不应该批斗侯宝林。

我们在岛上遇到了一个农民青年，他曾两次考大学未成功，还在准备继续考大学。但由于“文化大革命”停止招生，他很着急岁数一年年大了。他留了地址、姓名，我们答应北京一有招生的消息，就写信告诉他。可惜到1970年我们离校时也没有听说恢复高考招生。

岛上也分成了保守、造反两派。村的大队长、小队长也都被批斗靠边站了。我们在岛上各村走访，看到他们虽然分两派但对民兵值勤排班还是很认真的。在岛上由于语言不通，很难交流，我们待了二十天左右就返回福州大学。

坐火车返回北京，在路过杭州车站时我一个人下了火车，在杭州待了一天。看西湖，看岳飞庙，当时杭州下了雪，银光素裹。

福州市琅岐岛给我留下了深刻的南方地域风光印象。2014 年，我和夫人去厦门、泉州、福州旅游时还特意去琅岐岛看了看，旧地重游，感觉变化不大。我原以为琅岐岛一定会变成一个洋房别墅美丽的旅游之岛。

1967 年春天，我和一系 65 级的两位同学骑车到天津串连。我们是下午 2 点钟出发。沿着公路向天津骑行。从来没有骑车走这么长的路程，开始觉得还可以后来就越骑越累，中间休息了好几次，最后早晨四五点钟到达天津火车站。在火车站的长椅子上睡了两个钟头。天大亮后我们骑车来到南开大学、天津大学参观。然后又沿着海河向海边骑行，参观了大沽炮台、天津新港。

1967 年 8 月，那时候全国已经停止串连了，但我跟八个高年级同学还是经过一番策划爬上运煤的火车去青岛、济南一游。

1967 年秋天，天高气爽。社会上“文化大革命”仍在激烈地进行着，但是学校里许多同学已经厌倦了，纷纷离校郊游。我和栗培林、杨永山、朱兰香相约骑车到上方山旅游。我先骑车到琉璃河杨各庄杨永山家。永山父母是农民，两个哥哥在水泥厂工作，大哥是水泥厂车间主任，二哥是矿上司机。永山上学实际上是由哥哥供养的，在大学永山享受了助学金。我在永山家住了一晚上，受到热情的款待。

第二天，我们骑车来到房山县城与栗培林、朱兰香会合。稍事休息后，我们开始向上方山进发，途中路过北京第二精神病疗养院，天色已晚我们决定找杨永山的中学同学，想在那里借住一宿。那位同学刚领我们来到他的宿舍，就被突然冲进来的六七个人团团围住要轰我们走。气氛紧张情绪激动，双方都掏出了《毛主席语录》。对方念“千万不要忘记阶级斗争……”的语录，我们念“我们都是来自五湖四海……”的语录。原来他们是这个同学的对立派，他们认为我们是来支持这个同学这一派的。我们向他们说明我们是路过看望同学的并无他意……，最后他们在解除误会后离开房间。杨永山的同学安排我们吃了饭，住了一晚上。第二天早上同学引我们参观了这个疗养院，我们都是第一次来到精神病院。病房门上有锁，窗户上都有铁栏杆。从外面看病房楼，男病房楼的窗台上都坐着人，脸色阴沉、目光呆滞地看着我们。女病房楼的窗前就比较热闹了，有

因大串连看到了大海

的女病人在朗诵诗，有的病人在唱歌，还有的病人在大声说：“某某车站快要到了，请大家带好行李带好小孩注意安全”，等等。

早饭后，我们告别这位同学向山里进发，我们游览参观了周口店猿人洞、上方山云水洞、藏石板经文的石经山藏经洞、云居寺。这些地方因为“文化大革命”都已经关闭。一路上见到许多打着红旗背着背包进行拉练的学生。

参观完分手后，我跟栗培林骑车到河北镇他的家住了一个星期。这里有一座矿务局的煤矿，培林父亲是这里的工人。培林的家乡风景优美，公路旁的大石河水清澈见底，日夜不停地在峡谷中蜿蜒流淌。两岸山上的柿子树、山里红树、核桃树、栗子树结满果实，有的开始成熟变红。我随培林参观了万佛堂村的辽塔和万佛堂孔水洞，看到泉水哗哗地从山洞深处向外涌出。20世纪60年代初，由于水流湍急，这里还装有水车。传说孔水洞深处还有不少石佛。我们到邻村他的同学家玩，一起去村后的大山洞探险。这个山洞是一个很大很深的石灰岩溶洞，80年代开发成石花洞旅游点。我们还约村里的几个小孩和暂住在培林家的长途电话局工人师傅，一起到培林家后山的一个小山洞里探险。这个山洞曲曲弯弯，有的地方非常狭窄需爬过去。我们凭借着电工师傅三节电池的长手电筒照明向山洞里面爬行，我们爬行了一百米左右，周围一片漆黑不敢再往里去了，怕掉进深洞里、怕灯泡憋了，又怕手电筒电池用完了。这次探险实在是风险很大。回来后培林父亲批评了我们，说我们太冒险。培林的父亲是个可亲可敬的长辈，我在他家受到他父母亲的热情接待。

栗培林家往西二十多里就是朱兰香家。我们顺着蜿蜒的山路骑车来到朱兰香家。朱兰香家在大山深处、大石河的上游，叫红煤厂村。村前一条盘山公路。小村和公路之间的大石河水静静地流着。当年《青松岭》电影在他们村拍过外景，路边大石头上还留有“青松岭”几个大字。朱兰香领着我们参观了他们的小山村，招待我们吃了炸酱面。

这次活动增加了同学友情，使我接触了京郊农村，了解到了房山县部分地理环境。没想到1970年我毕业被分配到河北省涞源县农村插队落户，中间多次往返北京坐的长途汽车走的就是这条公路，每次路过栗培林、朱兰香村时我都向窗外张望，我来过这里，我的同学家在这里！ 1971年我调到这片山区在燕山石化工作。1976年后我们的生活饮用水改用从万佛堂孔水洞引来的水，我对房山县的这片地方熟悉有感情。

中央决定在北京房山县周口店公社坟山村一带，即猫耳山下，凤凰岭之上的一道山沟里建设一座大型炼油厂，定名为“东方红炼油厂”。1968年3月，一期工程开始 “工业学大庆”在基建上采用了大庆油田大会战的模式，由全国各地炼油厂、安装公司、建筑公司抽调队伍参加施工建设。参加施工会战的还有北京十几所大学院校的师生。4月份我们北工大师生来参加会战。一过胜利桥老远就看到半山腰矗立的一块巨大的标语牌，上面赫然写着毛主席题词："看来发展石油工业，还得革命加拼命！"工地上会战场面壮观！大吊车、大挖掘机、推土机、重型卡车来来往往，电焊、气焊交相辉映，挖沟的、砌砖的、搭脚手架的、安装设备的各路工人忙忙碌碌。远处不时传来轰隆隆的开山爆破声……几百吨重的炼油高塔一个接一个地吊装树立起来，真是一天一个样。

我们6551班的任务是在市政工程公司里当壮工，从事搬砖、和水泥、抬水泥板等体力活。我们穿上了旧粗布工作服，一个个还挺自豪，唱着《石油工人之歌》，干劲十足，开始了繁重的体力活一直到9月份。我们记得我和刘凯年、杨永山、郭励中四个同学是推沙子、和水泥、抬水泥盖板专业户，那盖板非常重，我抬起木杠直不起腰来，走路直打晃，咬牙坚持一天下来肩膀红肿，腰酸腿痛。为了抢任务，经常加班加点，日日夜夜奋战在工地上。劳动强度很大，同学们包括女同学们都坚持下来了。

劳动也有时因计划不周，工序衔接不到位，白费力的。一天晚上要我们加班连夜挖一条深沟并砌砖、水泥抹墙、盖水泥板、封土恢复原状。时间紧任务急，我们发扬"一不怕苦、二不怕死"的精神挑灯夜战，在凌晨2点时我们终于挖出了一条深沟完成了任务。但运砖的卡车却迟迟未到，下一道工序无法进行。直到早晨8点钟另一个工程要进行了，于是推土机把我们挖的沟给推平了压实了，接着大吊车驶过吊装设备。我们非常心痛，一夜白辛苦了！

东方红炼油厂的地下电缆沟基本都是我们参与建成的。地面上的宣传墙实际上是电缆沟的通风口和出入口。

在工地劳动我受了两次伤，一次是我在沟里面干活，电焊工人在沟里面焊接管线支架我没有躲避。结果晚上睡到半夜时突然眼睛疼痛无比，像有人把石灰和沙子揉进我的眼睛里一样疼痛难忍。什么也看不见了，我要变成瞎子了！我的喊声惊醒了睡在身边的郭励中同学。他到外面打了一盆凉水用湿毛巾给我敷在眼上感觉稍好些。熬到天亮，找校医大夫看。她说这是电焊弧光烧的很危险，给我上了麻药止痛，我蒙上眼在工棚里躺了一整天，吃饭是刘凯年帮我买的，第二天才好一些，这次教训深刻！

另一次是我们用融化了的沥青浇灌墙缝时不小心溅到了我右手上烧伤了一大片，起来大包非常疼痛，跑到医务室大夫说沥青有毒，为我上了药包扎纱布把右手吊在脖子上让我休息。我休息了一天就觉得一个人在工棚里待着没有意思，就又去干活了。

在房山“东炼”劳动休息时留影

我听说开坦克和开推土机的方式原理是一样的。于是非常想学开推土机，我就和工人师傅套近乎，没事儿就帮助他擦车，在他旁边看他开车推土。终于他同意让我试试，我还真的开上推土机试了一把。

记得刘凯年和杨永山与修汽车的师傅套近乎，一天傍晚师傅将车开出，我们坐上他的汽车。刘凯年和杨永山都过了一把开车瘾，他们俩原来就会开车。

那时候我们利用休息时间和星期天跑遍了周围的山水。我们去胜利桥天然溪水游泳池游过泳，还到东风水库游泳，猫耳山下是宋朝时期金王朝的皇家陵园，那时还有不少断碑条石。全班男同学爬过猫耳山，那次鲁世杰老师和另一位老师也去了，他们还每人出一块钱，让李春茂买糖给大家补充能量。那个星期天我们吃过早饭扛着一面红旗出发，大家翻过小山然后向猫耳山最高峰爬去。山坡很陡但我们爬的速度很快，都想第一个爬到山峰顶上。在山顶上俯视东方红炼油厂工地时，我们挥舞红旗向驻地的女同学们招展，我们呼喊：“我们爬上了猫儿山顶峰！”

我们还去参观过周口店猿人洞。夏天雨水多山上有蘑菇，我们上山采蘑菇但不敢吃，也捅过马蜂窝，偷老乡的玉米棒子烧着吃……

记得一系的同学们的任务是开山劈石，削峰填谷，搬石头修路，也是重体力活。我们班干到9月份轮换回到学校。

经过14000多名建设者13个月的团结拼搏，东方红炼油厂一期工程提前竣工投产，炼出了汽油、煤油、柴油。我们班同学曾参加过会战，我们对燕山石化有感情。

1968年9月，北京号召献血，同学们虽然观点派别不同，但在献血上都积极参加报名，经过检查我被合格选用。记得那一天上午我们很多同学来到医院，我们站在医院的大厅里，护士长首先领着我们学习毛主席的《纪念白求恩》《为人民服务》文章。给我们每人喝了一杯白糖水，然后让我们撸起袖子把胳膊泡在消毒水桶里，之后逐个躺在床上，把一支胳膊伸到窗口里面开始抽血。我们一边抽血，另一只手拿着《毛主席语录》：“下定决心，不怕牺牲……”每个人抽 200 毫升血。之后每个献血者吃四个鸡蛋，喝一杯白糖水。

1969 年初，开始“复课闹革命”，我们 6551 班的同学们陆续回来学习了。贺老师先带我们复习英语音标读法，再教些实用语句。数学老师尽量避开理论基础和公式推导，讲一些实用知识。我们还到北京计算机所参观联系实习。当时虽然“文化大革命”仍在继续，课程不断受到干扰，我们班还是增加了电子课程。我和许多同学一样到电器旧货商店，朗家园旧货市场去寻找购买便宜的电器元件，组装电子管收音机或半导体收音机和万用表。我就是在那时用平时节省下来的钱和献血给的 10 元营养补助费，买的便宜的电器元件组装了一个晶体管的中波段收音机和一个万用表。日后我在山区插队时，这收音机为我解闷收听新闻起了大作用。我用自己做的万用表为农民修理了不少电器。我学的这些电气知识，在从事电器工作中发挥了作用。

1969 年 3 月，珍宝岛战事爆发后。北京备战气氛非常浓，机关、街道、工厂、学校都在挖防空洞。我们也在学校操场上挖防空战壕。

10 月，根据中央一号命令的指示精神，所有在京的中央机关和高等院校都进行疏散，我们北工大来到了怀柔县杨宋庄公社，三系和五系都在张自口村。我们全都住在老乡家里，一边进行革命大批判，一边参加劳动帮助农民收割庄稼、打场、掰玉米棒子，等等。当时老师们和我们在一起，后来老师们都集中到茶淀农场去了。

11 月份后，天气渐冷，为了解决过冬取暖问题，学校组织了砍柴队，要求每个班去两个人上山砍柴。我们班刘凯年、周鸿顺都报名参加了。砍柴的地方就是我们 1966 年建校的沙峪北沟村山上长城脚下。

有一天，刘凯年押车回来送柴，我有强烈的愿望跟他去那个小山村看看，那是我们当年建校劳动的地方。我要再爬一次长城体验一下他们砍柴的艰辛。傍晚刘凯年乘卡车返回时我灵机一动跳上了车，拜托郭励中代我向工宣队请假。周鸿顺看到我来了也很高兴，晚上我们挤在农民家的小炕上过夜，很冷！他们舍不得多用打的柴烧炕。

第二天东方鱼肚白时，我跟着他们上山砍柴，每人怀揣两张糖饼，手拿镰刀，背一根绳，背一军用水壶上山了。从村子走到山顶有二十多里的山间小道，路的一边是悬崖峭壁，使人感到眼晕紧张。蜿蜒雄伟的长城屹立在山顶，山坡上长满了荆条。11 月的山区天气非常寒冷， 山顶上更是寒风嗖嗖刺骨，水壶里的水很快结了冰，等到中午天暖和才能喝。糖饼揣在怀里，是为了防冻否则也咬不动。我挥起镰刀砍向荆条，很快手上就磨出泡来了，胳膊酸疼，半天也没有砍多少柴下来。再看刘、周二位同学已经砍下许多荆条树枝来，他们熟练地将一根长荆条拧成绳将一堆树枝捆成捆。中午在山上啃糖饼喝冰水，下午每人背着一百来斤柴火，往回走二十里远的山路回到村时天已大黑，身上的棉衣都湿透了，就躺在做饭的热炕上烘干衣服。我则躺在炕上起不来了，太累了！

回来后，我在班里向同学们作了汇报。大家也觉得他们俩很辛苦。于是班集体向他们写了慰问信。不久收到周鸿顺起草的两人回信。表示他们感到了班集体的关心和温暖，他们将继续克服困难完成任务。

那年的春节我们是在农村度过的。冬去春来，我们一边参加大批判，一边参加农村劳动。记得我们平整土地，在水田拉犁耙，在水田里弯腰插水稻秧苗。

1970 年 7 月初，一声令下我们离开了杨宋庄返回学校接受毕业分配。我们走时老乡们驾着马车为我们运送行李,大人小孩一直送到村外老远。我们唱着“再见吧妈妈，别难过莫悲伤祝福我们一路平安吧！”的歌曲离开了那里。我们对杨宋庄深有感情，直到现在同学们见面还常谈起它，关心着那里的建设发展。

可能由于我们是计算数学专业，这在当时是最没有用的专业了。1970 年 8 月我们班同学全部被分配到河北、山西农村、工矿最基层的地方。我被分配到河北省位于太行山、燕山、恒山三山交汇处的涞源县北石佛公社南上屯大队农村插队落户当农民，成为一名名副其实的插队知青。

2018 年 3 月 15 日

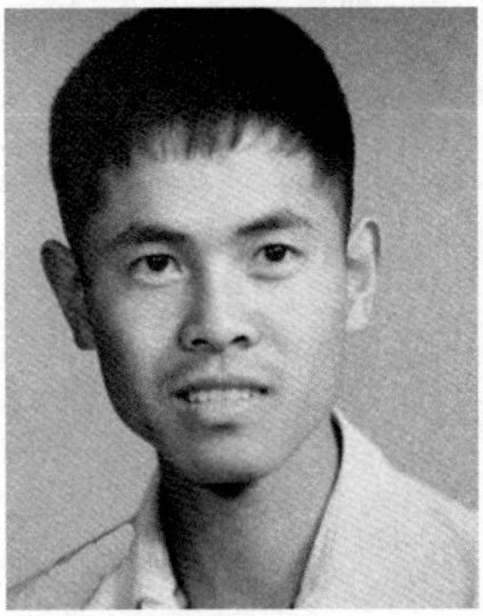

在大学

退休后

张成习

1965 年 9 月，考入北京工业大学数学物理系（五系）；

1970 年，分配到河北省涞源县农村插队落户；

1971 年 11 月，调回北京燕山石化区机械厂当维修电工、助理工程师；

1973 年，选调到燕山石化职工大学当老师，教电工学、物理学课程，兼任了多个教学点的北京电视大学物理课辅导老师，多次被评优秀教师；

1984—1985 年，在中央职称领导小组办公室工作，参与顶层设计起草制定全国专业技术职称实施细则，参与组织召开全国专业技术职称大会，启动了全国各行各业专业技术职称评审工作；

1985 年，在中国石油化工集团公司人事部工作先后任主任科员、处长；

1990—2005 年，被派往中日合资公司任副总经理、高级经济师，并任中国融资租赁协会秘书长，与同事合作编写出版了《融资租赁问答 100 例》等书籍；1990 年以来，为家乡的红色文化作贡献，担任主编组织编写出版了《红色神府纪事》，为《神府红军团征战记》《走出家乡的神木人》等书籍撰写稿件，担任家乡村志总编；

2005 年，退休。

第二辑　工作征程

我和北京水泵厂

6116班　田力春

1968年5月，我由北京工业大学机械系热加工专业毕业后，分配到北京水泵厂。我目睹并参与了本厂由破旧到改造、新建到扩建不断壮大，产品由低级到高级、由简单到复杂的全过程，经历了水泵厂达到前所未有的辉煌的过程，我为之骄傲和自豪，我也为之付出了我的青春年华，我与水泵厂结下了不解之缘。

“文革”期间，在学校时早已厌倦了这场非正义的运动，从来不参与各派的争斗，来到工厂更是一心投入生产，与工人打成一片。在铸造车间里，我和工人一起干翻砂，一百多公斤装满沙子的大铁沙盒两个人手工搬动，我一点也不示弱，汗不比工人少流。在一起干活熟悉以后，他们告诉我，刚来时，他们看到我一个白面书生，不怕脏不怕累，那么重的沙箱照样搬，真怕把我累吐了血。

在最初一个多月的时间内，每当在厂里吃完晚饭，拖着像灌了铅的双腿，慢慢走回位于厂外的东宿舍里，一头瘫倒在床上，骨头像散了架一样，半天缓不过劲来。经过一段时间的磨炼，我完全和工人一样能胜任这一工作了。晚饭后，也不像以前那样疲乏了，有时我与武汉华中工学院毕业的同是单身的大学生刘树诚，沿着厂外京津公路旁的高大杨树林散步，尽情地聊天，有时我放开嗓子给他唱歌“天高云淡，望断南飞雁……”，那歌声越过树梢直达刚刚降临的夜空，他很喜欢，我们有说有笑地漫步，那真是一段永远值得怀念的日子。

我所住的宿舍是土坯墙打的老旧平房。夏天在一个风雨交加雷电大作的夜晚，我与另外两个工人正躺在床上准备睡觉，因外面的响声太大，让我们久久不能入睡，忽然间一道明亮的闪电射进窗子，把室内照得通明，紧接着一声巨响震耳欲聋，这雷电就像在头顶炸开，景象十分吓人。我立即预感这是不祥之兆，雷声刚过，我的床所靠的一面墙，上半部慢慢向外倾斜，而下半部的墙根则把我的床向里猛然拱了大约有半米，所幸的是土坯墙轰然倒向屋外，就在房顶即将塌下来的千钧一发之时，我们三人下意识地跳下床来冲出门外，光着身子站在雨地里瑟瑟发抖，几秒钟过去了，未见房子垮塌，几分钟又过去了，仍然没有动静。因为这房子的屋顶有横梁和木柱支撑，大概不会倒塌了。为了安全起见，我们三人只好到别的同事屋子里避难，擦干了身子，穿上别人送来的衣服熬了一宿。第二天清晨火辣辣的太阳出来了，我们轻手轻脚进屋把泥水浸泡过的衣物和行李抢救出来，洗净凉晒。不久厂和工会领导前来看望我们，为我们有惊无险而感到欣慰。真可谓大难不死，这真是一桩永生难忘的事件。

在车间里劳动以及搞技术工作大概有十一年，这期间我干过铸造车间中绝大多数劳累的工种，我抬过一千多度高温的铁水包，高温烤过我，令人窒息的烟尘呛过我，沉重的工具压过我，震耳欲聋的噪音扰过我，工作服布面上经常能看到汗碱和盐花。在模型车间我学会了操作铣床、刨床、钻床以及掌握了电焊、气焊等技能，加工我自己设计的各种技术革新用具及装置。

起初我做技术员后来当工程师，最后晋升为高级工程师。带领工人在新建的厂房里，安装过压缩空气输送管路、采暖系统。安装新设备，如冲天炉（即化铁炉），我自行设计和制造的冲天炉上炉料的机械化设备，炉渣处理设施。还搞过多项技术革新用于生产，取得了良好的效果，这些都是我晋升高工的实际成果。

为了消除铸造型芯烘干窑的粉尘污染，我到外厂参观学习，回厂制造了简易煤气发生炉，产生的煤气燃烧后在烘干窑里没有粉尘，大大改善了工人的劳动条件，深得工人好评。

在车间的那几年里，我年年获得先进生产者称号。就在我最累的这一时期，我坚持业余时间自学英语，经过几年的刻苦学习后，我得以在英语上施展能力，被调到总工程师办公室做信息收集和国外资料翻译工作，协助总工程师掌握最新的泵行业情报，为以后我厂由美国引进原油管线泵技术、由德国引进啤酒过滤机制造技术和由德国引进铸钢车间使用的型砂混制设备和技术，打下了技术和语言的坚实基础。为此我去美国两次，德国一次，顺便还访问了加拿大、比利时和荷兰，既做工程师又兼做翻译，很好地完成了任务，开阔了眼界，增长了才干。这些经历又给我留下了深刻而美好的印象。

“文革”运动中，除了讲阶级斗争，无人敢谈业务。我在干好本职工作以外，利用业余时间率先在厂里搞起了文化教育和专业培训课，给因“文革”辍学、初中未毕业就分到我厂工作的孩子们，上数学课，讲铸造专业课，刮英语风时还教他们英语。技术员在晋升工程师时，要考试英语，我自然成了他们的辅导老师，坚持多年，我的学生遍布全厂，帮助技术人员英语考试过了关。我厂没有专职翻译，是在陪同外商参观我厂的时候，我的英语能力崭露头角，使我以后自然成了带领外商参观做技术翻译的不二人选。

我还热衷于厂里的各种活动。我是厂工会的有力干将，我善写字，特别是大字，在工厂许多车间外墙上，由我刷写的一人高的大字标语口号比比皆是，和书法（书写）有关的两件事，我要提一下。

第一件是要在铸钢车间外墙立面上书写“鼓足干劲、力争上游、多快好省地建设社会主义”的大标语。在6米多高的墙面上，要写宽2.3米、高2米的特大字，施工是危险的，绝非易事。首先要解决的是怎么写，通常的做法是搭脚手架，写完一个字就要拆搭一次，虽安全可靠，但用人多效率太低。后来我自己动手用废料焊了一个可以在车间女儿墙上面左右行走的小车及吊篮，车轮是旧轴承，小车骑在墙头，它上面焊有牢固的支撑套，一根2吋的5米长钢管与大墙方向垂直地从套中穿过，它是关键的平衡杆，伸到墙外的一端挂着一个方形吊篮，在车间屋顶上面的一端配上水泥块做平衡重，整个装备有可靠的防脱装置，写字时可以根据需要移动吊篮，在保证安全的情况下，大大提高了效率。其次还要解决在吊篮离墙那么近，看不清字全貌的情况下，怎么才能把那么大的字写得整齐一致。我的办法是用蜡纸按比例刻印大墙砖缝的坐标纸，把标语的字预先写画在坐标纸上，在吊篮里按数砖缝的方法，用粉笔打稿把字放大到墙上，随手就用板刷把字芯里涂上红油漆，字的边缘再勾上1吋宽的白漆边。就这样19个大字几天就完成了，远看这条标语对视觉很有冲击力。整个过程是我和两个助手完成的，我在吊篮里写字，他俩在屋顶上为我保驾外带移动吊篮。那条标语保持了20多年，直到工厂破产，拆除厂房改房地产时才消失。回想这件事，那是对我体力、胆量、技术和艺术的一次挑战。每天沿着车间侧面山墙上简易的攀爬梯，上下午爬到屋顶上下两次，还要从屋顶翻过女儿墙登梯子下到吊篮里，这是对我体力和胆量的考验；能设计那个吊篮装置，无疑是我多年技术经验和能力的体现；能设法把那么大的美术字写在墙上，不能不说是我从小积累的书法艺术功底的展示。我完成了挑战，那条大标语是我心中永恒的记忆。

第二件是20世纪80年代，我厂新浴室落成时，楼下楼上分别为男、女部。为了遮挡更衣室内部，进门处里边各需要一个大屏风，任务又交给我了。经过实地测量，我绘制了一幅需要时可以移动的中式屏风方案图，由我定词书写了“洁体清心”四个一尺见方的行书大字，并亲手用刻牌匾字的方法，把字刻在两块整张的大五合板上，镶嵌在屏风的立面。做好的屏风省工省料、美观大方、稳当实用。每当员工们劳累一天后，洗浴完出来从那里经过，都有耳目一新的感觉，真有“洁体清心”的快感。

工厂大门里面的小广场边缘，有三面设立着连成排的展览橱窗，那是我精心设计并带领工人，用旧料制作的，橱窗玻璃有密封橡胶条，可以避风雨，定时由工会更换照片及打印说明，表彰模范人物，报道职工生活，活跃了工厂的气氛。

工会组织的游泳比赛和拔河运动，总有我不知疲倦的身影。工会让我领导和组织厂内的文艺汇演，上台表演过独唱，由我担任指挥登台演出过大合唱，由我作词谱曲、歌颂我厂全国劳动模范张玉春的歌曲，也在厂广播里播放过。还带领我厂人员参加过机械局的歌咏比赛。

1980年，工厂向全体员工征集产品商标，我以"白鲸"为标志所设计的图样，一举中标。因它图样清新，寓意明确，画的是一只白色的鲸（鱼），头顶有喷出的水柱，作破浪前进的样子。"白鲸"是"北京"的谐音；白鲸是世界珍奇动物，比喻我厂产品的本质；白鲸有喷水（雾）的习性，寓意泵有排送液体的功能；白鲸在海浪中遨游的姿态，预示我厂产品游遍祖国、游向世界的广阔前景。"白鲸"用在泵类产品上合适，符合商标法要求。我厂向国家工商行政管理局申请，分别于1980年4月30日和1982年11月15日被核准，颁发了商标注册证，开始在水泵和油泵两类产品中使用此商标。整个过程都是我办理的。工厂破产后，还有私营小泵厂，向我提出要买这个商标，我是设计者，答复他我无权处置它。我厂四十年来，没有规范的产品样本，都是手写用晒蓝图的纸印的极简单的样本。在有了商标以后，我接着编辑了中英文对照的配有商标的产品样本。那时没有电脑设计图样，我自己动手画底稿，自己用鸭嘴笔写字，印出了正规样本，在宣传我厂产品中起了很大作用。

1989年，工厂适逢建厂50周年，提前向全体职工征集厂歌。既然是厂歌，就应该有歌词可以诵、有歌谱可以唱，创作这首歌对于一般人有很大难度，一要对我厂和这一行业要有深刻的了解，二要有作词和作曲的专业知识，非专业人员不成。我因在厂多年，深入实际对厂情了如指掌，并对工厂投入过大量心血，对本厂和水泵事业颇有感情，再加上自由体的诗我写过，各种歌曲我唱过不少，即兴的曲子可以随便哼，我还为厂里的劳模谱过词曲，歌唱过他们。所以这一次我决定一试。有一段时间，在上下班的路上或躺在床上睡觉前，默默地编写着歌词，它应该涉及工厂，涉及产品，涉及员工，多年传唱也不应该有时间的局限性。根据这个原则，几经推敲和修改，就写出了下面的词作：

畅游吧！"白鲸"

白鲸是世界珍奇的动物，"白鲸"是我厂产品的象征。
五十年来我们为你奋斗，你是勤劳和智慧的结晶。
我们要维护"白鲸"的声誉，优质产品是企业的生命。

（副歌）前进吧！历史悠久的北泵，畅游吧！游遍祖国的“白鲸”。

“白鲸”是输送液体的心脏，为祖国建设立下了大功。

你排灌了良田沃土千万顷，你铲除千米井下的蛟龙。

你把那清美甘泉送万户，你使那原油管线脉搏动。

（副歌）自豪吧！北泵辛劳的职工。骄傲吧！成绩卓著的北泵。

成绩只说明北泵的过去，看未来还有艰苦的历程。

我们要团结、自尊、拼搏，厂衰我耻厂兴我荣。

我们要优质、高效、开拓，与厂同舟休戚与共。

（副歌）前进吧！新时代中的北泵，遨游吧！游向世界的“白鲸”。

（在第一段歌词中“五十年来”的几个字每十年换一次，如六十年来等，因此，本厂歌可以多年唱下去。）

根据上面的歌词，我在上下班的路上，休息的空闲时间，唱着曲调配歌词，不断试唱，觉得满意时，最后我用笔把简谱记录下来。定稿后我把它交给了厂歌征集小组，后来他们让我试唱，评委听着还不错。不久在全厂中层领导以上的干部大会上，我做了演唱，大家很满意。在几份征集来的厂歌中，其他几首连歌词都不像样，更不用说歌谱了。再后来，这首歌在厂职工代表大会上正式通过成为厂歌。

厂歌和商标是企业文化的一部分，尤其是有厂歌的工厂，应该是有品位有影响的大型工厂。我厂在50周年厂庆之前制定厂歌，是有把我厂打造成同行企业的重点厂的打算。由我作词、谱曲并指挥的这首厂歌，经过一段排练后，终于在工厂50周年庆典大会上，向全厂员工唱响。那一天，参加演唱的队员，主要以工程技术人员为主，配有一定数量的年轻职工，男女大约有40人，大家身穿蓝色西装白衬衫系红领带，我穿一身黑色西装白衬衫，打红领结，队伍十分靓丽，由厂乐队伴奏。我在学校时指挥过大合唱，参加过系文艺汇演，还得过奖，但在像如此庄重的时刻、指挥自己的作品还没有过。当唱到最后的副歌部分：“前进吧！新时代中的北泵，遨游吧！游向世界的‘白鲸’”的词句时，歌曲是二声部合唱，那激越的和声和高昂的情绪，把厂歌推向高潮，全厂员工报以热烈的掌声。大家为50年来从未听说有厂歌而现在有了厂歌的事，而感到新奇和振奋，也为以后激励爱厂敬业的精神开了好头。以后可以普及厂歌，每当大小集会，唱唱厂歌鼓舞斗志，那是多么好的事情。彼时彼刻，我无比激动，唱出了我对工厂的深厚感情和热爱的心声，我兴奋的手有些发抖，我陶醉在这成功的喜悦之中。可惜的是，在以后的一些年里，工厂的业务逐年下滑，很少有人顾及厂歌普及，多年后工厂破产了，没想到这第一次的演唱竟成了厂歌的绝唱。此次活动又给我留下了难忘的记忆。

我厂的商标和厂歌后来收录在我题字的《北京水泵厂志》中，那成了历史的记录。

我从大学毕业后，工作就一直没有离开过水泵厂，我把一辈子最好的时光、最佳的精力都献给了他，我与水泵厂的感情，是我的贡献和工厂的关照长期交融的结果，直到工厂破产时，我才发现我的依托没有了，心中的伤感永远也挥之不去，那种留恋之情愈加深远。

2018 年 3 月

毕业时

退休后

田力春，1942 年 10 月出生于长春市，1947 年迁居北京。

1955—1961 年，在北京二十六中（汇文中学）学习；

1961—1966 年，在北京工业大学机械系热加工专业 6116 班学习，1966 年毕业；

1968 年 5 月，分配到北京水泵厂，先后在铸铁车间、铸钢车间任工人、技术员、工程师、高级工程师；曾任总工程师办公室副主任、外经科科长；在工厂技术引进项目中，身兼高工和翻译，前后赴美国、加拿大、德国等国家考察、签约和培训。

自学英语使我走向世界

6116 班　田力春

征文获奖

处在“文革”中期的 1972 年秋，英语广播讲座开始了，我放下了熟悉的俄语，和千千万万的外语爱好者一同投入了那场学习的大潮中。

学习主要靠听广播，可是我当时连收音机都没有，只好每天上班前 40 多分钟到厂，经特许在广播室听初播，下班后绕道东城，在岳母家再听回放。我住菜市口，上班在通县，往返乘车要花 3 个小时，我哪能浪费这段时光！夏天天长，我靠在车窗旁，读背活页英语（那时没有固定教材，每周发售现编的活页供读者使用）；冬天天短，我借门灯的微光，读背我手抄的“英语 900 句”。日复一日年复一年，乘车人几乎都知道有个上车就抱英语的“书呆子”。每天我都要把学到的句型和课文准确而流畅地背下来，否则就要“推倒重来”。就这样把书一页页从头背到尾。厂里有人劝我，干吗这么卖劲？查资料够用就得了，但我没有放松，仍“一意孤行”。同时起步的人，不久都退出了听课。后来，当我能把《东郭先生和狼》及《草原英雄小姐妹》等英语广播剧不费力地听懂并融入剧情中时，心里像喝了美酒一样！

每当休息日上街或逛公园，见到老外我就主动上前搭话，为他们指路或跟他们聊天；每次国际展览，我都尽量前往，看展品为次，与老外会话为主。一次我与老外聊得时间过长，便衣过来让我快些离开，那时候不允许与外国人接触时间过长……。一次次的磨炼，使我取得了很大进步。

1979 年，外商来我厂参观，我作为技术人员参与接待。当随同译员在技术用语上经常卡壳时，我接茬翻下去，外商深表满意。此次我的无意亮相，给厂领导以震动，真可谓一鸣惊人。此后领导让我参加了厂技术引进小组。我做工程师又兼翻译，先后出国三次，访问了美国、加拿大、德国、比利时及荷兰五国，完成了技术引进使命。在国外所到之处，谈业务严肃认真，休闲时跟老外聊风土人情，为他们唱英语歌曲，受到了他们的称赞，大家都不相信我是听广播讲座学会的英语。

1986年，我通过了招聘的面试，做了北京国际铸造展览会展台译员。同时在百余专家和同行参加的技术讲座中，我还为多国客商，担当了翻译。站在台上起初我很紧张，后来，当我看到非英语国家的客商拿讲稿的手也在颤抖时，我反而镇静下来了。最后我圆满地完成了任务。那一天下来我很累，但是我感到了从来没有过的自信和快乐！

2002年10月，北京人民广播电台和《广播节目报》，为了纪念1972年周总理批示，在“文革”中开播英语讲座30周年，举办了“想起当年学外语”的征文活动。上文即是我给《广播节目报》的稿件。结果我获得了二等奖第一名，奖金600元。

平日苦练英语基本功

1968年我被分配到北京水泵厂工作。我放弃了原来学习了8年的俄语。1972年，中美关系开始解冻，英语广播教学开始了，这一学就像前面征文里写的那样，一发不可收，跟广播学了3年多，中级班算毕业了，接着我继续自学。

1980年，我编译我厂中英对照的产品样本，交给离我厂很近的农业印刷厂制版印刷。关系熟了以后，厂方把他们从德国进口海德堡四色印刷机很厚的英文说明书，拿出来让我翻译。因为遇到的都是新词汇，就得常常翻字典，我手头的《英汉科技词典》都翻旧了。翻译速度由慢到快，就这样400字一页的稿纸，我工整地抄写了400多页，历经半年多的业余时间，总算完成了任务。让我体会到“铁杵磨成针”的滋味。交稿那天，厂方给了我四百多元稿费，这在当时已经是几倍工资的数目。后来他们反映翻译质量不错，接着又把他们厂系列设备的英文说明书交给了我，我陆续完成了《电子分色仪》《扫描仪》《四色打样机》《显影仪》《定影仪》《装订机》等的翻译工作。后来，通县肉联厂、北京特殊气体制造厂、北京水利科学研究院等单位引进设备的安装使用说明书等，都是找我翻译的。这些练习为以后我厂技术引进的翻译工作，打下了坚实的笔译基础。

改革开放初期的1980年，我受聘于北京东城区某夜校教授初级英语，我不是科班出身，凭着我英语广播讲座学到的扎实基本功，加倍认真努力，开始了向成人授课的体验，这段大约两年的夜校教学经历，对我以后与外国人打交道大有益处，这为我的口语表达帮助很大。

第一次赴美国技术考察

20 世纪 80 年代以后，我国石油工业快速发展，必须修建输油管线取代油罐车输送原油。其中的关键设备是管线泵，当时我国还不能生产，作为泵行业重点企业，我厂积极向北京市经委提出申请，由国外引进输油管线泵技术。经过长时间的技术积累和提高工厂自身的生产能力，终于获得了引进许可，并初步认定美国 4 家公司，可以从中择优选择。

1984 年 11 月，我厂和石油部管道局及沈阳水泵厂联合组团赴美国考察，3 单位共 6 人，由我厂厂长带队，我做工程师兼翻译，开始了我自学英语后赴国外实战之旅，历时 20 天，路线是北京—洛杉矶—休斯顿—夏洛特—纽约—波特兰—洛杉矶—北京，在美国逆时针转了一大圈。

先后考察了 4 个公司，它们是拜杰公司、太平洋公司、英格索兰公司和宾汉公司。我们所看到的情况是：所有工厂历史都很悠久，厂房比较陈旧，铸造车间也比较脏累，机加工车间均采用数控机床加工零件，设计室电脑设计画图，实验室配备齐全。我们还参观了两个公司装备的工作多年的输油泵站。

我们最后考察的是宾汉公司，工厂人员不算多，但实力不弱，从铸件到加工出来的零件都很漂亮。几个人的木模车间，使用的木头、铝合金、树脂（玻璃钢）等原材料也和国内大同小异，就连工人午饭自己带饭盒，在车间里边吃边打扑克，这点也跟国内极为相似。我在铸造车间干过多年，对这些都非常熟悉。该厂用失蜡法精铸出来的不锈钢叶轮，外表光整美观，精度也很高。宾汉公司在 4 个公司里最小，但是技术一点也不差，价格有竞争力，我们心里已经有了数。

我们所到各公司的各个部门，有实际现场可以对照，对于我来说无论是技术还是语言，收获都非常大。每个公司都竭尽可能安排我们的活动，尽量展现他们公司的实力，业余时间还安排我们参观他们引以为豪的许多地方和项目。

在洛杉矶第一次现场观看 NBA 篮球赛，路上还赶上大塞车，还游览了好莱坞国际影城、迪斯尼乐园、巨无霸水上飞机博物馆、“玛丽皇后”号八万吨邮轮并在其餐厅里用餐。

在纽约参观了联合国大会总部和还未遭袭的当时世界最高建筑双塔世贸中心，随后还驱车游览了纽约主要街区，走马观花看了市容，经过了华尔街、百老汇、帝国大厦、洛克菲勒大厦等地。

在波特兰参观了历史悠久的玫瑰园，每年都有选出的玫瑰皇后展出。

总之，这次考察我们的感受很深。综合美国这四家公司的资料，我编译了《输油管线泵技术引进总结》一文，对各公司的产品性能、技术水平和生产能力作了分析和对比，为我厂领导作出决策提供了一目了然的依据。最终选择了宾汉公司，但并没有马上签约。

第二次赴美国签约、考察，顺访加拿大

1985年初，机械局通知，让我厂派我随局组团，赴美国参加活动，包括完成我厂引进项目的签约。这次由局长带队，4单位共8人，5月5日启程了。路线是北京—旧金山—纽约—华盛顿—加拿大—底特律—克利夫兰—阿克隆—克利夫兰—旧金山—北京。本次是由国内很多省市的众多项目，集中起来有300多人，以中国企业家代表团的名义，赴美国参加中美建交后的大型“企业家对话活动”。

5月6日，我们在纽约与巴威公司人员会面，他们是北京锅炉厂技术引进的对象。首先，介绍了双方的工作人员和工作日程，见面地点是纽约一家高尔夫高级会所，厅内布置得华贵而典雅，墙上挂着许多富豪成员的照片，其中也有巴威公司的人，无疑是向我们展示他们的气派。后来带我们到后院参观了我第一次见到的绿草如茵的球场，晚饭后我们就飞往华盛顿了。

次日上午9点，各路代表云集在希尔顿大酒店，大厅里聚集中美代表500多人。中国团长是时任国家经委主任朱镕基，国内各部委有关工作人员和中国各地区有项目的企业与会，这是中美建交后“空前庞大”的阵容。大会开幕后，轮到朱镕基出场，他从容地走上讲台，声音洪亮地开始致辞，流利的英语使会场马上肃静下来，他的英语水平使我和同事感到惊讶，中方代表大多交头接耳并投以敬佩的目光，几分钟之后他又转回到汉语，最后在热烈掌声中结束了讲话。接着中美代表轮流发言，译员是当时在美国的中国留学生，他们中英文互译，各个都如行云流水，我很佩服他们，上了一堂难得的英语课。会议结束后，各项目进入指定房间谈判。我厂的管线泵引进项目在局领导和美方代表参与下，签署了合同。在随后两年的时间里，由我厂制造出了输油管线泵，成功地为大庆到北京的输油管线提供了装备。

我厂的任务完成后，我辅助北京锅炉厂的引进项目工作。休会期间，巴威公司人员驱车带我们眺望了白宫，参观了国会大厦，出来后经过倒影池到华盛顿纪念塔，乘内部电梯登顶向外瞭望，华盛顿市的建筑群几乎一览无余，五角大楼的建筑在楼群中清晰可见，后来还参观了最高法院和林肯纪念堂。

第二天我们按计划行动，巴威公司准备先带我们到加拿大，实地考察他们产的锅炉运行情况。我们乘坐装满行李的中巴车，在开往机场的半路上，不幸抛了锚。开车的老司机，下车一看是油管破裂，漏了一地油，他说这是他从未遇到过的事，没法修，只能等待救援。此时飞机起飞时间紧迫，他显得很无奈，但并未惊慌。因为我们的车停在半道上，有碍交通，不一会儿巡警驾驶摩托车飞驰而至，了解情况后，用步话机说了一阵，没有几分钟，就来了一辆出租车先把我们的行李拉走，随后又来两辆，我们 8 个人上车也奔赴机场。巴威公司租赁的 10 座小型飞机，已在跑道上启动预热等待，我们顺序登着舱门翻下后构成的舷梯入舱，此时悬着的心才落了地。飞行员是一对年轻的夫妇，热情地和我们寒暄几句，就起飞了。这是一架小型螺旋桨飞机，我们 8 个人连行李，把机舱里挤得满满当当。机器声音很大，听别人说话很费劲。一小时以后，飞机飞越美加边界的五大连湖，透过舷窗向下望去，湖水浩瀚无际，水面波光粼粼，飞机在气流作用下起伏飞翔，好不惬意，和我们来美国时乘坐的大型客机，有截然不同的感受，是一次全新也可能是空前绝后的体验。两个多小时后，飞机平稳降落在加拿大。下飞机通完关，马上驱车到位于多伦多不远的坎布里奇小镇，在某电厂里考察他们产的锅炉。那天晚上，我们住在用老水力磨坊改造的磨坊酒店里。晚饭吃的西餐，主菜是烤猪尾巴，外加一碗胡萝卜西红柿大菜汤，每人如此。陪同们吃得津津有味，而我们啃着形、色好似细长胡萝卜的猪尾巴，如同嚼蜡，谈笑中忘记了一天的劳累。

第二天清早我们退房，带着行李赴机场，乘坐昨天的那架小飞机返回美国，在底特律着陆，改乘中巴经克利夫兰市，前往巴威公司所在地，俄亥俄州的阿克隆小镇，住入假日酒店。每天工作时间接我们到公司总部，分两组深入交换意见。锅炉厂厂长和财务科长与对方公司领导为一组，谈总体方案和价格。我和其余人员都放在第二组，跟对方谈技术。前后持续了两周，涉及方方面面的细节，也让我在锅炉和环保方面有了较为细致的了解。

周末休息，我们应邀到公司技术总管豪瑞阿尼先生家里做客。他是印度裔美国人，说着不够地道的英语，他亲切随和，善解人意，整个谈判中，始终陪着我们。他们全家四口人都移民到美国，儿子和女儿都在上中学。那天他夫人给我们做印度抓饭，大家端着盘子，边吃边聊，始终洋溢着欢快的气氛。餐后大家围坐饮茶，其间，他女儿弹了几首钢琴曲，他夫人坐在地面的垫子上，演奏一种叫不出名的很低矮的木制风琴，琴声把我们带回 20 世纪 50 年代印度电影的情节里，我提出要唱《拉兹之歌》，在她的伴奏下，唱起我初中看印度电影《流浪者》，模仿印地语的那首歌，一时间“啊吧拉咕……”的歌声回响在房间里，几句以后忘词了，就用中文唱完了它，赢得了一片掌声。随后我还唱了几首英文歌曲，如《雪绒花》《哆来咪》等，最后《铃儿响叮当》一首大家合唱，更是把气氛推向高潮。

下一个休息日，带领我们参观阿克隆当地有名的赛伯灵庄园。庄园主是1915—1955年有名的橡胶大王、先驱企业家赛伯灵，他红极一时，至今仍在延续的老品牌“固特异”和赛伯灵橡胶公司就是他创办的。我们在阿克隆镇里，经常可以看到一个用橡胶皮膜做的，像体育馆样的大面包似的建筑物，我想那应该是“固特异”的标志性建筑吧。1915年他请人仿照英国16世纪都铎式建筑，在此建筑了一座起初占地3000英亩，外有森林、牧场、人工湖、花园，内有65个房间的特大豪华庄园。里面有客厅、起居室、餐厅、演出厅、音乐厅，许多厅里都有油画、挂毯或其他艺术品珍藏，还有台球室、浴室、厨房、桑拿室、车库、马房，室外还有游泳池、喷泉、人物塑像。花园里最有名的是玫瑰园，种着多种名贵的玫瑰供人观赏。园主人非常好客，有几位时任总统到访过，著名音乐家在这里演出过，企业家和社会各界名流也是此间的常客。40年的辉煌过后，1955年主人过世，这么大的庄园繁盛不再，6个女儿无力支撑，与当地政府签了合同，成立基金会，由各界捐款以及门票收入维持，按博物馆模式运作。如今此地已是美国国内闻名，国际也有一定知名度的博物馆，常年开放。大批游客慕名而来，在游览中听着导游讲解，回味当年企业家的风采，游人看建筑物、看装饰、看藏品，家长带孩子来长见识，做励志教育，或买些有关的纪念品。凡来这里的人都认为不虚此行。

那天从庄园回酒店的路上，司机黑人小伙腰间挂着一个比火柴盒大一些的东西，“嘟嘟嘟”地响了起来，引起了我的好奇，我问陪同那是什么，她说那叫“Beeper”，当时也没完全明白它是何物，反正是个新东西，陪同还开玩笑地说他老婆叫他呢！等他送我们到了酒店，发现他到前台打座机电话去了。此物六七年后在国内才知道那是“呼机”（BP机），我查了词典，“Beep”是“嘟嘟响”的意思，它的缩写是“BP”，“BP机”的称呼就是这么来的。它可以显示来电数码，必须用座机回话。后来国内又出现了汉显的呼机，再后又陆续出现了什么“大哥大”“掌中宝”，接下来又有了各个品牌的手机，大大小小五花八门，直到目前的各种智能手机。其功能已扩展到语音、短信、视频通话、微信发照片、发文件、转发各种形式的微信，网上查资料、地图导航、购物、付款、缴费等，无所不能。祖先们幻想中的“千里眼”和“顺风耳”在一机上实现了。最近三十多年人类通信进步的速度不可思议，我在美国看到的呼机，只是多彩通信的开始。

两周过去，我厂的引进项目签了约，锅炉厂的引进项目谈判也圆满结束了，剩下的工作回国接续完成。

赴德国技术引进培训，顺访比利时、荷兰

1992年，我厂为进一步提高铸钢件的质量，满足管线泵生产的需要，决定从德国引进树脂砂处理设备，由市机械局批准立项并签订了合同，不久到德国培训。

7月下旬，以我厂的总工为组长，外加有关人员共六人，乘航班飞赴德国，我是铸造高工兼译员。这一次是到非英语国家培训，我只能独当一面充当一回“大王”了。飞机到达后带领全组顺利通关，在法兰克福转机前往杜塞尔多夫。当天下午5点多着陆，德国正处在夏时制，仍然艳阳高照，每个人虽然经过长途飞行，都没有丝毫倦意。ECO公司的人员举牌迎接我们，寒暄过后把我们送到他们公司所在地卡斯特小镇，住在一间私人的三层旅馆里。这里够不上三星，但干净典雅，楼道里陈列着老式手摇缝纫机、百年的旧皮箱、古董级的瓷器、留声机甚至还有猎枪，很有乡土气息，透着德国人的怀旧传统。

从第二天起我们就到公司，连续听技术人员用英语讲解他们公司砂处理设备的结构、工作原理、安装要点、操作程序、故障排除和维护保养等等。由于我多年的专业工作和英语的磨炼，此次的培训我表现得游刃有余。老外讲到哪儿，我就翻到哪儿，我同事提问和对方的解答，我都传达到位。培训按时圆满结束了。

在培训期间，我大学同学老宋，三年前来德国学习和工作，正巧离我们不远，周末休息时携夫人开车几十公里来到我们住的旅馆见面。此事我预先和ECO公司打了招呼，公司还特意为我们租了一辆中巴，让老宋开车带我们外出兜风。老宋带我们去杜伊斯堡市逛街、购物。因为老宋未太留意，把车停在别人家的地盘，等我们回来时汽车不见了，当时我的脑袋都快炸了。还是老宋有些经验，想到可能违规了。他在附近找到公用电话，向警察局查询，不出所料因停车违规被拖走了。我陪着他租了一辆奔驰出租车，把我们带到警局，办完手续交罚款提车。他用“失而复得”的车把我们送回旅馆，一路上我们为他付出的50马克罚款而心疼和内疚。

改日我们要到该公司在德国国内的铸造厂用户参观考察。中巴带着我们全体人员和行李做一次长途旅行，车子在高速路上飞驰，一直奔向北海的方向，来到了库克斯奥文小镇的某个铸造厂，参观了正在使用ECO公司设备工作的场面，设备运行正常，所产铸件也很漂亮，给我们吃了定心丸。参观中，我们想照相，

当他们得知我们不是日本人时，表示可以随便拍照，我心里觉得如此瞧不起中国人，憋了一肚子气。参观后，既然我们已到了离北海不远的地方，索性就把我们带到海边，看到了清澈的海水，呼吸到了清新的空气，多日紧张的学习之后，现在大家能够放松一下了。此北海可不是中国古代苏武牧羊时所在的北海。

第二个周末，我们到边界城市亚琛游览。那里有一个著名景点，是荷兰、比利时和德国的界碑所在地，界碑是一个只有一米二三高的棱锥体，顶端的尖点是三国定义的边界交点，凡到那里的人，都会用手摸着它，代表他一只手就摸到了三个国家。现场游人很多，买纪念品的也不少。离开那里后，带我们进入比利时比较大的列日市，游览了市容，街道两旁高大建筑不多，还保持着十八九世纪的风格，鸽子在屋顶和地面随处可见。因为欧洲国家都不算大，又紧挨着，一天开车穿过几个国家是常事。那天是星期日，边界开放，守关的人员都休息，临近国家的人自由过界旅游、购物，甚至开车到油价便宜的邻国加油。我们也和当地人一样，免签进入荷兰。ECO公司一个员工小伙子，他把自己的游艇停泊在靠近德国边界荷兰境内的一个湖里。那天他和女朋友约好在游艇上等我们过去聚会。那是一款情侣游艇，底舱是一个双人间的舱室，周末他俩就在里面幽会。主人带我们轮流下舱参观，开眼也开心。舱面有原装的冰箱和餐桌，布置得巧妙而紧凑，舱面的窝窝里可以围坐十个人不成问题。我们坐好后，开始兜风了。时速已达四五十公里，船尾搅起长长的白色浪花带，久久不能平复。小伙子炫起技来，时快时慢，左冲右拐，有时还把船头翘起向前推进，我们都觉得后仰厉害，几乎要掉下水去，溅起的浪花落在身上，引起阵阵惊叫。这是我有生以来第一次这么玩儿。20多万马克买的游艇，长年停靠在多水的荷兰内湖里，假期驾艇驰骋在湖上，想想他们是多么会享受。

又一个休息日我们来到科隆市，瞻仰该市的标志性建筑物科隆大教堂，它被誉为哥特式教堂建筑中最完美的典范。它始建于1248年，工程时断时续，至1880年才由德皇威廉一世宣告完工，耗时超过600年，至今修缮工程仍旧不断。走进教堂我们被它的雄伟震撼了，穹顶极高，显得神秘和深邃，晶莹剔透的彩色玻璃历经700多年的沧桑，仍然那么鲜艳辉煌。这座用磨光大理石砌成的大教堂，其内外雕刻物皆似鬼斧神工之作，教堂里森然耸立的高大石柱，精致的拱廊式屋顶以及凌空升腾的双塔皆气势傲然。科隆大教堂的巍峨壮观令所有瞻仰者叹为观止。最为珍贵的是，教堂里供奉着一个金棺，里面存放的“朝拜初生基督的东方三圣王遗骸”，是教堂成为朝圣地关键的神圣遗物。

两周多以后我们结束了培训，收获满满地回国了。

结束语

距离我第一次出国已过去 30 多年了，回顾一下，这期间我们国家发生了翻天覆地的变化！我国已成为世界第二大经济体，粮食、钢铁、水泥、煤炭、汽车、家电等主要产品产量均列世界第一，超大建筑、各类桥梁、水利工程、高铁网络等国家工程项目从体量和质量上也名列前茅，进步速度创造了人类发展史上的奇迹。那时候我们引进国外的技术，现在有不少外国引进我们的产品和技术。第一次出去到美国，看到的情况，我和同事私下说，可能再有 50 年，我们也赶不上。现在看来，“超英赶美”的口号，前一半早已实现，赶美也屈指可待了。深为自己是中国人并为祖国建设出过力而感到骄傲。

因为学了英语，比别人多了出国的机会。因为对英语的坚持，实现了我开始并不敢想的梦想。我的所见所闻，丰富了我的人生，多年的付出值得。

我现在已退休多年，虽年过七旬，还经常看英语书和有关资料，弥补以前学习的不足。“活到老学到老”是我的座右铭。

2018 年 3 月

我的希望工程

6165班　关家琬

“人的一生做点好事并不难，难的是一辈子做好事，不做坏事，一辈子有益于人民。”毛主席的教导曾影响整个一代人。我认为：人这一辈子不做坏事，应该是最基本的原则，而除了本职工作外，多做点儿好事也需要决心和毅力。

1996年，我因公第一次到北京最美的乡村，怀柔县的喇叭沟门满族乡。那里环境幽静，空气新鲜，因交通闭塞，一切都有待开发。多年的贫困落后和当地人的饥寒交迫的生活，深深触动了我的心。我想在工作中尽力筹措资金，帮他们把路打通，开出致富的通道，我也想用自己的力量，为那里的人们做点什么。

几次进山看路，那里的孩子因经济困难，上不起学。全乡只有一所小学，有的孩子每天要走十里、二十里路去上学。有的孩子由于家里没有收入，交不起学费，上不了学，也有不少孩子因经济困难面临辍学的困境。那时，我生活虽然不富裕，但自己的孩子已长大成人，供养山区一个孩子上学还是可以的，我下决心资助一名学生。

在乡政府的帮助下，我和苗营季文和家认识了。他家三个孩子都正在上学，由于经济困难，老三面临辍学，我决定资助老三完成学业。由于我已近50岁，为了解除季家的后顾之忧，我把儿子、儿媳带到季家。让他们看看大山深处老百姓的生活状况，告诉他们无论遇到什么情况，我们都会坚持到底，为把这孩子培养成人，即使我不在了，儿子会继续完成我的心愿。

三女儿名叫季淑媛，刚上小学三年级。我和他父亲一起来到学校，见到她的班主任老师。我向班主任询问了孩子的学习情况和全年的学费数量，决定每月20日寄100元给她的班主任，以确保专款专用。她父亲也明确表示，家里再困难也不会占用孩子的学费。直到初中毕业共七年时间，我坚持每月按时汇款。班主任老师每学期末都把花钱的记录寄给我。由于解决了学费问题，孩子心里踏实多了，对做“三好学生”更加有信心，初中毕业孩子的学习成绩名列前茅，孩子高兴，我也十分欣慰。上高中就要到130多公里以外的县城中学去了。他们村的老街坊，正好是红螺寺中学的党支部书记。我们和她父亲一起找到了彭书记，孩子顺利地考入了红螺寺中学。

上高中要住校，月生活费升到400元。七年来，她的家长没动用一分钱用于学费以外的开支。为此，我们对她的家长十分信任，每月20日准时把钱寄给她的父亲。高中住校离家远了，学习负担重，但离我们近了，每学期我们都要到学校去看她，了解学习情况，和学校老师及书记沟通情况。

临近高中毕业该高考了，我们和她父亲一起和季淑媛商谈考大学的事情。我们表示：孩子你放心！你努力拼搏，考上大学我们负责到底。

临近高考，我们多次和学校老师领导联系沟通，了解高考报名情况。学校组织的模拟考试后，我和学校的彭书记联系见了面，也看了招生简章，一起商量孩子的报考志愿，选择专业学科等事宜。

根据孩子的第二次摸底考试成绩，我建议她与其在本市读二本，不如到外地较好的大学去学习。既能上一所好大学，又能锻炼和培养自己的生活组织能力，开拓视野，为今后工作创造条件。经几次商讨，除报考本市两所高校外，均选择了离京较近的外地高校。

高考结束后不久，她考取了天津理工大学信息工程专业。

天津虽然不算远，交通又很方便，但对大山里从未离开过家的孩子来说，也是不小的考验。但她从不叫苦，不谈想家，安心学习，刻苦攻读。

每每期末放假，我都接她到家里小叙，共谈学校内的生活趣事，她本人生活成长的故事。同时我也把下一学期的2000元学费给她，然后送她到东直门外长途汽车站，乘上回怀柔喇叭沟门的公交车，回家去看望父母。

四年的大学生活不仅改变了她的精神气质，也让这个山里的小姑娘成了有知识、有大学本科文凭的亭亭玉立的大姑娘。

大学毕业前夕，我数次到怀柔见当年的历届乡长、书记，当今区里的副区长，区人大常委会副主任、农委主任等，为她毕业就业工作奔忙。说实在的，我都从没有为我自己的儿女的工作这样抛面舍脸过呀！

大学毕业后不久，季淑媛就来到交通部下属交通工程监理公司参加了工作，而且一直工作到现在。

从1997年小学三年级开始赞助，到2008年大学毕业。我们的资助没晚过一天。我家和季家也建立了不是亲戚胜似亲戚，不是姐弟胜似姐弟的深厚感情。老季多次拉着我的手说：“大姐，咱本非亲非故，您这样帮我，我真不知道怎么感谢您啊！”

这几年中，季文和为表达对我的感激之情，数次给我所在的公路局党委写感谢信。党委也在党员大会上多次表扬，我被评为年度先进党员。2002年，乡政府联系北京电视台采访我，被我婉言谢绝了。

我做这事，从来没有任何个人图报，没有沽名钓誉之念，更不想名标乡史。我只是尽了我个人的微薄之力，为山里一个孩子走出大山，走上人生的光彩之路，尽我应尽的职责而已。

一个人的力量是微弱的，渺小的。若有更多的人尽力而为，那么会有更多山里的孩子开启他们精彩的人生。

让我们为山里的贫穷兄弟姐妹祈福吧！

回首人生路　难忘工厂三十年

6211 班　范立国

1970 年 7 月结束了在解放军农场的劳动锻炼，从山西大同回到了北京，在机械局等待分配。当时我真心希望能分配到工厂，不愿意留在机关，为此我还专门去局里找了负责分配的领导，说明此愿。正式分配方案公布后，我如愿以偿地分配到了北京第二通用机械厂（北京重型机器厂的前身）。我立即在第一时间怀着激动的心情去工厂报到，办好了入厂手续。

北京第二通用机械厂位于北京西郊吴家村，距市中心 30 多华里，是机械局、也是北京市规模较大的大型骨干企业。厂子工艺设备配套齐全、加工能力强，具有很大的发展潜力。设有炼钢、模型、铸铁、铸钢、锻压、铆焊、机加工、热处理、工具、修理等车间，还有厂内铁路、煤气站、氧气站、锅炉房、运输处等辅助生产车间，人员有 7700 多人。主要产品为大型空气压缩机、化肥厂专用的氮氢气压缩机、石化用泵类及部分军工产品。

我能分配到这样一个工厂感到十分满意，暗下决心，一定要珍惜这一机会，干出点成绩。用自己的能力证明我们这一批共和国自己培养的大学生，能够接好祖国建设的班。

当时大学生入厂首先要到生产车间参加一线岗位劳动半年到一年。我被分配到当时的金工车间大件工段一台苏联产重型落地镗床跟班劳动，认了师傅，开始三班倒劳动。由于工厂接到了大量矿山设备产品任务，我仅上了一周的中班，一周的夜班，连班组、工段里的人还没认全，就被抽调到车间技术攻关小组。我们的任务是为工厂已经上马的和即将上马的新产品的关键零件进行加工工艺研究攻关、自制和改造大型加工设备，以满足生产需求。工厂当时能上马那么多新产品和自制那么多重大装备，有一个大的社会背景，就是 20 世纪 70 年代初，在周恩来支持下，邓小平、李先念等主持政府日常工作，狠抓国民经济建设，力求挽回多年来运动造成的破坏。上级决定在二通厂上马 20 吨电弧炉、100 吨精炼炉、6000 吨水压机、10 米及 15 米井式炉，建设大型装配厂房，增添大型加工设备，将通用机械厂改造成一个重型机械制造厂，为国家提供成套矿山、冶金、发电装备。因为当时处于计划经济时代，一机部下达任务，让我厂生产球磨机、破碎机、轧钢机、水压机、发电设备铸锻件，时任国务院副总理的李先念同志还率部委领导来厂现场办公，解决人、财、物等有关问题，对工厂的发展极为重视。

在攻关组我接到的第一项任务是解决球磨机大齿轮的粗切齿加工问题。球磨机大齿轮直径 4 米多，模数 24，车间现有设备有一台二手轻型五米滚齿机，是加工机床齿轮的设备。最大加工直径可以满足，但最大加工模数只有 17，功率严重不足，根本无法满足矿山设备需要。最好的办法就是用土设备把大部分加工余量吃掉，再用轻型设备小马拉大车精加工。粗切齿的问题没有合适的加工设备，需要我去攻关。车间有一台闲置多年的 B44 人字齿铣床，加工直径只有 2.5 米，该机床是北京第一机床厂 1958 年“大跃进”的产品，进厂后一直未安装闲置已久，利用它来粗加工是个唯一的多快好省的办法。我重新设计了该机床的安装基础，让更深的坑来满足 4 米多的加工直径，重新设计工艺芯轴来满足工件的装卡，以及芯轴的托举系统。并对机床进行拆解、清洗和重新组装。为了抢基础坑（约 5 米长、4 米宽、3 米多深）的工期，我们自己挖土、自己运，干得热火朝天。

很快基础打好，机床安装就位，大齿轮的毛坯固定到了机床上，就要开机加工了。我提出先用画线针以画线形式模拟机床加工走一遍，检验一下机床的分度精度，因为我怀疑机床的制造质量。B44 人字齿铣床是采用指状铣刀成型加工的一种设备，一个齿一个齿加工，加工完一个齿自动分一次度，这样完成一圈齿的加工。经过画线检测到最后一个齿时，齿的有效部位会被削去一半，分度误差实在是太大了，如果贸然开刀加工，将造成严重的质量事故。分度误差是该机床设计和制造不良造成的，属于先天带来的问题，要想解决是十分困难的，时间也不容许了，当时大家一筹莫展。那天我在食堂吃饭时，一口吃了一个盐疙瘩，咸得够呛！赶紧往菜里倒了点白开水。由于心里一直想着分度的的事，这个盐疙瘩让我心中一动，菜的盐分不均可以让水稀释，那么大齿轮的分度积累误差是否也可以分摊到每一个齿上呢？第二天一上班，马上进行试验，舍去自动分度，采用手工分度，仍用画线针当刀具模拟加工。划第一个齿后，分 180 度，加工第二个齿，然后再分 180 度，加工第三个齿，依次下来到最后一个齿，齿距基本相等，试验宣告成功。开始加工后，我们加班加点，连班连夜，终于完成了大齿轮的粗加工任务，确保了首批球磨机的按时交付。

在完成了入厂后的第一项任务后，自己增强了信心，领导和组内的老技术人员也对我的能力有了认可。我接受的第二项任务是粗加工6000吨水压机的工作台。该工作台为铸钢件，总重100多吨，分三段铸造，每段30多吨，经粗加工后由电渣焊焊成一体，该件是水压机的关键件之一。由于当时的运输条件所限，必须在本厂加工，可是现有设备均不能满足要求。经反复研究和讨论，决定采用蚂蚁啃骨头的方法加工，工件固定不动，拆下的龙门铣铣头放在10米卧式车床的滑板上，加工工作台的四边，再将10米卧式车床的床身架高，骑到工作台上面，来加工上下两面。为了争分夺秒抢时间，在绘制完方案图后就马上自己动手切割下料、打孔、焊接；当时工厂处于“文革”后期，没有严格的管理制度，我们没有电气焊的操作证，但是也干了，还干得挺好。很快完成专用设备的组装、调试，也来不及找操作人员，自己上来加工，亲手完成了三块工作台的毛坯粗加工，提前交付电渣焊的工序。

随着攻关任务的不断增加，工厂又调来几位老的工程技术人员，增强了技术力量。针对每一项任务，我们都认真讨论研究提出方案，并加以实施。就这样我们先后完成了3万吨油压机6面顶油缸的粗精加工的专用镗杆，2300轧机压下装置的方孔套筒、中箱等专用铣床的设计和制造。并亲自完成了首台3万吨油压机6个顶身的加工，5台2300轧机10个方孔套筒、10个中箱的加工任务，为新产品上马立了功出了力。

随着工厂生产秩序的逐步好转，“文革”中被撤销的各处室相继恢复，车间一级的攻关组完成了其特殊时期的历史使命，逐步解散，我被调到技术科工艺组，任副组长，负责一线车间的技术服务工作。随着20吨电弧炉、6000吨水压机、新的大件热处理车间以及一大批大型重型机加工设备陆续投产，工厂已基本具备了重型机器厂的规模，正式更名为“北京重型机器厂”，并进入一机部系统的八大重机厂行列。与此同时，工厂又采取一项新的战略决策，引进一台世界领先水平的100吨钢包精炼炉。这个项目为重大项目，需要一批优秀技术人员为之服务，我又被工厂选中，1975年6月直接调到精炼炉小组，赴瑞典实习和监造。出国前受到时任一机部外事局局长江泽民同志的接见和送行。他还给我们介绍了李水清部长访问北欧四国的情况及瑞典的风土人情。讲了一些出国注意事项及外事纪律，给我们留下了深刻印象。

在瑞典工作学习期间，跑了大半个瑞典，到了六七个大小城市，参观了钢铁厂、机械制造厂、电器厂和部分军工厂。亲身感受到发达国家和发展中国家在管理、技术和基础工业上的差距，激发了我们认真学习、努力赶超的决心。

回国后我作为对口工程师参与了设备的全部安装调试工作。按合同规定设备的安装调试要在瑞典专家的指导下进行。钢包精炼炉主要由加热系统、真空系统、电磁搅拌系统和钢包及钢包车系统组成。各系统的安装调试基本顺利。唯独钢包车安装完毕做带包倾翻动作时出了问题。钢包加上包衬近60吨重，能承接钢水60—110吨，最大倾翻角度56度。钢包应稳定停在0—56度中的任意角度。试动时钢包出现了自由回落现象，造成巨大震动，若是正式生产时出现这样的问题，势必造成钢水飞溅，机毁人亡的重大事故。是什么原因造成的，中外技术人员紧急会商，又对照安装图纸复核钢包车液压管路的安装情况，均未发现问题。瑞方专家说回北京饭店电告公司寻求解决方案。

瑞方专家走后，我认真核对液压原理图及设备安装图，判定只有倾翻油缸进出口安装反了，才会出现以上现象。因为进油管路上装有单向阀，出油管路上没有单向阀，直接回油箱。这说明设备安装图纸有错误。在当日碰头会上（每天工作结束后，由现场总指挥副厂长王景丰同志主持，所有参与安装工作的人员参加的例会）我汇报了以上看法，经讨论大家认定就是管路装反出的问题，明日与瑞典专家说明，不再等瑞方的解决方案。第二天一上班，我们就告知瑞方专家，瑞方专家自信心十足，一口肯定图纸从未出现过错误，建议还是等瑞方的措施方案。按照合同规定，设备安装调试要在瑞方专家指导下进行，不经瑞方专家同意不能改动设备，没办法只能等。两天后瑞方仍无方案传来，时间对我们来说太宝贵了，不能再等了。我便约了瑞方专家认真分析了故障，拿出液压原理图给瑞方专家上了一堂液压课。建议用临时管路改接试一试。瑞方专家好像听明白了同意改装试一试，果然一试成功，问题顺利解决。此后瑞方对问题顺利快速解决，正式向我方表示感谢。

钢包精炼炉投产后，列入部管设备进行管理，属于国内稀有设备，达到国际先进水平，国家、北京市领导和重要外宾到厂来访，都是必须要参观的项目。每个领导来了都要求要管好、用好这一先进设备，并做好消化吸收再发展的工作。按照各级领导的指示要求，结合多年发现的在实际生产中存在的问题，我们先后完成了精炼炉浇注系统改造，由国产滑动水口替代原来的塞棒式浇注方式。既提高了浇注过程的可靠性，又降低工人劳动强度，降低了浇注成本，节约了资金。为此，获得了北京市合理化建议三等奖。

为了满足国际国内对高纯净钢种的需要，我又主责完成了原机械委下达的精炼炉喷粉装置及工艺的科研任务，获得当年机械委科技进步三等奖。为了提高发电设备大型转子的成品率，我主责对闲置十多年的200吨真空铸锭设备进行完善和改造，达到了一次试车成功，实现了双真空工艺，转子成品率成倍提高（真空铸锭设备原系工厂技术措施项目，调试时出现漏气、漏水事故，就被停下了，扔了十多年）。

1985年100吨精炼炉在冶炼过程中发生了电磁搅拌器线圈短路被击穿漏水事故，生产也被迫停止。电磁搅拌技术及相关设备是原瑞典ASEA公司的专利产品，搅拌线圈是被封闭在一个V形填充了耐高温绝缘混凝土的不锈钢容器中，重达十多吨。由于是部管设备，工厂在研究修复工作时，部局相关领导都到厂参会，决定与瑞方联系，请专家到厂来指导检修工作。实习期间我在瑞典待过小半年，知道他们的工作规律。像这种突发事故属于计划外事件，没有十天半个月恐怕是派不出人来的，即使来人，往返机票、住宿、服务费等花销也不是一个小数目。所以，我在会上提出自己先破拆找出事故发生点，能自己修就自己修，真修不了再找外国专家，这是一个摸着石头过河的办法。最后，与会领导同意了我的建议，并责成我负责组织全厂各专业人才，尽快进行检修。我迅速组织了线圈破拆、找到了事故点。并组织研究和制订了耐热绝缘材料选择线圈水压试验、线圈的匝间耐压试验、线圈重新装配等多项工作的方案。并较恰当地安排了人员、考察调研等多项具体工作。经过二十多个日夜的努力奋战，终于在没有请外国专家的情况下,将电磁搅拌器线圈修复完成,及时恢复了生产。

三十多年来从冷加工到热加工，从专业技术到管理岗位、领导岗位，从未计较过个人得失，一心扑在工作上，先后完成了大大小小近百项技术革新项目。被评为北京市合理化技术革新能手称号,从一名普通的技术人员成长为工程师、高级工程师、教授级高级工程师。

光阴荏苒，转眼已进入古稀之年，回首往事不胜感慨！我自工大毕业进入该工厂，在这个厂一干就是三十多年直至退休，可谓从一而终。在这个人才济济的大型企业中，一个来自北工大的毕业生能占有一席之地，能把在学校所学的本领在工作中施展出来，为工厂的生存、为国家发展尽了自己微薄之力，真的要感谢母校对自己的培养和教育。三十多年的工厂热火朝天的生活让我终生难忘。我平凡的工作虽然比不上那些国之重器的研创者们那样的轰轰烈烈、可歌可泣。但是我该做的、能做的，我都做了，扪心无愧，也十分欣慰。

2018年7月

在大学

工作时照

范立国，1942年5月21日生人，教授级高级工程师。

1962年9月—1968年7月，北京工业大学6211班学生；

1968年7月—1970年7月，解放军4655部队劳动锻炼；

1970年7月—2002年5月，北京重型机器厂（原北京第二通用机械厂，1992年改为首钢通用机械厂、首钢重型机械厂），历任车间技术员、技术科工艺组副组长、工程师，车间、分厂党总支书记，高级工程师、副厂长、教授级高级工程师等职务；

2002年5月，退休。

拳拳校友心　悠悠外交情

6242 班　林　宜

光阴荏苒，岁月如歌，转瞬间我已是古稀之年。回想起在北工大上学时，豆蔻年华，风华正茂，感慨万分。

我是 1962 年 9 月考入北工大化工系有机合成专业的。北工大成立于 1960 年 9 月，我们入学时工大正处于建校阶段，百业待兴。北工大领导和全体师生上下一条心，艰苦奋斗，砥砺前行。

校长李晨是个优秀的带头人，他平易近人，深入群众，我们在校园中经常看到他的身影。他常给师生作形势报告鼓起师生的干劲，讲话生动、幽默，他说过："你们不要盲目骄傲，也不要妄自菲薄，要立志成为祖国的栋梁之材。"这句话我至今记忆犹新，时刻鞭策着我前进。

为了加强学校的师资力量，从清华、北大、北航等学校调来许多教学骨干。樊恭烋教务长夫妇就是从北航调来的，他有丰富的办学经验。他的夫人陈纲精明能干，非常敬业，她给我们讲授普通物理大课，又兼任我们班的习题课，批改我班作业。记得有一次，她在我的作业上批注"近来有很大进步，分析能力有很大提高"，并把我的作业展示给同学。她培养了我们严密的逻辑思维能力，我们受益终生。她是我敬仰的一位老师，给我留下了深刻的印象。说来也巧，1986 年我在驻旧金山总领馆工作时，她来美国探亲，我馆教育组的一位同志原是北工大的教师，他知道了陈纲来旧金山探亲的消息就把陈纲接到总领馆来，我见到了陈纲老师喜出望外，亲切畅谈。

教授我们有机化学的是从北大调来的戴干圜老师，他在有机化学的研究方面颇有造诣。他教我们有机化合物的合成时，总让我们采取多种合成方法，灵活多变，为我们奠定了牢固的有机化学基础。毕业后我在北京化工学院二分院教授有机化学时，回工大找到戴老师，他送给我他编写的《有机化学基础》上下册，对我的教学帮助很大。我在教学中能抓住重点和难点，同学们感到非常"解渴"，受到学生的一致好评并被评为先进工作者。后来，在国家专利局担任专利文献的分类、检索和标引工作时，牢固的有机化学基础给了我一把金钥匙。

总之，北工大校领导和老师们的先贤垂范培养了我们报效祖国的责任担当，以及不怕困难、吃苦耐劳的坚强意志。

每年一次组织去北京近郊拔麦子，校长、书记带头，清晨天不亮就出发，在田头共进早餐。养成了我们不怕苦、不怕累，与农民打成一片的好作风。

教务长樊恭烋说："授人以鱼，不如授人以渔。"老师认真负责的教学不仅给我们打下了牢固的理论基础，同时教给了我们获取知识的方法。

北工大重视实践教育，组织我们到化工二厂实习，锻炼了我们的实践能力。

在毕业之后我的职业生涯中，无论在重庆制药五厂下车间，与工人一起三班倒，在盛夏酷暑中干得汗流浃背，和工人师傅融合在一起，经受考验，还是在中国专利局请外国专家来局讲课培训以及在驻外使领馆工作中，我都能较快地学习新的知识，适应新的工作，这些收获都与母校悉心的培养教育息息相关。

在党的领导下，多年来北工大这块沃土桃李芬芳，英才辈出，为祖国培育了一批又一批合格的社会主义建设人才。今天的中国，正处在实现"两个一百年"奋斗目标的历史交汇期，在这样一个充满机遇和挑战的伟大新时代，我祝愿母校作为一流高校继续发挥自己的学科所长，培养出更多优秀的社会主义建设者和接班人。

我于 1983 年调入中国专利局直至 1999 年退休。在此期间有一段非同寻常的经历——驻外使领馆的生活。

一、在旧金山的岁月

我爱人林国章是资深外交官。1985 年被任命为驻美国旧金山总领事馆副总领事，我随同前往。当时我 41 岁，第一次出国，初涉外交界，我由熟悉的岗位转入陌生的外交领域，有个逐渐适应的过程。我决心一切从零开始，甘当小学生。

在旧金山金门桥

我被分配在调研室，主要负责收发文件、剪报、积累和整理资料，并将重要新闻报告馆领导。遇到大的外交事件，如美苏首脑会谈、菲律宾马科斯总统下台，我都

在旧金山总领事馆调研室

及时主动地收集、整理资料给馆领导，为馆内形势务虚会提供了方便。我也写了一些调研文章，如《毒米酒与蒋孝武》《与台胞毕又宁的谈话》《俄勒冈州的草籽与小型锯木机》等。

掌握娴熟的外语是外交工作的迫切需要，我在大学学的是俄语，后来自学了英语，但听说水平不高。为了提高英语水平，我和总领馆的六七个女同志利用业余时间到附近的社区大学学习英语。美国社区大学免费为新移民教授英语，不仅免收学费，连教材也免费提供。老师和蔼可亲，每次上课时她们满面笑容地说着“Good afternoon！ How are you！”走进教室，教学时全部用英语，辅助一些动作。讲授方法采用互动式，练习口语时，老师让我们围成一个圆圈，她站在中间，大家轮流回答问题，课堂气氛活跃。此外，晚上没有外事活动时，林国章给我讲授《新概念英语》，让我读《美国短篇故事》以提高我的阅读能力和语感。经过一年多的英语学习，我在英语的听、读、说、写四方面能力上都有了很大提高。

在社区大学学习英语也是我们对外宣传中国的最好机会。在课堂上，老师讲课时很自然地问到各国的一些情况，如名川大河、计划生育、中国人如何欢度春节等，我们回答问题时，很自然地宣传了中国。不少的美国人缺乏对中国的了解，我送给老师一些介绍中国的英语杂志及小册子，他们很爱读。通过与老师的交往，不仅加深了感情，而且宣传了中国，不少老师表示愿到中国旅游。

除日常工作外，我的主要任务是陪同林国章出访和参加一些重要的外事活动。出席重要的国际会议，去大学演讲等。如 1985 年 10 月俄勒冈州立大学邀请国章去演讲“中国的未来”，受到了热烈欢迎，主人热情地邀请我们去他家做客，并带我们参观了巨大的木材加工厂。

1986 年 2 月，北京动物园要送四川的两只金丝猴去西雅图展览，为期半年，美国西雅图动物园邀请国章赴西雅图参加开幕式并致辞，我陪同前往。两只金丝猴活蹦乱跳，惹人喜爱。展览受到了美国人民的热烈欢迎。在西雅图期间，国章和我还饶有兴致地参观了举世闻名的波音公司和制鞋的耐克公司。有趣的是在美期间，金丝猴产下一个幼崽。同年 8 月金丝猴展览结束，闭幕式在美国波特兰市举行。我们夫妇俩又前去参加。国章在致辞中幽默地说：“新的幼崽

1986 年 5 月，和洛杉矶摇滚乐团的合影

金丝猴诞生了，按照美国的法律，它应是美国公民，但按照中国的法律它是中国公民。……金丝猴将把美国人民的友好情谊带回给中国人民。”

1986 年 5 月，洛杉矶摇滚乐团要去上海演出，我陪国章去洛杉矶给他们饯行并合影留念。

1985 年正处于中美建交后的十年蜜月期，中美经贸、文化、科技交流及人员往来增加。旧金山和上海是友好城市，1987 年江泽民作为上海市市长参加两个友好城市庆典来美访问，总领馆举行了盛大的晚会，邀请旧金山市长范恩斯坦参加，江泽民即兴朗诵诗歌。1986 年，我们还接待过姚依林副总理率领的政府代表团、国家副主席荣毅仁、科学院院长严济慈。著名表演艺术家张瑞芳、王丹凤，歌唱家王昆、李谷一等访美时，我们都请他们来总领馆坐坐，与他们亲切交谈并合影留念。

马海德医生 1910 年生于美国，祖籍黎巴嫩，早年投身中国革命，1949 年加入中国国籍。曾任卫生部顾问，为治愈性病、麻风病四处奔走，1986 年为进一步落实各国麻风病基金会给中国的援助，出访十几个国家，为中国争取了价值上千万美元的援助。每次他莅临旧金山总领馆时，我们都热情接待并与他畅谈。

1985 年，国家已经强调经济外交，在对台工作中我注意到，《洛杉矶论坛》报的曾辉光先生是台湾化工产品铝脱渣剂和提气剂在美国的代理商。铝脱渣剂和提气剂是精炼铝中的必需品。经联系，河南省对此项目很感兴趣，我们几经周折将这两种产品的样品转到河南，经试验效果显著，后来还促成曾辉光先生访问大陆。

我首次走出国门，有幸到世界第一强国美国，在美加利福尼亚州太平洋沿岸的第一大港山城旧金山（别名三藩市）常驻近三年。该市是美国西部最重要的金融中心，高教、高新技术研究基地，也是著名的旅游胜地，拥有闻名于世的旧金山湾区、金门大桥、中国城（唐人街）和渔人码头。

19世纪中叶，该市在淘金热中迅速发展。当年广东四邑的许多华侨作为苦力被贩卖来淘金、修铁路，后大都在此安家落户，该地区逐渐成为西半球华人人口密度最高的地区。后来，来自中国各地前往留学、经商、工作和定居的华侨增多，现华人已达到18万。

二、在菲律宾的时光

1989年底，我爱人林国章出任驻菲律宾大使馆参赞兼总领事。我经外交部英语考试通过，以编内二等秘书的身份，与他一起赴菲，在使馆领事部工作。

菲律宾与我国是一衣带水的邻邦，地处亚热带，人口1亿。面积约30万平方公里，由7000多个岛屿组成，号称“千岛之国”。从飞机上俯瞰，只见大小岛屿像一颗颗璀璨的明珠，闪烁在湛蓝色的大海上。那里碧海蓝天，椰风海韵，红花绿树，阳光沙滩。菲律宾人民淳朴、热情，能歌善舞，生性乐观。

首都马尼拉是个风景秀丽的海滨城市，街道纵横交错，到处耸立着高大的椰子树及摩登的酒店，行人熙熙攘攘，汽车川流不息。菲国父何塞·黎刹把菲律宾誉为“东方海上明珠”。菲律宾受西班牙统治330多年，美国统治近100年，于1946年独立。从政治、经济领域到人们的风俗习惯，到处仍可看到西班牙和美国殖民统治留下的痕迹。

（一）

菲律宾采用美国的政治体制即总统制，三权分立。政府官员贪污腐败，警察薪金微薄，更以敲诈为生。经济上以私有制为主体，是依赖型的殖民地经济。菲以农业立国，从事农业的人口占总人口三分之二以上，没有独立的大型工业，而以农林产品加工为主；另有纺织、水泥、电子及汽车装配工业等。菲物产丰富，矿产资源有金、银、铜、铁、铬、镍等，盛产大米和鱼、虾。原材料直接出口，如金矿石是全菲的主要矿产，但以矿砂运往美国炼金；铬矿储量是世界上最多的国家之一，我国每年从菲律宾进口大量铬矿砂。菲有大量的铁矿，但没有炼钢厂，所谓的“钢铁厂”只是把废旧钢铁重新轧制成圆钢或型钢。菲国对进出口贸易没有限制，商业非常发达。马尼拉的超级市场比比皆是，商品琳琅满目，五光十色，大部分是从国外进口的，有些是走私进来的。海关官员受贿严重，只要给他们一笔钱，商品即可走私进来，因此商人和海关勾结起来，坑了国家，肥了个人。

菲律宾历来遭受政府机构贪污腐败和社会秩序混乱等干扰，20 世纪 90 年代至本世纪初，治安严重恶化，以华人为主要对象的绑架活动猖獗起来，一度发展到令人发指的地步。1992 年 7、8 月间，马尼拉每天都有绑架事件发生，绑匪至少索要几十万美元的赎金。有的甚至交了赎金仍被绑匪杀害。其主要原因是“警匪不分”“兵匪一家”，绑匪的头目多数是现役军人和警察。

菲财富不均，95% 的社会财富被 5% 的人所占有，贫富悬殊，两极分化。有钱人居住在豪华的花园别墅式的富人村，昼夜配有 24 小时的保安，戒备森严。而有些菲人生活非常贫困，以捡垃圾为生，住在臭气熏天的“垃圾山”脚下，终日食不果腹，在大街小巷中均有妇女、儿童沿街卖花或乞讨。

2016 年杜特尔特当选为菲律宾第 16 任总统，他的竞选口号“系统坏了，我来修理”，他要用铁腕手段打击全国范围的枪杀、绑架、勒索、贩毒等犯罪活动。治安情况稍有改善。菲律宾要社会经济发展，应以社会稳定为前提。

（二）

驻菲律宾大使馆分设研究室、办公室、领事部、商务处和文化处。研究室主管两国间的政治关系，文化处主管文化交流，商务处主管经济、贸易交流。领事部主管领事、侨务及签证、护照等工作，承担着为欲送至中国境内使用的国外文书办理领事认证的法定职责。我被分配在领事部搞签证护照及文件管理工作。领事部不在使馆本部，它坐落在马尼拉湾的罗哈斯大道上，面向大海。

傍晚可欣赏到马尼拉夕阳的壮丽景象。一轮红日像火球一样，从天的尽头徐徐降落，霞光万丈，把海上、天边染得一片通红。暮色降临了，五彩斑斓的晚霞抹在淡蓝色的天空上，海上行驶着出港的轮船和点点白帆，出奇入画，真是美极了！

菲律宾的美丽风光令人流连忘返，热情友好的华人和能歌善舞的菲律宾人给我留下了深刻印象。

目前，菲律宾华侨、华人约 150 万，占菲律宾总人口的 2%。（所谓华侨，是指保留我国国籍，旅居外国的中国人。华人，是指旅居在

马尼拉湾的落日

国外，已取得或加入居住国国籍，成为居住国的国民，统称为外籍华人）他们的祖籍 90% 以上来自福建，其中 95% 以上的人已加入菲律宾籍，成为菲律宾公民。

中菲关系源远流长，菲律宾是“海上丝绸之路”的重要节点。中国人在菲历史悠久，早在 10 世纪，中国人为了谋生，就背井离乡，漂洋过海，来到菲律宾。

1975 年中菲建交后，使处于被人欺凌地位的菲律宾华侨、华人站立起来，摆脱了任人宰割的地位，结束了“海外孤儿”的时代。建交前很多人不敢承认自己有中国血统，现在不但华人而且菲律宾人也以有中国血统而感到自豪。

华人在菲律宾以经商为主，菲律宾的经济命脉掌握在华人手中。1975 年中菲建交前夕，菲律宾政府批准华侨集体加入菲律宾国籍，成为菲国公民，原先对华侨的种种限制取消了，拥有与菲人一样的权利。广大华人欢欣鼓舞，点燃了他们的创业激情。20 世纪 90 年代在菲华人在经济方面占据了主要地位，也带动了菲律宾经济的复苏。不少华人在事业上有成之后，又抱着融合与服务菲律宾大社会的心情，慷慨回馈社会，参加社会的公益事业，如志愿防火会（消防队）、义诊队、为农村捐赠校舍等，上述义举被称为“华人三宝”。从事这些公益事业花费了他们大量的精力和时间，这种无私奉献的精神令人肃然起敬。菲、华两个民族相处融洽，菲律宾始终没有发生排华事件，我想与“华人三宝”密切相关吧！

菲律宾华侨、华人素有爱国爱乡的优良传统，他们在祖籍地捐款办公益事业，来华投资，支援我国的经济建设。1991 年，我国华东等地发生特大水灾，华人、华侨争先恐后慷慨解囊，纷纷来到使馆，捐款救灾。全菲华人共捐款 6000 多万比索（相当于 200 多万美元），表达了他们对祖籍国的一片赤子之心与血浓于水的深情。

华人、华侨对使馆工作的热情支持给了我们很大的帮助。他们无私奉献与爱国精神令人感动与欣慰。

签证护照工作是领事部一项重要的日常工作，每天都有很多华人、菲律宾人及外国人来我馆申办来华签证，也有不少华侨来此申领护照。遇到旅游旺季，签证处门庭若市，申请人排起长龙，工作紧张、忙碌，中午下不了班。签证处是我国的一个窗口，我们的举手投足对外影响很大，反映着一个国家工作人员的精神面貌。我国办理签证规定繁多，如来华访问、经商、工作、旅游要提供不同的文书，我运用大学学到的严密逻辑思维方法把这些规定梳理、贯通理解，从速掌握。经领导同意我到前台接案，解决了当时接案人手短缺的燃眉之急。几年来我在前台接案，每天接触大量的人，处理大量的事务。要用英语与申请人对话，审阅他们提供的英语文件，并及时作出判断。这极大地提高了我分析问题及处理问题的能力及英语水平。在办案过程中，我深深体会到既要严格地执行党的方针、政策，又要注意灵活性。如申领中国护照按照文件规定要求本人来办，但山顶州府（指离马尼拉较远的偏僻地区）的一些侨胞来马尼拉很不方便，因此对于我们认识的侨胞给予了宽限，不要求本人来使馆，委托旅行社办理即可。又如对一些图谋不轨申请签证的人要提高警惕，严格把关。一次某旅行社送来一叠签证申请表，一个中年男子与十几个年轻妖艳的女子要到广东旅游，我们一看肯定是去嫖娼卖淫，当即扣下，不予受理，把住了祖国的大门。

在菲律宾办理签证、护照遇到的一个难题是菲国存在着很多制造假证件的窝点，只要花钱就可拿到假的永久居留证、假的菲籍和外籍护照。因此我们在办证过程中首先要识别真假，去伪存真。有一次，一位侨胞在侨领的带领下来申请中国护照，我一看他的永久居留证是假的，就把他请到接待室与他个别谈话，和蔼地跟他解释不能办理的原因，他欣然同意了。所以在工作中，除了要有热心为群众服务的精神，还要有适当的工作方法，特别是要讲究说话的方式，使人乐于接受。

除日常工作外，我的任务是陪同总领事参加各种外事及侨务、社团活动及出访等。如1990年1月林国章总领事应邀访问阿基诺的故乡——他拉克(Tarlac)，参观阿基诺故居、甘蔗园及制糖厂，并到扶轮会演讲《今日中国》，介绍中国的情况，我随同前往。再如1991年10月国章和我陪黄桂芳大使夫妇赴碧瑶参加杭州访菲团与碧瑶友好城市的联谊活动。1992年2月，赴怡朗参加华商中学80周年校庆等。

作为总领事夫人，妇女工作也是我的一项重要工作，使馆成立了妇女工作小组，由大使夫人任组长，我是主要成员。妇女小组在使馆做了不少工作，也举办了一些活动。

每年菲律宾外长夫人出面，并由各国使领馆参与举办义卖，所得货款捐献给慈善组织。

与黄桂芳大使夫妇在碧瑶参加杭州—碧瑶友好城市活动

我馆全体女同志在妇女小组的领导下积极参加这项活动。国际义卖经常在菲律宾民间艺术中心举办，早上6点我馆第一批“销售员”就赶到艺术中心布置展台。展台背板格外引人注目。白底红字写着“中华人民共和国大使馆”，悬挂着鲜艳的五星红旗，整齐码放着分类好的展品。我馆的女同志尽力向顾客们宣传、销售。义卖场所往往热闹非凡，被顾客挤得水泄不通。外国使节和夫人、侨胞、菲律宾朋友纷纷前来我馆展台购买茶叶、绣花拖鞋、织锦靠垫、绒绣长城挂毯等。最吸引顾客的是印花台布、成套餐巾台布。甚至出现了疯狂抢购风，我们作为“销售员”忙个不停，越卖越起劲儿，实现了义卖前尽力卖出好价钱的预期目标。本届义卖总共收入22万比索（相当于6.3万元人民币）。

菲律宾社会的各行各业如商业、教育、医疗及文化艺术界都活跃着许多妇女朋友，可谓人才济济。但菲华社会中存在着严重的男尊女卑思想，各个社团妇女出任理事长和理事的凤毛麟角。为此，1990年国庆时，我们领事部别开生面地组织了一个妇女国庆团，共十人。行前，林国章总领事设宴为她们饯行。在北京她们受到了国务院侨办等单位的热情接待。回到马尼拉后她们兴奋地说:“国庆一行，很受鼓舞，终生难忘。”此举菲华社会也受到了震动，提高了妇女的社会地位。

侨胞称我们为父母官，其实我们是为侨胞服务的。在北工大时多次的下厂、下乡培养了我们与工农打成一片的好作风。在工作中我利用各种机会与妇女广交朋友，与她们打成一片。有些朋友闲暇时喜欢到领事部聊天，我们热情接待；星期天或节假日时，一些妇女朋友邀请我们与她们一起去郊游，坐在车上我与她们说说笑笑，促膝谈心。到了风景地大家一起合影拍照，共赏美景，放飞心情，加深了解，增进了感情。

华人朋友邀请领事部官员去白沙滩

在工作中“想侨胞之所想，急侨胞之所急”是非常重要的。一些朋友喜欢看中国影视剧及风光片，国务院侨办就送了领事部一些录像带，但数量十分有限，不够借阅。为了满足侨胞的需要，我们打听到中国城王彬街的一家商店租借录像带，便找到那里，说明了来意，老板很热情，答应免费借给我们录像带，并定期更换。这大大增加了我们录像带的库存。每逢过年时，送给妇女朋友中国挂历，她们拿到大使馆送的挂历如获珍宝。达沃菲华联谊会理事黄美丽女士1991年得了宫颈癌，她来马尼拉看病，医生对她说“已是晚期，活不了多久了”，她来使馆与我话别，非常伤心。我劝慰她“癌症不等于死亡，中国现采用中西医结合的办法治好了很多癌症病人”，建议她到中国去看病，经我一说她看到了希望，欣然同意去中国看病。领事部给她办好签证后又给她往福州肿瘤医院开了介绍信。次日，她便赶往福州了。手术效果很好，加之中药配合治疗，很快便康复了。2002年，她到北京旅游，给我打电话，我去她下榻的宾馆看望她。她激动地说：“是大使馆给了我第二次生命。”黄美丽是达沃菲华联谊会首位女性理事长，今年82岁，身体健康，仍然朝气蓬勃，热心于中菲友好事业并服务于菲华社会，每逢地震、风灾、水灾、慰问老年人和孤儿院都少不了她的身影。三八节是妇女喜庆的节日，我们举行冷餐招待会，招待菲华各界妇女朋友。她们怀着喜悦的心情来到领事部，大家欢聚一堂感到非常亲切，像回到自己家里一样，在我作简短的欢迎词后，冷餐会开始，她们品尝着中华美味佳肴，吃着我们亲手为她们包的饺子，开心极了。餐后即兴表演文艺节目，菲华妇女不乏能歌善舞者，她们一展歌喉，博得阵阵掌声，节目接连不断。最后大家跳起舞来，把招待会推向高潮。通过参加三八妇女节招待会，不少妇女朋友提高了独立、自强意识，不再做全职太太，走出小家庭，融入大社会，变成了职业妇女。

在菲律宾大使馆工作近四年，是在紧张、忙碌和快乐中度过的。收获很大，开阔了眼界，增长了知识。我深切地感到社会需要文理兼容的复合型人才。学文科与学理科的人思维方法不一样，学理科的人比较注意逻辑推理，而学文科的人是形象思维，各有千秋。因此我认为参加工作，走入社会后有一个再学习的问题，要干什么学什么，与时俱进。感谢母校传授了我们“活到老，

1991年，在领事部三八妇女节招待会上致辞

学到老"的精神财富并教给了我们获取知识的方法。从北工大毕业走上社会，拥有扎实的知识基础和较全面的思想方法，继续"充电"，就能较快地适应工作的需要。

"悠悠外交情"，在多年的实践中我逐渐领悟到：外交是个崇高神圣的事业。驻外使领馆工作陶冶了我的外交情操，在纷纭复杂、风云多变的国际斗争中要站稳立场、明辨方向。我热爱外交事业，也为能有这样的机会在外交工作中尽自己的微薄之力感到非常荣幸和高兴。工作中虽然没有骄人的成绩，但我本着爱国、爱民、好学的理念，在外交第一线站岗放哨，尽力尽责，扪心无悔。

大学时代

2016年，厦门

林宜，1944年4月5日生于北京。

1968年，毕业于北京工业大学化工系有机合成专业，毕业后在宁夏解放军农场锻炼；1970年5月，分配到重庆制药五厂工作；1979年，调到北京化工学院二分院任有机化学教师，1983年，晋升为讲师；1983年9月，调中国专利局，先后担任专利分类审查员，专利文献标引、检索工作；1993年，晋升为副研究员；1996年2月至6月，专利信息中心派赴伦敦德温特公司任交流学者，学习进修；1999年退休。

1985—1987年，因爱人林国章任驻旧金山总领馆副总领事，我随任。1989—1993年，他被任命为驻菲律宾使馆参赞兼总领事，我经外交部英语考试合格，以对内二秘身份赴使馆领事部工作。1991年入党。1999年10月，为振兴菲律宾华文教育，应菲律宾能仁中学聘请，经专利信息中心领导批准赴马尼拉担任华文教师，为时一年半。

2006年，专利信息中心返聘一年。

一步脚印一首歌

6262 班　刘克昌

2020 年将迎来北工大建校 60 周年校庆。建校初期的那些 60 年代在校读书的六届老大学生，正在筹划出版回忆文集，以他们的故事在校庆时献给母校。校友总会对此项工作很支持，学校领导亦称这些故事是“无价的财富”，编辑出版这部文集是一件很有意义的事，我当全力支持。

我是 1962 年考入北工大的，当时学校有六个系，我们土木建筑系是六系，两个班都是工民建专业，我在二班，即 6262 班。原来学制五年，由于受“文化大革命”的影响，推迟了一年分配。我们 67 届的毕业生于 1968 年才离开学校，走上社会。六年的大学生活，我们学习了专业知识，接受了正统的思想教育，培养了组织能力，锻炼了强健体魄，为我们的人生打下了厚实的基础。大学生活的记忆，时时伴随着我。大学生活的熏陶，不管是进入社会从工过程中，还是在从政的十余年、从军的 20 多年里，都起到了潜移默化的影响。

仅以对离开母校后几个片段的回顾作为汇报，表示感恩母校的培养和对校庆炽热的祝贺。

记得 1968 年的夏天，我们接到分配通知，我与十几位同学满怀激情和对未来美好的憧憬，登上了西去的列车。在兰州火车站，依依惜别继续西行青海的同学后，我们分配到甘肃的同学也陆续分手到各自的接收单位报到。我被分配到甘肃省建设总公司。抱着接受工农兵“再教育”的强烈愿望，我唯一的要求，就是到基层去，到最艰苦的地方去。我由总公司分到了分公司，到了工程大队，到了项目部，最终到了班组，而我要求去的是最艰苦最累的混凝土普工班，在甘肃省永靖县刘家峡一个叫大沟的地方，开始了我的工作生涯。

在甘肃叫沟、叫水的地方特别多，这说明世代人们对水的期盼。大沟也是这样，尽管这个地方在离黄河岸边只有几公里处，但同样是一片“山像和尚头，有沟没水流”的干旱景象。在这里，我以一名普通工人的身份参加了刘家峡化肥厂及其配套工程建设。当时的生活条件是艰苦的，劳动是繁重的。有些单项工程，施工机械根本进不了现场，靠的全是人推肩扛，而大量的混凝土也是靠人工搅拌，实实在在的体力劳动，使我在这里找到了绝好的锻炼场所。手掌磨出了血泡，脸晒得像非洲人，两臂和后背的皮肤晒脱了一层又一层，肩膀肿得像馒头，就这样，我咬牙坚持下来了。至今，右肩上还永久留下一块突起的肌肉，左大腿留下一层厚厚的老茧。在此期间，遇到的两次生命危险，刻骨铭心。一次在六层楼脚手架上推独轮车运送砂浆时，脚下一滑，从高空坠落，幸好骑在一根脚手架的斜撑上，被挡了一下才落地，使我免受重伤。还有一次收工后，尽管一天劳累已精疲力竭，但还坚持到黄河取水，为大家烧水洗澡。在过浮桥到水泥船上打水时，不慎掉入十几米深冰冷的黄河中，慌乱之中又游入水泥船下，几乎丧命。两次危险都是工人师傅们奋力救助，才免于遇难。在磨炼中，我从忍耐、承受逐渐到适应，并得到好评，被工人师傅们真正接受，融入他们之中，并与他们成了生死之交。经过大家的辛勤劳动，我们看到了高高耸立的造粒塔、雄伟的现代化厂房，看到了一排排整齐的职工宿舍楼，在原来荒凉的群山之间耸立起来，我感到无限的欣慰。不久我就返回了机关工作。几年中，我始终坚持深入实际，深入基层，几乎走遍了甘肃这片育人沃土，在张掖、永昌、武威、永登、兰州、榆中、定西、平凉、天水、甘南等地都留下自己的汗水和足迹，被光荣地推选为先进工作者和省劳动模范。

我离开西北后，曾因公出差去甘肃，顺道看了我曾经工作过的一些地方，那里已有了翻天覆地的变化。我也看望了几位与我是莫逆之交的工人师傅，如今这些人也已是古稀之年。相见时，他们拉着我的手，问长问短，嘘寒问暖。特别是把我从脚手架上救下来的陈师傅还问我有小孩没有，我知道他问话的含意，因为我从楼上掉下来时，是骑在了一根脚手架上了。当我说我的儿女都长大了，他会心地笑了。我们共同回忆着战斗的往事，我们双眼都噙满了泪水，为祖国大西北的建设，我们作出了贡献，我们的行动无愧于后人。

1969年，在刘家峡化肥厂造粒塔留影

1973年，我奉调到燃料化学工业部，先后在政治部和机关党委工作，也参加了一些新的单位组建和工程项目的建设。记得我随部工作组参加了华北地区东部第一条长距离输油管线的抢建任务。这条输油管线北起山东东营，南到山东胶南黄岛，简称东黄输油管线，全长250余公里。工程在山东省委和燃化部的领导下，胜利油田出动6000多名职工，山东惠民和昌潍2个地区、10个县市的2万余名民工密切配合，经过一年的团结奋战，顺利建成投产，如期保证了原油的外运任务。在这一年当中，我和他们一起踏勘选线，现场设计；一起参加油田"千车万人"运料会战；一起研究施工机具改进和技术攻关；一起享受着工程进展的快乐。我每天穿梭在这工程抢建洪流之中，一年大干365天，连春节假期也不休息，坚持工作在黄岛油库的工地上。当我们看到东营首站、广饶、寿光、潍坊、昌邑、胶县5座热泵站和黄岛末站相继建成；当管线穿越洋河，翻越龙山全线贯通；当我国首段500米海底管线成功铺设，并通过软管通上黄岛号临时浮码头船；当全线试运一次成功；当满载原油的巨轮驶离码头，乘风破浪运往国外；当我代表国务院燃化部、交通部等部委，在东黄输油管线建设投产典礼大会宣读贺词时，我们的心情被一次次激荡，难以平复，因能为祖国石油管道工业发展贡献力量而心潮澎湃！

由于这次成功、圆满的工作，我得到了部领导的褒奖，又被派往徐州，参加组建华东输油管线指挥部的工作，抢建从山东胜利油田到上海的鲁沪输油管线工程，像当年解放战争的淮海战役一样，在华东地区又投入了一场新的更长战线的"人民战争"。

1979年，根据工作需要，我调到部队工作。没有投笔，但从戎了。在部队做过军事工作、政治工作，也做过管理工作和工程技术工作。每接触一项新的工作和接受一项新的任务，我都无条件服从安排，全身心地认真学习，深入研究，努力去完成，在每个新的岗位上都争取做出成绩，不辜负组织信任。

记得1984年，我受命参加中央军委办公楼工程的规划和前期各项准备工作，面对这样一项政治性极强的重大系统工程，对我来说是一次极大的挑战，尽管在规划、工程技术以及军事科技含量上都存在难点，但是更难、更关键的还是如何正确理解党中央，中央军委的批示，如何正确贯彻建设这个项目的指导思想和原则，协调军地多方关系，吸纳学术的不同争鸣，统一多元的思想认识，圆满实现军委的决策。特别是令我主持工程建设一线的全面工作，更感到重任在肩，如履薄冰。话又说回来，也只有面对挑战，完成这样的任务，人生才有意义，才更加光荣。

军委机关原来的办公地点，地处繁华的旅游闹市区，占用的是一处文物古迹，场地狭小，基础设施老化，周围有几处制高点，对保密工作十分不利，已经满足不了日常办公、会议、外事活动和新形势下军队建设的需要。对于建设新的办公地点，军委认为是必要的，但要本着经济实用的方针，要提倡艰苦奋斗的传统，力求避免贪大求洋，好高骛远，重复建设，不切实际的现象。我们想过，一个具有五千年灿烂文化的泱泱大国，一支强大的人民军队，从八一南昌起义建军以来，就没有一个像样的军委机关办公场所，这次无论如何也要建好。我们还想过，作为国家特级建筑物，又是跨世纪工程，外部造型一定要雄伟壮观，内部设施一定要配套齐全，所用材料、设备也要当今最好的，要建成一座艺术珍品、传世之作，成为首都建筑的一个亮丽景点。在这些想法面前，要有一个明确的指导思想是十分必要的，我们反复研究，深思熟虑，统一了认识，就是不折不扣地遵循军委的指示，从国情出发，从满足功能使用要求实际出发，在执行军委决策和国家有关政策上不可逾越雷池一步。由于我们始终坚持了这些原则，致使工程建设中，在政治上、经济上都没有出现大的偏差。

在军委办公楼工程的总体规划和主楼设计中倾注了大量的心血，发动了军内 26 个设计单位，邀请了全国比较有名望的清华大学、北京市建筑设计院、城乡部设计院、天津大学、上海华东设计院、广州市设计院参加。军队和地方领导，国家级建筑大师张博、张开济、赵冬日等老总始终参与，首都规划建设委员会、首都建筑艺术委员会宣祥鎏、赵知敬等领导主持，在几百个设计方案中选出 130 多个方案，先后组织了 9 轮征集、论证、评审，历时 12 年，即一个生肖轮回。经过充分论证，集思广益，博采众长，好中选优，优中选精，才形成了倾向性方案上报军委。这些方案充分体现了军队特色、民族风格和时代精神，实际上已成为领导、专家和工程技术人员集体的劳动成果和智慧结晶。

1999 年 10 月 2 日，军委八一大楼建成后的第一个国庆节之夜在大楼前留影

在工程建设过程中，我置身于这热烈、宏大的现场，组织、指挥着“千军万马”。要保证工程的质量、进度，要保证工程经费及时到位，要研究建设中的新材料、新工艺、新技术的采用，要随时警觉、避免现场一切安全事故的发生，等等。我每天都第一个到工地，最后一个离开现场，真可谓不遗余力、日以继夜。由于坚决依靠军委、三总部、北京市政府各有关业务部门首长的关怀和正确领导，充分发挥工程指挥部全体工作人员的积极性，与设计、施工、监理众多协作单位、供货商友好协作、密切配合，工程得以顺利进展。我把建设工地当成战场、舞台、熔炉、学校，因为我每天都要在这里学习、作战，在这里展示才能和接受锤炼。我把大楼当成自己的挚爱，因我为它注入了心血，奉献了最好的年华。

工程竣工了，一座丰碑屹立在北京长安街延长线上，为首都增添了一座标志性建筑。作为一名祖国培养的大学生，作为一个军人，能为军队建设做一件事、交一份合格答卷，我感到无比自豪！

回想以往，我从未却步不前，始终脚踏实地工作着、奋斗着。我总在心里默念着：人的一生要活得有价值，每做一件事就像走路一样，要步步坚实，绝不能像蜻蜓点水那样轻浮，做每一件事还要力求做得有声有色，要一步脚印一首歌。我的成长从工大起步，感谢母校的培养教诲，感谢与我共事、关心我的校友的支持，我还在继续耕耘。

在大学

退休后

刘克昌，1943 年生人。1962—1968 年，在北京工业大学土木建筑系学习。毕业后，先后在甘肃省建设总公司、燃料化学工业部、石油工业部、中央军委办公厅任职，曾主持中央军委办公楼工程建设，任总指挥。

勇往直前

——忆北工大校友中第一个获博士学位的郎福田

6311 班　荣廷藻

在北工大 63 级校友中，郎福田是一个不起眼的小人物。知道他是 6341 班的人很少，然而，他却是“老五届”中“文革”后恢复高考后第一批报考研究生并被录取的人。

我在机械系，去回忆一个化工系的校友，似乎有些跨距，其实我们俩刚入学时，都在同一班，即 6341 班。由于我入学体检查出是红绿色弱，而调入机械系，但我有一个学期的时间仍住在 6341 班宿舍。

众所周知，1963 年的高考是不公布高考成绩的。这个政策从 1958—1965 年这八年高考一直执行。郎福田的学号是 6304001，在班上排名第一号。“文革”时才知道这个班上的学号顺序是按高考成绩从高到低排序的。可以说，朗福田的高分数在全校 63 级中也是最高的，完全可以考上清华大学最热门的专业。他是这些受影响学生中比较幸运的，毕竟他在家庭和社会关系的政审中被列入第三档“降格录取”，而没有被列入第四档“不宜录取”。（参见《炎黄春秋》2007 年第 6 期，袁剑平的文章《“文革”前高考“不宜录取”政策的回忆》）

刚入学后不久，时任教务长的樊恭烋教授在教工食堂为一系 63 级作报告，强调学好基础课的重要性，把学基础课比喻成吃第一个烧饼，要学扎实垫好底儿。外语就是基础课之一，在大二刚开始时，63 级同学在外语老师建议下，举行了一次全年级外语过关考试，考试通过者，就可以免学本科外语，可选修第二门外国语。当时全校 63 级共有三人通过了这次过关考试，郎福田就是这三人之一（英语）。其余二人是 6321 班的吴康迪（俄语），6313 班的汪伟球（俄语）。郎福田在大二时选修第二外语俄语。

由于受“文革”的影响，61 级和 62 级的毕业生没有按期进行分配，直到 1968 年，这两届毕业生才开始陆续分配工作。同年的 11 月，轮到 63 级毕业分配时，除少数需照顾留京的以外，绝大部分同学都去山西大同市的 4661 部队接受“再教育”，即到部队农场劳动锻炼。

接受“再教育”期间，连队是男女混编，由于化工系男生较少，所以把男生较多的机械系的男同学放到化工系一起组成连队。当时郎福田和我都编到4665部队12连，来到大同市北郊山坡下的卧虎湾兵营。

经过近两年部队生活的锻炼，1970年8月，北京市派来接收这批学生的人事干部在连队宣布了分配方案，除少数分配到解放军总后勤部的工厂以外，其余同学均分配回北京市各工业局，到局报到后再分配到下属各单位。12连6341班的郎福田被分配到北京市北郊农场化工厂。8月下旬的一天，我们告别了山西省阳高县部队农场，登上了回京的列车。

1975年前后，我在北海公园西边的北京图书馆内遇见了郎福田，我们聊了一阵子。他谈起自己已完成了一部化工类书籍英文版的翻译，但拿到出版社出版，可能是看他年纪轻点儿，才三十出头，对他的外语水平及学识还不那么认可，非让他再找一位校译才能出版。当时他在基层工作，一时很难找到这种人才，但这足以说明在经过“四清”“文革”，及去部队锻炼这几年英语的荒废后，在短短四年多的时间，郎福田的英语水平很快得到了恢复和提高。

“文革”后，1977年全国恢复正常高考并取消政审，并公布高考成绩。第二年，即1978年又恢复研究生招生考试。这时的郎福田想去报考研究生。但并非一帆风顺，刚一开始就碰了一鼻子灰，他的厂领导不同意报名。这下可急坏了郎福田。他当即给时任主管科技和教育工作的国务院副总理方毅写了一封信，很快副总理办公室就作了批复，才得以如愿报名。这足以说明当时他的勇气和报考必胜的信心。话又说回来，要是这次没考上，在当时人才不能流动的情况下，只能回到原厂，他会有什么样的处境？当然这是后话。

1978年，郎福田报考的是中国科学院化学研究所的硕士研究生。由于多年停招，一旦解禁，报考的人特别多。他报考的研究方向有30多人报名，只招3人。硕士研究生招生考试要考基础课、技术基础课和专业课三类。郎福田这次考试有两个难点：一是大家都知道的原因，63级的专业课在学校时因“文革”有欠缺，即使“文革”期间的“复课闹革命”时学过一些，也不足以应对研究生入学考试；二是这次报名中有不少人毕业于化工领域的名校中的强系，比如北京大学化学系、清华大学化工系、天津大学化工系等。此外，这些考生中还有很多人是大学留校（多为65级）的老师。他们学习环境要比工厂好得多，且时间充裕，要想在这些人中脱颖而出，可以想象有多困难。然而，这两个难点郎福田都突破了。初试录取6人，有郎福田，复试再淘汰3人，郎福田最终如愿以偿被化学研究所录取了。经过三年的攻读，于1981年获硕士学位后，又有导师推荐到美国去攻读博士学位。在1983年前后，我国较早一批在欧美留学，获博士学位的那些人中，多数人选择回国在大学教书搞科研。比如，中国工程院院士韦钰、中国工程院院士周济等，而郎福田却选择了另一条道路，把在国外搞科研的成果拿回来创业办公司。

1986年，旅美专家郎福田回国来到改革开放的前沿城市深圳创业，创办了自己的高科技私营企业：深圳郎氏实业有限公司。

郎福田以自己独有的技术，专业生产“郎氏”蛋白糖系列产品，包括复甜糖、复甜糖一号、甜代糖系列复合甜味剂，产品广泛应用于食品、医药、饮料、酱菜、烘焙、罐头、日用化工等行业。公司1994年被评为深圳市50家最大私营企业之一，多次获得全国优质保健品金奖，并获得南方保健精品称号，被誉为“天下甜中王”。

由于积劳成疾，郎福田于2010年在深圳因病去世。

顺境是人生的浪费，逆境是人生的积累。郎福田校友的一生是奋进的一生，是勇往直前的一生。

大学时代

2007年10月，云南省玉溪市

荣廷藻，北京客车总厂教授级高级工程师，长期在国企从事技术工作，曾任厂技术科科长。

工作期间曾发表论文、译文30余篇；独立出版专著有：《液压系统故障诊断与排除100例》(机械工业出版社)、《中外汽车液压系统故障诊断与排除方法》(科学技术文献出版社)、《车辆动力转向液压系统故障检修》(国防工业出版社)。

援藏七记

6315 班　陈泽炎

1979 年 6 月至 1980 年 11 月，我作为改革开放后中央第一批援藏干部，赴拉萨西藏电机厂工作生活 500 天。时年 34 岁，尚属青年；通过进藏，接受考验，得到锻炼，收获亦丰。现距进藏已近 40 年，恰逢北工大校友们编写《如歌的岁月》，特奉此稿，与大家共勉。

一、户口迁移

1978 年 12 月，中共十一届三中全会确定改革开放路线。3 月，中央提出抽调党政干部和技术干部支援西藏建设。我即是在这一决策部署下，从当时第一机械工业部生产调度局设备动力处参加由一机部系统 18 人组成的援藏队伍。这 18 人中有部机关 2 人，其他来自设计院、研究所、直属企业、部属院校等，都属于中央单位干部。而从地方抽调干部中就包括了后来非常知名的孔繁森同志。

报名援藏属我自愿，因为我刚入党，觉得理应响应党的号召；况且说好党政干部援藏 5 年，技术干部援藏 3 年。组织上也有“回报”：答应可以把爱人（北工大 6543 班马英同学）调入北京工作。不过实际上却存在着很大的不确定性：一是马英调京环节多手续繁，很可能实现不了；二是按照规定，此次进藏首先要把我的户口从北京迁往拉萨，说是为了表达“安心于西藏”的决心。

果然，当我们历经两周风尘仆仆兴冲冲地到达拉萨开始集训时，那些 20 世纪五六十年代内地来的“老西藏”们就对我们说：“户口都来了，你们就在西藏干一辈子吧。当年我们也是这么说的，这么留下的。”特别是当我们听说，这是西藏党委书记阴法唐的意思时，心里都打起鼓来。

我心里还比较“坦然”。因为入藏前马英对我说：“这是我们的一个机会，值得搏一搏。如果你留在西藏，我又到不了北京，那我就到西藏与你团聚。反正‘光脚不怕穿鞋的’。”有了这个底，就应了那段歌词：“我用青春赌明天，你用真情换此生，岁月不知人间多少忧伤，何不潇洒走一回。”

二、进藏之路

我们这支援藏队伍1979年6月23日中午从北京永定门火车站出发，乘卧铺经西安、过兰州、翻乌鞘岭、走河西走廊，在朝霞中远眺祁连山、在夕阳下目送嘉峪关……，6月26日上午，抵达甘肃省西部的红柳园车站。

位于荒漠中的红柳园车站，一听名字就会感到革命色彩。这是当年修兰新铁路时开辟的车站，它是进藏物资的铁路、公路集散点。我们即从这里开始了为期两周的进藏路程。

进藏公路的沿途已建起多个驿站，它们也是部队后勤的兵站和补给站。名称依次是：敦煌、茫崖、大柴旦、格尔木、南山口、西大滩、五道梁、不冻泉、雁石坪、沱沱河、安多、那曲、当雄、羊八井等。

两周汽车旅程中故事不少。譬如，很难得地参观了敦煌莫高窟和月牙泉，见到沙漠中的海市蜃楼现象，在格尔木再次体检过关，过五道梁人人头疼，公路上与藏羚羊相遇，沱沱河畔感怀落日，飞雪中翻越唐古拉山口，刚入西藏界就大堵车，等等。这些事情在如今自驾游、铁路游都很发达的时候，似乎不再具有神秘性和传奇性。但正是当年环境的“原始”与“荒蛮”，才使我们具有与现在完全不同的感受。况且，我们还是带着迁出来的户口，以一种“搏”的心情进藏的呢！

1979年7月7日上午，进藏途中经过唐古拉山口

就说说夕阳西下的沱沱河畔吧。历经10天颠簸，7月6日晚饭前，客车开进沱沱河兵站。沱沱河位于青海省西南部，是长江最上游的一段；上连冰川源，下接通天河，也可以统称通天河，海拔约4000米。青藏公路的沱沱河兵站是从青海进西藏的最后一个站，接下来就要翻越进藏最高点唐古拉山口了，那里的海拔5200米。

兵站坐落在沱沱河石滩上，是一座平房围起来的院子，包括食堂、伙房、宿舍、维修间等。院子里可以停放四辆大客车，再多的卡车就要停在院子外面的停车场。电影《昆仑山上一棵草》所描写的就是这里。

晚饭后我们来到沱沱河的水边，此时已过晚上 8 点。西部的地理位置和时值夏季的时间都使得这里洒满了夕阳余晖。此处的河水静静流淌，夕阳下泛出金光，河滩的砾石被映衬得格外黧黑。河宽有 20 米，一座简易木桥承担着通车重任。用手触　下水，其凉无比，毕竟这来自不远的雪山。四周寂寞而且荒凉，既无绿树也无青草，所有低矮灌木都是土黄色。真是：水中无鱼影，天上无鸟鸣，四周无风动，胸中无躁心。于是，想到元朝马致远的小令：夕阳西下，断肠人在天涯；也想到《西游记》中唐僧师徒四人正是在此渡过通天河。哎！而今我们不就是“经磨难，求正果”吗？

三、初识拉萨

1979 年 7 月 10 日上午，历经 18 天，路程 7000 里，汽车开进位于拉萨西郊的中共西藏党校大院。在这里我们接受了三天的入藏教育。

20 世纪 70 年代末的拉萨市容是个什么样子呢？市中心有两座突兀而起的山丘。一座山丘上建有雄伟的布达拉宫；另一座称为药王山的山丘上矗立着广播发射塔。布达拉宫坐北向南，山下有一个广场，广场西侧是拉萨大礼堂。拉萨市内的主路是紧邻广场，贯通东西的北京路；广场向南是通往自治区党委、区政府、区军区的一条直路。

布达拉宫并不对外开放，我们是经特许前往参观。拾阶而上可进入布达拉宫的红宫和白宫；参观路线曲曲回回、上上下下；四周环境忽而明亮，忽而幽暗；佛像灵塔庄严；庙厅堂里的藏香气味馥郁。总之，一切都充满着神秘。

大昭寺位于布达拉宫东南方向，对外开放，藏族群众朝圣者甚多。虔诚的朝圣者，进寺之前先要围着院墙磕长头。就是先双手合十位于胸前，再全身扑倒在地手往前伸，然后站起来再重复动作。如果磕一次长头可以前行两米，围绕大昭寺一圈，就得磕二三百个长头，历经四五个小时。藏传佛教属密宗，它有苦修行的传统与仪式。这次真是面对面地见到了。

大昭寺周边的街道称为八角街，分布着一些藏族群众和印度人、尼泊尔人开的小商店，卖些佛事用品和藏红花、羚羊角之类的特产品。而日用品只有到八角街以外的百货商店里才有售。东西都是从内地运来的大路货，都属于计划经济产品。

当时拉萨已有一个电视台，但没有自己的节目。每周三个晚上发射录播信号大约三小时。有电视机的单位或个人可以自行拉天线收看。这些节目是在成都录制完成后空运拉萨的。

1979 年 7 月 11 日，抵达后在布达拉宫前广场

长途电话和文字电报是拉萨对外通信的主要手段。普通民众要打电报或打长途必须到市内邮电局办理。

市里分布着两个医院，一个是区属综合医院，另一个是市属藏医院，两个医院都对藏族群众免费；汉族干部实行公费医疗。藏医在当地很有影响力，所以藏族群众首选藏医。

市郊的罗布尔卡是当年达赖喇嘛的夏季行宫。现在开辟为公园。春夏季节的星期日，特别是五一、十一假期，这里是藏族群众野餐聚会的地方。其实，能来此搭帐篷、吃野餐、喝奶茶的人都是些有工作、挣工资，而且比较洋派的年轻人。他们穿着藏袍，里面却是衬衫、领带；戴着进口的蛤蟆墨镜，听着日本的双卡录音机，跳着交谊舞，唱着邓丽君；与从事放牧的藏族群众大不相同。

我们有六个人被分配到西藏自治区电机厂工作。电机厂位于拉萨北郊，与著名的色拉寺不远。厂距市中心布达拉宫大约 5 公里，通一趟公共汽车，沿线停有汽修厂、邮电局、工业厅、区医院等站点。每个周日，我们大多乘公共汽车进城。

四、罐头物语

一到西藏电机厂，就按三人一间分配宿舍。平时我们吃食堂，周日各自开伙。西藏本是苦寒之地，罐头自然成为改善生活必不可少之物。但对我来说它却首先是“惹祸之物”。

第一天六人聚餐庆祝，都把各自带来的食品、罐头拿上桌。我把一瓶糖水桂圆罐头分给大家吃。谁知别人没事，却引起我的痔疮大发作。这也是长途奔波心火所致。此后，我不得不静卧好几天，还落得了长期便血的倒霉事。这是进藏给我的一个“下马威”。

以后的生活当然也离不开罐头。因为食堂做菜辣味太重，对我极不适合，但不吃这个又无法吃到蔬菜。于是，我只能把打来的菜先用水涮一涮，再配些

1979 年 10 月 1 日，在拉萨西藏电机厂

罐头里的肉或鱼，重新煮一煮吃上两顿：一顿就馒头，一顿下面条。

第二年春天，厂里开辟出几垄菜地，种下了油菜、芹菜、胡萝卜、大白菜等。这样就能自己做菜了。说起罐头，最给力的要算军用红烧肉罐头。这种绿色高听的罐头，净重 1000 克，价格 10 元，是驻藏部队的军需品，但也出售给进藏干部。开启罐头得用罐头刀，这个工具连同其他家伙什我都带来了。撬开罐头盖，只见白色猪油厚厚一层，往下是大块的猪肉和酱色的肉冻。一罐猪肉罐头可分四次吃完。每次连肥带瘦、连皮带肉挖一大块放入带来的小锅里，再倒半锅开水和固体酱油、味精，就可放在 500 瓦电炉上熬成汤菜，很受用呀。

罐头盒的用途也很大。红烧猪肉的圆罐头筒都成了花盆，种下各色的“死不了”小花，一筒一种颜色；扁圆的茄汁青鱼罐头盒可以做成蜡油池。就是把车间里铸造用石蜡熔化倒进罐头盒里，再把四五段口罩带埋进去做灯捻。这样一个“蜡烛灯”和 15 瓦的灯差不多，还没有黑烟。

在这样环境里，我把带去的书和每个星期天去新华书店买的书都看了一遍。再加上每周要向北京家里写一封信。所以生活还显得很充实。来时书籍不能多带，经过仔细斟酌带上的是：《毛泽东选集》第五卷、《红楼梦》、《英语科技文选》、《袖珍英汉词典》。

五、牛刀小试

我们六个人都有技术员头衔（那时还都未评定技术职称），分别被安排在技术科、检验科、加工车间、组装车间，我在维修车间。

拉萨电机厂是当时西藏唯一能够制造机械产品的企业，也算是西藏工业的优秀代表。其他的企业是一个小型火电厂、一个小型水电厂、一个农机修理厂、三个汽车修理厂和几个生产藏氆氇（手工毛织品）的作坊。

西藏电机厂主要产品是 10 千瓦以下的交流异步电动机。进厂原料包括：硅钢片、漆包线、铝锭、铜材、生铁块和标准件等；生产设备主要是冲床、绕线机、车床、铣床、钻床、工频炉和浇铸模等。

1979 年底，区工业厅给电机厂下达了 1980 年的新任务——试制 10 千瓦同步交流发电机，向 80 年代第一个国庆节献礼。这对于电机厂来说可是一个双重飞跃的硬任务：一是电机功率突破了 10 千瓦；二是从电动机变成了发电机。按照技术科的分工，我负责修复安装跨度 18 米，起重 5 吨的桥式吊车。

设计安装吊车对我并不陌生。四年前我在北京重型机器厂的时候，就设计安装过一台起重 20 吨的吊车。但是，那是在北京万人大厂、设备齐全的条件下，而现在是在西藏高原的 200 多人小厂里。

先去看看已在仓库存放了三年的吊车散件吧：两副轨道行走机构是齐全的；一个由 5 吨吊钩连同钢丝绳和卷筒所组成的“电动葫芦”也是齐全的；电器系统看上去还是原包装。至于图纸说明书则全无。所需补齐的工作有三项：一是设计制造吊车主梁；二是在车间高处铺设三条铝排电力线；三是把吊车架到高空轨道上，并做最后调试。

负责执行这一任务的是我所率领的维修车间工人。他们的头儿是一位姓苏的来自重庆的钳工，工作经验比较丰富，而且学习技术的积极性很高。这样的队伍应当说是比较理想的。

至于施工步骤，我已了然于胸。因为这套活计，包括画图纸、放大样、备材料、焊结构、搞组装、做调试，以前工厂里全部操作过，而且当时就是工程师兼包工头的角色。

经过几番努力，各项加工与组装的任务就都顺利完成，并定于五一节后就安装。5 月 4 日一大早，汽车吊开进了厂房，5 吨吊车在刷漆后显得格外漂亮。接着按照预设吊点开始起吊。此前，我反复核对尺寸，作出周密安排，结果一切顺利。车间里赶来观看安装工作的厂长、各车间主任和许多工人都情不自禁地鼓起掌来。

两天后，经最终调试的吊车开始运动起来。这就为试制 10 千瓦同步交流发电机提供了保障。我获得全厂同志们的称赞，其实不过牛刀小试而已。

在工厂大门口与同事合影

六、无电生活

还记得20世纪60年代那首西藏二重唱《逛新城》吗？说的是1960年拉萨建起纳金水电站供电给拉萨照明的事。又过了20年，虽然纳金电站还在发电，但发电量已远远不够用了。于是，各单位自备柴油发电机组就成了救急之物。柴油都是从甘肃红柳园用汽车运过来的，价格昂贵不说，还无法保证及时供应。所以，启动柴油机组发电必须是急需。一下子我们就从北京敞开用电来到拉萨过起无电生活。

无电一片黑的情况下怎么办呢？开始还能聊大天、睡大觉，后来我觉得秉烛夜读更有意义。这要自己动手创造条件。先把进藏时带来的小包装箱扣过来当座椅；再把箱盖做成小桌面，一头搭在床架上，一头用根立棍支起来（典型的“一条直线与线外一点决定一个平面”的道理）。

此外，每周六晚上还可以去看电影。放映电影地点在附近一个施工队空场上。他们有发电机组可以保证供电。门票五角钱，当时不算便宜，但放映的都是新片。所看影片有：《庐山恋》《甜蜜的事业》《泪痕》《黑三角》等。特别是其中的电影插曲，比如《我心中的玫瑰》《泉水叮咚》等现在还记忆犹新。

七、雪夜内返

胡耀邦同志提出的援藏干部大部分撤回内地的决定对于我们来说乃是一种“历史机遇”。那我们还不赶快行动？进入10月后，我们已是归心似箭。尽管那些“老西藏”对我们如此快来快走颇有嫉妒之情，但总不能阻拦我们办手续吧。还是工人师傅们对我们感情比较深：一则是共同工作生活在一个厂区院落里，彼此也无大的利害冲突；二则是我们一走，他们中的汉族工人也可能返回内地了。所以，开欢送会，到各家话别，在布达拉宫前和工厂大门口合影留念，互送纪念物品等，都有条不紊地进行起来。我的一块日本精工牌电子表也送给了一位司机师傅，这玩意儿当时还是非常稀罕之物。

按照援藏干部回内地的惯例，每人可以用木材打造一个包装箱运回内地。运行李还在其次，主要是借此奉送一批可打家具的木料。我们每人的包装木箱都是1.5米见方，用的都是厚3厘米、宽20厘米的松木板，外面再打上“铁腰子”。后来，我确实用这些木头打出了一套家具。

一切就绪以后，寻找出藏的汽车就成了关键。一般只有空车前往格尔木或红柳园的时候，经司机师傅同意，并给师傅一些钱，才能搭乘。解放卡车的驾驶室可以搭乘两人,我和同来的天津电气传动研究所一位章姓工程师结伴同行。

到了1980年11月1日上午10时30分，我和章工终于坐在解放牌汽车的驾驶室里，在众人送行中驶离了西藏自治区电机厂的大门。此时是我离开北京的第506天。

一年前我们曾用了两周才开上高原到达拉萨。而现在我们却只用3天就下得山来。司机年轻体力好，道路熟悉，也很配合。我们则一心想早回来，所以尽量快行。

下高原的那几天正属下弦月的暗夜，我们车是开着大灯前行。夜路上车辆稀少，只是高原积雪加飘落的雪花使得道路湿滑。翻过唐古拉山口一路下坡，危险程度陡然增加。在一个坡度很大又是连续转弯的地方，司机主动停车说要稍微睡一会儿，我们自然要支持他。因为千万别在这“最后‘一哆嗦’”上出事。也就半小时，司机醒了。我们给他点上一支烟，并准备一支烟接着一支烟地递给他。

果然，再一上路就险情不断。但毕竟我们有所准备，既要紧盯住前方又要紧盯住司机。此时说话吧，怕分散司机注意力，不说话吧又显得气氛太紧张……。等了大约半个小时，我们才大舒一口长气。阿弥陀佛！我们下山了，雪夜内返的最后险关我们过来了。

这以后就是从格尔木乘长途车沿青海湖南岸到达西宁，再从西宁乘火车坐到了北京。1980年11月8日上午，我到达北京永定门火车站。一机部生产局设备处的领导和我的家人一起来接我。

至此，援藏之旅胜利结束。但这500天的高原生活也在我身体的“上口、下口”处留下了深刻“痕迹”。作为“上口”，由于高原缺氧和青菜缺乏，我满口牙龈萎缩、牙根松动，牙周炎严重发作。于是从1981年夏天起开始陆续拔牙装义齿。作为“下口”，痔疮发作、喷血不止，1983年春天不得不住进北京二龙路医院做手术。

1980年11月2日，回京路上在昆仑山下西大滩留影纪念

值此援藏40周年之际，在完成本篇《援藏七记》之后，我赋诗一首以作纪念。

世界屋脊入云霄，拉萨厂内显风骚。
人生抉择须放手，夫妻同心胆气高。
大局之下人渺小，汇入主流成波涛。
五百昼夜多精彩，舒笔成文在今朝。

在大学

退休后

陈泽炎，1945 年 9 月出生，中共党员。教授级高级工程师、中国机械工程学会高级会员、商务部展览业专家库成员。

1968 年 12 月，北京工业大学机械工程系内燃机专业毕业；

1970 年 9 月，参加工作，先后在北京重型机械厂、第一机械工业部、机械工业委员会任主任科员、副处长，在中国贸促会机械行业分会任副秘书长、副会长等职；

1992 年和 2002 年，在美国波士顿大学和锡拉丘兹大学接受管理培训；

2006 年 2 月起，先后任中国会展经济研究会秘书长、常务副会长、学术指导委员会常务副主任。

1986 年 9 月，获国务院重大技术装备办公室颁发的先进个人奖励称号；2007 年 7 月，被《中国会展》杂志评选为“中国会展业十大理论人物”；2008 年主编《中国会展经济前沿理论与政策思考》（中国商务出版社）；2009 年 9 月，被人民网评为“中国十大最受关注的会展人物”；现为全国多个会展院校客座教授、多个城市会展业顾问。

做前沿信息技术的尖兵

6321 班　吴康迪

因为服用中药中毒，我肾脏功能已不足 10%。先后在 2013 年和 2017 年做了两次泌尿外科癌症手术。手术后，利用养病期间，系统回顾了自己过去的经历，现与同学们交流。

从小养成阅读习惯

从小父亲给我们订《少年报》和《儿童文艺》，还给我们买科普书籍。母亲在国家图书馆的前身北京图书馆工作，给我们借了许多期刊和书籍。所以我从小就养成阅读习惯。

初中时，在西城区图书馆服务，可以外借图书，曾经每天看一本小说。高中阅读外国名著，高二暑假期间，在北京图书馆阅读托尔斯泰的《战争与和平》，同时参考苏联地图，有一点做学问的样子。大学时闯入外文期刊阅览室，看俄文期刊。查阅俄文《田径运动》，提高了自己的竞赛水平。

工作后，常年在北京图书馆看外文期刊图书，借阅图书，长年积累后，学会了在图书馆查找所需要的资料。国家图书馆两次展览我的著作和大幅照片，2010 年荣获国家图书馆的文津读者奖。获奖消息刊登在《光明日报》上。

重视外语学习

在中学学习俄语时，由 2 分、3 分，提高到名列前茅，从此喜欢上外语，并且掌握了自学外语的技巧。大学第一学年结束后，我可以翻译俄语小说了。俄语于老师对我说，我可以学习第二外语了，于是选修了德语。1973 年，还在钢铁学院进修了科技德语。从此，可以借用字典，阅读德语资料。

“文革”期间，车间将我安排到锅炉房，由于我会日语翻译，在科长何家佩的运作下，将我调入技术科搞科技情报工作。

其间，我向学长杨烨学习，掌握了几门外语，特别强的是日语和英语。通过自学数学和外语，掌握了自学科技知识和其他学问的技巧。

1975 年开始阅读整本的英语科技书籍，但是因工作忙，进展比较慢。当时钻研外语，被一些人视为“白专”，在她眼中，将我入了另册。为了能专心读完整本英语电子书籍，我开始找其他门路。冬天容易因天气原因喉咙肿大，我就在积水潭医院看五官科，主治大夫建议做扁桃腺切除手术，本来是可做可不做，但是为了学英语，我接受了手术。住院一个星期，我抓紧时间，将已经读了 60% 的英语书完全看完。可是，手术因为是实习医生做的，疼痛异常，曾经吃冰激凌暂时镇疼，成效不大，强忍疼痛，坚持看完了这本英语书。这是我为了学习外语付出的最大代价。扁桃腺是免疫器官，以后我经常因咳嗽不愈而影响生活。

由于熟练掌握日语和英语翻译，以及在科学出版社出版译著，1981 年初，进入中科院。1986 年夏天，我全力翻译出美国赛斯纳公司的飞机驾驶员手册。我把翻译质量放在了第一位，我知道肩上的责任，万一有翻译错误，我将承担摔飞机的重要责任。手册译文交给驾驶员后，受到机组人员的好评。在他们不知道是我翻译时，曾经当我面夸奖手册翻译得好，此事在评定高级职称时，增加了不少评议权重。事后， 遥感所所长郭华东（中科院院士）告诉我，我获得了遥感所评高级职称历史上的最高分。

在中科院，创造机会，系统学习了日语和英语口语。分别获得这两门的大专文凭。脱产学习日语时，老师都是国内顶尖的日语老师。我获得的文凭，被日本有关方面承认，可直接进日本大学进行学习。

退休后，我立即到外交学院，参加了英语口语班。通过外交学院的小班教学，大大提高了我的英语口语水平。

2006 年初，有机会到英国，利用掌握的英语，自己一个人在英国走访了 20 个城市。到达英国的第二天，恰好是星期日，因为要做礼拜，火车停运。我一个人坐汽车到曼彻斯特，又转车去莎士比亚的故居斯特拉特福镇，到达时已下午 3 点。参观完了莎翁故居后，走到河边，白天鹅在水面上漫游，自己 20 多年前学习的《新概念英语》课文中描写的情景就在眼前。心情激动之余，联想起语言学习的甘苦。

掌握几门外语后，使我在工作中，能够及时知道国际同行的信息。在此基础上，深入钻研科学技术，取得了一定成绩。撰写论文时，可以参考多文种的资料，拥有了超越别人的见地。

求教于名师

中学时遇到几位特级教师，化学董学增老师，让我们熟记元素周期表，深入了解化学反应的规律，一直到我后来学习半导体，都受益匪浅。

我参加北京市中学生数学小组，有幸两次聆听国内著名的数学家华罗庚先生的讲座。对华先生讲的堆累素数理论一知半解，然而他教导我们“拳不离手，曲不离口”，我牢记了一辈子。华先生提道：中学的数学课内容是数学的最最基础的内容。华先生说他到现在还时常翻看，即所谓“拳不离手，曲不离口”。我在中学和大学的学习中，注意按照华先生的教导，比较重视基础的内容，并且学习上有长性。无论是外语，还是自己从事的业务和常用的学问，都是遵从华先生的教导，持之以恒地学习。这也促使我在工作上取得了一定的成绩。

高二的中学生数学竞赛在北京八中举办。第一试结束后，华罗庚先生就到考场看望我们，我有幸与华先生交谈，并且被在场的记者拍下照片，发表在当天下午的《北京晚报》头版上。

中学生数学小组经常举办讲座，讲课的老师全部是国内著名的数学家。我记得老师有：清华副校长熊庆来（后为中科院院士）、北大数力系主任段学复、北大讲师姜伯驹。姜伯驹 1957 年毕业于北大数力系，研究拓扑学。他讲的欧拉七桥和一笔画课程深深吸引了我。姜伯驹老师年轻有为，讲课深入浅出，自己收益比较大。姜老师“文革”后，成为首批中科院院士。

大学复课后，来自清华的陆培新老师，自己编写教材，跨过电子管，直接讲授晶体管的课程，使我们掌握了最新的电子技术。

教高等数学的邱玉圃老师，给我们讲授的场论和拉普拉斯变换，有助我“文革”中自学量子力学。“文革”后，北大研究生毕业的邱玉圃教授当了学校五系系主任。他在中央电视台讲授 Forturn 语言和 Pascal 语言，自己又成了邱玉圃老师的学生。

在工作后自学各种学问过程中，中学和大学打下的功底以及受教于名师，使自己不惧怕各种数学公式。认真研读后，基本都能理解。参加中科院的科学发展规划的编制，有幸遇到丁肇中先生。休息时，我向他请教中微子。他回答我，他不太了解中微子，无法发表意见。作为诺贝尔奖获得者，丁肇中先生的谦虚态度，深深打动了我。在以后给研究生讲课时，我实事求是地回答，不懂就是不懂。

到中科院机关工作后，1998 年我开始主编科技刊物。自己将该刊物的版面和内容都作了不少改进，增加了院士论坛栏目和科技热点课题的报道。

当时我了解到，中科院数学研究院的陆汝钤先生，正在进行智能体的研究。

与陆先生联系后，1999年将其论文作为我编辑的刊物的头版头条，并且在封面上重点进行了介绍。我编辑的刊物在中科院内部广泛发行。一些中科院领导也喜欢看。例如副院长胡启恒曾经专门做过批示。

在数学研究院的陆汝钤院士指导下，我在《科学对社会的影响》2000年第1期，发表了《智能体技术——人工智能的新飞跃》的论文，为人工智能研究作出了一点贡献。

刻苦学习，持之以恒

1977年开始翻译《半导体物理》。经过我的努力，该书在科学出版社立项。通过翻译这本书，仔细查阅了全部附录的参考书籍，并且尽力全部搞懂。这样等于念了半导体专业的研究生，弥补了由于父亲“右派”问题，不能报考研究生的遗憾。在翻译这本书期间，借到了北京图书馆收藏的相关的全部日语和英语参考书。我仔细地进行学习和认真理解书中的内容。通过译这本书，对于半导体专业的全貌有了深入的了解，为后来撰写大量半导体专业论文打下了坚实的基础。

由于掌握了先进的半导体物理知识，1979年在国内领先研究了中子嬗变掺杂，在《电力电子技术》上发表了7000字论文。并且在北京科普学会主持下，在北京天文馆，面向数百名听众，作了“中子嬗变掺杂”的主题讲演。

1982年出席在杭州召开的全国能源技术研讨会，在会议上宣读了《太阳电池》的论文。论文收入大会文集。同年在水利电力出版社立项翻译《工厂节电》。其中涉及了电力自动化的内容。该书于1983年正式出版。印发2万余册，受到广泛欢迎。

1982年连续8个月，以每天只睡觉4个小时的辛苦，完成了《工厂节电》一书的翻译。之所以要花费8个月，是因为我对书里每个科技细节都进行了认真推敲，并且从参考文献中找到确切依据。在宽边大稿纸上注满了参考文献的内容，从而可以保证译出的文字在技术上无懈可击。我曾经在北京图书馆二楼的大阅览室，每天从开门到闭馆，连续2个月辛苦工作，奠定了自己今后全文翻译外语科技书籍的工作机制和质量标准。

1984年开始使用进口的苹果2微型计算机，在清华大学进修一年。在清华学堂和三教上课，自己非常激动。回想父亲和学长们在此苦读，我现在的机会真是难得。父亲1953年曾经带我到清华参加校庆，自己从小就梦想在清华学习。作为学习的成果，于1986年在清华大学出版社，出版了《微型计算机在工业中的应用》，圆了自己的部分清华梦。

长年的学习和工作，使自己养成不睡午觉的习惯。每天清晨，只要清醒 20 分钟，就不再睡觉，起床后立即投入学习和工作。每天睡眠基本不超过 6 小时。还经常为了赶论文和出版书籍，坚持一段时间，每天只睡觉 4 小时。为了持续工作，休息日坚持登顶香山。从每周一次，演变到 50 岁后两周一次。 这种高强度的工作， 严重损害了身体。但是自己还不以为然。心想年轻时在运动队大运动量锻炼过身体，应该有底子。这是后来患癌症的原因之一。直到患癌症后，才逐渐更改。当然悔之晚矣。超时工作，成果比较多，然而代价比较大。由于圆满完成了国家课题，还是认为，自己没有为虚度年华而悔恨。

步入前沿领域

调到中科院遥感所后，管理美国塞斯纳公司制造的先进的遥感飞机，离开信息技术远了一些，但是接触到导航和先进的雷达技术。随后，开始研究全球定位系统，发表了一些调研性质论文。

1993 年调入中科院机关，开始研究机器翻译。1996 年承担接待日本电力代表团任务。在圆满完成同声传译任务之余，商谈了重要学术著作的版权转让问题，随后在科学出版社出版了日本学术院院士、东北大学校长西泽润一先生的《静电感应器件》，书名由著名书法家上海的龙舅舅题写。

从 1996 年起，我在每年的全国科技翻译研讨会上，都发表一篇机器翻译的论文。1998 年在韩国的亚洲翻译家论坛上，使用英语介绍了中国机器翻译的现状。在这期间，与国内顶尖级机器翻译专家们，建立了学术联系。

这一段时间，在《科技日报》《中国电子报》《中国计算机报》《计算机世界》《电子世界》等报刊上，发表几百篇译文、综述和论文，介绍国际上信息技术的计算机硬件和软件即微处理器、存储器等半导体技术和操作系统、数据库等应用软件以及互联网、信息安全等的方面的新发展、新动向。

更上一层楼

被国务院发展研究中心聘任为研究员后，我有机会与国内一些来自中央党校、军事科学院、社会科学院、中国科技情报所的著名专家一起工作。从他们身上，看到自己的不足，也学习到他们的工作精神和工作方法。无论外语还是写作水平都有飞跃地提高，特别是担任世界前沿信息技术的课题组长后，自己兢兢业业，带领 2 个博士，圆满完成了任务。

2003 年写了《走下神坛的个人电脑》和《移动通信引领信息技术发展》等文章，报送国务院领导和各部委领导，准确预报了信息技术的发展方向。配合互联网的发展，首先撰写了《射频识别》（电子标签）的论文，并且在国际会议上发表主题演讲。

2003 年国际上开始酝酿新一代互联网。我及时撰写了《关于新一代互联网》的专题报告，报送国务院领导，受到表扬。这篇 6000 字文章是国内第一篇详细论述新一代互联网 IPv6 的论文。2003 年 12 月发表在《计算机世界》周刊上。这篇论文受到重视，一直到 2017 年，有关方面还邀请我参加互联网学术会议。

配合电子政府的兴起，撰写了多篇论文，分别介绍美国、英国、日本等多国电子政府的情况，发表在许多刊物上。《中外科技政策评述》一书中，我撰写了关于“电子政府”的一章。

知道移动通信是信息技术的主角后，开始钻研通信技术。利用在威海度夏的机会，在山东大学威海分校的图书馆里阅读了大量通讯学科的书籍。一个多星期的学习，初步掌握了通讯理论。在此基础上，开始钻研 4G 技术。在这一过程中，得到邮电大学的同班同学赵荣华教授的帮助。他找了邮电专家审阅了我们的粗浅的稿子，并且将其学生的论文提供给我们参考，使我们门外汉终于会讲通信术语了。

汶川地震发生后，通过查阅国外文献，写出了《从汶川地震看应急通信策略》的论文，发表在《通讯世界》上，为汶川抗震救灾作出了一点小贡献。这获得了中科院的表扬。

查阅国际资料，得知美国控制了世界全部的根服务器，可以获取各国的信息。我撰写了关于国际上争夺互联网主导权的论文，经过新浪网转载后，成为我在互联网中，点击率最高的论文之一。

2008 年工程院院长徐匡迪，在国务院发展中心发布的《世界前沿技术报告》中看到我撰写的《单晶体管量子阱》的文章，通过国发中心找到我，让我提供详细资料。原来我是从网络上找到这条消息的。为了慎重，我到国家图书馆仔细检索了国外期刊，在查找了近一年的《自然》杂志后，终于找到 4 篇相关资料，复印报送给他。

由于了解前沿信息技术，看到了石墨烯的重要性。从 2007 年开始，在技术刊物上介绍石墨烯。2008 年在《计算机世界》上发表了《石墨烯——摩尔定律的终结者》的 6000 字论文，详细介绍了石墨烯。2010 年石墨烯获得诺贝尔物理奖，我立即赶写了《石墨烯缘何获得诺贝尔奖》的文章，发表在 10 月 16 日的《计算机世界》上，受到读者的欢迎。

2010年前后，面对美国、欧洲、日本在半导体行业上对我国的技术封锁，撰写了一批纳米技术论文，介绍世界上45纳米和32纳米的半导体先进工艺，指出我们的技术差距和国外的最新发展动向。两次向国务院领导打了专题报告，呼吁将半导体行业作为我国的支柱产业，集中国内力量，突破国外封锁，自主研究光刻机等核心设备。

可以说，对于信息技术的前沿发展，通过常年跟踪国外技术刊物，以及每天阅读《纽约时报》《华尔街日报》《英国金融时报》和《日本经济新闻》等世界主要报纸，还是比较了解的。这要归功于多年来资料的收集和对于几门外语的熟练掌握，也是自己长年刻苦学习的成果。可以说，我是一个合格的前沿信息技术的尖兵。

1970年在部队劳动锻炼

在会上发表演说

吴康迪，中国科学院国际合作局研究员、国务院发展研究中心研究员，曾任中国电子信息产业研究院研究部客座研究员，曾出席在韩国汉城举办的“亚洲翻译家论坛”，在会上代表中国翻译界用英文宣读论文。

勤于笔耕，先后出版《工厂节电》《半导体物理》《微型计算机在工业中的应用》《静电感应器件》等专著，在《中国计算机报》《科技日报》《计算机世界》等媒体发表200篇论文和综述、1000余篇译文和评论。

2009年12月，获得国家图书馆第5届“文津读者奖”。

为母校争气　为祖国争光

6321 班　张九龄

人，好像江河中的一颗小石头子，随着江河的汹涌波涛在大风大浪中滚滚向东流去。有时水急浪高，卷入漩涡沉入江底；有时被浪涛冲到礁石上，摔得粉身碎骨；有时被大浪冲刷到岸边搁浅；又有时风平浪静顺流而下。这颗小石子大多时候会被冲刷成一粒没有棱角、光滑滑的鹅卵石进入大海。

一

北工大毕业后的我，经过一年“五七干校”的劳动锻炼，被分配到一个没有水没有电，位于河北省山区涉县的天津 6985 工程指挥部。翻过了一座又一座数不完的、寸草不生的、光溜溜的大石头山，天就黑了。司机把车停下来，带我们进了一个大车店，文明点叫驿站。驿站的驿字偏旁是个马，就意味着这个地方是人、马共同休息的地方。晚饭是在黑咕隆咚的小店里吃的，因为黑，也没看清楚吃的什么，总之感觉是比棒子面还粗的粗粮。我们睡在一个两侧都是大通铺的大房子里，一边通铺睡男人，一边通铺睡女人。盖在我身上的棉被的被头乌黑发亮，已经完全没有白被里的面貌。这一夜基本上没睡着，有一个阴影总在心中徘徊。前面是一条黑咕隆咚的路，没有路灯，我们一直走，走呀走呀，怎么都不能走出去。急得我吓了一身冷汗，原来是个梦。

天亮启程，已没兴趣看风景，干脆睡觉，一觉醒来，到工地了。第一件事是先报到，报到时人事部干部看我是个女的，就问我：“愿当干部，还是愿当工人？”我问：“当干部去哪儿？干什么？”干部答道：“当干部去设备处，登记设备。”我不由自主地小声嘟囔了一句：“我是北京工业大学毕业的，那我这五年大学不白上了？”人事部干部听到了，对我说：“还是愿干专业，可以。不过苦一点，去电修连吧！”从此，我开始了电、钳工的生涯。学会了用各种大小不同的直嘴和弯嘴钳子；各种大小改锥、扳手。跟着钢铁设计院的工程师、技术员看图纸，也跟着师傅一起到户外干活。头两年参与了建设两座发电站和五个泵站的工程建设和验收。当工地上有了电和水时，我当时的心情非常激动，我感到生命的意义是创造、是建设，心里常常美滋滋的。“我们曾给这里带来一片光明”，“我们曾把生命中最宝贵的东西——水引进这里”，一种光荣的感觉常鼓励着自己。之后我参加了高炉、焦炉风、水、电、气的供应，参加了电修厂、机修厂、中心实验室的建设。

对于我来说工地上的春夏秋冬一个颜色——蓝色，这是我的工作服、工作帽的颜色，只有脚上每天穿的绝缘球鞋是绿色的。在工地上这几年我没穿过自己的衣服，就是到了冬天也发给一件带帽子的蓝棉猴。所以那几年我忘记了我是男还是女！我在挎上带有工具的大皮带时更是如此。男同事常和我开玩笑叫我“老九”，他们很友善教我好多技能，有一次教我穿上爬电线杆子的“大镰刀”，屈腿脚蹬一下，身体往上一挺，就这样我爬上去了。地下一大群小伙子在挖坑，他们向我喊：“老九抓好了，别掉下来！真的抓不住就往坑里掉，省得我们再埋了。”我不敢往下看，但我心里想：“我非爬到顶上不可，你们等着瞧吧。”劳动中我也抱着十马力的电机下过线。这十马力的电机机壳可不轻，凭我两臂的力量是抱不起来的，我用肚子帮忙才能翻转它。

有时厂里接到紧急任务要上高炉，在高炉上，排查故障一天一夜下不来。但我会跟着技术员、师傅，背上行军水壶，揣上两个窝窝头就去了。饿了吃两口凉窝头，困了就打个盹。完成了两座高炉、两座焦炉的建设后，高炉也出铁了！这时四年已经过去，我成熟了，由一个大城市的娇骄的女大学生，变成了一个能吃苦耐劳的工程队成员，这四年中我也把一辈子的苦都吃尽了，以后无论我走到哪里，无论遇上什么工作，好像都没有那么苦过。当时是客观环境逼得我不得不接受这一切。要想活，活出人样，必须坚持，不能让任何人看我的笑话，不能倒下，更不能丢北京工业大学的脸。我每天都在用行动来履行自己的诺言。

很快，我调到6985工程指挥部驻天津办事处，和钢铁设计院的人参加了“四高”“四焦”的非标准设备的设计和加工。因很多部件是非标准件，在计划经济的时代无法安排到国营工厂加工，只能安排到公社大队的工厂中生产。我每星期都要穿着从工地上带回来的旧工作服或棉猴，去公社大队的工厂，有时去是了解生产进度，有时是协调生产材料，更多的时候是监督生产过程中的质量。在粮票、油票、肉票年代，每次去公社大队，回来时都会给同事们带回点葱，蒜、青菜，有时还能拉回一车毛蚶或海螃蟹，改善一下大家的生活。

天津的生活比工地上强了一百倍，但我总挂念着一件事——我们在大学还有一些专业课没学完。中国要富强，不会永远不搞建设，搞建设必须起用知识分子。一旦需要有知识有技术的人时，你没有，机会仍然轮不到你，那时会后悔的。原北工大二系的郭五昌老师曾经是6421的班主任，他调到天津大学电机系，我有了旁听课的机会。只要跟领导打个招呼，外出学习还是有条件的。

1976年“文革”结束，1979年改革开放的春风吹到我的身边，我有了出国的机会，我无论如何要走出去，闯一闯，也许会有更好的机遇等着我。

二

我这颗不安分的小石子提前冲进大海，想见一见大世面。谁知刚进入澳门这片大海，那又咸又苦的海水就给我灌了个半饱。

生活刚稳定下来，我急于找工作，除了学语言外就是看报纸上招聘广告。我意外地发现中文报纸的副刊上常有一些文学小品，以及风土人情一类的小文章。我开始试着写写北京的故事，投稿笔名用“思遥”，思念遥远的家乡吧。第一篇写的是《北京厂甸》，次日报纸登了，第二篇试着写《北海——我童年的快乐》，又登了，第三篇写的《北京烤肉宛》……之后是每星期投一次稿，每稿必登。胆子大了又向第二家中文报纸投稿，两家报纸都对我的稿件感兴趣。一个月结一次稿费，稿费比一般打工的工资高出很多，吃饭生活暂不成问题了。每收到一次稿费时心中有一种说不出的并不是很愉快的感觉。我常自嘲似地说：“真没想到，我还能吃上这碗饭。”几个月的写作，把我潜在的文学爱好挖掘了出来，为我后来写专栏、工科转文科和写书奠定了基础。

八个月后我收到澳门最大的公司南光公司的通知，通知我去面试。这是我连做梦也不敢想的事。当时的南光公司是政企合一的国企。企业一部分是国家经贸部直属的进出口贸易公司；另一部分则代表中央人民政府，对外也叫新华社。能在这间公司打工的人都是有特定关系的。

澳门原本是一个渔村，原住民是渔民。渔民和多年的广东、福建农村移民组成澳门的基本居民。澳门被欧共体视为不发达地区中的不发达地区，凡在澳门加工产值超过35%的产品，可打上澳门生产的标记。澳门生产的产品进入欧共体国家可享受普制及特惠制关税。20世纪70至90年代澳门的产业有造船业(99英尺以下的木船)、建筑业、炮仗、制香业、制衣业、纺织品加工业、电子初级加工业、彩瓷加工业、人造丝花加工业这八大产业。那时，居民的谋生手段绝大部分人是进入上述工厂做技术含量极低的工人。经济稍好一点的自己开一间小商店做点小买卖。因澳门自己没有大学，高中毕业已是普通人家最高的学历。能读大学的人很少，首选是内地广州。十年“文革”内地大学不招生，他们也就只能是去台湾、葡萄牙、日本、加拿大、美国等国家和地区读大学。受过高等教育的人能再回澳门工作的人少之又少。

1980年，改革开放之风吹到南光公司。那年公司公开招聘了三个大学生，一个学机械的，一个学化工的，另一个学电机的就是我。三个大学生都是在国内毕业的。我被分配到机械部负责机电产品的进出口业务。南光公司是澳门最具有实力的企业，有一千多名职工。我们三个进公司后有一千双眼睛在盯着你，看看你们这些内地的大学生与众有什么不同。其实我也像他们一样，心中一点底也没有，而且又是每天面对我不了解的人和事以及我不熟悉的工作。人的转折难点是中年改行。对于我，改行不是目的，是为了生存。虽面对困难重重，我坚信，我可以胜任。我以十倍的勤奋、真诚、努力和实干去适应新的环境。后来有人跟我开玩笑：“张经理我怎么没见过你‘走路’啊？”我不知应怎么回答这个问题，我反问：“我在天上飞？”他们笑着答：“你每天都是小跑步似的，我们追都追不上。”头三年中就这样小跑步似的走遍了40间造船厂、20多间机器厂、数间制冰厂、制衣厂、纺织品加工厂、电子厂，自来水公司、电力公司、建筑公司、葡京酒店工程部，以及经营五金、工具的商店。我除了从合约中认识我所经营的产品和客户，我还必须要和他(它)们见面。我要知道经我手买进来的是什么货？又是卖给了谁？这些货又用在了什么地方？同时我开始有计划有目的地了解各国机电产品在澳门的市场、占有率、价格、质量和交货期。时间久了，我开始对机电市场有了详细的了解，并与客户建立了良好关系。每年春交、秋交两届出口商品交易会，各地小交会我都带客户参加。这使我不仅掌握了货源和供货渠道，也会把客户对国产机电产品的质量及交货期等的意见直接反馈给供货单位。这两头抓住了，工作上开始运作自如。每年公司各部门都要给对口的总公司提供市场报告和经营报告。有一年轮到我写，我就详细地介绍了澳门机电产品市场。这篇报告不仅登上了总公司的刊物，还转发到全国二十九个省市的机械进出口公司和设备进出口公司，又转回南光公司。这是南光公司成立以来的第一次。之后，机械部的业务额和利润额也都不断上升。慢慢地，我的工作能力和工作态度获得了同事和上级领导的认同。不管是当地的领导、同事，贸易部派出的领导都接受了我。几年后我连续升主任、经理和副总经理。我不仅负责机械部的进出口业务，还要负责澳门电梯公司、澳门轴承厂、北京血液净化中心的业务，后两个单位是经我手建立起来的合资公司。

三

1986年中葡两国签订了联合公报。公报中明确指出1999年12月20日中国对澳门恢复行使主权。根据联合公报，中文成为澳门使用的官方语言。为了适应澳门回归后的变化，很多有远见的或想留下的澳葡政府中的官员及立法会会员意识到学习普通话的重要性。他们请求南光公司推荐普通话教师给他们。我很荣幸被推荐去承担这个任务，这对我又是一个大的考验和挑战，或者说又要转行。这个工作最初是澳门政府华务司负责的。华务司是承担澳门政府葡萄牙文与中文互译工作的专门机构。20世纪80年代后期澳门理工学院成立后，华务司取消，连人带工作全部转入澳门理工学院语言翻译学校（相当于大学的一个系）。从此我也和澳门理工学院语言翻译学校结下了不解之缘。更没想到退休后又被聘为兼职教师。北京人都会说普通话，但不一定都能教普通话。要能教，还得教好，我必须先学习，让自己具备这个能力。首先要学习的是现代汉语、语言学、音韵学、汉语教学及中国文学、中国历史、中国文化、心理学等课程。一个不惑之年的人除了本职工作外，要学习，还要兼职教书，对我来说是很大的挑战。

兼职教学工作的需要越来越繁忙，对兼职教师的要求也越来越高。这时澳门政府开始对公务员自上至下进行有计划的普通话培训（现政府中的很多局长、处长都是我的学生）。理工学院语言翻译学校的校长是北京语言大学的教授，他对我说：“张老师，你的普通话水平和品位都很高，不教书太可惜了。”在他的鼓励下我开始有新的打算，希望今后能全职从事教学及教学研究。形势把我引向更高层次的追求。几年后我以同等学历身份参加了全国研究生统一考试，这一次又是一个没想到，我被北京语言大学录取了！同年，我获得澳门政府基金会颁发的研究生奖学金，而且在300多个申请人中排名第一。我太渴望再进校院读书的机会了。这使我记起我刚刚走进北京工业大学校门时，接待我的是二系

站在我的诗词书法展品旁

党总支书记周宣诚，那时少年气盛，也不知天多高地多厚，我说：“我将来一定要读研究生，还想出国留学。”这次能考上北京语言大学，也算是圆了自己的研究生梦吧。只是，这个梦的方向转了个弯，它不再是电机制造，而是与之相隔十万八千里的专业——汉语教学。读研究生的那三年我觉得差点把我读死。文科的学习方法与理科不一样，需要背的东西很多，中年以后的我每天晚上都要读书读到凌晨3点才能睡觉，第二天还要上班，身体明显地吃不消了。每考试一门，我就好像蝉一样脱了一层皮。十二门功课，就要脱十二层皮，中间我曾动摇过，我和我们班长说：“我读不下去了，我怕我读死。”我们的班长也是我的同事说：“张老师，您千万别这样说，我们大家都会帮您，就是背着您，也得让您跟我们一起走到最后。”这种学友的鼓励让我铭刻在心，因为这已经不是我一个人的事，是一个集体的责任。最后，我这个半老太太(我们班的同学这样称呼我)竟以平均分过80分的成绩完成了文学硕士和教育硕士两门课程。最后我选择了对外汉语教学和课程设计为研究方向。论文题材来自工作实践，它是我和其他老师尚未能突破的教学难点。论文答辩时我信心十足，面对来自各校的导师、本校导师和旁听的教师，我像给同学上课一样地讲述着我研究出来的教学法，并一一示范给他们，他们有的也在现场模仿。答辩完毕，在场的人给予热烈的掌声鼓励。当答辩组组长宣布论文通过时，我激动得热泪盈眶。我心中很明白，这只是开始，今后要走的路还很长！

四

澳门回归前，澳门成立了“澳门基本法推广协会”，这是个由各行业精英组织的民间团体，这个协会的宗旨是在广大市民中普及推广澳门基本法。有人推荐我参加，我虽不想从政，但真诚地愿为澳门的回归及回归后的澳门出一份微薄之力。在一次会议上我提出我愿意编一本以澳门基本法为内容的普通话教材，教材也要制作成计算机学习光盘。这个建议得到大会绝大多数同人的支持。我将这个意见转告澳门理工学院的领导，即刻得到学校领导的支持，我顺理成章地成为编写小组的成员。一年后《澳门基本法读本》出版了，并在各领域广泛发行，这本书的编写对推广澳门基本法和普通话起到相得益彰的作用。有了这个经验后，我几乎成了编写教材的专业户。学校陆续委派我为澳门理工学院职业技能培训中心工科学生编写《工科普通话教材》第一册、《室内装修设计应用普通话》。又为旅游零售、会展专业的学生编写了《会展工作人员实用普通话》和《零售业实用普通话——初级培训课程》。虽然辛苦，但我迎来了工科转文科后的又一次事业高峰。

这一写，停不下笔了。有一段时间开始研究与澳门历史有关的中国近代发展史。在去中山档案馆和广州档案馆寻找资料时，我们得知中山市档案馆有一批刚刚公开的旧档案，而且可以复印。利用暑假我们在中山档案馆泡了三天，收集了大量民国时期的档案，影印回来的文件有两尺多高。我和我的学生和她的父亲开始整理资料：分类、摘录。经分析研究，我们准备写写与澳门现代生活息息相关的一条公路。这条路是澳门与内地大陆唯一相通的一条公路，有这条公路前，往返澳门和中山市都要乘船。有了这条公路，内地人员往来、港澳与内地物资交流可以通过陆路进行。这对澳门的经济发展起到了极大的促进作用。此书命名《岐关路复忆》。这一课题的研究填补了澳门经济发展的一个空白，得到了澳门政府基金会的赞助。这是一条由香山县1000多人集资成立的公路公司修建的一条私人公路。公路建成后由公路公司经营管理。公路公司有自己的维修队，对公路进行维修保养及治安管理。公路公司自己买车负责客运及货运交通运输，有自己的机械维修厂，负责车辆的维修保养。要经过这条公路必须向公路公司申请并得到批准……这虽是民国一段历史文化的研究项目，也从中看到了中国最早私人股份制的融资方式、生产经营模式和完善的管理模式。

我所编著的语言教学教材及历史文化研究专著（其中也包含和他人联合编著）

五

一个有理想有追求、有社会担当的人，当解决了生存的问题后，便是融入这个社会，取之于社会，用之于社会。为社会尽力，回馈社会，这也许就是我们常说的社会担当吧。

1986年，我当时还是南光的一个副老总，我和澳门社会上的多专业的工科大学生们组织了澳门工程师学会，我任副会长。我们除组织各种学术研讨会、定期出版学术刊物，与内地科协和其他机构进行学术交流外，还成立专职小组与政府有关部门开展了为期三年的谈判。为非葡萄牙毕业的工科学士争取学历认可，及成为澳门政府注册工程师，两三年的努力终于成功。中国、中国台湾、日本、美国、加拿大等国家和地区毕业的工科学士中的澳门工程师学会的会员都获得了澳门政府的学历认可，获得这一学历认可后即获得欧共体（欧盟前身）其他国家学历认可。获得学历认可的同人，在政府部门工作的，有晋升到主管的机会；自己创业的，可获得政府注册工程师职称，开设工程师事务所。澳门工程师学会接待过两次北工大的代表团，是为北工大特设的两次研讨会，一次由周宣诚带队，另一次是继周宣诚之后的校党委书记带队。

1998年，众多专业技术人员、医生、大学教师都希望有一个与中国科协能对口交流的民间团体。我与澳门大学校长周礼皋教授(周宣诚的清华同学)商量，在澳门成立澳门科学技术协进会。澳门大学科技学院院长李怡平教授任会长，我任副理事长。北工大左铁镛校长三次来澳门，都是科协协助接待的。之后校友会校长来澳门也都是由我和科协接待的。

澳门科协成立后组织了澳门生态小组。因我对大自然的热爱情有独钟，我自告奋勇担任了生态小组组长，跟随生物界、生态工程界的学者和生态摄影者一起，对澳门的生态自然环境进行实地考察、拍摄和记录。每年都组织中学生对澳门湿地进行考察，让他们更多地认识湿地的植物和动物及生态的平衡。把他们写出的特写报告进行评比，对优秀者进行表彰。20年来我们几乎走遍珠江三角洲的湿地，澳门的湿地、珠海的湿地、番禺的湿地、中山的湿地、深圳的湿地和香港的湿地。时间久了，我也从中学到了不少关于自然生态的知识和湿地的保育知识。2002年我参与编写了《澳门湿地常见动植物》。2015—2018年又开始筹备编写《澳门生态常见动物》和《澳门生态常见动物图册》。这两项是澳门科协成立20周年的献礼作品。《澳门生态常见动物》一书刚出版就受到各方面的好评。

为了配合科普教育，多年来我们还在澳门科学馆举办了多个生态图片展览：《澳门鸟展》《澳门蝴蝶展》《澳门生态常见动物展》《生命不息——澳门生态常见昆虫灯箱展》。我们出版的书籍、图册全部免费送给澳门政府各机构、各图书馆、澳门各大学中学小学图书馆、民间社团和内地科协。去年出版的《澳门生态常见动物》还送了500本给澳门定点扶贫对象贵州中学生。这些书籍和图册在我们每次的展览上都会免费赠送给观众，仅《澳门生态常见动物图册》一书在2018年11月举办的“澳门生态常见动物图片展”和“生命不息——澳门生态常见昆虫灯箱展”中，就派送了600本。生态小组的所有科普活动都是为了唤起澳门市民和青少年对澳门大自然的关心和热爱，自觉维护澳门的生态

古诗词朗诵

环境，为澳门的可持续发展尽自己绵薄之力。在澳门科协成立20周年的庆典上，我和我的同伴获得了澳门科协颁发的奖状和表彰。

我于2015年退休后，组织并参加了澳门华夏文化艺术鉴赏交流会，任该会会长。带领有兴趣的朋友和学生参与“传承华夏文化我们有责”的相关活动。我们的舞蹈队在2018年澳门政府文化局举办的艺术巡游中表演《禅舞》，获得了文化局、各界人士及外来观众的好评。今年将以“着我汉家衣裳，兴我礼仪之邦”为主题表演古典舞《礼仪之邦》。我们的朗诵组成员常有诗词发表在澳门、珠海、中山的报刊书籍上。朗诵组用普通话朗诵古诗词和现代诗，多次参加在澳门、中山、广州等地的交流表演活动，诗词朗诵受到同业的认同。我的学生中还有经过培训后成为澳门文化局特邀的澳门博物馆和澳门艺术博物馆展览的导赏员，她们经常以义工的身份向澳门参观者和前来参观的外地游客介绍澳门本土历史和文化、中国和外国的文化艺术作品和文物。她们不仅是中华文化的继承者，也是中华文化和世界文化的传播者、鉴赏者。

为了追根认祖，2019年3月我们受陕西省外事办的邀请组织去黄帝陵祭祖、去仓颉庙拜中华文化之祖——汉字造字的祖先仓颉。2019年4月又受郑州市政协邀请去郑州新郑市黄帝故里参加全球华人的拜祖大典。同行的有朗诵者、舞蹈者、诗词创作者和书法家，一路走一路创作，一路与当地的机构进行文化交流。我自己在其中找到快乐，带领的一群人也快乐。同时，我们以自己的行动把中华文明传承下来，影响我们的子孙，希望世世代代传承下去。

在大学

在澳门参加国庆酒会留影

张九龄

1963 年 9 月，考入北京工业大学电机系（二系）6321 班学习，后因病休学编入 6421 班；

1970 年，毕业后集体到天津军粮城“五七干校”劳动锻炼一年；

1971 年—1979 年 9 月，分配到河北省涉县天津 6985 工程指挥部（现改名为天津涉县铁厂），任电修厂电钳工、技术员；

1979 年，来到澳门；

1980—1991 年，任澳门南光集团机械部副总经理；

1991—1998 年，任新麟企业有限公司董事总经理、总工程师；

1998—2002 年，任澳门理工学院兼职教师；

2002—2005 年，考入北京语言大学汉语言文化教育专业研究生，研究方向国际汉语教学，获教育硕士；

2002—2007 年，任澳门理工学院职业培训中心工科主任及汉语言文化课程主任；

2007—2015 年，任旅游学院汉语教育教授；

2017—2019 年，任澳门理工学院国际汉语教育老师；

2018—2019 年，任澳门尚宇文化策划有限公司策划总监。

1986—1998 年，任澳门工程师学会副会长、常务理事；1998—2018 年，任澳门科学技术协会副理事长、副监事长，顾问；2018—2019 年，任澳门华夏文化艺术鉴赏交流会会长。

工大进修班的前前后后

6342 班　刘炳玉

1978 年是我从北京工业大学毕业的第十个年头，再一次以学生的身份走进工大的校门，到化学进修班报到。还是那熟悉的两栋教学楼，四栋宿舍楼、食堂、操场、游泳池……，只是没有了我毕业前的喧嚣，很是安静。

我 1968 年底毕业离开工大和 63 级的同学们一起到山西解放军部队锻炼。我心里是带着眷恋和缺憾走的，眷恋着这生活和学习五年多的地方，有很多值得回忆的美好，也有迷茫和痛苦，但更多是缺憾，我毕竟没有完成学业，这在后来的工作环境中就突出地反映了出来。

1970 年，从山西回京后被分配到北京化工五厂，先到无机产品高锰酸钾车间当操作工，每天三班倒，就是体力劳动。我自己有个要求就是多学习，在实践中学习，向老同志学，学工艺流程、学操作、学设备维修。因为我知道一切有用的知识和经验要尽可能地在我这里沉淀下来。

一年多后，我被调到有机产品涤纶树脂车间，先在精馏工段当段长，负责生产及工艺。又过了大约三年我任车间工艺技术员，对全车间的工艺技术负责。我抓紧一切机会学习，看所有工艺图纸、设备图、建筑结构图、管道图……。把一切力争储存在自己的记忆中。在我负责的技革技措项目中，要求自己像搞毕业设计那样写好方案，画好工艺图，提出设备参数，并参加施工、验收、试车，直到顺利生产。

尽管自己努力去干了，但学业的缺憾始终压在心间。我在的单位，大学生都是 1965 年以前毕业的，有清华的、北大的、天津大学的，对我们来说好听的是“你们没学完”，不好听的是“你们学什么了？”“还不如老中专的哪！”特别是 1978 年下半年北京化工五厂和北京化工研究所合并成立北京市化学工业研究院，知识分子多了，有 20 世纪 40 年代、50 年代、60 年代前半期的大学毕业生。

新成立的北京市化学工业研究院是科研和生产相结合的单位。如果我留在生产这一块可以应对，如果去搞科研学业上的缺憾就是最大障碍。果然我在研究所的同学告诉我：“你要想带研究课题，领导就会问，你学的专业是什么？”

正是这时候我听到北大和清华要办进修班，但只招本校毕业生。我感到失望时，我们的母校北京工业大学在《北京晚报》上发了办进修班的通知，要办化学班和物理班，招生的范围是凡是在北京市各单位工作的，1967—1970年毕业，不分毕业院校均可报名。学习时间两年，入学考试化学班高等数学和无机化学，物理班高等数学和物理。“及时当勉励，岁月不待人”，我立即征得本单位领导和有关部门同意报了名，并争取了一定的复习时间，约四五个同学一起复习，边做习题边讨论。1978 年 12 月，在北京南横街北京工商专科学校进行考试。当时有几百人参加考试，最后录取化学班 21 人、物理班 20 人。我是化学班一员，这个班 21 人来自七八个院校，13 人是北工大的。（四系 63 级 12 人，6341 班肖亭霞、雷嘉玲、柳建宁、陈绪琴、金毓泉、鲁熊飞。6342 班孟繁坚、孟生、陈芮、许志、刘炳玉、刘玉兰。别的系 65 级 1 人）其他的分别来自四川大学、中国科技大学、大连工学院、北京轻工学院等。正式开课 20 人，有 1 人（鲁熊飞）始终没来。

过了 1978 年寒假就开课了，我们所学专业是化学工程。这个专业在化工行业可称得上万能专业，既可以搞科研，也可做设计，还可以搞生产，还能当老师。可以说我从内心感到荣幸，学好后回单位就能干点事了。

我们化学班开的课程有：数学方面有概率论、线性代数、基本变换、数理方程、模糊数学；化学方面有物理化学、化工原理、化工反应工程、传递工程、系统工程、结构化学、环保概论；外语是英语。另外还介绍了如何去查 CA（美国《化学文摘》）。

我们和在校生一样的地方就是都是学生，不一样的地方是我们是带着基本工资没有奖金和其他待遇的走读生，吃饭在教工食堂，没有体育课。学校的操场、游泳池、图书馆，我们从来没用过。我那时住在雍和宫戏楼胡同，每天清晨骑自行车迎着朝阳奔向北工大，开始一天的学习，傍晚和住在西单、西四的同学一起追着夕阳回家。三十四五岁的人理解能力强一些，记忆力就差一点，有了家庭和孩子势必要牵扯精力。既然“岁月不待人”就努力不止吧。不论上哪门课，都不能分神，认真听仔细记，比刚上大学时记的笔记细而多。课上没听懂的，课下来找老师问明白或在课余和几个同学讨论争论直到清楚明白为止。课后要复习、做作业，还要预习，家务也不能不做。这近两年的学习还是很紧张的，既要学专业基础课，又要学专业课，总而言之，大家努力的结果是顺利地通过了毕业考试，拿到毕业证书。

毕业后有几个人留下在北工大环化学院当老师，其他人都回原单位（有学校要留但原单位不放的）。我回到单位后，先在高分子材料共混研究室工作半年，对高分子材料的电性能增强阻燃等有了了解，然后到开发设计室参与院里新开发的高分子材料一些小试验工作。并专门到设在上海的化工部十部培训班学习化工热力学三个月。我们院新开发的高分子新材料——聚苯醚是国家“七五”“八五”的重点课题，这种材料性能好，具有广泛的应用范围，它的技术受到西方封锁。再后来我到扩大试验研究室当主任，主要是聚苯醚树脂聚合，物料回收，从玻璃瓶到生产设备，要解决很多工程技术问题。第一步，设备的容积放大 10 倍，采用一定型式的机械搅拌、通气方式、料液的装填量、反应时间、反应温度和压力的控制。要进行多次试验，不断地调整各种反应参数，直到产品达到特性要求。而且在固定一切条件后，可以无限次的重复试验都能得到平行的数据，这才是成功。第二步，主体设备容积再放大 20 倍，采用组合式搅拌，反应参数不变。还能重复试验，数据平行。而且能达到一定吨位的产品，才能称为中试。第三步，主体设备再放大 2.5 倍，反应参数不变，主体设备决定产品的量。把所有配套辅助设备用管道连接起来，用不同的机械泵来输送各种物料。这样合格的产品就生产出来了。生产用的液体原料可回收循环使用，同样，回收的质量要达标方可用，不管是常压还是减压蒸馏，塔板数决定塔的高度和产品质量，塔径决定产品数量。

这里我没过多讲试验的过程，但我感到两年的进修使我学业上的缺憾被系统知识的学习所补上，并在实际工作中得到充分的应用。我不比正常毕业的在学业上差，虽然有人说我是“回炉”，经过“回炉”的锻造还是一块有用的钢。

我觉得人的一生是不断学习的一生，知识不断积累的一生，在学校上课听老师讲是学习，走上工作岗位听、看也是学习，谁的知识和实践经验积累得快，谁就会有一席之地。（这是我在 1993 年给环化学院 93、94 届毕业生讲的几句话）

北工大进修班可能空前绝后了。谢谢我的母校——北京工业大学。

大学时期照

退休后

刘炳玉，中共党员，教授级高级工程师。

1968年北京工业大学化工系毕业，毕业后到山西解放军农场锻炼。1970年8月回京分配到北京化工五厂，当过操作工、段长、车间工艺技术员。1978年10月北京化工五厂和北京化工研究所合并成立北京市化工研究院。1979—1980年在北工大化工系化学班进修学习，毕业后回原单位从事科研工作，历任研究室主任、分厂厂长兼党支部书记、化工八厂总工兼副厂长、北京市化工研究院副院长。所从事的科研项目是国家“六五”“七五”“八五”重点项目，其中聚苯醚开发与生产项目获得北京市科技进步一等奖，在此基础上又对生产工艺进行改进，获得北京市科技进步三等奖。

我和北京供水事业共成长

6362 班　陈燕芬

1970 年在山西雁北参加了一年多的解放军部队生活后，我回到北京，被分配到北京市自来水公司。

当时，正值“文革”期间，北京市的自来水供不应求。市区的日供水能力只有 70 万吨，供水范围仅在二环路以内。公司经常接到群众来电，反映水压低，水量不足。每到用水高峰的夏季，整个公司都急于应付缺水局面，有时不得不停掉生产户用水，而保证居民生活用水。这种局面迫使公司开源节流。开源就是增加新水源。当时北京市内全部采用地下井水，只能一方面打井增加水量，另一方面号召居民节约用水，对用水大户限制用水量。

为了节水，取消用水大锅饭，市里拨专款用于改造城区胡同里的公用水站。将胡同公用水站撤掉，把自来水管道引进居民院落内，安装水龙头和水表，实行用水计量收费，多用水多拿钱，用经济手段促使居民节约用水。

轰轰烈烈的水站进户进度很快，公司号召大家参加星期日义务劳动，我也投入这项工作中。平时加班加点设计安装管道的施工图，周日上午参加义务劳动，和工人师傅们一道加入自来水管道的安装工程中来。参加劳动的人员都干劲十足，听不到任何牢骚和抱怨。

为了增加北京市的供水能力，我被调到基建科，主要工作就是制订方案，增加供水能力。首要的工作就是选定井位，和北京市九零一水文地质大队一起查阅档案资料，现场勘查，确定井位，制订打井方案，打井施工，建设井室等工作。这些工作使我将原来在学校学习的管井概念和实际工程紧密地结合起来。在实际工作中，边学习边施工使我系统地学到了开采地下水的全过程。凿井、取土样、选择滤管、下管、填滤料、抽水洗井、测产水量、查水质、管井验收、井室建设、安装水泵等一系列工程，使我对城市供水工作产生了兴趣和感受到责任的重大。

20 世纪 70 年代，由于人口的增加需水量在不断增加。在城区打井增加的水量已满足不了城市的需要，不得不把增加供水量的想法转到郊区。北京市东北郊的密云、怀柔、顺义成为关注的焦点。沿潮白河打井，大量增加水源成为方向。第八水厂从70年代初开始可行性研究报告、设计，但由于建设资金缺乏，施工断断续续。从1973年开始施工直到1980年才正式投产，被人们称为“八年抗战”。

水源八厂输水管是典型的长距离、大口径输水管，这在当时给水界是不多见的。我的工作就是对这些管道的施工质量进行监督管理。管直径从1000毫米到2000毫米，管材有预应力钢筋混凝土管、现浇钢筋混凝土管（俗称拉膜管）、低压离心管、钢管。前三种管都是本工程的试验管，其中预应力钢筋混凝土管虽然以前少量用过，但这是第一次口径大于1000毫米，厂家也是初次制造，施工单位更是首次施工。

这些管道安装后（不含钢管）从第一个试验段打泵试压就不合格，多处接口漏水。一方面是市里缺水，急待增加水量，另一方面是工程质量不合格，不能尽快通水。设计、施工、项目管理单位一起总结原因、提出改进办法。我在工地上和施工人员一起，一根根地测量成品管的承插口尺寸，适合安装的管重新排队下管，加强施工管理。但由于管子生产先天不足，打泵试压时仍不合格。又想出了内修理的办法：人钻到管里把接口漏水的管口用水泥抹带填塞、压实。实际是把柔性的胶圈接口变成了部分水泥连接的刚性接口。这种办法泵压试验合格了，但通水后，若是地基变化还是可能漏水，实属无奈之举。

几十公里的预应力管就是这样安装在顺义、朝阳区的土地下。不论冬夏，人要钻进1200毫米直径的管道中，有时还残存几十厘米深的水，通风也不畅，特别是夏季很闷热憋气，施工、质检工作十分艰苦。但大家为了通水都毫无怨言。安管、打泵、试压不合格，钻管、检查、填口修理，再打泵，就成了我工作的常态。有时，填口修改后泵压还不合格，大家都很沮丧。泵压不合格，我作为验收单位负责人坚决不在试压单上签字。因此，受到施工人员的怨恨，他们一气之下开着工程车走了，把我甩在工地。我没有办法，只有走路，坐老乡赶的马车到公交车站。我们基建科的几位质检人员都有这种遭遇。大家共同总结出一个打“马的”的办法：面带微笑，举起右手，嘴里叫着大爷，央求顺路带我们一段到车站。那时的农民心眼好，有同情心，都会带我们一段路程。那时路上车少，安静，坐在马车上，轻轻地摇晃着，和老乡聊着天，听着清脆的鞭子响，马蹄踏地的哒哒声，渐渐的心情就慢慢放松了。

现浇钢筋混凝土管和低压离心管由于设计和施工原因，也都有打不上泵压漏水状况，也是采取不同的施工补救方法，才勉强打泵试压通过。

钢管虽然泵压合格，但存在着防腐上的问题。当时的国家标准就是要求管内涂刷冷底子油（溶解的沥青），外部用三油沥青二布包管，但对钢管表面除锈质量上的要求不明确，经常由于除锈不彻底导致粘接力差，对防腐层也缺乏量性的检测标准。从而保证不了防腐层质量。

钻进管道内部检查管道接口质量

限于当时的历史条件：资金缺乏，管道产品质量较差，建设时间长等原因，水源八厂工程八年才完工。试通水之时，施工人员提前做好了漏水准备，成立了抢修队伍，随时准备抢修。终于在1980年把水质合格的自来水从潮白河畔送到了全市人民家里，增加了每日供水37万吨，缓和了市区用水的紧张局面。

工程建设完工了。但这条国内初建的长距离大口径输水管道给我们在管理使用方面留下了不少需要改进思考的问题。这些问题在日常供水中逐渐突显出来。如水源井起动送水时，管中大体积空气要尽快排出。但当时国内排气阀排气量小，只在配水管道有少量空气时能排出。而大量的空气迅速排出时产生的气浪瞬间将排气阀浮球吹到阀顶，封住了排气口，使管道发出火车汽笛般的巨响，严重威胁着管道的安全。施工通水时我们安排每个排气井都有人工值守，用钢叉压下浮球，以使排气通畅。但在正常运行时没有这种条件。这就需要生产具有大排气量性能的排气阀。

再有的问题就是钢管安装时的内外壁除锈和防腐要求不严格，对防腐层也没有具体的检测方法和验收标准。当时的规范要求含混不清，尤其是钢管内壁施工中使用大量溶解的沥青材料，它含苯有毒，曾给施工人员造成伤害。在施工时，曾发生多次工人干活晕倒，被抬出急救的事故。

我是技术负责人，对工程遗留的问题必须及时向公司领导汇报，力争尽早解决，比如管道排气问题。当我们了解到国外厂家有生产大排气量的双孔排气阀时，及时找设计人员学习国外产品的设计，在国内找厂家抓紧试验研究这种双孔排气阀的生产、试用，促成了新型排气阀的生产，后来，这种排气阀被大量使用，为自来水行业的安全运行解决了难题。

对于钢管的内外防腐存在的标准问题，我带领质检人员多次与石油部管道局交流技术并进行有关试验研究，与大庆油田防腐厂、上海市自来水公司、台湾技术人员交流，学习他们先进的经验，为制定新的钢管内外防腐标准提供了依据。新标准制定后，提升了自来水行业输水钢管的档次，我公司也实行了预制厂钢管的大规模机械化施工，并使用新型材料，严格质量控制，极大地提高了防腐质量，延长了使用寿命，改善了工人劳动条件，更减少了对环境的污染。

改革开放的大好形势，使北京在经济上高速发展，人民生活水平不断提高，用水量大幅增长，地下水水量已经满足不了城市的需要。以密云、怀柔为水源的地表水厂建设势在必行。在北京市政府的支持下，北京市又建设了田村水厂和第九水厂。随后又二次大规模扩建了第九水厂。

为了保障建设资金的需求，我们申请了日本 OECF 贷款（日本海外经济协力基金）。贷款年息为 2.1%，20 年还清，10 年宽限期。在中国经贸部（现商务部）与日本 OECF 签署的合同中，日本贷款可用于建厂的材料、设备采购，要按 BID 招标方法（国际竞争性招标）采购。这使我们有条件学习国外的先进技术和管理经验。

把第九水厂建设成国际高水平的水厂成为目标。为此，公司派我脱产学习出国人员实用英语，提高英语听说水平，我非常高兴地参加了。我本来就喜欢英语，从上高中就开始学习英语。教我们英语的是一位老教师，标准的伦敦发音，读起课文来朗朗上口，非常好听。那时的学生很多是因为老师教得好而喜欢这门课，所以我当时的英文成绩很好，当了三年的英语课代表。

“文革”以后，改革开放初期，电视和广播电台都有了英语课程，我记得《跟我学》节目最早在电视中开播，只要我有时间就跟着学。后来社会上有了英语学习班，下班后晚上学习。我坚持学习了《新概念英语》上、中、下三册，就是有兴趣，喜欢。

1988 年，在荷兰阿姆斯特丹市举办的城市供水大会上代表北京市发言

脱产学习结束后，1988 年我代表公司参加国际水协在荷兰阿姆斯特丹市举办的高速发展城市供水大会，代表北京市发言，介绍了北京供水状况，会后参观了国际给水设备展览。在阿姆斯特丹市自来水公司的安排下到其下属水厂进行研修，学习考察水处理

工艺，水厂运行状况及其所用设备，并和水厂技术人员进行细致的交流。

1990年公司又派我到新加坡公用事业局参加了亚洲发展中国家供水技术培训，一方面听专家讲课，一方面到水厂参观学习。这两个国家在供水技术上都十分先进，水厂都采用了欧洲先进的净水工艺，是法国和英国的技术，在去除微污染，降低出水浊度，自动化管理，重视水资源保护等方面给人深刻印象。

学习后，公司派我管理使用OECF贷款。管理使用贷款，合理安排采购物品进度，是一个细致、烦琐的工作。虽然日本贷款利息低，条件优惠，但使用起来手续很多。先要详细地列出使用计划和预算，然后要随时按进度计划做标书，让日方审查，每个评标报告都要详细说明评标结果，并准备原始资料以待查询。这样严格的管理方式，我开始很不适应，但项目做习惯了，确实是井井有条。使用OECF（日本海外协力基金）贷款，采购材料设备，让我们有机会与国际同行广泛地交流给水技术。

改革开放政策，走出去，请进来，为北京供水达到国际水平提供了良好的条件，不少世界上知名的供水公司都找上门来和我们进行技术交流，使我们引进了国际先进的供水设备和技术。而我们在招标过程中也认真地学习、钻研，力争把钱用到刀刃上。

从密云水库取水再转输到怀柔是第九水厂的管道建设，是工程的重要组成部分。要铺设一条长30多公里，直径2600毫米的输水管，这在20世纪80年代是一项巨大的工程，是首都生命线工程。经论证使用球墨铸铁管是在技术、质量、施工安装、管理上最安全合理的选择。我们查阅了球墨铸铁管的ISO（国际标准组织）的标准、我国标准、法国标准、英国标准、日本标准等，认真编写标书，通过BID采购球墨铸铁管，最终日本公司中标。日本公司不仅要供货，还多次现场勘查指导，提出了设计、施工验收标准。为此，我翻译了《久保田球墨铸铁管的安装》（英文版）资料，在杂志上发表，为其他自来水公司施工球墨铸铁管提供了方便。

从密云水库到第九水厂直径为2600mm的球墨铸铁输水管道

值得提及的是，日方

有特制的专用安装工具：定力矩搬手（紧每个螺栓时都有规定的力矩，各螺栓受力相同），给安装提供了很好的质量保证。同时，日方有单口试压专用工具，安装完成一段管后，不用全管段试压，节约了大量的人工和施工用水。当我国的球墨铸铁管制造商知道这个消息后，纷纷找我要资料。我便多次带他们去施工现场参观学习，并将图纸资料全部送给了他们，使他们对球墨铸铁管的生产、安装水平有了提高。这条管道投产后，安全运行，为输送给北京市三分之一的水量提供了保障。

为了这条直径2600毫米管道的安全运行，需要招标调流阀。当时，国内没有生产这种产品的专业厂家。我们深入学习了发达国家的各种资料，并和美国、德国、日本等厂家技术负责人深入交流，比较分析各种调流阀的优点、缺点和特点，选出了最适合我们应用的美国针型调流阀。这种调流阀的气蚀系数低，调流范围大，能满足水量要求，使用方便。

大口径调流阀是我国阀门行业的空白点，为此，我总结归纳了各国各种调流阀的特点和适用条件，在供水杂志上发表。使给水同行了解了使用情况，国内阀门生产厂家也开始研发、生产。为填补产品空白起了积极作用。

在水厂净化工艺上，我们借鉴使用了法国公司的滤池。这种滤池具有运行恒水位、恒滤速的特点。初滤水浊度和滤池反冲洗前的浊度相同，自动化运行，出水浊度稳定，克服了我们常用的虹吸滤池的缺点。

在水厂建设招标中，我们采购了技术先进的水泵、防水锤阀门、加药加氯设备、水质检测仪器等。在采购工作中，工作语言是英语。我负责审查标书技术部分，商务部分由进出口公司审查。不但要提出严格的使用条件，而且要规定出严格的技术参数。由于采购材料和设备繁多，工作量非常大，又由于城市缺水，工程一直在向前赶，所以非常忙，不仅在班上要全力以赴，而且下班后还要带着资料回家看，不久眼睛就花了。开标时更紧张，要集中评标人员，集中力量、集中时间、集中地点讨论评标结果，立即和中标者谈判草拟合同，并交OECF审批。合同正式签订后，还要监督执行合同，组织验收货物，人员培训，到货配合安装。

水厂建设工地上也经常加班施工，夜间灯火通明。工地现场指挥部的小院里，忙碌的人们进进出出，紧张异常。特别是有一些中标供货的外国公司技术人员到九厂配合设备安装也在指挥部办公，来来往往，格外引人注目。指挥部被人们戏称为“鬼子院”。就是在这里，经过设计、施工和建设管理单位的努力，我们建设了国际先进的现代化水厂。从20世纪80年代中期，到20世纪90年代末，增加了供水能力每日150万吨，占了全市供水量的一半。北京市领导在工程峻工大会时，也喊出了“劳动者万岁！”的口号。

在改革开放的经济发展大潮中，北京自来水公司的供水能力从每天 70 万吨增加到了 300 多万吨，消灭了低压区，供水水质高于国家标准。供水范围也从二环内扩大到四环外。在面貌一新的国际大都市中，在车水马龙的繁忙道路下，新安装的优质管道像一条条长龙把清澈的自来水送进了千家万户。

2018 年 3 月

大学期间

退休后

陈燕芬，1946 年 1 月生人，教授级高级工程师。

1963 年 9 月—1968 年 12 月，北京工业大学土木建筑系给水排水专业（五年制）学习；

1969 年 1 月—1970 年 8 月，到解放军六十九军山西阳高部队农场劳动锻炼；

1970 年，分配到北京市自来水公司工作；

1970—1972 年，市区水站进户及小口径专用管道的设计、施工；

1972—1974 年，为增加供水能力，选井位，打管井，建井室，施工质控验收直至送水；

1975—1977 年，在公司节水办公室（现市节水办前身）调查大用户（化工厂，制药厂等）的用水情况，评估供水量，提出节水方案；

1978—1987 年，任副科长，科长，负责水厂建设、市政管道建设的基建管理；

1987—2001 年，在公司总工办公室任副总工程师。

工作的过程就是自我挑战的过程

6362 班　王　岚

今年我已 74 岁啦。回想起我近 50 年的工作经历，我深刻体会到，工作的过程就是自我挑战的过程。我一直以来就有这样的认识，对待工作要积极、要迎难而上，要敢于挑重担、要不怕苦和累。对待同志要热情、要乐于帮助和关心别人，对待朋友要真诚，以诚相待，真心实意。对待家人要尊重、要关心、要爱护。这样无论走到哪里都会朋友遍天下，家庭才能和睦相处。工作才能圆满完成。

我参加工作以来一直在北京市市政工程管理处工作。退休后在中国城镇供水排水协会工作。在近 50 年的工作时间里有以下六件工作给我留下深刻的记忆。

实践是最好的学习和锻炼

我 1970 年从部队劳动锻炼后分配到北京市市政工程管理处工作，当时就分配到生产组，“文革”后改为技术科。从 1972 年开始国家要在 18 个城市中兴建城镇污水处理厂，北京市是其中之一。于是，北京市准备组织有关单位进行污水处理厂建设的前期准备。1973 年初，我听说要在高碑店组织北京市市政工程管理处、北京市政设计院、北京市环保研究所、建设部机械研究院等单位组成研究组在高碑店污水处理厂进行联合研究工作。当时北京市市政工程管理处要派一名技术人员参加这项工作。我得知这一消息后，非常高兴，因为从工作以来一直在机关、搞管理，我很想到基层踏踏实实工作。曾经要求到施工单位去搞几年施工，但领导一直不同意，于是这次我就抓住机会找领导做工作，开始技术室的领导还是不同意，经过我反复要求，最终处领导批准了。在高碑店工作的 4 年多时间十分辛苦。每天早上 6 点起来洗漱完毕后就要出发，路上随便吃点早点就一路骑车向东奔，大约要骑车 1 小时 20 分钟。晚上下班后回到家要晚上 7 点多钟。当时我大女儿只有 1 岁多，我全都交给婆婆管理，孩子生病都没办法管。这样虽然很累很苦，但我心里十分高兴。因在这段时间里我参加了各种污水处理试验工作，向各单位同志们学习了很多技术知识，大大提高了自己的实践能力。

当时高碑店深层曝气，我负责从建筑公司找一个旧的钢架，在试验厂竖立起来，每天要多次在钢架上爬上爬下。第一次爬上 20 多米高的钢架我腿有些抖，我感觉钢架在左右晃，十分害怕。经过多次训练，爬得又快又稳。后来听人说钢架确有晃动，稍有风吹摆幅很大。

经常要在实验现场夜里值班运行。当时高碑店的苍蝇、蚊子很多。没有办法，大夏天要穿上雨鞋和雨衣才能少让蚊子叮咬，但热得很难受，就是在这样的环境中我们完成了污水深度曝气试验、普通曝气试验及污泥脱水试验等研究工作，为高碑店大型污水处理厂的设计提供了宝贵的资料。

这样宝贵的实践也为我以后的工作奠定了技术基础，所以我非常高兴能参加 4 年多的实验研究工作。1977 年因为我已经怀孕老二，处领导把我调回机关。

为排水监测做了一点工作

1984 年，建设部决定对排水监测机构进行国家计量认证工作，提高检测水平，更好地为污水处理和城市管理服务。

确定首批认证的城市为上海、南京、哈尔滨、青岛和北京。当时这五个城市的排水检测机构北京最差，上海最好。上海有 190 多人，各种仪器十分齐全，机构也到位，是排水管理处直管的科技单位。其他几个城市比上海稍差，但比北京也强多啦。北京有关领导参加了首次国家计量认证的培训后，说北京很难过关，踮着脚也够不着！当时虽然我在业务管理中也负责监测业务，但了解并不多。处领导经过反复商量最后决定，将泵站所化验室，与高碑店化验室合并成北京排水监测站来迎检，因为泵站所化验室技术比较好，准确率高，高碑店化验室硬件好，有各种大型仪器，这样组合迎检是最好方案。领导确定由我来领导组织这次国家级计量认证工作。当时下令只能成功不能失败。我接下任务后压力很大，但我想事业是人干出来的，再难我也要顶上去。于是，我每天起早贪黑，扎在高碑店，连假期都不休息，组织全体人员进行各项准备工作。首先是文件编写，不会编就外出学习，研究别人编的质量手册、程序文件及作业指导书，结合自己单位情况先照猫画虎地编出来，然后再结合实际进行修改。文件编成后再组织运行落实。另一方面组织现场整理和布置，最重要的是进行技术练兵，仅是标样实验试剂检测就耗资十几万元。经过反复练习，终于准确率达到100%。现场全面布置，我和大家一起干，而且累活脏活要抢在前面干，大家干得好就鼓励、表扬，很快气势就起来了。开始两个单位很不团结，互相闹意见，经过磨合也就渐渐解决啦。经过半年多努力，基本达到了要求，1985年首次预评审一次通过。1985年底正式评审也顺利通过。当时我激动得落泪，一年多来没有白辛苦。经过努力终于在1986年正式成立了北京城市排水监测总站。历年的复评审均顺利通过，污水检测工作在北京市的城市管理工作中发挥了十分重要的作用。

通过北京市排水监测机构的认证工作，后又经国家认证认可监督管理要求的培训考核，我成为实验室资质认定评审员，并受住建部的委托负责全国排水监测单位的国家认证管理工作。现在全国已有22个国家认证的监测机构，并且还在不断扩大。

为排水信息化作努力

为了提高市政设施的管理水平，1993年，市政处经研究决定开发北京市市政设施地理信息系统，当时确定这个项目的开发由我负责。我感到这是一项十分艰巨的任务。因为我对计算机方面的知识很欠缺，领导这样一个大项目困难太大，但我没有退缩。下定决心边干边学，依靠大家完成任务。工作开始后我首先想的是要组织一批技术过硬的队伍，与领导商议从北京计算所调来一个顾问和一个技术人员。同时进行软件和硬件的调研。在领导的支持下很快完成了人员的配备和设备选型，并进行软件培训工作。在开发过程中，紧紧抓住一点就是计算机人员要和专业技术人员紧密结合，这是项目成败的关键所在。通过一年半的时间完成了上述工作。但随着工作的进展我面临的最大问题不再是计算机技术问题而是我们大量的市政设施资料（道、桥、水）的准确度、真实性。核实准确资料，要组织大量人员进行录入。为此我认为要发动全处各所人员来完成这项工作。只有管理和养护设施的人员才能完成这项工作，否则任务量十分庞大，很难完成。

当时我提出了一个方案，各所应完成养护范围内的设施资料，普查核实，派人完成所管理范围的设施资料信息录入工作。在领导支持下，工作推进得较好，遇到问题我们负责解决。这样，用了一年多时间，完成了数据录入工作。在这个过程中对涌现出的工作认真负责、加班加点完成任务的单位和人员我们及时提出了表扬和鼓励。大约在1996完成了大部分工作，并进行整体调试、资料和报告的整理。于1997年进行了整个项目的鉴定工作。当时北京市管委主任林铎参加了会议听取了汇报，一次通过了审查和测试。我们圆满完成了排水信息化工作，并获得北京市科技成果一等奖。

推动了城市污水处理管理水平的提高

2002 年，我开始兼职中国市政协会排水专业委员会工作。2004 年，才将北京市政工程管理处的工作全部交出，全心为协会工作。在市政协会我做了 2004 年全国城镇污水处理厂的评比工作。2006 年住建部组建了中国城镇供水排水协会，我们从市政协会划到水协工作。2008 年列计划开展污水处理厂的评比工作。新形势下主要工作内容有所变化，我想节能减排应是一项十分重要的内容，为此评比标准都要进行大的改动。我召开多次会议听取大家的意见，最后评比标准进行了重新制定。当时除了这项工作外还有很多工作要做，负责排水具体工作只有我一个人，我只好用业余时间编写了《全国城镇污水处理厂绩效考核标准和办法》，并广泛征求意见，请有关专家进行审核，经过几次修改，于 2008 年初完成了这项工作，并发文到全国组织学习和培训，为检查评比作好准备。2008 年上半年各地进行检查评比，10 月前上报参评单位，全国组织 8 个评审组对 25 个省 100 多家污水处理厂进行现场检查复评。最后于 11 月在无锡进行各组横评，讨论确定了表彰的名单。

2008 年，全国城镇污水处理厂绩效评比复核的污水处理厂共计 64 家，均受到表彰。

2008 年，在深圳召开年会进行表彰，这一年工作十分紧张，但取得了丰硕的成果，促进了污水处理厂运行管理水平的提高。

2013 年，又进行一次评比，并利用了水专项研究的成果和指标进行考核，大大提高了评比的水平和科学依据，受到住建部和各地的好评。我参加了现场检查，并补查山东省和辽宁省，共完成 4 个省的检查工作。

为编写《城镇排水统计年鉴》而努力

中国城镇供水排水协会会长是原住建部副部长李振东先生。他是工作严谨、认真负责、要求严格的好领导。2008 年，找我谈话说：供水行业十多年来每年都要编写《城镇供水统计年鉴》，排水是否也要编写《城镇排水统计年鉴》？当时我觉得会长说得对，但是排水体制与供水不同，尤其改革开放以来，排水体制变化很大，各地没有同样模式，什么样的都有，有地方排水分为几个单位管理，有的还分片管理，各省又很少有省排水协会。当时只有8个省有排水协会，要编年鉴上下都没有腿，很难进行。李会长还是坚持要编，为此我咬牙接下这个任务。首先制定出资料收集的范围项目、制定出表格，反复征求各方面的意见，最后大家一致认为，收集资料不要太复杂，统计不上来资料就不要列入，经过半年的修改初步确定下来。开始发文，只要有协会的省就发文，另外就是向会员单位发文，向有市水协单位发文，最管用的还是不断打电话向有关单位联系说明积极提供数据，经过大半年的工作，能报上的数据基本都报上来了，又经过整理、计算、于年底前完成编写，历史性诞生了《城镇排水统计年鉴》2009年版。从此每年都编写年鉴，而且编写质量在不断提高，现在不但有依据还有很好的分析，各省、各市资料都分析总结，比2009年有很大进步和提高。

为排水的工匠精神而工作

2013年，我们参加了中国燃气协会的职工技能大赛的观摩活动，我们感觉不断提高职工的技能水平是十分重要的。为此我们必须组织全国排水技能大赛。这项工作说着容易干起来难度十分大。首先要与人社部、全总进行密切沟通，要经全总和人社部批准，这就不知要跑多少趟。同时要培训裁判员，这些工作做好后要出题，其中包括理论考核题和实操考核题。2014年，我们进行了两个工种大赛，污水化验监测工和污水处理工的技能大赛。2017年，又进行了排水管道工和城镇污水处理工的技能大赛。各地都以省为单位进行预赛，再报名参加全国大赛，两次大赛组织工作量异常庞大，但是通过各地支持和全体工作人员努力，我们完成了各项组织工作，为习主席提出的大工匠精神作出了我们的努力。

2015年11月，中国城镇供水排水协会授予我突出贡献奖。

总之，在近50年时间中这6件事情在我记忆中是十分清晰的，是刻骨铭心的，从中我感觉到，在工作中没有完不成的任务，只是敢不敢承担，有没有决心去做。我感到欣慰的是，在困难面前我没有退缩，而是勇于担当。

同时，我在近50年时间中感受到领导支持的力量，同志朋友帮助的力量。50年我结交了无数朋友，至今都难以忘怀，是他们给予我力量，我会永远铭记在心间。

2018年3月

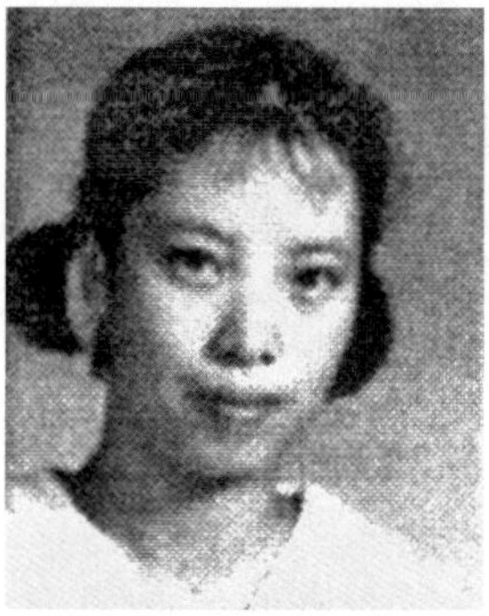

大学期间

退休后

王岚，1944 年 12 月生人，教授级高级工程师。

1963 年 9 月—1968 年 12 月，北京工业大学土木建筑系给水排水专业（五年制）学习；

1969 年 1 月—1970 年 8 月，山西省雁北阳高县的 4661 部队农场劳动锻炼，即接受“再教育”；

1971—2004 年，任北京市市政工程管理处技术室主任；

2002—2005 年，任中国市政工程协会排水专业委员会秘书长；

2006—2012 年，任中国城镇供水排水协会副秘书长；

2006—2013 年，任中国水协排水专业委员会秘书长；

现任中国水协排水专业委员会专家委员会委员、水利部非常规水源研究专家委员会委员。

我在三线建设的岁月

6362 班　富平易

记忆是一首歌，记忆是一杯茶，记忆是一壶珍藏的老酒……，随着岁月的流逝，时代在变迁，“三线”这个词作为一个特殊时代的产物，已渐渐离我们而去，甚至几近消失。但历史的车轮总会在前进的道路上留下碾压的痕迹。历史总会有人去记忆，去怀念！当人们慢慢品味的时候，方知久远的苦涩与芳香。那些记忆中的词句以它特有的方式向人们讲述着那个年代的故事。三线在我心里，我美好的青春也在那三线里。

当年的三线建设

三线建设是党中央、毛泽东主席于20世纪60年代中期作出的一项重大战略决策。它是在当时国际形势日趋紧张的情况下，为加强战备，逐步改变我国生产力布局的一次由东向西转移战略大调整。三线建设绝不是权宜之计，更不是错误判断于当时国际形势的一时冲动，而是有远见的战略举措，将在中国国防战略中发挥重要的作用，有着长久的、深远的历史意义。三线建设之快、动员之广、规模之大、时间之长，堪称共和国建设史上最重要的一次战略布局，对以后的国民经济结构和布局产生了深远的影响。一方面，由于经验不足，这种建设方式也为后来的企业经营发展造成了相当严重的浪费和不便，另一方面，三线建设也成为中国中西部地区工业化的重要推动器。

三线建设的大潮席卷全国，命运之神也将我卷进了这三线建设的大潮中，经其磨炼。

分配到三线工厂筹建处

1969年8月，我在山西省阳高县的4661部队农场劳动已近八个月了。

一天，天空格外晴朗，万里无云，正是一个夏天的雨后，彩虹高挂在蔚蓝的天空，大地农作物发出清香，让人们陶醉。连队领导把我及一同劳动锻炼的赵恩民、李广俊、罗荣辉一起叫到连部，看这架势，一定有重要消息要向我们宣布了。果不其然，连长向我们宣布：经研究，你们四个人的部队锻炼现已结束，根据需要，你们要走上工作岗位了。干什么不清楚，只知道到西安抗大路九号报到，单位属于部队编制。宣布完后，办理了一切手续，回京休息一个星期。

8 月 14 日我们准时到上述地点报到。九号院由解放军站门岗，后来才知道，这是某部队地址，是我将要去的筹建处的上级单位。报到后得知，工作地点在山里头，要坐六七个小时的汽车才能到达。

原来我以为会在西安市工作和生活，一听说工作地点在大山里，心里顿时凉了半截儿，一种极大的失落感涌上心头。但一想到党和人民培养了我，又在部队农场进行了近一年的劳动锻炼，自己应无怨无悔地走上三线建设之路。想到这，我深知面前的路很长，生活更艰苦，更多的困难需要我去克服，站起来！迎接一切新的挑战吧！

在西安静等了两天，我终于坐上解放军的大卡车，迎着夏风进入 2349 筹建处的山路上了。筹建处在西安城正南方的 800 里秦川山中。在西安南郊行使了 30 多分钟，便开始进山了。我坐在车厢里向侧面一看，就是万丈深渊，看得让人发抖，太可怕了。车子行驶在海拔 5000 多米的名叫黄花岭的山上，车旁白云飘过，车子爬过一座座山，又下一座山。整整走了七个多小时，才到达柞水县，到了我们的目的地。

陕西省商洛地区柞水县县城往南再走 600 米桃园便是我们的暂时归宿。筹建处全部人员居住及办公均在这里安营扎寨了。这里两侧是高山，两山之间是个大峡谷。一侧是一条长年潺潺流水的乾佑河，另一侧是 400—500 米宽的丘陵与平地，较为平坦。县城就坐落在丘陵与平地这一南北长 3 公里的狭长地带上。县城有一座不大的医院，一座 40 平方米的百货商店，一个公共汽车站（柞水至西安每天一班）。公路穿县城而过。此外还有机械站、木材公司、公安局、县政府机关等。可以说，该县城的一切设施还不如北京的一个乡规模大呢！

我住进桃园，桃园是我筹建处的临时大本营。山前的坡地上搭建几栋大席棚，一栋男人住，一栋女人住。还有食堂、办公室，居住的是大集体宿舍。喝水是到河里提。所有一切用房均是席棚搭建。

筹建处除已陆续来到的 46 名大学生外，还有些老职工，他们是天津某军工厂、西安某军工厂调来的。他们只是人来，户口仍在原地。有些老职工带了儿女入厂，有的带来了农村的媳妇入厂。大学生有来自清华、上海交大、南京药学院、山东大学、重庆大学等院校的，有的是夫妻二人。这些大学生住在一起，热闹非凡，天天打打闹闹，消除我们这些大学生的一些烦恼。

在这里望天是一条天，望地是两山脉夹着的一条峡谷地，平原来的人太不习惯了。一侧是涌流不息的乾佑河，平时河水不深，晴天河水安详地流淌着清澈见底。可是山里一旦下雨，山洪来临，河水猛涨，桌子大的石头在河里滚动，泥石流在滚滚向前，向下流去，太可怕了！我们平原来的大学生从没见过。

初到筹建处的工作

来到筹建处后，我被调到政工处工作。我的第一个任务是与相邻的2367筹建处（我的同学李广俊、罗荣辉、赵恩民所在的筹建处）一个科长一起到山里各公社招收进厂职工。这些招来的职工都是历年的复转军人，年龄在30岁以下，男女生两场各招50名，这些人很质朴、踏实，都愿意来我筹建处当一名正式的职工，有的已经结婚，家离筹建处都不远，回家也方便。

这项工作进行了两个多月，工作很顺利。招收的职工也都来到筹建处报到了。这些人当中，有人会木工，便随天津来的老木工干起了木工活；有人是部队的汽车兵，来后便开了解放牌卡车，往来于柞水与西安之间。招来的职工有相当一部分人都是当兵时的司机。司机中有一位叫王振民，30岁左右，在部队是汽车班班长，习惯叫我小富，老实又精明能干。我们经常见面，是我的好朋友。

1971年，在解放军2349处地址乾佑河畔留影

在筹建处，经常组织学习。尤其是大学生并不是铁心在这交通、消息闭塞的山沟里待一辈子，都有些不安心。

学习的主要内容是提高对三线建设的认识。三线建设是毛主席的伟大战略部署，关系到我国存亡问题，每个建设者都肩负着历史的使命。我们又学习三线建设的方针，毛主席三线的建设方针是“靠山、近水、扎大营。”靠山，是隐蔽意思；近水是要有一定的物质供应基础，包括人吃马喂所用的一切；扎大营系企业尽量做大，形成一定规模。后来林彪又提出了“靠山、分散、隐蔽”，这就提示人们进行三线建设不仅靠山，而且要进山、分散、不集中。当年的总后勤部部长邱会作继而提出“山要高、坡要陡，路要弯曲”，总后企业的新建三线厂因此就进了深山峻岭之中。我们筹建处就是其中一个，来到高山峡谷中。现在看来，这种做法，违背了聚集生产的经济规律，忽视了现代化和长期的生产要求，遗留许多问题。这种布局使以后的调整付出了昂贵的代价。

工业大挪移，带来大规模的移民。数以万计的工作者满怀“好人、好马上三线”的豪情，从大城市和沿海工业重镇来到偏僻落后的西部山区。“献完青春献终身，献完终身献子孙”是他们的人生写照。我们2349筹建处就是在这种战备思想指导下的产物。这里与外界联系很少，闭塞、交通不便。这里盛产的核桃、板栗、木耳、木材均运不出去。核桃只卖一角二分钱一斤，干的木耳卖四元一斤，一只大公鸡只卖两角五分钱。这里的人一般没看过电影，没去过西安，都在一个个山沟里生活，没有路，有路也只是人们走出来的山路。当地人近亲结婚较多，出生的子女有许多是呆傻。此地实属闭塞落后之地。

我的婚姻殿堂

1970年7月，我在北工大64级读书的未婚妻开始毕业分配，我提前几天向筹建处的温副主任要了一张筹建处的公函，并向温提出调未婚妻到我处工作的要求。温主任不假思索地点头同意。第二天起大早，我便离开了筹建处，来到县城，乘一天一趟的长途车，下午到西安，又买了张晚7点至北京快车票回京了。

第二天到达北京，我直奔学校，帮助我爱人收拾好行李。在京待了一天，便又乘火车来到她报到地点——邯郸人事局报到处，并提出解决今后两人分居问题。人事局的人员当即说：“两地分居确实解决不了，你们现在要求，我现在放人。你们俩商量吧！十分钟后，把商量结果告诉我。”我便与未婚妻来到院内商量。我说：“我们筹建处是部队的军工厂，是保密单位，要是人去了，上级人事部门不批准怎么办？那你就无职业了。”我未婚妻果断回答：“没工作我不怕，只要跟你，在你身边就满足

和妻子张衡在乾佑河留影

啦！”她的话，深深地打动了我，她把一切都交给我了。我内心发誓，我终身要服务于她，照顾她，这是我一生的责任与义务。

我们在邯郸办完去筹建处的手续，带着密封的档案乘上火车，到了西安，又坐长途车进了山，来到了筹建处，把生米做成熟饭了。单位只得把爱人档案报到上级审批。两个月后，终于批下来了。我未婚妻也成了筹建处的职工，安排到筹建处政工组工作。

我安顿好她后，便同筹建处新招来的一名职工出山，坐上西安至上海的火车。在上海与设计院的同志一起做起了污水生物处理实验。这项实验的成功与否，关系到我厂能否在深山中生存。每天我们二人倒班，日夜不停，经过三个月的实验，成功地解决了我厂将来污水处理的问题。该项成果获军科技进步奖。

1971 年春节前，我与爱人在县城登记领了结婚证，之后便一起回北京过了春节。我们很珍惜在北京的每一天，两地的感觉大不相同：一个是繁华街道，车辆川流不息，到处是高楼大厦、商场，天无限大，生活多彩多样，到处是欢乐的人群；另一个是人少，山多，一片宁静，死气沉沉，抬头望去是有限的天，一种孤独感，好像被抛到远方。长期在大城市生活的人们不会有这样的感觉。

1971 年 11 月，我爱人在北京顺利地生下我们第一个孩子。1972 年春节前，我一人回京，与家人孩子一起，度过了一个欢乐的春节。1972 年 4 月，我爱人带着孩子也回到了柞水山里。这时我们离开了原住地桃园，搬到了县城南，乾佑河下游的下梁村，距县城有 10 公里。

我在下梁村住的房子是干打垒土房。A 区共有三排，我住最后一排。房后是一片玉米地，房子都是 3 米宽，5 米进深。每间房后墙上有一个小窗户，便于通风。前两排中间是通道，这样后排人可以到前排卡车停放的广场。左侧是用石块砌成的高 1.5 米宽 2 米的防洪坝。堤坝外便是乾佑河，河岸那边有村庄、农田。房子的另一侧是高山角。这三排房有几家夫妻宿舍，我是其中一家，三口人。

我们日常做饭是把碗口一样粗的树，锯成一段一段的，然后用斧头劈开，用来烧火做饭。每家每户用水是到河里提，吃菜到对岸农民家里去买。粮食和副食品到县里去买。粮食是当地产的，在县城买的面粉蒸馒头吃在嘴里，不敢细嚼，因为面中有沙土，嚼得差不多了，就咽下去。住在下梁村干打垒房子要比桃园的席棚子强多了，房子不透风，不漏雨。像我这样三口人之家也算有自己的小家了。

从 1971 年 4 月至 1973 年 11 月，我都是住在这下梁村的宿舍。我的小孩儿 1972 年 4 月以后，可以大人拉着蹒跚地在地上行走了。爱人 1971 年 11 月至

1972年4月前都是在北京度过的，而我一个人在筹建处。

野兽出没与乾佑河

用现在的话来讲，当年筹建处的所在地，保留着原生态的自然环境。到了晚上这里死一般的静，除各房间灯火外，向四处望去，全是漆黑的山峦相连。有时会发现，山上有一对对发青光的亮点儿，那就是群狼双眼发出的光。狼叫声此起彼伏，我们这些城市来的大学生，从未见过此夜景。把门紧紧地关着，绝不敢开着门睡觉，院里养了两只大狼狗看家护院。我住在最后一排房，房后是一片玉米地，一到晚上我们刚想入睡，就听到房后玉米地里一阵噼里啪啦的杂乱声，狼嗥声。我们关上灯，透过小小的后窗户，借着月光一看，是十几只大大小小的狼，在吃玉米，乱成一片。我和爱人看后惊呆了。折腾一小时后，狼陆续离开了，这才渐渐安静下来。

我和爱人每次回京除乘厂里的卡车外，有时要乘县里的长途车。长途车一天一趟，每天早晨5点钟就开车。为赶车，我们都要4点钟就要从家出发。我一手提着包，一手拿着根长棍子，孩子骑在我脖子上抓着我的头，爱人提一些其他东西。长棍子是为打狼而预备的防身之物。因为天还未亮，走在公路上，向山头望去全是一对对亮光，那就是狼的眼睛。平原的人们享受不到这种与狼共舞的“待遇”。

我们住的地方靠近原始森林，时常还会出现大型野生动物。我们住房及厂部办公室已用上了电灯。那时在厂区内一个车棚里装有一台烧油的发电机。山东来的两个电气专业的大学生轮流倒班看守，他们同时也负责发电机的运转维护工作。

一天傍晚，人们吃过晚饭，天还亮着。一个叫刘永富的同学值班，他一个人坐在席棚房间中看书，忽然听到敲门声，刘永富以为像往常一样，有大学生或老乡又来跟他开玩笑来了，故意捉弄他。刘顺口说了声：“你小子进来吧！”但过了一两分钟后，人没进来，门不时地发出响声。刘叫道：“你小子不进来，瞎闹什么！”但仍不见人进来。小刘便放下书，来到门口，透过门缝一看。妈呀！来者不是人，而是一个大狗熊。吓得刘从后窗户就跑了，招呼人们站在远处山头上高声吼叫，敲着脸盆。狗熊一见这阵势，就向深山方向跑了。

现在再说说流淌在我们住处的这条乾佑河吧。河宽有二三十米，河中布满了大大小小的鹅卵石，大小不一。平时水深能到腿肚子，孩子们有时还到河里捉小鱼小虾。河水清澈得一眼就能看到底。潺潺的流水，一年四季长流不息。

即使冬天也不结冰，附近的地里还长着青菜呢！

可是一到夏日，山里下大暴雨，这条河就再也不是温顺的少年了，而是发疯似的野兽，水位一下就长高一两米，巨大的石块翻滚着向下游流动，这就是山洪。这山洪太可怕了，它能轻而易举地冲毁桥梁。

夏日的一天，天空有些乌云，但未下雨。爱人让我到河那边地里买菜，我便拿了一个筐，沿着小木桥，走到河对岸的农家地里。向老人说明来意之后，便给我一把割菜的农具，我便割起各种青菜，快割满一筐了，就听到河水中响起了隆隆声。我吃惊地望去，那河简直成了石头流动的河，好多大大小小的石头在河中滚动。农民说，这是山里下大暴雨而引起的山洪和泥石流。这泥石流像猛兽般的厉害。我来筹建处这么长时间也看惯了这山洪猛兽，但这次却把我拦在河的另一侧，不能回家了。爱人这时站在防洪堤的那边向我招手，但我却不能过河回去了。那木桥也冲跑了，我高声告诉她，我到老乡家住两天，待山洪没了再回家。就这样，我在老乡家住了整整两天。

这条河是我们的生命之河，我们一年四季都用铁桶从这河里打水供自己吃用。暴雨使河水浑浊，我们只好接雨水或把河水过滤沉淀后再用。人们对此已经习惯了。

烧制白灰与制砖

1971 年 6 月，筹建处开始筹建准备工作。我被调去组建白灰烧制小分队。工作内容是到平原地区，学习烧制白灰及建窑技术。我干过烧窑工，干过采石工。为了建窑烧制白灰，我们来到河南进行学习，并请了技术指导。我们从山外回来，一进山就赶上雨天，雨下个不停。下山的路段是一层湿泥，司机的方向盘有些失灵。司机和车上的人都很揪心，心都提到喉咙了。因为方向盘一旦失灵，车子就有掉到路边万丈深渊的可能性，那我们都没命了。

走着走着我们车还是翻了。还好，车向山侧翻了。我们从车中爬出来，用尽全力才把车翻过来，这时天色已经黑了。汽车艰难地走完了山路，来到平地上行驶，很晚才到家。这次进山我算躲过一灾。

又一次，我们坐着苏式小吉普车进山找烧石灰的矿石，走进一个又一个山沟，终于在老乡的指引下，在一个山沟找到了烧白灰用的矿石，心里总算踏实了。我们要返回时，在离我们住处 5 公里的地方，雨下个不停。汽车过河时，就在河中间停下来了，下车一看是车轴断了。站在河中正在观察时，山洪泥石流冲下来。一个人大喊道：“快跑！”我们刚跑到岸边，泥石流就从我们身后冲下来。车子翻着滚被冲走了。我们只能步行一个多小时回到家，到家时浑身衣服都湿透了。

待我躲过两次灾难后，终于烧出了第一炉石灰。我们欢呼雀跃，厂领导特地从西安捎回两瓶陕西特产西凤酒，为我们庆功。这其中，我当过设计者，当过烧窑工，也干过采石工，自己付出了千辛万苦。此时不由得吟念着明朝大诗人于谦的《石灰吟》："千锤万凿出深山，烈火焚烧若等闲。粉身碎骨浑不怕，要留清白在人间。"

为了建厂房，除需要白灰外。更需要大量的砖。这盖厂房所需要的砖若从山外运进来，运输压力太大，很难解决。于是筹建处党委研究上马砖窑，现场烧砖。筹建处调来几名大学生及老工人并招来当地的农民，在山外烧窑技术人员的指导下，由筹建处主任抓此项工作，工作很顺利。砖窑也建成了，制砖机也到位了，土源也搞定了，万事俱备，只欠点火了。

一天，上午我和几个同事还在砖窑中研究工作，可是下午就有人气喘吁吁地跑到筹建处张主任办公室，上气不接下气地说砖窑塌了，有两个人被埋在里面了。主任是个老革命，已经近 50 岁了，又有心脏病，他听后三步并两步急向砖窑跑去。结果出了事故，被埋在砖窑中的民工被人从窑中救出时已经停止呼吸，牺牲了。死者均在 30 岁左右，家中有妻儿老小。整个筹建处沉浸在悲哀之中，这两人为三线建设献出了宝贵生命。制砖工作也因此暂停下来。

筹建处撤销，重返北京

1971 年 9 月 13 日，发生了林彪事件后，筹建处各项工作实际上放慢了下来，尤其到 1972 年后，人员也只出不进了，也有的人员已开始调出筹建处。这时筹建处处于等待状态。

分来的大学生及一些天津、西安调来的工人掀起了学木匠做家具风。因为这里木材品种多，都是硬木，又便宜。这些大学生有知识学什么都快。我也很快置办了所有的木工工具，很快掌握了木工技术。人家说，我的木工技术有四级工水平。白天干木工活，晚上就和其他大学生打乒乓球。就这么一天天过着，家具做了一些，球技也提高了。

1972 年底，上级下指示，筹建处停建，职工待分配。我爱人带孩子回北京等分配，我一人留在原地等分配。1973 年 6 月我用筹建处公函联系了北京石油化工总厂工作。我和我爱人档案已调到该总厂人事处，只有等待。天津和西安调来的工人也陆续回去了。因为这些人的户口都在原地，回原厂也简单。我招来的复员军人有分西安，也有分到县里的各机关的，我的好朋友分在了县木材公司，当一名司机，干他的老本行——开车。

我一直等待北京的消息。1973 年 8 月，我们夫妻档案已调入北京近两个月。

1973 年 10 月 5 日的早晨，我正一个人呼呼睡大觉，上午和我打乒乓球的南京医药学院毕业的孙步生，敲着我的房门，把我叫醒，透着门缝对我说：“小富！你的北京调令来啦！”我一听北京调令来了，便迅速来到筹建处办公室，张主任将调令交于我，我真兴奋，因为当时北京的户口相当难进。在办完我及爱人人事调动手续后，立刻上县城办理我们三口人户口的转移手续。之所以这么急着办，就怕事情有变化。

一切手续已办完，我决定第二天上午就上路回北京。

晚上，我向领导及老师傅们，还有未分配的十几位大学生告别。大家都依依不舍，心酸的眼泪不由自主地掉下来。他们都异口同声说：“小富我们祝你一切顺利，千万不要忘了我们这些难兄难弟！”

到西安后，我顺利地买到当晚 7 点的西安至北京的直达客车火车票。我和田师傅吃过午饭后到火车站托运行李，因为持有中国人民解放军 2349 筹建处公函，行李均按军用物资进行托运。

晚上我踏上奔向北京的列车，思绪万千，一切都好像在梦中，同时也宣告了我三线建设生活的结束，我将踏上新的征途。孩子、爱人、家人相聚北京，是新的生活、新工作的开始。我今后的路还很长，还需要去奋斗！

2018 年 4 月

在大学

工作期间

富平易，满族，1945 年 5 月生人，教授级高级工程师、中共中央党校干部进修班毕业、国家注册公用设备工程师、北京市建设工程质量监督员（编号 006 号）。

1963—1968 年，北京工业大学土木建筑系给水排水专业（五年制）学习；

1969 年 1 月—1969 年 8 月，山西省雁北阳高县 4661 部队农场劳动锻炼；

1969 年 8 月—1973 年 11 月，解放军 2349 筹建处工作（陕西省商洛柞水县）；

1973 年 11 月—1976 年 6 月，北京石油化工总厂机械动力处工作，技术员；

1976 年 6 月—1986 年 7 月，北京市市政工程设计研究总院工作，工程师，1980 年参加中国共产党；

1986 年 7 月—1989 年 9 月，北京亮马河大厦工作（位于北京长城饭店北侧），任大厦工程部部长；

1989 年 9 月—2005 年 5 月，中国建筑设计研究院、中国城镇规划设计研究院工作。其间任院长及党委书记，兼院副总工程师，兼任珠海设计分院院长，并担任《城镇建设》杂志的编委，高级工程师、教授级高级工程师。

1996 年，曾进中共中央党校干部进修班学习，并领取了由胡锦涛签名的该校毕业证书（证字 9652549 号）。工作期间曾去苏联、德国、荷兰、英国、奥地利、摩洛哥、法国、意大利等国从事工程设计、配合现场施工、技术交流与合作、互派培训人员等工作。曾任中国土木建筑工程学会住宅工程指导工作委员会委员。2004 年，经全国统一考试、评审取得国家注册公用设备工程师的执业资格证书，北京市人民政府建设工程质量监督证。工作数年，为了工作方便，曾自修英文、日文。曾获优秀党员、先进工作者称号。

忆入职二三事

6362 班　刘金泰

1970 年 8 月，除了部队留用的几个同学外，我们十三连北工大 63 级土木建筑系百十号人统一由山西阳高的部队农场回到阔别近两年之久的北京，准备分配工作，这真是盼望已久的事情。我们从小受的教育就是学生时代学好建设国家的本领，成人以后为国家建设服务。但由于“四清”“文革”等一个又一个的政治运动，真正的自然科技知识学习时间也就两年多，我们怎样承担即将分配的工作呢，心里不免有些忐忑不安。

我们是很幸运的，全部分配到北京市属的各局（公司）及下属的单位，涵盖了各种各样的行业。我和五个同班同学分到冶金局，我又被分到局属的第二轧钢厂工作。这是有 2000 多人的中型轧钢厂，厂长边心福是延安时期汽车队长，1958 年受命组建轧钢厂，白手起家经过九个月的努力，愣是把一个砖木结构的棉纺织品仓库改造成门类齐全的轧钢厂，生产出了当时非常紧俏的钢筋和做工具的带钢，以后又建成了很先进的高频焊管车间，成为自力更生的一面旗帜，作为世界革命人民搞工业的样板，还曾经介绍越南总理范文同到厂参观学习。

我到厂第一天就受到热烈的欢迎，因为“文革”期间没有分配大学生，我自知学业不精，充其量是“高中⁺”。因为大学一、二年级的课程尤其是一年级就是基础课，巩固深化提高高中所学的数理化和外语水平。但我学的给排水专业极少分配到这样的厂，厂里挺需要这种辅助专业的科技人才，“文革”前分来的十几名大学生大部分来自钢铁学院轧钢和加热炉专业，我也只能把自己当成正经的大学毕业生了。当年工厂车间（科）都叫连，按专业我到了九连（就是厂里的动力科），任唯一的技术员。“文革”中也没有恢复技术等级、技术职称等，叫技术员也就是为了区别于工人吧，于是客观上就成了连里技术方面的主心骨，即使专业知识不够也得硬着头皮担当。

在九连承担的工作不算少，面也很宽。轧钢少不了加热炉，为了延长加热炉的寿命，提高生产效率，采用了水冷支撑骨架的方式，但这样又浪费了很多能源。根据苏联人的经验（恐怕也是源于西方发达国家）采用汽化冷却是最好的方式。于是锅炉和软化水两部分科技含量很高的工作就落在九连头上，但我没有一点这方面的知识，周围也没有老师可以请教，要说软化水和本人专业有点关联，略知一点，对锅炉来讲，我就是一个门外汉。当时唯一的办法就是找专业书学习，经常去的就是图书馆、旧书店。当时新华书店是极少有能用的书的。记得一次在中国科技情报研究所（名字不准确）图书馆（临时设在化工大学里）还见到同级3班的应同学，他在那已经用微缩设备查阅当时最新的一些科技资料了，这使我扩大了眼界，但也触碰了我一生的痛点——怎么也学不会的外语。老天不负有心人，终于在新街口中国书店发现了一本《加热炉汽化冷却》的旧书，由苏联版（俄文）翻译的非常专业的权威著作，我如获至宝，成为在“二轧钢”工作十几年经常翻阅的书之一，并在以后的“开坯”车间大改造时，为我做的加热炉汽化冷却锅炉设计提供了依据（该冷却系统曾被编入全国优秀设计汇编）。

刚到九连的一次经历使我有了自信心。那天轮到我在连部值班，天阴沉沉的，气压有些低，天闷热得厉害，躺在值班室（办公室）的床上辗转反侧怎么也睡不着，后来总算睡了，半夜一二点钟，突然电话铃声大作，是软水站打来的，说化验的药液怎么也配不好，化验工作进行不了，怎么办？这不是给我出了个难题吗？因为站里的两名负责化验的人专科学校毕业，也有一定的工作经验，你们解决不了我怎么办！可反过来一想，下面有技术问题解决不了可不就得找我吗？我突然想起白天就有人问我怎么接的自来水都是乳白色的，不会有什么问题吧，我当时也用玻璃杯接了些水，果然是乳白色，不过一二分钟后就又变得清澈透明了，难道接触空气发生氧化反应了？如果是那样，杯里总得留下点东西吧！我马上意识到那是溶在水里的气体由于大气压变化析出造成的。于是，这电话又促使我马上想到了解决问题的办法，在电话里我对他说是不是配药水的pH值不对了，那是水中溶解了二氧化碳，你把水加热一下再用，应该就可以了。放下电话，心里还是不踏实，就怕再来电话。等了有个把小时没事我就睡了，第二天一早起床洗了把脸就直奔软水站，值班的化验员说：你说的真对，没事了，你和一般的大学生不一样，不光有理论还能解决实际问题，不简单。我心里美滋滋的，这可是没有课堂上老师在旁边看着，也不是假设一个题作答，更不是期末的考试卷子，因为我们一直都习惯了那样的场景。这次就是自觉地用原来学的化学知识解决了一个实际遇到的问题。

记得刚开始工作时还干过一件漂亮事。那时靠近厂中心是一排平房，除了厂部、党委还有一间大会议室，供厂里中层干部开会，门前有一个空场，靠平房这边有一个水龙头和水泥池，恐怕这是厂里使用最频繁的水龙头了。每到入冬前都用草绳子和麻刀灰裹得严严实实，就是怕冻坏了龙头和水管，即使这样也要每天记着回水（放掉地面以上水管里的水），因为我们连管水，所以这也是我们的事。那时射流与集成电路几乎是并行发展的两门自动控制技术，最早听到“射流”这个词和原理（珂安达效应）是水力学老师唐纯熙说的，到厂里工作后知道，在当时社会上这两项技术都方兴未艾。我向在北京低压电器厂工作的表兄要了一套书（托人买没给钱，等我想起给钱时，这个清华毕业的高才生因肝硬化英年早逝了，他所在的低压电器厂就是当时北京研究射流技术的中心），学习了相关基本知识以后，觉得把这个水龙头改成自动回水并不难。就发挥我动手能力强的特长，找了一些废旧材料，在水暖师傅的帮助下，拼拼凑凑，修修改改，很快就安装好了。这里有两个技术要点：为了防冻需要把水的节门放到地下的水井里，但这样做，开关节门就不方便用了，我就改成用弹簧压紧，用铁丝引到地面与脚踏板相连，操控起来也很方便，这也成了我后来在北京公用事业研究所搞的专利产品——节水脚踏淋浴阀的雏形；再一个就是通过一个同心的喷嘴利用水压的能量把水引射到地面上的出水口,方便人们使用，当通过脚踏开关关闭水流时，喷嘴处也失去了能量，水管内的存水就回流到地下的渗水井里了，达到自动回水防冻的目的。这个没有把手的水龙头一般人没有见过，开始也不会用，只有我们连的几个领导和水暖师傅清楚。一次全厂中层以上干部在会议室开会,中间休息时我们连长出来洗了洗手又探身喝了点水，别人看到了走过来也想洗手喝水，但不知水是怎么出来的，连长用腿挡着水池子下面的脚踏板，别人在上面摸索了半天也不得要领，可刚一抬腿想离开，水哗地又出来了，好像见了鬼了，引得屋里人也都出来看热闹，里三层外三层的，后来连长很自豪地说这是我们新来的技术员搞的自动回水龙头,欢迎大家试用。后来发现这龙头有一个最大的欠缺就是出水口不能憋压,例如接上水管浇浇花，冲洗汽车什么的水压就不够了，所以也没有得到进一步推广使用。

上面说了两个露脸的事，也有不太露脸的。加热炉内汽化冷却支撑和钢坯滑轨的维护、大修一般都是我们连负责，但砌炉等特别专业的工作是由基建科负责，是专门“高薪”从天津请了两名高级砌炉工负责，这两人除了能完成砌炉外还有一项别人认为很深奥的用水准仪抄平的工作。我没进厂时我们连遇到抄平、测量高差的事都是请这两人帮忙，我来了以后，因在学校学过测量学，尤其是还在密云实习过一个月,而且自认为学得很不错,就自动承担了这项工作。不久就遇到二连加热炉重建，按新的设计做好了基础，下面就该我们连做支架、滑轨等钢结构和冷却管道了。这项工作处处离不开标高的确定，我在一个不碍事的犄角支好了水准仪，开始测量，很快该测的点都给出了数据，看到别人投来羡慕的眼光，心里又是美滋滋的，经过几天的紧张施工，钢骨架、滑轨和水管都有了大致的模样。

加热炉的工艺流程是：钢坯由传送辊送到加热炉的一端，再由推钢机沿炉内滑轨推到加热区，当加热到一定温度后就被后面推进的钢坯顶到了出钢口，由顶钢机一根接一根顶到轧机的辊道上，为了减少推钢的阻力和防止钢坯拱起来，炉内滑轨都要设计一定的坡度。炉内的滑轨、支撑骨架等要与传送辊、推钢机、顶钢机、轧机轨道衔接，对标高要求是很严格的。当开始要安装推钢机时感觉有些不对劲了，推头的高度与滑轨高度不在一个平面上，差了 3 厘米，经过核查，问题出在我第一次的测量上，由于盲目自信，测量完也没有校核更没有请那两位工人师傅给把把关，才造成这样的纰漏，幸好错误不算太严重，我们这边不可能返工了，就把推钢头调高了一点，总算没有耽误工期和影响加热炉的使用，这件事使我自责了好一阵子，倒是也没有哪个领导因此批评过我，通过这件事使我以后办事谨慎了许多。后来工作中不断用自己在课堂和课余学习掌握的科学知识为厂里解决了几项难题，如方便的维修用电焊机、板金放大样、对讲机等，都受到工人师傅的欢迎，以至在我后来离开二轧钢好久了还和师傅们保持着联系。

2018 年 4 月 8 日

在大学

退休后

刘金泰，1943 年 7 月生人，高级工程师，北京市建设工程评标专家。

1963—1968 年，北京工业大学土木建筑系给水排水专业（五年制）学习；

1969 年 1 月—1970 年 8 月，山西省雁北阳高县 4661 部队农场劳动锻炼；

1970年8月—1979年4月，北京第二轧钢厂动力科、技术科技术员；

1979年4月—2003年9月，北京市公用事业科学研究所高级工程师、研究室主任；

2003年9月，退休。

退休后，先后受聘于北京公用事业科研所、南航海韵花园部（海南岛）、北京医院污水污物处理技术协会、北京捷力测控新技术公司。

我和画法几何及工程制图

6363班　潘海东

初入学堂

我是1963年由北京市第一女子中学考入北京工业大学土木工程系城市道路与公路专业的，1968年毕业，和共和国的同龄人一样经历了“文革”时期，毕业后来到山西雁北4661部队农场接受“再教育”。一年零八个月后，于1970年8月下旬我们又分配工作回到北京，我分配的工作单位是北京市政工程局的二公司五大队。

参加高考、进入大学对于我们这些“40后”来说是开启人生航线的起步阶段。北京工业大学的五年学习的经历尽管有“文革”的干扰，但那一段青春岁月仍然为我们的人生打下了坚实的基础。

大学第一学期的基础课有一门技术基础课是画法几何及工程制图。这门课程对于刚上大学的我开课很久都找不到感觉，进入不了角色，结果期末考试不及格，需要补考。这对于我来说是从入小学、到初中、再高中以来的第一次，教训极为深刻。其实，在上课的时候我就感觉不妙，一上这门课，我就犯困，老师的讲课的声音犹如催眠曲一样让我昏昏欲睡。那时我确实有神经官能症，睡眠有障碍，这大概和高考后的暑假，极度放松的生活不规律有关。

入大学后的第一个寒假，同学们都到大兴县的农村人民公社去参加“小四清”，我却留校复习功课准备补考。补考前夕我的同学们全力以赴地帮助我，至今我还记得临补考前课代表张宝林鼓励我，给我加油；学习委员陈祖勋也来指导；团支部书记崔玉玺给我削铅笔……此情此景至今历历在目。后来我不负众望补考成绩为“优”，补考时还增加了口试，内容还有难度较大的迹线表示法的内容，我的回答让主考老师惊讶。

第二学期开学后发的成绩单上在“画法几何”一栏中是一个大大的红色的

“优”字。欣喜之余我和我同宿舍的陈敏之共同观看这个红红的大大的像是印章印上去的“优”字，我们很是惊叹地研究了一番这个字，究竟是印的还是手写的。

这门画法几何补考能得“优”也真乃不易。直到我当了教师后，批改学生考卷登记学生成绩单时，才知道补考成绩是要用红笔填写，而且一般只写“通过”或“及格”，那个“优”的确很不寻常。这次的补考让我对画法几何脑洞大开。以后我端正了学习态度，改进了学习方法，顺利完成了后续的课业。

没有想到的是后来的我，竟然教了近30年的画法几何及工程制图这门课程。在职时是北京建筑工程学院基础课部制图教研室的教师，退休后兼职北京城市学院的制图课程。在职和退休后还编写过不同版本的工程制图方面的教材和习题集。命运竟然安排得如此巧妙，现在想起来还觉得匪夷所思。也许真的有个上帝在作巧安排？当然不是！而是中国发生了翻天覆地的变化！

再入学堂——我的 1978 年

改革开放的前奏：1977 年 10 月 12 日，国务院正式宣布当年立即恢复高考。那年冬天，中国 570 万名考生走进关闭了十多年的高考考场，27.3 万名考生被录取。1978 年，又有 40.2 万考生被录取，两次招生仅相隔半年。两届学生同一年入学，1978 年春天高考后的首批 77 级学子走进校园，78 级学子秋天入学。

1977 年经国务院批准北京建筑工程学校升格为本科院校，更名为北京建筑工程学院，即现在的“北京建筑大学”。

我在 1978 年暑期由北京市政二公司的“721 大学”调入北京建筑工程学院。后来听说调动工作走程序的过程重点看了我在北京工业大学的档案，自然是我的高考成绩和各门功课的考试成绩。不管那个补考成绩当时是如何被评估的，但结果是我被调入北京建筑工程学院基础课部制图教研室，成为一名高校教师。

北京建筑工程学院的前身是 1907 年清政府成立的京师初等工业学堂历史可谓久远，术业可谓绵长，培养的人才可谓济济。获得茅盾文学奖的作家霍达（小说《穆斯林的葬礼》作者）也是校友。

这所比清华学堂建校还早的学堂于 1952 年由北京工业学校土木科改为北京建筑专科学校，校长由当时的北京市副市长、著名历史学家吴晗兼任。北京建筑专科学校 1958 年升格为本科院校，更名为北京建筑工程学院。1961 年困难时期又恢复为中专，此时在校的 59、60 两届本科生后来由我的母校，1960 年成立的北京工业大学接收并继续培养直至大学本科毕业（后来我不时地听说的

“传闻”，北京工业大学要收编北京建筑工程学院也许和这些历史有关）。

1977 年，经国务院批准再一次将被戏称为“二里沟土地庙”的老牌的土木建筑类专科学校升格为本科院校，恢复为北京建筑工程学院。

1978 年是改革开放的元年，当年 3 月 18 日全国科学大会在北京胜利召开。邓小平在大会上发表了重要讲话，他说：“今天能够举行这样一个在我国科学史上空前的盛会，就清楚地说明：王洪文、张春桥、江青、姚文元“四人帮”肆意摧残科学事业，迫害知识分子的那种情景，一去不复返了。科学技术工作受到了全党和全国人民前所未有的重视和关怀。广大科学技术工作者和工农兵群众，积极开展科学实验活动。青少年中，出现了热爱科学、学习科学的新风尚。一个向科学技术现代化进军的热潮正在全国迅猛兴起。在我们面前展现了光明灿烂的前景。”

紧接着，1978 年 12 月 18 日改变中国命运的中共十一届三中全会在北京召开。会议重新确立了解放思想，实事求是的思想路线，作出把党和国家的工作重点转移到社会主义建设上来和实行改革开放的战略决策，确立以经济建设为中心的基本国策。这次大会拉开了中国改革开放大幕。郭沫若还在会上发表了热情洋溢的题为《科学的春天》的讲话。

10 天后的 1978 年 12 月 28 日，国务院决定在全国恢复增设 169 所普通高等学校，进一步发展高等教育，逐步适应四个现代化需要。我就是在这样一个恢宏的历史大背景下进入高校，开始了我的教书育人生涯。

我所在的制图教研室后来又陆续调进 6 人，都比我年长，有资历，也都是“文革”中被四处遣散的各条战线的骨干力量。科学的春天真的降临中国大地！

科学的春天

从施工单位到高校讲堂是一个巨大的转变，形势逼人。我当时在市政施工单位的“721 大学”教的是工程力学，对于工程制图课程并没有经验，一切还要从头开始。

邓小平《解放思想，实事求是，团结一致向前看》的讲话，极大地调动了人们的积极性，改革开放初期的高校，和全国各行各业热火朝天的形势一样，以朝气蓬勃的精神面貌，整顿“被摧残”的旧山河，重整旗鼓“向科学技术现代化进军！”无论教师还是学生都处于铆足了劲，“撸起袖子加油干”的状态。

工程图样是工程界的语言。画法几何与工程制图是一门研究用投影法绘制工程图样和解决空间几何的理论与方法的技术基础课。是理工科学生学习其他

我（前排右一）和我的同事在一起

各科入门之要津，因此一般安排在大学一年级。但是，对于刚刚进入大学校园的学生来说这是一门相对比较难学的课程，尤其是画法几何被称为头疼几何，而机械制图、建筑制图等专业制图又很费时间和精力，面对零号大图板，自备丁字尺、25 至 30 厘米三角板、直尺、擦图片、绘图铅笔等，弯腰驼背地趴在图版前连续“坐、站”。因此，竟然有的考生为了逃避这门课程而不选择理工科。

需要说明的是，当时这门课程的教学体系和教学大纲还是沿用苏联的体系，画法几何部分的内容比重不少。我到教研室之后被要求将苏联学者鲁达也夫编著的习题集做一遍。为了尽快找到感觉进入角色，我到图书馆借来参考书和习题集《画法几何习题》（苏联人鲁达也夫撰，李敏译，高等教育出版社 1957 年版）真够经典的。

我边看书边做题，将习题集从头到尾做了一遍。荒废了多年的功课又从头捡起，因为我知道这门课的难度。想当年我要成熟一点用功一点，知道世界上还有一本这样的习题集，从图书馆可以借出来，一题不落地刷题，我就不用补考了。后来，我在给学生上课时，根据讲课内容经常给学生推荐参考书和习题集目录，这也是对我自己的一个鞭策。在知识大爆炸的时代，必须多进图书馆，必须博览群书，必须不时“充电”，尤其是教师，给学生一杯水，教师自己必须有一桶水，而且是长提长新的“活水”。何况我面对的学生是一群出色、求知欲强烈、聪明智慧被耽误被积压而无处释放的新一代学人！

教书育人二三事

教师的职责就是教书育人为社会培养合格的人才。教师的职业道德和职业操守是“爱国守法、爱岗敬业、关爱学生、教书育人、为人师表、终身学习”。教书需要教师身体力行地传授、育人需要传统地人格化。我是一名新入行的教

2010年10月，在清华大学的“二校门”与教过的两个外地学生留影

师，必须努力讲好每一堂课。这门课程是开发学生右大脑增强学生形象思维的一门课，需要较多的教具、挂图、图形板书……课前准备较多。我一般提前半小时就进入教室准备，我的努力没有白费。一次我因为堵车迟到10多分钟才赶到教室，我原以为闯了大祸，结果一进教室，看到的是学生们静静地在看书等我，没有一个人退场。我欣慰得几乎落泪，看到一双双黑亮、专注的眼睛，我好像都没有道歉就立即开讲了。至今学生们的一双双凝眸还深深地刻在我的脑海中，每当看到学生们求知的眼睛就深深地感到了自己肩负的责任，我一刻也不敢懈怠。

还有一件让我感动的事情。2010年的10月，退休多年的我突然接到学校制图教研室的电话，说有我教过的两个外地学生要来清华看我（我家住在清华），他们是1986年毕业的学生，远道而来。我赶忙准备了礼物，两套当时新出版的制图教科书，一套建筑制图及习题集，还有一套《机械制图》第五版及习题集。作为基础课教师的我，把注入自己多年心血的教科书当作礼物送给他们，是最好的了。当时他们是已经毕业22年的各部门的领军人了，或许他们的孩子也该上大学了，大学一年级的教科书也许能用得着的，而且搞工程的人手边也应该多几本更新过的工具书。他们心系母校，这次是专门来母校参加系庆活动的。

尽管我们已经分别了那么多年了，而且我也不是他们系里的教师，可是我们丝毫没有生疏之感，师生情浓化不开的感觉真是奇妙得很，似乎我们从来没有分开过一样的熟悉和亲切。为此我还写了一首诗：

闪离别

——喜见河南学生又言别

毕业离别后，长大一相逢。

问姓惊初见，称名忆旧容。

别来沧海事，浓浓师生情。
即日河南道，秋山又几重。

不断充电、“跟风”，编写教材

科学技术的进步和经济的发展没有因为十年“文革”而停止。20世纪70年代西方发达国家正开始涌动着技术革命的浪潮，并且向各个学科领域挺进，计算机也在和各学科“联姻”。随着计算机硬件的发展，此时的绘图学领域自动绘图、计算机绘图（CG）、交互式计算机绘图（IG）、计算机辅助几何设计（GAGD）以及计算机辅助设计（CAD）等新名词、新概念，让人眼花缭乱。科学技术发展的步伐，知识的不断更新，使得画法几何及工程制图的教学内容也在不断调整与更新中。

形势的发展喜人又逼人，为加快整顿被打乱、破坏的学科体系，这一时期各个高等院校、各个学科的学会不断地举行各种经验交流会、学术研讨会、培训班。我除了教学任务，就是不断地学习、进修、培训、编写新教材。新形势、新课题、新高度，不断拓展视野、不断追赶科学技术的前沿。

计算机的普及和更新升级很快，计算机绘图技术改变着我们这门传统的课程。画法几何的内容逐步减少，计算机绘图的内容不断增加。到目前已经甩掉了图板，采用交互式计算机绘图。教学逐渐也不再是一个黑板、一支粉笔、几张挂图、几个模型就能开讲了，要开发课件，使用多媒体教学。因此教师的终身学习是必须的。

20世纪80年代全国高校绕不开一个叫谭浩强的名人。有评论说“20世纪中国计算机普及永远绕不开一面旗帜，那就是谭浩强”。他曾在中央电视台向全国系统地讲授了BASIC、FORTRAN、COBOL、PASCAL、C、QBASIC、Visual Basic共7种计算机语言，观众超过500万人。他编写的教材不计其数。许多人认为他“开创了计算机书籍贴近大众的新风”，为我国的计算机普及事业作出重要的贡献。

从那时起，我就是一个不间断的“跟风”者。这的确是形势所迫、绕不开！后来又有了新的绕不开的AutoCAD。从1982年的1.0版到AutoCAD2006，我一直在“跟风”，目前它已经升级到了AutoCAD2018。

AutoCAD(Autodesk Computer Aided Design)是Autodesk(欧特克)公司首次于1982年开发的自动计算机辅助设计软件，用于二维绘图、详细绘制、设计文档和基本三维设计，现已成为国际上广为流行的绘图工具。AutoCAD具有良好的

1984 年 7 月，参加清华大学计算机绘图班留影

1984 年，参加北京工业学院高等画法几何教师进修班留影

1984 年，参加华南工学院奥地利 H.Stachel 教授画法微分几何讲习班留念

《机械制图》（第 6 版）

用户界面，通过交互菜单或命令行方式便可以进行各种操作。它的多文档设计环境，让非计算机专业人员也能很快地学会使用，在不断实践的过程中更好地掌握它的各种应用和开发技巧，从而不断提高工作效率。AutoCAD 具有广泛的适应性，它可以在各种操作系统支持的微型计算机和工作站上运行。

所以工科院校的画法几何及工程制图课教材都衔接了 AutoCAD 内容。学校师生终于甩掉了图板，使用 AutoCAD 绘图。

我在北京建筑工程学院（现为北京建筑大学）教书的 23 年生涯中，除了教学任务以外还编写课件、编写内部补充教材、参编出版社组织的统编教材。正式的出版教材有：1990 年交通出版社出版发行的《道路工程制图》，主编郑国权；1993 年电子工业出版社出版的《微机绘图与 AutoCAD》，主编赵月芳；1997 年中国建材出版社出版的《画法几何及土建制图》，北京建筑工程学院土建制图组编写；2006 年 3 月清华大学出版社出版的《机械制图》（第五版），主编邹宜侯、窦默林、潘海东；2012 年 8 月清华大学出版社出版的《机械制图》（第六版），主编邹宜侯、窦默林、潘海东。后两本教材中作为第三作者的我，所编写的内容为 AutoCAD2006 绘图软件部分。我能有幸参编这部精品教材是因为我“跟风”比较紧。

清华大学出版社出版的这部《机械制图》始于 1984 年的第一版，之后连续出版了 30 年。因需求量之大，每版印刷 8 至 10 次之多。

时至今日，这本五星级的书仍在加印、销售中，好评率 99.1%。我很自豪，因为我也可以像许多校友所说的那样：“我没有给北工大丢脸”。

在大学

退休后

潘海东，1945 年 1 月生人，副教授。

1957 年 9 月—1963 年 7 月，北京市第一女子中学读初、高中；

1963 年 9 月—1968 年 12 月，就读于北京工业大学土木工程系城市道路与公路专业（6363 班）；

1969 年 1 月—1970 年 8 月，在山西大同、阳高 4661 部队农场接受“再教育”；

1970 年 9 月—1978 年 7 月，在北京市市政工程局市政二公司任技术员、“721 大学”教员；

1978 年 8 月—2001 年 3 月，北京建筑工程学院基础课部制图教研室，副教授；

2001 年 4 月，退休。

到矿山过革命化春节

6412 班　许文安

20 世纪 90 年代，我国改革开放形势迅猛发展，大干快上，把“文革”失去的时间夺回来，全国人民的精神面貌非常振奋，各级干部身先士卒，率领本单位、本系统、本区域的职工，战天斗地，旧貌换新颜，各种革命口号激励着人民，鼓舞着斗志，过革命化春节就是一道彩！

当时我在河北黄金局(也叫中国黄金河北公司)担任局长、书记、总经理三个职务。如何以身作则，调动全省黄金战线广大职工的积极性，超额完成国家生产计划，支持祖国改革开放的伟大事业，是压倒一切的任务。为此，改进工作作风，深入基层、尊重科学、调查研究、苦干实干、现场办公，已成为黄金人流行的工作方法。到矿山去，与职工同吃、同住、同劳动也是大力倡导的。和矿山工人一起过革命化春节更是当然的行动！ 1991 年春节，我率领省局机关部分干部赴承德宽城峪耳崖金矿与职工一起过节的情景，使我深受教育，至今不能忘怀。此情此景教育我一生无论什么时候都不能忘记一线职工，不能忘记老百姓。他们才是最伟大、最可爱的人！认识到这一点，对于一个领导干部尤为重要。

大年三十下午，我们一行抵达矿山。按先井下后选厂再机修等后勤保障单位的顺序，慰问坚持生产的一线职工。事先省局要求全省黄金战线的职工，过节一定要吃上饺子（现在说起来，吃饺子还是个事吗？可当时能真正做到还真不容易）。那天，天下着大雪，北风呼啸，雪往脖子里灌，走在矿山的路上，泥泞湿滑，不时就摔一跤。当我们走在选厂皮带廊下时，天已经全黑了，看到远处有一处微弱的灯光。是值班工人吧？不像，那个位置不应该有人值班。是工人宿舍吧？也不像，太偏了。我决定前去看看，崔矿长劝我说：“许局长别去了，咱们还有好多地方没走呢！”我一想也对，但不去又不甘心，就说还是过去看一下。结果一去，发现了令人吃惊的景象。这是个矿工临时搭建的居住地，用旧砖头垒起的小房儿，没有门，挂着个草帘子。我和崔矿长等几个同志半哈着腰钻进去一看，炕上铺着一领席，席上面躺着一个中年妇女。虽然炕洞里烧着些柴火，但屋里冷飕飕的。靠墙处有两只包装箱，上面堆了几条旧棉被。地上站着个八九岁的小女孩儿，穿着一身儿破破烂烂的棉衣棉裤，一点儿过年的样子也没有，头上也没扎红头绳。崔矿长说："省局领导来看你们来啦！"这位女同志听说省局领导来了，诚惶诚恐地爬起来，从炕席边儿上摸索出一个脏兮兮的塑料袋，掏出两块块塘（那种没有包装的块糖），说："局长，您吃！"我看到这种情况，眼泪哗地一下流了出来，赶忙握住她冰凉的手说："大嫂，你快别动，我们工作没做好，让你们受苦了！"我问了问她家中的情况，又问她今天是年三十，家中吃上饺子了吗？大嫂说："没有，我有病，矿里生产任务重，她爸加班，顾不上家……"此时，我随手把身上带的差旅费掏出来放在大嫂身边，我说："大嫂，我工作没做好，向你检讨，这点儿钱留给你和孩子过个年。"陪同矿长说什么也不让留钱，直检讨说，他们工作有死角儿（实际上崔矿长是个很能干、很有威信的矿长）。我坚持把钱留给大嫂，她激动地趴在炕上要给我磕头，我赶忙把她扶住，劝她别这样。我又问她对矿上有什么要求，她说能不能解决一下住房，让他们有个家。我当时很干脆地答应了，说："明年保证让你们住新房，我对不起你们啊！"从她家出来后，我和矿长说："老崔，今天咱们哪儿也不去了，回矿部开会，讨论职工生活还有什么问题怎么解决。"回到矿部后，矿上的领导干部都赶来了。他们说：刚才这户职工，是修建潘家口水库时的移民安置遗留问题，地方政府一直不解决，矿上也没有这么大能力。我说："他们现在已经是咱们矿上的职工了，就按矿山职工解决嘛！"矿领导们说："那矿上没房的老职工就更有意见了，不好办。"争来争去，讨论来讨论去，大约要解决 40 户才能平衡下来。我最后决定，省局拨大部分款，矿上出一点，在矿里盖一栋楼（不用征地了，少花钱），标准别太高，多安排些困难户。矿里具体组织落实，开春就干。天冷前保证让职工住进去（当时建设审批程序不太复杂）。

这件事对我教育极大，触动极深。后来我曾很感慨地说："没想到解放都这么多年了，竟然在我们矿上看到喜儿过大年令人心酸的一幕，我们的工作没做好啊！我们对不起老百姓啊！"春节后，我只要见到省领导，我就向他们讲述我的见闻，他们听了后都特别关心，指示我要千方百计地帮助解决困难。后来省局连续几年，在省委、省政府领导的支持下，分期分批地帮助各地矿山新建职工宿舍，解决部分管理和技术骨干农转非问题（省政府每年给河北黄金系统戴帽 100 个农转非指标），在省粮食局的帮助下，帮助矿山调剂增加细粮指标。省局要求全省各级黄金管理部门要为矿山职工做好后勤工作。通过这一系列措施，使干部职工安心矿山工作了，生产的积极性得到了充分发挥。河北黄金产量跃居全国第三位（山东第一，河南第二）。

近些年来，我从工作岗位上退下来。经常思考一些问题。总感到多年来我们的干部跑上面多了，跑下面少了；离领导近了，离人民群众远了，不了解基层情况，不了解人民的苦与乐，和人民的感情越来越远了。习总书记号召全党不忘初心，实际上是告诫全党，我们是为人民服务的，我们的一切出发点和落脚点都应当保证人民过上幸福生活！组织上把这方土地交给你，你就要切实负起责任来！

到基层过个革命化春节的做法虽然过时了，但它给我的教育使我终身受益。人民是我们的靠山！没有人民的支持我们将一事无成！没有人民的幸福生活，我们所做的一切就没有实际意义！

2018 年 5 月 16 日

在大学

退休后在成都杜甫草堂

许文安

1958—1964 年，在北京十三中学读书；

1964—1970 年，在北京工业大学机械系读书；

1970—1986 年，在河北张家口宁远钢厂劳动锻炼，后任厂长；

1986 年底—1989 年 6 月，在河北省张家口地区计划委员会任主任兼党组书记；

1989 年 6 月—1994 年 5 月，在河北黄金管理局任局长兼党委书记；

1994—1998 年，在《中国黄金报社》任社长兼党委书记；

1999—2003 年，在中国黄金总公司任副总经理、党委委员；

2003—2006 年 11 月，任中国黄金集团副总经理、党委委员；

2006 年 11 月底，退休。

怀念王震副主席

6412 班　许文安

1991 年，我在河北省黄金管理局主持工作，恰逢我党建党 70 周年。我想组织全省黄金战线劳模代表到北京看望老一辈革命家，聆听教诲，激发干劲，多产黄金，报效祖国。由于联系晚了，我们计划要去看望的几位老革命家，“七一”的活动都安排满了，不好调整，只有王震副主席处回复，不一定在“七一”之前，“七一”之后也行，听通知。

过了“七一”不久，我便接到通知，于是我率河北黄金战线代表一行赴京看望王老（王老是新中国黄金工业的奠基人，领导黄金工业达十年之久，对黄金战线感情特深），汇报河北黄金工业发展情况，当面聆听老人家的教诲。我们按预定时间到达翠花胡同王老家中，老人家在拥挤的客厅接见我们一行，他非常高兴，认真地听取我们的汇报，并用浓重的湖南口音，不时插话，询问具体情况，对河北省近年来黄金工业发展表示满意。（王老主持黄金工业时，曾多次赴河北调研，并在河北平泉县召开过全国黄金生产座谈会。对河北情况了解。）由于当时王老身体状况不太好，李慎明同志（时任王老秘书）示意我们不要占用老人家太长时间，怕他太累。会见结束后王老提出要和我们合影，合影后，老人家在秘书搀扶下向我们大家深深地鞠了一躬，连声说：“谢谢你们，谢谢大家！”当时我们这些同志真是心潮澎湃，热血沸腾，激动的心情难以言表！我们有何德何能承受老人家这一躬？这一躬代表老一辈革命家对我们寄托了多少希望？这一躬给我们肩上压了多少担子与责任？我们怎么才能交出合格的答卷？此时大家异口同声地向王老表示：“您放心！我们回去一定好好干，多产黄金，多作贡献，绝不辜负您的希望。”回到住地后，被接见的同志仍然激动万分，纷纷给单位打长途电话（当时没有手机）报告情况，安排工作。此后，河北黄金产量连年快速增长，年年受到河北省委、省政府、国家黄金局的表彰。后来王老又专门给河北黄金题字“开拓奋进”。它就像一股春风吹遍了河北黄金战线，给职工们注入了无限的力量！

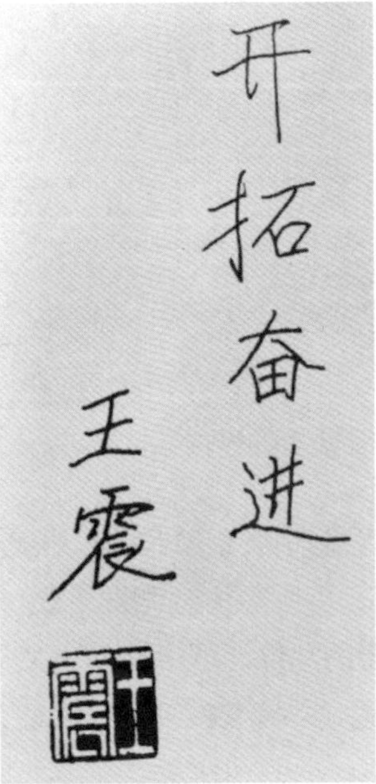

王老的题字：“开拓奋进”

1992年夏天，李秘书突然来电，让我第二天下午到北京，说王老要见我。我忙问李秘书老人家要了解哪方面情况？李秘书说：“老人家没说，只是通知你来一下。”我心中忐忑不安，不知道老人家要了解哪方面的情况。不过好在全省黄金生产建设情况，我心中是有数的，条理一下就行。于是，我约副局长范新儒同志第二天上午与我一起进京见王老。我们按要求中午过后到达中南海大西门，门卫已接通知，引导我们到王老办公处。李秘书已等我们，他说你们稍等一下，我去报告一下。一会儿李秘书回来说老人家让你们过去。我俩随李秘书进了王老宽敞的办公室，老人家正坐在办公桌前看文件，看我们来了，示意我和老范在他前面坐下。我向王老报告说:“王老,我们奉命前来请您指示。”王老笑着说:“哪有那么多指示,你们干得不错嘛！还得好好干呀！小李，把书架上那个盒子给他（指了指我）。”我忙说：“王主席，那是什么呀？我不要。”此时，老范用腿有意识地碰了我一下，我意识到我可能有不对之处了。赶忙站起来，双手从李秘书手中接过来，并向王老鞠躬致谢！老人家这时又说了：“没事儿了，回去吧，好好干！多产黄金。”

李秘书让我们到他办公室等他一下，我俩回到李秘书办公室，范局长批评我说主席让你来送你东西是鼓励你、表扬你，你还敢说不要！要是过去这就是君前失礼，该斩！此时我才反应过来，刚才我确实是失措了，这后悔！一会儿李秘书回到办公室，问了一下王老还有什么嘱咐，李秘书说：“王老让你们回去好好干！”

王震副主席送的端砚

在回石家庄的路上我打开盒子一看是一方端砚。我反复思索，老人家为什么送我砚呢？让我写毛笔字？显然不是，我想虽然是表彰我，但肯定有很深的寓意，当年我是个年轻的领导干部，这是老人家希望我要像砚台一样，多受磨炼啊！王老的用心何其良苦呀！

1992年9月，我又接到王老办公室电话，告诉我，王老将于国庆节前赴广州养病。并传达王老指示，今冬若有机会去广州出差，可到珠岛宾馆看望。恰好年底国家黄金局在广州有个会，我利用会后时间与王老侍卫长郑勇同志联系去看望老人家。因会议代表多，我不愿意张扬，没从会上要车，而是乘公交车去珠岛，没想到路上塞车，我这急呀！到宾馆已经8点多了，李秘书说老人家晚饭后，一直等你，现在估计休息了。我俩轻手轻脚地走进王老卧室，看见王老已戴上呼吸机休息了。怕影响老人家休息，我俩赶快溜出来。第二天本应再来看望，但由于会议要求代表尽快回去传达贯彻会议精神，就没再安排时间去看望老人家，心想明年春天有机会再来看望，但万万没想到此次竟是诀别！老人家于1993年3月12日于广州逝世，噩耗传来，我悲痛万分。

我组织河北黄金战线部分代表到北京，送别这位伟大的无产阶级革命家、政治家、军事家、坚定的马克思主义者、党和国家卓越的领导人、新中国黄金工业的奠基人。我给老人家鞠了多少躬，我也记不得了。在他老人家面前我浮想联翩，王老接见我的一幕幕展现在我的眼前，他浓重的湖南口音、他的谆谆教诲、他的风范，激励着我，艰苦奋斗，顽强拼搏，多产黄金，增强国力！激励我开拓前进！为祖国黄金工业发展出力！后来，不论我在黄金工业什么岗位上，我都时时刻刻想着王老给我们的一躬，想着王老送我的砚，想着王老对我们这一代人的嘱托，想着如何搞好本职工作，为祖国多作贡献！

今年4月11日是王老诞辰110周年，为纪念这位伟大的革命家，中央有关部门组织纪念活动。迟浩田、陈元等很多领导同志出席。我作为黄金战线的代表应邀参加，感到十分荣耀。经过几代黄金人的艰苦奋斗，王老开创的新中国黄金工业如今已连续十几年产量稳居世界第一，已探明黄金储量居世界第二，我国黄金储备已超过1600吨。我国自主研发的细菌提金工艺居世界最先进水平。我国的黄金工业已成为勘探开采、选冶、加工门类齐全的工业体系，技术先进，管理严格，环境达标。黄金不仅为祖国经济建设提供了强大

参加纪念王震同志诞辰110周年学术座谈会

的后盾，而且美化了我国人民的生活！每当我们回忆新中国黄金工业发展取得的光辉成就时，总是深深地怀念王震副主席——这位伟大的中国黄金工业奠基人！

王老，您亲手精心栽培的中国黄金之花一定会永远璀璨地开放！您倡导的尊重科学，深入基层，苦干实干的创业精神，一定会在中国采金人身上一代一代地发扬光大。

王老，您永远活在我们心中！

我的一点回忆

6415 班　殷大新

1970 年盛夏的 8 月，我从北京工业大学机械系内燃机专业 6415 班毕业，分配到四川省达县地区。达县地区是革命老区川陕革命根据地的重要组成部分，是老一辈无产阶级革命家徐向前、李先念、许世友曾经战斗过的地方，1955 年授衔的将军就有几十位。那时的达县不通火车。重庆到达县 270 公里的公路还是土路，坐汽车要 11—13 个小时，下车后全身都是灰。分到达县地区的北京工业大学同学共有 4 名，6414 班的周小平和 6517 班的吴知衡分到平昌农机厂，6518 班的邹加宏分到大竹化肥厂。报到后我被分配到坐落在渠县县城渠江下游 3 公里处的达县地区渠江糖厂，从糖厂进城要坐人工划的小船。渠江糖厂是国家大中型轻工企业，1965 年建厂，主要生产白砂糖、机械纸、酒精等产品。当时分到糖厂的有 15 名大学生，他们分别来自天津大学、同济大学、西安交通大学、成都工学院等。我们这些大学生到厂后都分到生产生活第一线工作，分别做电工、锅炉工、设备操作工、食堂炊事员等。我在机修车间开车床。那个时期建厂的指导思想是先生产，后生活，条件很艰苦，和北京相比条件虽差，但是从学校来到了厂矿企业走上了工作岗位，心中感到很高兴，因为有了新的归宿。

在工作中我虚心向师傅学习，很快就能独立操作 C650 车床了。C650 车床是整个达县地区唯一的一台，专门加工大型零件，我能操作这样的车床很是自豪。半年后我担任了车间技术员。在机修车间工作期间，因工作不是很多，我经常被抽调，去搞其他工作。1972 年，我作为十大宣讲团成员到渠县农村搞了半年宣讲工作。那时农村很穷，我们在大队部睡地板，洗脸漱口就用池塘里的水，夜里出门用麦草当火把，白天和乡亲共同劳动。我和乡亲们相处得很好，成了朋友。渠江糖厂的生产能力是日榨甘蔗 500 吨。糖厂的蔗糖生产是季节性的，每年 11 月下旬开始收割甘蔗进入榨季，一直到第二年 3 月份。在这期间全厂所有职工都要参与，我有两年都被抽到蔗渣场堆码蔗渣。蔗渣是造纸最好的原料，每包有 30 公斤。我们每天工作 12 个小时，堆码时每人背两包，工作很辛苦，但也培养了吃苦精神。麦草是造纸的重要原料，还有一年的夏天我去农村收购麦草，一个人在荒郊野外的草棚里待了一个多月。

1979年我被调到压榨车间做技术工作。压榨车间是生产蔗糖的第一道工序，甘蔗通过五组榨机的碾压后，再把蔗汁输送到制糖车间进行过滤、硫熏、蒸发后形成白砂糖。每当榨季，为保证榨机24小时正常运转，我的工作特别忙，因为一旦停机，提取的蔗糖产量将减少。一次带动榨机的蒸汽机出了故障，我和车间的领导36小时没休息直到把问题解决。榨机之间的传输是铁板链接，在运行中经常出故障造成停机。为解决传输问题我带了一名工人到广东、广西的糖厂学习，回厂后我独立完成了对传输部分的改造，变铁板链接为胶带运输，对当年榨季起到很好的效果，提高了压榨的质量和产量。榨季每年都只有3—4个月时间，压榨车间其他时间都是检修，在此段时间我又到造纸车间与技术科的技术人员一起针对造纸产生的废水回收以及纸浆上网均匀等问题进行设备改造。我们搞了上浮法白水回收和阶梯扩散器纸浆上网的设备，为此我在四川造纸杂志发表了两篇论文并得到好评。

1982年12月，我从压榨车间副主任调到厂办公室做主任，这是我从技术岗位到行政管理工作的开始，1983年4月我被任命为渠江糖厂厂长。在我任职期间，乘着改革开放的东风，我们厂领导一班人团结共事，糖厂经济效益年年上升，取得了不错的成绩。建了新的职工宿舍，职工福利有了改善。

1986年10月，我调到四川省汽车运输公司达县公司任经理，达县公司是个大型运输企业，公司拥有客货运输车辆1000多台，职工1万多人，下属有6个车队12个车站。改革开放后的运输市场是全民、集体、个体一起上，竞争异常激烈，在竞争中只有挖掘潜力主动改革才能使公司有活力和效益。我们当时的思路是以客货运输为主开展多种经营，利用公司的车队和车站在各个县城的有利位置开展了全方位的多种经营，开办了汽车维修对外经营，利用车站在城市中心的位置开办了旅馆，临街的门市对外营业，食堂、医务室也对外服务，对外销售汽车零配件，利用车队的场地办驾校，更新了客车和货车，客货车辆对驾驶员实行承包。由于思路活了，车队和车站职工的积极性被调动起来，取得了很好的效益。运输企业取得效益的前提是安全，运输安全一定要天天讲、时时讲。六年来公司没有发生一起重大伤亡事故。

1992年10月，我到达县地区交通局任局长、党组书记。那个时期交通局除了进行公路、水路运输市场行业管理和公路养护、路政管理外，主要任务是公路建设。当时区内的两条国道和省道以及县道没有一条二级以上的公路，而且还有几个乡镇不通公路，公路建设任务相当繁重。要致富先修路，我们首先对达县的四个进出口进行加宽改造，其次是国省道按二级标准修建，第三是加快农村公路建设实现乡乡通公路。接着着手进行达县至重庆的高速公路前期工作和建设。公路建设需要大量的资金，交通部和省交通厅的补助资金远远不够，我们找银行贷款，对外招商，成立融资公司，加大税费征收力度。到1997年各项任务基本完成，达渝高速公路开工兴建。由于我们的努力工作上级交通部门在资金补助上加大了力度给以支持，高速公路在2000年通车。在高速公路的建设过程中，我们做到了高速度、高质量、低成本，并且培养了一批人才，目前他们之中，有七八个人在四川省各条高速公路担任领导职务。

1999年12月，达县地区进行地改市，我当选为达州市第一届人大常委会副主任，财经委员会主任。人大的工作主要是监督行政部门执法，对我来说是从执法转变为监督执法。每年人大都要进行执法检查和立法调查。财经委员会联系部门很多，每年人大会议期间要审查计划工作报告和财政预算、决算工作报告。为把有限的资金用好，我们把工作重点放在监督部门预算上，起到了很好的效果，得到了省人大财经委员会的肯定。

从1989年到2002年我还多次担任达县地区和达州市侨联主席，在北京还出席了全国侨代会，我广泛联系华侨和侨属支持侨属企业发展。2005年担任了达州市外事工作领导小组副组长，2008年退休。

大学期间

退休后

殷大新，1945年2月2日出生，北京市西城区人。

1964年9月—1970年8月，北京工业大学机械系内燃机专业6415班学生；

1970年8月—1986年10月，四川省达县地区渠江糖厂工人、技术员、车间副主任、厂部办公室主任、厂长；1982 年 3 月，加入中国共产党；

1986 年 10 月—1992 年 10 月，四川省达县地区汽车运输公司经理；

1992 年 10 月—1999 年 12 月，四川省达县地区交通局党组书记、局长；

1999 年 12 月—2005 年 3 月，四川省达州市人大常委会党组成员、副主任、财经委员会主任委员；

2005 年 3 月—2008 年 5 月，四川省达州市外事领导小组副组长；

2008 年 5 月，退休。

勇于实践　不甘人后

6415 班　尹光宏

1970 年 8 月 13 日，送走了最后一批去外地的同学，终于接到了开会的通知，宣布剩余同学的分配决定。我和一系 64、65 级的共 28 名同学分配到了北京市机械局系统，下午我们一起来北京市机械局报到。当我们把派遣证交到机械局人事处后，只见那位负责同志对了对名字，就接连在派遣证上写下了 14 张“二通”两字，我也在其中。另外的 14 名同学有一个人一个工厂的，也有两个人一个工厂的，10 分钟不到就算分完了，我们各自拿着那张派遣证，直奔所分单位报到去了。现在回忆起来，那时决定一生命运的分配，全掌握在这个人手里，他分配工作是那么的轻松、简单，没有任何可以表达个人意愿的程序步骤。

为什么分到北京第二通用机械厂（简称“二通”）那么多同学？当时谁也不清楚，是一个问号，到厂后才陆续知道了一些。原来计划经济时代根据一机部的产业战略布局，我国要建成若干个火力发电设备制造基地，两大几小。哈尔滨、四川为两大，生产 60 万千瓦的；上海、北京等地生产 10 万千瓦的，为几小之一。“二通”根据工艺需要上 6000 吨水压机并进行扩建，和北京重型电机厂、北京锅炉厂组成 10 万千瓦汽轮发电机设备生产基地。“二通”负责合金钢的冶炼、铸锭、锻造、粗加工和热处理这几个部分。这个项目当时中央分配李先念同志主抓，他到厂里视察并听取意见，当厂里反映技术人员不足，他当场作指示，要留下一批正在分配的大学生。我们显然是这个决定的受益者，以前根本没有想到会留在北京工作。一同分配到“二通”厂的还有三系 64、65 级的 3 名同学，我们一共 17 名。9 月份从山西部队农场锻炼回来的 62、63 级的同学又来了近 30 名，工大同学在“二通”遍布各个车间，有相当的实力。十年后几乎各分厂、科室的中层领导都是我们工大的同学。

报到后我被分到金工车间，这是当时厂里最大的车间，有 1200 多人，担负着机械加工和装配产品的任务。厂房也还在扩建，设备将陆续增加。我们都分到各个车间、工段、班组参加一线劳动，三班倒，接受工人阶级“再教育”。

我分到小件车工工段，跟着1965年参加工作的二级工师傅当学徒，和许多十六七岁1970年毕业的初中生徒工一样帮床子打下手。这样干了三个多月，一般的车工技术都学会了。这三个月对我后来的工作，尤其是车工工艺受益匪浅。

10月份工厂接到了两个新产品：生产冶金行业的圆锥破碎机和矿山行业的4立方米电铲。这两个产品中都有一对大模数（32和30）大直径（Φ1400）的直齿圆锥齿轮。“二通”厂当时没有加工这种齿轮的制齿设备，车间领导决定自力更生采用自制土设备加工，我被选中参加自制设备攻关小组。带着我干的是一位名叫蒋宝恺的高级技师，他因在国民党兵工厂当过少校技术人员的历史问题，“文革”中下放到车间一线劳动。因为我制图能力比另外两个中专生强些，所以我成了他的第一助手。跟着他去外厂学习，研究工件图纸，确定加工方案，画图设计并组织实施。当时一心想把这个任务完成好，没日没夜地干了7个月，终于把自制机床装配试车成功。我们直接在这台牛头伞齿刨上加工破碎机的大齿轮，直至完成了第一批加工任务。

参与这个全过程的经历，我等于在实践中完成了大学没学的全部机械制造专业的课程，从设计到工艺，从材料到成型，每天都在模型、铸造、锻造、机加工、热处理各车间里跑，委托加工，现场盯进度。有不懂的直接向蒋技师请教，边干边学，恶补了“文革”中本应学到而未学到的知识。我们几个人自己装配，钳工的技术和动手能力亦得到了锻炼。我发现在实践中学习是如此的多快好省，和技师在一起你还能学到学校和书本根本学不到的东西。我们制造的虽说是土齿轮加工设备，但自动化程度相当高，基本上是自动循环加工的，对好刀后无须手工操作。为了消除分度正反转循环带来的间隙误差，在设计上我们采用了消除间隙的双蜗杆传动，每根蜗杆又学习德国刨齿机采用的双导程蜗杆设计，便于进一步调整和消除间隙。但是双导程蜗杆如何加工是当时摆在眼前的难题，这个厂都没人加工过，当时也很难查到资料。蒋技师也束手无策，他又找到车间的另一位老车工韩世炎技师请教，他居然想出了用更换车床标准挂轮，在传动链中增加齿数和减少齿数，使加工时逐步乱扣的方法分别加工蜗杆的两个侧面，便可以满足要求，他还画了示意图。这个方法一出，我们齐呼真是太巧妙了，难题迎刃而解。通过这件事让我对这两个技师更是充满了崇拜之情，事实又一次证明了实践出真知，如果没有对车床加工和车床传动链了解到如此纯熟的程度，根本想不出这个办法。从此也就更加坚定了我在实践中学习的决心。

由于这段时间在自制设备工作中表现出色，我在工大同学中第一个从劳动岗位调入到管理部门，从事车间的设备管理和维修技术工作，从此便和机床结下了不解之缘。我学的是内燃机专业，从小喜欢的也是汽车方面，但服从是我们那一代人的天性。几个月后所有实习的同学都陆续结束了一线劳动，大部分调入了技术科室。车间主任怕我有情绪，找我谈话说："先一步把你留在车间是我的私心，车间特别需要你这样的。"我当时也不曾多想，确实也不想去远离一线的地方，没有闹任何情绪，安心做好本职工作。

值得庆幸的是我又遇到了一个工人出身的技师当我的师傅，他叫沙树华。他虽然小学毕业，是铸铁的翻砂工出身，完全是靠自学成才，走上了技术岗位。他画的图纸又规矩又漂亮，还写得一手好字，徒手测绘草图时，要圆有圆、要直有直；他的知识面也极其宽阔，对我的影响和触动极大。当时车间管理设备就我们两个人，从建立被"文革"破坏的规章制度入手，重新核对固定资产，建立台账、卡片，逐步将管理工作走上了规范。通过编制管理制度，编写操作规程，完善设备档案，起草文件、报告等一系列的管理工作，大大提高了我的工作能力。为保障生产，我们的主要精力放在及时修复故障机床和安装新到的设备方面。那时我和车间的维修工人整天在一起摸爬滚打，一起安装、一起维修设备，蹭得满身油泥，回到家，家里人都说我带着一身机油味儿。就是这味儿使我有了一帮工人好哥们儿。

因为 20 世纪 70 年代还是"文革"期间，国家是计划经济体制，一机部根据计划，分配给我厂的机床没有挑选的余地。像武汉重型机床厂生产的仿苏重型机床，无论是立车还是龙门刨床，出厂编号都是 71001 或 72001，全是试制产品根本没有质量保证，安装后不能运转是常态。因我们是最终用户，没有办法，只能根据发生的问题进行新设备的技术改造，有的还动了机床导轨等大手术后才能使用。去制造厂反映问题（当时不能索赔、更不能退货），该厂的技术人员也很无奈，因为他们厂也是军管会领导说了算，外行领导的笑话多了去了，什么"重型机床越轻越好"，等等。每每碰到这种情况，我们都自行改装，最多是和制造厂要点材料，现在想起来也是很好笑的。我们俩说怎么改就怎么改，价值几百万全国仅有的像 10 米立车、6.3 米立车、大型 8 米龙门刨，不用请示汇报，不用报方案审批，我们俩想好就开始实施了。那时效率也是真高，条条框框也真少，特多的难题，太大的任务量，也成就了我特多的实践机会。在不断改造成功的同时，我的专业技术水平和能力也突飞猛进。

我们分厂（车间）有北京市最大的重型机床设备，还有许多进口机床，据说我厂固定资产总值在机械局里排第一，人数近 8000 人排第二，不如一机床厂的 9000 多人。

当时机床维修最难的是没有配件，尤其是机床齿轮因事故损坏后，停机影响生产需要很长时间才能修复。国内机床可以派人去制造厂求援采购，国外机床根本没有进口渠道。我们采取的方法是测绘和自制。因为我厂具有从毛坯到加工的全套工艺装备，自制零件不是难事，但是要有人测绘出零件图纸。因此，从那时起开始对齿轮的自制和研究，先后解决了不少机床的难题。第一次是武汉重型机床厂生产的3.4米立车。新机床刚投产不到一个月，工作台下主传动大齿圈严重硌伤损坏。原因是制造和安装高度造成的，刚车下的碎钢屑堆集后挤入工作台下护板，护板太薄被挤碎，从铸造工艺孔空隙挤入齿轮的啮合部位，造成了一对模数14的齿轮双双损坏，大齿轮直径2.8米左右。这样的事故修复是很难的。如果更换大齿圈需要把工作台等大部件发往武汉，费用高而且时间长。沙师傅提出用变位齿轮解决，我在他指导下第一次进行了大量计算，预估了变位量，采用高变位方法，车小大齿轮外径，重新向深处滚齿、修复，再重新做一个小齿轮，保证原来中心距不变，保证正常啮合。这次实践获得圆满成功，节省了大量时间和经费，也是我的机械零件课的一次课程设计实践。

东德的125镗床、捷克的SR1000重型车床、西德BF200落地镗床、英国的5米滚齿机、罗马尼亚的SN630车床等设备的齿轮采用的不是我国的标准模数制，有的是英国径节制，有的是瑞士的马格模数制，我们国家根本没有加工这种齿轮的刀具，想按原来参数测绘自制，因无刀具加工根本无从谈起。我都是利用角度变位齿轮原理，成对更换，有些部位还不能改变传动比，只有再通过加减齿数，更改模数方法，先变成我国的标准模数制，再进行角度变位拼凑中心距来达到。一般程序是先按原来的参数进行几何计算，再假设一个模数和变位量进行几何计算，比较有无修复可能。直至中心距、变位量、模数、齿数都符合了，还要进行各种强度的验算，保证新的齿轮强度不低于原来强度，才算改造设计完成，才能出图纸重新制造。这样大量的计算有时要重复多少次，才能找到最佳方案。齿轮是机械零件中最难加工的，测绘和修复更难，需要大量的知识、经验和计算，计算时有的参数要精确到小数点后7位，许多人都望而生畏。以前又没有好的计算工具，记得第一次算的时候，借用进口机床带的手摇计算机，操作老师傅像宝贝似的不愿借，一再地嘱咐，生怕我给用坏了。哗啦哗啦地摇了一夜才弄完。正是因为我在车间解决了许多机床的齿轮问题，在厂内设备系统都有耳闻。评初级职称时评委一个问题也没问，聊了一会儿天就算通过了。

回忆起较大的修复项目还有：测绘自制大型磨床砂轮氮化主轴、镗床的主轴（镗杆）、东德4米立车恒流静压导轨改造、6.3米立车工作台导轨改造、5米滚齿机传动链改造、数台天车大梁上拱度恢复改造、大型落地镗铣床下滑板导轨摩擦副改造、20 余台大型及重型机床数显化改造、引进德国 3×8 米重型数控龙门镗铣床、为首钢购置引进数台大型落地镗铣床，等等。我的许多成果要是放在现在，都是可以算作厂内重大技术成果，都不是车间应该干的任务。那时即没有什么申报程序，也没人去统计和表彰，干完了解决了车间分厂一个难题，也就完了，只有少数人和直接领导知道。

第二通用机械厂扩建后 1972 年改名叫北京重型机器厂，此名一直延续到 1992 年成建制从机械局划归首钢为止。我在这个厂的这个车间（后叫机加工装配分厂）待了 24 年。常人说："人挪活，树挪死"，许多同学工作调动后，职务、住房都发生了很大变化，都应了上面那句话。我可能是因为对这些设备太了解了，成了设备的活字典，哪个直接领导都不放你走，因此，我也失去了两次去部和局工作的机会。

1996 年，因爱人分到的房子距厂子太远，我厂又划归了首钢，首钢领导对我们老"二通"的人也不十分了解，我趁机尝试了一回工作调动，调到了北京市机电研究院，继续我的老本行，设备管理和维修工作。据说我走后，首钢机电公司的领导后悔了，说"怎么把他放走了？"说实话，离开自己学习和奋斗的地方，心里还真是有些恋恋不舍，毕竟对这里的人和设备是那样的熟悉和有感情（要不是划归首钢，我可能会在那里一辈子）。

调入机电院后，经过几个月对环境和人员的熟悉，我担任了生产处副处长（实际是设备处长），主管全院的设备和维修工作。机电院其实也是一个生产型的工厂，有着多种自己的产品，如数控加工中心、专用加工机床、高电压设备、环保成套设备、激光、模具、铸造等。自身也拥有不少台先进的进口数控机床等加工设备。我重点学习和熟悉了数控机床，补上了在重机厂的缺门。我在数控机床维修方面也总结了几条规律，也适应了机电院的维修体制。数控机床机械部分随着电器部分的性能提升，变得越来越简单，几乎废弃了齿轮和复杂的变速机构，清一色的是电机带滚珠丝杠传动，电机实现无级调速。由于机械部分简单和制造的高质量高精度，在使用中，数控机床机械部分的故障率是极低的，除去事故损坏，数控机床的故障率 90% 是电气系统故障，10% 是机床辅助系统故障。电气故障现在也无须电气技术员看图纸找开关、继电器、找保险、找线圈，只需有几块系统板轮换插一下，便可找到问题并解决故障。因此，维修体系中不养专业维修人员是现代企业的普遍做法。机电院和重机厂的一个最大的区别就是没有专业化的维修人员和队伍。

记得在机电院有一天我和数控事业部的经理说事情，一个女车工跑来向领导汇报，说她的 CA6140 车床搬家后没有快速了，许多人包括机电院最权威的老车工技师修了一天也没修好。我在旁边插话告诉她，回去把机床管左、右旋螺纹的手柄向相反方向扳一下就好了。她半信半疑地走了，10分钟后她回来了，说真是这个问题，已经好了。在场的人都说我神了，没去现场一句话就解决了困扰多人一整天的难题。那时我初来机电院不久，这件事也使得我在机电院设备系统较快得到了认可和尊重。说实话这也没有什么可奇怪的，都是基于对设备的了解和长期在一线的经验之谈。

机电院是高科技企业，我借职务之便各个事业部都去，从中学习和丰富了我的知识，了解了激光和激光设备以及加工工艺，了解了模具设计和制造过程，了解了垃圾综合利用和处理过程，学会了使用CAD计算机辅助设计，结合设备管理工作学会了计算机组装、升级，自己还动手组装升级当时院里的十多台386计算机为586，给机电院节省了不少费用。临退休的几年，担任机电院基建办副主任，在顺义区为机电院征地并建设了一个生产基地，土地置换产生了巨大的经济效益，为机电院后续发展，奠定了基础。我负责工艺设计。在全面设计、整体规划、基建投资、土建施工、通风采暖、上下水、强电弱电网络、设备招标采购、平面布置、设备搬迁等诸多领域都投入了大量精力，发挥了我的知识面广的强项，出色地完成了任务。与此同时也丰富了自己在多行业多领域的知识。

现在回忆自己从毕业到退休的工作经历，可以说是尊重实践，在实践中学习和奋斗的一生。从工作到退休一直都在一线奔波没有过一丝空闲，是个受累的命。老是被不断的和无形的压力驱使着，没有进修和再学习的机会，永远都是在一线干活。在北工大上一年级时，就听过61级做过“真刀真枪的毕业设计”的报告，牢牢树立起了北工大学生动手能力强，不比名牌大学差的理念，实践能出真知的道理从那时起就在我脑中生根。工作后又遇到了几个有真才实学和自学成才的技师师傅当我的启蒙老师和引路人，更加坚定了我在实践中学习的决心。自己毕业后的经历极其简单，可以说是顺风顺水，没有意外的挫折和烦恼，和许多分到外地艰苦地方的同学比起来，我是幸运的。我一直遵循着顺其自然的原则，努力去做，做就做好，不甘人后。在那个年代里，得到过两次3%厂长晋级奖励，多年的先进职工，无论是晋升工程师、高工、教授级高工都是单位推荐和第一批取得的，由此也说明领导对我工作和水平的认可。我不管是当什么厂长、处长，我都是副职，从我心里一直就是愿管技术不愿管人的。

“技不压人”这句话在我退休后体会越来越深，一生所学到的知识和动手能力，至今都大有用武之地。在家中，水、电、电脑、家具、电器能修的一律不用求人，无论是居家过日子还是为周边的人服务，样样都会，样样都能动手。我还有不少的手册、工具，经常给别人出主意解决问题，帮助别人也是晚年生活的一大乐事。

我们这一代大学生，在社会上依然是佼佼者，少之又少。虽然在大学里因为“文革”耽误了学业，但我们没有退缩，一直在各个行业的基层努力地拼搏着、朴实地奉献着。把美好的青春和聪明智慧奉献给了祖国和人民。可以说，“老五届”在国家人才断档和需要有人承前启后的这段时间里，在各个行业中都起到了中流砥柱的作用，我们问心无愧。

2018 年 5 月 25 日

大学入学照

退休后

尹光宏，男，1946 年 2 月生于北京，中共党员，教授级高级工程师。

北京工业大学机械系 6415 班学生，1970 年分配到北京第二通用机械厂（该厂依次改名和隶属关系为北京重型机器厂、首钢通用机械厂）。历任车间机械员、设备组组长、分厂副厂长、总厂副厂长，高级工程师。1995 年调入北京市机电研究院任副处长；北京机电院高技术股份有限公司事业部经理、基建办公室副主任等职。

2006 年，退休。

照亮工作前进方向的那束光

6441 班　马士田

我们毕业分配是 1970 年，对于 64 级学生来说已经在学校六年了。我比其他同学晚分配了一个多月，是带着一个糟糕的毕业鉴定走的。巧的是同年级一个冯姓的女同学毕业分配到保定清苑县后，又神通广大地退回了北京，其空额由我充填了。北工大分配到清苑县的有两个名额，另一人是我班的孙梦莉。我毕业分配通知中有指定性的三个字“当农民”。到了清苑县以后我见到孙梦莉，她很奇怪，问我：“军宣队怎么没把你发配边疆啊？”当时我不知道是顶名额的原因，也只有说：“不知道。”那时各个地方政府（革委会）都是由支左部队控制的，保定地区是由三十八军支左的，清苑县是由一个姓李的连指导员负责组织部，当然包括分配到清苑县 20 多个各地大学生的工作安排了。大学生们已经集中学习一个月了，大多数都要到离县城远的地方工作，农大的学生更是要去农村锻炼。我的分配通知明确写明是“当农民”，我也作好了准备。想不到这位李指导员对我这个最后报到的人大笔一挥，把我分配到化肥厂工作。那时各个县都在向省里争取建立化肥厂，已经批准筹建的清苑化肥厂是当时县里最好的工作单位，离县城很近，20 个大学生里只有 2 个学生分到化肥厂，而我和孙梦莉 2 人就占齐了。以后才了解到三十八军对北京政治派别观点很清楚，而他们和北工大“东方红”是同一倾向：地派。后来我还和三十八军军长王猛碰过一次酒杯，此乃后话。

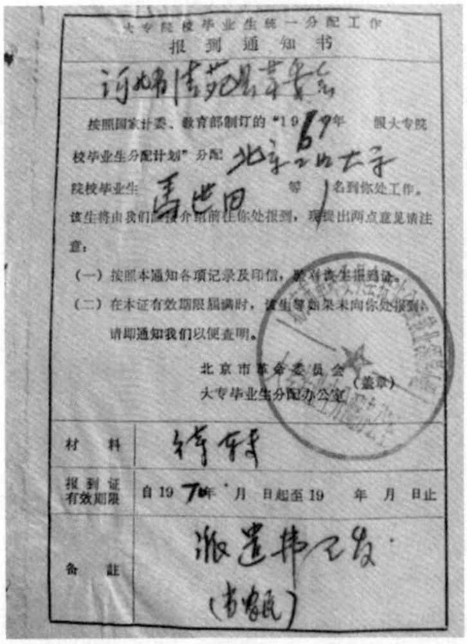

大专院校毕业生统一分配工作
报到通知书

按照国家计委、教育部制订的“19 69 年　级大专院校毕业生分配计划”分配 北京工业大学 院校毕业生 [illegible] 等 1 名到你处工作。

该生将由我们[illegible]介绍前往你处报到，现提出两点意见请注意：

（一）按照本通知各项记录及印信，[illegible]

（二）在本证有效期限届满时，该生[illegible]未向你处报到，请即通知我们以便查明。

北京市革命委员会
大专毕业生分配办公室（盖章）

材　料	[illegible]
报到证有效期限	自 19 70 年　月　日起至 19　年　月　日止
备　註	[illegible]（当农民）

我的报到通知书——当农民

建厂工作开始不久，生产组长当地干部徐志清担任建厂总指挥，他又任命我为副指挥。那时真是“一不怕苦，二不怕死”，没日没夜工作在施工现场，自然获得各方面好评。徐志清是技术干部，工厂四人领导小组成员之一（一把手是县革委会副主任兼任），徐语重心长地对我说：“表现好是当前情况，组织上重用不重用一个人对于你们学生而言，要看学校的鉴定，因为那是组织上作的结论。另外你们虽然毕业了，也要关心学校的情况。”

他对我的表扬有弦外之音，似乎暗示我：有变化！果然，抓“五·一六”运动从北京波及我了。学校军宣队又将本该销毁的整人材料和工大老师被打成“五一六”分子后乱咬人的材料寄到清苑县革委会。于是我从副指挥的岗位被下放到最累最脏的造气车间，每天穿着炼钢工人的高温服，手持钢扦，汗如雨下地清除高温炉内挂在炉壁上的煤疤。在三班倒、高强度劳动的重压下，加上女友钟岩去世造成的心情郁闷，我患了急性肾盂肾炎，病倒了。于是去保定市的地区医院看病，还要开出医院证明，这样才能不上班来休息。有一次路上碰见了三系同学张荫杰，她从东北调到保定了。我俩路上聊了半天，她兴奋之余说了一句：“马力到河北省当副省长了，你不是认识他？给他写封信！”我顿然醒悟：参加北京市委夺权时我和马力在一起抓春耕，他会记得我！于是我回厂后就把我的困境写给马力了。同时想到徐志清厂长对我讲的话又给北工大老书记尹凤翔写了一封信。为什么我专门给尹凤翔写信呢？第一，在此之前我曾给军宣队两次写信指出：寄给我单位的黑材料是1968年军宣队错误的整人，1969年做检查后宣布销毁的材料，寄给我单位是错误的；第二，毕业鉴定是强加于我的，是不对的。但是军宣队一直没给我答复，现在学校军宣队撤出，老干部归队了，据说尹凤翔又当了书记，我和他之间有一段插曲，我想他能帮我。

尹书记和我是同乡——山东昌邑人，我生于大连，听父母说老家也是昌邑县。并非我先知，而是“文革”中他被批斗时，从批判揭发的大字报中知道他是从昌邑参加革命的。“文革”前只能远望尹书记在主席台上讲话，印象中他有点“土”。“文革”伊始尹书记遭受到的批斗和折磨，在全市高校范围内是属于最厉害的之一。原因很简单，宋硕是毛主席点名的“坏人”，是我校党委一把手，但是他不在我校而在市委工作。作为二把手和主持工大常务工作的尹凤翔当然成了替罪羊。当时我和同学们一起目睹了一些他挨斗的场景，但以年轻人的心态和当时的气氛并没有感觉可怕，同时也觉得他在学校没有做什么坏事，斗得过分了。1967年夏，根据毛主席“三结合”的指示，学校的许多老干部摆脱了被批判的地位，纷纷上台向群众亮相，希望彻底解放和被结合。而尹凤翔仍处境悲惨，正在每天清扫厕所。在一次干部亮相大会上，我突发奇想，认为尹凤翔可以亮相。于是我跑到一号宿舍楼找到正在扫厕所的尹凤翔说：“现在老干部都亮相了，你为什么不去啊？”他愣了，看了我一眼又把目光移过去，嗫嚅着说：“我？

怎么能呢？”我说：“你出身好，又从山东老区进城，怕什么？”他还犹豫，我赶忙把他手中的扫帚扔到地上，拉着他往食堂二楼走。路上我也怕太多人看见，和他保持几步距离。走到食堂一楼时老干部张毅在讲话，我就对他说：“你听，张毅在亮相，他讲完了你就上去讲。”说完推他一把我就转身到食堂另侧上楼去了。遗憾的是一直到大会结束也没看到他上台。

第二年，北京高校革委会学习班上我又见到了他，但他并没有认出我就是那个拉他去亮相的学生。他虽然没有被革委会结合，但已经被大家认可了，是“待结合的干部”。在学习班上谈活思想时，他讲出自己在被轮番批斗后腰直不起来，上楼上不去，一阶一步、把着楼梯扶手才上去的情景；曾有过活不下去、想自杀的念头；以及他咬着牙，坚信党中央毛主席而撑到现在的“活思想”。当时我和其他在座的革委会成员都感到了震惊，我深深地记在心里，并对他多了一份敬意。

毕业时我晚走了一个多月，就在我无奈对毕业鉴定签字要走之际，吃饭时在食堂一楼东侧碰到了尹凤翔，他仍然是被“挂着”的干部。他知道我是马士田，见到我露出牙笑了一下。我问他：“尹凤翔，你还记得你扫厕所时拉你去亮相的那个人吗？”他睁大眼盯了我一会儿说：“就是你？”我点点头说：“是啊！”“怎么还没走？”回答：“态度不好，刚在毕业鉴定上签了字，要走了。”又问我：“分到哪了？”我说：“河北清苑县。”他点了点头说：“还好，不远！”然后看了看周围，我俩分别了。因此我判断如果他重新上台，会帮我。果然，我写信后没有十天，北工大革委会毕业分配办公室就给我单位发函修改毕业鉴定。当厂政工组组长告诉我划去了“散布了有损于无产阶级司令部言论”

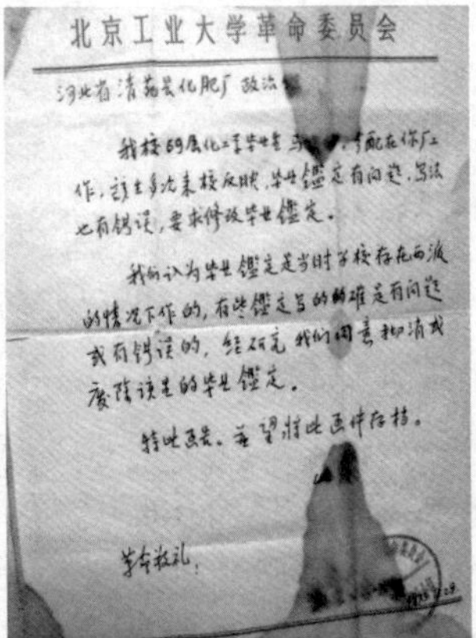
北京工业大学革命委员会

河北省清苑县化肥厂政治[illegible]

我校69届化工系毕业生[illegible]分配在你厂工作，该生多次来校反映，毕业鉴定有问题，写法也有错误，要求修改毕业鉴定。

我们认为毕业鉴定是当时学校存在两派的情况下作的，有些鉴定写的确是有问题或有错误的，经研究我们同意撤消该生的毕业鉴定。

特此函告，希望将此函存档。

革命敬礼，

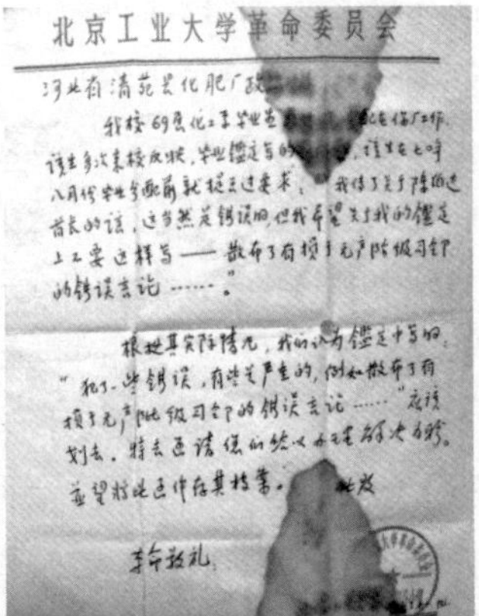
北京工业大学革命委员会

河北省清苑县化肥厂政[illegible]

我校69届化工系毕业生[illegible]在你厂工作。该生多次来校反映，毕业鉴定写的[illegible]，该生在七〇年八月份毕业分配前就提出过要求，“我传了关于陈伯达首长的话，这当然是错误的，但我希望对我的鉴定上不要这样写——散布了有损于无产阶级司令部的错误言论……”。

根据其实际情况，我们认为鉴定中写的“犯了一些错误，有些是严重的，例如散布了有损于无产阶级司令部的错误言论……”应该划去。特去函请你们给以妥善解决为好。并望将此函件存其档案。[illegible]

革命敬礼，

北工大革命委员会给我厂发来的修改毕业鉴定的公函

结论时，我又想起里面还有对毛泽东思想一分为二的结论呢？于是我又给尹凤翔写了一封信，11月29日，又收到学校的公函（上一封来函是11月9日）：“经研究，撤销或废除该生的毕业鉴定”，“并请通知本人”。与此同时，我收到由北工大革委会毕业分配办公室直接寄给我的同样内容的函，我高兴极了。一定是尹书记亲自督办的！此时我在工厂的境况也翻天覆地了，不仅不用上班，还通知我：临时借调到省化工局工作。当然这是我写给马力书记那封信起了作用。几天后我高高兴兴地去石家庄省局上班了，路上想：这一切要是钟岩知道该多好啊！

我报到的单位是化工局化肥组（处），组长是1938年参加革命的老干部。在他的领导下，第一年到全省各个地区的小化肥厂调查了解情况；第二年跟随一名从国家经委下放到我局任副局长的郑宇参加省委驻保定的经济工作组（同时还有一个政治工作组），组长是省经委和省国防工办的两个副主任，历时一年多。1975年春节前，保定地委举行招待会，宴请38军团以上干部和省委的两个工作组。王猛军长挨桌轮流敬酒时，也与我碰了一杯。1976年，唐山大地震的第三天我又随同副处长，曾经是周总理秘书处成员的乔凤起，一起赶赴唐山，住在机场临时搭建的帐篷里，奔波一星期了解各个化肥厂遭受损失的情况。从唐山回石家庄时我们的212吉普车共挤了九个人，幸亏天津下去两个，否则真要憋死了。从唐山回来后司机和我都受到化工局的通报表扬，可能是乔处长的汇报起的作用。同年，“四人帮”被粉碎时我正出差在北京。一个“文革”中总是在他家当我面骂江青的老干部把此事说给我，我高兴地告诉了家人。还在去沧州大化时，顺便去沧州的同学家，兴奋地告诉他们“四人帮”垮台啦！记得当时胡宝海夫妇脸上惊讶又不敢表示什么的神情。第二年，即1977年我正式拿着省组织部的调令，真正离开了清苑化肥厂。虽然说四年当中我只和其他同事以省局的名义“视察”过一次本厂，但天翻地覆的感觉大概类似于尹书记的感受。

我正式调入河北省化工局以后又作为工作组成员赴化工系统大中型企业蹲点，如迁安化肥厂、石家庄化肥厂、沧州化肥厂，参加化工部在全国各地召开的行业会议。印象深刻的是第一次乘飞机子爵号从南京飞北京，机票钱是29元。我既为这种地位改变而感到兴奋，同时又觉得到机关的工作就是下去了解情况，回来写报告或总结，或者是开完行业会后传达有关精神，并没有实际技能在握，在别人眼里我的工作是被羡慕嫉妒的，但是我却常常产生照本宣科的无趣。

正好1978年底河北省和全国一样要建立医药局（医药局一般是由化工局、卫生局、商业局的各一个有关处室合并成立），我所在的化肥处与其无关系，

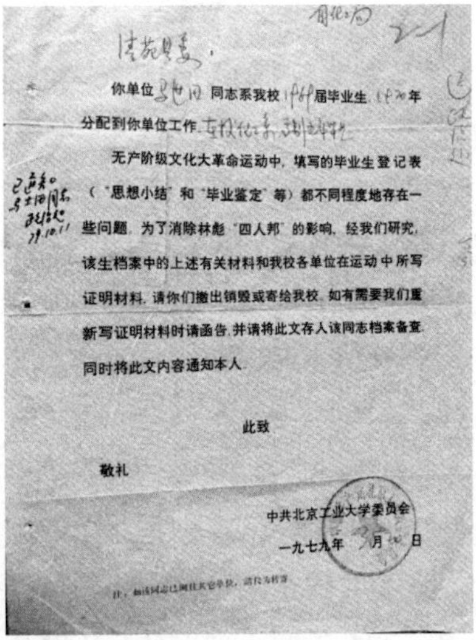
你单位 同志系我校 届毕业生 年分配到你单位工作

无产阶级文化大革命运动中，填写的毕业生登记表（“思想小结”和“毕业鉴定”等）都不同程度地存在一些问题，为了消除林彪“四人邦”的影响，经我们研究，该生档案中的上述有关材料和我校各单位在运动中所写证明材料，请你们撤出销毁或寄给我校。如有需要我们重新写证明材料时请函告，并请将此文存人该同志档案备查，同时将此文内容通知本人。

此致

敬礼

中共北京工业大学委员会

一九七九年 月 日

1979 年，工大以党委名义发来的公函

但是我决心要去。我们化工局老局长赵玉清兼省经委副主任，又是将来医药局的一把手，听了我的陈述后同意我去，并成为在他直接领导下的五人筹备小组成员。奇怪的是，就在此际（第二年 3 月份）北工大又以党委的名义将打印的通知寄给清苑县委，县委转到省化工局并通知我本人：毕业鉴定以及相关材料作废并销毁。若以当时的仕途看我将一帆风顺，如升迁，只有出身是资本家的障碍了，很快此问题也得到解决。

世事难料，也许是“老五届”大学生的宿命吧！

当时我是医药局科技负责人，不仅工作井井有条，我还边工作边学医，很受新的医药局一把手的重视。但就在此时清查“三种人”的运动又来了。更想不到的是北工大又有了变化：尹书记已调走，一个留校的 6442 班李某某因当教师教不了课，进入学生科，她又将黑材料寄到我单位。虽然这时我的资本家出身也改为手工业劳动者，但是阻挡不住我下落的结果。我的全面负责很快变成只负责学会和情报工作，同时还要说清楚“文革”时的“二十八中武斗”等事情。我百感交集：钟岩不在了，我替她顶了罪。正如她所说：我们俩是一根线上栓的两个蚂蚱，一定会彼此受牵连。此时落魄还有一因素，就是我和人事处张处长不对眼。他和我原来都是五人筹备小组成员，但我就是看不惯他，不愿搭理他还常和他唱反调。因为他很像我在学校时四系军宣队的李 ×× 的角色，整天琢磨人。他同样嘴角离不开烟，一口大黄牙，看见我皮笑肉不笑的，不知打什么坏主意。当然，如今的我无论遇到什么坏人或处境怎么别扭都已是小菜一碟了。我照样抓好分管的工作，深入进行情报调研。依旧写出《发展我省医药事业的十点建议》和《关于华北制药厂科研成果的开发利用》，这两份报告受到业务局长的好评和表扬。我在全国医药系统最早实施了医药食品的调查和与边疆地区联合开发医药事业的调研。后者和《关于华北制药厂科研成果的开发利用》的报告还于 1987 年获得国家医药局的情报三等奖。

在当时的全国医药情报系统我是出名的组织者和召集者，另一个出名的是广东医药局的王夏梅，因为不仅是情报活跃，而且是会前约定，会后组织旅游。当然这种医药情报系统的游玩是不违反规定的自费游山逛水，甚至连当时国家

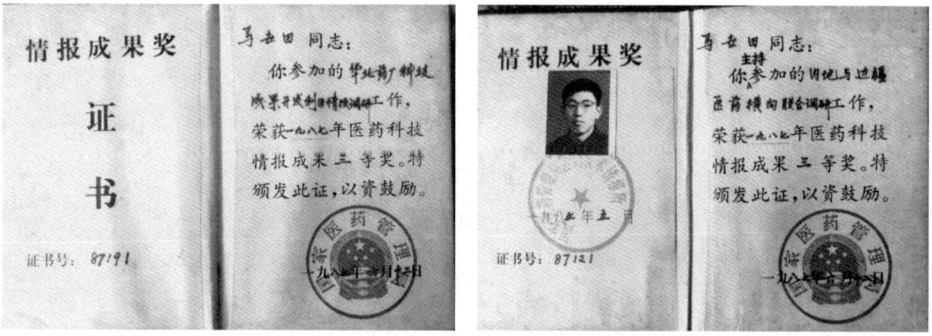

1987 年，获得国家医药局情报三等奖

医药局余所长也赞扬："不误工作，加强交流。"时至今日搞过医药情报的这些人还念念不忘昔日的相聚，部分人还与我保持联系。1987 年初，省医药局人事处张处长单独向我个人宣布：经省委组织部批准，对你的审查结论是"文革中犯有严重政治错误"。我嗤之以鼻，没有签字。我决心下海了，下半年我和医药局签订了停薪留职的合同，前往广东下海 12 年。其间，我先后担任中山国际生化中心副主任、深圳华源磁电公司副厂长、深圳南粤制药厂供销经理、美国李若梅生化研究室驻深圳办公室(只我一人任职)。由于一年后李若梅教授在美国出现意外，于是我自己彻底单干。经济大潮的深圳，邪路诱惑非常多，不当发财的手段（如出口假退税）也摆在眼前，但是我始终记得尹书记的起伏，马力书记的起伏和我个人的坎坷，不让邪门歪道的金钱诱惑力把我拉进表面辉煌实际肮脏的陷阱中。虽然为此在合作关系上吃了亏，有些是巨大的损失，但是我没有后悔，路没走歪，在幸运之光的护佑下停职下海没有失败。

1999 年，受费翔演唱《故乡的云》歌曲的感动返回了北方。想不到当年医药局和我所签定的合同中所规定的"回来后如遇超编，不受编制限制，仍然安排工作"条款作废了，因为人事处的那个张处长早已经将我的档案转移到了医药公司，但此时他已经去世了，局长换了三届自然推诿，这里不再表述。这样我把医药局当年按处级干部分配我的房子(一楼三房一厅一院)给了孩子，我从石家庄回到北京。回北京后得知曾经留校进入学生科给许多同学乱寄黑材料的李某某也因癌症去世了。为此我不时在想：毕业后我工作起伏的推动力是小人的诬陷，还是照亮前进方向的那束光？结论是后者，那么这束光是谁照射的？过去我归结于马力和尹凤翔，现在我明白了：不是哪个人本身，而是"正义与善良"汇集的那束光！

当年打响

6441 班　崔连起

在怀柔疏散了将近一年，1970 年 7 月，终于又回到北工大校园。这次回校不再搞“大批判”，而是真的进行毕业分配了。军宣队作动员，号召同学们树立理想，坚决走与工农兵相结合的道路，听毛主席的话，接受工农兵的“再教育”，有的要当工人，有的要当农民，都是革命需要。其实毕业分配方案已经下来了，但是军宣队依然在打迂回，做思想动员，就是不告诉我们。一天晚饭后我们将驻班的工宣队代表围在宿舍里，连哄带逼，要他说出分配结果，后来他悄悄告诉我们几个同学“穿工作服了”，这下明白了，我们进工厂。于是便天真地认为“当农民”只不过是吓唬人的，没想到我们班的马世田、孙梦莉的派遣证上，真真正正地被标注“当农民”，可见当年对大学生的政策是多么极端!

7 月 29 日军宣队将派遣证、户口迁移证、31 日的火车票发给我，即刻出发。我是班上第一批派遣的学生。我整理一下被褥，没有犹豫，没有依恋，就这样走了。

派遣地是石家庄，不久前成为河北省省会，但是我报到地点却是石家庄专员行署。当天还有其他学校学生来报到，交上派遣证，做一些简单登记，又等候了很长一段时间，工作人员对我们进行二次分配，这样我被分配到国营河北第二机械厂。我一个学化工的去机械厂干什么？这只是一闪念，随后便立刻奔向国营河北第二机械厂驻石家庄办事处报到。那个年代我们确实被军宣队教育“傻了”，绝对服从分配，绝对听毛主席的话，只要让我上班，只要给我发工资，哪条路不是人走出来的呢？

国营河北第二机械厂办事处临近裕华西路，是石家庄市的主要商业街，很好找，因为石家庄市毕竟不大，其位置显得僻静，是一座有两排房的小院。说是办事处，其实就是接待站，接待过往的职工，临时存放一些物资。第二天来了一辆卡车，卡车已经装了一些生活、办公用品及零星物资。我和昨天一起住在办事处的六七位同事上了卡车，随后车就开出了石家庄，一路向西。一位长我几岁的同事得知我是新来的大学生，主动问我："你知道咱们厂是生产什么的吗？"我回答："不知道。"他说："四零弹。"见我听不明白，他解释说："40毫米火箭弹，反坦克火箭弹！"这样我明白了：我正在去往的是一家三线军工厂。卡车行驶了两个多小时，在山区的战备公路上颠簸、摇荡中到达我莫名其妙的第一个工作单位。

先在政工组报到，他们向我简单介绍了工厂的情况，这是一家重点军工项目单位，生产40火箭弹，这个产品是部队急需的，"我们的产品是林副主席点名要的，邱副总长（邱会作时任副总参谋长兼总后勤部部长）亲自抓的"。然后又进行了简短的保密教育，不得向任何人，包括父母、爱人透露工厂的任何信息，通信地址一律使用石家庄×××信箱……最后说了句"好好干吧！"以示鼓励。虽然谈话、交流时间不长，却使我有一种被信任的感觉，全身暖暖的。我被分配到四工区，组长打电话要四工区派人来接。等了将近一个小时，来了两位年轻人，一面帮我扛行李，一面带领我沿小路爬上附近的小山岗。翻过这座山岗，山下有几座刚建好的大房子，石头砌的，门洞、窗洞敞开着，尚未安装门窗；室内地下铺着几领炕席，炕席下垫着麦秸，这就是床了，空间很大，睡三十个人没问题，其实现在只有六七个人，这就是我们的宿舍。年轻人告诉我喝水可以先从他的暖壶里倒，明天再去接我的地方打开水，现在只有那里有锅炉烧水。

第二天醒来，看到宿舍门前有一条小溪，水宽一步可以迈过去，水深不没脚面，水流清澈见底。洗脸、刷牙、洗衣服都用它，如果不嫌弃，直接喝也没问题，不比城市自来水差。据说山洪下来时水可大了。后来我见过山洪下来时水面可达10余米宽，洪水咆哮着，巨大的石头在水中翻滚，有一种势不可当的气势。对面山坡上正在盖房子，那才是我们的宿舍，入冬前能住进去。四工区的食堂也盖好了，月底前就能在这里吃饭了，不必再翻山过那边……看着这荒野的山沟，这原始、粗犷的生活，我忽然想起了在影片中看到的原子弹试验场那些战士的生活情景，不由得心中升起一种神圣感、一种使命感，那一刻，革命豪情充满内心。在这种半激动、半虚幻的情绪中开始了我的人生之路。

四工区领导带着我往山沟深处走，帮我熟悉这里的一切。这条山沟全部属于四工区，包含四个车间。最靠山口的是木工车间，主要做弹体包装箱。往里走是几个火工车间，包括炸药生产、战斗部药柱成型、弹体总装。他向我介绍各个车间的生产过程及特点，这几个车间的相互关系……。到了山沟的最顶端，他指着刚刚完成主体结构的几栋建筑物说：这里将是我的工作岗位。他介绍的内容我基本上听不懂，说的越多我越糊涂。后来知道他也是不久前才调来，原是河北省某县某工厂的负责人，也正在努力学习，了解火箭弹的生产制造工艺，是个很宽厚的长者。

几天后我已经了解了大概。1969年在珍宝岛，中苏边界发生军事冲突，我军步兵班装备的反坦克武器是苏联的56式40毫米火箭筒，直射距离仅100米，而且射击坦克时经常发生跳弹。所以战斗英雄孙玉国在报告时说：苏联的坦克开过来，驶近80米不打，驶近60米不打，驶近50米不打……。另外，战斗部威力偏小。我国武器专家针对性地研制了改进型40毫米火箭弹，中央决定尽快建设生产线，装备前线部队。所以当时厂领导大会、小会都会强调“我们的产品是林副主席点名要的，邱副总长亲自抓的”。足见我们厂的项目有多么重要。为尽快装备到部队，在建设上要做到“当年设计，当年施工，当年投产，当年打响”。当年三线军工建设的原则是“靠山，分散，隐蔽”。厂房的建筑要做到“远看像村庄，近看是民房，不进车间不知道是工厂”。

厂区主要有三条山沟，最长的一条山沟是一工区和二工区，主要是机加工车间，基本上都在山洞里，所以这条山沟尽管很长，却见不到多少房子。较开阔的一条山沟是三工区，主要安排行政机关。电器仪表车间对房屋没有特殊要求，所以也安排在这里。一排排小平房，看上去倒也像村庄。第三条山沟就是我所在的四工区，炸药具有巨大的爆破力，不能进山洞，房屋间距也拉开很大，就是稀稀落落的民居了。

厂房（包括山洞）的建设还在继续抓紧施工中，设备尚未进厂，生活设施正在陆续建设和配置，工人刚刚开始招募，大学生正陆续报到（几天之内四工区就进了十个大学生），干部队伍也还未配齐，这里的一切都是刚刚开始。

没几天，厂技术组知道我学过机械制图，把我叫过去试试，一看我的绘图功底很好，立刻将我借调到技术组。我在这里主要是描图，也协助他们绘制一些简单的零部件图。当年没有电脑，更没有AutoCAD绘图软件，一切设计图纸全靠技术人员手工绘制，再经过描图、晒图，获得蓝图，才能提供给施工单位施工，或提供给加工单位组织生产。这样使我知道什么是“边设计，边施工”，原来生产线上的许多非标设备、辅助工具、模具等都在等着工程师出图，然后再拿着图纸去订货，去加工，去安装呢。工程师出图的早晚、快慢，就决定工程的进度。在这里工作了近一个月，顺便恶补了一些与炸药相关的知识。

指挥部政委确实有很高的组织指挥能力，8月底土建施工的主体工程陆续收尾，再继续装修、完善之后，就可以进入水、电、设备安装了。现在必须立即着手组织设备、原材料订货，提前做好准备。于是又将我借调到厂生产组，出差、订货、催货。那时是完全的计划经济，除非最简单、最通用的小电机、水泵，大部分的机电设备既没有销售商，也不能去生产厂订货，一切都要通过省、市级的计划委员会申请、调拨。所以我们出差主要是去省、市计委相关部门。拿着介绍信，向主管人员讲明情况；工作人员从他的大账本上查到该设备的库存数量，或者是已下达的生产计划，决定是否批给你；再签署调拨单，办理提货、发货手续。当年确实是物资极端匮乏，有些小厂的供销员为了得到一台普通机床，或大功率电机，几吨聚氯乙烯树脂粉等，要在计委等上一个多月。他们天天等在这里，帮助计委的干部打扫办公室，提开水，递香烟，赔笑脸，就为的是早一点得到厂里所需的物资。我们还好，一般情况下把介绍信递过去就给批了，因为我们是国家重点项目，常常引得其他采购员羡慕不已。通常我们使用的介绍信是“零七”单位，已经足够好使了，个别情况下也使用过“零五”单位，那就更爽了。不过，一次有个同事去省计委办调拨手续，正要开调拨单的时候，来了一位手拿“零二”单位介绍信的同行，结果眼看着这台设备被人家提走了，真是山外有山。

当年出差还是很辛苦的，采购员经常在外跑，他们自嘲是“五子登科”，即“下火车像疯子，住旅馆像公子，办事像孙子，回家像驴子，算账像傻子”。因为那个年代各个城市旅馆都很少，床位不够；为满足出差、旅行人员的需要，火车站前设有旅馆介绍处，旅客凭当日车票和介绍信在这里登记，由他们给你分配安排住宿旅馆，否则旅馆也不接待。如果登记迟了，可能就没有合适的旅馆了，要么是交通不方便，要么是距办事地点太远，甚至没有旅馆可住。所以，一下火车就需要奋力跑到旅馆介绍处，像疯子一样，不顾一切。一般情况下，我们持军工单位介绍信总会安排一家不错的旅馆住宿。但是有一次我去某城市，天已经晚了，没有旅馆可住了，只好住澡堂子。房子大，人员多，床板又窄又硬，室内弥漫着澡堂子特有的腥味。住澡堂子可以解决无处安睡的问题，但只能在洗浴营业结束后才能入住，而且必须在第二天早上营业开始之前离开。住澡堂子的唯一好处是，可以免费洗澡，当然住宿费也低，很适合农村，或贫穷地区的旅客。去上海出差住宿条件是最好的，不用通过旅馆介绍处，凭国防、军工系统的介绍信可以直接入住华山宾馆和达华公寓，这两家属于高档宾馆。房间设施好，吃得也好，食堂提供的饭菜又好吃又便宜，因此即使去很远的地方办事，也尽量争取回来吃饭。石家庄没有发往上海的列车，或者去德州换乘，或者去北京换乘，当然选择到北京换乘了。其一，北京是始发站，比较容易买到卧铺票；其二，石家庄北京之间火车车次多，乘车方便。再有一个优点是：可以顺路回家。这样，借助出差，我在 9 月份回了一次家，给老妈带来极大欣喜！

一转眼快到“十一”了，指挥部想把“当年打响”提前到“十一打响”，这是很振奋人心的事，可是工程进度的现实告诉人们，这纯粹是异想天开！生产线什么都没有，拿什么打响？然而，领导就是领导，领导决定“求援”！求援就是向兄弟单位要！要装配好的火箭弹成品，要火箭弹半成品，要弹体的各个部件，要原材料，要生产过程使用的工装、模具……。伸手要，我们厂政委面子还不够，必须更高层的领导人出面。最后省国防工办主任出马，又邀请了曾在那个兄弟单位支过左的某军分区副司令员同行,我和另外一位同事做随员。

出发前一天国防工办主任的秘书要我去火车站，除了给我们自己买硬座车票外，另为主任购买两张软卧票，并交给我一封已开好的购买软卧票介绍信。在火车站售票窗口将介绍信递进去，说明到站，本以为可以顺利完成任务，没想到售票员看看介绍信，又看看我，再看看介绍信，回答说：“没有！”无论怎样解释，就是没有。赶紧将情况汇报给秘书，秘书倒也平和，只是嘱咐我们明天准时上车。第二天一早，怀着忐忑的心情进入车站，如果与他们不是一趟车，如何与他们相逢、同行？还好，在站台见到了秘书，他告诉我们，到站下车不要出站，在站台等他。火车到达邯郸站，上下旅客并不多，我们在站台等，列车开动后，见秘书向我们招手，这时才见到站台上停着一辆白色小卧车和一辆北京吉普，首长坐小卧车，秘书与我们坐吉普，出发！看来主任确实是坐同一趟列车的软卧，秘书是怎样买到软卧票的？为什么我买不到？至今也没弄明白。中途在涉县武装部吃了顿“便饭”（对我而言已经很丰盛了），饭后首长需要午休，秘书就与我们东拉西扯聊天、等候。再出发时首长的小轿车也换成北京吉普，凭着车窗看河北、山西沿途的山村别有一番风景，晚饭前到达长治市国营淮海机械厂。厂领导用盛宴招待，这是我平生第一次见到如此丰盛菜肴，在物质匮乏的年代一饱口福，我吃了个美滋滋。住在厂招待所贵宾间（当时叫专家招待所），是沙发床，很软，一夜没睡好。第二天午饭前首长就撤了，我们两个人换到了普通客房，到普通食堂吃饭，这里与昨天晚餐的细米白面完全不同了，一斤粮票只给二两白面，二两小米、其余是玉米面、高粱面。求援的事，首长已谈好了，我们只是等着厂里派车来拉货。下午兄弟厂技术员带我们参观，先到保卫组办理出入证，出入证还要盖上不同文字的印章，表示可进入厂区范围不同。因为同事工作在二工区，我在四工区，我的出入证比他的权限大，我们一同参观了机械加工车间，而后技术员只带我一个人参观火工车间，这样一下子使我增加了很多感性认识。知道了火箭弹是什么样子，内部结构是什么样，是怎么一步一步生产出来的。

等车的闲暇，我逛逛长治市，长治市尽管是地级市，是山西第三大城市，其实真不大，从南走到北用不了 20 分钟。在路的尽头，有一座鼓楼似的建筑，很吸引我，走过去一看，上书“上党门”三个大字。正在端详这座古建筑时，意外地遇见了北工大的校友，一系的一对男女同学（时间太久了，忘记了他们的姓名，也不知道现在何处），此时此刻，“他乡遇故知”是多么欣喜的事！他们二位被分到长治一中做教师，学校就在附近，一定邀我去家里吃饭，抱歉地说：吃小米饭。我已经知道这里的粮食供应，如果请我吃小米饭，他们必须多吃几顿高粱面才能平衡，在生活条件如此艰难的情况，我不能吃，只和他们聊天。聊着聊着他们竟然忍不住哭泣起来，是那种伤心的眼泪；主要是对自己的处境非常失落。是啊！从北京到长治有天壤之别，又无人倾诉，现在终于可以向我说说心中的委屈，真是“老乡见老乡，两眼泪汪汪”。我非常理解这样的情感，无论哭与笑，因为我们是同学、是校友，心是相通的。其实，他们只见我在这里出差，知道我在工厂，风光的背后，哪知道我地处偏僻、荒野的山区？不过，那时我还真没觉得生活有多苦，挺开心的。

厂里派来了一辆卡车，因为运输的货物有爆炸物，还有两位持枪的武装押运人员。其实货物并不多，只占车厢二分之一左右。在火工品装车时出现了问题，炸药绝对不能和雷管同车装运！怎么办？怎么办？发现几个人的眼睛都在看着我，等着我拿主意，好像我是领导、是负责人。我环视了一遍之后，发觉可能现在就是需要我来做决定，忽然从心中漾出一种主人翁的气概，一种大无畏的精神，既然责无旁贷，那就由我做这个决定吧。我在脑子里设想了一下，为了两小盒雷管再向厂里要辆车，不太现实（我甚至不知道厂里是否有小车）。由我个人带着雷管另乘火车回去，公共交通，人多，太危险，而且这样做是犯法的。好在雷管数量很少，于是我提议：弹药照常装车，雷管由我抱着坐驾驶室，司机中速开车，力求平稳，遇到路段坑洼不平，我下车步行走过去。大家一路小心翼翼，顺利回到厂里。任务完成了，终于如释重负。

也许是一个月来的出差增强了我的自信，也可能是这次执行任务由我自己独立做了一次主吧。从这时起，什么夹着尾巴做人，什么接受工农兵“再教育”，军宣队在校期间强加在我们身上的那种自卑、那种低眉顺目、只能服从等，一下子被我抛弃了，我解放了！

真正“打响”是在“十一”以后进行的，厂技术组的几位工程师，四工区两位技术员，我和另外一位从兄弟厂调来的同事参加了试验，没有举行什么仪式，厂领导也没参加，只是一次平平常常的试验。一辆卡车载着一箱火箭弹、发射架等装备，以及我们几位试验发射人员出发。原来我们厂还有一个五工区——打靶场，在一条更偏僻的山沟里。卡车停在一座房子前卸下了弹、械。房子前面是一间防雨棚，这里就是发射点。我跟着工程师沿山路拐了个弯，就到了对面的靶位。靶位是削去一块山头平整出来的，约有半个篮球场大小，当中悬立着一块 10—12 厘米厚的钢板，工程师调整了钢板的角度，又用粉笔在钢板上画了一个标记。回到发射点，固定好火箭筒、发射架，那位从兄弟厂调来的同事主动要求做发射手，工程师示意他后退。工程师调整火箭筒，做好瞄准，然后用一条绳子系在扳机上，将绳子引入室内，拉动绳子，看扳机活动是否正常，最后确定拉动绳子可以使扳机准确操作，才吩咐人准备装弹，开始试验。这时我才知道火箭弹与发射管在发射前是独立、分开的，预备发射时才将发射管旋接在弹体上。旋接好发射管，将弹体装入发射筒，参与人员全部撤回室内掩蔽。“预备——发射！”一声令下，果断地拉绳子，只见发射管喷出一团火光，即刻一声巨响（实际是两声）。这样近距离观看火箭弹的发射，是很震撼的。我也就明白为什么工程师阻止个人实际操作，实弹发射有一定危险性，有可能对人造成伤害。稍顷，工程师们奔向靶位，我也追随过去，只见厚厚的钢板被烧出一个比大拇指还要粗的洞，一弹射穿，还冒着烟呢。工程师们一边用尺子测量，一边记在小本子上。又射了两发，又测量了两次，工程师们很兴奋，很满意。那时我看不懂他们在测量什么，测量的数据有什么意义，只是从他们的表情看出这样的结果很好，我也随着他们一样高兴。返回时站在卡车车厢里，迎着风，此情此景不由得让人想起《打靶归来》那首歌：“日落西山红霞飞，战士打靶把营归……”

显然这次“打响”只是一次平常的试验，并未在全厂范围引起什么震动。工程建设是实实在在的事，建筑继续施工，设备继续订货，图纸继续画，工人继续招募……，直到 1972 年我离开二机厂时仍未投产。现在 69 式 40 火箭筒早已退出服役。

感恩母校　回报社会

6441 班　于桂兰

1964 年我考入了北京工业大学，在化工系 6441 班。入学后，从一个不大懂事的中学生，经过母校的培养和老师们的教育，在政治上、文化和人文修养上，得到了提升和发展，使自己成为　个有文化有教养的劳动者，在平凡的工作岗位上付出了辛勤的劳动，为国家建设作出了应有的贡献。

紧跟老师不掉队

1964 年 9 月 1 日，我怀着对大学生活的渴望，对未来美好前程的憧憬，走进了北京工业大学的校园，分在化工系 64 级 1 班。系的领导、老师和高年级的同学们开了欢迎大会，对我们入学新生进行了入学教育，开座谈会谈了入学感想。学校组织大家参加建校劳动，拔草清理校园，清扫环境卫生等。化工系党总支书记周云同志作报告，他曾多次讲道：工大是为首都及全国培养建设人才的。我们学校是 1960 年建校的，建校时间短，特别需要大批的优秀青年干部，需要优秀的青年教师，还有科研人员，美好的前程在向你们招手……。领导的讲话很激动人心，更深深地印在我们的心中，觉得应该向党组织招手的方向努力，才不辜负党组织对我们的希望。

我是我们家第一个考入大学的人，祖祖辈辈都是没文化的农民，父亲是轧钢厂的老工人，文化程度相当于小学扫盲班的水平。我能够上大学，这是党和政府给我指出的光明之路，只有加入党组织为人民服务，才能更有效地回报国家和社会。我入学两周后，向党支部交了入党申请书，经常听党课，努力学习政治、学习文化，团结同学，多做班上的有益工作。两个月后，我被同学们选为团支部的宣传委员，除了学习之外，还要写板报，宣传好人好事，搞卫生扫楼道，放假时还要去食堂帮厨，向大师傅们学习，用铁锹大锅炒菜，做花卷儿等厨艺。麦收时，帮助郊区农民拔麦子，由于我来自农村，见过收麦子的场面，所以我拔麦子又快又干净，班上城里的同学不会拔，把手累出了血泡，我教他们拔麦子要用巧劲儿，不能硬拉。有时帮助同学修补衣服，做纽扣等，参与同学友好互助活动。

我们班有29名同学，除了我们几个是郊区中学来的，大部分是城里重点中学的学生，有四中的、清华附中的、师大附中的、女二中的、一零一中的等，这些名校来的学生学习基础比较扎实，他们做各种习题比较多，思路宽理解快，因此自己必须加倍努力，否则就会掉队。学校各科老师教得非常认真，尤其是数学习题课的女教师，她认真细致地讲解辅导习题、留作业。每周五课后留许多作业，还特别给我单留约20多道题，还让记做作业的时间。到周六下午，城里住的同学都回家休息了，他们周日下午才回学校，我就利用周六下午，晚上到11点左右，加班复习一周来老师讲的课，周日一整天在教室里做作业。学习很紧张，时间不够用，有时放寒暑假，用很少的时间回家看看，很快回来看书学习。

经过一个学期的努力，期末考试成绩还算不错，高等数学开、闭卷，两本答题全做对了，得了两个一百分。另外，化学、外语、政治等考试考核成绩也不错。当时班上和系里的一些同学说我学习很刻苦，大食堂里化工系的黑板报，表扬说我是刻苦学习“又红又专”的好学生。表扬是压力也是动力，新学期一切从零开始，只有继续努力，努力才能保持进步。新学期开始，化工系团总支换届选举，我被选为化工系团总支组织委员，分管63、64年级六个班的组织发展工作。学习要努力，学生工作也不能放松。由于党团组织的教育，加上个人努力，1965年11月5日，我加入了中国共产党，成为我们化工系64级第一名预备党员，打下了政治坚定、业务良好、勤奋工作的良好基础。

文艺为基层群众服务

春节过后的1966年，中国发生了大变化，“文化大革命”爆发了，学校不上课了，大字报满天飞。1966年10月后，全国掀起了红卫兵大串连，一直到1967年春节后，大部分学生才回到学校，学生组织“大组阁”“大联合”等。当时基础课老师许履胡同志，组织起“韶山”群众组织，我们化工系的部分老师和同学都参加了。化工

在农村演出留影

系青年教师赵福厚、曾美云、刘赤诚，还有部分基础课的老师，化工系部分学生组成了“韶山文艺宣传队”。老师们凑了一些乐器，二胡、手风琴、锣鼓、小提琴，加上彩旗等，自编自演了一些节目，准备下乡。出发之前，许履胡同志还给大家作了动员报告，鼓舞人家士气。要坚持宣传16条，要说理不要武斗，等等。我们开始出发去了怀柔，到农村给老乡演出，村领导还主持讲话，他们看节目的人很多，鼓掌的声音很热烈。节目有多口词、三句半、快板儿、唱歌、舞蹈、小歌剧等，很受农民兄弟的欢迎。我们住农民家里吃派饭，饭后留下半斤粮票和两角钱。还参观了工大原怀柔废弃的校址、工大桥等，后来又到过密云古北口等地方。通过两个多月深入农村的巡回演出，受到了很大锻炼。

文艺宣传队下乡为农民演出

回到学校一段时间后，工宣队、军宣队进学校支左，同学们不再打派仗了，逐步联合了，回到班上大家一起学习，党团组织也恢复活动了。班上的团员同志们选我为团支部书记，配合宣传队组织大家学习报纸文件大批判等政治活动，在当时情况下也错误地批判了一些同学，使之受到了无辜的伤害。到1970年7月份后，我们全国分配了，同学们都纷纷走上了工作岗位。送走了同学们，我们部分同学留在学校工作，我被分配到石油化工教研室，正式走上了工作岗位，准备8月份参加校厂合作设计工作。

老师是导航明灯照亮了前进之路

1970年8月我正式留校，分配在化工系石油化工教研室上班。上班后第一项任务是参加原北京石油化工厂（后合并为化工三厂）利用渣油裂解分离各种有机材料的设计任务。

赶赴工厂前，系教研室领导开会动员说，这次任务对于老教师来说，是为北京社会主义建设出力，对于新教师来说，又是一次很好的实习和锻炼的机会。第二天我们到了工厂，先集中在厂办公室，与厂长、总工程师对话。其中谈到该项目将给北京市带来可观的经济和社会效益，它不但解决了大量渣油无法处理的环境问题，同时使新改造的裂解炉，每天能完成更多的裂解任务，生产出更多的甲烷、乙烷、乙烯、丙烯等工业产品，对于北京的建设起到很大的推动作用，我们的教师代表也发了言，决心同工厂一起搞好这项设计工作。设计室负责人带着我们参观了办公区，随后进入车间，听见高大的裂解炉发出隆隆的响声，横卧竖立参差不齐的塔罐按要求排列着，有的不时放出白色气体，同时发出“刺呜刺呜”的声音，在塔罐之间架着一排排管道，走到这车间仿佛进了塔罐的“热带雨林”之中。

参观完之后我们回到设计室进行分工，我被分在化工设备组，设计室负责人给我们每人都分配了工作任务，同时把数据给了我，要求我设计一个冷却罐，第二天交图纸。我拿着数据想了一阵，这罐高是多少？直径呢？使用多少号钢板？是立式还是卧式？心里一点数也没有，因为我们在学校学习时，只上了两年多基础课，后来遇上了“文革”停了课，虽然后期上了一些专业课，但很不扎实，没有实习，也没有毕业设计。基础课只学了画法几何和机械制图，在实验室也只见过玻璃冷凝器，没接触过化工设备。当时我站在绘图板前拿着数据，胡乱翻着笔记本思索着，设计室静悄悄的，只有老师和技术人员翻阅资料的声音，不知过了多长时间，我抬头看了看旁边的范老师，她已经开始画图了。我沉思了一下，鼓足勇气，小声对她说：“范老师，您都画图了，真快，我还……”没等我说完，她顺手给了我一叠图纸，说：“你参考一下这些图。”以后又有几位老师给我介绍了几本设计手册，学习研究了这些资料以后，就如拨开乌云，眼前豁然开朗。后又抽时间看了一些参考书，经过几位老师的点拨和引导以及自己的努力，我按时完成了设计任务，经负责人审核完全合格。以后又完成了冷却塔、吸收塔、浮阀塔、乳化塔等十几项设备的设计任务，使我学会了对钢板型号的选用、椭圆封头的计算和绘图、流量要求的设计等，基本上由必然王国走向了自由王国，内心有无法描述的轻松和愉快。两个多月的设计任务完成后，又开始了西郊酒厂新课题的研究。

光阴似箭，很快几十年过去了，我早已离开母校，但这第一次设计任务的情景，犹如昨日一般，我们的老师犹如一盏盏导航的明灯，指引了前进的方向。母校是知识的海洋，老师是力量的源泉，促使学子们奋发进取。

平凡的岗位，无悔的人生

我 1970 年 8 月毕业留校，先在石油化工教研室工作，后又在校科研处工作了八年。主要负责科研项目管理，科技行政工作以及处党支部书记工作。1978 年 12 月，我怀着依依惜别的心情，离开了母校，调到北京 798 厂化学实验室工作。

1979 年元旦刚过，我便开始了与烧杯三角瓶、容量瓶、滴定液、比色计、光电天平等仪器打交道，投入了实验室工作。由于在母校学习工作期间，业务和思想都作了充分储备，所以拿起这些仪器来还是比较熟练的。在工作中我勤于实践，虚心向老同志学习，严格掌握数据准确性，很快就进入了角色，胜任了工作，不久我做了本实验室的技术负责人。我们工作的实验室担负了全厂陶瓷电容器原材料、中间产品及配料等几百种材料主体含量的定量分析任务。具体一点说就是定量分析原矿、化工材料、金属合金、有机试剂、油漆、电镀液等材料的组成。实验报告的准确性，直接影响产品的质量性能，责任重大，不容半点疏忽。由于在工大母校掌握了一定的理论知识，加上老同志的指导，个人勤奋且刻苦的工作，我不仅掌握了我厂正在使用的对几百种材料的分析技术，而且还有所革新。例如，创新地解决了生产中好坏水泥质量分析任务这一疑难问题，先后研究出化工材料、氧化铁（Fe_2O_3）中的二价铁（FeO）的分析方法，钛酸盐熔块中游离氧化镧（La_2O_3）的分析方法，高铝瓷中微量钡（BaO）的分析方法。在工厂工作的十几年间，写成新分析方法论文 50 多篇，先后在中国电子学会华北东北地区理化分析会经验交流会上发言，像游离 La_2O_3 的分析，Fe_2O_3 中 FeO 的分析论文，被评为优秀论文，还被推荐到中国电子学会理化分会年会上发表。此间还研制出厂内车用电解液，管道清洗液等产品，有力地推动了厂里的生产和技术改造工作。

除了技术工作，还承担了实验室对工人的培训教学任务。培训的工人参加了电子部化学分析工人知识比赛，得了第一名，单位也给了我奖励。此外，还有厂办技校部分教学工作。还记得 20 世纪 80 年代中期，我厂陶瓷实验室由于化学药品使用不当发生了一次爆炸，仪器被炸坏，人员也受了伤。为此，领导大抓安全生产，给我们几个搞化工的同志下达了任务，要求给全厂工程技术人员、基层领导、技师等做安全生产的技术讲座。几百名工程技术人员、基层领导认真听了我们关于“化学危险品性能特点及储存，并在各种条件下的使用注意事项”的系列讲座，收效显著。直到我退休离厂时，也未发生过与化学药品相关的不安全事故。

人生的价值在不懈的努力和不断的追求之中。在工厂工作时，为超额完成任务经常早来晚走，任务急时经常白班连夜班。记得1991年实验室整修改造期间，我承担了仪器设备的调试工作，顺利地完成了任务。我冬天为大家防风保温出力，夏天为通风降温献策，不管分内分外，只要工作需要就勇于承担，为此得到上级领导和群众的好评，多次被评为中层、厂级先进工作者，优秀共产党员。

平凡的岗位，无悔的人生，这一切得益于在校学习工作期间，各级领导和老师的培养教育，不断树立一辈子为国家和人民多做一些有益的事情的思想。北工大——我非常留恋的母校，在学校的日日夜夜，学校的教学楼、林荫道、美丽的合欢树及和蔼可亲的老师和领导，无时无刻不在我的心中。北工大，我的青春在这里熔炼，我人生的航船从这里起锚，在您的激励下，我为祖国为人民作了我应有的贡献，虽然平凡，但却无悔。

一家四口工大校友

一家四口工大校友

我家先生、两个儿子和我四个人都是工大校友，先生王宇清同志是北工大电机系电器专业的6222班学生，毕业后在航空工业部供销总公司工作，2000年退休，现仍然发挥余热，任供销总公司离退休二支部党支部书记。我的长子王建峰，1990年考入工大热能工程系，901031班学生，空调制冷专业，他先后在华为公司、北京建筑设计院工作，负责中央空调的设计工作，正为国家建设努力工作。二儿子王远鹏，1995年在工大读本科会计专业，是95880204班学生，现为北京上菱电梯公司主管会计。一家两代四个人都在工大学习过，成长于工大这知识的海洋，百炼成钢。工大的政治挂帅、作风优良、工作认真、刻苦负责的精神得到了传承和发扬，为国家、社会、人民创造财富，为国家的发展作出了贡献并正在贡献力量。感谢母校北工大，勤奋服务社会。

大学期间

退休后

于桂兰

1964 年 9 月—1969 年 7 月，在北工大读书；

1969 年 8 月—1978 年 12 月，在北工大化工系工作，后在科研生产处工作；

1979 年 1 月—1993 年 10 月，在北京 798 厂化学实验室工作；

1993 年 11 月，退休。

不忘初心

——为祖国建设贡献终生

6461 班　余叙耕

光阴似箭，转眼间，我已越古稀之年。回忆起进入北京工业大学学习，至今已近 55 年。

记得刚入校，我兴奋而激动，没想到自己作为一个工人的儿子，从小学到中学毕业 12 年全靠国家补助，而今成为父母引以为傲的一名大学生。

几十年来，我都牢记老校长朱兆雪先生的嘱托：要健康地为祖国建设工作 50 年。我们这一代人始终就是为了这样的目标而努力奋斗着。

在学校时我们参加实践劳动，到工地，到实验室，在掌握理论知识的基础上学习绘图、测量、试验、检测，在工地师傅的言传身教下学习施工技能，这些都为日后的工作打下坚实的基础，也积累了丰富宝贵的经验。

大学毕业，被分配到石家庄地区，到地委公署报到。当问及我的要求时，我回答："到工程建设第一线去，到基层去。"就这样，我来到了河北省正定县公产所（相当于县级房管局）且监管着建设管理部门的全部工作。当时正定县城仅有四名建筑专业的大学生，如何把这些工作做好，学习就成了第一项非常重要的任务。首先就需要一份县城规划图。我在学校学的是工民建结构专业，可以说对城市规划是一窍不通。为了更好地完成任务，我跑到书店查找相关的书籍，可是小县城根本没有这方面的书。于是我回到北京，跑到建筑标准书店，如饥似渴地阅读，抄录要点，还到正定县的邻近县市取经。我和同事们对正定县房屋、道路、市政进行普查，我们每天背着测量设备奔走在县城的大街与小巷、平地和城墙，测绘出正定县城的现状。经过团队的努力，凭借最简单的仪器设备绘制出正定县在新中国成立后的第一份规划图，为古城正定的发展留下了珍贵的第一手资料。这次工作我收获非常大，深深地认识到，作为一个普通工程技术人员的立足之本——学习，要不断地学习！在完成这项工作之后，我被调到正定县建筑社。这是一个老工匠聚集的单位，有大量搞古建的人才，自然正定县古建修缮维护的工作就落在我们身上。我参加了县城内几乎所有古建的修缮工作。在老师傅的带领和教授下，我学到了书本上没有的东西。

在正定县工作十年，我从事过建筑工程施工、设计、管理工作，对我来说，每项工作都是全新的。正定隆兴寺，别名大佛寺，是1961年就确立的国家级文物单位，“文革”后期（20世纪70年代末期）需要修缮，我就跟着老师傅学习古建工艺、手法。县色织厂扩大生产，需要建设新的厂房，我就学习搞施工图设计，为了弄清纺织工艺，我深入纺织车间边劳动边学习。设计五金厂铸造车间时，我就跟木模师傅学习做铸造木模。就这样，每做一个项目，我就像学徒一样到现场实习，开阔了眼界、提高了技能。在正定县工作的短短十年间，我参加了化肥厂、水泥厂、砖瓦厂、棉麻厂、农药厂、电子元件厂、邮电局、招待所等几十个工程项目的设计、施工和管理工作。我边学边干积累了大量的基础知识，为我后来几十年的工作积累了丰富的经验，比如纺织业的工艺流程，水泥厂的炉窑工艺，陶瓷厂的制坯，砖瓦厂的窑温，等等。在正定县留下了我的作品，留下了我辛勤工作的汗水，更有宝贵的青春记忆。

1979年我被调回北京，参加了崇文区建筑公司的组建工作。对新参加建筑工作的知青，白天带领他们在工地施工，下班后给他们讲课，讲识图、预算、测量、施工等方方面面的知识。一直到1986年，我参加了崇建公司数十项工程建设项目。除去在第一线施工外，我还参与过多项施工组织设计，坚持业余时间授课工作，给年轻的工人讲解预算、识图、测量、施工实操等知识，把自己的工作经验传给更年轻的人。这样的工作更激发了我学习的劲头。我经常问自己，怎样才能更好地发挥自己的力量呢？答案只有一个，不断充实自己，才能实现我的初心——为祖国健康工作五十年，才能为国家作出更大的贡献。

1986年又一个崭新的工作摆在了我的面前，我参加了北京市建设工程质量监督总站的员工培训工作，成了市监督总站的一员。这次工作调动是我人生中最重要的一次机遇。在市监督总站工作期间，我有幸参加了一系列国家重点建设项目的质量管理工作，我的知识不断得到补充，如国贸建设项目监督工作，长富宫饭店、西苑饭店工程的质量评估，外方独资兴建的王府饭店的工程监理，央视新址施工方案研讨等。尤其是在第十一届亚运会工程建设总指挥部、西客站工程建设总指挥部的质量监督管理工作，使我更开阔了眼界，我也抓住一切机会不断学习。对钢结构工程、网架结构、悬索结构、索式结构等工程设计、施工、质控、验收等方面有了更全面的了解，还参与了相关规范的编制工作。同时还参加了国家重点工程施工原材料、构配件、机电设备、装饰及防水材料的考察选材工作，对工程中使用的每一种材料、构配件及机电设备都要考核。

我们深入石材、陶瓷制品、防水材料、构配件及机电设备的生产第一线，了解到影响建筑工程质量的重要因素，订出解决方案。事后我还参加了《工程质量通病防治手册》的编写工作，整理工程验收的所有流程及评价，这些工作也为我今后的专业培训工作积累了大量素材。

在此同时，还参加了一些重大项目的质量评估工作，如亚运会游泳馆球网架施工焊接质量的评估、中央电视发射塔工程质量评估、西客站基础爆破工程的评估等。随着改革开放的深入，工程建设规模不断扩大，国家为加强对工程质量的控制，推行了工程监理制度，我有幸参加了国家有关工程咨询监理的培训学习。学习中我结合参加的两大重点工程指挥部质管工作的经验写出了题为《政府监督与社会监理的共性与不同》的论文。我的工作得到了单位及领导的认可，并多次受到表扬。

1994 年，领导派我参与北京首建工程咨询监理公司组建工作并担任公司总工程师，我又一次走上新的岗位。多年在监理行业的工作实践，使我深刻认识到工程建设的质量是关系到国计民生的大事。工程质量不是简单的施工水平偏差的问题而是工程的耐久性、舒适性、环保节能等多方面的综合考虑。为了推行工程监理制度我与同行一起录制了《工程质量》光盘。

在首建公司的这段时间，我参加了天安门管委会委托的工程项目监理工作，如天安门观礼台装修改造工程、大字匾改造工程、天安门夜景照明、纪念碑加固工程，尤其是天安门城台复原工程，以及天管会办公楼装修工程，朝房改造等。天安门城楼作为中国著名的历史文物，保护好天安门对国家和人民有着重大的意义，所以这些工程受到政府相关部门的高度重视。我们从 2001 年开始准备，查阅历史资料，选择工程材料，在施工过程按照质量标准，保持历史原貌，对各个阶段严格把关监理。施工期间遭遇严重的“非典”，我们所有工程技术人员不畏困难坚守岗位，胜利完成了这项艰巨的任务，我也获得了表彰。这个工程项目使我又一次深刻地复习了古建工艺，又一次极大地充实了自己各方面的经验。

在天管会工程监理期间，我还利用项目管理的知识，完成了天安门广场金属护栏的设计改造安装工作。这项工作对我是很大的挑战，已经脱离了我的专业。为了保证工程能达到预期效果，我们会集了市政、道路、交通、机械制造、安全管理等各方面专家，进行了各项论证，做了大量检测试验，在非常短的时间内完成了任务，也为天安门广场增加了一道靓丽的风景线。

2004 年，由于工作需要，首建公司和市建委脱钩改制变成企业。我积极调整心态，努力适应新角色、新位置，继续为祖国、为首都的工程建设贡献自己的力量。之后我又在接近退休的年龄到北京方圆工程监理公司工作，接受更多的任务及更大的挑战。在这十几年的时间中，我先后参与了首都国际机场滑行桥的加固工程，高效高质地保证了最大型客机空客 A380 安全的转场需要。在担任蓝色港湾工程项目总监时，配合建筑施工、设计等各方具体工作，优化设计节约了工程投资，得到了建设单位的奖励。我们克服各种施工困难，最终完成总面积三十万平方米建设工程。采用跳仓法施工，提前了工期，保证了六万平方米地下混凝土工程无有害裂缝，为大体积砼施工工法提供了有力的数据。蓝色港湾作为集水陆景观、集丰富业态于一体的国际时尚生活商业项目，受到建设单位的嘉奖及深受广大百姓的喜爱，日益成为享受新北京的重要场所。

特别值得回忆的几件事就记在这里吧：

（1）2008 年汶川地震后，我参加了北京市监理协会组织的慰问团到灾区考察，慰问援建队伍，之后参加对江苏省的青川县援建项目的验收工作，提出科学评估震害，科学援建的原则。

（2）2008 年底赴非洲纳米比亚，参与我驻外使馆的工程项目。作为专家组组长带领团队解决使馆工程设计与施工的技术问题，协调各方矛盾，顺利完成外交部交给我们的任务。

（3）2012 年春受政府派遣赴日研修抗震技术。通过授课、参观座谈等方式同日方建筑业及政府部门官员进行深入研讨和交流。回国之后到一些省市宣讲日本在抗震方面的技术和经验，为促进我国建筑抗震事业的发展尽自己的一份力。

（4）近几年着力进行建筑行业培训工作，坚持继续教育，编写教材，为职工教育常态化机制贡献自己的力量。

我干一行、学一行、爱一行，一直到今天。从初出茅庐的学生到退休，几十年来我从未离开过我热爱的建筑行业。从施工到监理，再到各种专业培训编写规范与教材，点点滴滴都凝聚着我的心血和奋斗。即使现在退休了，我也没有停下继续贡献的脚步。我想国家建设，建筑行业，还有很多需要传承下去。因此退休后的生活也依然是我人生的重要阶段。我会继续做跟建筑有关的工作，力所能及尽心尽力，做好传帮带，把知识，经验，更有老一辈的传统传递给新一代的建设者。

不忘初心，牢记使命，为祖国建设贡献终生！

20世纪60年代在北京颐和园

2012年在天安门城楼上

余叙耕，1946年生人。

1969年，毕业于北京工业大学土木建筑系工民建专业；

1970年，分配到河北省正定县，后调入正定县工业局，主要从事施工管理、规划设计、施工图设计及工程建设管理工作；

1979年，调回北京，在北京崇文区建筑工程公司技术科参加了蒲黄榆小区等数十项工程施工管理等工作；

1986年调到北京市建设工程质量监督总站工作，后被任命为工程管理室主任；

1994—2004年，任北京首建工程咨询监理公司总工程师；

2004年至今，在北京方圆工程监理公司任总工程师。

我多年从事技术管理外，还在行业协会参与培训及教材编写工作。目前被建设部标准院聘为抗震设计编委会编委，到全国各省市讲授工程质量管理。先后讲授：工程招投标、工程施工技术资料、工程质量管理、工程质量监督、工程预算、测量等。还多次参加全国发生的工程事故的鉴定、处理工作。我还是国家评标专家。在各个工作岗位都获得多次表彰。

在约旦王国承包建设工程

6462班　张振洲

初到马达巴

1983年5月，我受中国建筑工程总公司（CSCEC）内蒙古分公司的派遣，赴中东地区的约旦王国担任该国电话站工程项目中马达巴市、杰拉什市两个省级电话基站和季扎、扎尔卡、马弗拉克、阿杰隆、乌姆凯斯、巴尔卡等城镇电话中继站、分路站工程建设的项目经理兼项目工程师。

约旦王国电话站项目，是中建公司经过同其他国家竞标后中标承包的建筑工程。项目工程由设在其首都安曼周边的马达巴市、杰拉什市、萨拉特市、伊尔比德市四个省级电话基站和分布在约旦全国的32个城镇的电话中继站、分路站工程组成。其工程的建设规模和工程结构复杂程度，同我在国内主持施工建设的各种工业与民用建筑工程相比，可谓是"小巫见大巫"。四个省级基站，也只是设有地下一层，地上四层，采用框架剪力墙钢筋混凝土结构的普通建筑而已。电话站项目的业主是JORDan-TCC公司（约旦王国电话总公司）。施工图纸设计，通信设备的供应、安装由作为工程总承包商的法国CIT公司承包，同时，CIT公司承担建筑工程质量的监理。

我接受出国担任项目经理兼项目工程师任务后，就开始着手出国施工队伍的组建工作。施工队伍人员，主要由原国家建委八局一公司在70年代改制下放给地方改名为内蒙古第一建筑工程公司人员组成。由于是第一次远离祖国到异国他乡施工，许多工人对出国施工都心存疑虑。他们担心不适应国外环境，怕一去就回不来，也有的听说出国工作，两年才允许探一次亲，中间即使家中有事也不让回来，担心走后家里老人、爱人、孩子无人照顾。总之，主动、愿意跟我一起去约旦施工的工人很少，思想动员工作遇到极大困难，出国施工队伍的组建几乎陷入困境。我作为领导选定的领队，没有任何理由推脱。我首先挑选了几个同我关系好的人组成先遣小组，其成员有施工队长韩志斌、材料员孙双喜、管理员杨树田、测量员李治、炊事员小苗、三名司机及英文翻译舒大平共计十人，先期赴约旦，完成中建公司驻约旦经理部同约旦 TCC 公司和法国 CIT 公司施工现场的场地交接和电话站工程建设的施工准备工作。

1983 年 5 月 28 日，我们先遣组一行人乘坐中国民用航空总局 CAAC9992 次国际航班飞机中午由北京起飞，飞了七个多小时到达巴基斯坦首都卡拉奇。在卡拉奇停留三天后，从卡拉奇再飞往阿拉伯联合酋长国的阿布扎比，下机在候机大厅稍事休息后重新登机，直飞约旦首都安曼刚刚落成的阿利亚皇后机场。阿利亚·巴哈丁·图康是约旦国王侯赛因的第三任王后，1977 年因一次空难逝世，老国王为纪念她，特地在重建约旦最大的皇家航空中心时以她的名字命名。我们先遣小组一行人，到达机场后，还没有来得及欣赏一下富丽堂皇的约旦皇家航空公司的候机大楼，就被中建公司驻约旦经理派来接机的工作人员接上汽车，直接把我们送到马达巴他们事先为我们租下的住处。在把施工图纸交给我们后简单介绍了一下马达巴市的社会情况。临走时还特向我转达中建公司驻约旦经理部总经理关于按同约旦 TCC 公司和法国 CIT 公司签订的建设工程施工合同中约定的 6 月 3 日移交场地并开工的指令，并强调这个日期是不能改变的。中国公司如不能按合同约定的日期接收业主对承包商的建设场地移交和工程开工，不仅中国公司将失去国际诚信，而且还将面临业主以延误工期为由，对中国公司开出的数额不菲的罚款。用组建队伍和办理出国签证耽误时间的理由同约旦 TCC 公司的官员们辩解，他们是根本不听的。中建公司的工作人员说完话并给我们留下一部分约旦的货币——第纳尔（JD）作为购置施工工具和生活费用后，离开我们返回经理部。

我们先遣组 6 月 1 日下午才到马达巴，6 月 3 日必须从业主手中接收过来建设场地，而且在当天必须开工，给我的准备时间只有一天。这是在完全陌生的外国土地上，真是弄得我措手不及，使我一下子有点发蒙了。

面对现实，我没有任何办法，不能向任何人倾诉我心中的苦处。我是先遣组的主心骨，为了不影响同来人的情绪，我表面上还要装出一副胸有成竹非常淡定的样子。我吩咐翻译立即把 6 月 3 日开工急用的英文施工图纸和设计说明翻译成中文，让材料员购买木桩、铁锤、铁锹和洋镐，施工队长同测量员购买经纬仪和水平测量仪（那年代，国际上还没有卫星定位系统，所以市场上也没有 GPS 全站仪测量仪器）。我要求除我穿西服，系领带参加约旦 TCC、法国 CIT 公司和中建公司约旦经理部领导移交建筑场地仪式外，其他所有人一律穿工作服，带上工具到工地参加破土动工劳动。

1983年6月3日，当地时间上午9点，在约旦哈希姆王国的马达巴市中心一个半高坡上，在中建公司约旦经理部总经理同约旦TCC公司、法国CIT公司办理了建设场地移交手续后，我们先遣组立刻开始定位放线。TCC公司、CIT公司的工程师核实我们测量定位的建筑物控制轴线和水准点标高后，在验收单上签上“OK”，刚到两天的先遣组全体人员，手持洋锹、铁锹，挖下了马达巴电话站主楼开工的第一锹土。

要知道，和我同来的先遣组的队长、材料员、管理员和翻译，在国内属于干部身份，他们是不干体力活的。同来的司机师傅，在国内的建筑公司内，其工种职业也是非常令人羡慕的，他们的手只是紧握方向盘，不拿洋镐、铁锹干挖土的营生。但先遣组的全体人员，都支持我的工作。都向我表示：需要他们干什么，就分配他们干什么，他们绝不会有任何怨言。由于在国内都没干过人工挖土的体力劳动，刚挖了一天，大家手上都磨起了血泡。但没有人喊疼，都是自己悄悄地简单处理一下，又坚持上班，保证了马达巴电话站工程开工后连续施工。大约在一个星期后，国内的工人陆续到达约旦，施工人员不足的窘迫状况才得以解决。因当时我国没有参加国际驾驶联盟，中国的驾驶执照在约旦不能使用，国内派出的司机不能开车。他们就同其他人一道，当钢筋工，当混凝土工，给瓦工供砂浆，或推小车当壮工。直到后来他们重新考取了约旦王国的驾驶证后，我才把雇用的约旦司机辞退，换上了中国司机。

封闭的军事化管理

马达巴电话站工程开工后，国内派遣的工人陆续分批到来。因为都是第一次出国施工，大家对约旦的风土人情一点儿不了解，只晓得约旦是一个穆斯林国家，绝大部分约旦国民都信奉伊斯兰教，他们不吃猪肉，此外就一无所知。我同他们一样，只是从报纸、广播中，知道中东地区打了几次仗，是一个纷争不止的地区。约旦的治安如何？对中国人的态度怎样？心中也没有一点底。

为了保证到约旦施工的中国工人的人身安全，在陌生的异国他乡不发生任何事件，我对马达巴工程施工的中国工人采取了封闭式的军事化管理模式。要求工人上下班，必须排队，由队长带队集体行动。下班回到住地后让管理员把楼房大门一锁，任何人都不能外出，所有人只能在租住的楼房内活动，与当地的阿拉伯人完全隔离。

这种管理模式，虽然简单了些，短时间是有效的，对于初来乍到的中国工人来说，还是起到了一定的保护作用。但时间一长，就要憋出事端。果然不出所料，一天晚饭后有一个工人到我的办公室告诉我，与他同室住的工人 ××，不吃饭，在窗前大哭，我听说后立即到其屋中问 ××：那里不舒服？出了什么事？ ××对我说，就是想家，想孩子。因我在国内就同 ×× 熟悉，而且 ×× 也是冲着我在约旦当经理才来约旦施工的，我半开玩笑半严肃地对他说：“你不是想家、想孩子，你是想孩子的妈！”我说男儿有泪不轻弹，一个大老爷们这样没出息，既然出来了，就得“既来之，则安之”。等我们把承包的工程交了工，大伙都挣上了钱，买回了“八大件”，往老婆、孩子跟前一摆，那时你就不会哭只能咧嘴笑了。在我的说服下，×× 开始吃饭，不再哭泣。

这件事，给我提了一个醒，白天工人上班很辛苦，吃过晚饭后都无所事事，几十个大男人都被关在一个有限的空间内，时光寂寥，气氛憋闷，就要“无事生非”。我找来队长、管理员，把我的担忧跟他们一说，他们也觉得让工人晚上有事做，才能转移思念家人的注意力。我们决定，让管理员买电视机，晚上组织大家看电视。开头几天还可以，晚饭后都不约而同地坐在电视机前看电视。几天后，许多工人又不看电视而回到自己屋内想东想西。一了解，原来是电视节目全说的是阿拉伯语或英语，工人们看不懂，故而失去了兴趣。我马上让生活管理员又去买录像机。由管理员或翻译到街上商店租录像带，拿回来放给大家看。那时节，录像机对中国普通老百姓来讲，完全是新鲜的物件，在国内谁都没见过。我国当时也不生产录像带，无法租上国产录像带，我就嘱咐管理员，要租不带有任何政治内容的港台地区纯文化娱乐方面的带子。记得在马达巴，看得最多的片子有港台当红演员林青霞、林凤娇、秦汉、秦祥林、谭咏麟、郑裕玲，柯俊雄等人主演的《我是一片云》《晨雾》《月朦胧、鸟朦胧》《警花出更》《摘星》等讲普通话的片子和李小龙、成龙主演的中国功夫片，还看过邓丽君的歌曲演唱会。这些电影，当时在国内禁止放映，一般中国人是绝对看不到的。通过放映这些片子，极大地转移了人们的注意力，晚上时间过得很快，就顾不上想家了。

当有些年轻的工人向我提出，想跟翻译学习一些日常用语、生产用语，得到了我大力支持。我征求翻译同意后，由他教工人说英语。工人不学英文字母和英语语法，不用死记硬背枯燥的英语单词，只需牢记常用句子的英语谐音。每天背几句，时间一长，工人都能说几句英语，同当地的阿拉伯人简单交流不成问题。

在工人们的情绪稳定后，经过一段时间的了解，发现约旦王国社会秩序还是比较好的，就取消了封闭式管理模式。工人们上下班不用排队，可以自由结伴或自己行走。休息时可以上街逛商店，在马达巴市生活、生产完全步入正轨。

涉外事件：警案局抓扣中国工人

在取消封闭军事化管理之后，工人们也可以自由上街。我嘱咐中国工人，上下班或上街，最好两三个人结伴而行，这样万一出点事，还有人报个信。真是越不想出事越出事。

有一天下午，几名年轻的中国工人结伴上班途中，有一群十几岁的约旦小男孩在路两边不断用石块、西红柿往中国工人身上扔。有一块石子，刚好击中一个中国工人的头。中国工人并没有招惹、挑逗这帮孩子，是这群孩子无缘无故袭击中国工人，这种向中国工人身上投扔小石子、西红柿的事情在工人排队上下班时也发生过，只是离得远，没有打中过中国工人。这一次被打中头部的中国工人彻底激怒了。他马上跑步追赶扔石头的小男孩。这个孩子很快跑回附近的家里，关上了大门。追赶孩子的工人一看，无法教训这个无事挑事的孩子，只得转身又同其他中国工人去工地上班。

没想到他们刚到工地不久，工地大门口处突然来了四五辆警车，马达巴市警察局的警察进来强行把在工地的所有中国工人全部抓到警察局。此时我刚好从约旦首都安曼经理部开会回到了现场，在现场工作的我们雇用的阿拉伯工人告诉我，是那个孩子的家长报了警，警察才来工地抓人。听后，我立即驱车直奔警察局，找警察局长交涉。我反复声明，中国工人是无辜的。我抗议马达巴警察局抓扣中国工人的无理行为，要求他们赔礼道歉，并立即释放中国工人。这位警察局长，对我的要求根本置之不理，他反复向我强调：他是马达巴市的警察局长，他的职责就是要保护马达巴市民的安全。

我提出，要看一下被抓来的中国工人，他没有拒绝。我走进警察局办公楼内，看到中国工人都被命令双手抱头，蹲在走廊的两旁，见我进来后都抬起头，用一种委屈和企盼的眼神看着我，希望我立即把他们接出去。在中国工人看来，我是他们在马达巴市的最高领导，是我把他们带出国，来约旦承包建设工程。他们知道，只有我能同中建公司驻约旦经理部总经理说上话，同中国驻约旦大使馆有联系。

我回想出国前夕接受出国培训时，有领导曾多次给我们这些出国后在国外担任工程项目经理的人训话。要求我们在国外必须把队伍带好，无论如何不允许发生涉外事件，如果自己带的队伍中发生了涉外事件，不管有理无理，不管什么原因，不管是谁，一律先严肃处理，并追究带队领导责任。至于导致涉外事件的是非，在国外都不理论，回国后再说。

我当时听了后很反感，认为这是不讲道理。我想，凡事总得有个是非曲直，不能不问青红皂白，只要发生所谓“涉外事件”，牵扯的中国工人都要被遣送回国受处分，这是强权管理。被马达巴警局抓扣的中国工人是无辜的，不抓肇事者，反抓受害的人和众多无辜的中国工人，是马达巴警察局长的所谓逻辑。我把中国工人高高兴兴带出国来，就必须安安全全把他们带回国去。

我当时只有一个念头，一定想办法把中国工人解救出来。在同马达巴警察局长讲不通道理后，我冒着被训斥、被追究责任的风险，拨通了中建公司约旦总经理的电话，把马达巴发生的事情向他进行了汇报。总经理听到后，一点儿没有批评我，反而安慰我，他会立即处理这件事。

过了两个多小时，马达巴警察局长把我叫到他的办公室对我说：他的长官命令他立即释放中国人,要求他和马达巴的警察们,以后不准找中国工人的麻烦。他说，没事了，我可以马上把中国工人们接回。我没有再同这位警察局长争论，把被扣押在警察局的中国工人接回，离开这个鬼地方才是我最大的目的。

事后，经理部的工作人员告诉我：总经理接到我的电话后，立即给中建公司经理部聘用的中国事务约旦代理人打电话，要求他立刻解决这次事件，让警察局立即释放中国工人。这位代理人据说曾担任过约旦国防大臣，是约旦哈希姆王族成员，虽然不知何故不再担任国防大臣，但他在约旦的军界很有威望。约旦王国没有“公安部”，警察属于军队管辖，难怪这位前国防大臣可以直接打电话给马达巴警察局长下命令。

这是我们在约旦工作期间发生的唯一一次涉外事件。在约旦，经过两年的相处，中建公司驻约旦经理部的总经理给我的印象是体贴下属、明辨是非、原则性很强的一位领导，可惜，我回国后一是因工作太忙，二是不想打搅在约旦工作的总经理，一直没有联系。这位值得我想念的总经理现在已经八十好几接近九十岁了，我在这里祝愿这位老领导健康长寿。

“八大件”·美元·中国工人

1983年5月出国前，我就担任了建筑公司的工程处技术主任，行政级别为科级。当时我的工资是118元/月，相当于那时国有建筑企业中八级技术工人的工资标准。出国后，按照中国建筑总公司定的标准，我的国外工资为200多美元为国内工资10多倍（按官方公布兑换价计算，当时1美元折合人民币大约是5.5元人民币）。跟我一起出国工作的人员中，除了少数几名年岁稍大的技术工人在国内工资超过100元，其余的在国内的工资都是几十元不等。我们到国外施工，每人每月挣的工资，不像国内那样，每月以货币形式发给。而是每月挣多少美元，全部存在经理部（或项目部）的账上。出国人员可以根据自己挣的美元多少，在每季度订货时，挑选“八大件”中一件免税商品。钱由经理部直接向大使馆拨，使馆商务处到各项目所在地把工人们的订货单和提货单交给工人，工人可以自己把这些单据寄回国内，由自己的亲属拿着单据到北京地坛附近的中国出国人员服务公司提出所订购的货品来。或委托项目部，把工人们的订货、提货手续集中寄回国内原单位，由单位派人派车集中提出货来，拉回居住所在地，按订货人员名字，一件一件送到出国人员家中。

在约旦出国期间，中建公司定的约旦出国人员的伙食费标准为每人每月 26 个第纳尔，按当时的兑换价为 78 美元（1 第纳尔 =3 美元）。钱不用个人承担，由项目部负责支付。为了便于管理，使中国工人集中精力工作，同时考虑到中国工人的饮食习惯，在我承包的电话站项目中，对较大项目，中国工人较为集中的城市如马达巴和杰拉什，我们开办集体食堂，由国内派出的厨师给大家做饭。有时视人数多少，再加派工人帮厨。自愿跟我一起出国来约旦当厨师的是一位姓苗的复转军人，他在服役期间曾在所在部队军部给军首长的小灶当过厨师，有很高的厨艺。每周管理员都同他商量排出一周食谱，做到每天不重样。每顿，他都尽力多炒几种菜，让大家吃得满意。在开饭时刻，工人们拿着碗筷到食堂，由厨师把工人们挑选的饭菜盛入碗中，不限量，随便吃。完全是共产主义式的“大锅饭”。食堂门口两边，每天放装有橘子、香蕉、苹果等水果的箱子，谁喜欢吃什么水果，自己拿就是了。当时约旦的蔬菜、水果、粮油是很便宜的。牛、羊肉价格稍贵一些，大家就吃鸡、鸡蛋、鱼等。就是这样，每月算下来，平均每人花 13 个第纳尔就足够了。伙食账一月一公布，节余下来的伙食费，管理员按人头平均分发给大家，工人们可以用这些钱，买些日常用品、香烟或到街上饭馆品尝一下约旦人吃的“烤焙斯”（约旦大饼）和烤肉，买几瓶 PEPSI（百事可乐）等在国内从来没见过的饮料喝一喝。

按照当时国内规定，长期出国工作的人员，每人每季度可以用在国外挣的美元，订购一件“八大件”中的免税商品。我们国家在 20 世纪 80 年代初期，经济相对比较落后。刚刚结束“文革”不久，创伤尚未治愈，物资极度匮乏。在今天国人的眼中，或许不屑一顾的“八大件”，那时只有出国人员用外汇才能购买，而且还限定指标。所谓的“八大件”，是指洗衣机、自行车、彩色电视机，电冰箱、照相机、摩托车、录音机、录像机。先期到达约旦的中国工人，在工作满一个季度后，按规定的指标定额用挣下的美元，能够订购“八大件”中的任意一件商品。我记得大家第一次订购的首选商品，全是彩电或冰箱。我把大家的订货单和提货单集中起来寄回国内的单位。当单位派车从出国人员服务公司提出货并把彩电、冰箱送到出国人员家中后，在国内原单位的工人中引起了很大轰动。

原来，选派工人出国，各级领导不知要费多少口舌，不厌其烦反复做思想工作进行动员。有的还得承诺一些本不该由单位解决，需工人自行解决的事情。彩电、冰箱，看起来比书记们的思想工作威力大，更有说服力。霎时间，要求出国的人纷纷找领导走门子，希望能给机会出国挣大钱。原来是各级领导找工人谈，讲大道理，现在是想出国的工人找领导软磨硬泡也要出国。工人们算计得很清楚，在国内每月挣几十块钱，要吃饭，穿衣，养家糊口。一出国，家里的工资照发，国外吃饭由公家承担，国家还发服装费，发工作服。光一个月伙食费节余还能分 30 多美元，比国内一个月工资还高出许多倍，这有多么大的诱惑啊!

此时国内的领导不再有动员工人出国的麻烦，可给在国外的我增加了负担。不知国内的工人从哪里得到消息，听说我在国外可以挑选需要的工种工人，发电传给国内领导，希望把这些工人派出来，国内领导一般会尊重我的意见。我在约旦，这时每天要收到许多封国内来信，有的我认识、熟悉，有的人，在国内也不认识，根本没打过交道，但都来信要求我在电传中点名要其来约旦工作。有的甚至表示：如能让其出国，回国后可以白送我一大件。按当时的市场价格，一台 20 寸的日本彩电 2000 多元人民币，比我一年的国内工资还高。在这种诱惑面前，我不为所动。我考虑的是，如何完成中建公司交给我的承包任务，为国争光，为祖国挣外汇。在我发往国内的电传中，我从未因私点名向国内要人，都是希望国内领导，坚持按国外工程的需要，选拔技术水平高、能胜任国外工作、思想好的工人派遣出国。

项目经理的一天

在来到约旦王国马达巴电话站初期，时间对我来说，异常珍贵。

为了完成各种工作，我每天几乎都要忙到深夜的一两点钟。白天，我除到经理部开会外，都要到施工现场的办公室上班。随时处理解决施工中出现的各种技术问题，还要接待约旦 TCC 公司和法国 CIT 公司的官员和工程师们走马灯式的访问和检查。我佩服这些国外的同行，他们对待工作的认真态度和敬业精神。

从母校毕业后从业十几年来，在国内承建过许多大大小小工业与民用建筑工程，我深知，工程质量是关系到人民生命安全和国家财产的头等大事。“百年大计、质量第一”，对于工程质量，我从不马虎，不放过任何工程隐患。曾一度被某些人说成“过于较真”，“死板，不灵活”，“死抠规范不通情达理”。

但同国外同行比，我对待工作的认真、仔细程度还是差了点。例如，在电话站工程施工中，他们对每一层，每一步，每一堵墙，每根柱子，每道梁的定位轴线、标高，在中国测量人员测量后，都要亲力而为，重新架起测量仪器逐一核对。对于每层每部位的钢筋，对照图纸，逐根对钢材品种、等级、根数、位置核对，对每根受力钢筋的锚固长度，特别是对成千上万个钢筋接头，都用尺子一根一根去量。我心想，这些人也不怕麻烦，太笨，过于机械。但他们的态度是认真的，当然不符合施工图纸设计要求和法国工程规范，是绝对要返工重新制作安装。

对于长出设计要求，超出规范规定，TCC、CIT的工程师也不允许，也必须拆掉，切割下多余的钢筋重新绑扎成形。我对他们说：超过图纸和规范要求，只能增加建筑结构的安全，对工程质量没有任何影响。他们的理由是，按施工图纸和规范规定，结构已经很安全了，超出长度没有必要，作为一名建筑工程师，不能浪费地球资源，即使浪费的材料由承包商承担。

每当混凝土工程浇注作业，他们都会“旁站”。从开始第一盘混凝土注入模板，到每次浇注作业结束，也不管整个作业持续多长时间，我的外国同行，都会在作业的现场死盯，一刻也不离开，直到确实施工到规定的部位，他们才从脚手架上下来。马达巴市没有商品混凝土工厂，我们就买回搅拌机，现场搅拌混凝土，配合比由约旦建筑工程检测中心提供。每次混凝土浇注施工，CIT公司的Romas是一定要到场的。他一来，就坐在搅拌机旁，眼不眨地盯着搅拌机出料口，说不定什么时候突然让中国工人做试块。试块做好后，放入工地上专门建的标准养护室屋内，锁上门，Romas把钥匙拿走。到拆模时间，他来开门，工人把试模拆下后，把试块放入养护池中，Romas又锁上门，在14天和28天时开门从养护室取出试块，放在他车上，我要跟他一起去检测中心检测。每当此时，我的心就一下悬到嗓子眼。

中国航空科技公司建筑公司杨经理跟我说过，他们在阿布路赛一栋三层小楼施工时，因一组试块不合格，业主拒绝验收，中国外贸部一名副部长来约旦同约旦政府谈判解决这个小楼一事时，约方也没有给中方面子。他们坚持说，不合格的工程坚决不能要，必须炸掉重建。

想到这些，我就提心吊胆：万一马达巴和其他电话站出现了试块不合格，就要闯下大祸。为了杜绝这种事件，我同大家商量，必须人人把关。材料人员采购的砂子、石子，其材料含泥量、含水量必须小于配合比试测时的含泥量、含水量。水泥必须用最新出厂的水泥，要有出厂检测合格报告，所有材料采购定合同时，必须把质量标准写清楚，明确责任。在搅拌混凝土时，后台供应砂子、石子，必须车车过磅，保证误差做到最小或没有误差。操作搅拌机的人，严格控制用水量。在大家努力下，队长韩志斌什么也不要干、专门监督混凝土搅拌过程。马达巴及其他电话站混凝土施工，没有出现过试块不合格现象。当然，我们还准备了另外应急措施，虽然后来没用上，但要防患于未然。

从马达巴电话站开工到承包的工程结束，每一天，我都让翻译，按照我写的中文施工日记，翻译成英文，让总承包的法国 CIT 公司现场工程师 Romas 和我一同签上字，我也在 Romas 写的施工记录上，在翻译给我翻成中文听完无异议后我也给他签上字。

紧张的一天过去，在工人们吃过晚饭后可以自由安排业余生活时，我又进入了另一种工作状态中。第一，我要同施工队长，按照施工图纸计算出要施工的部位的工程量，列出所要用的各种建筑材料清单，提供给材料员去采购。第二，我还要参照国内建筑工程定额，计算出用工数，为各班组（工种）签发施工任务书。第三项工作就是给法国 CIT 公司设计的图纸“擦屁股”。

CIT 提供的施工图，同国内设计院出的施工图深度不一样，要浅得多。国内的施工图，建筑、结构、给排水、采暖通风、强电弱电各专业，在图中交待得都清清楚楚，一些节点还给绘出大样图。即使有些设计瑕疵，通过设计人员同施工单位的图纸会审，基本都得到解决。而 CIT 提供的图纸，与国内设计院提供的图纸相比，过于简单。很多细部作法和节点大样，都需要由我——中国工程师来完成。记得最深刻的是：CIT 提供的施工图，只在平、立、剖图中标注一条说明，在某部位要设置采光窗，采光窗的大小，采用何种材料制作，与墙体和梁柱接合部位如何安装，窗的图形式样是何种形式，图中都没有，都要由我绘出几种方案图来提交给 CIT 公司选择，经 CIT 公司请 TCC 公司确定后，中国工人才能按图制作安装。又如，电话站楼内各层楼梯栏杆扶手、室外台阶形式、电话站围墙构造、栏杆图纸完全由我一一画出详图来，经确认后才能施工。那个年代还没有电脑，我是在让工人制作的简易图板上，用最原始的绘图工具：三角板、圆规、丁字尺等绘出施工用图。这些图还不能套用国内常用的式样，要完全符合约旦的阿拉伯风格。

回想起当年在马达巴工作的情景，多亏我从小在农村长大，经历过艰苦农业劳动的锤炼而长成一副体壮如牛的身体，才能应对这里的工作在每天神经高度紧张、工作极端劳累繁重的状态下，没有把我压垮。

约旦 TCC 公司、法国 CIT 公司雇用了许多工程师，有约旦人、法国人、英国人、巴西人，还有越南人。虽然我们工作之间约定使用英语，但在非正式场合，他们都喜欢说自己的母语。我在国内上中学、大学学的是俄语，到了约旦，一点儿都用不上。为了和他们相处和交流，我利用一切可利用的时间学习英语、阿拉伯语。出国时我从国内带去的《中英文会话》和《阿拉伯日常用语》等小册子，没想到有了用场。环境的影响，工作和生活的压力，使我很快学习掌握了一般的英语和阿拉伯语日常用语口语，平时跟这些工程师和阿拉伯人交流已不存在障碍，但在正式场合，特别需要我签字的时候，我必须要翻译把关，在我没彻底弄清楚时，我不会轻易签上我的名字。

阿拉伯的工人兄弟

根据约旦政府劳动部门规定，凡进入约旦建筑市场的外国公司，必须根据批准的入关人数，雇用30%以上的本土工人，以保证其国民就业。中国公司也必须执行此法令。在马达巴和其他电话站工程施工中，我也按比例雇用了约旦的工人。这些约旦工人，工作态度和遵守劳动纪律是无可挑剔的。让干什么就干什么，没有人讲条件，而且做到“领导在与不在一个样”。他们的工资必须当天下班后发放，一天一结。按当地的市场价，木工每人每天7个第纳尔，瓦工、钢筋工、电工等每人每天6个第纳尔，司机5个第纳尔，没有任何专长，只能出苦力的壮工是4个第纳尔。他们被雇到工地后，在一部分中国工人中引起了波动。以瓦工、钢筋工每人每天6个第纳尔为例，按当时兑换价计算：1第纳尔=3美元，1美元=5.5元人民币，每月除去星期五、六例行假日休息外应工作22天，即6第纳尔 ×3美元 ×5.5元人民币 ×22天，约为2178元。而中国工人在国外的工资折合成人民币也只有1000元左右。有个别工人找到我，认为这不合理，提出要同工同酬。我对中国工人讲，账不是那样算，中国工人出国工作，国内工资照发，中国工人来回机票费和途中食宿全由国家承担，出国人员还配发服装费、劳保费，在国外期间的伙食费、住宿费、交通费全部不用个人承担，更何况个人不用担心失业，国内单位还为职工福利分房。我们雇来的工人，约旦政府没人管他们。尽管我找出种种理由解释，靠两片嘴唇是不能给某些人做通工作的。约旦的工人，几乎人人都有私家小汽车，住的是在政府无偿拨付的土地上自己盖起的一栋栋三四百平方米的楼房。应当承认，当时约旦工人的生活水平，确实比中国工人要高许多。国情不一样。有时，我光讲我们中国人工作，不能只考虑自己，我们是为国家，为人民创造财富，是为了实现共产主义而奋斗。这些人才不听我的说教，面对实实在在他们亲眼看到的现实，我对他们的思想“灌输”起不了多大作用。这时，我只有对他说：谁也不怨，怨就怨你爹妈，把你生在了中国！当时，我被工作压得几乎喘不上气来，没有闲工夫去给他们做“耐心、细致”的思想工作。对个别难缠的人，只能不客气，我说：“愿意在约旦干就好好干，别给我出幺蛾子。不想干，我立马打发你回国。”思想工作不是万能的，强制手段有时必须有，在约旦，我不允许任何人动摇“军心”。工人如被遣送回国，不仅国外挣的钱全部扣发，还要承担国外伙食费，来回机票费、服装费，还要接受处分。在约旦工作两年，我没有遣送过一名工人。我的心肠是软的，说几句强硬话，只是用来吓唬一下而已。况且工人们有些想法或闹点情绪是正常的。

约旦的工人，在星期五、六是不上班的，星期五去清真寺做礼拜，是雷打不动的，如果工程需要上班或平时加班，都必须向当地劳动部门申请批准，还要付给约旦工人双倍的工资报酬，但是申请100%不会被批准。

在约旦，还有一些规定：约旦国王生日、国庆日、皇太后忌日和穆斯林的节日，当地人都不上班，而且这些节日工资不能扣，中国公司是必须支付的。另一个规定是，连续工作超过两周，中国公司还要额外加发几天的工资，如果连续工作满一年，雇用的公司要承担约旦工人到世界旅游一次的所有费用。中国人常说的一句话，叫作“上有政策，下有对策”。我们在约旦就“活学活用了”。因为我们不是搞经济援助，是承包。承包工程就要算账，要节约一切不必要的开支。我叮嘱负责生产的队长，对雇用的约旦工人，要详细建立台账，记清他们中的每个人雇用日期，不管这名工人技术多么熟练，同中国工人配合得是多么默契，在其工作七八天时必须辞退，隔上一两天，再到“人市”上把他找回来上班，这样避免额外的开支。好在约旦工人不计较，你解雇他时，他二话不说，领了当天的工资就走。隔一两天，再把他找回上班，他也很高兴，愉快上班，没有任何情绪。

情系杰拉什

在马达巴电话基站的大部分工程完成后，我把我的办公地点迁移到了距离约旦首都安曼40公里北面的著名古城——杰拉什。这是一座有着悠久历史文化的建在几个小山包上的古城。据有关文献记载，早在公元前64年，罗马帝国的大军在占领了叙利亚及其南部杰拉什后，就在杰拉什建起了许多具有罗马建筑风格的建筑。最著名的，现今保存完好的有古希腊斗兽场、半圆型露天剧场、宙斯庙、由科林斯式石柱排列整齐的石柱大街和围成一个圆形的石柱广场。中方要建的杰拉什电话站，位于杰拉什市古城东墙内侧，这里是古城杰拉什的最高点。站在工地旁边已经崩塌的古城墙土堆上，放眼望去，那些遍布杰拉什古城中，经受了两千多年风雨侵蚀，又在公元8世纪发生的大地震中遭到严重破坏的众多古罗马建筑的残垣断壁，尽收眼底。数不清的用花岗岩石，经过工匠们精雕细刻打造出来的罗马建筑的石柱、石梁等构件，横七竖八地静静地躺卧在杂草丛中。

杰拉什电话站，是中建公司承建的电话站项目工程中，四个大的省级电话基站之一。也同我承包建设的马弗拉卡、乌姆凯斯、扎尔卡、阿杰隆等地的电话站中继站距离都较近。为了便于管理，我把办公地点设在这里。我们选租了一栋距电话站工地步行用不了十分钟的一栋楼房，作为项目部办公地点和工人居住的地方。这是一栋四层楼房，前后有小院。房东留下自己一家人居住在一层，从楼房的前院进门，我们租住的二、三、四层，有300多平方米，从楼后小院可直接进入。与房东各走各的门，互不干扰。我们选中一间大的房间作食堂，留下几间办公室，其余房间可以住下数十名中国工人。

我们的房东，四十多岁，曾经在杰拉什警察局当过二十几年的警察，退役后用警局发给的钱，买了两辆封闭式大货车，和自己大儿子一人开一辆，往返于伊拉克、科威特、沙特和叙利亚做外贸生意。

杰拉什电话站建设场地，北侧是一所小学校，南侧同杰拉什警察局仅有一道铁丝网之隔。这是一个是非之地，我们在此施工，难免影响北面的小学和南邻警察局。由于有马达巴中国工人被抓扣的前车之鉴，我得同小学校、警察局搞好关系，尽一切努力避免发生不利中国工人的事件出现。巧的是这次租住房子的房东曾是杰拉什的警察，而且对中国人很友好。我通过他的引荐，结识了杰拉什警察局长。和警察局长相识后，他不时邀请我到他的办公室喝咖啡，有时，我也邀请他到我现场办公室闲聊上一会儿。一来二去，我们成了朋友。当警察局水管坏了或电线出了故障时，我就派中国工人去修理一下，可能由于同他的关系，杰拉什的警察对中国工人都非常友善，从未找过我们麻烦。

北侧的小学生们同马达巴小孩不一样，见到中国工人都摆手示意，没有不友善的举动。中国工人上街，到古城的遗迹景点游览，当地的阿拉伯人都会用阿拉伯语说：“斯拉马利古，赛尼！”（你好，中国人）中国工人也用阿拉伯语回答：“马尔斯拉姆！”（你好）

我还利用同杰拉什警察局长的关系，应在约旦进行水库大坝施工的韩国公司经理的请求，让警察局把因打架被抓进警局的三名韩国工人放出来。我认为，都是来约旦工作的受苦人，有了困难，不能袖手旁观，应出手相救。发扬国际主义精神是中国人民的优秀品德。

在杰拉什，是我出国到约旦以来过得最惬意的一段时间。对中国工人的管理，不用我再费什么脑筋早已常态化。与约旦TCC和法国CIT的工程师打交道也习以为常。电话站工程施工所需要中国工程师绘的节点图、大样图、详图，早在马达巴工作时，我基本上都已完成。紧绷的神经一下子松弛下来。

死海 · 亚喀巴 · 佩特拉

在马达巴电话站施工中期，工程完全按计划有序进行。1983年国庆节，我放了两天假，带领中国工人到死海去旅游。

死海距马达巴23公里，由马达巴市向西北不到10公里是尼波山，这里是约旦最值得敬畏的圣地，因为摩西是在这个山上升天的。摩西在基督教中，是仅次于上帝和耶酥的重量级人物。摩西身死之处的遗迹如今已荡然无存，公元4世纪基督教徒们在山顶建起了教堂，站在教堂的台阶上向西眺望，美丽的死海和约旦河谷尽收眼底。“十一”这天天气非常晴朗，我们用肉眼都能看到约旦河西岸耶路撒冷城中大教堂的尖顶和历史名城伯利恒的城市轮廓。马达巴市是约旦信仰基督教的人聚集之地。占约旦国家人口6%的基督教徒大部分居住在此。

我们租的大巴车司机是虔诚的基督教徒，他在车路过山顶处特意停下车，让我们在摩西升天的地方居高临下，欣赏约旦河谷的热带风光。经过山顶顺公路而下，有一块约有1.5米高石碑立在路边，石碑上刻有用红色油漆描涂的一条水平横线，在横线的下面，用英文、阿文写着：这里是海平面。大巴再往下走，我们的耳膜越来越感到疼痛，比乘飞机下降时还要厉害，不过一会儿，慢慢适应了就不痛了。下了山，就到了死海。这简直是大自然造就的一个奇迹。听司机给我们介绍，死海的面积有930多平方公里，其海平面比我们说的海拔高度中的海平面要低约400米。死海的最深处有380多米，是世界上最低的地方。

大巴司机找了一块地方停下车，中国工人在车上脱掉外衣，都只穿一条裤衩就直奔死海中（约旦当时没有卖泳衣的地方）。我们都平躺在海水中，把双手高高举起，由于死海的水含盐量高，水的比重远远大于我们身体的比重，根本不用担心沉下去。我闭上眼睛，试着潜水，海水的浮力很大，潜不下去。工人们在海中玩耍了一番后上了岸，太阳一晒，全身皮肤顿时结成了一层白霜，我们赶紧找到附近一处自来水管冲洗盐渍。中午，我们找了一块有大树的平地，大家从车上拿出事先买来的面包、火腿、罐头和饮料，席地而坐，吃起了野餐。

在回来的路上，大巴司机又拉我们到约旦河西岸的香蕉园参观。一眼望不到边的片片香蕉园，树上都挂满大串已成熟的香蕉，我们仿佛到了我国南方的热带雨林。

我们来约旦的第一个春节是在杰拉什度过的。大年初一，我冒着极大的风险，满足了人家吃一次猪肉馅饺子的愿望。以后食堂再吃饺子，都是牛、羊肉做馅。

初二，我们又租上大巴，到约旦王国的最南端城市亚喀巴旅游。当我们亲身到了亚喀巴红海海滨，我们被红海的景色迷倒了。波光粼粼的海面上，荡起的水纹，掀起的涟漪，还原了红海迷人的真实颜色，这种深邃意蕴是红海独有的。我们分租了几条玻璃底的游船，驶进蓝得醉人的红海，透过玻璃船底，看到海水清彻透底，五彩缤纷的珊瑚和一群群无忧无虑、各种各样、五颜六色的海鱼在水中游来游去。放眼远方，是一片无边无际的蔚蓝的海，头顶上是无边无际的蔚蓝的天。天蓝蓝，海蓝蓝，此时哪个是天，哪个是海，哪个才是真实的世界，哪个又是水中的幻影，已经分不清楚，一派令人心驰神往的仙境！工人们玩得都非常开心，完全忘记对亲人的思念和工作的劳累。他们说，如果不是来约旦施工，恐怕一辈子都不可能来到这个美丽的地方。晚上，我们住在亚喀巴市。在这里，非常巧，我们遇到了在中国北方工业公司亚喀巴办事处工作的内蒙古包头一机厂的老乡。因为都来自内蒙古，见面当然无比亲切。一机厂的内蒙古老乡拿出他们从国内带来的白酒招待我们，席间觥筹交错。喝到兴致大发时候，大家禁不住高声齐唱："金杯银杯斟满酒，高高举过头……"我有很长时间没有开怀畅饮了，这回在老乡处直喝得一醉方休。

第二天，我们依依不舍地告别内蒙古老乡，又到约旦的另一著名游览胜地——佩特拉（Petra）古城参观。佩特拉古城，是约旦的骄傲，是约旦王国最辉煌的历史文化遗产。这里是凡来约旦旅游的外国人必参观的去处。中国的万里长城，埃及的金字塔，让世人叹为观止。佩特拉古城，当你身临其境，亲眼看到雕刻在陡峭岩壁上无数美轮美奂的建筑，你一定会从内心里产生对在两千多年前建造这座古城的贝多因人（阿拉伯游牧民族）由衷的敬佩。这座隐蔽在沙漠峡谷中的"石头城"，曾是古厄多姆国的都城，被称为世界上新的七大奇迹之一，被誉为约旦王国的国宝。说佩特拉神秘，是它的造城位置极为神秘。它整个城池全部隐藏在连接死海和亚喀巴海峡狭窄的峡谷之中。进城的唯一通道是一条长约 1000 多米的极为狭窄的山谷。这条峡谷，最宽处不到 7 米，最窄处只有 2 米左右，刚刚能通过一辆马车。峡谷中通道迂回曲折，谷幽峡深，道路是用小石子铺就。峡谷两侧陡峭的岩石，在大自然风蚀雨淋下变得光滑无比，犹如斧劈刀割一般。在谷中抬头仰望，只见蓝天一线，颇为壮观。如在谷中放声大吼，寸草不生的悬崖峭壁，回声荡荡，让人毛骨悚然。我们是步行进入的。一路上边走边欣赏刻在峡壁上的各种古迹。到了城内，高大的殿堂，排列在周围高高耸立的山崖岩壁上，门檐相间，殿宇重叠。其建筑的雄伟，雕塑技艺的精巧神奇，好像不是人工所为。用我国元朝吴莱《大食瓶》中诗句：“晶莹龙宫献，错落鬼斧镌”来形容一点都不为过。

参观佩特拉古城，当年是免费的。现在已收费了，一天门票为50第纳尔，约合人民币470元左右。如今的约旦人，也懂得用老祖宗留下的东西赚钱了。

索赔谈判与Alabai1ne智斗

1985年春节前，约旦电话站项目的工程基本都已完工，承担电话站施工任务的中国工人，大部分被调往中国建筑总公司中标的又一新工程——约旦塔非拉（Tafilan）中东军事学院工程。我奉命接管了约旦电话站另外两个分项目部承建的工程，负责约旦电话站项目大小36个电话基站和中继站工程收尾和索赔。

收尾工程工作量都不大，只是一些零星活或维护、维修。主要的麻烦是配合法国CIT公司的设备安装。由于设计的缺陷，中国工人在按施工图纸完成了全部土建工程后，根据设备安装需要，应CIT公司要求，在中国公司已完工程中的某些墙体上需打洞钻孔，有的甚至要局部拆除某些部位的墙体，在设备安装完毕后再由中国工人重新施工，恢复原样。按承包合同规定，这属于增加工程量的工程，中国公司有权向CIT公司提出给予补偿的要求。为了处理这些问题，我每天的工作就变成了按电话约定的时间、地点，同CIT公司工程师Romas先生见面，到某电话站检查、测量额外增加工程量，并在双方认可的增加项目的工程记录单上签字。还有，约旦是一个严重缺水的国家，城市停水是家常便饭。CIT公司的安装工人白天上班时打开水龙头一看没水，忘记关就离开了。他们下班时也没检查，一锁门就走了，当夜间城市恢复了供水，自来水从未关的水龙头中喷出来，冲毁了中国工人已完工的工程。有一个电话基站，自来水整整流了一宿，从四层一直流到一层。把四层到一层的墙体和顶棚抹灰冲刷的惨不忍睹。这些被大水侵蚀、冲刷破坏的部位，必须全部铲掉重新抹灰和粉刷。出现这种情况，我和Romas就要立即到事故现场，详细测量被损坏的面积，评估完成这些工程的工程量，拍照后在双方认可的工程记录单上签字，作为中方向CIT公司索赔的证据。承包合同约定，凡非中国工人所为，对给中方造成的损失，责任方应承担赔偿的义务。工程索赔，对于承包施工的中方来说，是维护自己合法权益的一项根本性的管理措施，这不仅是工程管理能力的具体体现，更是一种创收的手段。

在电话站工程收尾准备交工之前，我将全部电话站工程中增加的所有工程量并有 CIT 公司工程师签字的工作记录单汇总起来，作出报价向 CIT 公司提出索赔要求。和我谈判的是 CIT 公司工程部经理 Alabai1ne。我和他很熟，因为在电话站施工过程中他经常到现场，察看中国工人的工作。给我的感觉，是一个很干练的比较好处的一个人。

在谈判过程中，他一反过去每次见面时满脸堆笑的神态，变得态度强硬，总是寻找种种理由拒绝或压低中国公司的要求补偿的报价。我当然寸步不让，因为这是非中方原因，而且中方已发生了实际损失。我们俩各持己见，互不相让，谈判异常艰辛。为了不使索赔谈判陷入僵局，在双方的想法和诉求差距过大又互不妥协时，我就提出休会，待他和我的情绪都平静下来后再继续谈。

我知道，索赔谈判是一个博弈的过程，我做了同法国人打持久战的思想准备。我的目的很明确，必须力争，把中国公司该要的钱，从 CIT 公司拿回来。有时，在谈判中发生激烈争吵，我就扭转话题，利用 Alabai1ne 特别爱吃中国饭菜的嗜好，提议请他和他的夫人到安曼一家中国山东荣城人刘慕堂开的慕堂饭店，味尝中国菜肴。有时我也会向他提出，我好长时间没有吃法国烤牛排和喝法国红酒了，要他招待我，用此消除两人谈判中的不愉快。通过这种方式，建立个人友谊，改变谈判桌上剑拔弩张的气氛，有助于下一步谈判的进行。

我表面上，虽然不给 Alabai1ne 留下急于求成的印象，实际上我还是心急如焚，恨不得快点结束谈判，因为我要回国了。在一次谈判后，我回到了住地，正当我冥思苦想从哪里寻找切入点，突破 Alabai1ne 的防线时，管理员提醒我，说在出国前夕，我们在北京王府井工艺美术大楼花了两三百元买了一幅用软木做的中国山水壁画，这是准备送给外国朋友的礼物，还没用，反正快回国了，已没有多大用处，把它当敲门砖，送给 Alabai1ne，看能否攻下这个堡垒。我们几个人商量后，由我和翻译来演这出戏，保证不会肉包子打狗——一去不回。商定好计谋后，我电话约 Alabai1ne 第二天上午谈判。

第二天早上，我和翻译开车到了 CIT 公司。Alabai1ne 已在会议室等着我。我们俩寒暄几句后我突然对他说：Alabai1ne 先生，我夫人听说我们俩在约旦相处很好，是好朋友，她很高兴。她特意托人从中国给我带来一幅中国画，让我转交给你的夫人，作为赠送给她的礼物，欢迎你夫人到中国旅游。说完，我让翻译从车上取出这幅画交给 Alabai1ne。他接过这幅画，撕开包装纸，一下就惊呆了。他说，他从来没见过用木头作的山水画，他认为这幅画很美，工艺很高超，她夫人一定很喜欢，会把它挂在他家客厅中。他代表他夫人，向我和我夫人表示感谢，沉思了几分钟后对我说：“你很聪明，是值得信赖的中国工程师。你把这么精美的礼品送给我的夫人，可我夫人来不及给你夫人准备礼物。我们法国人也讲究，礼尚往来。我今天也给你一个惊喜，送给你一份礼物，你提出的补偿要求，我同意支付。”当他在我提交的索赔工程报价单上签字的时候，我如释重负，没想到花了几百块钱买的很普通的一件工艺品，竟然派上了用场，换回了数十万美元索赔款。

事后，有人说我走女人路线，“夫人外交”。我心想，管他怎么说，我为国家挣回了外汇总没什么不妥。黑猫、白猫，抓住耗子的就是好猫。

后　记

1985 年 4 月底，我完成了所承包的工程和领导交给的其他任务后，于 4 月 28 日乘坐 GULFAIR 航空公司民航飞机回国。这趟航线，是我和一同回国的同志精心挑选的。它从约旦安曼机场起飞后先飞到巴林，在巴林休息后再飞往泰国首都曼谷。飞机在曼谷要停六七天，才飞北京。我们可以利用在曼谷停留的时间，顺便在泰国作一次旅游。

我在约旦工作的两年，是我人生旅途中，很短暂的瞬间。但发生在 35 年前的这段经历、一些人和事，至今使我不能忘怀。在约旦，我受到了压力，受到了考验，也得到了锻炼。我曾经历过别人体会不到的紧张、疲劳、心酸和无奈。工人的思想政治工作、生产生活的安排、人身安全的保护、承包任务的完成，全由我一个人承担。我咬牙坚持、硬着头皮顶了过来，圆满完成承包任务，用自己的辛勤劳动，为国家挣回了外汇。同时，把带出国施工的工人全部安全地带回国来，让他们在国外也挣上了钱，在奔小康的道路上迈了一大步，我感到很欣慰。今天，我挑选了我在约旦工作、生活中的几片小花絮，用文字记录下来，献给母校，作为一个毕业于北京工业大学校友的工作汇报，同时与老同学、老校友和敬爱的老师们共飨。

2018 年 6 月 19 日端午节

在大学

退休后

张振洲，1944 年出生于北京市房山区，高级工程师，中共党员。1969 年毕业于北工大六系给排水专业。毕业后分配到国家建委八局一公司，先后任工长、技术员、施工队长，工程处主任工程师，工程处主任，分公司经理，中国建筑总公司约旦电话站项目第一项目部经理、项目工程师。1988 年调入内蒙古地方铁路管理局（内蒙古地方铁路总公司、内蒙古集通铁路集团公司前身），任施工技术处副处长、总工程师，集通铁路房地产公司主持工作副经理。退休后被聘为内蒙古温（州）商（会）房地产开发公司常务副总经理、总工程师，浙江厚源商业发展公司总工程师，在内蒙古、浙江、江苏从事房地产开发。

北京工业大学的情怀

6463 班　张元方

最近同班同学谷岱电话与微信联系我，代表《如歌的岁月》编委会约我投一篇稿，讲述北京工业大学"老五届"校友的成长经历、奋斗历程、作出的贡献与退休生活，作为献给母校60年诞辰的礼物。我想就按照这一思路，既对已走过的人生经历作一个回顾，同时也向母校作一次汇报。

距毕业离校近50年了，但对母校——北工大的情怀一直铭刻在心中。在北工大学习生活的5年（6年）中，我们经历了进入高等学府的兴奋与如饥似渴学习的奋发，也经历了"文化大革命"的狂热与读书"无用论"的冲击，经历了团结友爱的师生与同学关系，也经历了撕裂的、势不两立的派性争斗。现已年过七十，品味这段有乐有难的校园生活，回顾这段经历对人生的影响，应该说是一件既值得记忆，又值得深思的事情。从积极的角度归纳这短短五至六年时段中的收获：第一，工大教给了我们学识与知识，尽管对我们64级而言仅学习了基础课；第二，工大教给了我们学习与工作的方法，正是这个原因，使同学们踏入工作岗位后能够肩负起重任，许多人成为骨干与领导；第三，工大教给了我们抗压与思考的能力，为进入社会后的成长与进步奠定了基础；第四，工大教给了我们做事做人的伦理与价值观，多数学子都能把好自律关，心中始终守住做人的底线与红线。这些就是北工大教给、传给我们的最大本领与财富，也是我们对北工大情怀之源。每次校庆有那么多的校友到校庆贺，尽管认得的熟人越来越少，校园的环境越来越陌生，但同学们仍然向往着这份永远难忘的情怀。

从中学校园走入大学校门

在焦虑中收到了北京工业大学的录取通知书，激动的心情难以描述，新的大学生活即将开始。从方巾巷乘 11 路公共汽车到化工路西口，经 15 分钟的步行就到了工大，两座教学楼、四座宿舍楼、一座两层的食堂，加上操场与游泳池，就是那时的工大全部建筑（临建除外），北面与东面有小路与民房相隔，西面与南面都是农田。尽管规模不大，因晚上各楼亮起的灯火，仍被周边的农民称为“水晶宫”。

学校生活丰富多彩。课堂上老师的简明论述与精辟论证以及同学们的认真听讲与详细笔记，自习课中老师的耐心答疑与辅导以及同学们低声切磋与讨论，营造了浓厚的校园学习氛围。课余的“红色青年之家”与六系板报组是我课外定期的公益活动。业余时间排球场上的大力扣杀、侧滚救球展示了我们班可代表系队参加比赛的排球才华。1965、1966 年中轴路与首都机场停机坪工地的半工半读，与市政公司的师傅们同吃、同住、同劳动，让我们首次接触到了真正的工程实践。原子弹爆炸的消息使全校沸腾，参加“十一”体育大军航模大队的练队并整齐地通过天安门广场接受检阅，入学第一个新年由我们 103 宿舍排演的以“小喇叭”为背景的节目逗乐了全班同学。这些难忘的记忆成为大学生活中的精彩亮点。

“文化大革命”的噩梦。操场主席台上对校领导的批斗令人胆寒，健身房中“出身论”与“一分为二”的辩论令人恐惧，宣传队进校后的选边站与抄家展览令人压抑，大字报的文战、高音喇叭的声战、抢夺广播站的武战，搞乱了思想，搞乱了秩序，搞乱了感情。

“复课闹革命”带来了一丝转机，尽管对立情绪仍在，但给狂热降了温。我参加的美工组在校园内办展览、写标语、画宣传画营造大联合的氛围。在东方红炼油厂凤凰台火车站劳动锻炼时大家同拎着油漆桶，拿着钢丝刷为钢构件除锈，在怀柔北坊公社南坊大队疏散期间同学们一起听贫下中农忆苦思甜，一起推独轮车送肥施肥，缓和的气氛一直延续到毕业分配。

从沥青混凝土工到技术员

1970 年 8 月 1 日，六系的 11 位毕业生，拿着开在一起的户口与粮食关系来到河北省石家庄地区革委会报到，幸运的是我和刘建隆被分配到地区交通局公路处工程队工作，之所以幸运是因为驻地在石家庄市内。我的工作是沥青混凝土工，粮食定量 52.5 斤，别看定量不少，开始时还不够吃，得向家里要粮票。我挖过地道、打过楼板，认真地接受工农兵“再教育”。我所在的班组组长巴树岭、副组长郭彦东对我这个瘦弱的大学生非常好，班里的其他成员与我的关系也非

1975 年，正定滹沱河桥施工工地

常融洽，在抓“五一六”分子调查中得知我复杂的社会关系后，融洽的关系也没受到影响，只是没人敢给我介绍对象。

3 年后我被调到工程队工程股从事技术工作，在工程队工作的 8 年里，每年开春后就要下工地，每月只能回家二至三天。在工作中我向老工程师们请教，向师傅们学习，参与了平山县霍宾台桥、赞皇县野草湾桥、新乐县一沙河、三沙河、木刀沟桥、井陉县南障城桥、正定县滹沱河桥、高邑县高邑桥的施工。许多桥都留下了我为该桥书写的桥名。我推过独轮车为搅拌机上料，为预制梁抬过模板，手持振捣棒浇筑过混凝土，指挥过成百上千的民工队伍。夏天曾睡在 8 分钟过一列火车，距京广线 15 米的席棚里，冬天住过满床跑老鼠的粮库。我还参与了获鹿至旧关、宜安至微水、测鱼至白城的公路测量工作。经常抱着仪器爬高就低地穿行在人迹稀少的山岭间，体会到交通不便带来的生产落后与生活贫穷，见识过深山区由于近亲结婚生活着许多智障儿童。

多年来一直向往着能有机会回北京，同时也为专业课的不足而苦恼。当听说有院校开办“回炉班”，便给工大打电话，回复令人失望。后得知交通部科学研究院招收包括道桥专业在内的回炉生，于是就边工作、边复习，通过考试终于被录取为交通部大专院校进修班学员。

从技术员转变为进修生

进修班地处北京海淀区北太平庄附近的交通部科学研究院内，在北楼南侧四排临建平房中，有教室，也有宿舍。校领导为水运所、公路所的老领导与研究员（李玉珩、陈代武、蔺锡九），他们对学员和蔼可亲，犹如长辈。同学分为水运、公路、汽车、情报四个班，有近一百位 1967 至 1970 届大专院校回炉生。老师为科学研究院的研究人员和外请的专业教师。

1979 年初，我又一次踏进校门，成为交通部大专院校进修班道桥班的学员，再当学生的感觉略有不同：一是道桥班的同学是来自各方的1967至1970届的20位毕业生，他们分别毕业于同济大学、东南大学、成都工学院、西安公路学院、东北林学院，只有我一人是毕业于北京工业大学；二是大家都有了一定的工作经验，有的已成为原单位的技术骨干或领导，进修学习的针对性不同于普通大学生。

我们的学业仍从基础课开始。开设了对多数人来讲是新课的英语，郎老师是北外的高才生，电工课的老师由研究院的宋飞研究员和比我早调入研究院的6552班师妹孙金玲担任。非常高兴的是道路、桥梁课请来了北工大的德庆邦老师、陆新全老师、席仲坤老师授课，而土工课是由后来成为公路院院长的陈国靖研究员担任。增设的电算课是由进修班教务长、当时已是老四级的蔺锡九研究员和李长明研究员来授课，并带领同学赴青岛实习。

经过两年的进修学习，又面临着分配问题，我遇到了极好的机遇，交通部科学研究院正面临人才断档的局面，亟待补充。我父母在北京，留京的理由充分，进京进修时带了户口与粮食关系，避免了落户北京的关键性制约，经过努力又获得石家庄交通局的放行，“充电”学习与回京工作的愿望终于实现，遗留问题就是两地分居（我爱人83年借调北京，85年调入北京）。

从施工工地走进研究殿堂

1981年1月，我到交通部公路科学研究所报到，这是全国公路界的最高学府与研究殿堂，我也从工地施工员变成了研究人员，这一转变成为我人生中的一大转折。

我被分配到道路室工作，所研究的领域不是路基与路面，也不是结构与材料，而是工程经济。师从朱学文研究员，他毕业于清华大学，是老六级研究员，他在70年代后期主持了青藏高原多年冻土地区沥青混凝土路面修筑技术课题，并获国家科技进步一等奖。正是因为长期的高原生活给他的心脏留下了致命的隐患。他眼界宽阔、思路敏捷、工作严谨。我们的团队后来成为由副部长直接领导的“宏观经济组”。他为人谦和，爱护年轻同志，常找我们讨论问题，关心我的学习与生活，为我提供世界银行业务培训与院内英语进修的机会，在成果与论文署名上经常主动让位于年轻人。不幸的是1986年4月他带领我和几个小组成员赴哈尔滨讲课与调研时，心脏病突发，永远离开了我们。他是我的导师、长辈，是我的引路人！

1983年，在朱学文研究员的带领下，参加了针对公路建设资金严重不足的问题，联合中国人民银行与交通部情报所开展的《公路建设规模与资金问题研究》。研究提出了开征车辆购置附加费的建议，得到交通部的支持。经1984年国务院第54次常务会批准，1985年5月1日开始征收车辆购置费。尽管此成果仅获交通部科技进步三等奖，但为我国建立稳定的公路建设资金奠定了良好的基础，为后续的公路建设大发展提供了资金保障。

1987年，参加了《2000年公路运输发展战略研究》课题，分析了经济发展对公路交通的需求、资金供给的可能以及发展的战略重点，提出了四纵六横综合运输大通道建设的理念，为形成与完善公路主骨架乃至综合交通运输通道的建设提供了技术储备。该成果获交通部科技进步二等奖、国家科技进步三等奖。

1989年，参加了《我国水泥混凝土路面发展对策及修筑技术研究》课题，从工程建设与养护的角度比较了水泥路面与沥青路面的经济性，提出了在中小型机械施工条件下的成套技术,成果作为交通部推广项目在全国得到广泛应用，为推进我国水泥混凝土路面的发展发挥了积极的作用。该成果获交通部科技进步一等奖、国家科技进步三等奖。

在此期间还参加了沥青路面技术政策研究、京津塘汽车专用路可行性研究、准格尔煤田开发总体论证、公路工程直接经济效益评价方法研究、深汕高速公路环境影响评价等多个课题研究。2004年以后，主持或参加了《西部地区公路建设技术政策研究》《面向二十一世纪公路发展战略研究》《公路水路交通科技发展战略研究》，分别获中国公路学会科学技术二等奖。

从研究岗位跨入管理序列

1989年，被调入科技处工作，曾任副处长、处长、副所长兼总工程师，直至2007年离职，主要分管全所（院）的科研、外事、研究生工作（其中有4年分管开发与全院的行政管理）。

1989—2000年，主要负责我所承担的国家科技攻关项目、经贸委的技术开发项目、交通部重点科研项目的立项、执行与验收工作。我参与完成了“七五”国家科技攻关《公路运输技术开发》项目16个课题中我所主持的10个课题的验收；在交通部科教司主持下完成了“八五”国家科技攻关项目《高等级公路混凝土路面施工机械与路用材料研究》（20个课题）的立项报告，负责我所主持承担的13个课题的执行与验收；在交通部科教司主持下完成了“九五”国家科技攻关项目《国道主干线设计集成系统开发研究》（4个课题）的立项报告，

1996 年，赴日本考察正在建设的明石海峡大桥

负责我所主持承担的 3 个课题的执行与验收。完成了经贸委下达的筑路机械与特种车辆的研发课题以及交通部下达的重点课题与标准规范项目。这些课题成果获得多个国家级与省部级科技进步奖，更重要的是许多成果已成为当今高速公路建设与养护管理的支撑技术。1996 年，我被国家计委、科委、财政部授予国家“八五”科技攻关先进个人称号，颁发了奖章与证书，在人民大会堂受到国家领导人的接见。

在交通部科教司的领导下组织完成了我所主持的中澳、中英、中加合作项目立项或执行、验收工作，引进了工程检测设备、运输与养护管理技术，培养了博士、硕士人才；还积极推进我所与俄罗斯、德国、捷克等国的技术交流。在研究生培养方面，不断完善、扩充我所的硕士点建设，与东南大学联合申报博士点，申请创立公路所的博士后工作站，促进在职博士生的外送培养，为公路所的人才队伍建设提供必要的条件。

2004 年后，负责全院西部开发项目的组织与实施。其间参与了国家中长期科学与技术规划的研究编制工作，受到国家中长期科学和技术发展规划领导小组办公室的表彰与颁发的荣誉证书。

从技术管理到咨询国是

可能是因为党外人士的关系，1993 年，被选为第十届北京市人大代表，推选为第八届、第九届、第十届全国政协委员，开始懂得了参政议政、建言献策的工作。在此期间，围绕我接触比较多的问题，如科技体制改革、道路交通安全、公路交通科教基金、北京交通、城市总体规划、百千万人才工程做法、克服浮躁端正学风、北京申奥从环境做起等提出了多个提案。从百姓、市民角度反映社情民意，从技术人员、管理人员的方位提出建议，供部门领导决策参考。

2006 年，被时任国务院总理温家宝聘为国务院参事，至今已有 12 年的时间。参事工作具有统战性和咨询性，参事的职责为参政议政、建言献策、咨询国是、民主监督、统战联谊，参事以个人的身份、政府的视角、超脱的地位、求实的

2018 年，云台山旅游照

作风开展工作。在这 12 年中围绕国家发展的中心问题，我参与、主持了有关“走出去”战略的实施、煤炭的清洁利用、生活与工业垃圾处理、标准与品牌建设、互联网 + 的应用、交通大部制改革、西江水资源综合利用、推进天然气汽车发展等课题的调研，并提出了政策建议；参加了总理座谈会、列席旁听“两会”、出访国外交流、党外参事学习考察、专家讲习研讨、政府工作报告征求意见等活动，不仅为政府工作出谋划策，而且提高了自身的参政议政水平。

2000 年前后，先后被交通部聘为部专家委员会成员和部长咨询委员会成员，针对交通运输发展中的大部制改革与综合运输体系建设、当好交通先行官、低碳交通发展战略、推进交通运输行业供给侧结构改革、防范公路债务风险等问题提出政策建议。

2006 年，被聘为国家特邀国土资源监察专员，参加由国土资源部组织的国土资源有效利用的督查工作，曾赴北京、江苏、黑龙江等地考察经济实用型住房、国土资源管理与交通基础设施建设用地等事项，查找问题、提出建议。

回顾毕业后走过的 48 年历程，工作的岗位与角色有所变化，工作的经验与水平不断提升，静下来仔细地想一想，这一步步的进步的根源在哪？除发展机遇、贵人指点、自身努力外，关键在于年轻时期打下的良好基础。成长期的大学正是基础的载体，知识与方法的学习、品德与作风的培养、风格与特性的历练、价值观与世界观的形成成为基础的内涵。北工大给了我这一切，使我在社会中不断成长与进步。

让我们用自身的行动，为创建北工大的品牌添砖加瓦、不懈努力！祝愿 60 岁的北工大在教育改革的征程上取得更加辉煌的业绩，培养出更多德才兼备的人才！

2018 年 4 月 26 日

大学期间

2008年，列席旁听"两会"

张元方，二级研究员（教授级高工），享受国家政府特殊津贴。曾任交通运输部公路科学研究院副院长兼总工程师、中国公路学会常务理事、中国公路学会道路工程分会理事长，曾当选第八、九、十届全国政协委员、第十届北京市人大代表，曾被聘为国家特邀国土资源监察专员。现为国务院参事，交通运输部部长咨询委员会成员、交通运输部公路科学研究院学术委员会副主任。曾获国家科技进步三等奖，交通部科技进步一、二、三等奖，中国公路学会科学技术二等奖；曾被国家计委、科委、财政部共同授予"八五"国家科技攻关先进个人称号。

我在巴格达的日日夜夜

——参与伊拉克植物油总公司劳务合作纪事

6463班　李京生

我国的对外工程承包和劳务输出始于1978年底，从1983年起，受全球经济不景气的影响，导致国际承包工程公司间的竞争日趋激烈，使刚起步不久的我国对外承包工程和劳务输出业务面临着严峻的考验。

1986年9月，我临危受命，来到正处于两伊战争中的伊拉克首都巴格达市，参加中国建筑工程总公司(以下简称"中建")和伊拉克植物油总公司的国际劳务合作工作。伊拉克植物油总公司是伊拉克部属大型国企，其产品为食用植物油和肥皂、牙膏、洗衣粉、洗发香波等日化产品，产品不仅供应本国市场而且销往阿拉伯各国。根据中伊两国公司所签订的劳务合作协议，我方负责向伊方公司提供高级技术工人，承担伊方工厂重要生产设备的操作、维修和维护，合同期两年。两年的工作，使我有足够的时间了解和认识这个既神秘又古老的国度伊拉克，了解正处于战争状态下的城市巴格达。

工作篇

1980年，中建公司承担了伊拉克植物油总公司的建筑安装工程。工程竣工后，因伊拉克本国工人技术素质和能力较低，不能独立承担工厂设备的操作与维修，因此，伊方希望参加承建工厂的中国技术工人留厂工作。这就使劳务合作项目水到渠成地建立起来了。在伊拉克，由我国承建的水泥厂、制衣厂、制鞋厂及塑料厂等都是采用这个模式,将工程承包项目延伸转化成劳务合作项目。

中建公司是我国建筑业对外开拓业务的龙头。各省市建筑管理机构以中建分公司的名义，在中建公司领导下有序参与国际工程承包和劳务输出。我所在的河北省建筑工程局,就是以中建河北分公司的名义承担了中建在伊拉克、埃及、利比亚等国的建筑工程和劳务合作业务。我当时的职务是河北省建工局对外经营处副处长和中建河北分公司副经理（正经理由局长挂名）。河北分公司曾参与中建承建的巴格达市政府办公楼和植物油总公司工程。因此，这次植物油劳务合作项目也交由河北分公司承担。植物油劳务合作项目是个长期的合作项目，两年为一周期进行轮换。我是植物油劳务项目的第三期项目经理，于 1986 年 9 月 23 日，赴巴格达履职。

我们的驻地位于巴格达城区的东南角，属于新巴格达区（New Baghdd），紧靠巴格达市边缘，附近有多个高速公路的进出口，有发电厂、军用机场和军需仓库、军用医院等，正因为如此，在后来的两伊袭城战中，我们这个区域也是遭伊朗导弹和伊朗战机袭击最多的地区。此处原来是伊拉克供外国人娱乐的俱乐部，建筑面积 760 平方米。俱乐部由一个舞厅和一个酒吧组成。舞厅宽敞高大，面积约 400 平方米，高 6 米，俨然像个小体育馆。驻地院内有室外楼梯可以上到舞厅的房顶。房顶是个硕大的平台，傍晚可以在这里乘凉散步。由于伊拉克当年经济不景气，又正值两伊战争期间，俱乐部已被停用，改为中国劳务人员的驻地。我们在舞厅的南北两侧，各搭建了一排 4×6 米的小房间作为宿舍，西侧的原有房间用作了书报阅览和棋牌室。大厅中间仍有 200 多平方米可以打羽毛球甚至排球。平时大厅放置有乒乓球台，可供大家随时使用。大厅的西面安置着一台特大屏幕的彩色电视，供大家看新闻和录像。原俱乐部的酒吧顺理成章地成了我们的职工食堂。每天除午饭外，全项目组在巴格达市工作的 50 位人员都在此就餐（午餐为工作餐，工人在工厂用餐）。

我们整个项目组共有 59 人。除我以外，还有 54 名工人，1 名阿拉伯语翻译，1 名专职司机以及 2 名厨师。54 名工人被分配在 4 个植物油公司的工厂，其中巴格达市 3 个，阿玛拉市 1 个，9 名工人在阿玛拉市的工厂工作。阿玛拉市在伊拉克的南方，距巴格达市 400 多公里，与伊拉克的港口城市巴士拉毗邻。

（一）语言关

初到外国，第一个要面对的问题，显然是语言。劳务项目的特点就像住家保姆一样，植入工厂最基层的班组里。这样，语言沟通就显得格外重要。我要求每个职工到伊后必须首先过语言关，尽快学会阿拉伯语。但是对于一个没有出过国甚至没出过省的工人来说，这谈何容易。

为了帮助大家更快学会阿拉伯语，每天晚饭后，由阿拉伯语翻译老陈教大家常用的生活用语和工作用语。我们还多次举办阿拉伯语学习有奖比赛和学习阿拉伯语“一帮一，一对红”活动。经过大家不懈的努力，不到一个月，全体人员都通过了阿拉伯语考核。跨过语言障碍的中国工人如虎添翼，工作上更主动更高效，在生活方面也更方便、更丰富。伊方对中国工人阿拉伯语水平的提高给予了很高的评价，并且专门进行了嘉奖。

（二）提高劳务合作经济效益的尝试

我们与伊拉克劳务合同的主要内容为：中方提供58名技术工人，平均每人每月工资175第纳尔，其中含伙食费25第纳尔。支付方式为美元60%，第纳尔40%。顺便说明一下：第纳尔为伊拉克法定货币，20世纪80年代，伊拉克第纳尔兑换美元的比率为1:3.22。劳务合同的合同期2年，其中有薪假期2个月，实际在伊工作22个月。合同总额为73万美元。另外还规定了奖励和惩罚条款。

对国外劳务项目而言，完成合同收益是相当困难的。尽管困难重重，我们还是做到了在伊时间过半，劳务收益也过半的好成绩。我们主要靠的是两个绑定。第一个绑定，是个人利益与集体利益绑定。合同总额是58名劳务人员每人每月的劳务薪金合计而成的，因此个人的收益多少与集体的收益息息相关。只有每个人每月拿到全薪，项目组才能拿到全额合同款；同时只有项目组拿到合同款，每个人才能得到更高的国外津贴和奖金。因此大家都知道，自己的付出既为国家也为自己。第二个绑定，是领导和群众绑定。项目组的管理公开透明，包括最为敏感的个人分配薪酬公开。我经过一段时间的调研，在接手项目组三个月后，决定实行全程公开管理：财务收支公开，半年张榜公布；伙食账目公开，每月公布；个人收入公开，包括项目经理和管理人员的收入情况，每月公布；所有人员的奖励惩处公开。这些管理和规章制度一直贯彻执行到项目结束，收到很好的效果，我也得到大家的信任和支持，极大地提升了职工的凝聚力。我既是大家的家长，要在国外环境下维护工人们的正当权益，保护他们的人身安全，安排好精神生活和物质生活，帮助他们实现“万元户”的创收梦，又是他们的兄弟，和他们同吃同住，同甘苦，共患难，最后带领大家安全返回祖国。

为使大家得到更多收益，我们发动项目组里的技术能手和技术尖子主动承揽高精尖的任务，同时利用合同中规定的加班工资是正常工资的2—4倍，要求有条件的职工积极参与工厂加班，以量取胜。

我们工人中有多位是本单位的技术尖子，是各自专业的佼佼者。来到伊拉克后，经过近一年时间的适应，都已崭露头角。一次巴格达玛穆尼厂设备检修，发现生产线的一个设备及其相关管道腐蚀严重，被锈蚀容器的壁厚只有纸一样薄了，如不及时更换就会造成重大事故。植物油总公司极为重视，召集总公司的技术专家会诊解决。我和在玛穆尼厂工作的张文成师傅参加了会议。张文成技师52岁，精通电焊、气焊，对设备很熟悉。张师傅提出了他的意见：用气焊将腐蚀薄弱的地方补焊加厚，维持生产线正常运转不停产。我问他补焊是否有危险？他说在国内焊过，心中有数。当我们把补焊方案提出后，不少人对中国焊工能对如此薄的金属容器施焊感到惊奇，也有的人对补焊后能否达标表示怀疑。方案确定后张师傅就马上开始补焊。巴格达白天室内温度都在45度以上，再加上焊枪和焊点的高温，他的体感温度应该不低于60度。张师傅一次次爬入设备底部，一次次爬出，经过几个小时高温下的工作，浑身像水洗一样。他的修补工作终于完成，经检测完全达标。此事张师傅获得玛穆尼厂长特别奖500第纳尔。从此张师傅出了名，经常被其他车间或其他工厂请去完成高精尖的任务，为本项目组创收创汇作出了巨大贡献，同时个人也得到丰厚的收入。

还有一位在拉希德厂工作的李树志师傅，他的专业是高级仪表工。李师傅每天上班除认真巡查仪表数据完成本职工作外，还积极主动学习和消化德国专家的设计图纸，并做到融会贯通。李师傅结合工厂自控系统运行多年来所暴露出的问题，对照原设计图纸查找原因。经过周密地分析研究终于从原图纸中找到症结，李师傅又按照中国人的理念和设计规范对问题段落做了技术改造方案，报请总公司技术管理专家同意后，李师傅对工厂总控室仪表盘和生产自动化流水线进行了改造。经修改后的图纸更合理，生产线故障大大减少，更便于工人操作且方便设备维护维修，给工厂带来很好的经济效益。为此，植物油公司给李师傅调高两级工资，他既为国家创汇创收作出了很大贡献，也为自己增加了收入。

植物油项目组更多的还是普通工人，他们兢兢业业，踏踏实实，在本岗位默默地工作着。要让项目组所有人都成为万元户是我对大家的承诺。为此，根据国外工作的特点，我们组织了一些针对普通职工的创收活动。首先，联系到诸多中国驻巴格达的机构和办事处，这些机构包括中国大使馆、中国民航办事处、中建公司伊拉克经理部、中国各部委贸易公司等，我们向他们提供优质廉价的全天候服务，如给水、排水管道维修，各种电器维修，照明、监控、广播等设备的安装维修，还承担搬家、保洁、除草等家政工作。我们的人员还定期到大使馆、中建经理部等单位给工作人员理发，重大节日布置彩灯，悬挂横幅等。中国各驻伊机构都非常欢迎我们的服务，每次服务完成后，中资单位会按当地标准付给我们相应酬金。我们将收入按参加人员的工作量进行分配，使参加者各有所得。因此，几乎所有职工都踊跃参加这些活动为自己创收。

除了有组织地为大家拓宽本专业和工种的创收渠道外，我们还倡导在保障安全的情况下让职工利用休息时间到底格里斯河钓鱼。钓回的鱼可以交给食堂作价后计入个人账户，也可以直接在河边卖给韩国人开的烤鱼店。可不要小看钓鱼，有的工人仅靠钓鱼收入就给国内媳妇买了几十克的黄金首饰。

伊拉克人很喜欢中国的小商品，像小扇子、清凉油、风油精、各色花手绢、牛黄上清丸、男士“懒汉”鞋等，出国人员带到伊拉克，一般一年内就都卖掉了。大家戏称处理这些东西叫作“小秋收”，说俗了就是“外快”，每人最少也能收获几百第纳尔，折合一两千美元。我们项目组人员也带了不少热销小商品，但因为业余时间大部分被工厂加班和项目组的创收活动占用，加之纪律约束不能上街叫卖，所以，不少东西在职工手中放了近一年也没有处理。我一直想不出好办法帮助大家,直到有一天,与我们住邻居的埃及工程师赛义德先生来串门，希望我们照顾一下他亲戚杂货铺的生意，真可谓机会难得，我赶紧与杂货铺老板洽谈，同意我们所需的笤帚、墩布、刮板等杂物都从他店里买，但也请他代销我们的小商品。两个月后，我们项目组人员从国内带来的小商品全部售出，“小秋收”成果颇丰。

（三）续签劳务合同，巩固劳务市场

1987 年伊拉克受两伊战争的重创，国内经济严重衰落，促使萨达姆政府大大收缩经济建设和劳务市场规模。这一年到期的劳务合同纷纷停止，不再续签。种种迹象表明，能否继续守住伊拉克这个劳务市场，在考验着我们的实力和合同谈判能力。没有想到的是，这其中还出现了一个小插曲。

1987 年 1 月的一个早晨，植物油总公司高层领导——技术管理专家萨拉忽然到我们的驻地造访，陪同的有玛穆尼厂厂长以及总公司的相关人员。技术管理专家萨拉是我们的第一大业主，每期合同的谈判和签署都是由他主持。这位第一业主将军军衔，一身戎装，高大威猛，犀利的眼睛，高耸的鼻梁，还有极具特色的阿拉伯胡须。他思维敏捷，讲话直率，当然脾气也不小。伊拉克人都害怕他，包括与他同级别的官员都对他敬而远之。这次视察很突然，事前没有通知，只知道查看的重点是房屋设施情况，视察后也没有作任何指示。由于视察时间正好是伊朗导弹袭击巴格达的第二天，我们还以为是对中国工人的关怀。临走时，他约我次日到他的办公室会面。由于他来访的目的和约谈的内容都不知道，我们猜想，可能跟续签合同有关。第二天，我如约而至，在秘书房间等候会见的时候，心里还有些忐忑不安，感到如果续签不上合同，河北省经营了七八年的国外劳务项目有可能断送在我的手里。我不断给自己打气，要沉着淡定，相信我们的实力，相信与植物油公司七年的合作基础和友好的关系，相信中国工人是植物油公司唯一的不可或缺的合作者。

与萨拉的会面终于开始了，万万没想到，萨拉讲的话与续签合同完全没有关系。萨拉说：我们最近招募了一些越南工人，需要你们腾出一些房子与他们合住，饭厅也要合用……。天呀！顿时我的脑子一片空白。要越南人和我们同吃同住，这怎么可能？！这是 1987 年，在万里之外的祖国南方，我们的军队还在与越南打仗，在罗家坪大山、法卡山、扣林山、老山、者阴山等地区，边界冲突天天发生，我们的战士和同胞在流血、在牺牲……

会面现场一片寂静。我强制自己冷静下来，并迅速调整了情绪，然后一字一句坚定地对萨拉说："抱歉！萨拉先生。我完全不能接受您将越南工人与中国工人同住的安排。众所周知，当前中国正在与越南进行战斗。中越两国正处在战争状态，我们不能接受与越南人同住要求。请尊重中国人民的感情，取消您的决定。"萨拉没想到我会直接拒绝他的指示，公然挑战他的业主地位。他有点儿发怒了，以强势挑衅的口气回答我说，中国是我们的朋友，越南也是我们的朋友，你们来伊拉克是工作的，不是来打仗的。我告诫自己，不能在气势上败下阵来。于是我把话锋一转："萨拉先生，最近巴格达英文报纸报道了一则消息，说伊拉克国家足球队拒绝到德黑兰与伊朗进行世界杯的比赛。因为我们知道贵国正在与伊朗进行战争，贵国足球队的拒赛完全能理解，道理很简单，与交战国同场踢球感情接受不了。我们也是感情接受不了。如果萨拉先生坚持合住合吃，我要请示我国的大使馆。我很不希望因为我们的小小分歧引发外交事端。"此次会谈后我马上向中建公司和中国使馆进行了汇报，得到领导的支持和赞扬。两天后我们又以中建公司的名义给伊方发送了公函，正式表达拒绝之意。由于我们的坚持，伊方再也没有提起与越南人合住的事。而且，伊拉克植物油公司高管很快意识到，用越南工人取代中国工人这条路更是走不通的。经过我们全项目组团结一致共同努力，终于与伊拉克植物油公司成功地签署了第四期劳务合作合同。新合同保留了总人数和总工资不变，保持劳务待遇福利不变，也保住了美元比例不变。这份新签的合同得到国内外领导的认可，被中国驻伊大使馆经参处张参赞称为在伊经济效益最好的劳务合同。

经项目组全体员工 22 个月的不懈努力，第三期劳务合同的实收劳务款超过应收款的 1.7 倍，所创经济效益在中建公司伊拉克劳务项目中名列前茅，受到中建伊拉克经理部表彰。此外，个人收入丰厚。国家配给因公出国人员免税购买的"八大件"和"八小件"，我项目组人员都能在自己的账户用美元足额支付。经有心人核算，出国期间的收入和购物，两项加起来已经大大超过了万元人民币，真正圆了大家当万元户的美梦。至此，我也完成了对国家对职工的承诺，可以向河北省建工局复命了。

生活篇

在伊拉克两年中，我们的所有管理工作都是围绕着安排好职工的物质生活和精神生活而开展。

（一）民以食为天

职工一日三餐，早晚两餐在“家”吃（我们习惯把驻地称为家，下同），中午工厂提供工作餐。为了确保职工高强度劳动所需的热量和营养，保障每一天每一餐的饭菜质量和安全，将“民以食为天”的指导思想制度化，我们成立了伙食管理委员会（以下简称“伙委会”）。伙委会10名委员，除我以外，再由职工代表、厨师和采购员组成，组长由委员轮流坐庄。伙委会例会每月一次，特殊情况可随时召开。伙委会的职权很大，可以决定厨师的奖金多少，还掌管每月伙食经费的投入总量和制定每周菜谱，特别是掌管每月“分伙食尾子”的数量，这关系到每个人的收益。需要专门说一下“分伙食尾子”的事。伊方给我们每人每月25第纳尔伙食费，如前所述，按照当时的比率25第纳尔相当于75美元。按中国和当地的伙食标准都是富富有余，因此，要将结余的伙食款分给大家，这就是每月的“分伙食尾子”。“分伙食尾子”最早是中国工农红军在井冈山时首创，没有想到，现在竟由我们来继承这革命好传统，真感到无比荣幸。大家都明白，如果想伙食好一点儿，那伙食尾子就分得少一点儿；如果想多分一些钱，伙食就不能太铺张。实际操作中，一般情况下每人每月投入15—20第纳尔用作伙食开支，余下5至10第纳尔分伙食尾子还是较为合适的。5—10第纳尔，相当于15—30美元，按当时国内民间兑换率相当于100—200元人民币。而1986年普通职工国内月工资为30—50元，光伙食尾子一项，收入就是国内工资的3—5倍之多。因此大家对“分伙食尾子”十分重视。

作为项目经理，我一般支持和维护伙委会作出的决定，只是在伙食款安排太少时要干预一下，以保障饭菜的营养和质量，保障大家的身体健康。在伙委会的有效管理下，我们的伙食一直很好，项目组人员在伊拉克生活两年，平均每人体重增加了12公斤。

巴格达的生活物资供应比想象的要好，也比国内好很多。从美国进口的大米和面粉供应充足，价格也便宜。本地产的肉蛋奶在市场随时可以买到，但是有些进口的副食如冷冻的牛羊肉、火鸡、带鱼等就需要业主植物油总公司开据证明信，到多个机构办理手续后才能买到。最为方便的是植物油了，由于工作上的联系多，我只要出面，就可以从厂里开票领油，不需要厂里主管批准。驻地餐厅里 24 小时供应进口的雀巢奶粉。国内常吃的蔬菜水果，大部分在巴格达也能买到，如西葫芦、西红柿、黄瓜、茄子、西瓜、柑橘、苹果、葡萄等。我们用黄豆、绿豆磨豆浆和泡发豆芽，也能满足自己的吃用。为了能让大家吃到绿叶菜，也可以去兄弟项目组购买他们自己栽种的绿叶青菜（我们驻地没有条件种植），价格很公道。

来到伊拉克，就进入了穆斯林世界。由于伊拉克人不食肉，在巴格达的市场上是买不到肉食荤菜的。穆斯林饮食不喝酒，买卖酒品也是违法行为。所以，在伊拉克，闹酒荒肉荒是常事。我们项目组是遵守外事纪律和规章制度最好的项目组之一，是受到大使馆表扬嘉奖的项目组，但在实际工作中也有“打擦边球”的情况。我曾请教和学习了有关伊斯兰教方面的知识，发现教规强调不得私宰家禽家畜，但是没有规定因交通事故撞死的鸡、狗、驴等家禽家畜不准非教徒人员食用。我把这个情况传递给伙委会的采购人员，同时强调安全，一定要经过卫生检疫部门检查后才可食用。有了我的默许，一次我外出回到巴格达后，就听说项目组在郊外买了一头毛驴给宰了。听罢我又急又气，又宰狗又杀驴这还了得。经过调查了解，得知了事情的经过。原来是采购员开车到郊区买菜。在路上不小心撞倒一头毛驴，在交通警察的参与下，与毛驴主人进行了调解，经过讨价还价后将受伤的驴买下，驴在路上因“伤势过重”死了。这样顺理成章地把驴拉回驻地取样送检疫部门检查无问题后炖煮了。这头不大不小的毛驴，帮助我们度过了三个多月的肉荒。

1987 年 1 月 28 日是农历丁卯年的除夕，大年三十晚上的年夜饭是我们最隆重最热闹也是最开心的聚会。年前这几天有不少中国驻伊机构和兄弟项目组的同胞来我们驻地提前拜年，其中中国民航办事处、中建经理部、中国万宝公司（五机部办事处）等单位还送来了过年的礼物，这些礼物都一一摆放在前台上，最显眼的是两瓶飞天茅台酒，这是中国大使馆办公室曹文主任和夫人送来的礼物。其次是中建伊拉克经理部陶金堂总经理派人送的五粮液、泸州大曲等中国驰名美酒，还有经理部厨房做好送来的最最实惠的红烧肉。

中国使馆经参处张参赞与我项目职工合影

晚上7点钟，驻地大餐厅响起了欢快喜庆的《春节序曲》的音乐声，项目组59名职工陆续“盛装”登场落座。晚宴没有邀请客人，全部是自家兄弟，所以可以“盛装”出席。何为盛装？上身赤膊下身短裤拖鞋。这身打扮也是我们平时的样子，当地天气炎热，又都是男丁，所以大可不必穿戴整齐。除夕晚宴摆了八桌酒菜，每桌七人。平时限酒今天解禁，大家可以开怀痛饮一醉方休。贵宾送来的美酒人人有份，包括飞天茅台在内的中国名酒每人一小杯，每桌两瓶一般白酒，两瓶洋酒，伊拉克劳务工人员自酿的“劳务大曲”和啤酒不限量随便喝。八个菜荤素搭配，鸡鸭鱼肉齐全。当我登台致祝酒词时，各桌的兄弟们已经迫不及待地开始喝酒吃肉了。我居高临下放眼望去，赤条条50多条大汉，喝酒吃肉划拳碰杯，这场面何等熟悉。简短的祝酒词后，我与各桌兄弟碰杯，互祝来年好运。大年三十的年夜饭在《喜洋洋》的乐曲中进行着，众兄弟有大笑的，有激动得流泪的，有扯着嗓子唱河北梆子的，也有打着口哨叫好的。当晚不少人一直熬到送走了虎年才去睡觉。

次日凌晨，兔年如期而至。大年初一，大家起床后的第一件事就是互相拜年。这一天中国使馆经参处张参赞也来到驻地，给我们拜年并与全体员工合影留念，这是领导对我们工作的肯定，也是送给我们的新年的最好礼物。伊方也派来代表祝贺中国年并送来大礼。送走客人后，大家开始包饺子且自煮自吃。吃过饺子，工人们换上出国时的西服革履花领带，乘坐大型豪华旅游巴士去参观游览伊拉克最负盛名的古文明圣地巴比伦空中花园遗址。这是我们的伊拉克东家送来的大礼，他们安排这次旅游不仅是贺新年，也是对中国工人的肯定和答谢。

（二）难忘的精神生活

1. 勇过感情关

在国外生活工作过的人都知道，除了语言关外，感情关也是一个难过的关卡。当国外的工作和生活刚刚纳入正轨，初到异国他乡的精神亢奋和对新环境新工作的新奇感渐渐平静下来以后，一股思念亲人想念家乡的酸楚感情就油然而生。如何才能带领大家渡过这个感情坎，我也冥思苦想，连续几天彻夜未眠，因为对我而言，也有一个过感情关的问题。但是，想到自己是项目组领导，肩负着上级领导的信任和重托，一定要带领大家跨越这个关卡，困难再大也要闯过去。我想到，既然是感情病就要用感情治。人的思想和感情是可以转化的，既然大家的情绪能从欢喜转变到哀伤、忧郁和暴躁，也就一定能转回去。

（1）遏制不良风气　首先，当务之急是整顿生活秩序，不能让抑郁哀伤情绪和暴躁、打架、酗酒等不良现象充斥其中，要靠制度和管理去遏制不良风气。

为此，我们首先公布纪律处罚条例，发生过几起吵架现象都按纪律条例严格处罚，用真金白银进行了罚款（回国前罚款都一一退还），基本稳住了局面。接下来我又用一系列重拳和组合拳打走了悲伤、忧郁和不快，换来了愉悦健康正能量的好心情。

（2）播放精彩健康的录像转化消极悲观情绪　为了让大家看到新片好片，我安排专人负责跑片，游走在各项目组间交换录像带，向中国大使馆、中建经理部和中国驻巴格达机构借录像带。其中，中国大阅兵、春节晚会录像，国内热播的电视连续剧和港台优秀武打片都很受欢迎。当年的春节晚会录像带，我们滞后一个半月才看到，尽管如此，当看到屏幕中播放“中国在伊拉克的工程承包和劳务人员在巴格达祝全国人民春节快乐”时，大家都热泪盈眶，起立热烈鼓掌。

（3）组织购物和游览市区景点　由于身处国外，总是有些当地的稀罕物，我支持职工给家属多买些稀罕物件，经常组织大家到跳蚤市场购买金银首饰、布料和服装等。有一次超市新上一批毛呢大衣，欧洲最新款，因为伊拉克气候炎热，当地人很少购买，所以价格便宜，款式也适合国内穿着。我推荐给大家，并且开车分批送他们去超市选购，其中有一款玫瑰红女大衣和一款灰色男大衣最受欢迎，几乎每人都买了一件。当晚我们的中心大厅简直成了服装模特表演秀了，人人脸上笑眯眯，心里乐滋滋。过感情关初见成效。

巴格达是个有深厚文化底蕴的古老城市，被称为“一千零一夜”的故乡，在城市中有很多记载着阿拉伯历史和传说的塑像与遗迹。巴格达又是一座新型现代化城市，既有高耸入云豪华气派的五星级酒店，也有梦幻般的游乐场和绿树成荫鲜花盛开的郊野公园。我们利用节假日，组织职工集体游览巴格达旅游岛，参观伊拉克历史博物馆。巴格达的游乐园有很多刺激的游乐项目，大家都是第一次看到，工人们登海盗船、坐过山车，个个意犹未尽。我们还联合厂方，带领大家游览了伊拉克最大的淡水湖——哈巴利亚湖景区，参观了无名烈士墓。无名烈士墓是为两伊战争中阵亡的烈士修建的，因为我国在两伊问题上持中立态度，所以我国媒体从未报道，国人基本不知道此墓。我们正好借此机会，组织大家前往参观。烈士墓造型很奇特，该墓地面上是两个巨大的桃型建筑，地下是金碧辉煌的宫殿。

平时我们还组织大家到老城区景点拍照留影，鼓励职工把照片寄给国内家人。为此作了一个规定；凡给国内家人写信的国际航空邮票均给报销。通过开展这些活动，使职工心胸开阔，心情愉悦；通过写家书使家属对在外的职工从担心转化为放心，家属和职工的思想都更加稳定。

（4）体育比赛进一步丰富了精神生活　我们充分利用中心大厅的优越条件，多次举办乒乓球和羽毛球比赛。球赛带动很多职工喜欢上了这两项体育运动。最精彩的，是我们还邀请了波兰、伊拉克、埃及、捷克斯洛伐克、苏丹等国的朋友，一起举办了一场国际乒乓球比赛，比赛期间观众挤满了中心大厅，为各国选手加油助威。

就这样，我带领大家闯过了感情关。

2. 再过情欲关

人作为高级动物，不仅需要衣食住行物质生活，还需要七情六欲精神生活。正常人的精神生活不仅是心理上还包括生理上的需要。成年人，特别是已婚的成年人，不论男女都需要有和谐正常的性生活。俗话说温饱思情欲。当温饱解决以后，人的情欲就会接踵而来。男女分离的时间越长，需求就越强烈。男性表现尤为突出。

我们项目组 59 人，100% 男性，80% 以上已婚，其余的 20% 都是 25 岁以上男青年。在大家度过思亲想家的感情关后，很长一段时间里职工情绪稳定，工作热情高涨，创造了出国以来的最好成绩，被中建和中国使馆经参处授予优秀劳务项目组，在经济效益和遵纪守法方面都受到表彰。但是，忽然有一天，曾经肆虐一时的暴躁情绪又卷土重来，而且来势汹涌。个别人员不仅在驻地吵嘴打架，而且在工厂惹发群殴，惊动了工厂高管。这次群殴发生在植物油公司最大的拉希德厂工厂大餐厅，中国工人与埃及厨师发生争执，只三言两语，就升级为动手厮打。我闻讯赶到时，只见现场一片狼藉，不堪入目。此次打架事件，经与伊方多次沟通，虽取得圆满解决，但影响恶劣。事件暴露出了职工思想情绪的极度不稳定。经过调查和分析，知道这是情欲惹的祸。欲火太旺，不能自拔。原因找到了，但是苦于迟迟找不到解决问题的好办法。苍天不负有心人，有一天我终于找到了好办法。

那是一次参加使馆经参处召开的劳务项目经理会，我与巴格达皮鞋厂的项目经理坐在一起，在聊天中知道他们项目组的工人都是来自南京皮鞋厂的女工，全项目组只有老经理和司机是男性。聊天中，我向他提出，两个项目组搞个联谊会，他很迟疑，推说回去商量一下。我紧盯不放，表示我可以车接车送，保证安全，不出任何问题。由于我们项目组是先进单位，又在此次会上受到表扬，出于信任，他终于答应了。

联谊会这天，我们把中心大厅打扮得像过年一样，精心设立了很多游艺项目，准备的奖品和礼物都是工厂产品，是巴格达最好的香皂、洗头香波、牙膏、洗衣粉之类女士们喜欢和实用的物品。当装扮漂亮的中国姑娘步入大厅时，职工们站在大厅四周鼓掌欢迎，从每个人的眼神和举动就可以看出他们内心的激动和满足。双方在两个多小时的联谊活动中，从紧张拘束到自然热烈，效果很好。联谊会圆满结束，姑娘们满载而归。分手告别时，来宾中一位年纪稍大的女士又向我提议说，你们这么明亮的大厅，还是瓷砖地面，极其适合举办交谊舞会。她们可以派出人来教我们跳舞。此后每周末我们就把老师接来，大家都兴趣高涨地学习跳舞，那些日子，每天晚饭后大厅里蹦嚓嚓的乐曲声总要延续到熄灯为止。

为了检验学习成果，我们决定在我国国庆节之夜举办一场交谊舞会。为了这次舞会，我们的工人充分发挥了他们的技能和才智，把场地布置得梦幻一般。我们项目组人员全体出席。参加舞会的客人也很多，皮鞋厂来了20多位女嘉宾，中建经理部多位年轻貌美的女翻译和女工程师及男青年都应约而至，使馆经参处等工作人员也闻讯前来，因为这是巴格达劳务项目组织的首次百人规模的交谊舞会。舞会首先由我项目组汽车电工李群和南京女工开场，一场难度颇大舞姿优美的表演过后，一对对俊男靓女陆续出场。一场场一轮轮，舞曲不断更换，舞伴也在不断变换，舞者心潮澎湃，观者心旷神怡。舞会一直延续到午夜，场上场下仍意犹未尽不愿离去。这次舞会对职工影响很大，特别是对那些在场外观舞的人诱惑最大，后来，这些人在我们回国前都学会了交谊舞。以后，我们根据工作安排和社会形势，不定期地又举办过多次不同规模的舞会。除南京皮鞋厂外还与上海服装厂、毛纺织厂等多个女工较多的项目组建立友好关系，除举办联谊会、舞会外，还共同组织旅游观光，以加深友谊和互相帮助。通过这些活动，极大地丰富了我们的业余文化生活，同时也使大家彻底摆脱了情欲的困扰，顺利迈过了情欲关。

战争篇

两伊战争自1980年爆发到1988年结束，整整持续了8年时间，我和我的工人在伊拉克经历了两伊战争中最惨烈的阶段，这段难忘的生活在我脑海中留下了深刻的印象。

（一）战时的巴格达

我是1986年来到巴格达的。表面上看这座城市，白天车水马龙，夜晚灯红酒绿，与周围国家的城市没有多大区别。但是，很快，我们就感受到战争的氛围。首先，驻地的窗户上，凡大一些的玻璃窗，玻璃全部换成厚厚的木板，小一些的玻璃窗都贴上了米字形胶带条。另外，我们所在工厂四周的楼顶和厂区制高点，都布设了高射机关枪。城中的桥梁，政府大楼楼顶等，也都架设了双管或多管防空高射机关炮。

我们所在的新巴格达区，是城郊接合部，位于巴格达城的东南角，不少重要的军事、民用设施都布设在这里，比如军用机场、发电厂、军用医院以及像我们工作的大型国营工厂。这些设施都是伊朗导弹和军机攻击的目标。因此，我们在伊拉克两年期间，始终处于危险之中，以致在两伊导弹袭城战时，伊朗“飞毛腿”导弹密集的弹着点布满我们驻地的前后左右，有一颗导弹竟然就落在我们驻地窗外，万幸这是一颗未爆炸的臭弹，否则我们的驻地早已被夷为平地。对战争的恐怖和威胁，开始时使我们的精神几近崩溃。

我们和伊拉克人一样盼望着战争结束。伊拉克电视台每天晚饭后的新闻播报，是我们必看的节目，这档节目播放最新的战况和战场的实时画面。除伊拉克军人欢呼胜利外就是伊朗军队被击败的画面。这些画面每天都有播报，好像时时在提醒我们，战争就在身边。

这一年，战争进行得十分惨烈。我们的伊拉克工友，几乎每个人家中都有阵亡者，也都有在战场服役的兄弟、丈夫或父亲。两伊战争爆发后，伊拉克沿伊朗边界修了一条编号为 8 号的高速公路，这条路向南直达巴士拉，正好途经阿玛拉市，我每个月都要去阿玛拉市的工厂办理公务和看望职工。每次往返这条路时，都会遇到上行的军用汽车运送重武器坦克和大炮以及其他军用物资，而下行的路上看到最多的是一辆辆皮卡车运送包裹着国旗的阵亡军官的棺木。

我在巴格达第一次亲历战争，是在刚来巴格达不久的一天傍晚。当时正是晚饭时分，突然防空警报从一处响起，片刻，全区全城的警报全部拉响。第一次听到警报鸣响，我骤然有股撕心裂肺的感觉，全身肌肉紧缩，愣在那里不知所措。一名同事跑进我的房间拉起我就往外跑，顺手将一顶安全帽扣在我的头上，边跑边说：“快上楼顶看空战。”我随着人流登上屋顶平台，只见多条探照灯的光柱在巴格达晴朗的夜空中摇曳，受到惊扰的野鸽子纷纷飞起，汇成鸽群绕圈飞行。几分钟后警报声停止，但不时还有信号弹打到空中。沉寂片刻，有人喊：“看伊朗飞机！”我顺着人们手指的方向看去，只见探照灯光柱中的一个亮点在快速移动。同事的话声未落，高射枪炮声像炒豆一样噼里啪啦响起，炮弹的爆炸声震耳欲聋，爆炸的火光照亮了晴朗的夜空。我奇怪的是，这些高射炮并不旋转炮口追打目标，而是只朝一个方向盲目射击。阿拉伯语翻译老陈告诉我们说，这些高射炮的射程根本打不到伊朗飞机，每门炮每挺高射机枪都各自朝一定的方向和角度射击，只是为了在城市上空形成一个火力网，防止伊朗军机俯冲投弹和扫射。枪炮声持续了十几分钟。微风吹过，感到空中有东西飘落下来，也闻到了火药的气味，这才知道，原来戴安全帽就是防备有碎弹片砸到头上。大家陆陆续续散去，回到餐厅继续吃晚饭。这时老陈又告诉我说，刚才已经广播，说有三架伊朗飞机空袭巴格达，被伊拉克军机打跑，还说伊朗飞机在仓皇逃跑时盲目投下几颗炸弹，都掉到底格里斯河里了。后来又发生过几次空袭，我就不那么紧张了。为了安全，为了防患于未然，我又专门请教了在巴格达的中国专家，把专家讲授的防空袭知识和一些导弹知识都传达给职工，使大家能更好地防范空袭。

（二）经历导弹袭城战

到1988年，两伊战争进入了最恐怖的阶段，双方使用了数百枚导弹袭击对方的首都，掀起了一场空前规模的导弹“袭城战”。

两伊战争的前五年，双方进行的是“君子战争”，即双方战前约定好交战的时间、地点以及交战规模，而且交战地点以气候而定，天气凉时就到较热的南方打，天气热了就到较凉快的北方打。战前约定确定后，两国进行一年的准备，时间一到如约开打。双方用最先进的武器打一场最低端的战争。由于边界地形都是一马平川的沙漠，毫无遮挡也不易构筑掩体，只好把当代最先进的T72坦克半埋在沙子里当固定堡垒用，采用中世纪的人海战术，以人的血肉之躯冲击杀伤力极强的现代枪炮甚至化学武器。每年一次的大战，双方出动兵力都在几万甚至十几万人之多，战争中的伤亡都数以万计，足以在世界战争史上留下惨痛的一笔。

到1988年，伊朗却一反常态，没有与伊拉克打陆地大战，而在2月29日清晨，向伊拉克首都巴格达一连发射了8枚导弹。当天伊拉克也以导弹回击了德黑兰，这就开始了两国的导弹袭城战。

伊朗本来以为用威力强大的地对地导弹打击对方首都是他的“专利”，因为巴格达距离两伊边界只有100多公里，伊朗拥有的短程导弹足以打进巴格达，而伊朗首都德黑兰距伊拉克边界有400—500公里，短程导弹是射不到的。这样，开始伊朗导弹打来，伊拉克既无招架之功，亦无还手之力，形成巴格达单向被袭的局面，伊拉克是吃了亏的。这一次，出乎伊朗预料，就在伊朗向巴格达发射导弹的当天傍晚，伊拉克突然首次用导弹还击了敌人。伊拉克发射的是苏制“飞毛腿”导弹。“飞毛腿”导弹是本来只有300公里射程的短程导弹，但是伊拉克为了改变单向挨打的被动局面，不惜耗费巨资，在外国专家的帮助下对“飞毛腿”B型导弹进行了改进，使其延伸射程达到650公里，俨然已是中短程导弹，是能打到德黑兰的。就这样，两伊首都间的首次双向导弹战开始了。

当时,伊朗每天都向巴格达发射数枚导弹,而且不间断地向巴格达市民广播，声明将向巴格达发射导弹，请撤离市区。因此，一些外国驻巴格达使馆与企业机构及闲散人员相继都撤离了巴格达，和我们同厂工作的外国人也都回国了。但是中国大使馆没有撤离，中国的公司和机构也没有撤离。我们工程承包人员和劳务人员也都严守在自己的工作岗位上。伊朗导弹从每天1颗，增加到每天3颗，甚至更多。更严重的，是绝大多数的导弹攻击目标都锁定在我们所在区域，只是由于导弹性能不高、精度偏低或伊朗操作技术太差的缘故，才没有一发真正命中目标。但是，我们的友好单位皮鞋厂却不幸遭到袭击，导弹命中皮鞋厂厂区，工厂被严重破坏，还殃及了毗邻的中国工人宿舍，宿舍区部分房屋倒塌，所幸没有人员伤亡，可也着实给南京姑娘们吓得不轻。导弹爆炸在凌晨发生，大家正在熟睡，突发时甚至来不及穿衣，大家都是赤身裸体跑到室外。直到天亮我们闻讯赶去慰问时，她们还惊魂未定。还有一个杭州女同胞居多的项目组，连续多次遭导弹袭击，以致有人精神崩溃，可又不能离岗回国。为了使这些女工不再遭受袭击和受到惊吓，中国驻伊大使馆在使馆院子里搭建了临时房屋，把女职工们接到使馆居住。

那段难熬的日子，真可以说是度日如年，白天担惊受怕，晚上也睡不踏实，常被噩梦惊醒。我们背负着沉重的思想包袱，顶着牺牲生命的压力，为国家荣誉坚持工作。我深知，作为项目组的领导，我对全项目组职工的生命安全负有不可推卸的责任，自己的安危固然重要，全项目组职工的安全更重要。回想在工大的六年时间里，母校和老师不仅教会了我专业知识，而且培养了我缜密思维、果断决策、敢于负责、敢于担当的领导者素质，培养了我坚韧耐压、从不屈服、勇于克服困难的性格。我决心迎难而上，带领大家一起度过这难捱的日子。

为了躲避导弹，为了大家的生命安全，每天吃过晚饭，我就用项目组买菜的的皮卡车分批次把工人送到远离市区的椰枣林中避弹。巴格达郊外的夜晚漆黑一片，我们在椰枣林的林中空地宿营，大家把带来的毛毯铺在草地上和衣而卧（坐）。虽然当时已是3月份了，但是这里的气候仍然湿热，成群的蚊虫围着人叮咬，地面还有各种不知名的小爬虫骚扰。在如此恶劣的环境中想睡睡不着，不睡又困倦难熬。更为懊恼的是躲了大半夜导弹，导弹没有打来，可是刚刚回到驻地却突然听到导弹爆炸声。这种躲弹的做法使大家精疲力竭。为了解决这个问题，我专门请教了在巴格达的中国专业人士，得到的结论是，防御导弹袭击只能用导弹截击的办法，其他都是徒劳的。我权衡了躲与不躲的利弊后决定不躲了，索性就听天由命吧，这样还能让大家睡个囫囵觉。但是，为了安全，在大家都睡觉的时候，我承担起了值班的任务。目的是一旦有导弹来袭，也能尽快叫醒大家，同时也可以在万一出事时可以在第一时间施救，并且联系使馆和中建经理部，报告情况请求援助等。就这样，每天晚上，我强忍困意，值班到天亮，待工人上班后，我抓紧时间睡上两三个小时，然后去各工厂办理公务。

导弹袭城战对两国人民的生命和精神意志造成极大的伤害，伊拉克为了促使伊朗停战，采取了以炸促和策略。自 2 月 29 日至 4 月 21 日，伊拉克一共向德黑兰共发射了 189 枚“飞毛腿”B 导弹，有 40 座伊朗城市被炸，死亡 1700 多人，伤几十万人，数千幢楼房和建筑物被毁。在袭城战期间，伊朗向伊拉克发射了 77 枚导弹，但其战果和影响则大为逊色。蒙受了巨大损失的伊朗，维系战争的决心迅速动摇，加上其他一些原因，一场长达 52 天的导弹“袭城战”终于偃旗息鼓，我们也从危难中走了出来。

（三）直面伊朗军机空袭

在伊拉克工作期间，直接威胁我们生命安全的，除导弹外就是伊朗军机的空袭了。尽管空袭次数较多，但是由于伊拉克空军的强大，使得伊朗军机的空袭效率很低，常常无功而返。然而有一次空袭对我们来说却惊心动魄。

1986 年底的一天，巴格达电视的晚间新闻中播出，伊朗军机空袭了南部城市阿玛拉，让我的心情顿时紧张起来，那里的阿玛拉植物油厂可有我们的工人啊！仔细观看电视画面中空袭的目标，我马上就认出被袭的工厂恰恰就是阿玛拉植物油厂。在这里工作的中国工人是我带来的，我要对他们的生命负责，我应该在这最危险的时刻到最危险的地方和他们在一起，风雨同舟，生死与共。于是我吩咐后勤人员马上准备生活物资并即刻装车，一小时后我们连夜赶赴阿玛拉。在路上我与司机轮换驾驶，马不停蹄，400 多公里 3 个小时就到了。

由于阿玛拉植物油厂有我们 9 名工人，我每月都要去阿玛拉，与伊拉克厂方结算工人工资和办理工人的加班确认等工作，同时也为职工送去果蔬和肉蛋奶等生活物资。所以我对那里的情况也很了解。该市距离边境很近，防空火力配备不高，距离伊拉克的军用机场较远，如遭空袭肯定凶多吉少。一路上我都在思考，如果我们的工人伤亡了怎么办，如何安抚大家，如何维护职工的合法权益，向伊方提要求，等等。车子到达中国工人的宿舍楼前，我急冲冲走进宿舍，摸黑查点人数，啊，9 个人，一个不少，都安安静静地在床上熟睡着，我悬着的心这才落了地，看看手表，正是凌晨3点。

尽管我和同来的司机轻手轻脚，还是惊醒了个别职工，当他们睁开蒙眬的双眼，看到我在他们眼前时，还以为自己在梦中，其中有一位年纪较轻的小王，见到我后激动地哭起来。后来我才知道，原来正是他和他的师傅，白天经历了一场生死劫难。他这个举动吵醒了所有人，此刻大家欢喜若狂。我给职工们带来了新鲜的水果蔬菜，还有冷冻的鸡肉鸡蛋和桶装奶粉等，特别为每人带了一条红双喜牌香烟，这可是吸烟职工的最爱。看到大家已没有睡意，我赶忙吩咐同来的司机点火做早饭。工人们边洗漱边向我讲述发生在昨天上午的空袭。

昨天上午上班后，电焊工小王和师傅老陈被安排在一座露天高台上作业，这个高台平平的，没有一点遮挡，支撑平台的钢架像篮球架一样，为悬挑结构，平台距地面高度10米有余，因为还没安装扶梯，所以他俩是用升降机送上去的。由于另有任务，升降机又调作他用，此时只留他们二人在平台上作业。就在这时候，防空警报拉响了，厂里工人乱作一团，纷纷逃离现场，顷刻间厂区空无一人。困在高台上的两位中国工人尽管大声呼救，用铁榔头使劲击打钢架和拼命摇动擦汗的白毛巾，都没有被发现。警报声一停，敌机的发动机声轰鸣而来，两名工人不敢再站在高台上摇旗呼喊，马上趴在平台上不敢看天，只听得军机呼啸而过，吓得他们浑身颤抖。整个工厂只有两个制高点安放高射机枪，枪手不停向伊朗军机射击，伊朗军机也不停地俯冲、拉升、投弹、扫射，很快两挺高射机枪就哑了火。这时的伊朗军机更肆无忌惮，疯狂地对工厂的设施设备进行破坏。两名工人幸亏有高高的椰枣树遮挡，没被发现。但是，两人觉得，趴在平台上早晚会被发现的，他们试着将身体从平台上面挪向平台下面的钢支架。平台边距支架有30多厘米的檐，从台面上方挪到台面下方很危险也有难度。可是一旦下到台面下面，就既能遮蔽自己不被发现，台面的钢板也会抵挡一下子弹。这两位职工回忆说，当时想的是即使没抓住摔下高台，也比晾在平台上当靶子挨打强。因此，头顶伊朗军机仍在盘旋俯冲，两个人互相帮助，小心翼翼地终于从台面上部安全地挪到台面下面。就这样，一直坚持到从巴士拉空军基地赶来的伊拉克战机群把敌机打跑，我们的工人才被彻底救出。听完大家的讲述，我又查看了工人被困的高台，看到平台的顶部及支撑的钢架上多处留下这次空袭的弹痕，有的地方被机枪击穿，有的是条状弹痕轨迹。看到留在钢板、槽钢、角铁上各种狰狞面目的弹痕，使人倒吸一口凉气，钢铁都被如此摧残，何况人的躯体?！厂区处处有残肢断臂设备，工厂沥青路上也留下一条条机关炮的弹痕。虽然侥幸没有人员伤亡，但是我们的工人付出了极大的代价，这些精神伤害将会影响他们的一生，战争的阴影一定会在他们的脑海中长久地挥之不去。而我们当时所做的这些牺牲，也为后来的发展铺路搭桥。

后　记

1988 年 7 月 26 日，我圆满完成了伊拉克的工作任务，回到祖国。回国后收到我项目组传来的第一个好消息，就是伊拉克劳务人员期盼已久的战争风险费终于发到在伊的劳务人员手中，每人每月 29 美元。这不仅仅是在每人的工资单里增加了 29 美元的问题，而是中国劳务人员在伊拉克经历了近 8 年的战争风险却刚刚被认可。这迟到的补偿让我们欣慰也让我们心酸。因为有些劳务人员已经不能出现在领取战争风险费的名单中了，尽管他们也承受了战争风险。当然这与我们的改革开放经验不足，管理滞后有关。我们所作的牺牲也是我们为改革开放所作的贡献。又过了一段时间我在报纸上看到了第二个好消息，1988 年 8 月 20 日，伊拉克和伊朗两国终于同意接受联合国安理会 598 号决议，双方实现停火。长达 8 年的两伊战争终于落下了帷幕。战争中，伊拉克的死亡人数是 18 万，伤 25 万，直接损失（包括军费、战争破坏和经济损失）3500 亿美元；伊朗死亡人数 35 万，伤 70 多万，直接损失 3000 亿美元。战争使两国经济发展至少推迟 20—30 年。两伊战争告诉我们，交战双方无胜者，且无一不是以人民的生命财产为代价，为政客们的争权夺利作牺牲，两伊的政客们都是蛊惑虔诚善良的本国人民并把他们绑架在自己的战车上。

我生长在和平环境，读的是非军事专业学校，压根儿也没有想到会在如此艰苦的战争环境中出生入死。能全须全尾把我的团队安全带回祖国，这除了幸运外，还要靠我一直养成的办事认真细致的好习惯和较强的使命感责任感，这宝贵的精神财富使我终身受益。

两年的国外工作结束时，我对自己的工作作了自我鉴定，中建驻伊拉克经理部对我的工作也作了鉴定。中建伊拉克经理部鉴定意见全文如下：

> 李京生同志任伊拉克植物油公司劳务项目经理两年来，表现了较强的事业心，坚持原则，方法灵活，注意总结经验，勤于钻研伊方法律规定，在同伊方谈判、签订合同、日常经营及职工待遇等各方面都取得了很好的成绩。同业主关系融洽。对内严格管理，加强教育，抓紧队伍建设，不论是伊方劳务，或帮助经理部做杂务都表现管理有方，工作有序，组织得当，纪律严明。

李京生同志关心时事形势，注意政治学习，拥护改革，以身作则，遵守纪律和当地政府法令，尊重民族习惯。

中国建筑工程总公司驻伊拉克经理部
1988.7.15

两年的辛勤工作，得到组织的认可，使我颇感欣慰。两年援外工作的经历，也在我生命的长河中，留下了重重的一笔。后来的日子里，每当遇到困难，我都会想起在巴格达的那些难忘的日日夜夜，想起那时的艰难困苦，想到这些，克服困难的勇气和信心油然而生，鼓舞着我勇往直前，永不言退！

1969 年，在北工大

退休后（2018 年）

李京生，男，1945 年 12 月生于北京市。

1964—1970 年，在北京工业大学土木建筑系公路与城市道路专业学习；

1970—1978 年，在河北省第四建筑工程公司工作；

1978—2005 年，在河北省建筑工程局工作，相继任科员、副处长、处长，直到退休。

1978—1982 年，在河北省建筑工程局科技处任副处长；1985—1994 年，在河北省建筑工程局外经处任副处长、处长。1986—1988 年，以中建河北分公司副经理的身份赴伊拉克，参加国外工程承包和劳务管理工作；1991—1993 年，在越南调研并在胡志明市开办境外合资企业；1993—1998 年，在菲律宾马尼拉市开办境外合资工厂；1994 年，河北省建筑工程局改制易名为河北建工集团，退休返聘到 2010 年。

北京工业大学标识的由来

6518 班　李士贵

徽标、标识，其英文是 Logotype。它作为一种无形资产为各种组织和商业机构使用。一个看似简洁的图形能将一个企业或一级组织的基本形象、工作范畴、整体实力涵盖其中。人们贴切地将其称为一种视觉化的信息表达方式，是用视觉的语言向社会有效、清晰、亲切地表述出单位的形象。北京工业大学的徽标就是这样一个令大家满意的标识。作为最初组织设计此标识的主要人员之一，我想叙述一下此标识的由来。

1983 年我在校团委工作，任书记一职，副书记为任梦云同志。一天，任梦云对我说：“老李，咱们团委出面搞一个校标如何？”我说：“好啊，我知道有的兄弟院校就有校标，很有创意，看到它就能联想到它所代表的院校，就如国徽代表某个国家一样。只不过我们搞出的标识未必能被学校认可。”任梦云说：“先搞出来再说。”于是我俩商定做这件事。

由于任梦云认识艺术界的人多，就由他去寻找设计者。没过几天，任梦云带来了一个年轻的小伙儿。经介绍我知道他是中央工艺美院（现清华大学美院）工业设计专业的一名在校生。简单的几句寒暄之后，我就开门见山地谈了我对校标设计方案的设想。我说：“我们希望设计出的校标既要简洁、明快，又要内涵丰富。”我问他：“学过心理学吗？”他说：“读过这方面的书籍。”我接着说：“那好，心

图一

图二

理学书籍里有两幅很有名气的画，一张叫《老妪与少女》（图一），另一张叫《花瓶与人像》（图二）想必一定有印象吧？”他点了点头。

我接着说：“《老妪与少女》这幅画很有意思。同一幅画，有人看它画的是一位妙龄少女，有人看它画的却是一位满脸皱纹的老太太。《花瓶与人像》这幅画是一幅背景与对象能相互转换的双关图形画。同一幅画，既可以看成为白色背景上的黑色花瓶，又可以看成为黑色背景上的两个白色侧面人像。”我边说，小伙子边不停地点头。我见他对两幅画并不陌生，就直接进入主题说：“北工大校标的设计，可以把这两幅画作为重要的参考资料。同时，希望你设计出的校标有两种作用：一种作用是它可以作为工大与社会交流的标志物，另一种作用是它还可以做成一枚徽章佩戴在胸前，代替直接写着北京工业大学字样的校徽。这种新型校徽不是既实用又美观吗？”说到这儿，小伙儿赶忙接过我的话头说：“是是是，李老师，我明白，我会尽心尽力地去完成设计任务。”谈话结束了，小伙子带着我们的期望离开了校团委办公室。

短短的几天后，小伙儿就带着他的创作成果——两件小标识牌模型到校团委办公室来了。其中，一个模型做成圆形的，上面就有新设计的校标图案（图三）。另一个模型是把设计的校标图案做成倾斜状（图四），模型的背面粘有一个小别针。他说：“圆形的模型展示的是校标的整体正面图形。倾斜状的模型展示的是佩戴在胸前的校徽的样子。”

在我们明白了他设计的两个模型的意图之后，他就校标图案的设计思路作了详细的说明。他说：“我就是按照《花瓶与人像》的思路来设计的工大校标。你们看，以蓝色为背景我们看到的是一个金色的大写汉语拼音字母 B，以金色为背景我们看到的是两个蓝色的大写的汉语拼音字母 G 与 D。B、G、D 分别是北工大三个汉字拼音 BEI、GONG、DA 的字头。（图四）”我们一看果真如此，连说好、好、好。但也提出了一个问题：“B 字缺左边的竖啊。”小伙儿回答说：“这在设计中叫自然封口，因为左边是图形的边缘了。若真填上一个竖道也不影响

图三

图四

G、D两个字母，但图形却会变得呆板了。”这时，我们又提出了一个问题：“你设计的图形中还多出一长二短三条横线呀，如何解释？”小伙子笑了笑说：“我正要说这个问题。在接任务时李老师曾提出要我设计的图案可以运用心理学中知觉的对象与背景的关系的理论，这一点我做到了。李老师同时提出设计出的图案既要简洁、明快还要内涵丰富。这个要求虽然难度很大。但我在设计时运用了艺术抽象的手法也基本达到了设计的要求。老师们请看，无竖道的B字是否也可以看成两本摞在一起的书，很自然地表明我们单位是学校；它又可以看成一只向前飞行的大雁，它的翅膀已扇动到了头颈的两侧，多么有力，象征着北工大在腾飞。多出的三条横线是三条细线，它应该不会影响主体图形B的形象，它是可忽略的线条，但它又可看作大雁在高空飞翔时身旁飘动的白云，增强了大雁的动感。”说到这儿，在场的同志纷纷点头称是。受他对校标解读的启发，不知是谁又提出无竖道的B字也可看作数字3，意在告诉工大的学子们在上学期间一定要创三好，要争做三好生。突然，我发现G、D二字又像6、0两个数字，正巧是工大建校的时间1960年。我同时提出飞翔的大雁也符合中国的传统说法：鸿雁传书，寓意着工大坚持加强与国际、与社会的广泛交流，寓意着工大毕业的学子们不要忘记与母校保持联系，不要忽视互相间的联络、交流与互助。大家的联想进一步丰富了设计的内涵。

随着我和在团委工作的同志们工作的调动，校标虽然设计好了却没能被真正使用起来，设计者最初制作完成的两个模型也不知流落何处。1985年，学校决定举办北京工业大学成立25周年庆祝活动。结合这次活动，校长办公室肖金麟主任与任梦云副主任及时将校团委1983年组织设计完成的校标图样推荐给学校，建议将其作为北京工业大学的标识，学校采纳了他们的建议。之后，他们将校标、校徽的图样刊登在庆祝北京工业大学建校25周年的画册上。同时制作了一批校徽和校标的实物，校庆时发给来宾和校友们。校标、校徽的精巧构思和丰富的内涵得到了学校和社会的一致好评。

2003年10月16日，第16次校长办公会决定发布经过修订后的校徽、校标，

图五

图六

同时发布了校色。新修订的方案，对原来已使用20余年的图形作了一些修改：一是将具象化的校徽图案设计抽象化了，去掉了楼房的图形，加上了建校时间“1960”，并将徽标中的校名由汉语拼音变为英文名称，这样更便于开展国际交流（图五）；二是将倾斜状的校标图形改动了，图型中的B字由原来的6条横线变成了13条横线（图六），这样的变化有些模糊了大雁与白云的构思，同时也使G字的上半部变得不清楚了。总的来看，新推出的校徽、校标在视觉上更能表现出北京工业大学独特的校园文化，提升学校在国内外的影响和声誉。

相信，随着社会的发展，随着学校的发展，随着校园文化建设的发展，北京工业大学视觉标识系统还会进一步丰富。

大学时期

退休后

李士贵，研究员。

1965年考入北京工业大学，1970年毕业分配后留校。历任职务：机械系团总支书记、党总支副书记，新生部教学副主任，学校团委书记，学生工作部部长，武装军训部部长，保卫部（处）长，工会常务副主席、纪委副书记，审计处长，校友会和教育基金会秘书长。共青团北京市第七届委员会委员。兼任过形势任务课的主讲教师和画法几何学的助教。

曾获得校先进工作者、校优秀共产党员、朝阳区武装部先进个人、1989年国庆联欢指挥部高校分指挥部一等功、1990年首都精神文明建设奖章、北京市1991年度优秀教育工作者奖励。

勤奋耕耘　做出成绩

6521 班　常凯传

学会说话

1970 年毕业后，我被分配到山西电机厂，迈入了社会。

在学校同学之间说话无所顾忌，到了工厂开始也这样。有一次发现设计的浇铸零件用的料重量计算不对，就来到技术科，（技术科是个大房间，有六名技术员和绘图员）我一推门就喊："老彭！（他是 62 年武汉大学毕业生，是一个水平和威信都较高的技术员）你这个零件计算不对。"马上六个脑袋从图板后面伸出看着我。五个人又看看老彭，这时我走到老彭身边，给老彭讲我的计算，哪知老彭坚决不认错。突然老彭拍了我一下，说"小常，咱们到车间去看看实际。"我跟着老彭走出去，刚一转弯，左右无人，老彭立刻承认是他计算错误，马上改正。这时我立刻后悔了，怎么能当着那么多人的面说老彭的错误，让老彭没面子，下不了台呀！今后说话一定要注意场合。

理论联系实际，解决生产难题

1974 年我调回北京。20 世纪 80 年代北京推行三相五线制供电。这阶段经常发生漏电保护跳闸，却找不出漏电原因，闹得人心惶惶，影响工作。上级接到反映后，指定让研究所解决，所里把任务交给了我。我经过几次工地和工厂现场勘察，在一个工厂发现这一现象是在下雨后容易出现。经反复观察、分析发现是由于大雨过后，水渗入地下直埋电缆中间。在各直埋电缆之间相当于有电容存在，当水渗入后，相当于改变了介电常数 ε 的值。造成下雨后若有大电流突然通过，形成感应电流，造成漏电假象，引起漏电保护跳闸，并非是真的漏电。在很多工地，由于是临时供电，经常采用直埋电缆供电就会出现这种现象。对此我写了相关的论文《漏电保护误动作之一》。论文中强调了三个方面。用物理学、电学的 ε 理论解释了漏电现象。同时指出这一现象的数学关系即漏电现象和 ε 值变化成正比关系。此结论可重复试验。当我晋升高工的时候，此论文被评委评价为几年来最好的论文，顺利晋升高工。

在海淀区金源小区一个 110 千伏变电站的验收时，发现接地电阻值超过国家标准不能验收，要求整改后重新验收。开始时判定整改要施工单位负责并承担整改费用 200 多万。这时施工单位的总工，20 世纪 50 年代大学毕业生找到我说：“常工帮帮我们吧。”我仔细查阅了设计和施工记录，发现问题出在设计上。该设计院是有几十年专业经验的，专搞此项设计的多人组成的团队设计的，不能轻易否定。我反复查阅原始记录，反复计算，最终确认设计有问题，但是设计团队坚持认为他们正确。后来又由设计方请来国家此方面的最高权威刘纪老师（三峡的总设计师之一）来论证。刘纪老师做了充分调研和审核，在讨论会上说：“我同意常工的论点。”并指出设计的问题是出在设计参数的取值上。当时设计取值时，受到周围建筑工地的干扰，出现了取值失误。由此免除了施工方赔偿问题。

还有一次，电视塔建成后，由于在塔上有一突出的观光大厅，这样在施工时随塔身一起升高的塔式起重机（简称起重机），怎样取下来就成了一个问题。

当时曾考虑用直升机把起重机吊下来，但是这是非常危险的，因为世界上出现过，在直升飞机起吊重物时，由于各种原因使重物摆动偏离了直升飞机的重心，发生过机毁人亡的严重事故，出事的还是稳定性好的双桨直升机。当时青岛只有两架双桨直升机，不敢保证能安全完成任务。最后决定给 30 万元经费由我和专家朱总（与法国合作专业生产塔式起重机的建筑机械厂的总工程师）负责。我负责电气部分，朱总负责机械部分。我们的方案是，从电视塔顶设置一根由调速电机控制向下输送重物的钢丝绳，重物沿着一条从上向斜方向起导向作用的钢缆向下移动，以避开突出的观光大厅。由于钢缆不能拉紧绷直，塔顶在风力的作用下允许有一定的摆动幅度，完全拉直也是不现实的，绷紧也会出现不可预测的风险。由于不能绷紧，在不可控制因素（如风力方向）的影响下，重物会在导向钢缆上出现较大的轨迹变化，而出现失控现象，发生危险，如撞上观光大厅等意外事故。为此在地面设一调速电机斜拉重物，随时调整重物的下行移动轨迹，使之顺利通过危险区，上下两台电动机要密切配合。

该方案通过审核准备干时，接到通知，广电部要求不要拆了，还要用起重机械安装发射装置，安装完毕后由他们负责拆卸起重机械。当时我们还想干，这样可以收入 30 万元补充我们的消耗，还可以完成院里的创收任务。但是，局领导坚决不干，说这是政治任务，赔钱是为亚运会作贡献。

1988 年，我接受了南极中山站设计工作，我过去一直从事机械和工厂的设计，没有搞过建筑设计。我在同学刘思久帮助指导下，设计了南极中山站七座主要建筑中的五座建筑物的供电系统，发电厂、机修厂、办公建筑、避难所、材料库等主要建筑，圆满完成了任务。

这些年来我设计建造了无人自动控制防爆聚氨酯生产厂、SBS 生产线、可控硅调速设备、1.2 米钻扩孔机、施工吊篮（改进了德国原方案），自主研发，解决了 10 万伏高压静电喷涂技术设备的设计。

根据这些设计成功的经验体会，认识到设计产品的要求，有时并不是采用越新的技术越好。而是要结合实际，简单、安全、可靠性高、使用维护方便就好。在研制电机可控硅调速控制时，在实验室试验是成功的，但是在野外工地工作时就不理想了。经常出问题，找我们去解决。有一次冬天在现场怎么也找不出问题的原因，这时有一位中专毕业技术员拿着一块控制线路板进屋里休息时，把电路板放在暖气片上，手在暖气上取暖，休息过后重新进行实验，设备工作就正常了。这件事儿使我恍然大悟，原来是冬季温度低，造成故障。由此使我产生了以上的设计思路。因为在现场野外作业设备搬迁大震动，环境温度大变化，工地环境恶劣，土暴扬尘。所以设计产品必须结合生产现场实际。

在设计施工吊篮时，参考、改进了德国原方案。吊篮是室外作业设备，经常在工地拆迁，搬运，高空上下作业，工作环境恶劣。为此我改进了电气保护过程的设计。利用锥形电机在断电时自动抱闸功能，由此提高了可靠性和安全度。此技术应用后设备从未发生因电气故障造成的电气防护事故。得以在全国建筑领域普及推广应用，因此获奖。

10 万伏高压静电喷涂技术的设计是为解决喷漆设备喷出的涂料并未全部喷在需要的工件上，而造成环境污染和涂料的浪费。为此国际上采用静电喷涂的方法，涂料带高压静电定向飞往所需要喷涂的工件上，解决了污染环境和浪费涂料的问题。我和北京静电设备厂联合研制静电喷漆设备，厂里为我安排了一个电大毕业的技术人员配合，该设备的重点是 10 万伏高压静电发生器，把 10 万伏高压静电配装在原有的喷漆设备上。10 万伏高压静电发生器，由我负责设计。其中一个主要问题是倍压电路的电容量的计算方法，我导出了电容的计算方法并成功地设计制造了 10 万伏高压静电发生器样机。我把此设计方法告诉了该厂总工办主任，他是我校 60 级校友夏惠良。他告诉我，他们厂只有总工（北京邮电学院老师，“文革”中调到该厂任总工的）一人会计算倍压电路电容量，他保守不教给任何人。我讲了以后，他们厂的技术干部大都学会了该方法。

我把100千伏倍压发生器的电路设计图，交给了北京静电设备厂。没想到他们没有把此项技术用在和我合作的静电喷漆设备上，而是自己另搞了一套高压静电喷塑设备，并申报了成果，得到了北京市科技进步三等奖，把我甩到一边儿，当我们和他们交涉时，他们说：“你们的技术是喷漆，我们是喷塑，不是一回事。”我说：“10万伏静电高压发生器是我独立设计的。”他们的上级北京市仪表局也护着他们下属厂。由于当年的知识产权保护法律法规及相关措施很薄弱，最终不了了之。

1991年，设计建造遥控与自动控制防爆聚氨酯生产车间。此生产过程涉及的原材料属于易爆有毒危险品，当时印度有一化工厂用相同原材料发生爆炸，产生毒气造成巨大损失，震惊了世界，因此我特别小心，查阅大量资料，设计了此生产车间。同时为防止停电引起爆炸，为该车间供电系统设计了一套确保供电安全的柴油发电系统。自1991年投产后一直安全生产。

20世纪80年代，我是工程师时，建筑电气杂志社经常把他人投的稿件发给我，让我进行编审。我经过认真编审以后再送回编辑部。在此过程中，我发现很多作者是为了晋升职称而投稿，不少稿件的作者受工作的局限，稿件的视野不够宽，论述局限性大，我一般不采取退稿方式，而是尽力补充完善，帮助投稿者争取文章发表以利作者的职称评定。

20世纪80年代晋升工程师时，北京市建委系统下属几十个单位，研究院所及设计单位的69、70级大学生参加专业考试，其中有不少名校毕业生。考三门课，电工基础、电机与电力拖动、工厂供电。当年北工大69、70级的校友，集中在我家复习，准备考试。经过努力复习，考试发挥得都很正常。在晋升职称过程中我们给母校争了光。

向老前辈学习，受老前辈关照

20世纪80年代初，我配合院长邓宵（原北京市机械局总工）做冷轧扭钢筋及热处理设备研究制造工作。由于他思想活跃，设计思路多次变动，造成我几次制图推倒重来，工作量成倍增长，加上家父病危，我长期夜间陪床护理，无法休息。一次邓老又改思路，我给他草图他不看，让我画正规图纸。那天下班后，他正在开总工和室主任会议，而我急于去医院，无奈闯入会议室当众说“您的新思路有问题！没法画图。”院总工把我劝离。第二天邓老主动找我，了解情况，征求我对问题的看法，我明确说出我的看法以后，邓老认为我说得有道理，当时就说：“照你的办！”此课题研究结束后，写结题报告。报告中，我用初等数学计算公式来描述。邓老看后说我们是研究院，要用高等数学微积分公式表达。我改后，邓老看后表示同意，随后我向邓老说改为高等数学公式后的公式参数需要通过仪器采集，费用大约需要20万元。邓老当时就说，“那算了吧。”

我当年从山西是以“工人”对调方式调回北京的，邓老知道情况后，为我改为干部跑局里干部部门，给我解决了改为干部身份的问题。

1992年以后，转入了监理工作，直至退休。

2019年2月18日

在大学

退休后

常凯传

1970年6月，北京工业大学（6521班）毕业，分配到山西太原山西电机厂当工人，后任材料计划员、生产总调度；

1974年，调到北京交通部公路一局机修厂电工；

1978年，调到北京建筑工程研究院技术员、助工、工程师、高级工程师；

2006年，退休。

1992—2010年，北京方圆建筑监理公司任总监。

我们是承上启下的一代

6522 班　伍嘉穗

长在红旗下的我们

我们“老五届”大学生，出生在 1949 年前，但都是长在红旗下，我们接受的教育：“我们是共产主义接班人”，这种教育在我们的脑海中根深蒂固。

幼时令我印象深刻的有两件事：第一件事，小时候唱得最多的歌“解放区的天是明朗的天，解放区的人民好喜欢……”第二件事，在重庆江边和妈妈走路，我被坏人抢走往江中停的船上跑，幸亏我们后面有几个解放军叔叔看到，他们追上坏人把我抢了回来。此事发生后，除了上幼儿园，一周虽只回一次家，还是被禁足家中。小小的我非常热爱解放军。我经常会被选去给他们唱歌表演，尤其那首《解放区的天》唱得最多了。环境的潜移默化是最深刻的。

现在我的手机里除了三个芭蕾舞群，有初中、高中、大学的群六个；讨论中国传统文化的群两个，这两个群是老中青都有，各种信仰的都有，各种议论观点真是眼界大开，在这两个群里我被冠以“毛粉”，可是我的看法在同学群中和大家都一样。这就是我们这代人的特点，我们长在红旗下，虽然经历了“文革”洗礼，分到了祖国的四面八方，但是我们的初心是不变的！

承上启下的一代

我们不是折翼的一代，而是承上启下的一代！

我们走出校门后一段时间，技术人才的补充是处于断档的。在榆次电缆厂曾遇到这样一件事，一个太原工学院毕业的工农兵大学生，让她学着计算软化铜丝的加热炉电阻丝，把公式给她写好了，检查时发现和我计算的出入很大，把她的草稿纸拿来检查，才发现她计算是分母和分母相加，分子和分子相加的。

当然这是很典型的例子，但从侧面反映了技术层面出现了一个断档时期。所以改革开放的初期，我们“老五届”在各自的领域都发挥了不小的作用，成为承接老一辈技术人员的有生力量，直到恢复高考的那代人毕业后，各个技术岗位才得以大量补充人才。

举几个自己经历的小例子说明。

领导扩建的主力军

山西榆次电缆厂是机械部为满足山西众多煤矿对矿用电缆的需求而建的厂子。“文革”时山西群众之间的矛盾被带到工厂，部里不好管理，就把行政管理权下放到地方，业务管理仍在机械部。

由于产品供不应求，部里决定扩大生产规模。厂里派我和另一位同事领导六人小组（61 届 2 人、64 届 1 人、65 届的我和两个技术工人是建厂元老）。那时很讲政治，虽然我最小，但因为是党员，还是由我负责带队，前往上海电缆研究所搞调查，负责完成可行性研究报告的撰写和论证，并完成初步设计和施工设计。我们调研了多个类似的工厂，在上海电缆研究所查阅相关全部资料。前后经过一年多的时间完成了可行性研究报告和初步设计。部里批准拨款后我们又领导了全部施工试产投产工作。这次的锻炼虽然有点赶鸭子上架，压力却变成动力！我不仅学习了大量的技术知识，还增长了统筹和组织能力。后来完成几个较大的引进项目就轻车熟路了。

在这次设计中我对供电系统作了一个大的改动，把工厂的全部低压供电改为高低压综合供电方式。工厂面积比较大，没搞扩建前，我任动力科长兼书记，每天上班后到分管的全部电工班组巡视一遍要将近一个小时，所以有老同志开玩笑，动力科的两个年轻人，厂长每年应该多发两双鞋！在用电高峰时，远的车间线路损耗大，有时高峰压降大，大型电机带负荷启动不了（电缆设备很多都是带负荷启动，如各种拉丝，绞合设备）。我果断把新的厂房和另一个较远的车间改为 10 千伏直供，停掉原来电房一台变压器作为备用。在高压供电那端安放一台容量还要小的变压器，启动问题得到解决，不仅没有增加全厂总容量，还减少了运行费用。

这个工厂是20世纪50年代中期开始投建的，有不知来自哪里的旧设备多台，幸亏电工多，有了故障随叫随到。每周的调度会，我还是听到车间主任们的埋怨，设备老出故障影响他们完成任务。我觉得再好的工人也很难修好这种老旧设备。我和搞机械的同事研究后，针对那些关键工序，尤其独一台的设备从机械到电控部分进行了逐台大修。在元器件的使用上尽量选择了当时最新的器件，平时把控制柜做好，全部利用节假日逐台更新。为了完成这个巨大的工程，几年的时间都没有休过周末和节假日。调到石家庄工作后，榆次厂的同事还把技术革新的奖励给我寄去呢。

为改革开放尽微薄之力

改革开放的春风吹遍祖国大地时，我们这代人正是年富力强之时。

1984 年，我刚到石家庄电缆厂工作，就被任命为副厂长，主管技术。我负责立项的电力电缆项目是石市机械系统的最大项目，得到了省、市领导重视和支持，还得到省建设银行和投资银行的资金支持，更得到我们北工大在石市的多个“老五届”校友的支持。厂房设计是林庭燮任所长的建筑研究所完成，施工是田径队铁哥们杨恩荣任副经理的省建施工的。这些工作由于有他们的大力支持，我可以把更多的精力放在别处。

所以整个项目进度快，质量好，提前投产。也因为搞引进项目，在参加全国行业引进项目交流会时，认识了当时广州电缆厂总工程师，由于我名字中的“穗”字再加上工作的需要，而调到广州电缆厂工作，继续和引进项目结缘。

在广州电缆厂工作

刚到广州电缆厂时，那种老国营企业的扯皮推诿作风令我十分厌烦。在一次开引进项目例会时，时任厂长挺头疼地说：“市长和经委主任都批了，配套厂房和国内设备资金还是没落实。”我当时挺不客气地说：“市长和经委主任批了只是上方宝剑，我们还得会舞！”我的话被坐在一旁的党委书记听到，他在困境中似乎找到办法。会后把我叫到他和厂长的办公室，问我是否可以去解决困扰项目的资金。当时，利用芬兰政府无息贷款，八年后才开始偿还贷款，已从芬兰诺基亚引进的高压交联电缆的生产设备已经到货。堆到

和林工（右）在广州电缆厂引进项目的工地上

北厂区的院里，有几十箱，可是厂房的建设还在设计阶段！我看不下这种情况，回答说："不管有多大困难，一定要想法解决，我去争取！"在经委技改办主任等同志帮助下，我向建设银行、工商银行的主管部门领导和工作人员介绍了项目的详细情况和困境，并得到他们的支持（我们还成为好朋友，现在都有微信联系），两三个月时间解决配套人民币近两千万元，厂房建设和国产设备的资金全部解决。

厂里又任命我为主管设备的副总工程师并领导整个项目。

上任给大家开第一次会，我首先强调我们每次的会只是解决工程进度，发言只谈自己部门负责工作的进度，需要厂里解决的问题，别的免谈。待投产后给大家一天时间专门给我提意见！但是现在不行，我们够丢人了，芬兰那么优越的贷款设备来到了，竟没有厂房安装！大家非常理解都不再多说什么，一改过去开会推诿扯皮不解决正题的现象。

当诺基亚的项目经理来到，看到厂房已经盖好（广州湿热气候的好处是混凝土凝固快），设备基础也全部和厂房基础同时做好，我跟他讨论的唯一问题就是他们负责安装的工程师何时到，安装需要多久，调试需要多久。他也挺高兴，说别看我是女性，头脑清楚抓住重点。后来我还将了他一军呢！

高压交联电缆的生产条件是比较苛刻的，首先设备总长三百多米，最高点和最低点落差十几米，高压高温蒸气，还有需高温高压氮气的电压等级的产品。对原材料的纯净度要求特别高，十万等级的纯净度环境才能对原料开箱净化送料。整个工程和生产现场的协调至关重要。包括设备的参数需要专门的软件计算！当时我也学会了计算机应用。那时还没有微软的视窗软件，但是我觉得我们当时的巨人中文处理硬卡挺好用的，不知为何后来他要去做什么"脑白金"这类有点骗人的玩意儿？

高压交联电缆生产线放线和收线及交联高聚管道（放线通过牵引升到九米平台，通过三层挤出设备挤出里外半导体屏蔽层和中间的绝缘层，经过高压高温蒸汽或高压高温氮气高聚后，再冷却吹干收线）全长 360 米 。

虽然麻烦不少，这条生产线的调试和试产是比较顺利的。真正的麻烦却在那条小规格的生产线。这个项目的全称是"船舶和海上平台电线电缆"。这类产品对绝缘和护套的要求很特殊，需要阻燃或耐火，产品的重量也有绝对要求。否则对船的承载有影响。一条船像个小城市，各种规格和用途的电缆五花八门。在我来厂前，负责决定设备的工程师是学电缆制造的，不太懂得设备是有生产范围的。他要对方生产一条从大到小的万能设备。对方的项目经理为了促成这笔大生意（20 世纪 90 年代初 800 万美元不小了），要在设备全部验收前邀请我到他们那里参观，我没有上钩，还是将了他一军。

调试到这条生产线时，大规格的都顺利通过了，小规格的根本走不到收线设备处，刚到收线牵引履带处马上拉断！这上上下下走一趟断了十几次，300米左右一根断头线在履带牵引机旁堆成一座小山。很明显是履带牵引的拉力大，小规格的铜芯被拉断了。经过和机械工程师工艺工程师讨论，大家同意我提出的方案：首先这个生产线存在严重设计缺陷，唯一的解决办法要分为两个阶梯完成全部生产规格的产品。大规格部分放线收线及两面的牵引用现有的；小规格部分的产品必须重新设计一套适合小规格铜芯的收放线和牵引装置。现在的履带式的肯定不行，要改为直流电机驱动轮式牵引。调试停了下来，三个月后诺基亚工程师带着一套新的装置回来，安装后一次调试成功。（他说回到公司和参与设计的工程师们争论了几天，谁愿意承认自己的错误呢！）

正在这时，经委技改处处长给我打来电话，说是广州地铁公司找他们求助，地铁过珠江的隧道需要一根耐火电缆，在着火时要可以保持通电两小时，以满足救火及其他人员疏散时的通风要求。他们和老外谈不下去，对方开出了天价。处长记得我们的项目有这种电缆，我告诉他是的，我们的试产计划是有一根，原材料已经完全准备好了，配套的设备包括测试设备也都安装调试好了。我答应他提前安排这个产品，并安排和公安部消防技术部门联系试验设备和产品的认证测试。芬兰和瑞士的专家也挺高兴能够为广州地铁解困，积极配合我们。公安部消防司和消防研究所的专家来检测的那天，由于来了十几个穿警服的人，我们的试验员太紧张，还闹了一出笑话。燃烧装置还没开始燃烧，一通电，电缆便短路了。我信心满满地说：“绝对是线接错了！”我对我们的电缆很放心，从头到尾整个生产过程我全过程跟踪，车间检测我也在现场。检查后果真是接错线了。试验电缆在高温煤油火焰燃烧下三个小时安然无恙！测试通过，广州地铁的燃眉之急解决了。

在广州工业发展集团

由于对我的了解和欣赏，经委技改处处长调任广州工业发展集团董事长后，就把我从电缆厂调到集团，任技术部经理，兼广州在花都的开发区公司总经理。负责集团的项目把关和开发区的招商引资。我在这里又作了几个项目，其中有一个是从美国引进的，利用废塑料制作板材，可以广泛用于多种场合，代替木材的多层板。但是我觉得都没有在电缆厂接手那种烂摊子难做，那么惊心动魄。

当时在这种老的国营单位，技术人员中比自己资格老的一大堆，好多人还是高级工程师，我那时也就是中级职称，要领导他们确实要人家真的服气，在自己不熟悉的领域一定要虚心请教是必须的，反过来也要有敢于管理的气魄。

所以，通过自己的经历和所看到的，我很自豪地说我们是承上启下的一代！

梦断体育生涯

6531 班　贺漫古

人一旦进入老年，对希望的渴求会渐渐消失，而对往事的回首会天天增强。而特别奇特的是，对往事的回忆思绪又常常在那些模糊不清，断裂成碎片，在自己主流人生中似乎微不足道的事件中游来游去不肯离去。有时为了挖掘出这些过去的支离破碎的事情与自己主流人生的关系，常常会醉酒挑灯，让自己在醉梦中游弋，去拼接那些大大小小的碎片。

我至今想起来都还有点晕乎乎的碎片故事，应该是时不时伴随我成长的体育生涯。

我是 1965 年考进北工大无线电系的。尽管从 1966 年以后人生步入跌宕起伏之中，但从 1978 年后又回到无线电技术专业之中，并最终成为一名电子与信息工程的教授。所以，宏观上看，我的一生应该归到电子技术类的知识分子队伍中，与专业体育真是连不到一起。然而，上帝往往喜欢开玩笑，竟让我年轻的时候在专业体育这个行当混了若干年，并在我的人生转折，魂归无线电技术的过程中起到了妙手回春的效应。这是怎样的故事呢？让我慢慢道来。

走进准专业羽毛球队

20 世纪 50 年代，我随父亲调进铁道部党校，进入首都北京，那年我已 7 岁，同期到来的其他职工的孩子大大小小有十几个。淘气调皮的男孩，除了上学还能干什么呢？上北土城摘酸枣，被枣刺扎得嗷嗷叫；爬树捅马蜂窝，被马蜂蜇得满头大包；学“宋景诗”，骑竹马，挥铁丝刀，举黑衣旗，像风一样卷过来扫过去，搞得党校大院闹轰轰。尤其到了寒暑假，我们这帮孩子在党校教学、行政楼里窜来窜去追逐嘻戏；在暖气管网里不顾危险爬来爬去玩地道战，在大礼堂放电影时躲来躲去玩捉迷藏……童真无忧的天性展现得淋漓尽致。

好景不长，为了维护党校正常的工作学习秩序，党校领导对我们“动刀”了。

他们修建了游泳池（冬季开辟滑冰场）、小足球、篮球场地。在行政楼划出一层开办了图书馆、乒乓球室、康乐球（台球）室、棋类室……这些从未见过的文化体育活动，一下吸引了我们的眼球，吊起了我们的兴趣，在不知不觉中开始了我的体育生涯。

大运动量的“玩”是男孩的天性。没用多久，游泳、滑冰、乒乓球、足球、篮球都成了我的爱好。读书以外的全部时间几乎都沉浸在这些体育运动中。

到了初中，我是校乒乓球队、足球队的成员。到了高中，除了乒乓球、足球以外，又成了校射击队、篮球队的成员。排球、田径也都有接触。其中最感兴趣的应该是足球，足球的那种激烈冲撞，高速运球，团队默契合作的精髓始终“勾引”我想走向专业足球的道路。高三时，我报考参加了在先农坛体育场进行的北京青年足球三队的选拔赛，结果由于身体单薄被淘汰出局。

就是在这种情况下，我考上了北工大无线电系无线电技术专业。

1965年，正是北工大在前几届学长们建校基础上欣欣向荣，蓬勃发展的一年。当我刚跨进学校，就得知各类体育队和艺术社团摆开架势在新生中招揽人才。我毫不犹豫地向他们的招生地点奔去。

北工大校园面积并不大，各种运动队在各自的运动场地测试着报名的新生，除了报名的，加上围观的，拥拥挤挤，如火如荼。不看不知道，一看吓一跳，新生中的体育人才你消我长，我一颗高傲的体育之心顿时凉了下来。

果然，在接下来的测考中，排球因弹跳力不够，篮球因个子不高（其实已经一米七八了），游泳因速度欠缺，乒乓球因失误太多，纷纷败下阵来。唯一的足球，我自我感觉良好，却要等二天才能发榜公布名单。我沮丧地向宿舍走去。

迎面碰上刚认识的同班新生王仲钰（已病故）。他看到我兴奋地叫道：“贺曼谷，我们一起去考羽毛球队吧！”“羽毛球队？”我心中疑惑地重复着，“我没打过羽毛球，不去了。”“你陪我去吧，就在食堂二楼。”他指了指身旁的学生食堂。边说边拽着我向食堂走去。

北工大的学生食堂是一座灰色的平顶大跨度二层房屋。一到开饭时间，食堂大师傅们就会在一排方木桌拼接摆开的丁字形的“饭菜架上”，摆上一个个大圆盆和大蒸屉。虽然，那时整个国家刚刚从困难时期恢复过来，食物仍非常紧缺，但大师傅们还是尽可能地做出各种饭菜。一旦热气腾腾的饭菜上架，食堂会立刻热闹起来，摩肩接踵挤来挤去的学子已经分不出高低年级。开饭时间一过，食堂马上又会安静下来，摆菜的方桌会很快移到一侧，食堂的空间立刻宽阔起来，各种室内活动就会给食堂增加新的活力。

羽毛球队员的选拔就在宽阔起来的二楼进行。顺着东侧的楼梯刚刚上到二楼，立刻看到被新生围得严严实实的一块半个篮球场大小的长方形场地的上空，一只像白色小燕雀的羽毛球飞来飞去，并伴随着啪啪的响声。这是我第一次看到真正的用羽毛做成的非圆形的球。（业余玩的都是用橡胶皮做底，塑料做羽毛的球，打起来像子弹一样，直不愣愣地窜来窜去）这种用白色羽毛做成的，飞行速度平稳地显示其高雅身份的不圆的“球”，引起了我的兴趣。我跟在王仲钰的后面挤进了人群。

地上用白色的油漆画出了一个长 13 米左右，宽 5 米左右的长方形场地，中间架起一幅绿色的高 1.5 米左右，宽 70 厘米左右的网，把场地隔成两半。一个略胖，1.6 米左右，剪着短发的中年女老师站在球网的一端，安排参加选拔的新生入场和退场。场地的一侧是一高一矮的两个高年级学生模样的老队员，按女老师的安排与新生对打。

看到有的新生没打几下就汗流浃背的模样，看到有的新生被老队员调动得前奔后跑气喘吁吁的狼狈相，场外围观的人群时不时发出哄哄的大笑。轮到王仲钰上场了，我以为他既然想报羽毛球队，一定会打羽毛球。没想到上场后和前面的同学一样，没有三分钟，就被女老师叫停，不甘心地走了下来。

“喂！”女老师指着我这个方向叫道，“那个同学，你上来打一打。”

我前后左右地看看，推了一下我身旁的一个男生。“不是他，就是你！”老师明确地指着我。“我？”我嗫嚅了一下说，“我没打过羽毛球，我也没报名。”“没关系，先上来打几下！”看到女老师温柔而坚持的目光，我的体育情怀油然而升，大步流星地走进了羽毛球场地。

北工大羽毛球校队训练中的作者

最终被羽毛球队录取的新队员只有二人，一个是我，另一个是 6551 班的刘凯年（我们也从此成为终身好友）。当我真正成为北工大羽毛球队的正式队员时，才知道：那位女老师和两名老队员都是印度尼西亚排华时回来的华侨。女老师是羽毛球国家裁判，在工大体育教研室当老师。两位老队员在印度尼西亚时已经是专业级羽毛球运动员了，回国后重新在北工大读书，走上理工科学习的道路。

羽毛球运动当时被称为贵族运动，国内很不普及，只有几个省成立了羽毛球队。国家羽毛球队也是由这批归国的华侨组成，他们之中的佼佼者如汤仙虎(相当于现在的林丹)、侯家昌等功勋队员，在国际上大显神威，为中国争得无数荣誉。而其他的华侨集中到了广东、福建组建省队，成为国家队的后备队。北京没有组建专业的羽毛球队，而是把羽毛球人才放在了北工大，这样一来，北工大羽毛球队成为一支“准专业的羽毛球队”，凡是有省际间比赛，就会由北工大羽毛球队代表北京出赛。

那个时候，只要谈到高校的体育项目，大家都知道清华的田径、北大的乒乓、石油学院的足球、航空学院的排球、北工大的羽毛球都是专业级别的水平。这也是奥运会把羽毛球体育馆建在北工大的历史原因。在这支球队里，我的“教练”是6461班的李光辉。他也是印度尼西亚归来的华侨，瘦高的身材与我差不多，在队里是绝对的主力。他从握拍开始教我，但并不爱多说话，喜欢让我在对打中自己去悟，偶尔指点二下，就会让我在技术上突飞猛进一个层次。很快，羽毛球专业技术上的高远球、平高球、平抽球、吊球、切球、搓球、劈杀、重扣……羽毛球步伐上的跨步、垫步、移步、前扑步、后跳步……羽毛球战术方面的四方球、长拉短吊、网上扑杀、对角劈杀、网前假动作……都渐渐融进了我的体育血脉之中。在以后的日子里，我一旦有机会握好羽毛球拍，站在场地中央，就自然而然地会以一种专业运动员的精神在球场上驰骋。

走近真正的专业体育生涯

1966年，风云突变，“文化大革命”爆发了。我因此中断了北工大羽毛球的训练，体育生涯也随之戛然而止。

在被间断地隔离、批斗之后，军、工宣队手下还算留情，于1970年让我正式大学毕业了。但对待我这种有“政治问题”的学生，在毕业分配问题上采用古代“流放”的方式。出京是被“押送”上的火车，流放地是盐碱覆盖、寸草不生的安徽淮北农村。当我独自一人来到濉溪县孙町公社(镇)拖拉机修理站时，看到的是一排敞开式作为修理车间的茅草土坯房，拆的七零八落的被黑色柴油包裹着的拖拉机零件和一块平地上斜竖着的快散架的篮球架。当时，怎么也不会想到，就是这个篮球架成了我走进专业体育生涯的介质。

拿北工大被隔离、监视、批斗的首都生活与贫困、落后、封闭但人身自由的农村生活比较，我真正体会到自由是如此的宝贵！我可以自由地在修理车间钻来钻去，可以自由地到集市上遛来遛去，可以自由地与工友们聊来聊去，更可以到坑坑洼洼的篮球场上把破旧的篮球投来投去。人是自由的，心自然也会放飞。

淮北虽然土地贫瘠，但是一马平川，很适合拖拉机的机械化耕作。随着拖拉机数量的增多，拖拉机修理站也随之在扩大，更名为农机二厂，前后陆陆续续分配来一些复转军人。年龄与我不相上下，在部队上也都喜欢玩篮球。于是，一下班我们就会集合在一起打一场球，很快大家就玩成了一家人，我的体育生涯似乎又接续上了。

1971 年 9 月 13 日，林彪叛逃身亡。虽然“文化大革命”还没有结束，但大规模的群众串连、武斗事件已经基本绝迹。军管下的政府部门似乎让社会秩序稳定了下来。这种情况下，政府职能部门开始做一些事情了，县体委下发了一个准备举办县级篮球比赛的通知。

当我看到这个通知时，首先跳出脑海的并不是比赛本身重不重要，而是上天给了我一个展现体育才能的机会。这个机会将有可能让我从一个孤岛式的农机厂进入县城去认识更多的政府人士，进而获得更多的社会信息，从这些信息中也许能找到一个离开农村的机会。

我立刻忙碌起来。首先说服厂领导同意报名参加比赛（需要一定的经费），然后说服几个家庭观念极重而篮球技术不错的复转军人组建厂篮球队（需要他们牺牲种自留地的时间），进而平整篮球场，制订训练计划，一切努力只朝着一个最初级的目标——能被选拔进入县城的决赛。经过基层的一场场争夺，我们终于脱颖而出，作为县工业局的代表队参加在县城的决赛。

小县城，对于在首都北京长大的大学生的我来说，曾经连看一眼都不会想到。然而，在穷乡僻壤生活居住一年多，远离它的那个时刻，县城却是我最向往的地方，当确定下进县城比赛的时间后，我兴奋得一夜未眠。县城——这个小小的政治、文化、经济的中心，我离开你的时间太久了！

关于在县城篮球比赛的激烈程度，我在回忆文章《青春十年》（收入前一部书《难忘的青春》）里进行了详尽的描述。这轮比赛结束，对我来讲，拿到

濉溪县农机二厂篮球队（后排左二是作者）

冠军并不重要，重要的是我与县体委主任已经“混”得很熟，并且让他知道了我具备的各方面的体育才能,尤其是羽毛球方面的专业水平,希望他能创造机会，让我经常往县里跑跑。

县体委主任果然守信。时不时组织一次游泳训练，让我去当教练；时不时组织一场乒乓球比赛，让我去当裁判……我跑县城的机会多了起来。

“小贺，过来一下！”在一次县象棋比赛结束后，县体委主任操着浓浓的淮北腔叫着我，“给你看一份文件！”说完，他递给我一张纸。

这是一份安徽省体委下达的文件。原来是要在 1972 年 6 月 10 日举行中断了近十年的全国五项球类运动会的通知。

突然，我被最后的几行字惊呆在那里：我省为了迎接运动会的召开，决定组建羽毛球队。希望各地市、县体委积极推荐人才，参加省里的羽毛球教练选拔赛。我不敢相信自己的眼睛，瞪大了，来回看了几遍。

“小贺！”县体委主任看我呆滞的样子叫了一声，“我们决定把你推荐到省里去，你写一份说明材料没问题吧？”“没问题，没问题！”我的心剧烈地跳动起来，“谢谢主任！谢谢主任！”

上天终于给了我一个机会，而这个机会并不是我的无线电技术专业，却是体育中的羽毛球专业。这天晚上，梦里挑灯，我真像喝醉了酒一样，仰天长叹，这是怎样的一个机会啊，应该是千年不遇吧！

随后的日子真是煎熬，越是天天盼望越是没有消息，一辆破旧的自行车往返几十公里在工厂与县体委办公室之间飞驰，只为得到一点相关信息。随着时间的推移，那种信心不断衰退，绝望不断增强的滋味，一生再也没有碰到过。

“贺师傅，厂长叫你去他办公室。”在我信心几乎消失殆尽的时候，一声春风般的呼叫让我跳了起来，向厂长办公室飞奔而去。

“贺曼谷吧？我是省体工队手球队的领队，姓穆。”我刚跨进办公室，一个身材高大魁梧的中年人便站了起来向我伸出手,“体工队领导看了你的材料后，没有让你参加海选。”他一边握了一下我的手，一边继续说，“他们让我来接你直接参加五人的淘汰赛，前二名留下组建省羽毛球队。”

第二天，我与穆领队登上了南下安徽省省会——合肥的绿皮火车，望着眼前一闪而过的片片盐碱地时，我知道我可能走上了专业体育的道路。

专业体育生涯

当年的合肥市，虽然是省会城市，却是一座小得可怜的城市，人口不足20万，能够称得上马路的也就只有长江路、芜湖路、淮河路……那么五六条。街上的建筑基本都是灰色，最高的百货商店也就只有三层。然而，它又是座独具特色的城市，所有商铺和民居都是围绕着有着深厚文化底蕴的包河公园和逍遥津公园向四周发射展开。

省体育委员会就坐落在包河公园的南侧，三座典型的中式大屋顶飞檐建筑，俯视着近五米落差的四百米跑道环绕着的绿草茵茵的敞开式足球场，显示着自己是体育界的最高决策机构。足球场的左侧是体工大队，是各类专业运动员和教练员居住饮食的地方；右侧是正规的圈围起来可容纳万人观看的比赛用足球、田径场；正前方的远处，影影绰绰一片需要走近才能看清……

走下几十级台阶，沿着体工队高高的红色围墙和梧桐树遮荫的小道往远处走去，可以看见一块块用铁丝网隔开的室外篮球场和排球场，再往前绕行，便是比较讲究的室内运动馆了。有篮球馆、排球馆、乒乓球馆、体操馆、游泳馆……凡是国家有要求的项目都会有自己的练习馆。顺着这些大小不一，高矮相错的项目练习馆拐下去，穿过一片绿树环抱的平房（体委家属区）就回到了封闭式足球场的另一端。

这就是我开始专业体育生涯的地方。

我有些忐忑不安地走进体工队的大门，穆领队把我领引进一座小楼，报到的地方是乒乓球队的队部，办公室里穿着各种颜色运动服的年轻人进进出出。那个时候，安徽乒乓球队出了一个全国冠军刁文元，全队意气风发，大有在未来的五项球类运动会上大展拳脚的劲头。

我是第一个到达报到的，接待我的是乒乓球队的马领队。他告诉我，这次来竞选羽毛球教练的一共有五个人，三男二女。其中有一个与我的情况类似，是基层自荐的华东水利学院毕业的老大学生——一个印度尼西亚归国华侨。其他是各大学，中学的体育老师海选出来的。我是最年轻的。

体工队领导并没有马上安排我们比赛，说是为了扩大羽毛球运动在群众中的影响，让我们到大学、有条件的中学和大企业进行表演赛。几天的表演赛下来，我知道我留下来的概率有百分之百，因为除了那个华侨老大学生，其他都是野路子的羽毛球技术，有的甚至连羽毛球的握拍都不正确。

三天的巡回表演以后，我们五人进行了内部的对抗比赛。当再次到乒乓球队办公室集合时，只剩下了我和那个华侨老大学生（62级）和一个上海体育学院网球专业毕业的中学女体育老师。随即我们由体委招待所搬进了体工队宿舍。

下午，省体工队的军代表召集我们开了个会。告诉我们的任务就是在全省挑选出有条件的男、女各五名中学生作为羽毛球运动员进行集训，参加即将召开的全国五项球类运动会。我们三人的分工是：那位华侨大学生是男队教练，那位女体育老师是女队教练，我是运动员兼教练助理。接着就是领运动服、挑选羽毛球拍、指认场馆、参观体能训练房及羽毛球专业体育训练有可能用到的一切器材、设备和场地。

进入专业体育生涯令我最为惊讶的第一件事，竟然是体工队的伙食。那时，中国处在食物极端贫乏的年代，主食以粗粮为主，副食样样都要票证。那些具有高蛋白、高热量、高营养的肉、蛋、鱼、奶等食品，在普通老百姓的眼中，就如《天方夜谭》中的故事。我在淮北农机厂吃的饭，除了玉米面窝头，就是煮得像猪食一样的菜面条。久而久之，心中已定格在全国人民吃的都一样的认知度中。虽然我也曾想到运动员的伙食会好一些（对北工大的校运动队队员都有伙食补贴印象挺深），但当我跨进体工队的食堂时，还是被惊呆了！各种颜色的炒菜有十几种，另外十几种冒着热气的烧菜、卤菜喷香扑鼻，营养价值不同的几桶高汤摆在了食堂的一角。主食除了米饭，还有各种式样的面食和烧烤好的点心整齐地摆列在菜、汤的旁边（像现在高档自助餐馆）。我看着这从未见过的美味佳肴，真有点不知所措。当我再看到那些高大魁伟的篮球、手球运动员，小巧玲珑的体操运动员，矮小结实的举重运动员……毫无顾忌地随意取拿时，我更是吃了一惊，原来这里吃饭根本没有饭菜票一说，随便吃喝，吃饱喝好为止。我不禁感叹良久，国家对专业体育运动员真是关怀备至了，不出成绩真对不起这些饭菜！

我的专业体育生涯应该分为这样几部分：（1）以1:3的比例到全省各地市挑选具有羽毛球潜质的年轻学生作为运动员的培养对象；（2）对选上来的年轻运动员完成集训，确定五男五女组成安徽省羽毛球队；（3）完成对男女羽毛球队队员的高强度专业训练，参加1972年6月在杭州举办的全国五项球类羽毛球专项运动会；（4）组织参加中断了十年的安徽省全省体育运动会；（5）被借调担任安徽省军区羽毛球教练，参加在南京举办的全军体育运动会。

这近三年的专业运动员、教练员生涯，如果展开来写，都有一些值得书写的故事，但归到这篇文章中来描述就可能过于冗长了。抽丝剥茧，认真回想一下，记忆犹新的事件应该是我在全国五项球类运动会上与世界冠军汤仙虎的直接交锋了。

全国五项球类运动会上，我们安徽队与贵州、辽宁、福建分在一个小组，打单循环赛（小组的队伍均能相遇一次）。福建队在“文化大革命”前就已建队，基本都是归国华侨，汤仙虎是这个队的领军人物，也是国家队的一号主力（相当现在国家羽毛球队的林丹），世界羽毛球顶级赛事汤姆斯杯和尤伯杯的得主。而我们其他三个省都是新建的队伍，队员都是集训几个月的新手，所以在与福

带领安徽省军区羽毛球队参加全军运动会获奖（前排中间是作者）

建队比赛时，福建队都是用二线运动员出赛，连汤仙虎的面都见不到。

我是作为安徽队第一单打出场的，在前二场与贵州和辽宁的比赛中都以比较大的优势获胜，最后一场与福建队的比赛引起了大家的关注。

那是运动会开幕后的第三个晚上，我早早热好身来到赛场。当裁判员宣布比赛开始，运动员选边选球时，场地四周突然喧闹地涌过来许多运动员。“汤仙虎，汤仙虎！”在一片呼喊中我才注意到，对面场地走过来与我握手的正是羽毛球界大名鼎鼎的汤仙虎。我连忙伸出手，心脏剧烈地跳动起来。

我不知道这场球是怎么打下来的？只知道一开始我还能发挥出自己的正常技术水平，四方球还打得有板有眼。可没过多久就被调动得满场跑动，累得气喘吁吁。打到第二局，我的技术动作全部变形，步法已经乱套，战术变得只有被动地应对。但是我知道这是千载难逢的学习机会，尽管我已经双腿发颤，右手发抖，汗水把运动服从上到下浸泡后流出洒在运动场上，我仍然咬紧牙关，拼命地救着每一个球，偶然也杀吊反击几下。

最终，二局分别以 15:3、15:2 败下阵来。比赛结束，汤仙虎主动过来握了一下我的手说：“打得不错！”此刻的心情真是百感交集，一方面为能与世界冠军交手感到兴奋，另一方面为自以为自己羽毛球技术已经达到较高的专业水平而汗颜，为自己的体能之差感到羞愧。“山外有山，天外有天”这句话，在那特定的气氛中给了我刻骨铭心的体会。可能就是从这一刻，我仿佛从梦中惊醒：我并不是正统的专业体育工作者，我真正学的专业是无线电技术，我开始萌生了主动退出体育生涯的念想。

专业体育生涯的退出

1975 年前后，我的人生遇到了需要再次选择的时刻。然而这一次与在农村选择走体育之路正好相反，而是在省会城市选择退出专业体育生涯。

当时，安徽省体委得到通知：1975 年 9 月，中断十年的全国运动会要在北京隆重举办，省体委决定把我正式调入体工队带领羽毛球队参赛（前期是以借调的形式进入体工队工作）。然而在查阅了我的档案后，他们犹豫了。因为北工大军宣队在我毕业时，给了我一个有“政治问题”的结论。在那个政治决定一切的年代，他们不敢正式调入我，只能继续以借调的形式留在体工队工作。这让我心存芥蒂，成为我决定退出专业体育生涯的起因。

另外，我在合肥市羽毛球运动的普及推广中，结识了很多大专院校、机关事业单位、大型国企的工会领导人。当他们得知我不想专职干体育的想法时，都出谋划策地鼓动我去他们单位。虽然我知道政审这一关会有很大阻力，但我自以为通过个人人际关系的努力，应该可以解决。于是，我心目中有了积极退出专业体育，去其他领域择业的动机。

让我最终下定决心的还是现在的夫人，那个时候准备结婚的热恋情人。

在我们谈到未来的生活时，她问我到底是喜欢干体育还是喜欢自己的无线电技术专业。这个问题我自己也不知道问过自己多少遍，但我为了能留在合肥与她朝夕相随，只能像驼鸟把头扎进沙堆一样地回避。因为如果选择无线电技术专业，就意味着要回到前景渺茫的迷雾中，甚至要再次先回到农村，与相爱的人天各一方。“你觉得我应该选择哪一行呢？”我盯着她美丽的眼睛问，“我不喜欢搞体育的，头脑简单四肢发达，是吃青春饭的，老了怎么办？”她没有回避我的目光继续说：“我看你心底还是喜欢你的无线电技术专业。你看你全部空闲时间都在自己做收音机、电视机、落地音响……”（当年家电不上柜台，凭票供应，为准备结婚，只有买零件自己做）她停顿了一下接着说：“我从来没有看见你看过体育方面的书，而看起无线电技术的专业书来，全神贯注，都能入迷！”

她的话让我再一次重新审视自己心灵深处的迷茫。“那我现在如果离开体工队，只能暂时再回到淮北，我们……”没等我话讲完，她抢先说道：“我知道你害怕什么，我向你保证，无论将来怎么样，我都不会离开你，大不了我去淮北陪你……”她停顿一下，果断地说：“我们明天就去领结婚证！”女人啊！有时真的比男人果断得多，决心一下，什么都不顾，再不回头。没过两天，就开出证明与我领下了结婚证。

还有什么好说的呢？！我必须痛下决心，迈开退出专业体育生涯的第一步。

在得到合肥市几家无线电厂和省广播事业厅口头承诺愿意接收我的前提下，我毅然决然地拒绝了体工队的挽留，先回到那被盐碱地包围的濉溪县农机二厂。

当刚刚领了结婚证的妻子，满脸泪水地把我送上北去的列车时，我有些茫然，我不止一次地问自己：就这样退出专业体育的生涯了吗？

现在回想起来，从安徽省最大的城市合肥重新回到穷乡僻壤的农村；从天天吃“山珍海味”的食堂回到吃窝头烂面的小屋；从娇妻绕身的甜蜜回到孤独相随的凄凉，那是需要多大的决心和勇气啊！

体育生涯的终结

一回到濉溪农机二厂，我就积极地运作起工作调动之事。事态并没有按照我的预料发展，沮丧的事一个接一个地发生，前后几个原来同意接收我的合肥市无线电厂，因为政审不能过关，有的卡在基层单位党委，有的卡在合肥市人事局。更可气的是省广播事业厅下属的一个微波站已经下发了商调函，竟然被濉溪县的人事部门以未改造好的知识分子为由退了回去。尽管我多次往返于淮北与合肥之间做工作，但随着时间的流逝而最终都不了了之，重返合肥终成泡影。想到父亲因为右派的帽子一辈子流放在西北，我难道也要因为档案里的一个结论一辈子委屈在农村吗？我开始害怕了！

山穷水复疑无路，柳暗花明又一村。1977年，全国教育工作会议召开，会议决定恢复高考。我的羽毛球好友——安徽大学的工会主席立刻把这个消息告诉我，并流露出安徽大学要办研究生班补充师资不足的内部信息。为了证实这足以改变千万人人生轨迹的消息，我立刻给自己的母校——北工大的孙景琪老师写信询问相关情况。很快，老师回信给予了证实，但遗憾地告诉我北工大不办研究生班。

与此同时，随着政治气氛的转变，北工大对“老五届”有“政治问题”的大学生也着手开始了重新处理，有关档案材料全部烧掉，扫除了摆在我身前的最大绊脚石。

由于我原来在北工大专业基础学得比较扎实，专业课课程毕业后也自学完成，所以在随后的研究生考试中，很顺利地通过了安徽大学的笔试、面试，被安徽大学无线电系录取，终于在北工大无线电系毕业七年之后又走进了无线电技术专业。

这里有必要再讲一个小小的插曲：当我拿着研究生录取通知书去县里办相关手续时，竟然再次遭到拒绝。原因还是一样：我是一个“没有改造好的”知识分子。我哭笑不得，又一次看到了：中央的政策到达基层，被基层领导接受执行，要滞后很长时间。后来，我把情况反映到安徽大学无线电系，没想到系主任——一个留德回国的老教授戚作钧主任竟然跑省人事厅反映情况，说我是个人才，要求务必把我调上来。省人事厅破天荒地下发了正式干部调令，才让我以干部调动而不是以读书上学的名义走进了安徽大学无线电系研究生班，让我再一次，也是永久地离开了淮北农村。

来到安徽大学任教并不能完全脱离体育。由于那个时候，羽毛球运动已经在基层得到了较好的普及，我在羽毛球界的影响余威尚存（很多骨干都是我的学生），再加上大学是年青学生和青年教师集中的地方，人数众多，体育运动开展最为蓬勃，上天怎么可能让我的生活完全脱离体育的影响呢?

在我还没有到安大报到时，校工会林主席已经造出了大量的舆论。上至校党委书记，下至莘莘学子都知道有个体工队的羽毛球教练要到安大任教。这位工会主席甚至在我刚刚报到,就筹备起校级教工羽毛球比赛。为了报答他的帮忙，我教学以外的全部时间都主动地和他一起组识这次安徽大学有史以来的第一次教工羽毛球比赛。

不久，学校在全校秋季运动会的项目里也加入了羽毛球比赛，一时间，全校掀起了打羽毛球的高潮。我每天下午 4 点左右都不得不去学校的羽毛球场地，教授、辅导学生们羽毛球技术。这种状态几乎延续了一年才渐渐平静下来，进入当年在北工大羽毛球队打球的状态——一星期一个下午进行训练。

当一切都慢慢进入大学生活环境的正常节奏后，我的体育生涯也进入正常的锻炼节奏。教学、科研繁忙紧张时，可以很长时间没有任何锻炼。工作轻松的时候，羽毛球、篮球、乒乓球、太极拳……都是我锻炼身体的项目。

然而，一次意外的交通事故终止了我的体育生涯。记得是 1993 年 5 月的一个早上，我从艺术学院的家，骑自行车赶往安徽大学上课。由于出门时间晚了一点，自行车自然就会骑得飞快。就在快到安大的时候，一辆停在马路同侧逆向的大客车突然起动，司机想高速地穿过马路而没有注意到我。瞬间，大客车的左前侧猛地撞向自行车的前轮，巨大的冲撞力随即把我抛向空中。身体在空中向上飞出去的时刻，脑子一片空白，也就是医学上的昏厥吧。这种时候，如果在落下时头部撞到水泥马路上，必死无疑。然而，平时的体育锻炼挽救了我——在昏厥的情况下，身体下意识收缩旋转，最终左脚牢牢地站到地上，救了自己的性命。

由于旋转冲击力太大，左脚抓地而脚踝受力仍要转动，造成了踝关节粉碎性断裂。等我清醒过来看向自己左脚时,左脚脚掌已经旋转了 180 度,脚尖向后了。

全国知名的骨科专家，安徽医科大学附属医学院的骨科主任董吟林医生（已故）带两个博士、一个硕士组成了抢救小组，为我做了八个小时的手术，把我的脚矫正过来，把粉碎的骨头一块一块地拼接起来，用十二根钢针固定住。

董医生是我刚到合肥不久就认识的师长和朋友，他曾开玩笑地让我别打羽毛球，改行学医做他的助手。当我从全麻中醒过来时，董医生微笑地对我说：“小贺，我不能保证你将来不会瘸哦！但你不适合再打羽毛球了……”

在董医生高超的医术和我积极地康复训练下，我的脚没有瘸，这真是不幸中之大幸。但左脚脚踝——不能受力太猛太大，确实不能再进行竞技性体育活动了。

真所谓：几多经历几重梦，梦断万事休！至此，伴随我前半生的体育生涯彻底画上了句号。

2018 年 4 月

考入北工大后，在北教学楼前留影

70 岁大寿和夫人合影

贺漫古，北工大上学时，原名贺曼谷。1965 年考入北京工业大学无线电系，在无线电技术专业 6531 班学习，1970 年毕业。毕业后，分配到安徽淮北濉溪县孙町公社拖拉机站做电气维修工。“文革”后期，利用在母校羽毛球校队学到的专业体育技术，被借调到安徽体工大队任羽毛球教练兼运动员，后任安徽省军区羽毛球队教练。1978 年考入安徽大学无线电系研究生班，结业后留校任教。后赴西安交通大学进修，主攻电子线路计算机辅助设计和电子测控技术。历任讲师、副教授、教授。在 2010 年互联网师评网上被评选为全国 211 重点大学“电子与电气专业”最受欢迎的十大优秀教授之一。退休后，移居上海，撰写了回忆文章《青春十年》收录于文集《难忘的青春》，由当代中国出版社正式出版，撰写了中篇小说《天缘奇恋》由九洲出版社正式出版。

象牙塔里二三事

6531班　贺漫古

如果在百度搜索里输入“贺漫古”三个字，就会发现如下一个表格。

这是我退休后，互联网对全国重点大学最受欢迎的十大教授的评比结果，我有幸在“电子与电气专业”类，以第二名列入表中。这是对我近三十年大学教书生涯的最佳褒奖了。获得这么高的荣誉，似乎应该有点关于大学生活的故事来讲一讲。

2010 评师网各专业（课程）最受欢迎十大教授榜（211 院校类）		
2010 电子及电气专业最受欢迎十大教授榜（211 院校类）		
老师姓名	**所在学校**	**所在院系**
房少军	大连海事大学	信息工程学院
高　荔	北京邮电大学	计算机科学与技术学院
贺漫古	安徽大学	电子科学与技术学院
黄锦安	南京理工大学	自动化学院
江滨浩	哈尔滨工业大学	电气工程及自动化学院
蒋立平	南京理工大学	电子工程与光电技术学院
李学武	西安电子科技大学	机电工程学院
刘　娆	大连理工大学	电气工程与应用电子技术系
武庆生	电子科技大学	计算机科学与工程学院
徐守时	中国科学技术大学	信息科学技术学院

大学被称为象牙塔，被看成高智商、高品味知识分子扎堆的地方，当然应该有许多可歌可泣的人和事。但主流媒体歌颂这些正能量，先进知识分子的故事已经很多，我再说就是锦上添花，没人爱听了。

任何一个圈子，即使象牙塔式的大学，尽管表面上看剔透玲珑，但都一定有许多局外人不知的“糗事”。我就信手拈来几件，全当另类故事讲讲吧。

“文人相轻”的异变

当学生时，“文人相轻”四个字是从字典里和同学之间的相互嫉妒去理解；大学毕业分到农机厂里，“文人相轻”四个字就不知躲到哪个爪哇国去，被“坦诚相见”所替代；进入大学任教以后，“文人相轻”四个字就几乎是形影相随了。

“文人相轻”如果仅仅是孤芳自赏，看不起旁人，也应该属君子之为。但是，如果把“文化大革命”的遗毒掺进“文人相轻”之中，就是小人之举了。我进大学任教不久就遇到了这类小人。

1987年，我正式成为安徽大学无线电系的一名助教。由于在北工大读书时赶上“文化大革命”被整肃；毕业后到农村拖拉机站接受“再教育”；即便后来自由地走了一段专业体育的道路，也因一直是被借调而提心吊胆地生活。因此，近十年的磨炼，早已把我从一个清高狂妄的学子变成了低调驯服的人。所以，我初进大学任教，不敢轻视任何人：对所有的人都称老师；八小时待在实验室里，有闲就去听相关的专业课；政治学习一分钟也不敢迟到；学术活动一次也不敢落下；体育活动尽全力为之。“不问政治，低调做人”成了我的座右铭。所以，进校很长一段时间，我与各位老师相安无事，自由职业，各干各的，还真没有感到“文人相轻”的味道。

不久，一件大事在大学教职员工中引起轩然大波——涨工资，这是时隔十几年后的第一次涨工资啊！那个时代，那么低的工资，能稍微提高一点工资待遇是多少人多少年的期盼呀！所以，消息一出，全民沸腾。可是，这次调工资并不是普调而是按比例调整，这样必然会有一部分老师调不上工资，这真是一个天大的难题啊！为此，系里成立了以系党总支为中心加上各教研室主任的工资调整小组。

我自知刚刚调进大学，不可能有涨工资的机会，对此事漠然处之，根本没有放在心上。然而，在第一次张榜公布涨工资人员的名单里居然有我的名字，我自己吓了一跳并在全系引起了极大的争议。

本来，我是新人，做的事情在“文人相轻”的环境里被贬低或被排斥都可以理解。然而，系总支张书记却收到了一封匿名的举报信，说我在工资调整前请了教研室主任吃饭，有行贿之嫌。

一般而言，有了这么一封信，把我的名额先拿下来也是通常可行的做法。然而，系总支书记没有这么做，她暂停了工资调整小组的工作，组织人对此事展开了调查。

原来，调整我的工资是总支书记根据工资调整精神，没有仅局限在本校的表现，而是把大学任教以前的表现统一考虑提出来的。本可以有不同意见，然而，对我的诬告，等于变相表达了对她的不满，引起了她的愤怒。我们这位女书记是一位参加过“一二·九”运动，眼睛揉不得半粒沙子的老同志，哪能允许这样的小人作怪呢？

事情并不复杂，很快就调查清楚，所谓的请客吃饭完全是无稽之谈。后来，虽然没有去深查写匿名信的人，但书记在全系大会上狠批了这种“文革”的遗毒，并果断地在第一榜就作出了给我涨工资的决定。

尽管我在北工大当学生期间受到不小的冲击，但那毕竟是在运动中。而这次在大学，却是在“文革”结束后，为十元钱（工资从54元涨到64元）而被诬告，真让我哭笑不得。

过了一年，评定职称的工作也不约而至。评专业职称与涨工资有雷同之处，就是有名额限制。不同之处就是在论文、英语、教学学时数等方面有硬性规定。一般而言，有了硬性规定应该很好评定，择优者上就是了。但是，其中有一项——教学水平的评估无法量化，某些小人有了可乘之机。

一天上午，我有两节课，是给大二的学生上模拟电子线路课程。当我走上讲台时，忽然发现坐在后排的有校教务处副处长、系主任和其他几位不太熟悉的老教师，我心中一惊！

自走上讲台一年以来，除了第一次试讲，系主任来听过一次课外，再也没有人来听过我上课。我猜想肯定是有事了，但我终归是见过风雨的人，很快镇定下来，按原来的计划、节奏、情绪讲完了这节课。下课铃一响，教务处一帮人扬长而去，系主任向我微笑了一下也匆匆走远。

过了很长一段时间我才得知，是在职称评定过程中，有人把我告到了教务处，说我上课不生动，学生不爱听，概念讲解有错误，等等。教务处处长一个电话打给系主任，指责系主任为什么把这样的老师报上来评职称。系主任当然不服，与教务处处长在电话里大吵一架。最后达成协议，由教务处组织老教师来现场听课打分。

坏事变好事，这次听课不但让我顺利地被评为讲师，而且“讲课优秀”在校一级被广为传播。这也为我以后评定高级职称，为在学生中树立优秀教师形象，奠定了良好的基础。这可能也成了我最终被互联网评选为十大优秀教授之一的起点吧！

君子坦荡荡，小人常戚戚。那两位偷偷去教务处告状的老师，最终在安徽大学混不下去，不得不主动调离了。

“文人相轻”在大学里真是司空见惯的事情，只要不异变就是君子所为，大家都可以接受。这就是知识分子扎堆地方的一种生态平衡吧！

扩招的是与非

平静的大学有什么大事值得书写的话，应该是大学的扩招了。在百度搜一下“大学扩招”四个字，成千上万条对扩招的评论扑面而来。

我“有幸”在退休之前经历了这场大学从精英教育蜕变成大众教育的高考扩招过程。

我们这一代大学生心目中的高等教育，是百里挑一选拔出，在大学组成“小班”进行的教育。我们北工大基本是30人的小班，被称为精英教育。

然而，进入20世纪90年代后，我发现班上的学生在不断增加，慢慢导致老校区已经无法容纳年年增多的学生，而不得不通过银行贷款建立新校区。1999年，普通高等院校招生增幅达到42%，这是90年代以来政府主动安排增加招生人数最多的一年。同一时期，全国各大新闻媒体上“今年全国高等教育招生大幅增加”的通栏标题，引起了社会各界的强烈反响，高校扩招仿佛成为最受老百姓欢迎的教育政策之一。

然而，我所感受到的，除了学生人数大增（我退休前课堂学生一百多人）以外，最为明显的感受是，生源文化素质下降，学习风气浮躁，进而导致教学要求降低，图书馆、实验室、校舍食堂无法适应等一系列教学管理问题。

记得，学生为了争抢教室和图书馆的座位，绞尽脑汁。

记得，学生食堂开饭时有如集市开集，食堂周边的小摊饮食卖得如火如荼。

记得，实验室为没有更多的仪器满足学生做实验的要求而被迫变相停课。

记得，我曾经为了让几个沉迷于打游戏长期不上课的学生迷途知返，连续几天找他们谈话，规劝。

记得，为了让考试不能有太多的学生不及格，不得不采用中学的方式进行考前辅导，划定范围。

记得，在批改考卷时，为控制不及挌的比例，不得不经常手下留情，改变评分标准。

记得，毕业论文实在没有更多的题目而只能安排几个人做同一题目。

记得，为了让毕业生早日就业，提前半年就变相放假让他们外出求职。

……

诸如此类的都不应该发生在大学校园的事情，就这样真真切切地发生在我的身旁。尽管我仍旧全心全意，一丝不苟，充满热情地上好每一堂课，尽管我上的课得到学生的高度评价，但这扩招带来的种种弊端还是让我失去了教学的兴趣。退休年龄一到，我婉拒了系里继续留任的请求，毅然绝然地离开了三尺讲台。

如果用大学生的实际学术水平来衡量这种大众教育的结果，那就是社会上流传的整个学术水平下降一个台阶——本科相当于大专，硕士相当于本科，博士相当于硕士。

时至今日，再回头看扩招，几乎出乎所有人的意料。扩招的速度仍然在加快，1999—2005 年每年递增 25%左右，远远超出国民经济发展速度。2007 年，普通高校 1900 多所，一半以上是扩招后新增加的学校，其中一大部分是中专升上来的，理念、制度、师资、设施等各方面准备都严重不足。

高考扩招从大受欢迎到引来争议，许多人不禁要问：我们的高考扩招是对了，还是错了？

显然，简单地讨论大学扩招的成败，并不是一件容易的事情。可是历史的步伐无法倒退，大学不可能再回到“精英教育”的时代。

但我们缺乏精英教育，缺乏培养顶级科技人才的问题如何解决呢？好在有志之士迈出了这一步——清华大学副校长施一公辞职创办西湖大学的举动，将为中国的精英教育开辟新的道路。

就让扩招后的大众教育为中国培养出千千万万有知识的普通劳动者吧。用他们来替代农民工，替代工厂的工人，替代服务行业的职工，让我们国家的普通劳动者的文化水平得到普遍的提高，这未必不是一件好事。

2018 年 4 月 22 日

路就在自己脚下

6531 班　刘诗章

每个人，一生都会留下行走过的足迹。虽然一路艰辛，但也收获了走过荒漠后的喜悦，越过崇山后的豁达，涉过险滩后的舒展。大学五年，给我们这“老五届”毕业生留下了最奇特的人生经历。北工大人的自强不息、刻苦好学、勇于实践、敢于担当的精神，潜移默化影响着我，并激励着我一路走来。

北工大人经得起实践的锤炼

我毕业后直接分配到长春市重工业研究所。这是一个规模不大的小所，隶属市重工业局，主要是为局属 61 个企业提供技术服务。“老五届”毕业生的陆续到来,除我之外,其中还有哈尔滨军事工程学院、北京工业学院、吉林工业大学、沈阳工学院、哈尔滨电工学院、吉林大学等各届毕业生，为这个小所增添了青春活力。

尽管研究所规模不大，但建制较为齐全。除了冷加工、热加工、电加工三个主体研究室外，还有一个理化与金相实验室。次年又新成立了一个情报室。热加工研究室有一个小型精密铸造车间，可以做一些小型的精密铸造，另外，所内还有一个小型工厂，车、钳、铣、刨、磨，设备齐全。

我到所后历经热加工研究室、情报室、电加工研究室。来所报到后，大概是看到我身强体壮的缘故，就把我分配到热工室，并直接到大炉车间参加枪件生产（军工任务）的大炉冶炼。这也算我的劳动实习阶段。每天基本上是重复添料、看炉、抬包、浇铸的流程。尽管每天都“享受”着中频刺耳的噪声和闷热高温的烘烤，工作强度也大，但我喜爱这种热烈、放松又不劳心的氛围。在短短几个月里，我便对精铸生产过程中的挤压蜡型、制作模壳、模壳焙烧、精密浇铸等全过程都有了详细了解。

大炉休整，重新套炉时，所内可控硅中频电炉研制会战开始，我被抽调去参加会战。我与一位老工匠承担主回路铜排的布设和实际加工连接。这时我以往的动手能力得到体现。裁切铜带、折角、钻孔、錉毛刺，我都做得有板有眼，颇得老工匠的青睐。后来他索性坐在一旁看我干活，安装，偶尔作些指点。另外两名“老五届”毕业生也是跟着室里老人做些辅助性工作。整机调试时，我们都是在一旁学习、观看主持调试的老于如何着手进行。先期的进展并不顺利，接连烧掉了好几只硅。（800元一只，好心痛！）当然，问题主要出在控制回路上。由于控制回路做的插件板还是按照传统方法焊接的，有时一个测试点就要找寻半天，同时还经常会碰脱其他连线，找到脱落的地方也很费周折。后来中频炉研制成功，投入使用后，由于柜体震动，连线脱落现象也时有发生，往往需要半天甚至更长的时间去查找。我当时就萌生了用印刷线路新工艺替代这种传统焊接连线的方式。

1971年6月，我们研制的60千瓦可控硅中频炉通过了局级鉴定，会战结束。恰逢情报室成立，所里又另行安排我去了情报室。并让我筹建情报网，经过约两个月时间的努力，和我所性质类似，以及开展可控硅、射流研究较突出的研究单位和企业都纳入到我所初建的情报网内。之后，又陪同所长与冷工室主任一道对上海、南京、天津、大连、沈阳等相关研究单位和企业进行了一次详细考察，对我所主打的可控硅变频、射流技术的发展趋势和重点研究方向有了更深入的了解。接着，又与情报室主任一道，筹备《重工科技简讯》的创刊和推动系统内企业的“双革四新”活动的开展。

在整理、归类情报室的馆藏图书资料过程中，我也充分利用工作之余系统地恶补了自己的专业基础知识。同时，为更好地搞好情报工作，我还参加了中国汉语言文学函授大学的学习，并参加了业余职工大学的英语班学习。在情报室工作的一年里，不仅扩大了我的知识面，还增强了我的文化底蕴。

1972年下半年，所里把我正式调入电加工研究室。当时室里已经开始了100千瓦可控硅中频炉的研制。我看到控制线路板仍采取焊线连接那种老旧方式，于是我对全部线路板进行了详细推敲，并利用业余时间将全部控制系统都设计成印刷线路的图纸。当我提出我的想法并拿出我的设计图纸时，室主任老杨非常赞赏，问我可不可以做出来，我说可以。于是作为新接受的任务，我买来敷铜板，按要求裁剪好面板，从化验室要来三氯化铁，利用我在校时就掌握的腐蚀线路板的知识，很快就做出了一套印刷线路板。根据主任要求，我用备用零件，也将这套板全部焊接好。新板做好后，优劣一比就看出来了，我画的图纸左边是线路图，右边是印刷线路图。测试点一对照，一目了然。没有杂乱连线的干扰，再也不会出现焊线脱落的现象。从此，我就成了印刷线路设计专

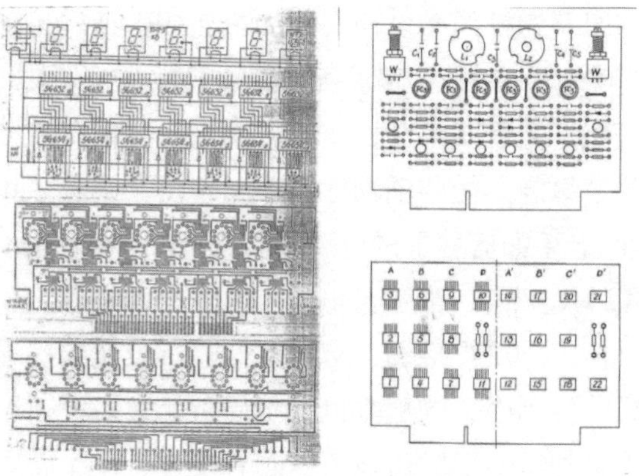

感应同步器数显装置部分设计图纸

业户，包揽了以后所有项目的印刷线路设计。在后续的相关设计中，我又把主控系统设计成专门的控制箱样式，装上轨道槽，插件板抽插自如，对外的控制线编成束把形式统一引出。避免了伤、断，调试完毕后，全部插件都插在控制箱中，外表整齐光洁，再也看不到先前那种杂乱无章的板面了。

20世纪70年代，电视机还是一个稀罕物件。我所后期又陆续分进来两批工农兵大学生，所里想申请一个电视大学办学点，对他们进行回炉，但前提条件是要有电视机。由于当时对事业单位财务管理很严，禁止单位购买。因而所里就把组装电视的任务交给了电加工研究室。先是一位支部的老同志，带人买材料搞了一气未果，于是最后把这项任务交给了我。我托人找来一套电视机生产的相关图纸，找到一张0.5厘米厚的铁板，按照具体规格自己进行剪裁、弯边、钻孔、真正考验了我的钳工技能。最后，一个与正式厂家生产一模一样的电视机底盘被我加工出来了。因为我没有冲压设备，底盘上的那些应冲压出来的焊脚，我统一采用打孔后用紧固螺丝夹紧焊片替代。最后请理化室的同事送到一家工厂进行了氧化处理。底盘送回后，大家对它都赞不绝口。

电视机的电源变压器也是找到适合的硅钢片自己缠绕的，我根据截面求得磁通量的大小，并根据各种电压、电流的具体参数，计算好匝数，选定好漆包线的线径，自己就在绕线机上绕制。整机安装时，一般零件在室里库房都能找到，其他的另行外购。不到一周时间，我就独立将电视机装完了。那时电视台平时没有信号，只是在播放前才预先发出调试信号，我只能下班后暂不回家，等着调试。终于我在调试中看到了影像并听到声音。尽管我也是业余安装无线电的老手，可安装电视机毕竟还是第一次，看到出了影像，我内心那种喜悦也是难以掩饰的。电视机终于在电大开课前调试完毕。为此，所长在全体员工大会上对我提出表扬：“安排给电工室组装电视机的项目，刘诗章仅用了短短一周多的时间，上千个焊点，准确无误，一次安装成功。”

电加工研究室成员，主要是由“老五届”毕业生和外面陆续调进的1962年前后的大学生组成。当年都是二三十岁的年轻人，颇具创新精神，尽管之间经常会因一些技术问题而产生争辩，但基本上能做到以理服人，具备一种创新环境。我们的几次重大发现和突破，都可以说是集体智慧的结晶。当第一汽车制造厂设备修造分厂（这可是汽车厂技术力量最强的分厂）因解决不了枪管淬火的难题求助于我们时，我们通过把中频炼钢炉的感应圈拉长缩细的办法，成功地用中频感应加热解决了枪管淬火受热不均的问题，效果奇佳。当我的朋友、北京电影学院马精武老师告知我，因长春供电周率不稳，他们拍摄的国庆献礼片无法进行后期录音合成，想请我们帮忙时，我和室里的老同志们一道想办法，并在长影苦战了十余天，在摄影棚里临时组装了一台可控硅稳频设备，并成功地将单向转换成三相，保证了《金光大道》等四部国庆献礼片的上映。

总之，在我 1984 年调离重工研究所前，除先后参加完成了数台可控硅中频炉，可控硅稳频电源、枪管淬火装置的研制外，还主要参加了 1.5 米程控切纸机、ZMK6720 数控线切割机床、感应同步器数显装置、传送机计数仪等多项课题的技术研发工作，并都取得很好的成绩，得到同事们的认可。

值得一提的是，1980 年，经单位推荐，省经贸委组织考试，我有幸被录取参加了省里专门举办的德语口语专修班学习，这是吉林省拟向国外选送的第一批留学人员。大家都很珍惜这一次再学习机会，学习的难度和强度非常之大，北外四册正规的口语教材我们仅用了一年时间就全部学完，总学时达 1125 学时。全班同学几乎都是全脱产参加，上午听完课后，下午大家仍是集中在教室里自习，或相互练习听、读、说。由于我当时手中还承担有课题项目，单位领导再三强调项目进展不能因此受到影响。所以，我每天只能是上午半天去听课，中午就要骑车赶回单位上班，一天将近 100 多的单词量，就是一整天练习，也很难记住，何况我还有工作任务压在身上，但又不甘心轻易放弃。只能是挤占睡眠时间，强行跟下来。一年的苦熬总算是挺过来了终于拿到了结业证书。但令人哭笑不得的是，改革开放初期，到处缺钱，省里原来预留的这笔经费竟被挪作了他用。后来上面给出话，出国名额可以给，但需要各单位自己出资。这在当时来说是绝无可能的事，也就不了了之。我们班最后也只有四五个在大学任教的同学，通过向教委申请经费去了西德留学或作访问学者。尽管未能如愿出国深造，但我还是很坦然，不管怎么说，经过一年的艰辛努力，自己毕竟又多了一项技能。

在学术方面，我在印刷线路设计上有独到心得，其论文在省电子学会学术会议上发表，并得到同行专家们的称赞。而我通过参加吉林省自学高考，获得了古代汉语、现代汉语、文选与写作三科单科结业，也检验了我参加函授学习的效果。我为自己能继承和彰显北工大的优良传统而欣慰，我很自豪我是北工大人。

从硬技术向软科学的蜕变

1984年，我从长春市机械工业研究所调至吉林省科技情报研究所，实现了华丽转身，并由此开启了我20多年的情报研究咨询生涯。在这个领域里，我如鱼得水，信心满满。特别是我还潜心学习了各种软科学的理论书籍，并侧重一些定量方法的研究，注重在实际中应用。从而在五个“五年计划”中都作出了特殊的贡献。

“七五”期间（1986—1990）

初试锋芒，主持了《吉林省星火计划重点开发领域及技术选择》吉林省软科学研究项目。

1986年，为振兴地方经济，促进中小企业、乡镇企业的发展，国家科委在《“七五”科技规划》中提出了“促进地方经济振兴技术发展计划”即“星火计划”。随之，吉林省提出在整个“七五”期间投入2.5亿元，“七五”末期实现新增产值达10亿元的构想。为对这一构想进行充分论证，吉林省科委向全省各研究单位广泛提出了招标。起初，吉林省众多研究部门和院校都在争抢这个项目，我在所长的动员下，共同讨论出一个方案，并代表情报所也参与了此次竞标。

由于此次招标不同于以往的软科学项目研究，它不仅要对2.5亿元巨额经费的投入作出规划，还要确保在“七五”末新增产值达到10亿元以上。做过软科学研究的专家和学者都清楚，这是一项超难度的项目。当这些单位知道这次项目招标的原委，课题经费很少而责任重大，于是纷纷撤标。就这样，这个历史机遇偏偏就落在了我的头上。说是机遇，是因为这样重大的软科学研究项目几乎不可能由一个只有中级职称，名不见经传的人来主持。当然更是挑战，能不能作出成绩，也在此一搏。

我提出的初步方案得到科委主管领导的认可后，后续的工作接踵而来。在所长的全力支持下，我组织了所内人员对吉林省东部、中部和西部地区开展深入调研。而我则作为吉林省政府考察团成员对东部地区作了深入考察。

为了保证决策的科学性，我又专门到天津大学进修AHP法。一边进修，一边设计模型。由于我在重工业研究所曾主持过单位内部分房评分体系的设计，对综合评分标准和指标体系的建立有过较深入了解。因此，这次学习又进一步加强了自己对软科学理论方法的认知。随着学习班的结束，我的模型设计也基本完成。

在汇总了全省实地深入调研结果的基础上，结合吉林省中小企业、乡镇企业的全面发展，我将其整合成10个产业群。并以亿元产值为目标，对各个产业群进行了宏观分析和可行性论证。同时根据层次分析模型，来确定出各产业群需投建项目的先后排序，并向省科委提出我省“七五”期间“星火计划”选择项目的总排序。

在省科委组织的专家论证会上，我提出的方案获得一致通过。课题运行过程中，近百名科技人员参与了10个子课题研究工作。课题组根据“星火计划”立项标准，采用层次分析法，建立了可以进行定量分析的层次分析结构模型，对于10个开发系列、72个项目进行了优化排序，为确定我省重点开发领域及“星火”立项提出了可依赖的决策依据。

“七五”末统计，年新增产值突破15亿元，利税4.6亿元。“其中仅蓖麻综合开发一项，通榆县人均增收300元，一举摘掉贫困县帽子。”受到时任国家科委副主任郭树言高度赞扬。专家评审认为：“用此方法来研究‘星火计划’在国内尚属首次。”以《动员各方力量 推动星火燎原》为题的特邀稿在中央级刊物《中国科技论坛》（1990年第3期）上发表。课题研究成果已在多家刊物、国内外学术会议上发表，我也因工作突出被评为吉林省科技情报先进工作者。内蒙古自治区情报所，借鉴了我们开展项目的方法和实践，在自治区立项开展同样的课题研究，也获得了巨大成功。

“八五”期间（1991—1995）

精心策划，主持了《吉林省高新技术产业发展对策及支撑体系的研究》吉林省软科学研究项目。

如果说“星火”课题我是仓促上阵、临危受命，而我主持“火炬”课题则是作了充足准备和精心策划，水到渠成。1989年我回国后，对高新技术和高新技术产业发展特别关注。工作稍有空闲，就在文献馆查阅相关资料，并细心作了摘录。日积月累，对其定义、划分、成因、趋势、动态都有了相当深刻的了解。这些知识储备后来都派上了用场。时值省科委刚刚组建“火炬办公室”，我校四系64级同学王毛羽恰好是新成立的“火炬办”主管。后来我与她在工作上发生了交集。我协助火炬办起草了《吉林省“八五”火炬计划发展纲要》（草案）及《吉林省高新技术产业及其产业十年发展规划和“八五”计划纲要》（草案）。

1990年11月，吉林省科委正式下达了《吉林省高新技术产业发展对策及支撑体系建设的研究》软科学研究项目。该项目是一项涉及高科技与经济、社会协调发展的大型系统工程。范围之宽、目标之多、难度之大都是超常的。其目标是：（1）通过全面调查，摸清吉林省高新技术产业发展的实际情况；

（2）确定出吉林省高新技术产业的重点开发领域、最优科技投资排序；（3）结合吉林省“八五”火炬计划，选择高新技术具体投建项目；（4）提出吉林省近期、中长期高新技术发展目标、实施步骤及预达经济指标；（5）确定吉林省“八五”期间高新技术产业总体发展战略及措施；（6）有针对性地提出促进吉林省高新技术产业发展的内、外部环境建设的建议。上述研究目标都是高新技术产业化亟待解答的重大问题，如此庞大的、多目标的高新技术产业化研究，在国内尚不多见。

本项目由我们情报所与火炬办共同承担，我任总课题组长，王毛羽任副组长。由我具体主持研究工作的开展。我在整个研究过程中，特别邀请了省内外专家，组成了一个 30 余人的专家顾问组，充分发挥专家们的群体决策优势，同时，还与省火炬办保持密切配合，协调一致，使整个项目的开展呈现出一个“边研究、边总结、边实施”的良好运行状态，致使此项研究获得比较圆满的成功。

作为一个大型课题，我对它进行了周密设计和安排。不仅建立了一个高新技术产业重点发展领域的选优模型，同时还建立了火炬项目选优模型。其综合评价指标体系有极好的适用性，同时也具备较强的可操作性。此外，还率领全室开展吉林省高新技术调查，并针对吉林省的现状和目标，向全省院校和研究机构发起征文活动，出版了专刊，广泛听取了各方面专家的意见。

同时，我根据课题的进度和节点及时把我的研究成果在国内重要学术会议、国际学术会议或一级学术刊物上发表。这一时期，我集中发表的论文有：《吉林省高新技术产业发展对策的研究思考》（《情报知识》1990 年第 6 期），并收入《第四届全国高新技术产业发展研讨会论文集》（1991 年）；《AHP 法在情报研究中的应用》收入《第二届 AHP 国际学术研讨会论文集》（1991 年）；《国

参加国际会议

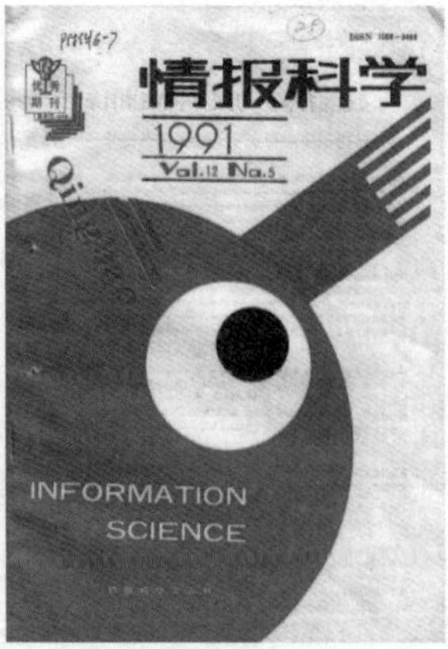

发表学术论文

编辑出版专著

内外高新技术的发展现状及趋势》(《现代情报》1991 年第 3 期);《吉林省高新技术成果如何向工业企业扩散的探讨》(《工业技术经济》1991 年第 2 期);《当代情报研究方法的选择思考》(《情报科学》1991 年第 5 期);《AHP 法与灰色理论在火炬计划中的应用》(《情报理论与实践》1992 年第 6 期);《吉林省高新技术产业本世纪末的发展设想》(《科技参考》1992 年第 7 期);《高新技术产业重点发展领域的选优研究》(《情报理论与实践》1993 年第 5 期);《吉林省高新技术产业发展战略及东北亚地区国际经济技术合作的前景》收入《第十届泛太平洋经济技术合作与发展大会论文集》(1993 年)。上述论文都是按预设的研究框架即时撰写的。

由于该项研究在省内的影响，在长春市举办的“科技是第一生产力”辅导报告的巡讲中，我受邀为市属多家单位作报告，并应邀在全市处以上干部会议上作了专门报告。长春日报、长春电视台均作了报导。长春电台还特邀我做了一期专题录音讲话节目。由我主笔撰写的研究报告编辑成书，于 1993 年由兵器工业出版社正式出版。

“九五”期间(1996—2000)

高屋建瓴，主持了《国内外高新技术产业现状、趋势及相关政策的比较研究》国家软科学研究项目。

1995 年下半年，北京市科技情报研究所慕名找到我，希望我能帮他们在国家科委火炬办争取到一项“九五”课题立项，并由我来具体主持。由于我当时已是学会专职秘书长，没有所内课题牵扯，于是就答应下来。经与火炬办同志面谈，并客观分析北京科技情报研究所的条件，我提出了以《我国高新技术产业发展现状及“九五”发展趋势研究》为题进行申报。这是基于国家科委火炬办很想全面了解各部委发展高新技术产业的情况，但很难深入，而涵括各部委信息司的信息联合中心就设在北京市科技情报研究所，具有天然的优势。因此，我提出的这个立项申请很快就得到火炬办的批准，10 月份课题正式启动。1996 年春节前我们就将研究报告的初稿送到火炬办。火炬办主管领导对我们提交的初稿非常满意，并提出可否再向国家科委争取到一个国家课题立项。经商议，由我再撰写一份《国内外高新技术产业现状、趋势及相关政策的比较研究》国家软科学研究项目的立项申请。并很快就报送到了国家科委。不出一个月的时间，火炬办就通知我，国家软科学研究项目的立项申请已批复下来了。让我尽快组织项目参加人员启动项目研究。真是“无心插柳柳成荫”，天上掉下一个“林妹妹”！国家软科学研究项目，争取到极难。尤其是没有背景，能拿到项目，

国家软科学研究项目组部分成员合影

并且还担当项目主持，实在是机缘巧合！为此我也尽心尽力。

在我国，开展"比较研究"的难点是找不到统一的标准。我国的统计数据没有和国外接轨。因此，机械式地找一些现成数据硬去与国外的数据作比较，根本就对不上茬口。所以，国内很多专家、学者都不敢轻易触及这方面的研究。我的思路是：紧紧围绕项目主题，就国内外高新技术产业发展现状、趋势及相关政策三个方面进行全方位、多角度的综合比较。我设计的"比较研究"框架共设有11个基本评价单元，并细化成30个具体比较评价因素，从而大体规范了"比较研究"的内容。

课题报告的总体架构是：第一层是主报告，第二层是国内情况和国外情况两个分报告，第三层是16个部委和16个国家的子报告。总计70余万字。

课题结束后，通过了科技部组织的专家评审，评审专家都给出了极高评价。专家普遍认为："该项目主题具有重要的理论与现实意义。课题组研究了16个国家和地区及16个部委的高新技术产业发展现状、趋势及相关政策，较深入地剖析了'八五'规划及其执行结果，并预测了'九五'及发展前景，内容翔实。对国外16个国家的分析虽然篇幅不长，但描述准确，侧重我国应借鉴的经验与教训。该研究不仅涉及了高新产业的发展，还研究了高技术改造传统产业的任务，甚至深入产品、项目这一层次，其深度与广度在国内同类研究中尚属首次。""本成果立论正确，方法科学，内容丰富，资料准确。对于有关部门制定发展高新技术产业的规划与政策有重要参考意义。对于提高我国高新技术及其产业化有实用价值，总体上看，达到同类研究的先进水平。"更有专家认为："该课题立意重大，内容丰富全面，提供的数据翔实，采用定性和定量研究相结合的方法，科学而实用。课题研究的范围广、规模大、层次高，是近年少见的高水平研究项目和成果，居国内软科学项目的领先水平。"本项目研究已作为科技部首批重要软科学研究成果在网上发布。

"十五"期间（2001—2005）

发挥擅长，共同主持完成《国防科技情报项目验收与评价体系研究》及《网络环境下国防科技情报工作方法及模式的研究》国防科工委软科学研究项目。

国防科技情报工作承担着为国防科技工业发展提供信息保障和决策咨询的重要任务。国防科技情报项目的验收与评价，是对国防科技情报工作实行过程管理的最终环节。但从2000年试行的情况看，还存在一些问题尚待解决。特别是评价工作尚缺乏系统性，缺乏对工作数量的评价，没有考虑情报工作的管理情况，难以进行合理的横向比较。因此，总结经验，尽快建立起一套协调、通用的验收与评价体系，已成为较为紧迫的任务。国防科工委于2001年正式立项，下达了《国防科技情报项目验收与评价体系研究》，该项目要求提出国防科技情报项目验收与评价体系的完整框架和实施细则，为项目验收与评价提供及时和有效的支持。

这项工作的难点在于：要把重点项目与一般项目，日常工作与临时任务，计划管理与业务工作都纳入一个模型框架下，其难度非比寻常。我们按照国防科工委科技与质量司的立项要求，在项目验收与评价体系框架初步完成后，先后采取集中研讨和专家咨询的方式邀请本所各部门的负责同志对评价指标的设定和具体打分原则进行了咨询和讨论。在完成初步成果后，课题组又邀请军工行业各情报所科研处长参加课题咨询讨论会，广泛听取各所科研管理部门的意见，并对成果及时进行了修订，之后，又两次召开了有国防科工委科技与质量司主管领导参加的军工行业各情报所主管业务所长的课题咨询讨论会，就课题组提交的验收评价办法和细则逐项进行了讨论和审定。本研究成果经过七次重大修改，最终完成《国防科技情报计划和项目验收评价办法（试行）》和《国防科技情报计划和项目验收评价办法实施细则（试行）》。该办法和实施细则已作为国防科工委科技与质量司的正式文件下发。

在国防科技信息学会学术研讨会上发言

该项课题研究在后期完善过程中，就已有单位正式采用并取得了较好效果。从2001年度开始，这项研究成果就作为国防科工委科技与质量司对军口六大信息研究机构每年一度检查的检查工作模式与操作评价标准，并取得了良好效果。

该课题研究在综合项目验收评价与单位工作评价方

面提出了一个完整、系统、全面的定量化的评价体系，尤其是实现了对研究团队的定量化评价，在情报界尚属首次。该研究成果已收入《国防科技信息学会学术研讨会论文集》。

2002年，由航天情报所牵头，兵器、舰船、航空、核工业、电子等情报所共同承担了《网络环境下国防科技情报工作方法及模式的研究》国防科工委重点招标项目。作为项目的主要成员和分课题组长，我主持分课题研究，这是继我和包昌火在《纪念中国科技信息事业创建40周年专辑》上撰写的特邀稿《我国情报研究工作的回顾与展望》（《情报学报》1996年第5期）之后，又一篇专述国防科技情报工作的重要论文。报告重点研究网络环境下国防科技情报工作的特点与趋势；确定科技情报工作在现代环境中的重点，提出网络环境下情报工作的方法和模式。我还参加主报告撰写讨论及修改。

该项目对网络环境下开展国防科技情报工作的方法及模式展开了深入研究，专家评审认为：“这项重点招标课题在进行过程中就创造并实践了在网络环境下真实地进行情报工作的一些方法和模式。这些方法和模式令人耳目一新，如此利用网络环境进行情报工作属于首创。”

“十一五”期间（2006—2010）

再作贡献，完成《兵器工业企事业单位知识产权管理研究》与《国防科技情报转型机制和能力建设研究》国防科工委重点计划项目的项目论证报告。

“十五期间”，我主持完成了《兵器工业集团专利战略研究》和《兵器工业集团驰名商标战略研究》两项课题研究。随着社会普遍对知识产权认识的提高，“十一五”国防科工委又将知识产权研究确定为重点研究领域。《兵器工业企事业单位知识产权管理研究》是按照项目指南要求将其设计为“十一五”期间三个年度的研究课题。通过对兵器系统自主知识产权获得、保护与运营的管理现状调查，分析其经验与不足，构建管理框架，不断修订、完善调查列项和评价标度，为最终建立“兵器工业企事业单位知识产权考核评价体系”奠定基础。该项研究可为国防科工委加强对知识产权的管理，建立全系统内军工企事业单位的知识产权考评体系提供有益参考。最后，完成了项目设计与论证，并通过了专家评审。

《国防科技情报转型机制和能力建设研究》以国防科技情报转型机制和能力建设研究为主题，是为适应我国经济发展和国防科技工业发展的新形势，满足国防科工委“十一五”国防科技工业发展的信息需求，有效利用国防科技情报资源而提出的。论证报告的核心内容已公开发表（中国国防科学技术信息学会“科技信息工作创新”学术研讨会）。该项目紧紧围绕国防科技情报工作的组织与管理体系创新，网络环境下国防科技情报工作流程再造，国防科技情报工作的业务核心能力的发展，国防科技情报机构 / 研究团队协同研究模式，以及确定和合埋利用国防特色信息资源优势等重要问题，提出总体构思和研究框架。最后，完成了项目设计与论证，并通过了专家评审。

我从事情报研究以来，完成各类情报研究和情报咨询研究项目 50 余项。获全国科技信息优秀成果一、三等奖各 1 项，国防科学技术二等奖 1 项，北京市科技进步三等奖 1 项，省级科技情报成果二、三等奖各 1 项，所级科技进步、情报成果总计 8 项。在国内外公开刊物和全国性学术会议上发表学术论文 80 余篇，其中，在重大国际学术会议上发表学术论文 5 篇；编着、主编，或主要参加编着的书籍总计 8 部。并获得两项与信息安全有关的国家发明专利授权。

1996—1999 年曾被中国科技大学信息管理系聘为兼职教授，并先后被国家科委火炬办（1996 年）、科技部（1998 年）聘为软科学课题评审委员会委员，被中国科技信息研究所（1998 年）、中国农科院（1999 年）聘为硕士答辩委员会委员；曾担任中国竞争情报分会首届秘书长，是中国国防科学技术信息学会情报学术专业委员会委员；1999 年取得北京科技咨询业协会注册咨询师资格。是中国密码学会高级会员。

尽管我后期离开了所学专业，且渐行渐远，但专业知识的积淀为我后续的研究工作打下了坚实基础。北工大的奋发进取的精神，也让我敢于直面任何挑战，在我面前，从来没有“不行”二字。专业知识的积累和实践，使我对技术创新和企业核心能力的认知更加深刻。这些都让我在情报研究和企业竞争情报咨询中受益匪浅，我才能做得比旁人优秀。我能在新的学科领域崭露头角，除自身努力外，也感谢工大对我们这一代人的素质培养，让我堂堂正正、脚踏实地地走过自己的人生道路。

2018 年 5 月 20 日于奥园

大一时

近年照

刘诗章，研究员，注册咨询师，中国密码学会高级会员。

1970年，毕业于北京工业大学，毕业后分配到吉林省长春市重工业研究所；

1985年，调入吉林省科技情报研究所；

1987—1989年，公派赴日本留学进修；

1993年，调至中国兵器工业集团第210研究所。

在“七五”至“十一五”期间，作为第一主持人，先后完成省、部委和国家多项重点软科学研究项目。获全国科技信息优秀成果一、三等奖各1项；国防科学技术二等奖1项；北京市科技进步三等奖1项；省科技情报成果二、三等奖各1项；发明专利2项。在国内外公开刊物和学术会议上发表学术论文80余篇。编著、主编书籍多部。

曾担任中国科技情报学会竞争情报分会第一届秘书长、中国国防科学技术信息学会情报学术专业委员会委员，曾被中国科技大学聘为兼职教授。

落地生根

6533 班　侯桃林

响应号召，建设“小三线”

我爷爷 18 岁时离开山东老家，去了北京谋生。1947 年，我在北京出生，后来在天坛公园附近的西园子上小学，这学校现在还在，再后来考入北京市第十一中学，一所重点中学。

1965 年，我考入北京工业大学无线电组件专业。我是“文革”前最后一届高中生，1970 年大学毕业。当时，毛主席提出“三线建设要抓紧”，按照“备战、备荒、为人民”“靠山、分散、隐蔽”的要求，各部委、各大区、省，在全国统一规划布局下，将一些与国防工业有关的工厂建在了远离城市的偏远山区。我和同班同学曹俊英被分配到了吉林，在沈阳军区电办规划布点、各省直接管理的一间半导体工厂上班。我们叫它 7701 厂，后来由四机部统一命名为国营第 8232 厂。这类工厂统一由沈阳军区电办负责选址，我们厂选在吉林市永吉县双河镇公社头道河大队，是吉林市外围永吉、桦甸、盘石三县的交界处。主要管理技术人员从各相关骨干企业抽调，一般工人从下乡知青中招收选调。基层技术管理人员从北京、上海、天津、长春、大连、南京几所高等院校挑选，共三十几名应届毕业生。我们有幸被选中，从北京坐火车，几经辗转才找到 7701 厂在吉林的办事处。

去的时候，解放牌卡车拉了满满一车生产建设用的材料，我和曹俊英再加上分到 7702 厂的一个学姐将托运的行李装在大货车上，前往 7701 厂。沿途经过大片的农田和村庄，第一次来到东北，8 月初，气候还是蛮舒服的。我们的汽车沿着与铁路平行的公路没走多远，就从铁路桥下穿过，上了一条靠近山边新铺的砂石路。路两边都是山，山之间是农田，散落着农房。房子和北京的四合院完全不一样，是土木结构的平房，屋顶上铺着茅草。车越往里开，两山的距离越近，崎岖不平的车道一直向山里延伸，好不容易才看到几排红砖房。后来车在最高大的那栋红砖房前面停了下来。厂房和宿舍还没建好，这最大的房子是员工食堂和小商店。宿舍是临时搭建的席棚子，大通铺，晚上十几个人挤一起。

“文革”期间，东北和北京的差距很大，生活非常艰苦。厂区建在头道河夹芯沟，站在沟口往里望，一片翠绿，主峰青顶山白云缭绕，据说海拔比泰山还高出一百多米！厂房依山而建，分散在路的两边。几栋宿舍、员工饭堂建在厂区外的沟口处。家属区则安排在另外两个不是很深但较为宽敞阳光充足的山沟里，离厂区大约一里路。

那地方，最大的困难就是缺水。军方代表说，山多高水多高！结果，我们打了六十多个眼，就是没水，只好土办法取地表水，在距河边二十几米的地方挖一个十几米深二十米宽的蓄水池。后来又听说当地属于克山病区，人心惶惶的。克山病是一种心脏病，具体什么原因产生的不知道，据说跟当地的水源有关，一旦发病，死亡率极高。

我们大学刚毕业，工资还不错，每月 46 元，一年后 56 元，每月还有 12 元林区津贴。“文革”后就没涨过工资了，很多 1958 年参加工作的，搞机械加工的，一月才 39 元，一人上班，拉家带口的，日子难过。

我高中毕业就交了入党申请，但“文革”来了，又拖了很多年。刚开始，我在厂里从事管理工作，后来又做过电工。听党指挥嘛，上级安排你干啥就得干啥。经过一年多的努力，工厂顺利建成，但山里的条件实在太差了，三线工厂小而全，其实就是一个小社会。计划经济时代，铁饭碗，工作没压力，有事找政府，找上级主管部门。

到了 1982 年，改革开放，搞市场经济，工厂的问题就暴露了。我们较早地认识到这个问题，向部、省提出了调整工厂规划布局、调整产品结构的意见，并得到了批准。工厂有了新规划，就搬到了长春市，引进国外先进技术，军转民，生产适销，经营状况得到了改善，国家给予优惠政策，工厂很快走出了困境。我们直接进口半成品，经过加工推向市场，随后引进设备，搞国产化，推出的电视机优选电路，得到了电子工业部及北京、上海、天津、沈阳、长春、哈尔滨等几十家电视机厂的认可。

深圳首秀，表现出色

改革开放的大潮给中国经济带来了春天般的气息，推动着特区的快速发展。

特殊的政策、先进的理念、新的管理模式、新的生产技术冲击着我们的大脑。为了工厂的进一步发展，我们把目光放在了深圳，要为内地工厂的发展闯出一条新路。工厂主要领导带队往返于深圳、长春之间，通过与三洋驻北京办事处及与香港三洋高层进行洽谈，最终达成了与日本三洋合作，在蛇口合资成立长春三洋深圳有限公司的意向，拟订了开办初期合作生产，进而双方出资、日方负责技术、市场，中方负责派出管理人员、工人，双方共同管理的方案，并签署了相关文件。

1983 年，深圳改革开放刚刚起步，一个边陲小镇，承担起垦荒牛的责任，必须闯出一条经济发展的新路来。十年“文革”在“四人帮”的肆虐下，可以说是百废待兴。我记得，当时的南头关还没有建，仅仅是在 107 国道西侧的商店前放了一个岗亭，武警在里面站岗，见客车过来了，上车检查每个人的边境通行证，验过了才可以放行。107 国道也不是现在的八车道，很窄，双车道。一段房子、一段空地，房子集中的地方就是现在的街道，比如新安、西乡、福永、沙井什么的。深圳到广州的大巴车走到东莞要拐到中堂过渡。到处都在搞建设，运水泥的、拉钢材的、打桩的、砌砖的；到处都是人，南腔北调、中文外语，会集在一起。最有代表性的是蛇口那副巨大的标语牌：“时间就是金钱 效率就是生命”。谁也推算不出建设的速度，谁也不知道会发展成什么样子，一条南头通往蛇口码头的水泥路修了又修、建了又建。1985 年后，107 国道又建了四车道。深南大道也是由一条弯弯曲曲的两车道逐步建成现在这样的；1983 年的标志性建筑就是华强北的电子大厦。你现在去问那些来深圳十几、二十年的人电子大厦见过吗？保证蒙查查。

蛇口工业区是中央特批的改革开放试验田，2.14 平方公里。我们与三洋厂合作，是吉林省第一家中外合资企业，受到了省市领导的关注。工厂也很慎重，经多次研究，确定了管理团队人选，并与香港三洋人事部共同面试，定下首批 117 名来蛇口工业区工作的员工。

我作为中方带队的管理人员，于 1983 年 6 月 20 日前往蛇口，做投资办厂的前期准备工作，筹备三洋钟表厂。

我们的大部队是 7 月份过来的。大家在夹芯沟生活了十多年，第一眼看到深圳，看到蛇口，就像笼子里飞出的小鸟，叽叽喳喳问这问那。短暂休整后，我带他们去看工厂。工厂里却空荡荡什么也没有，就三个男的拿着拖布在那里搞卫生，一个是日本总经理，另两个年轻的是香港人，负责管理和技术工作。三人见我们来了，也过来打招呼。

第二天，设备和材料就通过海关到达了蛇口。大家的工作热情非常高。钟表厂是蛇口三洋第一间开工的工厂，主要生产三洋牌中高档电子表。后来合资时又增加了 LED 工厂，主要生产显示屏。那时普通员工试用期每月 90 元，试用期满 110 元。三洋员工每个月伙食费 25 元，到厂入职后每个人发一部单车，试用期满后分三个月扣回单车款。三洋在四海租的宿舍，到工厂骑车要十多分钟，后来员工多了，上班时骑几百辆同样款式的自行车，女工们穿着蓝色工装，非常壮观。1983 年蛇口才刚刚起步，好多地方一片荒芜。三洋是开工比较早的公司，起点高，规模大，在华建工业大厦租用了两栋四层楼厂房。

我们来深圳是为了获取信息、技术，在人员配备方面，我们调配了精兵强将。工厂开工后，中外双方相互配合，工厂很快走上了正轨，得到三洋及客户的认同。

在工厂管理中，我们还把内地的经验带到企业中来。党员团员做骨干，管理人员和员工交朋友，组织多种多样的适合年轻人的文体活动。长春三洋钟表厂成为蛇口工业区里一支非常活跃的队伍。1984 年元旦，蛇口工业区组织环工业区长跑比赛，120 人参赛，长春三洋占了三分之一。1984 年春节，我们组织了 80 人的秧歌队在四海、花果山、水湾头、海滨浴场等地表演，给大家拜年，受到了社会的关注，连香港的《文汇报》都登载了大幅照片。

1984 年 4 月，长春工厂实行改革，民主选举，我被选为副厂长，5 月份通知我回长春就职。而此时，三洋与我们处在合作期，需要和日方及蛇口三洋总部打招呼。他们都希望我不回去，不给办理离职手续。我自己一年多的亲身体验也感受到了深圳精神带来的变化，也看到了深圳的活力，也想留在深圳继续工作。但作为国家干部，国家正式职工、共产党员，得服从组织调动，服从命令，回到长春去。在当时，如果不回去，可能就有人说你跟日本人怎么怎么了。在接到来自长春的第七封电报后，这边的人员也培训到位了，我就返回了长春市微电子工厂。

重返深圳，为中方利益连续谈判 23 小时

到了 1989 年 5 月，LED 市场紧俏、产品供不应求。正值合资公司中方高层轮换，因我一直负责生产，对深圳情况又熟悉，工厂决定我再次到合资厂工作。来之前我先到北京参加了董事会。蛇口三洋董事长高桥先生提出，按市场要求，LED 显示屏产量每月要达到 100 万台以上，问我怎么做？长春三洋米泽总经理也问我同样的问题。我了解相关情况后说，三个月内保证达到 100 万台。这等于签下了“军令状”。这个产品我没接触过，工厂情况又不是很清楚，但我知道日本人的行事方法，他们提的要求也不是凭空想象，还是有一定依据的。只

要你努力，方法对，就一定能达到。就这样，我接过董事副总经理的担子，第二次到深圳履职。

到深圳后，我和管理人员、工程技术人员、质量管理人员作了沟通。总体上设备能力是可以满足生产要求的，但问题在哪里？怎么解决？我就扎到生产环节中去，详细了解情况，找出问题症结。

一天，米泽好隆总经理通过翻译跟我聊天："侯桑！来蛇口，怎么样？"

我说："正在了解情况，有些眉目了。"

他突然转移话题："你记住，三洋厂是一家日本工厂。"

我随口答道："是的。但三洋是开在中国的一家工厂。"

没想到他又冒出一句："作为日本厂，你们得按照日本的经验来管理。"

我当即就说："是。但既然是开在中国的工厂，也得适合中国国情。"

他接着说："如果你不学习日本的技术和管理，我就不用在这里了。"

我说："如果你们有违中国国情，我也不用在这里了。"

就这样，你一言我一语，一来一往，虽然语调平缓，不是舌枪唇剑，没有撕破脸皮，但也互不相让，大有擦枪走火之势。之后我们两人都同时做了一个篮球比赛暂停的手势。这是来蛇口后的第一次交锋。小翻译事后跟我说，侯经理怎么回事？我都冒汗了。我说没事。合资公司，要互相尊重、互相配合、互相商量，这点我能做到、能把持住自己。但各为其主，涉及国格、民族气节、中方的根本利益我不会退让。这样的场面以后还会发生。

事后我就想：我们不能让日本人小看，必要时一定要表明态度，亮出我的主张，我坚持的你就必须让步，要保证中方的基本权益。但这是合资公司，是大家合作办企业，只要不涉及中方的根本利益，具体问题上要站在公司的全局考虑。人家先进的东西要学习，正确的东西要接受，要有合作的态度。日方管理者要的是产量，要的是满足市场要求，这点上我们是一致的。

经过几天了解，我对生产的情况有了个基本的掌握。我发现，每个人都在工作，但每个人都不想事情，都不往前迈。大家争取来深圳，来了之后还是在内地的思想、内地的状态，没有压力、没有紧迫感。想做事、想改变、想把合资公司搞好，要突破目前的状态，使大家振奋起来，使管理团队拧成一股绳，状况就一定会改变。我找几个部门的负责人进行分析，指出问题、指出不足，让他们拿出解决问题的办法。当然我有我的优势。做了十几年的生产管理，在综合部门做过，又身在局外，一眼就能抓住问题所在。我是副厂长，是厂级干部，生产部的所有人都要听我的安排。长春中方领导在看着，日本人在看着，你必须大刀阔斧地干。我利用下班时间召开干部会讲清形势讲清公司的要求，说明白拟采取的措施、每个人的责任，一定要全体员工都知道。必须采取奖勤罚懒、奖优罚劣，鼓励大家的积极性。

全厂的气氛变了，每个人的状态变了，连走路的样子都变了。

可大家的干劲儿刚刚提起来，政治上的影响就来了。1989 年嘛，学潮，传言纷纷，街上贴了好多大标语，甚至有人搞起了街头运动。我要求大家可以关注，不准参与、不准上街、必须坚守岗位、不准影响生产。有一天，我正在办公室了解生产情况，日方香港籍的刘厂长推开办公室的门，冲我摆摆手：“侯桑！拜拜！”随后和一帮日本人提着包就走了，搞得我莫名其妙。过了两个小时，接到一个电话，说日本人听到消息，要封关。我说开什么玩笑？不可能！面对这种情况，我召开主要管理人员开会。虽然日本人不在，香港人也不在，但我们一定要坚守岗位，把生产组织好。

几天后，日本人回来了，到工厂转了一圈，竖起了大拇指，见到管理人员都主动打招呼。

7 月中旬，我看了两个月的财务报表，居然亏损十多万美元。合资企业两头在外，采购和销售都是外方负责，实际的价格也是由他们控制。按照这样的算法，我们干得多亏得更多，到年底不是白干嘛？不行，我要把这个情况向工厂报告！

我回到长春向厂长及中方董事报告，研究对策。关于亏损的问题，他们也不熟悉情况，让我想办法拿出对策，并准备好相关资料，到董事会上去解决。带着这样一个意见回到深圳后，我想先要让日方知道我们的态度，对目前的经营状况是不满意的，给他们压力。日方总经理发现了我的变化，就找我问。我说采购销售是你负责的，目标产量是你提出的，你是总经理，你怎么解释？怎么向董事会交代？他愣住了，没想到我会提出这个问题。他表示会向日本高层汇报，给我一个解释。

接近年底，开董事会的日子临近了。我对改变公司财务状况的思路也越来越清晰，手头的资料也准备得差不多了，开始着手做报告。日方财务管理各项资料作得很细，合资公司以美元作为本位币。原材料、设备备件、完成品日本的报价都以小数点后四位数计算。一个产品消耗材料的总金额与产品售价的差额很小，也就是几美分。我们实际上挣的就是加工费。公司前几年都是合作形式，到 1985 年才转为合资。合作时由日方发工资，盈亏都是日方的。三洋在当时作为一个世界 500 强企业，不可能月月亏损。我就从生产环节下手，对不良品情况、修理过程及材料消耗情况做了详细的统计，要求品质管理人员将从年初到 11 月底各工序不良品数量，不良项目分类做出统计表报上来。要求仓库把追加补定的材料明细、订货金额做出统计。

根据各统计表，我列出了合资公司主要原材料消耗清单、损耗数量、金额、修理工时、报废数量、报废金额。提出了因原材料不良、设备故障而造成的材料损耗和工时损失应由日本方面给予合资公司补偿。对主要材料的损耗率提出具体要求。

开董事会的那天早上 8 点半，我走进了三洋电机（蛇口）有限公司总部会议室。会议由长春市电子局局长、公司董事长宋海峰主持，米泽好隆总经理汇报本年度的公司经营情况和年度生产经营财务计划说明。然后董事们进行讨论。长春三洋总投资 80 万美元，中日双方各投 40 万美元，各占 50% 股份。米泽报告公司年度亏损 16.6 万美元，全体沉默。拿出这样一个东西，中方会怎么想?真正的交锋还是在我和米泽之间展开。对我的发言，米泽没有太多的补充，也没有提出异议，中间插话大多是“侯先生辛苦了”。午饭在公司总部干部食堂吃，蛇口三洋高桥董事长特意叫我坐在他身边。

席间他说：“侯先生，我来中国很多年了，像你这样优秀的管理人员很少见到。”

我笑了笑说：“我只是长春派来的普通管理人员，像我这样的管理者，就像脑袋上的头发，一抓一大把，您只是没接触到。”

午饭后董事会继续召开。我把话题转到了亏损 16.6 万美元的问题上。日方董事把目光投向了米泽。以前会议全部是受日方左右，没有反对意见，开个会，吃几餐饭，散会。现在他要作出说明和解释。他一点心理准备也没有，说来说去就是说几个指标的关系。

日方确实没有充分的准备，晚饭后接着开会。到了晚上 9 点多，米泽也没有意见拿出来，后来移师蛇口南海酒店大堂。直到第二天早上 6 点多，最后核定，公司财务决算由亏损 16.6 万美元调整为盈利 8 万美元，日方对此还作出了相应解释和说明。

但是，1990 年 5 月，长春工厂方面突然决定要把我调回去。说实话，有了这次深圳之行，我已看准了自己的人生方向。深圳的工作环境、人文环境、人事制度对每一个人都敞开胸怀，为每一个人发挥能力提供条件和舞台。这一点内地和深圳简直无法比。回到长春后，我递交了自愿放弃长春微电子工厂副厂长职务、副处级待遇的申请报告。

三洋新二微马达厂初建时仅 80 人

1990 年 9 月，我第三次南下。当时，我也不把自己当什么国家干部了，说白了，就一打工仔。我先到了南油那边，有朋友介绍我去服装厂做厂长。我对这个行业不熟悉，没去。后来又看了几个厂，最后，去了宝安26区的德运电子厂，做了两三年，发现这是一个家族式港资企业，管理方式相当落后，我作为厂长，很多想法根本难以实现，工厂在设备、安全、工人待遇方面存在很多问题，隐患很多，看不到希望，就有了跳厂的想法。

1993年底，当年跟我一起来蛇口的车云华找到我，说三洋准备在沙井开新厂，希望我去。我在三洋干过，大公司，管理规范，福利待遇相对会好很多，就去了，并顺利地通过了面试。

1994年2月28日，我来到了沙井镇新二村，参加（三洋）新二微马达厂的筹建工作。当时厂房还没搞好，里面正在装修，就让我先负责跟进。厂房是新二村刚建的，三洋租用。现场只有我和几个日本人，其他已报到的人员在蛇口三洋实习。三层楼的标准厂房，一层1200平方米。装修公司是正规企业，设计是按规范做的，材料杜绝假冒伪劣，大公司风格。饭堂还没建好，村里临时安排在其他厂搭伙吃饭。后来我们在厂区空地上用竹子搭建了大棚子、砌了炉灶做临时饭堂。宿舍也没交付使用，我领着已报到的几个男工整理宿舍。把从蛇口拆过来的铁架床搬上楼安装好，从六楼一层一层往下安装。我们先期的六个人临时住在107国道边的酒店，一天一租。早上几个人扛着铁锹、扫把从酒店出来去工厂，下班后在饭堂就餐。这样过了几天，宿舍水电搞好了，我们才搬进宿舍。躺在床上看见窗外还没有拆的脚手架，我不由自主地笑了。工厂正常生产后，有谁会想到我们当时几个人是怎么过的呢？我记得第一天住酒店，几个年轻的男仔可能是第一次出来做事，第一次住酒店，很兴奋，看着电视，打开冰箱，看见里面放着好多饮料。一个说：哇塞！冰冻饮料！可以喝吗？旁边一个自作聪明地说：没事！于是几个人三下五除二就把冰箱里的饮料干光了。第二天早上还跟我吹，你知道房间里有饮料吗？我们全都给消灭了。我吓了一跳说，那是要花钱的。

当时的条件虽然艰苦，但大家的干劲还是挺足的，沙井新二微马达厂便从此开始了新的征程。

到3月底，厂房搞得差不多了，开始招工。我对车云华说，我来三洋厂，干啥都行，关键得做事，得挣钱，要养家糊口。后来他们就让我做厂长。那时候，一般的工厂都有两个厂长，一个外地人管生产，一个本地人负责与当地政府部门打交道。

3月10日，我带着本地厂长，去湖南怀化委托劳务部门招聘第一批员工。那时三洋厂挺有名气的，一般不会在厂门口招工，都是别的地方送人过来。人来了之后，他们就不管了，由工厂按要求考试、面试、体检，符合条件的录用。到了年底，送工单位又包车把人接回家，年后又送出来。当然，劳务公司也会获得一笔不菲的报酬，相当于现在的劳务派遣，都是当地政府劳动部门出面给弄的。

第一批招了80名工人，后来陆陆续续招工，陆陆续续建厂房，到搬去蚝一时，都4000人了，厂房宿舍几十栋。当时新二村还没发展起来，没钱。三洋厂就预付房租，然后村委找建筑队，等厂房建成后，收了房租再付工程款。我觉得吧，那些年，三洋跟新二的合作还是挺愉快的，至于搬迁时遇到的一些事情，出于各自利益考虑，另当别论。

车云华1983年后一直在三洋厂，各方面业务都比我熟悉，但他坚持做副厂长，要我做厂长。我说我不想做厂长，但还是没推掉，那就干吧，4月10日开始投产，就80个人。

我刚来沙井时，感觉还不错的，并不像他们说的那样到处杀人抢劫卖白粉什么的，不过治安确实不好。那时新二村还没有一条像样的街，旁边有一个加油站，啥名我忘了，就是现在新桥派出所对面。我们就一栋宿舍一栋厂房，旁边一个台湾厂，也是一栋宿舍一栋厂房。新明珠大酒店刚盖好，没开业。一直往外走，到现在的高速公路旁边，全是鱼塘，很不方便，买瓶水都得骑单车跑几里路，得穿过现在的东环路。我记得，一直到一个原来的电子加工厂旁边才有个小商店。

厂房旁边有一大块空地，上面是高压线，我们想好好利用起来，打算建一个体育活动中心，羽毛球场、篮球场什么的。也不请人，自己弄回材料，用土办法，平地基、打夯、和三合土什么的，都是我带着大伙儿干。球场建好后，搞什么活动都方便。

工厂5周年厂庆，1999年底吧，2000多人没回家过春节，我把每个部门组织起来，各个小组组成方阵，每组拉出两个节目，全体人员统一着装，浩浩荡荡的。工人们热情高涨啊，都说像50周年国庆阅兵一样。能组织这么强大的队伍，跟我们的工会、党支部是分不开的。记得有一次，日方一高层问我，你是共产党员吗？我说是呀，老党员了。他说还有谁是？我说你看看厂里，谁干得最好谁就是共产党员。他在车间转两圈回来，一核对，连连说好！我们成立支部时，有17名党员，都是中高层管理或技术骨干，如果经常去街道开会，有时会影响生产。支部成立后，很多会议精神在厂部就可以传达了。我记得，三洋厂成立支部时，在合资厂中，在整个深圳都是比较早的。

三洋蚝一厂，顶峰时达 8000 余人

2001 年 5 月，因市政规划，新二村的旧厂房已无足够的空间让三洋厂施展拳脚。当时工人已达 4000 人，如果搬走，怎么搬？搬哪里？不搬吧，双方在租金价格方面又没谈拢！最后，还是决定搬。当时很多工厂都把目光投向了东莞。但是，公司经过再三考虑，留在了深圳，一是深圳的经商环境好，二是很多老员工都把家安在了深圳，不想去别的地方。

深圳哪里有这么合适的场地呢？这时，从蚝一村传来一个好消息，说是村里帮一个台湾老板建了一大片厂房，刚建好，那老板去世了，家人觉得不吉利，不租了。日本人不信邪，派出代表一考察，觉得非常合适，就定了下来。

说实话，我一点也不舍得从新二搬走，做久了，有感情，我看着它一天天发展起来的。我们的团队付出了巨大的心血。球场建好后，旁边仍有一块空地。我又筹划，建了一个非常不错的休闲场所，就是憩园。有凉亭、水池、草地、舞台，还有茂盛的热带植物。员工们很喜欢，日方职员也喜欢，都带家属来合影。

搬迁时，我们经过了周全考虑。一要协调好新二那边，搬得顺利，二不要影响生产。为了取得新二的信任，我建议总部付给对方两百万元押金，能留下的尽量留下。具体操作时，我们采用车轮战术。宿舍方面，先备好一百张周转床，一部分人搬去后，把老厂的床铺拆过去，当天上好，另一部分人接着搬。车间也是如此，先装好一条，拉过去一部分人，另一部分接着搬，两边的生产都不耽误。就这样来来回回，前前后后共花了半年时间，整个厂子才顺利到位。

搬去蚝一后，公司更名为“三洋精密”。企业名称、法人代表都变了，按照相关规定，所有材料和设备都得拉回香港再拉进来，别说关税，单是车费、时间就让人吃不消。但谁都知道，这实际上就是同一家工厂，从一个村挪到另一个村而已。为了减少折腾，我立马去海关找到相关领导说明情况，结果，事情非常顺利地解决了。

当然，在三洋的这些年，有些事情解决起来也未必那么顺利。举个例子，每年春节，劳务公司要来接员工回家过年。一些部门不理解，甚至故意找运输公司的麻烦，我都得出面。还有好几次，员工在派出所遇到了麻烦，不管他们有理还是无理，作为厂长，人抓走了，我都得出面，跟所长谈。员工确实犯了事，该怎么处理就怎么处理。但是，在不违背原则的情况下，我们更应站在劳务工的角度，多一份关怀，多一点理解。执政为民，不能成为一句空话。

我作为工厂里的最高中方代表，既要维护公司利益，也得考虑员工利益，作为工会主席和党支部书记，既要发动党员的积极性，又要充分服务好广大劳

务工，让他们在深圳安安心心工作！2001 年，我被评为深圳市优秀劳务工。其实，在此之前，面对过多次奖励，我都拒绝了，都让给了下属。我觉得，他们更需要这些，因为他们比我干得更辛苦。

在我退休之前，三洋在沙井的规模达到了 8000 多人。到了 2006 年 6 月，我见工厂取得了良好发展，觉得是该退下来让年轻人有所担当了。毕竟，时代在变化，特别是电子产品，一天一个花样，无论观念还是生产设备或者客户要求，随时随地都在变。

那些年，我在沙井跟各个阶层的人士交往，总体觉得，这是一个不错的地方，它让我们的才能得到了充分发挥，我们也为当地创造了相当可观的财富，有力地促进了沙井方方面面的发展。我亲历着这个小渔村一天天融入深圳这个大都市里，每当我坐车经过沙井每一个角落时，心中都会生出无限感慨。

2013 年 2 月 28 日，由于方方面面的原因，三洋厂完成了她在沙井乃至深圳的历史使命，一些设备就地处理，一些设备搬去了别的城市。几千名工人，仅仅二十余人去了东莞。他们有的回到了故乡，有的去了别的城市，但大部分，包括他们的孩子或父母，仍留在沙井，有的经商，有的继续打工，过着力所能及的生活。

我离开三洋厂也整整十年了，这十年里，我一刻都未停过。人活在世界上就这么几十年，钱多钱少不那么重要，重要的是，你得找到一个活下去的理由。退休后，我先后去过酒店、物业公司等从事行政管理工作。2015 年起，我加入了总部设在北京的中国老龄事业发展基金会，打算为中国的老年事业尽一点心、出一点力。随着中国快步进入老年社会，随着深圳这座城市不再年轻，我觉得这才是真正具有活力的朝阳产业。

我在沙井生活了二十几年，我已不再年轻，虽然户口和社保关系历经周折才转过来不久，但我的后代，包括我自己，都将在这里继续生活下去。沙井，甚至整个深圳、整个中国，能有今天的发展，确实离不开我们这些千千万万的外来劳务工。很多人悄悄地来，又悄悄地离开了，我能在这里落地生根，确实心存感激。

1970 年毕业照

退休后

侯桃林，1947 年 4 月生于北京，1965 年考入北京工业大学，中共党员。1983 年 6 月来到深圳蛇口，次年返回长春。1994 年入职沙井新二社区三洋微马达厂，担任厂长十余年。曾获深圳市优秀“外地来深建设者”称号。

职业生涯三部曲

——吉林·保定·北京

6534班　张荫杰

我是原北工大无线电系6534班的张荫杰。1965年我们入学时，系里设有三个专业：无线电技术、元件和半导体器件。我们班级是半导体器件专业。20世纪60年代中叶，只有少数院校设有理论半导体器件专业，它在工程序列中是半导体专业的开山专业。有谁会料到因历史之故，它（工业半导体专业）刚刚出世就夭折于摇篮！之所以提及此事，关乎我们这个专业及我个人职业生涯的跌宕起伏！我在职31年，经历了几个不同的专业技术工作，几乎都与我的半导体器件专业擦肩而过！

伏案提笔，思绪回到了1970年8月，结束了在怀柔十个月的劳动和煎熬的等待，我终于手持一纸分配调令和转出的（北京）户口，踏上了北上吉林的列车。同车还有三系许多校友。当火车最后停靠在吉林车站时，就剩下我和王凤琴了。

北国江城——吉林掠影

我的目的地是吉林市（北国江城）。松花江穿城而过，景色秀美，8月的气候也十分宜人。我无暇观看江岸的美景，疾步赶往吉林市船营无线电厂报到！这是一家区属集体企业，职工200多人，是以生产小型半导体收音机为主兼做压电陶瓷喇叭的工厂。

入职第一天，好像给我来了一个下马威，厂里发给我一套半导体收音机材料和一张图纸。说是让我组装起来。我虽出自无线电系，可并没接触过这些具体的材料，看着眼前的一堆材料一筹莫展！万事开头难，经过一番苦思冥想，决定下手干活了。当我把一件件材料"安顿"到线路板上，心里才踏实了一点，反反复复检查数遍，确认无误了才拿起电烙铁点焊，焊点一点也不圆滑。先打开开关试试吧，令我兴奋不已的是它发出了洪亮的广播声！"第一次成功"的感觉真爽！随后又分来了几位吉林大学的毕业生。日子过的还不错，让我的心有了“随遇而安”的踏实感。

由于初到时的“成功亮相”，厂领导特意把我分配到整机车间的最后一道工序——调试组。组里都是一些经验比较丰富的老同志。看着别的同事熟练地进行质检、调整和音量测试，我一时也插不上手，只好在一旁静观，后来我发现有几台收音机被甩在外面，一问才知是没有声音的，却没有人愿修。有了第一天的初战告捷，我的胆子也大了起来。我突发奇想，何不再试一把？于是我说：“各位，不响的交给我，我一定能修好。”看到一个个老同志在偷偷暗笑，估计他们心里准是在想：没发癔症吧？你能修好？我默默地取走那几台不发声的收音机，对着墙上的图纸仔细查看，还好，不响的原因终于被我发现了，原来是几个管脚焊错了位置。乘别人都在忙自己的活，我拿起电烙铁迅速焊开那几个焊点，抽出元器件的管脚，进行纠正后并悄悄再焊回去。再打开开关时，收音机发出了洪亮的广播声！工友们立即对我刮目相看了：新来的大学生真的是不简单！（其实，我是按逻辑进行了分析，不响就是有错，流水线上的错应该是某一员工所为，一个解决，另外几个的问题也就迎刃而解。）这“又一次的成功”，奠定了我在工厂的角色定位，为搞技术工作开了个好头。

光阴荏苒，工厂计划开发新产品研制半导体扩音机。成立了试制组并聘请了江南电子仪器厂的姚工程师带班指导（当时吉林市尚无此类产品）。我很荣幸地参加了试制组的工作。姚工程师作了详细的准备，从新产品的工作原理到试制的每一个步骤，都安排得严谨而有趣味，同时对我们的要求也十分严格。那一段时间，每天晚上我还要在宿舍读一些技术书籍，以应对工作之急需。作为新产品有许多自制件，需要画图纸，到机加工车间加工。一天我外出办事回到车间，看到姚工正和小袁（吉林大学毕业生）在为什么事争执着，我默默听了一会儿，了解到是姚工要求小袁出一张图纸，他不会画，就问姚工，怎么画呢？你来我往的就都有点上火了，此时我为了解除尴尬，鼓起勇气：“姚师傅，请您告诉我零件尺寸，图纸我来画。”这是我“第一次毛遂自荐”心里底气不足。拿着姚工的零件尺寸，这可是我参加工作以来接手的第一张图纸。我郑重其事地把图画完，呈给姚师傅审查，姚师傅看过图纸点头应允：“到机加工车间把零件车出来！”当我兴致勃勃地举着新车出的零件回车间时，师傅还在批评小袁：“你怎么还不如一位女同志呢？”零件上机后，一次成功！事后我单独和姚工程师悄悄说“姚师傅，小袁是学数学的，需要画图纸您吩咐我来办吧。我是北工大无线电系的。”这一次让我感觉到北工大毕业生的骄傲！

在吉林工作期间尚是“文革”时代，“备战、备荒、为人民”的标语随处可见，我们周日休息要到北山参加挖防空洞的义务劳动。一早，有工地上的工人安装炸药进行爆破，落实安全后，大家把爆破后的土石装车运出，劳动强度很大。冬去春来每周一次，我们在体力和毅力上也得到了很大的锻炼。

为什么说“吉林掠影”呢？因为我在吉林工作只有一年零九个月，好似从那里匆匆“掠过”！

北京南大门——保定，奋斗的 22 年

1972 年 4 月，我为解决夫妻两地分居调动到保定工作。接收单位是保定电工器材厂，这是一家以生产继电器为主业的地方国营企业。它是保定市第一家生产单晶硅的工厂（在一位来自北京的工程师协助下做出保定市第一根单晶硅棒）。这个厂有一个车间生产多晶硅和单晶硅。我就被分配到这个车间。这个工种是我们半导体器件专业的前一道工序。由于整个生产过程是连续的，也就是说要“三班倒”，白班还好：早 8：00 至下午 4：00，中班也还好，下午 4：00 至夜晚 12：00，只有夜班晚上 12：00 一直工作到早 8：00，太煎熬！凌晨 3 点开始就有打瞌睡的，我坚持在车间巡视，避免打瞌睡！这种日子一直过了三个多月。

一天，车间主任召开会议：我们车间要独立了，筹建保定电子原料厂。我们在做多晶硅和单晶硅的基础上，要研制硅外延片。

为了研制硅外延片，厂里专门成立了研制组，总共六人。研制工作起步谈何容易，我们要一点一点地学习和积累，一切都是从零开始。各种管道从选材、清洗到安装，每个环节我们都要亲历亲为，不敢有一丝大意。其中，硅外延片的反应釜作为核心设备，市场奇缺。我们千方百计地想办法，找门路，最后终于买到了。紧接着还要购买一系列的相关设备和材料。由于当年物资供应紧缺，许多零部件和设备都要靠上级部门调拨，而不少供货单位都是叫零几的保密单位，地处偏僻，交通不便。前去接洽和提货回来的事儿非常辛苦，特别是还要和许多今生今世只会遇到一次的人打交道！这一段时期对我的锻炼更是别有一番滋味。

今天全社会都在关注芯片，它已成为我国高科技发展的短板，如果那时我们的硅外延片能坚持搞下来，那将会又是什么样的情景？遗憾的是当时的工业布局从宏观上终结了这个产品，工厂被迫转产了。我又一次告别我的专业而去。这已成了我心中永久的痛！

此处插入一个小插曲：某日，我在保满公路上悠闲地骑着自行车，向荣校

骑去，去看望一个朋友。忽然听到有人叫我“同学！”我急忙停下自行车，细看是马世田！在那之后的一段时间，我们有过几次接触，也是这几年我加入微信“群思乐”的媒介。

20世纪70年代，是我们这一代人最为忙碌和辛苦的时期。我有了自己的儿子，出公差的活是干不成了。恰逢此时保定市电子局对全市工业结构布局和技术人员比例等进行调整，我被调到保定无线电材料厂工作。这个厂是搞拔丝漆包线等线材的企业。和我的半导体器件专业渐行渐远了！

尽管如此，可在当时，强调“时刻听从党召唤”“干一行爱一行”，加上我随遇而安的性格，都让我很快地融入了新的工作中。厂领导安排我到技术科工作，并让我先熟悉一下情况。到厂伊始，我就走访了每个车间，熟悉那里的生产环境和工艺过程，并详细听取了一些车间主任的介绍，激发了我迅速掌握专业技术的动力。电线电缆专业是一个稀有专业，文献资料相对较少。我就想尽办法收集和借阅到一本本专业的读本，每天都认真阅读并详细做了笔记。经过一个多月的学习，又结合到车间细致的观察，从而对整个生产流程和设备配置有了初步的了解。因我厂里的设备许多都是自制的，相对比较简陋。为提升整体产品质量，我们技术科就组织了设备攻关小组，边设计，边制造，并深入机加工车间直接参加下料加工，和工人师傅打成一片。由于是初到该厂，有关设计我一时插不上手，科长就让我画图纸，也顺便想要借机考一考我的基本功。好在我有过在吉林的历练，加之在北工大读书期间，工程制图课学得还算扎实，没有被考住！顺利地融入了工作中。

常说机会青睐有准备的人。在工作中我本着大事统筹计划着来、小事按逻辑推理解决的原则，即使是厂里的会议或培训，我也都认真地听，在脑中留下应有的记忆。一次到电子局办事，遇到一位领导，招呼我：“聊聊你们厂的情况。”我心想，没这个任务呀。可不能不给领导面子，就随口说：“您要了解什么？我给您汇报汇报！”那位领导着重问了厂里新产品镀锡铜线的试制进度，生产能力和当时的生产产量等。我一一作答。事后，那位领导居然带着记录本到我们厂视察，了解情况。他从厂里的统计报表上查到的数据竟然和我汇报的极其相符！他特别的惊讶，一个并不分管这项工作的普通技术人员，竟然能对厂里的情况了如指掌。因此我在那位领导那儿留下了极深的印象！

中国在计划经济的年代，工业是由条块分割的，行业实行归口管理。电线电缆厂行政管理归属一机部（机械工业部），无线电材料厂行政管理归属四机部（电子工业部），我们厂的业务归属在电子部。随着国内生产秩序的正常化，产品国家标准、部颁标准和企业标准相继出台。在那些年中，我经常参加部颁标准的起草工作。为了尽快、准确地掌握相关产品的各类标准和相应的检测方法，占用了我大量的夜晚休息时间，但也推动了我厂产品的升级，我们企业在新标准下的成品率有了大幅提高。

多年辛勤的奉献和踏实的工作，也取得了领导和群众的认可。1984 年，我晋升为技术科的业务主管，参与了工厂的技术管理、技术改造和技术引进工作。尽管这一年我是辛辛苦苦，但也是硕果累累！我被评为厂级、局级和保定市级的先进科技工作者，收获到了各种表彰和奖励。

进入 1985 年，在厂长张呈煜、总工程师刘宗志的主持下，成立了引进办公室。我被厂任命引进办公室主任。技术引进工作进入了最为关键的时期，除了要撰写引进项目的可行性报告外，还要争取一次性地立项成功。当年保定市搞技术引进的工厂还属凤毛麟角。工作量是巨大的。我们欲引进的产品技术是专与彩色电视机和冰箱配套使用的特种漆包线，对彩色电视机和冰箱的年产量要进行充分的市场调查，分类汇总出用量数据。并要在此基础上对项目的引进规模，设备如何配套等作出方向性的决策。厂里确定由我带领技术引进团队南下上海电缆研究所，寻求专业技术指导。在上海电缆研究所聘请了几位工程师，指导我们编制可行性报告的关键步骤，他们还提供了其他单位的报告作参考，让我们受益匪浅。我们根据团队人员的专业特点，把报告分为几部分分别进行编制，最后进行汇总。我们克服住宾馆条件差的困难，几乎是昼夜奋战……当我们拿着誊写工整、文字流畅、数据详尽的《保定无线电材料厂特种漆包线技术设备引进可行性报告》汇总本，请专家审阅时，他们给予了肯定并提出了一些建议。他们都很佩服我们的工作效率呢！此时，我们遇到了上缆所所长赵允恭先生，他和我谈话时告诉我，西德有一位外商来到上海，正是搞线材的，他是 NIEHOFF（尼霍夫）公司的代表鲍乌厄先生。你们能否邀请他去保定进行技术谈判？在没有厂方授权又联系不上领导的情况下，我果断地答应下来：“赵所长，请您转告鲍乌厄先生，我们邀请他到保定洽谈引进事宜。”我赶到电信局给厂领导发了电报汇报此事。（因那时长途电话难挂，不像现在分分钟就可手机通话了。）

我们一行带着十余天的劳动成果（被专家首肯的可行性报告初稿），乘坐十几小时的火车赶回保定，有的同事脚都肿了！我让大家回去休息一天。我忐忑不安地一大早就到单位，汇报上海之行的成果和“自作主张邀请外商”之事。厂长说“外商已到保定，约好今天在保定宾馆见面，做初步的技术谈判。你也参加。我心里暗暗叫苦，要是也给自己放一天假多好！第一轮技术谈判进行得尚好。

我们的引进项目受到电子局、保定市和河北省的关注，收到各种要求，如什么“货比三家”等。同时接触各渠道介绍的外商，像日本住友株式会社、意大利西格玛公司等，开阔了我们的视野也增加了许多的对外接待工作。记得一天刚上班，厂长通知我：准备一下去北京接日本外商。我提了一个请求：派一位同事共同前往。我害怕日后如果有运动，会有说不清的问题！我们加司机共三人驱车前往北京民族饭店，见到了两位日本外商，商定第二天由我们陪同到北京市公安局，办理去保定的手续（当时保定还不是开放城市）。拿到批件，才能购买外国人去保定的火车票，下午，我们乘火车到保定。途中一位日本客人和我聊天，他到过中国的城市有：北京、上海、天津……甚至阳朔、大足，有的地方我没去过甚至没听说过。那时的中国开放的程度远远不够。在火车上，有一位大概是铁路系统的干部，很有警惕性地问我：他们（指日本人）是什么人？人家日本人有一位中文很好。我笑着告诉那位同志：他们是我们工厂请来的日本客人。事后同行的同事调侃我，你说话挺灵活的。我说：当然不能说那是日本鬼子吧？

经过了数轮对项目的经济技术谈判，通过了不同层次的会议审查，得出了结论性的意见，得到市电子局、保定市政府对立项的批准。

在全厂职工为引进国外先进设备有了希望而欢欣鼓舞时，我们又为500万美元的外汇额度奔走了！在那时，这个项目都上了省长办公会。省长办公会纪要只载明：保定无线电材料厂引进项目的500万美元外汇额度由省、市拼盘解决。厂长面对这一句话的文件愁眉不展，找总工和我这个引进办公室主任商量。我的点子是：“厂长，你明天一大早派车，我陪你们领导去省政府。”在我们找到省政府秘书长毛志君后，我和毛秘书长的一番谈话使问题迎刃而解。不仅如此，1985年11月我们厂第一批技术考察组顺利地完成了对西德NIEHOFF公司的技术考察。推动了技术设备引进项目的正式签约。工作的艰辛不是现在字面上能够表达的。在此过程中，我们厂得到保定市电子局、保定市政府以及河北省政

在西德NIEHOFF公司和外商谈判

府的大力支持，值得提到的是保定市的陈友忠副市长、陈学曾副市长多次到厂视察指导工作。河北省叶连松副省长也两次到工厂指导工作。

引进设备到厂验收、安装、调试、投产……不在此一一赘述了！

在我繁忙的工作中，时间进入 1993 年。儿子 18 岁了，已是一米八的大小伙子！他顺利地考入北京理工大学！我们为他高兴，送他到了北京！然而问题也来了，那时大学毕业生毕业后要回原来的城市。在儿子苦苦请求下，我下定决心叶落归根！我暗暗准备资料，到北京找接收单位。终于在 1994 年 8 月离开生活工作 22 年的保定市，举家迁到北京。

叶落归根——在北京的职业拼搏

为了丈夫（普外科主任医师）能有适合的岗位，我们选择了医院。我俩一同到北京矿务局职工总医院报到上班。医院对我是一个完全陌生的领域。我选择了医疗器械科。那里可以发挥我对采购设备、消耗材料的优势。器械的维修有厂家和科里的工人，我只要能管理好，就可以了。想得容易做起来就难了。从此我彻底地远离了我的半导体器件专业。

刚到新工作岗位不久，医院就迎来了晋升三级医院的“大考”！北京矿务局职工总医院地处门头沟区，主要服务对象是矿务局所属的各个煤矿和门头沟区内的居民。当时对三级医院的要求：硬件必须有完备合理的学科设置，500 张以上的病床，完备的检查和治疗设备。软件必须有足够的医护人员，各层次比例协调。我丈夫就是以学科带头人的身份调入的。我的器械科任务相当的繁重，医院在位的大型设备必须完好，小型设备随出问题随修理，不能积压。计量检测设备的检测必须定期完成，如血压计、紫外线灯等；制冷设备如冰箱、空调等。每个门类的维修人员必须持证上岗。我在保定工作时没接触过电脑，医院的管理工作全部用电脑，所有大型设备的档案全在电脑中，须全面核查全院设备，维修的备案也要及时更新。我用了一周时间恶补电脑知识，达到熟练地使用，轻松地管理。同时我科要服务全院，我及时编写更新了各种管理规定，使大家一目了然。在即将进入医院的三级验收时，我们加班加点把各护士站的输液推车等小设备油漆一新，对所有空调的室外机检查一遍（许多室外机安装在楼顶）。由于医院建院有 30 多年了，许多已报废多年的设备要清理，这活又脏又累，做了也看不出什么，但是劳神费力，那些日子我真的身心疲惫！

验收的大考终于来了！谁也没想到的是，我科管计量的同事因家中亲人突发重病，需要他在身边陪护，不能前来上班。而我们在检查人员那里又不能说“人不在”，只能是由我及时补位“应考”。我带齐所有资料，一一呈报，并做到了有问必答。结果是顺利过关，圆满完成了任务。事后院长对我说：“当时我都为你捏把汗，生怕你有什么闪失，影响全院的成绩。看来，你已完全进入了角色！”

医院晋升为三级综合医院后，我们除日常工作外，又参与了购买当时最大投资的设备核磁共振成像仪，计划资金800万元。它是目前神经外科用途广泛，必备的检查设备。所有脑部疾病，如癫痫、肿瘤、出血、外伤造成的损伤或者大脑发育异常，都可以通过核磁共振扫描检查到。相比CT检查，核磁共振检查辐射小，对颅内病变的分辨率更高一些。

尽管这项工作对我来说是全新的，但由于我毕竟做过多年引进工作，因此做起来倒也是轻车熟路！为了保证做到又好又省，我按照引进设备的常规，向供货商传递了欲购置设备的信息，同时又货比三家。由于看到了商机，日本的日立公司、美国的GE公司以及德国的SIEMENS公司等纷纷前来医院积极宣传，并通过影视资料展示他们的设备的功能，一时之间我们科门庭若市。

通过几番认真比较，并开会征求各科主任意见，最终报北京市卫生局批准，确认购买德国SIEMENS公司的核磁共振成像仪。

我在北京矿务局职工总医院工作的七年时间，经历了医院历史上最大的两件事，并且作出了自己的贡献。

2001年8月我退休了！告别了31年的工作生涯！

在此时回顾31年的职业生涯，心情还是十分的激动！对个人而言，我发挥了聪明才智，做到了游弋于不同专业学科的企业而不失去奋斗的方向，作出了成绩，品尝了劳动者的豪迈人生。对于企业和社会我为它“添砖加瓦”！作为北京工业大学毕业的成千上万学子之一，以此文献给母校建校60周年。

2018年5月

大学时期

2001 年退休

张荫杰，1946 年生人；1970—2001 年工作 31 年；2001 年 8 月退休，在家安享天伦之乐。

我的平凡经历

6534 班　刘玉奎

俗话说，滴水见太阳，愿我平凡的经历能映衬出时代的印痕。

一

1970 年 8 月，我被分配到中国气象局工作，当时还叫中央气象局，由国务院系统划归总参领导。所以我是抱着参军的喜悦心情去气象局报到的。

20 世纪 70 年代初，全国的形势是“要准备打仗”，许多部门都在搞三线建设。气象局三线选在湖北省宜城县刘猴集的深山里。我们 97 名大学生就以“总字 642 部队学生连”的编制来到湖北宜城，开始了开山修路、挖洞、建房的三线建设。

随着 1971 年美国总统尼克松的访华，中国和美国有了接触。尤其九一三事件以后，形势趋于缓和，气象局的三线建设逐步停止并最终撤销。在参加三线建设的 1970 年底，我由学生连的白树林连长（现役军人）介绍加入了中国共产党。此时正赶上清查“五·一六”的运动，停止了入党的审批工作 。一直到 1972 年初，清查“五·一六”的运动结束，才又重新讨论我的入党事宜并批准我为正式中国共产党党员（当时没有党员预备期）。

从湖北三线回到北京，开始接触的业务工作是筹建气象卫星工程。这是周恩来总理根据毛主席“我们也要搞人造卫星”的指示作出的具体部署，搞我国自己的气象卫星。根据钱学森同志的统筹安排，气象卫星的星体部分由科工委负责，气象局负责气象卫星资料的接收、传输、运算处理，最终拿出可供使用的产品。比如现在大家都熟悉的卫星云图（微信打开看到的云图，就是我国风云 4 号气象卫星提供的）。

搞“两弹一星”是国家的需要，也是一项彰显政绩的国家工程，当年有人提出上海工人阶级也要搞人造卫星。于是气象卫星、电子侦察卫星等类型的卫星研制工作就放到了上海。

上海的工人阶级真不简单。在上海市西南部的闵行地区，坐落着上海锅炉厂、上海汽轮机厂、上海电机厂等全国著名的大型先进企业，新筹建的研制卫星的上海 4101 工程（现航天八院），就隶属于上海汽轮机厂，对外名称叫作“上海汽轮机厂 701 车间”。直接受上海革命委员会工交组 701 办公室领导。在较短的时间里，上海 4101 工程就建起了撞击实验室、离心实验室、总体联调实验室等卫星上天前的环境模拟实验室，有效地保证了气象卫星研制的进度。为此我经常工作在上海，有时一年有八个月的时间工作在上海。侦察卫星的用户是部队，他们的驻厂人员称军代表。我的角色和军代表相似，就是从气象使用的角度对气象卫星提出指标要求。如卫星云图，要求不仅能看见云，还要看清云的种类、云的纹理、层次，这样才能准确地进行气象分析，这就要求云图图像有一定的对比度（或叫灰度等级）；又如台风路径的预报，主要看台风眼位置的移动，要看清台风眼，对图像分辨率就要有一定的要求；再如红外图像反映的是温度，广阔的海洋上，某些鱼类就喜欢在某两种水温的分界线活动，为了指导渔民捕捞作业，就要对海洋温度的探测精度提出要求；我们的天气预报不仅预报国内天气，还要求对地球背面的天气作出预报，这就对卫星上的记录存储指标有对应的要求……这些要求不只是定性的提出，而是要经过大量的实验，对卫星上遥感仪器使用的频谱给出定量指标。这样，我们使用卫星资料的用户才能反演出正确的结论。

在上海期间，我曾接触到气象卫星的总体策划、总体设计。总体工作就是分系统之间各项指标（如卫星高度、重量、能源、卫星姿态、探测仪器、记录仪器、自控系统、遥控系统等）的协调、折中、取舍，最后达到总体设计的最佳方案。

如果说对气象卫星的总体设计我只是接触到，对一些分系统的工作我确实参与了！例如卫星携带的可见光电视摄像机。这是卫星上的核心仪器之一，卫星云图就是靠它取得的，其他分系统都是为它们服务的。摄像机的核心部件是光电导摄像管。这个重要部件的研制任务就交给了上海灯泡二厂的工人师傅们。然而，最后的总体方案却因为重量、能源各方面的限制，更主要的是由于扫描辐射计的可见光通道研制成功，同样可以获得可见光云图，最后取消了该仪器。

扫描辐射计是由上海技术物理研究所研制的。当时的上海技术物理研究所座落在上海复旦大学内一座小楼上。他们研制出了可见光、红外线双通道扫描辐射计，一个仪器可以同时获得可见光、红外线两种云图。

那时有种说法“没有什么什么也要上”。其实没有一定的技术基础和物资基础是不行的！上海技术物理研究所就曾因科研经费不足，不得不将研制工作延缓下来。后来还是中国气象局局长邹竞蒙同志力排众议，挤出气象科研经费20万元，拨给了上海技术物理研究所，才使得双通道扫描辐射计的研制工作得以按计划进行，成功应用于风云一号气象卫星上！我们每天在中央电视台“天气预报”栏目看到的卫星云图，就是由这个双通道扫描辐射计提供的。

现在，上海技术物理研究所已研制出多通道辐射计，空间分辨率、温度灵敏度指标都居世界第一。我为我们的伟大祖国感到骄傲！也为我曾经接触了参与了这些伟大的项目感到由衷的自豪！

回顾这段工作，我接触了较为广泛的学科，学习了很多新知识。毕竟我们在北工大期间的五年有四年停课闹革命，失去了大好学习机会，需要学习的太多，深感学得不深不透。当负责气象卫星设计的何正华先生（曾参加东方红一号的总体设计）讲解总体设计方案时，我有一半以上听不明白；科学院力学所所长吕保维先生（调上海加强工作）用八重积分进行数学推导，得出卫星发射频率的最佳选择方案，我听得云山雾罩。真的是书到用时方恨少！

气象卫星的发展也曾受到国内大形势的左右。1979年就曾因发射气象卫星的火箭研制放缓，造成气象卫星的总体方案难以确定！ 1980年由李先念副总理签发的国务院文件，批准了气象卫星资料接收处理工程正式列入国家计划，拨款8500万元（当时可是个大手笔）。

气象卫星资料接收处理工程和气象卫星、发射火箭、发射基地、遥控中心五个分系统组成了整个气象卫星系统。因气象卫星大总体方案论证会在1977年11月于上海召开，故将气象卫星工程取代号为711工程，气象局负责的气象卫星资料处理工程代号为711–5工程。

711–5工程和国家图书馆、中央彩电中心、东单电话局被列为北京市重点工程。此时我转到北京711–5工程指挥部，担任了工程管理科科长。711–5工程在土建项目上又分为资料处理中心和北京、广州、乌鲁木齐三个地面站。在工艺设备研制上分为接收、通信传输、计算处理、时间统一、指挥调度等分系统。这一时期，我曾参加了选址、征地、设备的选厂、引进设备的方案论证等工作。我难忘在乌鲁木齐选站址时，少数民族同胞载歌载舞欢迎我们；还记得广州地面站选址在华南农学院附近的大华山，由于当时广东省委书记习仲勋同志的过问，征地和拆迁工作顺利进行；北京地面站选在东北旺乡，那时的唐家岭、上地还是一片片麦地稻田。作为北京市的重点工程，市领导也很关心并亲自过问。每个月，主管建设的副市长张百发同志都要在市政府大楼召开一次例会，安排四个重点工程的负责同志当面汇报工程进度，有什么困难当面提出，当即责成有关部门协助解决问题。我曾跟随指挥部领导参加过市长主持的例会，切身感受到，在中国共产党的领导下，确实能集中国力，干成几件大事！

在工程建设中，我们不仅精心设计精细施工，还发扬老一辈艰苦奋斗的精神，尽量少花钱多办事。比如，大楼装修用的瓷砖，就是我带领搞材料的同志们订货，装车卸车，省了不少钱。工程验收时，我们的项目比预算节省了不少资金。这在建设项目中是很少见的。

1984 年，我被调到北京气象卫星地面站任副站长、站长。1986 年，调到卫星气象中心运控室。这一时期，卫星气象中心从美国IBM公司引进了大型计算机。当时，这台计算机的性能指标在国内首屈一指。它被安装在一个专门的机房内，由美国技术人员看守。中国人要去参观，须经美国人的批准。现如今，我国的天河二号计算机，多年名列世界第一，中国人扬眉吐气了！

二

国家实行“以经济建设为中心”和“改革开放”的重大战略决策以来，全国发生了翻天覆地的变化。在北京海淀中关村地区，民营企业如雨后春笋般发展起来，逐渐形成了“中关村电子一条街”。一位在气象局工作过的同事在中关村注册了先锋公司，很快就强劲发展起来，势头不错。在他的盛情邀约下（当然还有高工资、高福利待遇的吸引），我于 1987 年初扔掉铁饭碗，辞去公职，将人事档案放到海淀农工商总公司（后转入海淀人才中心），加入了先锋公司。

我迈出了这一步，得到不少人的赞同，也听到更多的质疑和不解。民营企业在当时处于“摸着石头过河”的阶段，也的的确确是试验性质的举措。我在先锋公司担任办公室主任兼任党总支书记。这阶段，中关村电子一条街已经发展起来而且具有了一定规模。比较有名气的就有两通（四通和信通公司）、两海（京海和科海公司）等八大公司。到 1988 年，先锋公司凭借自己的发展实力，和祥云公司一起跻身到中关村的十大公司中。

此间，我曾参加中关村下海第一人陈春先同志以及从机关、大专院校、科研院所走出来的一些同志在北京工业学院（现北京理工大学）教学楼内商讨成立民营企业者协会事宜。后因各方面的条件的限制而搁浅。

民营企业的发展很是迅猛，但民营企业的党建工作和思想工作相对滞后。许多民营企业都先后在这方面出了问题。为了能把握本单位的发展方向，1990 年，我和几名志同道合的朋友从先锋公司心平气和地分离出来（先锋公司领导班子还为我们设了欢送宴），注册了“北京大云新技术研究所”，我担任所长兼党支部书记。

有了新的开始，心气挺高。“大云”就是从汉高祖刘邦的《大风歌》中“大风起兮云飞扬”里引来的，可见成就一番事业的雄心壮志！

然而，商场如战场！后来的事实证明，我们几个人的性格、经历等的综合素质并不适宜下海经商。我尤其不适宜坐一个单位的头把交椅。北京大云新技术研究所抛弃了纯经商模式，开始搞产业发展。我们曾在新疆建立了励华金属冶炼厂，主营铜的选矿进而冶炼。后因允许民营企业开采的矿点铜含量过低，导致企业入不敷出。其后，我们又和北京市经委、日本投资方三方合资办起了中日合资企业大合药业有限公司。最初药厂把销售重点放在日本市场，由于很长时间未能取得在日本的销售许可证，国内市场也推销乏力（我们几位都缺乏营销策略），药厂陷入逐年亏损。北京大云新技术研究所还曾招聘了十几名清华、北大、南开等大学高才生，派他们去新加坡和外商共同开发软件。业务是成功的，但只签了三年的合同。三年后派遣的科技人员都留在了新加坡，和北京大云新技术研究所脱离了关系。北京大云新技术研究所赚不到钱不说，他们十几个人的人事档案还以公司名义存放在人才中心，还要为他们缴纳档案管理费！为了节省开支，我不得已把他们的档案拿回家。不知道档案对他们还有什么意义？听说现在人才中心存档案已不收费了，我准备把他们的档案再存回去！

下海本想多赚些钱，万万没有想到的是不仅没发财，还欠下了债务。所幸的是家有贤妻孝子全家合力偿还了债务。转眼到了2005年，我到了退休年龄。所幸国家养老退休规定，养老保险、医疗保险金的缴纳，1992年前视同缴费，我仅补缴纳了几年的保险金即顺利地办理了退休手续。

总之，我下海并没有学会游泳！是改革开放的大潮把我推到了岸边。老年过上了安稳的退休生活。

三

中国改革开放40年，中关村也蓬勃发展了近40年。今天，中关村这片全国科技资源最雄厚的地方，已成了创新之城！以中关村命名的科技园区已出现在全国乃至全球！以前我们介绍中关村，就比喻说这是中国的“硅谷”，以后，美国人介绍硅谷时，会不会说这是美国的“中关村”呢！

回头看，我下海经商办企业也是一段人生难忘的经历！值得欣慰的是我没有因下海不成功而消沉。退休后不搞具体业务了，但是我还是一名党员，党务工作一直没停下。现在我担任海淀科技园企业工委第七联合党委的委员兼退休人员党支部书记。我之所以退休后还未彻底清闲下来，除了对中关村的留恋，我还想在民营企业的党建工作上做些工作。我们常说加强党的领导，党支部要起到战斗堡垒作用。在民营企业中，如何体现党的领导，党员如何发挥先锋模范作用，直到今天还是个新课题。我想在这个课题探讨的实践中，不断地提高理论水平，坚定信仰，更加自觉地拥护习近平新时代中国特色社会主义思想！

70 多岁了，发挥点余热吧！

2018 年 6 月

青年时期

退休后

刘玉奎，1945 年 2 月 25 日，出生于山东省宁阳县。

1958—1965 年，在宁阳五中、北京四十五中、北京师大一附中读书；

1965—1970 年，北京工业大学无线电系半导体器件专业读书；

1970—1987 年，中国气象局卫星气象中心工作，1972 年 4 月加入中国共产党；

1987—1990 年，北京先锋公司工作；

1990—2005 年，北京大云新技术研究所工作，其间两次当选海淀区党代表；

2005 年，退休。现在海淀科技园第七联合党委服务。

我的青春岁月

6534班　张凤枝

我出生在旧社会一个贫苦农民的家庭，家中有姊妹兄弟七人靠父亲一人供养。我能读到高中，并且考入北京工业大学，实在是件非常不容易的事。我暗下决心：一定要如饥似渴地努力学习科学知识，要立足社会，将来报答父母的养育之恩，报答党和学校的资助与培养。然而，只学习了一年，史无前例的“文化大革命”就开始了，尽管“复课闹革命”后也断断续续上课学习，但是，感觉学历还是不够完满。我知道，基础知识很重要，有扎实的基础知识就能触类旁通、举一反三。我还牢牢地记住了教授英语的张英老师的一句话：“最有价值的知识是关于学习方法的知识，没有自学能力是不行的。”对于这一点我深有体会。学习方法和自学能力也成了我一生奋斗的武器。

1970年7月，我毕业分配到陕西省秦岭的大山深处，支援国家三线建设，从事军工生产。就是纪录片《厉害了，我的国》介绍的陕西省商洛地区，这里人烟稀少、山梁叠嶂、满目荒凉，道路也极其险峻。我们学校无线电系和建筑系的十几名同学与上海、山西、湖南、天津、西安分配来的五六十名大学生，一路上翻山越岭，来到建设中的工厂，接受工人阶级的“再教育”。我们住在两间尚未使用的空置库房里，临时搭的床铺，设施非常简陋。夜晚，个头大又不怕人的老鼠，不停地在地上、管道上、床铺上乱跑乱跳，追逐打闹，吱吱的叫声不绝于耳。那嗡嗡叫着乱飞的大黑蚊子冲下来叮咬一口，身上马上起个大包，痛痒无比，难睡安稳觉，给了来三线建设的大学生们一个下马威。食堂离驻地较远，那条路一下雨就成了真正的水和泥的路，去一次食堂鞋帮上全是泥，裤腿上也溅上许多泥点子。我常被派作代表，买回些馒头和咸菜应付了事。买的是全麦面的黑馒头不说，咬一口沙沙响，偶尔还硌牙。菜里的油水也不多，吃到最后汤里还有土沫。偶尔也改善一下伙食。我们的劳动是在大山脚下挖土，压制土坯，盖宿舍。有时跟车到五十里开外的县城，装运砖瓦、水泥、沙子和碎石。为了提高运输量，四个学生负责装一辆车，来一辆装一辆，走一辆出一身汗，汗衫上脸上都能看出汗碱。有的同学带的水喝完了，口渴难耐，就去喝敞口的井水，结果拉肚子，发高烧39度多，病倒而就医。这样的劳动强度，对于我们这些从文化殿堂来的大学生来说实在是太苦太累了。因为是接受工人阶级“再教育”的“臭老儿”，有怨言也不敢说，这也是我们接受考验的必修课。

不久，工厂要投产了。全厂有十几个车间和科室。在落实知识分子政策时，谁都想到与自己专业对口，承担责任小的，容易应付的部门工作。例如，仪器室、仪表室、理化室、试验室等。结果，领导把我安排到检验部门当技术员，这是一项要求知识面很宽的工作。检验技术员不但要懂产品设计，了解产品性能，能看懂总装图和工艺图纸，还要熟悉产品制造工艺。如模具制造、机械加工、塑料件成型、铝铸件压制、冲压件制造、表面电镀处理工艺、热处理机理以及无线电测量，等等。另外，当车间生产工人和质量检验人员对产品或零部件质量发生分歧时，检验技术员就成了裁判员。处理得好也要得罪其中一方，处理不好时，双方都不服气，反映上去，轻则说你水平低，耽误了军工生产，重则有破坏军工生产之嫌。我怕断送自己的政治生命而顾虑重重。找我谈话的领导一再强调，相信我能胜任，还说养兵千日、用兵一时，现在是国家需要你出力的时候。我也相信自己十七年的书不能白念，况且我也有一定的自学能力，虽然不太情愿，还是接受了组织的安排。

从此，我便拿起了自学能力和学习方法的武器。利用业余时间再学习，做到不用时先学，急用时不用现学。我还经常下车间向工人师傅请教，不仅学到了工人师傅大公无私的品质，以及对工作认真负责的敬业精神，而且也懂得了书本中学过的诸如机械加工中的尺寸精度和表面光洁度的真正特征与含义。有一次我到机械加工车间，见一位老师傅正在磨刀具，便顺口说了一句，上班都半小时了，怎么还没开车床？老师傅慢条斯理地说：“好活是靠刀具切削出来的，刀磨不好，加工出的零件不容易合格，返修难度大，这叫磨刀不误砍柴工。”我深有感触。由于不断向实践学习，向工人师傅学习，很快，我就能把理论知识和实际工作联系起来，妥善说明问题、处理质量纠纷。

有一次，模具车间的工人加工防爆产品的关键模块，因为一丝之差与质量检验员发生争执。车间工艺员要签字负责送下道工艺进行热处理，问题反映上来，由我裁决处理。我指出：模块是保证防爆产品接触件可靠性的关键一环，作为模具有一丝之差也不能算合格品。发现问题及时返修，只是消耗几个工时，一旦热处理就不能返修了，制造出的产品就是成批的废品，那损失可就大了。工艺员、工人和质量检验员都觉得我说得有道理。当天晚上就加班返修合格后才送热处理，避免了模块报废，也避免了一次大的质量事故。

有一批铝铸件在进行发蓝/电泳处理后，其表面纹路非常明显，这是一种冷隔现象。通过了解，是一名青年工人在铝锭熔化温度没有达到工艺规定标准时，就把熔化的铝液注射到模具中去压制，造成液面交熔不完全彻底，结合不牢固留下的痕迹。我建议退回上道工序重新回炉压铸。青年工人认为，一个外壳零件有点小毛病不影响使用。我告诉他，外壳有二次锁紧作用，能为保证核心零部件的可靠接触而发挥应有的功能。如果在恶劣的环境条件下，外壳先破裂了，就无法安装，战时是会贻误战机的。我们这是军工产品，为了前方战士打仗少流血，我们在后方就该多流汗多出力，保证产品质量。青年工人受到启发深感愧疚，同意不要工时，拿回车间重新压制。

苏修领导集团武力侵犯我东北黑龙江边境，挑起珍宝岛事件。我厂接受研制生产红箭-73反坦克导弹产品的任务。产品要经过军代表来厂验收，验收时因个别产品出现高压飞弧现象而被拒收。厂领导非常恼火，立马召集技术科、检验科和车间的负责人与技术人员开会，责令立即成立攻关小组，查找原因限期解决。在由设计、检验技术人员、车间工艺员和装配工人代表组成的攻关会议上，大家对飞狐现象发生的原因一筹莫展。我知道，干燥的空气是不容易导电的电介质。我们检验时是阳光普照的晴好天气，军队代表来验收时是连天阴雨，空气湿度极大，水气在电压作用下会电离成导体，出现飞弧现象。我们的技术条件规定的接触件的间距指标是在标准环境条件下衡量产品性能，没有考虑到在恶劣环境条件下也能保证安全使用。我的分析，得到大家认同，对产品结构和技术要求进行了合理的调整，问题得到圆满解决。

在做检验技术员期间，我不是凭职务和权力武断地处理问题，而是根据产品的结构、性能要求以及使用环境，理论联系实际地解释产品合格与否的原因和作用机理，受到车间工人和质量检验人员的好评，也得到了领导的认可。撰写的《接触电阻及其失效机理浅谈》《接插件可靠性试验初探》等文章，在中国电子学会机电元件专业第五届学术年会上受到表彰，并在国家《机电元件》杂志上发表。1981年初，党组织批准我成为一名光荣的中国共产党党员，1982年还被评为模范共产党员。经国务院科学技术干部局批准晋升为工程师。

在秦岭的大山深处为军工事业奉献了十九年，离开商洛地区时，我的大儿子已在子弟学校读高一了。

1989年，我调到大连市工作。从服务局调到工业总公司，为区街工业企业服务，可以说是轻车熟路，为区街中小型工业企业提高技术管理水平尽心尽力、尽职尽责。并参加全省英语统一考试（88分）合格，经省人事厅批准晋升为高级工程师。调到审计局工作，这是一个全新的知识领域，为了尽快适应环境进入角色胜任工作，我又拿起自学能力的武器，系统地自学了财务知识和审计方法。我撰写的《审计情怀》《不良资产的成因与对策》等文章，在区级《通讯》《大连审计》和《辽宁文汇》杂志上发表。经省审计厅批准，顺利获得了审计执法资格。

峥嵘岁月不能蹉跎。我参加工作的几十年，是在组织的培养下，政治觉悟不断进步的几十年，也是专业知识、业务能力不断提高的几十年，也可以说是历尽艰辛作出奉献、收获成功、收获幸福的几十年。这也是我们北京工业大学“老五届”这一代人的顽强品格与执着的追求。

如今，在习近平新时代中国特色社会主义思想指引下，确立了“两个一百年”的奋斗目标，为努力实现中华民族伟大复兴的中国梦而奋斗。作为一名共产党员，要认真学习党的十九大精神，不忘初心，牢记使命，热情宣传党的方针政策，有一份热、发一份光，为区域经济发展建言献策。

2018 年 8 月 5 日于大连

在大学

退休后

张凤枝，1945 年 12 月生人。

1965 年 9 月—1970 年 7 月，在北京工业大学 6534 班读书；

1970 年 8 月—1989 年 5 月，在陕西洛南七十一信箱（三线单位）工作，先后任工人、技术员和工程师；

1989 年 5 月，调大连市甘井子区服务局、工业总公司、审计局工作，先后任科员、副主任科员、高级工程师和助理调研员；

2000 年底，退休。

沙土里“种”出来的孩子

6543班　马　英

今天的小孩子真是幸福。每当看到快递小哥抱着一大纸箱尿不湿送到谁家门口，肯定这里有个小宝宝诞生了。就像20世纪70年代，我在山东农村工作时，工厂家属院一排排平房，如果哪家门前堆着小山一样的一堆沙土，就可以肯定哪家有个小娃儿出生了。

北工大6415班的张天冲和高黛娜同学的女儿，至今还说弟弟是从沙土里“种”出来的。他们夫妇是1970年和我一起分配到山东聊城县工作的，入乡随俗，他们的孩子就是“种”在土里长大的。鲁西北的育儿经就是孩子生下来至两岁左右，都放在细沙土里，行话叫“穿土”。那是一个枕头套大小的蓝粗布口袋，装半袋儿经罗筛的细沙土，孩子的下半身就埋在这种沙土里；盛沙土布袋再做成坎肩样子套在孩子小肩膀上；孩子上身可穿件小袄，从早到晚平躺在炕头上，喂奶时连土布袋一起抱在妈妈怀里。

如今我们这一代70多岁的人，儿女也是40多岁了，若幼年生活在鲁西北地区，应该也会有这样的经历。我的女儿就是这样。当她一周岁时，随我来到鲁西北的高唐县，原本和北京的孩子一样用尿布，夏天捂出痱子，冬天尿布硬邦邦，因室内温度只有4度，孩子受罪，母亲心疼。可隔壁女工娄桂荣和我女儿同龄的女孩，养得白白胖胖，壮壮实实，她解释说：“沙土是河心里挖出来的，堆在门口晒干，就消毒了，用细罗筛过，没有砂石，夏天凉爽，冬天用大铁锅在煤火上炒热，暖暖和和，屎尿都渗到土里，孩子小屁股、小腿、小脚丫都干干净净，一天一夜换一次土就行了。”我细细一看，果然如此，还省去了天天洗尿布的辛苦。从此，我们大城市来的女大学生，初为人母，开通一点的都照章办理，把孩子“种”在土里。孩子的皮肤干燥、滑嫩，再不受罪了。稍大点的哥哥姐姐们，不明事理，看这情景，自然以为弟弟妹妹是从土里“种”出来的啦！

北工大“老五届”的毕业生，1970年8月底，陆续离开了生活五年的校园，离开了自幼生活的北京城，按照解放军宣传队的分配，到全国各地的边疆、农村、厂矿参加工作。当年北工大各系共45人分到山东的鲁西北四个专区，我和15个同学分到聊城地区，最后我一人分到贫瘠的高唐县。当时城关公社劳动一天的工分值只有2分钱。我庆幸到了县内燃机配件厂当工人，每月42元工资，仅次于厂长的74元，而一般工人只有28元。

当时的革命口号是：好儿女志在四方，不能在家门口干革命。厂领导要求我落户扎根在鲁西北，并说：上有天堂下有苏杭，除了北京就是高唐！于是我在高唐一干就是10年，修路、架桥、拔麦子，车、铣、刨、磨当工人——为鲁西北贡献了青春。

男大当婚、女大当嫁，我们这批女大学生，毕业时就二十五六了，虽说生活在祖国的穷乡僻壤，但日子还是要过下去的。用当今的网络语言：生活不止眼前的苟且，还有诗和远方的田野。这简简单单的一句话，挖掘出我们内心的美好向往。诗和远方是一种对未来的信心和憧憬。我们厂100多号人，分配来9个大学生，人人干活三班倒，还是属于被工人阶级改造的臭知识分子。有人说："大学生都是些资产阶级大染缸里提溜出来的，是推一推就下去，拉一拉就上来的人。"此时此地再找对象谈何容易！除非在校时就与北京的驻军排长、连长成婚为军属，或与自己高中、大学的同学成亲。总之，三耽误两耽误之下，待结婚生子时也都近30岁了。

有个孩子是好事，可又带来更多困难。夫妻俩在一地的还有个相互照应，像我两地分居就难了许多。在高唐，我和三位女工同住一室，无法带孩子，于是只好将孩子寄养在北京一位街道大妈家里，每月30元托儿费，15元牛奶费，另送鸡蛋、大米和白糖。这样的日子维持了一年，孩子1周岁时，她体重还不到15斤，不会站立，三天两头生病送医院。年轻的爸爸累得焦头烂额，影响了正常工作，给家中还上班的老人也添了不少麻烦，我下决心把孩子带到山东自己抚养。这时厂里给带孩子的女工每人分一间10平方米的小屋，经过自搭小厨房、自制煤球、自垒土炉子……就可以安家生活了。

厂里孩子多了，领导怕影响女工上班，成立了托儿所，也就是一间20平方米的砖瓦房，五张木板床并排放，铺上几张芦苇席。三位领导家属当阿姨，使她们也有了固定收入。孩子上班时送去，中午接回家喂食，下午上班再送去，下班接回家。我女儿瘦得像颗小豆芽，一岁半了还不会走路，整天呆呆地坐在木板床上，有时阿姨也抱着她在门口走走，说她长得好看，像个小布娃娃。等孩子开口说话时，已是地地道道的高唐娃了。

谁知有一天我开会下班晚了一小时，接孩子时孩子不见了，一位阿姨说，孩子坐在地上用小树枝挖土，阿姨猛拽她小胳膊拉她起来，孩子大哭，小胳膊晃晃荡荡抬不起来了。阿姨明白是掉环儿了（脱臼）。赶紧抱着她跑了三里多路，到县城里老街找一位80多岁的剃头匠，他会接骨，三下两下给安上了。天色很晚了我才抱孩子回家。她还不会说话，无法向妈妈说清来龙去脉。

我感到，孩子4岁以前就像在死亡线上挣扎一样。发烧感冒已经不算什么病了，她还经历过急性肝炎、中毒性痢疾，差点要了她的小命儿。2岁多时，已经会走路的女儿病后好像不会走路了，只能坐着和躺着。我只好通过朋友关系请高唐县医院的一位40多岁的老护士长，看是否患了小儿麻痹症。经她询问在北京服用过抗脊髓灰质炎糖丸，应当不是小儿麻痹症，只是因为急性肝炎，身体过于虚弱，导致不能走路了，我才略放下心来。后来的日子，每天给孩子熬两碗中药汤——虎杖，厂医张大夫不怕传染自家孩子，每天到我家给孩子打针，注射肝宁和B12，三个月后终于康复，又会走路了。

山东的老乡们，朴实、仗义，我一人带个病孩子，整晚输液，治疗中毒性痢疾，我原同宿舍的女工周华玉，到我家和我轮流照顾孩子，好让我睡一会儿，一夜开着灯，塑料灯罩都被烤煳了。还有的女工帮我到水井里担水，到街上买菜等。

女儿三岁时患了水痘，脸上、手上、脚上、肚子上、耳朵里全身都是亮晶晶的小水泡，孩子哭着喊痒，不吃不睡，只能抱着走着哄，累得我快要倒下了，邻居王大娘的孙女也出水痘了，她炖了一锅公鸡肉，主动送我一碗说：鸡叨豆，给孩子吃了就好啦。虽然吃了肉病不见好，但心里是个安慰。后院一位生过7个孩子的刘大娘，过来对我说：你去药店买防风、荆棘两味中药，熬一锅水，连喝带洗就好了。我照此办理，两三天后，水痘干瘪结痂，四五天后就全好了。尽管我当时用纱布口袋套住了孩子的小手，防止她抓破水痘留下疤痕，但结果还是在额头和肚子上留下一些疤痕，不懂事的孩子，还不时亮出小肚皮向小朋友炫耀“我有小麻坑儿”。

我在鲁西北工作生活近10年，孩子就是在高唐的这块土地度过了儿时的最初几年。多少难忘的人和事，高唐厂大家给我的关心和帮助没齿难忘！

1979年我调回北京，在中国第一机械工业部生产司设备动力处工作。凡是山东省机械厅来机械部办事的人，我都热情地带着他们楼上楼下各处室跑，尽力帮助他们解决问题。以至于我的同事们总说：你的山东老乡又来啦！

我退休第一年，就回山东高唐看望我的同事们、朋友们，离开山东38年了，从没忘记和中断与他们联系。每次见面欢聚，格外亲热。第四次回去时，我请15位老朋友在高唐最好的酒店聚餐，并赋诗一首献给大家：

几回梦里回高唐，魂牵梦绕配件厂。
厂房宿舍大花坛，小猪小羊打麦场。
同事朋友周华玉，梦里梦外记心上。
今日来此再欢聚，高唐情谊永难忘。

2017 年 5 月 5 日于北京

1969 年 11 月照片

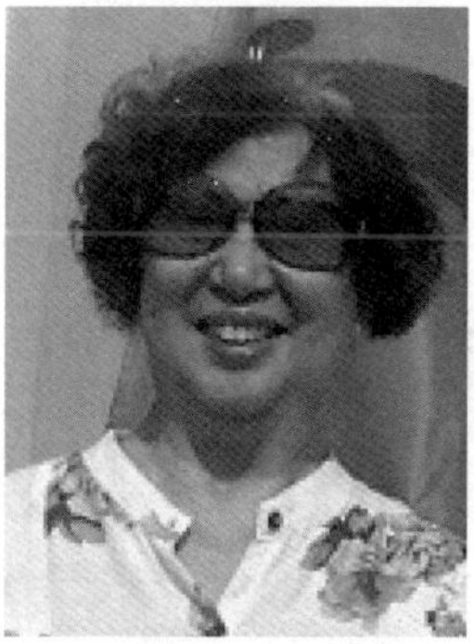
退休后

马英，1946 年 11 月生，中共党员。

1965 年 9 月—1970 年 8 月，北京工业大学化工系 6543 班；

1970 年 9 月—1979 年 6 月，山东省高唐县内燃机配件厂技术员，其间 1978 年—1979 年 在北京医学院药学系进修；

1979 年 7 月—1987 年 7 月，机械工业部生产调度司设备动力处、安全生产处助理工程师，其间 1985 年 1 月—1986 年 1 月在北京语言学院进修英语；

1986 年 7 月—1987 年 7 月，参加中央讲师团，在河南省信阳地区淮滨县任教师进修学校英语教师，并担任讲师团支队长；

1987 年 8 月—1990 年 5 月，中国石油化工设备成套公司化工工程部工程师；

1990 年 6 月—2002 年 11 月，中国通用机械工程总公司化工工程部高级工程师；

2003 年 9 月—2004 年 9 月，受聘于中国机械设备成套公司缅甸北郸邦腊戌化肥厂工程项目任技术专家；

2007 年 8 月至今，在所住西城区广外朗琴园社区老年英语班义务授课。

在重大项目的研发中绽开崇高理想之花

——我的煤化工生涯

6543 班　马　英

我于 1965 年考入北京工业大学化工系。在开学第一天的专业教育课上，系主任刘天齐教授说：化学是改变物质结构的科学，化工则是实现这种转变的技术手段。你们要学有所成，成为造福人类的化工专家，实现崇高理想。

尽管在入学一年后就开始了“文化大革命”，但几十年后我看到自己的人生还是一个“学化工、干化工，以化工项目服务人民”的轨迹：先是在工厂化验室做理化检验，再是到大学进修有机化学，以后则担任国家重大技术装备研制项目——哈尔滨依兰煤气工程的设备总承包项目经理，实现了对哈尔滨 500 万市民的燃气入户，还在河南义马煤气工程中参与前期咨询和设备监制，在援建缅甸北掸邦腊戍煤化工（年产 8 万吨尿素）厂的项目上做技术顾问，参与选厂址及总图设计，最终成为国内一名煤化工专家。为提供城市清洁能源，改善居民生活环境，有所作为，也从中深深感受到“科技伴我实现梦想，我为祖国贡献力量”的情怀。

1987 年 8 月，我在机械工业部所属的中国通用机械工程总公司化工工程部担任工程师，开始接手哈尔滨依兰煤气工程项目。当时，我国改革开放刚刚起步，国内装备制造业与国际先进水平差距还很大。为此，国务院和机械部都成立了重大技术装备领导小组，希望通过一批重点建设项目，研发技术装备，提升制造水平。哈尔滨依兰煤气工程就是这类项目之一，由我公司、我部门、我项目组来具体执行。根据国家技贸结合方针，设备不得全盘进口，部分合作制造，50% 国内分交。

我在项目组内的分工是负责从德国鲁奇公司引进煤加压气化技术和工艺设备，从乌克兰北顿涅茨克甲醇设计院引进低温低压合成甲醇技术和工艺设备及订购全部国内配套设备。然后还要负责现场安装调试。显然，这是一个系统工程，涉及技术谈判、标准转换、图纸翻译、国际贸易、国内订货、现场施工、专家

1990 年在德国格尔玛尼亚工厂工作期间

接待、试车验收、质量保证、安全措施等诸多方面，其技术工作量是可想而知的。

1989 年 11 月至 1990 年 1 月，我带领国内专家组到德国格尔玛尼亚化工设备制造工厂进行中德双方合作制造的 4DM-PKM 加压气化炉和多功能煤气净化塔图纸转化工作。这是该项工程的关键一环。而更为关键的还是从德国的 DIN 标准转化为我国机械制造使用的 ASME 标准。这既是标准体系的转化，更是一种技术系统性工作。虽然从本质上看，其技术要求具有一致性，但在许多具体细节上还必须一丝不苟、认真对待。这主要是因为，煤加压气化装置要承受高温、高压、高腐蚀介质的化学反应，必须保证设备运行的绝对安全可靠。于是，我和组内的各位专家每天都要逐张图纸、逐个数据地进行核算比对，还必须与德国专家进行逐条讨论和落实。而当时恰恰也正处于苏联和东欧国家开始社会剧变的时期，柏林墙已“倒塌”，人心非常浮动。我们的专家组就是在这样的环境之下，终于胜利圆满地完成任务回国。

1992 年 12 月，位于哈尔滨东部 100 公里的依兰县达连河镇松花江畔的煤气工程现场，项目进入设备调试的紧张阶段。然而，这时也是东北地区极度严寒与频频下雪的时候。当地人把这种大风雪的天气称之为“大烟儿炮”。可是，煤气工程的一些设备又必须在这样的气候和环境里进行耐寒检测和运行调试。为了保证近百吨重的净化塔、气化炉、压缩机、换热器等设备按照工艺流程顺利连接运转起来，并对各种管道、泵、阀、仪表完成参数测试，工人都在全力以赴、夜以继日地干着。而技术上的把关就要靠我们这些现场服务的工程师了，也包括化工部第二设计院负责工艺流程的老工程师。这是对我技术才干和责任心的严峻考验，而我也的确以按期按质完成任务的业绩交出了令甲方满意的答卷。

为了及时总结哈尔滨依兰煤气工程项目在开发、引进、合作、研制和安装施工等诸多方面的技术经验和具体成果，我又及时编写了《项目管理手册》。这本手册包括工程概况、技术要点、科研攻关、系统管理、设备清单、主要参数、总包分包、现场服务等多方面内容，是一本理论结合实际，具有针对性和实用性的工具书，受到工程各方的广泛好评。我也正是凭借这本手册和在哈尔滨依

1992 年在哈依煤气工程工地技术服务

兰煤气工程项目的业绩，及在国内外专业报刊上发表的技术论文，于 1993 年晋升为高级工程师。

黑龙江省文联专业作家郭先红先生写了一篇关于哈尔滨依兰煤气工程的报告文学：《燃烧的太阳》。其中，他特别为我写了一首赞誉的诗篇说道：“昨日的大荒冻土，今日的巍峨气城；冰城人民永远记住你——太阳的女儿，我们的战友——马英！”是的，我在哈尔滨依兰煤气工程上，历时八年的日日夜夜，确实已成为我煤化工生涯中最为辉煌的篇章之一。

此后，我又接手了河南义马煤气工程。义马位于三门峡市区以西，是一个煤矿型的县级市。这里煤储量大、品位高、种类多、埋藏浅，但全市产业单一，亟待经济转型升级。为此，河南省确定在这里建设大型煤化工企业，形成生产甲醇—芳烃—醋酸的精细化工生产链，培育出上千亿元的煤化工产业集群。这是国家“九五”计划中的重点项目，使用澳大利亚政府贷款，并选中我公司作为设备制造的技术监制单位。于是，我再次踏上新的征程。记得在当年的河南省委书记李长春办公室里，他看到我们一行带去的由国务院重大技术装备领导小组负责人签署的介绍信，很认真地说：河南的父老兄弟们都盼望着这个项目的成功，拜托你们了！省长马忠臣也对我说：“你已经搞了八年的煤化工重大设备了，算是一个抗战英雄！”

这项工程最为关键的气化炉定点在哈尔滨锅炉厂生产。从设计来说，它并无复杂的运动部件，但对其全部处于静止状态的各种金属材质、炉筒、封头等结构焊点以及与它们之间的间隙、窗口的连接焊缝，都有着严格的技术规范和检查程序，必须符合化工高压容器和连续不间断生产的双重质量要求。而技术监制则是技术要求更高、承担责任更大的技术工作岗位，来不得半点疏忽和怠慢。也正因如此，我的技术水平在这里获得了新的提升。2000 年我荣获机械工业部颁发的“国家重大技术装备研制成果奖”。

2001 年，我已进入退休年龄。经批准，我受邀担任了中国机械设备成套总公司援建缅甸腊戌煤化工（尿素）厂的技术顾问，并前往那里进行前期技术考察。

腊戌位于缅甸的北方北掸邦，是当年中国远征军抗日出击，充满悲壮历史的地方，也是大名鼎鼎的“金三角”的地区。至今，军人当政。缅甸政府希望通过在此建设一个工业项目拉动当地经济发展，也有利于解决“金三角”的毒品痼疾。按计划此项目将使用中国给予缅甸的“买方信贷”，总预算将达到8亿人民币。

根据项目安排，我于2001年11月持护照、过边检，进入缅甸境内。然后就由缅甸北掸邦军区派出武装士兵护送我们技术工作组全体成员前往工地。一路上虽然是阳光明亮、蓝天白云，但道路颠簸、尘土飞扬、村落稀少、几无人烟，全是一片穷困落后的景象。

经过现场考察和技术谈判，我方需要尽快提交初步技术方案和工艺设备清单。于是，技术组中的中国化工部第二设计院工程师负责提供生产工艺流程图，我负责提供设计总图和主要设备装置清单。这时可就是考验技术功底的时候了。因为，这里完全是一处穷山僻壤，对方又是不发达国家的执政军人，而且使用的资金又涉及中国对缅甸援助的总盘子，所以必须尽快提交一个切实可行的方案。我就凭借着多年积累下的煤化工项目经验，经过两个星期的日夜奋战，编制，翻译，打印成项目可行性计划书，及时准确地完成了任务，得到缅甸工业部的认可，受到北掸邦军区司令官的会见和宴请。回国后，工程项目组和成套总公司也给予我高度评价。不过这个项目最后还是因为缅甸军方政府在资金安排上的困难而未能继续下去。他们把中国援助的20亿人民币优先用在仰光机场和澜沧江水电站。而对我来说，这一出国技术支援的成绩仍为我煤化工技术生涯画上了圆满句号。

回顾以上经历，使我总在想毛泽东主席曾经说过的“人是要有一点精神的”。习近平总书记也说，幸福都是奋斗出来的，奋斗本身就是一种幸福。为实现中华民族伟大复兴的中国梦而奋斗，是我们人生难得的机遇。

我认为，我的煤化工生涯其实就是在重大项目研发中绽开崇高理想之花的过程。我为我能够在中年时期创出这样的业绩而感到自豪。煤气工程是生产清洁能源的，它能够使城市的天更蓝、水更清，环境更宜居，生活更方便。但是，其设备的制造过程和煤气的生产过程却是充满艰辛的，我对此深有体会。

现在我已经退休。但每当我看到家中燃气灶冒出蓝色火焰时，我都会想到我当年在煤气工程上的投入与付出。我还总会想到大学老师的教诲：“投身化工，学有所成，造福人类，实现梦想。”

2019年5月26日

坎坷人生路

6551 班　黄相民

河北宣化县八年磨炼

1970 年 6 月 30 日，64 级、65 级分到张家口地区的同学在北工大食堂十字路口坐上解放牌卡车，来到永定门火车站上了火车。到了张家口，下了火车大家直奔地区办公楼。接待我们的干部说时间晚了，你们先住下，明天再办手续。大家在招待所住下，等待分配。第三天把我和郭励中分到宣化县，就此我们和大家告别，又坐火车来到宣化县报到，先住在县招待所等候下一步分配。过了几天，通知我分到沙岭子公社沙岭子大队，郭励中则分到姚家房公社姚家房大队，就此与大郭分手。

带工资的农民

沙岭子小学偏院的三间厨房改为劳动锻炼大学生的住处，从此开始了我们一年的农民生活。全组 7 人每天出工干农活，留一人做饭。我们只干活不挣队里工分。粮食定量每月 42 斤 / 人，油 3 两 / 人，去公社粮店买。队里还额外分给口粮、菜、柴火、冬季取暖煤等。平时各自所在小队社员分什么菜都有我们一份，每年年底结算，把钱交给小队会计，大约每年交 100 元。

第一关 农活关

宣化县农村锄地用短把锄，把长大约 1 尺，锄地时蹲着往前走。我们几人开始蹲着锄，几个小时就不行了，只好跪着往前爬着锄。社员们到地头休息了，我们还在锄。别人休息好了，换垄往回锄时，我们刚到地头，不休息立刻往回锄。社员看我们这么卖力气干活，几天下来对我们亲近了。一周下来好几个人裤子膝盖磨破了，闯过了第一关。

第二关 融入社员群

熟悉了环境，年轻人交往开始多了，我开始给大家理发。慢慢地社员们知道了，大人孩子都来，我是来者不拒，用下工后天黑前时间上门去理发，理下的头发他们留着搪炉灶用。朱有志是比我小 2 岁的年轻社员，成了无话不说的好朋友。教我干农活，介绍队里社情、人际关系等。我则帮他修好了半导体收音机，由此又多了一项义务劳动，给社员们修理收音机。隔三岔五地晚上修理，更换的零件是从北京带来的，我免费服务，更是拉近了与社员的关系。

第三关 体力关

抽调我跟大车上山拉石头，砌大口机井；我一人装车、卸车和“拉摩杆”。每块石头 200—300 斤。最危险的是下山时“拉摩杆”，就是在大车车厢板下捆上一根直径 40 厘米左右粗的树干，伸出车厢板 1.5 米左右，触地部分锯成斜面，并栓上绳子。下坡时斜面着地，连接一根粗绳子向下拉此杆。下山时跟车的人为了增加摩擦力，拉紧绳子，使树干斜面压在地面上；此时车把式同时拉车轮的刹车。两股力控制大车慢慢下行，不会冲下山。我没有那么大力气，压力不足，摩擦力不够。于是把绳子拴在腰上，用全身重量加臂力才能达到目的。第一次下山后车把式“训我”：“你不要命了！一旦刹车失灵，你会连人带车一起完蛋！”从此我改成屁股坐在绳子上，双手死死拉住绳子。一直干到完成大口机井用料任务。此经历使我胃口大开，最多时 2 两一个的窝窝头一顿吃 9 个。遗憾的是由于劳动过头，落下了左手颤抖的毛病。

参加民兵活动和冬耕

大队民兵连长是复员军人，他让我参加民兵活动。因有初中在校射击队的基础，我每次打靶实弹射击都是优秀。

忙忙碌碌的不知不觉到了冬季。先是扣稻地，把放掉水晾干些的稻地用平板铁锹把泥切成方块，再从底下用力翻扣过来晾晒，为来年播种养地灭虫。扣完稻地基本没活干了。听说公社机耕队要到沙岭子大队冬耕，引起我的兴趣。主动找公社高书记和机耕队长，要求参加冬耕。因为我会开链轨式拖拉机。

想起在校期间，学校组织到房山区东方红炼油厂劳动。在“东炼”劳动休息时，站在边上看推土机工作，认识了链轨式推土机手崔师傅，他比我大 4 岁。看我对开推土机感兴趣，就收了我这个“编外徒弟”。每天午休、晚饭后我俩不休息，他手把手教我开推土机。半个月学会了操作。这个师傅大哥也挺高兴有一个“大学生”徒弟。离开“东炼”我俩还有联系。毕业分到农村后就失联了。

基干民兵班

打靶后留影

冬耕不分白天黑夜，人歇机不歇，我就跟机耕队员们连轴转，轮流休息。完成冬耕已到春节前夕，准备回家过年。

以“运输队长”自嘲

从领工资第一个月起，每月开工资立刻给妈妈寄钱，随着工资增加，从每月15元直至每月200元，二十五年多，尽孝心，直到妈妈去世。物资匮乏的年月，回京时不是“衣锦还乡”，而是“运输队长”。后来的近30年，我是我们家的“运输队长”。第一次，给妈妈背回各种新鲜粮食和鸡蛋，共计130多斤，大包小袋13个，大米、小米、绿豆、黄豆、红小豆、黄米面……，外加两个“柳壳子”装鸡蛋。背起来从腰下到脑袋顶高，用军背带捆上背起，一手一个“柳壳子”各15斤鸡蛋。早上5点多永定门站下了火车。一位铁路老师傅看见我低头哈腰背这么多东西，冲我笑着说“小伙子，真行！”坐102无轨电车回家，6点多下了车离家还有1000多米。一路靠在电线杆帮桩上歇了两次，总算进了家门。进屋放下东西，赶紧擦洗满身的汗水。妈妈看我肩膀隔着棉衣勒出的血印直难过，我安慰说：“没事！明天就好了。”

妈妈让我把所有衣服脱下来后先放到院里冻着，换上干净衣服去中药店买“百步草”。用以熬水泡衣服杀虱子。这是抗日战争时，妈妈在重庆救济难民孤儿时给孩子们灭虱子的方法。后几年我照此法多次清理虱子。

参加农村工作队，“小八路”——老马的言传身教

又干了几个月的农活，接到集训通知，到县里学习。成立农村工作队，搞“农业学大寨”运动。我们所有锻炼的大学生都参加。我又分回沙岭子大队，在“小八路”老马手下当工作队队员。老马14岁参加八路军骑兵队，抗战胜利后搞根据地银行工作，县团级干部。“文革”受冲击，下放当一般干部。每天跟着老马同志调研，处理小队及社员生产、生活问题。很快老马把我当成小弟弟，缘起一件关乎社员吃菜的问题。380多口人的小队，县里规定每个小队只许种2亩菜地，其他一律种粮食，根本无法保证社员吃菜。队干部想出高招，东一块、西一块离得挺远，种了6亩菜。上级来检查时，如果问起只说“那是其他队的”躲过检查。可是躲不过驻队干部，老马看在眼里，心知肚明；又担心我这个大学生犯极左打小报告。试探着问我：“咱们吃派饭都吃不上菜，社员更吃不上，县里领导不了解情况，怎么办？他们这么做也是没办法。”我当即回答：“听您的！没意见。”老马当着我面跟小队长说：“就种6亩，不许多种，即使有多出部分不许外卖。”老马坚持共产党人实事求是为人民服务，体恤民情、敢于做主的思想作风深深地教育了我。甘愿冒着被上级发现处罚的危险，我们和小队干部一起瞒下了此事，保证了社员们吃上菜。工作队任务完成后，老马多次邀我去他家做客。

沙岭子公社工作队集训学习照（后排左三为老马同志）

很快一年到了，等着回张家口地区二次分配。这时传下地区领导一句话“各县就地分配”。又过了些日子，又传下某位县领导一句话“这批大学生没改造好，再继续一年”。于是继续在沙岭子当社员。

1972年初，又参加县农村工作队，下乡“斗、批、改”。分到太行山里傅家堡公社东堡（村）大队。“农业学大寨”，白天和社员们一起干农活，建梯田，晚上与队干部开会。农村杂事多，队干部几乎一开会就到半夜一二点。他们抽烟叶，卷“大炮”，看着好玩，学着给他们卷。“你也抽一根”就此慢慢学会了吸烟。接触到的农民朴实、勤劳、贫困。他们辛苦一天，壮劳力10分，0.2—0.5元收入，一年下来，劳力少的家庭倒欠生产队口粮款。回京与同学说起，“不少农民家里人口多，交不起粮款”，我的同学不理解，问我：“农民吃粮还交钱？”

工作队员吃派饭，社员家早、晚饭经常是玉米面糊糊加土豆一锅熬，就着酸咸菜就是一顿饭。中午是窝头、贴饼子或小米饭，高级点是黄米面糕沾烩酸菜，偶尔吃炒豆腐。到谁家吃饭每人一天交 1.2 斤粮票、0.25 元钱。

直到 1972 年 4 月中，闹春荒，各家没粮食了，派不下去饭了，工作队只好撤回县里。学习修整后，锻炼的大学生们进行了二次分配。我被分到桑干河边宣化县王家湾中学当老师。这是宣化县沙岭子中学战备分校。沙岭子中学老教师轮流来一二年，我们是常驻。离土改时丁玲小说《太阳照在桑干河上》里写的那个村 40 里。

当老师，教学由生涩到精彩，培育了师生情谊

我开讲的第一节课是高二物理“半导体二极管、三极管原理”。准备了 3 天，第一次上讲台，自以为很认真。临下课问“同学们听懂了吗？”底下 50 多学生一起喊“没听懂！”我闹了个大红脸。中午在宿舍（2 人 1 间房）请教同室沙岭子中学来的 50 多岁的体育老师朱海涛：“朱老师，我这么认真，怎么他们没听懂？”朱老师只讲了一句话，点醒了我。朱老师说：“当时我正带学生在操场上课，隔着窗户看。你是‘对着黑板讲课’。”既没学过教育学，又没学过教育心理学的我，一边回忆我的中学老师怎么教我们，边琢磨我应该怎么讲课。经努力越讲越好，很快受到学生好评。4 年中学教师的经历，练就了我的表达能力。体会到讲课是门知识、技术加艺术的学问，为后来 30 多年从事计算机技术培训和大学代课（计算机 20 多门课）打下了基础。

其实，当初我并不想当老师，抱着得过且过的思想，是学生们的艰苦努力学习，改变了我。大山里的孩子们上学，一走就是几十里山路。每周六下午回家，周日晚上返回学校，每人背来一周的粮食和咸菜，因为放盐少，与其说是咸菜不如说是酸菜。粮食（玉米面或小米）交到食堂管理员处，每斤加收 2 分钱加工费，

与朱老师在桑干河王家湾大桥上

在桑干河王家湾大桥下

王家湾中学高中毕业留念

换成饭票。国家照顾中学生，每月可以用玉米面换购8斤白面，每斤另加8分钱。很多学生吃不起3—5分钱一份的师生自己种的菜。只有春耕种地、秋收劳动那些天，学校免费供给大家熬菜。平时吃窝头或小米饭，只吃咸菜就开水。学生们课间馋了就含一根咸菜。不少学生周五没了咸菜，周五、周六每顿饭只能是干粮加开水。学生们平时舍不得吃馒头，周五晚饭或周六午饭时买好2斤馒头，每周六带回家，全家人分享。他们努力学习，乐观向上，互相关爱，深深教育了我，感动了我。我主动给师生们理发，免费修理方圆几十里的各村的广播扩音机和个人的半导体收音机。当班主任时，经常与学生们走几十里山路去家访。还根据医书自学了“梅花针”治疗“鬼剃头”，先后给5个男学生治好了“斑秃”。

每次上山劳动种地、秋收，都是开的山坡荒地，无路可走。为了我的安全，几个男生上山时前面两人拉我手，后边两人护着；下山时，两人挡在前边，两人在旁边护着我。学生们的关爱感动了我，他们朴实的精神我将铭记心间！

教改怎么改？用我高中老师的方法，每节课开始的5分钟小测验上一节内容，以了解学生掌握程度；此法用了近一年，取得良好效果。赶上批邓小平“回潮”，不点名批我“与学生为敌”，天天“考”学生。只好放弃了此方法。

当时高中生毕业没有大学招生，基本是回村。想让学生多掌握实际技术，我就通过物理课，加了半导体收音机原理及组装兴趣小组。其中一个学生高兴地告诉我，他组装的收音机里（零件是他舅舅从张家口和宣化给他买的）收到空军战机在空中的对话了。我还请公社拖拉机手上讲台，讲柴油发动机原理和维修，学生们很快学会了柴油机使用与保养。

平时注重学生们德智体全面发展，与他们打成一片，师生关系十分融洽。

每到春秋季节，经常有学生周日挑着小筐代表队里感谢我，给我送大杏、香椿、苹果等，我很高兴，把东西拿到办公室和同事们分享。

当地习俗高中毕业时，学生们给老师买搪瓷脸盆、茶缸留作纪念。不少老师提着十几个脸盆、二三十个茶缸回家，我看不惯！觉着本来学生家庭都困难，临近毕业，开始有几位学生送来脸盆、茶缸，我一一劝回。我告诉班干部，别给我送这些东西，一个也不收，大家心意我领了。只收了两个班干部送的红皮小日记本，保存至今。以后带的几个班均是照此办理。

路途漫漫，长途跋涉在太行山

1973年放寒假前夜，大雪封山，卡车班车到不了王家湾了。要走40多里山路，到深井才有去宣化的班车。半夜3点钟，5名男生从学校一路送我去深井。雪花飘飘，深一脚浅一脚，身上棉衣全都湿了。早7点多走到深井，班车票已售完。找了家旅店，放下东西，我带着学生们到饭馆吃饭。给每人买了一碗红烧肉，2个馒头。吃完饭，烤干大雪淋湿的衣服，每人又给装上3个馒头，学生们要走几十里山路回家啊！送走学生，我住了一夜，第二天坐班车到宣化，换火车回北京。

这一夜是神奇的一夜！难忘的一夜！冥冥之中上天启示的一夜！

我从1961年初二学生时期发现的“抛物线折叠作图”，但是没有证明过程，不敢确认。中学请教老师没解决、大学请教老师也没解决。虽然当了农民、当了教师，我仍在探索，一直寻求答案。在1972年到王家湾中学后，解决了“双曲线折叠作图”，可是椭圆一直没解决。睡到半夜3点多，突然灵光闪现，有了方法！立刻睡意全无，穿衣起床，找出纸笔，通过折叠纸张的办法，作出了椭圆，完成了我对二次曲线折叠作图法的发明（见附录）。天亮后，高高兴兴坐车回京。

1974年“十一”过后，过完秋假回校上课。因修路，宣化到深井断路，只到水泉公社。要步行100里左右的山路到王家湾中学。我班郭励中在水泉公社当团委干部、拖拉机站站长，号称公社“第17把手”。我到他那，他请我吃完中午饭，又给我买了两个馒头。山里有狼，为了防身，他给我打制了一根长1.6米左右的钢钎。下午不到2点告别大郭同学，只身一人，背上水壶、馒头、书包，手握钢钎，大步流星一路急行。抄近道走小路，直到夜幕沉沉，近10点赶回王家湾中学。一路上大山里安静极了，只有风声，只是下午远远对面山坡上见到过一位羊倌。难忘的一幕是，离王家湾20里左右时天已经全黑，没有月光。走着走着，远远看见一个黑乎乎东西卧在路边上，看不清是什么，以为是狼。走到离它 15 米左右，我站下大喊：“谁！”没有动静，我又大喊：“再不吱声别怪我不客气了！”端起钢钎照着那黑乎乎的东西使劲刺去，只听“咣！”的一声，震得我手发麻，头皮发炸！原来虚惊一场，是一块大石头。这根钢钎直到调离王家湾中学，离开学校时送给好友化学老师周天骥。

忆朱老师

1974 年 12 月得到消息，朱海涛老师双腿下肢瘫痪，起因是“文革”中被批斗，一个学生穿皮鞋照着朱老师后腰猛踢，当年只是腰痛，几年后发作，腰椎骨错位压迫神经，最初发病时拄拐棍走路，后来越来越严重，造成双腿下肢瘫痪。因发病时在王家湾中学工作，1975 年 3 月，家属已经办好转院到北京协和医院治疗手续。王家湾中学李校长派我陪床照顾。我去张家口市他家，陪朱老师和他爱人（张家口 中语文教师刘笑 ）到协和医院。一路上我背上背下，直至接收朱老师住院。住院近 2 个月，就像陪护弟弟陪护兄长，每天给他擦身、烫脚、换洗内衣，几天一刮胡子，20 几天一理发。同病室的其他病友都称赞我是“比亲兄弟还亲的好人！”其间做了造影等全面检查，结论：手术有碰坏神经的风险，保守治疗只能维持现状。朱老师决定回家养病。出院时朱老师夫妇去我家看望我妈妈，表示谢意。然后我陪他们回到张家口。安顿好朱老师，我回王家湾中学继续教书。

1981 年，刘老师写信告诉我妈妈，朱老师长期行动不便，身体体质下降，一次感冒转大叶肺炎，不治身亡。

调离学校，建设宣化县水泥厂

1976 年 5 月，县委高副书记（当时主管工业，原沙岭子公社书记，在沙岭子锻炼时就经常接触）到学校找我，说：“县里建水泥厂，没有电气技术员，你不是学电子计算机的嘛？调你去干。”我说：“那是动力电，我没学过。”高书记说：“边干边学，就这么定了！”于是接到一纸调令，到洋河南水泥厂工地报到。工地只有一排平房，兼做办公室、宿舍和变电站。厂长交代任务，一切从零开始。工程项目包括高压线路供电进变电室、变电室配置、生产生活用电线路、水泥窑避雷系统设计和施工等。我边看书学习、边请教宣化区供电局清华大学毕业的工程师。厂内电工班 4 个师傅，班长是魏德胜师傅。我不会的虚心请教他。经过半年多，从设计画图到施工登梯子、爬电线杆，从房顶到地沟布线，顺利完成了所有任务。水泥厂生产出合格的 400 号水泥，全县供不应求。为了保证供电系统正常运转，我与电工班师傅们一起排班值夜班。

在此期间，去运水泥电线杆，我和3位电工往车上抬。我抬大头，没抬起来。只听腰部咔吧一声，我动不了了。司机立刻拉我去洋河南县医院。挂了号，找了中医大夫。一说过程，他让我低头抱着他的腰，他抱着我的腰，他使劲反方向一扭，只听咔一声，腰脊椎复位了。当时就能站直了。我赶紧谢谢大夫！开了膏药贴上。一聊才知他也是北京人，祖传中医，从此又交了个朋友。

唐山大地震

1976年7月28日唐山大地震，波及宣化。当天加班刚睡下，地震来时大家跑出兼办公室的宿舍，大地还在摇动，电线摆动发出唰唰的响声。这是在北工大经历邢台地震后经历的第二次大地震。天亮后知道是唐山地震了，给北大医院工作的表姐打电话，问大儿子的情况。我1972年成家，1974年添了一对双胞胎儿子。夫人是包钢子弟，下乡回城后在包头上班。因两地分居无法带两个孩子，只好把老大留在北京托儿所上长托。先是妈妈一周接一次，妈妈此前去长沙照顾我姐姐手术，没在北京。每周表姐和她女儿帮忙接到她家一天。表姐讲，地震发生时，值班阿姨们机智地把孩子们一个一个“端尿盆式”地轱辘出卧室，没有大碍，住在阜成门外防震棚里。我请了假，立即坐火车回京。29日下午到京，立刻去表姐家。到了阜成门外地铁工地上，已是连片的防震棚。晚上儿子因受了惊吓，一会儿一哭，抱着哄他一夜无眠。30日买了去包头的火车票，抱着孩子，一路颠沛，到了包头。岳父岳母一看也没办法了，只好接收老大，留在包头。老人帮忙看一个，夫人带一个。此情况一直延续到1978年解决两地生活，我调入包钢。

1977年初，妈妈回到北京，地震后怕妈妈睡不踏实。我找宣钢当车间主任的北工大校友，花了130元，买了4根2米长2吋钢管，在电焊工师傅指导下，自己动手给妈妈焊接了一个双层防震床。运回北京，在平房屋里安装好。上层结绳网，网上铺木板，下边睡觉用，从此让妈妈睡上安稳觉。

难忘师生情，慷慨解囊相助

1977年一个周日休息，我去宣化县城逛。走在街上，迎面遇上一个教过的学生和另一位男人，脸色惨白。我一问得知，他妈妈住院做手术，他和舅舅给他妈妈刚输完血，身上钱不多了，还没吃饭。输完血的人必须及时补充营养，我立即拉上他们到宣化有名的包子铺。给他们每人买了半斤包子，一碗鸡蛋汤。正好刚发工资(每月52.50元)，掏出30元给了学生，再三嘱咐他俩必须补上营养，否则今后身体会垮。分手后再也没联系了。

1978年恢复高考和招收研究生，因为我忙于调动工作，没复习好。我报考北工大计算数学专业，没考上。5月调令下来，办了手续离开工作了8年的宣化。

调包钢工作及内退回京打拼

到包钢正赶上包钢成立计算站，又赶上改革开放落实“专业技术对口使用知识分子”政策，分到新组建的包钢计划处下属计算站。能否留在计算站，组织派人政审，到北工大调查。去调查的是计算站第一任科长何汝玲。过后何科长告诉我，学校派五系孙会兴老师接待。“孙老师说你是好学生，没有政治问题。”通过了政审，自此留在计算站。感恩孙老师！后来妈妈来信讲，何科长买了稻香村两盒点心登门看望。当年妈妈退休一人在京生活，我兄弟姐妹5人全在外地工作，妹妹是下乡知青。且当时家父冤案还没平反，何科长这么关心我，心存感激，滴水之恩当涌泉相报。（后来私交以姐弟交往，辅导何大姐孩子学习直至孩子考上大学。）

有幸成为包钢、内蒙古第一代计算机技术人员及全国第二代计算机技术人员

计算站又是白手起家。没有计算机机房，设计处设计了“电子楼”，二冶公司施工。刘惠宝副科长负责，我是他手下跑腿的，施工乙方根据进度提前报材料单，我负责配合领料。大到中央空调机、钢筋水泥，小到螺丝、灯泡。忙到1979年1月竣工，置备办公桌椅。一层东半部是计算站。二层是计划处，三层是公司党委办公室。

很快冶金部计算中心给十大钢厂各配备了北京738厂生产的第三代计算机TTL电路小型机DJS-154机一套，各钢厂自己出钱，排队等待安装调试。

技术干部短缺，当时只有1961年东北工学院毕业的陈澄工程师和我。为了尽快学会应用，陈工带我到首钢计算站学习。当时首钢已有一套441-B计算机。我俩住在首钢“二招”，开始每天去首钢机房听他们介绍硬件和软件。十几天后，开始自学Fortran语言，进一步打出他们编写的工资计算程序，读程序、画流程图。当时存储介质是穿孔纸带，写好程序在穿孔机上生成程序纸带。每次上机运行时，由读纸带机读入内存，然后运行程序。出错时用剪刀剪掉错误部分，然后用胶水把新改正的纸带粘接好，再重复读入、运行。反反复复，直至完成。上千行程序有时要十来天才能完成调试。利用他们空闲机时上机学习，经常是晚上加班加点。有疑问时

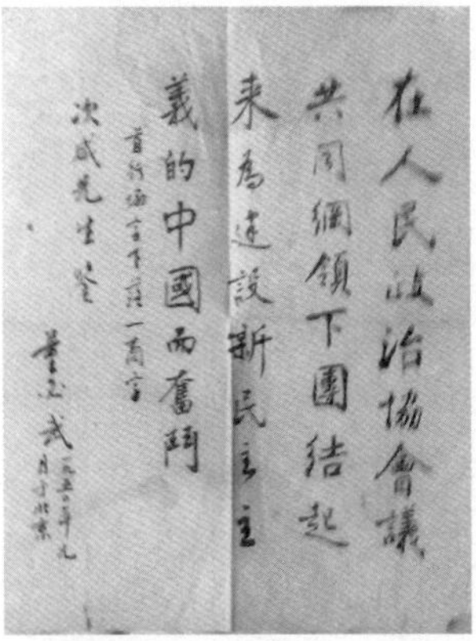

董必武题词

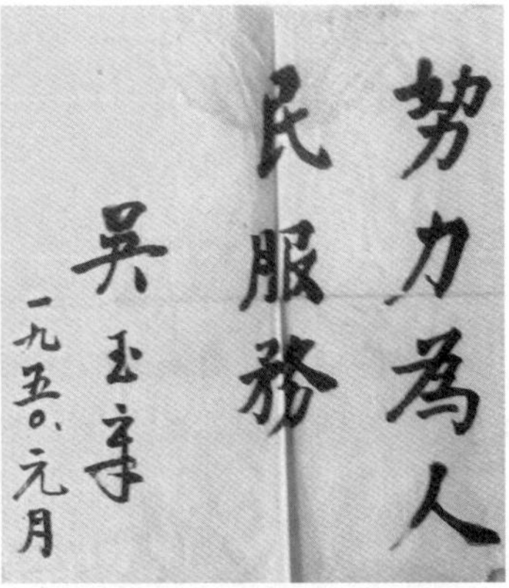

吴玉章题词

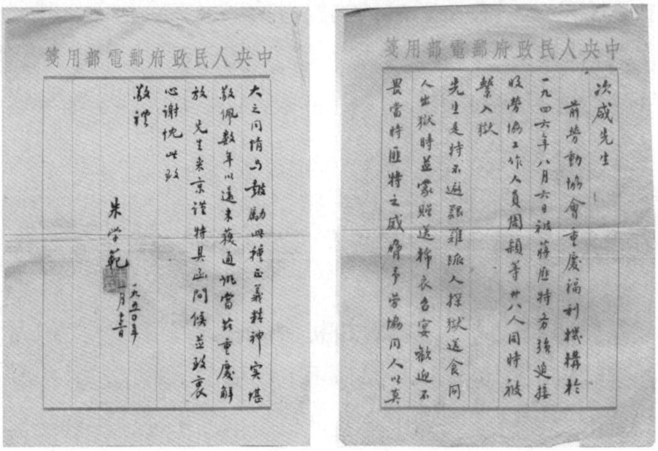

朱学范写的信

请教首钢的师傅们，经过近 3 个月学习，我们基本掌握了 Fortran 语言编程，带着自己第一次编写的程序和运行结果返回包钢。

在此期间，每周日我搀扶妈妈到中国红十字会上访，要求平反家父冤案。家父黄次咸是重庆民主人士，中国民主建国会发起人之一，为抗日战争和民主革命及新中国建立民主统一战线做了很多事情。2018 年 7 月才从湖南政协发表的《从“五一口号”到协商建国重要史事回顾展》（来源：中国政协文史馆）一文中得知家父是 1948 年 9 月 20 日中共中央邀请的 77 位民主人士的第 77 人。因国民党特务严控，家父没能成行北上，1949 年 11 月 30 日重庆解放。家父 1950 年进京参加全国政协一届二次会议和新中国建设。董老必武、吴老玉章给他题词，朱学范部长给他写了感谢信。并由民建中央介绍到华北革大（人民大学前身）学习。因缺干部，提前肄业安排到全国红十字会当办公室主任。只因批评他副手办公室副主任（长征干部，把文盲小舅子调入红十字会工作；“共产党不搞一人得道鸡犬升天，你这么做是错误的。”），得罪此人。1952 年“三反”一来，此人诬陷家父“贪污”，于是遭到关押、毒打、晒太阳等，折磨病重。1952 年 6 月 1 日接回家中当晚去世。妈妈多年上访无果。此次历经 3 个多月，1979 年 4 月得以平反。从此过上普通人的生活。

努力拼博，抢回被耽误的岁月，作出成绩

自从第三代计算机 DJS–154 在包钢安装，就开始清点设备、资料，抓紧时间看图纸、资料学习。白天、晚上学习经常加班熬到半夜一二点。这时又调进计算站一位华东师大物理系 67 届毕业生老李。

不久北京 738 厂师傅一行 7 人，到包钢安装调试，就住在机房外边办公室。分工我负责内存维护。为了虚心学习，师傅们干到半夜几点休息我跟到几点。平时给师傅们打水扫地。两位负责内存的师傅手把手教我如何使用测试台和示波器进行内存板检查、调试，倾其所有毫无保留教我。12 天我记了两笔记本的笔记，基本入了门，受到师傅们称赞。

738 厂师傅们完成任务离开包钢第三天，我经受了“突然袭击式”考核。就在我离开机房 20 分钟左右，老李喊我，说：“小黄，计算机死机了，你看看，可能是内存的事？！”我立刻进机房，开机听监听喇叭声，确认是内存出故障了。马上排查定位，是四块内存板的第二块板子。拔下内存板，插到内存检测台上，拉过示波器，检查线路。当我找到波形不对的一个二极管堆时，发现一条线路腿被挑起。我立刻明白这是他俩不信我已经掌握了维修技术，故意焊开，设置故障考我。我只说了一句：“谁干的？！捣乱！”他俩偷笑着离开机房。从此我更拼博，暗下决心，让你们见识北工大学生的实力。半年多后的一天上午，我在机房整理程序纸带，陈工在上机计算。只听呯的一声，计算机停机了。我赶紧跑到机柜后面查看，只见一股白烟从磁鼓控制柜冒出，同时闻到一股酸味。根据硬件知识，我立刻判定是电解电容老化爆炸。因为陈工分工负责磁鼓维护，我跟陈工说：“是磁鼓柜电解电容坏了！”我俩打开机柜，一下就找到炸开的电解电容。按照图纸换上备用的电解电容，十分钟不到恢复了正常。从此陈工对我更信任了。

后来几年，领导派我多次到北京、四川、大连、鞍钢、阜新等地参加 738 厂组织的学习培训活动，进一步学习他们研发的机器语言、汇编、操作系统（OS）、高级语言 Basic、Algol 60、Fortran Ⅳ。边干边学，理论与实际相结合，历时八年，在 DJS–154 计算机上应用开发和培训其他厂、处人员 100 多人。有幸成为包钢、内蒙古第一代计算机技术人员以及全国第二代计算机技术人员。为后来几十年计算机领域拼搏打下坚实基础。

这期间领悟到“交叉学科出成果”的精髓，努力成为复合型人才。与其他专业技术干部和管理干部结合，学习他们相应专业知识。应用计算机 + 数学 + 其他相应学科知识,解决各专业学科难题。在 DJS–154 计算机上作出了多项成果。其中，为钢研所陈汝新（1960 年北京钢院毕业生）高工服务，用计算机编程计算“75kg 工业重轨钢锭模设计”，设计钢锭重量 11410kg。钢锭主体是双曲拱面，底部四角是四分之一球体，底部为小半个球体。球体体积那部分计算参照了恩师邱玉圃老师编写的《计算方法》书中的“球体体积计算程序”（书中 Fortran 语言，我改写成 Basic 语言）。历经两周，加班加点，天天干到半夜。程序调试完成后，根据浇铸钢锭平台不同高度而改变钢锭尺寸进行计算，共算了 5 个方案。每调整一次参数，5 分钟计算完成一个方案并打印出每浇铸钢水 5mm 高对应重量表。上论证会选定一个方案。经一个月的生产，做了 10 个钢锭模，试浇铸了 10 个钢锭。结果非常成功，9 个 11410kg，1 个 11400kg，误差精度达到 0.00876%，超过人工计算，且节约时间几千倍（原人工计算，一个方案要多人算 4 个月左右）。仅此一项，每年给包钢带来直接经济效益 200 万元（经财务人员测算报财务处审计结果），十几年下来就是 2000 多万元。公司奖励全体参试人员 2 万元，发给我 50 元（当时月工资 300 多元）。

另一项，“铸铁、铸钢保温冒口尺寸算图”是机械总厂贾伯银高工提出能否用计算机绘图，画出铸件体积、面积为标尺，直接找出冒口高度与直径的“诺莫图”（算图）。我利用数学知识，把相应的三次方计算公式变换为相对应点坐标，用计算机绘图仪，画出对应二元三次方程曲线。达到应用要求，使铸件保温冒口补缩钢水冷凝后达到恰好的状态，既节约了砂型工料、钢（或铁）水，又节约了打磨工时。填补了国内铸造行业计算机应用空白。此项成果的论文被冶金铸造行业协会等多个级别协会评为 A 等论文。

与包钢劳动保护研究所赵光丽大夫合作，用计算机数据库和回归分析计算，完成了“包钢女职工异常生育结果的流行病学调查”课题，至今网上能查到。此项目获中国稀土学会优秀论文奖，参加亚太地区劳动保护学会国际会议，获得论文一等奖。

此结果从 25 项调查因素中找出 7 大因素，造成新生儿异常（死胎死产、无脑儿、兔唇、四肢异常等）。据此在包钢工会女工部支持下，对全包钢女工委员进行宣传讲解，以避免今后新生儿异常。其中，第一大因素是父母长期吸烟喝酒；第七大因素是女职工长期使用化妆品，造成胎儿异常，经分析是化妆品铅中毒。由此提出“自然美”的理念。另外，女教师自然流产率高于其他行业，分析后向教育处和职工大学建议，怀孕老师允许坐着讲课，解决了此问题。

我晋升高级工程师时写的论文《论多媒体技术在企业 MIS 中的应用》，后来多年被多人引用。该文中我提出的多媒体视频、音频、语音、文字信息用网络技术应用于企业信息管理系统的方案和方法，十年后在包钢和全国各行业逐步实现了。当年晋升高工论文及答辩被评委们评分第一。该论文至今在网上能查到。

1999 年“内退”回到北京，在北京泰达讯通公司打工，我一人身兼三职“培训部经理”“质量部经理”“售后服务部经理”。该公司主营“中小学信息化”，我四次代表公司在国家教育行政学院（在大兴）给全国各地负责中小学教育的县领导及教育局局长进行讲座。讲中小学信息化建设方案，题目为《统筹规划，分步实施》，不要一哄而上，要稳扎稳打。这是我对当年教育部搞的信息化“洋跃进”采取的降调办法。强调信息技术是把双刃剑，必须注意在应用中的正反两方面的控制。另外根据当时很多贫困地区学校连电费都不够的情况，建议他们集中财力一个县建立一两个多媒体教室，充分利用，各学校排班上机。这样既节约了经费，又解决了贫困地区中小学计算机网络教育普及的问题。同时指出信息技术每 18 个月升级一次，如果一次性铺开上，几年以后所有系统面临淘汰更新换代，必将造成大浪费。另外提出必须超前一至三年培养和组建师资力量，否则无法开课。因当过农村中学老师，结合实际讲解信息化的理论，受到好评，为公司取得信任，开拓市场打下良好基础。

努力学习软件工程理论，结合实际，不断创新出成果

为学习新知识，每次出差回京必去西单新华书店找计算机学科新书，节衣缩食每有必买，如饥似渴地学习，边干边学，吸收知识充实自己。其中受益最大的是看到一本新出的《软件工程》，是复旦大学朱三元教授编写，1986 年 1 月 24 日买回。

自此，开始自学“软件工程”理论。软件是年轻的行业，理论体系还不成熟，其他学科的系统思想“工程学”被引进到软件领域，但“软件工程”没有“学”字。经过几年学习思考，我才找到理论依据。恩格斯在《自然辩证法》中对于“科学”一句话点到了关键，大意是“任何一门学科，只有当其引入了高等数学时，才能称其为严密的科学”（另一翻译为“任何一门学科，如果能够用数学来描述，那么它才能说是科学的”），而至今“软件工程”没有引入高等数学。

第一遍只是看懂点定义，学到第三遍，开始领会些要领。边干边学，把不完整的“软件工程”这一工程学科逐步掌握并应用于实际，指导自己研发软件，不断改进提高软件开发质量，为后来的研发建立了理论基础，完成了十几项科研、管理应用成果。为近 30 年“软件工程”教学、培训积累了理论结合实际的案例，丰富了书本上没有的知识。仅此一门课，讲了 28 遍，教了 3000 多学生，受到各学校和学生好评。

1999 年内退回京后，我致力于用软件工程知识解决软件行业研发成本控制难题，把统计学、软件工程、会计学结合，提出建立“软件研发技术经济指标体系”的理论和方法。此成果成功应用到中国银行博科软件公司报价系统咨询项目，受到用户好评。填补了国内软件行业成本效益控制空白。我所在的北京多星管理咨询公司得到北京市科委项目奖励 20 万元，并在软件行业协会过程改进分会(后我当选为该分会 8 个主任委员之一)组织的讲座中多次进行讲解介绍。所讲内容当年书本上没有，听众有北大、清华、北航各大院校和中科院计算所等科研院所及 100 多家北京软件公司的计算机专业高管、教授、学者，讲解受到一致好评。每次介绍自己都自豪地说“我毕业于北京工业大学，退休于包钢”。为母校在 IT 行业争了光，至今网上能搜到相关内容。

赛迪网（中国 IT 行业专业网站）请我和汪浩博士去网上直播，在网上也能

会后和清华大学郑人杰教授、北航周教授

2007 年 6 月，“功能点与代码行”辩论会

“功能点”辩方小组得奖（右一汪浩）

北航周教授给我颁“最具数据精神奖”

搜到相关内容。

20 世纪 80 年代末，中国软件行业发起职称考试。我在包钢自动化研究所软件、硬件研究室主任岗位上，只是工程师。领导近 70 人的软、硬件队伍。必须技术过硬才能让小朋友们信服。于是抓住机会报名参加“全国计算机系统分析员”级别考试（高工级）。为了参加考试，既要工作又要照顾家，时间不够，晚上加班学习、复习考试大纲规定的相关内容。1988 年和 1989 年连考两次。1989 年内蒙古自治区一共 7 人考试。包头考场一间大教室只我一人，已经 43 岁了。监考是清华大学老毕业生包头市科委主任，由此科委主任认识了我并得到重视。聘我为市科委计算机专家组成员，后任副组长。参与包头科委负责的信息技术课题立项评审、过程及结题评审活动。每次都能指出优缺点并给出解决问题具体方案。

两次代表包钢参与内蒙古“七五”“八五”信息技术五年计划制定。提出超前 3—5 年培养“复合型”人才战略计划和实施方案和软硬件“总体规划、分步实施”步骤，受到内蒙古计算机领导小组组长袁老师（1962 年清华毕业生）好评。

当好“排头兵”，科学民主管理团队

由于“文革”造成断代，20 世纪 80 年代初，我被任命为软件研究室主任。后又兼任硬件研究室主任及通讯科科长，身兼三职。后来逐年分来 70 多名大学毕业生。我成了“排头兵”。为了带好这支队伍，我身体力行，事事干在前，从打水扫地到绿化种树，从关心同事到资助困难“小朋友”，从夜班值机到完成科研课题，树立科学民主风气，团结互助，努力好学，钻研技术，提高水平。凡是遇到难题问到我的，毫无保留，热心指导。我认为“高水平者”必须是不保守且不断努力领先别人的人。几年努力使我们室达到内蒙古一流水平，我也十几次获得各级表彰。

我立规矩，不许到我这“告状”，必须先善意对对方提出意见批评，如若对方不改，可以告诉我。当遇到个别犯错的人和事时，我请进办公室，“关起门”来“单兵教练”给“小朋友”留面子，从不在众人面前批评，允许对方解释，直至心服口服。所里个别人不了解情况，给我起了个外号“黄老面”！我“以柔克刚”一笑了之。

凡是提出考研究生的“小朋友”都给予支持帮助，上级领导问到“×××读研去，离开行不行？”时，我都回答没问题！因为已经提前安排好交接工作，鼓励年轻人学习上进。有不少人学成后又回到我们科室。每年要求每人提出年度自学计划，需要买什么资料和书报给我计划，提交到所里，为大家服务。半年大家交流一次学习体会，共同提高。学习风气浓厚，大家进步很快。

科里“小金库”是所里奖励资金和根据出勤记录扣留迟到、事假等每月奖金余额，多时几千元。为了透明，请一位大家信任的老实人兼会计出纳，现金和存折均由他负责，其他人随时可查账，账目公开透明，我只负责签字批条。用于大家家里有事或生儿育女、看望病号等，以示集体互爱。

以一己之力，施博爱之心。用积累的医学和生活常识，几十年救了身边12人性命，资助身边困难“小朋友”十几年。几十年给大家义务理发、修理收音机、电视机等家用电器。辅导身边同事子弟和青工考上大学、职大七十多人。大家对当年软件室的人文环境多有怀念，虽然离开包钢19年了，至今大家友谊长存，几十人电话、微信互相联系，我回包头办事时大家热情请我相聚，“小朋友”们也偶尔来京欢聚叙旧。1999年10月，内退回京后又结识了不少IT业内新朋友，至今在一个微信群里，开全国性专业会议时仍邀请我参加。

总结出几十年在科研一线创新出成果的指导理论、思想、方法：学习树立系统思想，完善全面分析和解决问题能力；交叉学科学习，成为复合型人才；交叉学科出成果，是当今社会发展的必然趋势。

是改革开放、思想解放给了我发挥作用的舞台，是北工大师长真诚做人、务实求真、努力上进、吃苦耐劳、实事求是的作风培养了我：回望几十年坎坷经历，无愧人生。

祝愿母校不断发展壮大，为社会培养出更多复合型人才。

附录：我的数学发明——二次曲线折叠作图法

偶然的发现往往促成发明。我对二次曲线、曲面、体的折叠作图法，从1961年折纸时无意间发现半个抛物线开始，在之后十几年的学习、工作中坚持探索，终成正果。

介绍如下：

点—线—面—体

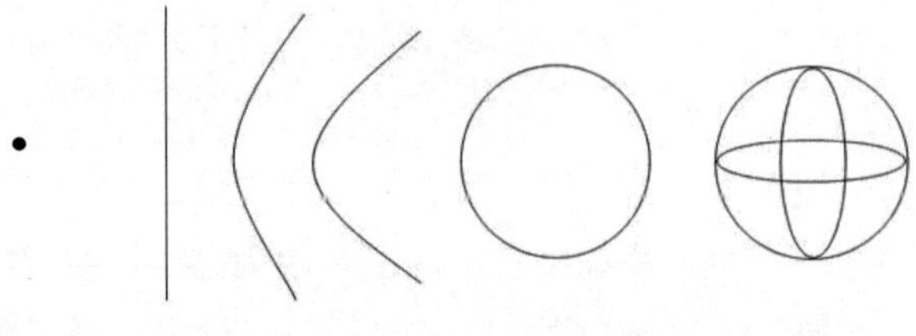

1. 抛物线

在平面上画任意一条直线 L，直线外任取一点 A。折叠平面使 A 点与直线 L 上任意一点重叠，产生一条折线，此折（直）线为抛物线的一条切线。折叠平面使点 A 在直线 L 上对应有无穷多个重叠点，每折叠一次产生一条折线（直线），产生的无穷多条折线包络出与此对应的抛物线，抛物线折叠作图完成。

如何折叠抛物线？

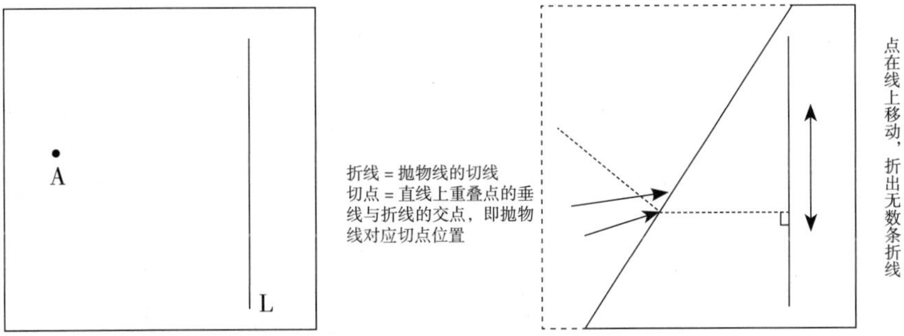

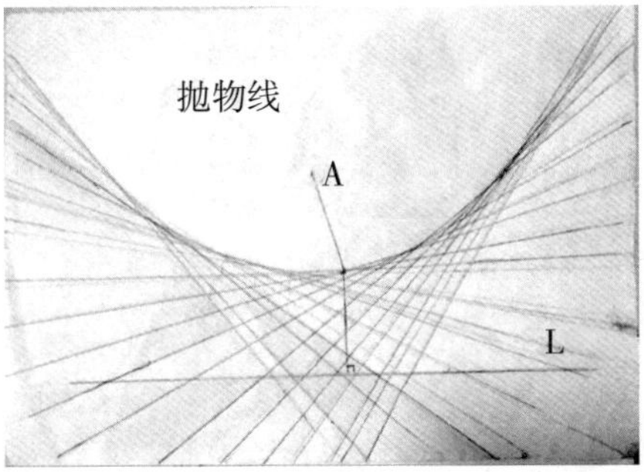

2. 双曲线

在平面上画任意一个圆 O，圆外（不在圆周上）任取一点 A。折叠平面使 A 点与圆 O 圆周上任一点重叠，产生一条折线，此直线为双曲线的一条切线。移动点 A 在圆 O 圆周上无穷多个重叠点，每移动一点折叠产生一条折线（直线），产生的无穷多条折线包络出与此对应的双曲线。

3. 椭圆

在平面上画任意一个圆 O，圆内（不在圆周上）任取一点 A。折叠平面使 A 点与圆 O 圆周上任一点重叠，产生一条折线，此直线为椭圆的一条切线。移动点 A 在圆 O 圆周上无穷多个重叠点，每移动一点折叠产生一条折线（直线），产生的无穷多条折线包络出与此对应的椭圆。

双曲线

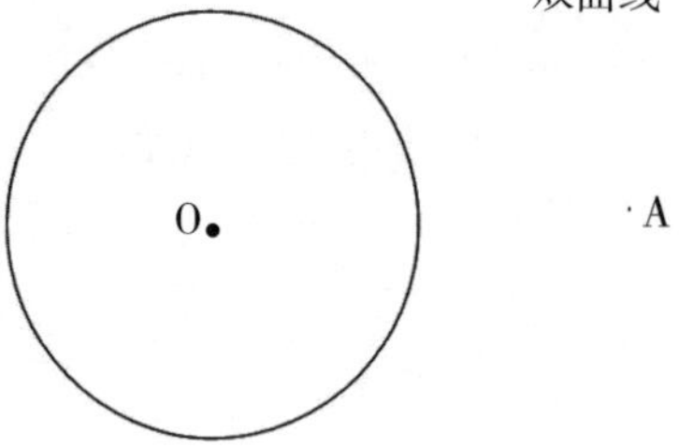

双曲线

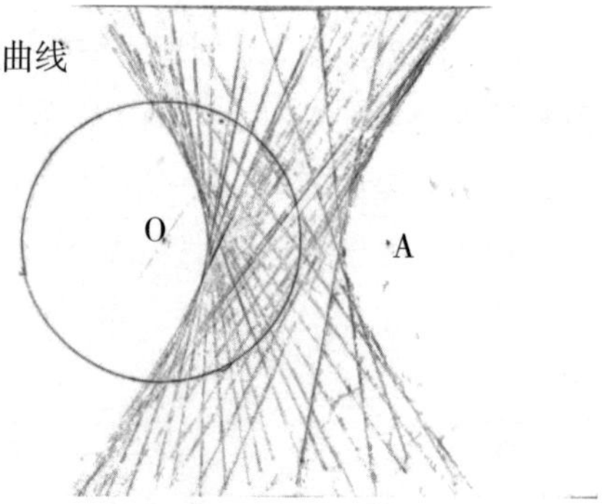

椭圆

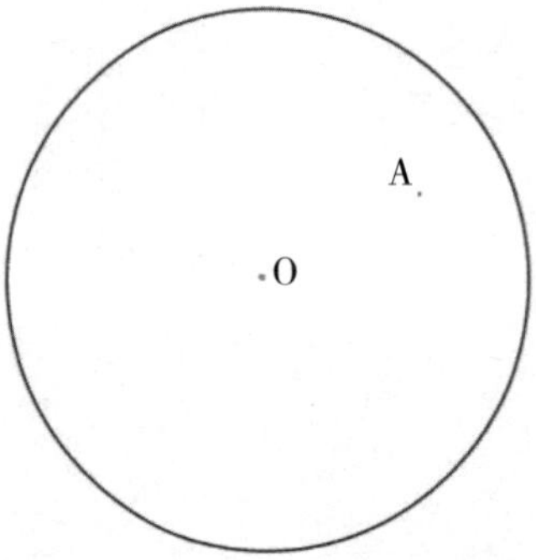

椭圆

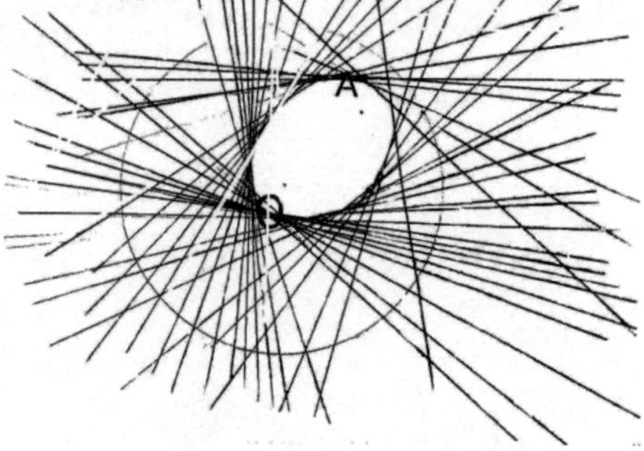

关于三维空间变换就不一一道来了。

第三辑　夕阳晚霞

体操伴我一生

6116 班　及顺德

我一生喜爱体操运动，从玩双杠到练体操，它使我瘦弱的身体变得灵活、健壮、潇洒，融入了我的身心。正因为如此，它使我困难的时候振奋起来，危险的时候化险为夷，它还救了我一次命。虽然我体操运动最辉煌的时间是在北工大，但是它的福祉伴随了我一生。

我出身于普通家庭，父亲是手工业劳动者，母亲是家庭妇女。但不知何种原因我家三兄弟都喜欢体操（三兄弟数学也都不错），坚持一辈子体操运动的是我。我读小学五年级时住西城区扁担胡同，练过一年武术，由于家搬到虎坊桥就不练了，受到哥哥玩双杠的影响也喜欢上了双杠、单杠的体操活动。小学毕业时由于不想和一起玩的同学张志分开，两人就一起选择了处于两家中间距离的三十三中。上了三十三中才知这是很次的学校，当时有个顺口溜“男不上北方，女不上华光”，三十三中就是这两个学校合并成立的。老师教学水平不高，上代数课时老师还出了丑。有一次给大家上复习课时，课本上的题他不会做、讲不下去了，结果我上去给做出来了。我并不是什么天才，只是上课听讲认真，下课做作业认真，那道题老师布置过，我课下做出来了。对于老师教学水平低我并不在意，而是把兴趣和精力用到玩双杠上了。当时三十三中的同学有六七个练体操的，但大部分都是玩双杠。我当时身材瘦小（可能与我自小只吃素，鸡鸭鱼肉不吃有关），因此练双杠时主要放在练技巧上，如前上抄直、杠中正握翻上抄直、挺胸转体抄直、后拉起抄直、前空翻下杠等。这些动作都要求有强大的臂力，所以初三下半年毕业时我胳膊粗大，胸肌发达。我的学习成绩仍然不错，毕业时我面临一个抉择，我想上高中，但是一起练体操的这六七个同学不是去工作就是上技校。我这个人比较恋伴，为此彷徨。一次我从学校南边练完双杠往北部教室走，刚好看到班主任胡奇老师在烧炉子熔化铁水（“大跃进”时大炼钢铁），我叫了一声胡老师，他回头看是我就问：“你打算上高中吧，打算上哪个学校？”接着又说：“要想上大学，就要考一个好的高中！”我问：“考哪个学校？”胡老师说：“考四中。”我点点头。我当时并不知道四中是最好的中学，很难考上，只是打听了一下位置，感觉离家还不特别远，就报考了四中。没想到还真考上了，由于三十三中很少有人考上四中，我考上后还在学校引起一片惊讶。

上了四中才知道它是北京市最好的男校，但是当时的我和大多数同龄人都没有把好学校看成金钥匙，相反我很不习惯，感觉四中就是一帮书呆子和一些活跃的高干子弟组合，都不爱玩。我熬了一个多学期就提出转学，班主任和我谈话：“四中是很难进的学校，你出去可以，但再想转回来就不可能了！”我决心已下，强调四中离家远，就转学了。我转到三十一中，我弟弟在那里读初中，更重要的是我初中好友刘任威也在那个学校。我在三十一中不仅练双杠，还和刘任威一起滑冰、游泳、看电影，滑冰也从初中学的花样刀改成球刀，一边学习一边玩感到很快乐。在三十一中还有一小插曲，高三时全校选飞行员就挑上我一人。两个空军军官和我谈话：“三十一中只选上你一个，但是知道你吃素。飞行员必须吃肉才能上天，你能不能改变？”我知道改不了，只能如实地说：“改不了！”他们俩遗憾地走了。三十一中过去叫崇德中学，是和男八中齐名的学校，对高三的学习抓得很紧。考试前的复习期间我有一段时间自己在家复习，班主任到家找我，让我必须回校一起复习；我们的数学老师伊去病是北京市有名的一级教师，当我回校时特意写了一个重点复习提纲。三十一中的良好教学环境给我考大学创造了条件，同时那一年考试内容对我来说又是天赐良机。我的数理化不错，但是外语和语文很差。而1961年高考是最后一年把考外语作为参考分数，而且那一年考试作文有两个自选题目，一个是写春游的题目，另一个是论述文《论帝国主义和一切反动派都是纸老虎》。这两个题目我不胆怯，都发挥得很好。这样我考完试很高兴，认为报考清华大学没问题了。以后了解的事实也证明我的感觉：高考平均成绩90分以上，数学是99分。但是我接到的通知是北京工业大学，同时好友刘任威同学奉老师之命告诉我“没考上”，还要我回学校赶快分配到工厂工作，我迷惑不解，以后才知是我政审不合格的原因。我们那一届有43个同学高考分数很好但因为政审不合格没被录取。是北工大的领导请示当时北京市二把手刘仁，刘仁指示可以从报考清华、北大未被录取的学生中挑一批，进入北工大学习，将来留校任教。

上了北工大后我心情很郁闷，一是当时学校简陋不像大学的样子；二是不明白我的家庭为什么政审有问题。一年级时我也要求入团，团支部书记李燕龄和我谈话说：“你必须和家庭划清界限，彻底认清它的反动本质。”在这种情况下，我患了神经衰弱症，整夜睡不好觉，学习成绩很差，有的还不及格。这

在北工大做双杠倒立

种情况不能继续下去了，大二下半年我参加了体操队。体操振奋了我的精神，使我不再理会郁闷之事，这样我不仅体操更上一层楼，学习成绩也好了。

1964 年我和其他几个队友代表北工大体操队参加北京市高等院校运动会荣获了团体第六名和个人单杠第三名的好成绩，其中团体赛我立下汗马功劳。这次比赛是在清华大学操场，比赛动作是按照国家二级运动员的标准，每个项目满分是十分。我在参加单杠的六人中排名第四，并不是主力。单杠项目学校教练教我们练习的是低杠下，赛前到清华才抓紧练习高杠下。我练习高杠下时下巴碰到膝盖，我再练时纠正过来，我记住了要领。正式比赛开始后单杠我校是第一队出场，有些紧张。第一名队员由教练扶上杠后，开始动作很好，成倒立后也好，但是稳了一会儿没有往后倒而是倒向前面，半截下杠，动作失败。第二、三名又都在成倒立时没到位并且都倒向前面，半截下杠，动作失败。这时教练情绪很低，对我更不抱希望，并没有像嘱咐前面队员那样，一句话没说就把我托上单杠。我从前练双杠多，在完成倒立这个动作时都要使身体越过垂直线一点，我根据这个经验和想法在成倒立这第一个大动作时完成得很好，以后的动作也都非常标准。最后作曲身上腾空、雁式飞越 2.5 米高杠，根据在清华练习时掌握的要领，从高杠雁式落下时稳稳地落到垫子上，站起，接着听到观众们的一片掌声。此时裁判长宣布停止判分，召集裁判开会，为的是根据我的表现研究如何准确判分，为下面比赛确定一个标准。最后宣布是 9.05 分。由于我的成功以及我校第五、第六名也做得不错，这样我校体操比赛获得团体第六名（只取六名），

参加北京高校运动会体操比赛前合影

在北工大做双杠平衡

我个人获单杠第三名的好成绩，为北工大争了光！

获奖后在北工大校园内体操男队合影

我也由此将体操的精神融入了身心，一直坚持此项运动。这样的锻炼也使我的身体在遇到危险时形成了本能反应。第一次是在北工大的“文革”期间。我在介入“二陈事件”前是“东方红”动态组组长。一次几个同学骑自行车去人民大会堂看节目，回来的半路上遇见了动态组的周竞，他拦住我说了一些高等军事学院的事，由于其他几个同学早走了，我就上车猛追，追到八王坟大街时，身上很热就把衣服脱下放在前把上。我越骑越快，这个自行车毛病很多，只听下面链子碰着链子盒老响，我就不断地用脚踢链子盒仍然快骑。当我感觉前轮猛然不动时，后轮一下掀起来把我抛出去了，我在身体向前着地时双手扶地作了一个前滚翻，化险为夷。我立马站起，拍拍身上的灰，揪出卷入前轮的衣服又骑上了车。路上被我超越的几个骑车的同学这时也到了，没看见我摔到地上的情况只看到我又上车，很奇怪我在干什么。

另外一个更危险的差点摔死了的事发生在工作时期。这里先暂且不说，先解释一下什么原因导致我政审不合格和“文革”时险些被抄家的因由。我父亲13岁时得脑膜炎发高烧使两耳变聋。以后为了生计学做鞋，在河南学了三年后（北京当时行内不收聋子学徒）又在北京学了三年，成了在西单一片有名的行家。提起我父亲的名及宝印都不知道，但是提起及聋子行业内都竖大拇指。1965年，我父亲在北京做了二百多双鞋样开了展览，副市长乐松生参观了展览并接见了他。当然此时栽脏陷害我父亲的事早已搞清楚了。原来住地派出所姓贾的警察为了整我哥哥，诬陷我父亲是日本特务（正好是我考大学那一年），一个做鞋的聋子怎么可能是日本特务？但这顶黑帽子一顶就是二十年！

我从北工大毕业后到北京开关厂工作，由于“二陈事件”的影响，工厂对待我像对劳改犯似的，焊接车间的活又脏又累，在铁滚轮的车上装料，拉车时，地上到处是电焊机的线，有时根本拉不动，工人们即使是休息也不会帮你，而是冷眼旁观，我不在乎，咬着牙拼命干。有一天我们小组的几个工人吃完午饭到厂前面的技校溜达，我也一起去了。技校里面有一双杠，走到那里后工人中的小刘上去做了几个动作。因为不仅会摔跤也会玩两下双杠，他上去做了动作后，其他工人很捧他，他也很享受。我却忍不住过去对他说：“你的‘摺打起’臀部在杠下，做着费力，把臀部举到杠上省力还好接下面的动作。”在车间打平锤的工人小王不忿，对我说：“你别说，你做啊。”我毫不犹豫，轻松上杠，高举臀部作“摺打起”，然后倒立，再下杠。他们看后非常兴奋，称赞我，从此工作也另眼相看。车间打平锤是钣金工的技术活，工厂和工人们都在意打锤的水平。我开始练第一次时，打了三下就把木把打断了，小王就不让我再打了，说：“没有这么多的木把给你打。”经过我双杠的亮相后，小王主动找我说：“你想练大锤随时打吧，木把有的是！”我很快就把打大锤练好了，也和工人们融在一起，改善了我的处境。1970 年我和北京开关厂大部分人调到甘肃天水组建新厂。我所在的车间工人们在外面用钢管焊了一个双杠，我和一些工友经常在这里玩，我还经常给他们表演前空翻下杠动作。双杠促进了我和工人们的友谊，即使在批判我最厉害时，杠友们也手下留情，使我渡过了难关。

“二陈事件”平反后我在厂总办工作，在我没调回北京的 1990 年兼任厂科协秘书长之职时，发生的一件事使我更加青睐体操运动。那一年我 49 岁，我们组织科协成员的子弟去旅游，三十多名孩子还随行有老师、医生、汽修等人员，我带队。游完九寨沟再游黄龙寺，寺门外有一座小山，有五层楼高，是拍照留影的最佳地点，但山背后是陡直的峭壁。我们出来后孩子们都上山去照相，我当然要照顾他们的安全，上山挡住山背面。就在孩子们都要照完相的时候，一帮旅游的人向前涌来，我赶紧说：“你们慢点，孩子们马上照完了！”有一个人操着上海话走到我前面说：“你算干嘛的？”同时双手用力一推我，我猝不及防仰面倒下山。十几米的山下虽然是土地，但若仰面掉下必死无疑。我感觉不好，马上做了一个向右转体 180 度，此转使我面朝下，左小腿碰到岩石上，缓冲了一下，俯卧撑落地，大难不死。在一片惊讶声中那个上海人下山跑了，但是工厂的几个人追上去揍了他一顿。现在我的左小腿还留有疤痕。

我以专家的名义调回北京后无论是在首钢，还是住地，无论去游乐园还是去北工大，我见到双杠和单杠都要上去练习一番，直到 65 岁。虽然之后不再接触体操器材了，但是体操锻炼留给我的矫健身体还使我灵活有加。77 岁的我每天早上还和五六个人围圈踢毽子，还能左腿在右腿后跳踢，右腿在左腿后跳踢，我是其中年岁最大的。

体操给了我好身体，体操助我渡难关。它陪伴了我一生，假如有来世我还会练体操。

2018 年 10 月 28 日

参加合唱班受益匪浅

6242 班　林　宜

我自幼喜欢唱歌，上小学时参加过少年宫合唱团，少年宫位于北海公园内后门附近。每星期日我们都去排练，望着美丽的白塔和碧波荡漾的湖水，欢快唱起《让我们荡起双桨》，十分惬意！

大学三年级时北工大各系组织毛泽东思想宣传队，我们化工系金怀玉任宣传队指导员，我任队长，在紧张的学习中抓紧晚上业余时间排练了歌舞《说打就打》，表现了民兵朝气蓬勃、雷厉风行、英勇杀敌的英雄形象。演出时女生身着蓝印花布上衣，飒爽英姿，男生穿白衬衫，威武雄壮，我们歌声嘹亮，动作整齐，博得了同学们的阵阵掌声。1964 年 2 月，我们到大兴魏善庄搞社会主义教育运动，我也参加了文艺宣传队，给农民演出了表演唱《俺是公社的饲养员》，及山东柳琴《给大老王剃头》。《给大老王剃头》是短剧，该短剧描写了一位剃头师傅大老王给财主剃头的故事。一个男生扮演大老王，挑着剃头挑子走上台，另一个同学扮演财主坐在台上一把椅子上，八位女生分别站在台上两旁伴唱。大老王拿起刀子刚要剃，财主在一旁开了腔："你给我剃头要小心，拉出口儿来要扣粮。你若是拉我一个口儿，我扣你一斗红高粱，你若是拉我两个口儿，我扣你二斗红高粱，你若是拉我三道口儿，把全年的高粱全扣光。"大老王拿起刀子把头剃，财主的脑袋猛一晃荡，划了一道口儿，扣了一斗红高粱。大老王继续把头剃，财主的脑袋又一晃，又划了一道口儿，又扣了一斗红高粱。扣得大老王生了气，"我叫你扣呀扣，把全年的粮食都扣光。"最后大老王把财主宰了。短剧风趣、幽默，讽刺了财主吝啬、狡猾和奸诈。演出把农民们逗得哈哈大笑，受到了他们的热烈欢迎。

我毕业多年后在驻菲律宾大使馆工作时，一次联欢会上菲律宾大学生表演了无伴奏合唱菲律宾歌曲《茉莉花》，茉莉花是菲律宾的国花，洁白、芬芳。他们的和声非常优美，好似天籁之音。每逢节假日华人朋友经常邀请我们去唱卡拉 OK，看到许多朋友都能一展歌喉，唱出美妙、动听的歌声，十分羡慕。

而自己由于没有掌握科学的发音方法，音域窄，音量小。我心里总有个梦，什么时候我也能唱出甜美、动听的歌声？

退休后，2002年由时任总支委员兼支部书记的黄桂芳倡议，一些退休喜爱音乐的外交部干部和家属，自愿组成了歌咏组，由蒋正才担任组长。每周一次学唱新、老中外歌曲。如：《走进新时代》和《红河谷》等。我们高唱：“我们唱着东方红，当家作主站起来，我们讲着春天的故事，改革开放富起来，继往开来的领路人，带领我们走进那新时代。”这支歌唱出了我们坚决走改革开放之路的心声，振奋了我们的革命精神。2011年我们歌咏组整体并入外交部老年大学合唱班，我们这个班共二十八人，其中男生十人，他们声音洪亮，铿锵有力，女生十八人也不示弱，可谓“巾帼不让须眉”。男女生珠联璧合、齐心合力。

合唱班聘请林国光老师担任指导教师，从此合唱班走入了正轨。林老师自幼酷爱音乐，在音乐上造诣很深。上课时他风雨无阻，背着一个电子琴，手里提着一个沉甸甸大书包，里面装满了歌片和乐谱，提前来到教室。他首先带领我们练声，教我们科学的发声方法。他说：“唱歌有三要素：高位置，低气息，重韵母。”强调气为声之母，气来自丹田，要掌控好气息，以达到三腔（口腔、胸腔和头腔）共鸣。唱歌时首先要准备好气息状态、器官状态和位置状态。并在黑板上给我们图示。教唱新歌时，他边弹琴边给我们示范唱，对歌词的每一句，哪里重，哪里轻及某些字的归韵方法，都讲解得非常清楚。他的激情和敬业精神深深地打动和感染了合唱班的每一个人，大家唱得非常起劲儿。每逢周五有音乐课时，大家怀着喜悦的心情来到教室，遇到家里有事儿时尽量安排开，生

合唱班在2016年社区春节联欢会演唱《祖国万岁》

怕耽误了音乐课，上课时大家聚精会神地听林老师讲，认真地练。下课后还久久地沉浸在快乐与兴奋之中。我们班在林老师的谆谆教导下，获益匪浅，歌唱水平有了较大提高。现已能识谱，并能唱难度较高的歌曲。在家里女儿和外孙说，我唱得比原来好听了，真让我喜出望外，得好好感谢林老师。

2014 年，外交部离退休干部局举办各活动中心歌咏比赛，我班着装演唱了《山丹丹开花红艳艳》，由小杨担任领唱，男女生分部合唱，获得了比赛冠军。

在歌曲的选择上林老师是下了一番功夫的，既有弘扬正气的进行曲，如《祖国不会忘记》《不忘初心》《斯拉夫进行曲》，也有抒情歌曲，如《乡愁》《情怨》《九寨之子》等。每学期他还选择一首难度较高的多声部合唱歌曲，如茶花女中的《饮酒歌》，德国著名作曲家门德尔松作曲的《乘着歌声的翅膀》，这是对他自己也是对我们的挑战。多声部合唱要求每一声部都唱得准确无误，合起来才能产生优美的和声。

我很喜欢《祖国不会忘记》这首歌，歌中唱道:“在茫茫的人海里我是哪一个，在奔腾的浪花里我是哪一朵，在征服宇宙的大军里，那默默奉献的就是我，在辉煌事业的长河里，那永远奔腾的就是我，……山知道我，江河知道我，祖国不会忘记我。”表达了一个平凡劳动者，把青春奉献给祖国的心声。歌曲铿锵有力，振奋我们的革命精神，鼓舞我们的干劲。用心投入歌唱，不仅抒发了感情，增添乐趣，还能增添正能量。

合唱班多次参加潘家园活动中心所在社区的文艺演出，支持了社区的文化活动，也增进了邻里感情。今年春节我们合唱班将在社区联欢会上演出女高、女低及男高三部合唱《我的祖国》，现在大家正在认真地排练。

至今年我们的合唱班已走过了七年的历程，我和其他退休的同志一起大合唱，抒发了我们对党对祖国的一片深情，表达了对大自然的赞美，也增进了我们身心健康。唱歌是健康生活方式之首，它是一项有节奏的体内按摩，能加快血液循环，增加肺活量，加速胃肠运动，促进消化，保持大脑活力。根据医学专家测试，唱歌时，大脑会生成和释放类似于吗啡的脑内激素，从而提高人体免疫力。我们在合

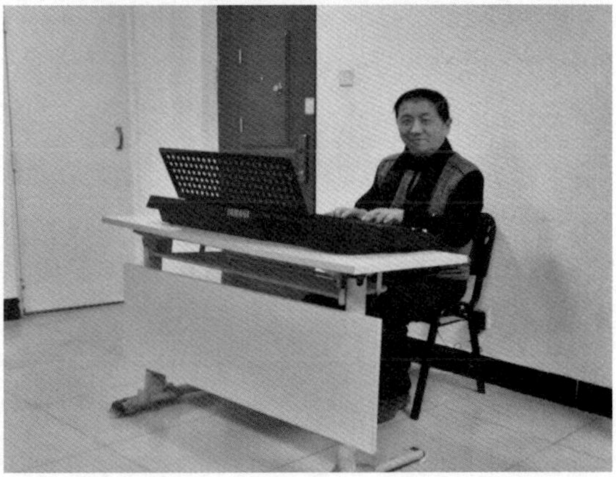

林国光老师

唱班放声高歌，愉悦了我们的生活，促进了身心健康。我们的和谐之声唱出了风采，唱出了豪情，唱出了快活。参加合唱班受益匪浅。

我爱我们的合唱班，合唱让我们洋溢真挚的友情，充实了晚年的精神生活。衷心祝愿合唱班越办越好，我们在一起纵情欢歌，永葆革命青春。

2018 年 12 月 25 日

与时俱进　不断学习

6415 班　尹光宏

我从 1996 年调到北京市机电研究院工作，2006 年办理了退休手续，因单位需要，身体也还可以，就又在原岗位继续返聘工作了两年，直到 2008 年 2 月才真正退了下来。退休后的生活现在回想起来，依然和上班一样很是忙碌，从没有过一些人退休后的失落和茫然，老是感到时间过得如此之快，以至许多计划内的事还没来得及做，就又有更需要和急着要做的事情了，劳累的命注定伴随我一辈子了。不过退休后最大的好处就是没有压力，都是自己爱做的事，虽然忙和累，心情总是愉快的。

发挥余热

2008 年底，经爱人同事推荐去一家机电设备研究所帮忙，那是个很小的单位，只有十几个人，设计生产液压工具。我去了名义是总工，实际上全部技术工作只有我一个人一肩扛。包揽了设计、工艺、施工，以及售前、售后技术服务和咨询。有大企业和科研单位三十八年工作的经验，我主动和工人在一起进行装配，在干中又能坚持学习，举一反三没太费力就完成了所有的技术工作，直至 2015 年受经营环境恶化的牵连而停业。

其间，我设计的液压工具为液压扳手和液压拉伸器，主要用于钢铁、石化、核电、风电、煤矿等行业的轧机、压力容器、液压支护、风力发电机等设备的安装使用。该工具基本上是根据用户的需求，一对一专门设计的，所以设计量很大，但产量并不大。配套设备如高压泵、液压箱管件、电气箱等为外购标准设备，我只负责设计拉伸器和液压扳手的机械部分。由于我在机电院期间学习和掌握了 CAD 计算机辅助设计软件，所以非常方便。该所聘用了几个退休工程师都不会用，还停留在图板手工画图阶段。没有电子版的方案就无法与客户在网上交流，所以我是比较胜任的。每次除去设计计算外，画图部分我几乎不太费力，而且既好又快，大同小异的图纸只需改改数字，图形按比例缩放即可。几年间我先后完成了邯钢、一重、二重、大连核电、兖州煤矿、北京燕山石化、陕北煤矿等许多企业的液压拉伸器和专用液压扳手的设计，为这些大企业和重点工程作了一点小小的贡献。我在重机厂主要是做重型机床和设备维修技术工作，在机电院主要是做设备管理和数控机床的维修。对于液压设计我并未实际干过，尤其是液压高压也是第一次接触（机床液压大都是低压）。重新拾起了设计手册，查阅材料，重温了热处理、铸造、锻造、机加工的相关知识。还有庆幸的是我在机电院模具事业部当过经理，对电加工机床有比较深刻的了解，对于什么难加工的材料和小批量的工件，都可以用线切割机床和电火花机床解决，退休后才体会到经历是最宝贵的财富。因为我还会开车、用电脑、上网，可以协助他们做以前不能完成的工作，所以我在这个研究所得到的评价是：“门门清，样样成。”人脉关系也在退休后得到了应验，当时有一个大件，需要找大型机床加工和热处理，他们原来只知道找北京第一机床厂，可是那里很难加进去，加工费又很贵。我找了我原来工作的重机厂，去后不需多说，从头到尾全线开绿灯，在加工车间到处有人主动帮忙，真好像回到家一样。分厂厂长直接给盯进度，降费用，研究所的人都感到很奇怪，我的面子竟如此之大。因为当初我们在一起摸爬滚打过二十多年的徒弟，现在都成了分厂的领导和骨干。

影响周围的人

2008年退休后，我就报名参加了潘家园老年大学的摄影班学习，摄影一直是我的一个业余爱好，从1978年就买了第一台相机，那时主要是为了给女儿照一些留念的照片。最早都是用的黑白胶卷，自己布置过暗房、洗过照片，还做过印相机、放大机。后来有了彩色胶卷和扩印照片，自己弄不了才不玩了。那时照了不少，也自学了一些理论知识，因为一心工作又特别的忙，一直很是业余，摄影技术差得很远。退休后潘家园老年大学为老年人开了不少学习班，书法、国画、舞蹈、钢琴、摄影等，我是比较爱动的爱玩的，所以就报了一个摄影班。由于现在是数码时代，玩摄影必须会用电脑，打开、复制、查看以及后期修复等，所以教学时每人都有一台电脑。老师既要讲相机和拍照技术，又要讲电脑软件的使用和操作，对于我来说不是很难。因为我有早期摄影基础，又会使用电脑（实际上我还会组装和维修电脑），能够帮助同学，在班里就显得特别突出。全班十多个人，我的学历、经历、职称也无人可比，大部分人都文化较低，从未接触过摄影和电脑。又一次感觉到我还真是九十九个同龄人中的幸运者，大家推选我当班长，没想到这个班的人还挺抱团，学会了升级了也还是不想散，一待就是十年。除去个别人有出有进，大部分人都成为这个老年大学的元老，我这个班长也当了近十年。原来学校只有一个摄影班，后来因为只进不出，扩展成了初级班、中级班、软件班、提高班四个班，每班人数也增加到二十多人。我这个班长也不能辜负大家的信任，始终用自己的知识帮助影响周围的人，经常组织大家外出摄影采风、教会他们组装、维修电脑，随时交流相机、手机的使用，随时发现一些好的拍摄地和拍摄手法推荐给大家，配合老师提高大家摄影水平和兴趣。我这个班外出采风摄影是出了名的，校长和老师都参加，每年假期两次的活动已成为惯例。每次出行都是我从头策划、组织，编写出行计划、路线、日程安排。购买所有人的机票、车票，确定和联系包车的司机，自驾游时的异地租车等全部事情，他们一概不用自己操心。我们先后去了内蒙古克什克腾旗，山东临沂、曲阜、泰山、青海，云南，福建，山东荣成，新疆，陕西，广西，河北承德等地，每次都做到了高效、省钱、安全、愉快，现在连家属都要跟着去，最多时已经一行十八个人，越来越难组织了。

去年办事处文联成立，聘我为摄影爱好者协会的负责人，为了满足大家的要求，我想把我掌握的知识无偿地献给大家，于是和老年大学一起开设了讲座，我每周五上午给大家讲一些他们迫切需求和感兴趣的知识，开课后收到了不少好评。例如：讲手机的功能和应用，就很受老年人欢迎。像移动支付问题，老年人很怵头可又想跟上潮流去应用，我就专门开课讲，并支持他们大胆地去用。下一步就是教他们用手机方便生活，有了移动支付就可以网上购飞机票、火车票、网上购物、手机银行、理财、转账、生活缴费、共享单车、导航、手机修照片、美篇制作等。我的宗旨就是：自己与时俱进，并带动身边的人，不让年轻人看不起，你们会的我们老年人也要会。

参加职称评审工作

从 1999 年起，我基本上年年参加北京市工程系列职称的评审工作，退休后一直延续下来了。北京市人事局（现人力资源和社会保障局）发聘书聘任我为（机械设计与制造）高级、中级专业的评审委员会委员。2006 年前，评审对象都是机械局系统的工程技术人员，基本的技术设备工艺都大同小异。2006 年后，改革为社会化评审，打破了行业系统自愿申报，取消单位推荐，由行业协会主管评审工作。我一直在北京市机电工程学会和北京市机电行业协会的组织下参加评审工作。除去一次在设计组、一次在工艺组外，基本上都在设备管理、安装和运行维修组。行业的不同，所使用的设备也大不相同，给评审专家们增加了不少的难度。我所在的组评审对象有各个行业，冶金、矿山、地铁、市政、建筑、机械、化工、医药、煤矿、水务、环保、环卫、军工、航空、发电、风电等各个行业的设备安装和运行维修人员。论文涉及的设备和技术对于我们评审专家来说有些是闻所未闻，如何出题和认真负责地客观评价每一位申请人，也是对评委的一次考试。在每次准备的一个月时间里，我都认真查阅大量的该行业的资料，上百度搜索相关内容，从论文和答辩来判断此人的技术水平、工作业绩、能力。由于学习和研究了相关的内容，所以出的题目都是恰如其分、一针见血，答辩结果也往往和事前的判断一致。多年的工作经验和技术工作经历，为我参与这项工作提供了基础保障，由于知识面广、实践经验丰富，评委们许多人都愿意和我分一个组参加评审。每年两次评审工作，一次高级工程师一次工程师，这也成了我又一次学习和扩大知识面的机会，又一次为我提供了了解各行业技术状况的捷径。这也是懒也不能懒，退也不能退的防治老年痴呆的好方法。

为女儿做好后勤

2010 年，我们有了一个外孙女，从一出生就由我和老伴照管，我还有一个 96 岁的岳母，家务劳动量之大可想而知，我爱人经常风趣地说“她一个人顶两个保姆用”。我爱人是个独生子女，在那个年代不是很多见的，但她并不娇气，有着一股上进、坚韧和毅力，并能吃苦、细致、节俭，一些地方我和她正好相反。无论退休前的工作，还是退休后的家庭生活，她都是先进工作者的典型，正统和自觉程度真不愧是干纪检工作的。我们每天负责六个人的晚饭，接送外孙女，照顾老人生活。为了照顾无人替代需要服侍的老妈，她牺牲了自己的十多年外出旅游机会。为了不让我遗憾，支持我组织和参加旅游和外出采风，我外出时她一人承担了全部家务劳动。外孙女聪明漂亮有礼貌，现在已经上二年级了，姥姥负责接送并辅导她学习，还另外送她参加课外培训，都取得了优异的成绩。成了第一批中队委，好学生；滑冰、钢琴等比赛都有较好的名次，这一切与她的努力密不可分。女儿女婿工作很忙，经常晚上九十点钟才到家，老伴就一直管到外孙女入睡。正因为我们的努力，做好了后勤工作，女儿女婿才能得以工作安心、成绩斐然，双双做到了中高层管理人员。

对退休生活的几个观点

对生活的态度，我认为应该是不分年龄，与时俱进，不断学习；知识能改变命运，科技能方便生活，但你要学习并紧跟时代。

对疾病的态度，随着年龄的增大，疾病不可避免。我们的态度应该是：既来之，则安之，不恐不怕，科学对待，按时就医，认真服药。不盲从，要学习医学知识，能自我判断分析病情，最好的医生是自己。

对事物的态度，应该是顺其自然，坦然处之，不强求、不较劲、不追求十全十美，宁可糊涂点也不生气动情。

退休生活不要无所事事，要培养自己的爱好并走出去，认识一批人，共学互帮，在奉献中满足和充实自己。

每个人的家庭、家务有所不同，应该尽量在力所能及的情况下帮帮子女，贡献点余热，为社会减少负担。

2018 年 5 月 25 日

纪念我们五十年的友情

6431 班　李慧祥

1964 年 9 月，毛祥华、吴艳、李慧祥（我）三个 18 岁的花季女孩，考入了北京工业大学无线电系 6431 班，住进了同一间宿舍，共同学习、生活了六年。从此，成为半个世纪的挚友，成就了五十年的友情。

青年时代（左起：李慧祥、毛祥华、吴艳）

五十年前，
那个金色的秋天，
三个十八岁的花季女孩，
走进了北工大的校园。

开始了我们的大学梦，
相识在无线电系 6431 班。
六年朝夕共处的生活，

结成了我们半个世纪的金兰。

那时候，我们纯洁，
像那万里无云湛蓝的天。
我们热情，
像那闪闪星光四溢飞溅。

我们稚嫩，
像那天空还飞不高的小雁。
我们强健，
像那即将成材的小树刚刚过肩。

我们虽生在黎明之前，
但长在红旗下面。
有幸生活在北京，
就在毛主席他老人家身边。

我们是天之骄子，
最早享受到阳光的灿烂。
我们是社会主义的宠儿，
最深感受到雨露的滋润和浇灌。

那时候生活虽然贫困，
但已没有了饥饿与严寒。
和千百万同龄人比，
我们的幸福更多更甜。

在无忧无虑的快乐中，
度过了小学、中学的十二年。
我们是一百个同龄人中的唯一，
骄傲地迈进大学的宫殿。

我们有共同的理想，
誓为共产主义奋斗向前。
对党、祖国、人民、父母，
感恩之情，永远牢记心间。

我们时刻不忘，
珍惜这来之不易的机缘。
我们努力学习，
为的是完成报效祖国的心愿。

共同的理想，
是坚实基础的源泉。
三个女孩，
手牵着手，肩并着肩。

走到了一起，
成为最要好的朋友。
为了心中的梦，
勇敢坚定地走向明天。

我们有不同的性格特点，
有的能歌善舞，热情无限。
有的善思考，有主见，才华尽显。
有的爱学习，追求新事物永不疲倦。

不同的性格，
不妨碍我们成为好朋友。
相同的信念，
使我们永远坦诚相见。

黑皮筋扎起的小辫，

永远不过肩。
省事，利索，
以显示我们的干练。

短裤，白球鞋，
是我们最时髦的打扮。
白色塑料雨披，
似乎小分队来到林海雪原。

当年大学生活的一幕幕，
时常在我们眼前浮现。
一桩桩，一件件，
记忆犹新，仿佛就在昨天。

晨起，操场上的长跑队伍中，
有我们的身影展现。
挥汗如雨，
为的是我们身体的强健。

中午，虽然食堂早已开饭，
我们也坚持把第五节课上完。
畅谈后的午睡，
成了我们六年的习惯。

下午两节课后的时间，
体育锻炼，参加社团。
谈心聊天，交流思想，
那是一天难得的自由支配的时段。

晚上两个半小时的自习，
一点不能偷懒，

消化抽象、晦涩的知识，
学不懂，理还乱，真的很难。

熄灯后，一人一把手电，
趴在被窝里读毛选。
改造思想，提高觉悟，
谁也不甘落在后面。

有趣的事情，
层出不穷，接连不断。
使我们的大学生活，
充满了乐趣与温暖。

苞米面粥，馒头夹臭豆腐，
是最可口的早餐。
土豆烧牛肉，红烧狮子头，
“共产主义”我们提前实现。

每月十五点五元的伙食费，
让我们肠满肚圆。
六年大学食堂的温暖，
至今让我们留恋。

排球场上激战正酣，
大家边看球，边吃饭。
飞来的球常把饭盆打翻，
引起周围笑声一片。

开水池边，
边喝“汤”，边刷碗，
至今不变，

成了工大校园一道独特的风景线。

穿着补丁裤子跳芭蕾，
滑稽，可笑，让人烦。
只因是体育课的考试科目，
只得硬着头皮求过关。

游泳池中蛙泳与狗刨的比赛，
进行得正欢。
那既认真，又好笑的场面，
让观看的同学们笑翻了天。

半夜起床，
欢呼爆炸成功了原子弹。
首都机场，
见到毛主席我们跳跃、呼喊。

工人体育场，欢迎外宾，
纪录片留下我们热情的笑脸。
整个银幕毛祥华的大特写，
至今深刻地印在我们心间。

深夜，臭虫又出来美餐，
个个肚子吃得滚圆。
哪有时间管它，
任凭它们造反。

我们实习在工厂的车间，
理论联系实践。
学习车、钳、铣、刨、磨各工种，
机加工的知识我们终生受益匪浅。

在波浪滚滚的麦田，
手持镰刀，汗水湿透衣衫。
吃大苦，耐大劳，
身心得以洗礼，意志得以锻炼。

教育和生产劳动相结合就是我们的理念，
充实，紧张，就像陀螺在转。
只可惜，这真正的大学生活，
被突如其来的“文革”彻底打乱。

昔日崇敬的校领导，
被挂牌子，戴高帽，丧尽尊严。
亲如兄长的老师，
有的跳楼自尽，宝贵生命轻易了断。

面对这从没见过的风暴，
我们茫然，
面对校园乱哄哄的人群，
我们惊慌、恐惧，不知该站到哪一边。

《人民日报》的社论一篇篇，
那是毛主席在向我们召唤。
横扫一切牛鬼蛇神，
我们义无反顾冲向前。

批判校领导，
批判修正主义教育路线。
孰不知没有这“修正主义教育路线”，
我们又如何能走进这大学校园。

我们无比忠于毛主席，

每天忙着开会，写大字报，搞批判。
其实，我们稀里糊涂，
所做的一切，可悲又可叹。

还记得吗？
那个红色的夏天。
工人体育场十万人宣誓的激动场面，
扒火车睡地板，输出革命的大串连。

“一月风暴”《北京日报》的夺权，
成立革委会两派打斗的混乱。
清理阶级队伍的派性，
军宣队、工宣队进校时场面的壮观。

记得如“带镣长街行”般娇小的钟岩，
几百人高唱国际歌，响彻校园。
军宣队十八岁小兵天真、懵懂的笑脸，
工宣队师傅的朴实、善良的心田。

无休无止的检查，
没完没了的批判。
一篇篇，一遍遍，
无限上纲上线。

我们经历“文革”
从此激情不见。
彷徨，想不通，
用无聊来消磨宝贵的时间。

毛、吴骑自行车到天津的冒险，
吴、李深夜背包徒步天安门的艰难，

名为锻炼意志，
实则极度空虚，自虐自残。

三人搬出宿舍，
住进挨水房最潮湿的房间。
三把二胡齐奏《江河水》，
尽情宣泄心中的苦、辣、甜、酸。

工大附近水塘里抓鱼解馋，
“校园一片红”教室的彩色装扮。
男生成了绣花女，
人人都是毛主席形象的艺术宣传员。

怀柔十个月的疏散，
跑步，做操，老乡的奇观。
面带菜色的孩子们，
看我们吃饭目光的艳羡。

时间就这样被虚度，
变得不值一钱。
青春就这样被挥霍，
人生能有多少个宝贵的四年。

毕业分配的消息终于出现，
被父母养活的尴尬将彻底改变。
一张公布方案的大字报，
注定几十年后不一样的人生苦短。

海拉尔，内蒙西北茫茫的大草原，
牡丹江，北大荒的黑龙江建设兵团。
吉林省偏僻山沟没有影子的三线厂，

遥远的东北是我们的人生新起点。

来不及准备冬装应对东北的严寒，
来不及告慰父母对儿女的惴惴不安。
匆匆登上北去的列车。
一路向北，向前。

最值得庆幸的是，
我们三人留下了一张合影照片。
青春的倩影，姐妹的情谊，
永远牢记心间。

在北大荒建设兵团，
雪地里扒豆子从早到晚。
和知青一样，
双手被带血的裂口布满。

自力更生建三线，
割树条子，抬砖，搬瓦干得欢。
和新工人一样，
艰苦奋斗建家园。

在以后的十几年，
成家立业，生儿育女，不惧难。
相夫教子，经营家庭，
完成人生赋予我们该有的承担。

我们当过教师，进过校园，
在广播通讯事业中作贡献。
研制生产大型电子仪器，仪表，
在电子行业里写出最美诗篇。

那些年，
我们的生活和北京截然相反。
种菜，养鸡，挖菜窖，打柴火，
几乎占据了全部的业余时间。

高粱米，苞米面，
白菜，萝卜半年吃不完。
孩子的衣服都是自己做，
家庭主妇我们当得令人赞。

挖野菜，采蘑菇，上大山，
点柴火，坐大锅，烟熏火燎做饭。
生活虽然艰苦，
北京得不到的别样生活却乐无边。

工作，学习，生活，
各自忙着，一天又一天。
虽然失去了联络。
深厚的友情永记心间。

八十年代
改革开放春风迎面。
我们陆续回到河北，
再次相见时，迸发激情无限。

春节时我们回京相见，
聚在一起，开怀畅谈。
表不尽的离别情，
知心的话儿说不完。

我们通信，

交流工作、学习、生活、情感。
我们的信很长，
密密麻麻，写满十几页正反面。

退休后，
有了充分的精力和时间。
相聚的时日更多，
我们的友情连绵不断。

我们相聚在每一年，
我们有了更多的合影照片。
在一起时，我们高谈阔论，
仿佛回到四十多年前。

我们的谈话内容方方面面，
国际，国内，城市，家园。
政治，思想，兴趣，爱好，
天南海北，思路满满。

而关于孩子和她们孩子的趣事，
我们更是愈谈愈欢。
做好母亲，好姥姥，（三人共五个女孩）
是我们与生俱来的天性使然。

只要是不下刀子，
无论是下大雨，刮大风，还是雾霾天。
我们就是这样任性，
什么都阻止不了我们相见。

今天，
我们相识相知五十年。

都已白发斑斑，
古稀之年已近在眼前。

我们都生在旧社会最后三年，
成长在新中国历史中直到今天。
经历不可不多，
就是共和国历史的重现。

小学，中学，大学，
学业不断提高。
少先队员，共青团员，共产党员，
政治上的追求得以实现。

技术员，助工，工程师，高工，
事业作出贡献。
女儿，妈妈，外婆，
人生的伦常，绵延不断。

学业，政治，事业，家庭，
基本圆满。
知足常乐，
自觉此生没有遗憾。

无比留恋过去的时光，
更加珍重终将逝去的暮年。
让我们再续五十年的友情，
情深，情重，永不断。

我们中，有的已经失去了另一半，
形影孤单。
有的为生病不能自理的老伴，

日夜服侍，身心疲惫到极限。

有的身患心脑血管疾病，
身体大不如前。
但是我们不怕，
因为这是老年必须面对的必然。

太阳还没落山，
夕阳还在天边红遍。
只要头脑还能运转，
我们就永远乐观。

接受新事物的瞬息万变，
对新知识仍有渴求的心愿。
说明我们不老，
可以继续向前。

读书，看报，写作，我们喜欢，
琴，棋，书，画与我们有缘。
摄影，舞蹈，旅游，网络，提高修养，
舒舒服服过高质量的晚年。

生，老，病，死，
能躲过的只有神仙。
生命就像每天升起的太阳，
总要下山。

我们享受了人生带来的快乐，
也该承受病、死带来的麻烦。
因为只有有了这一切，
才算把完美的人生走完。

今年是我们相识相知五十年，
特写此文以示纪念。
以后身体会不允许我们常见面，
但电话，网络会把我们紧紧相连。

等到有一天，
我们齐聚天堂，
继续我们的友情，
永远，永远。

退休后（左起：吴艳、李慧祥、毛祥华）

在大学

退休后

李慧祥，女，籍贯山西省太谷县，1946 年出生于北京。

先后就读于北京西直门一小、北京女三中、北京工业大学。1970 年，毕业分配到吉林省小三线双河镇山区国营 8270 厂，任半年小学数学、初中物理老师，四年半高中语文老师，七年电子工程技术工作。1982 年调承德电子五厂，1986 年调保定整流器厂，1990 年调保定无线电一厂，1995 年在外企保定万佳公司，均从事电子工程技术及技术管理工作。高级工程师。2000 年正式退休。

一辈子从事电子技术工作，退休后，反而喜文学、历史、写作、书法、音乐，虽无成就，但达到了广交朋友，愉悦身心，丰富生活的目的，足矣。

我的退休生活

6431班　毛祥华

我随心所欲的生活

我的退休生活从“随心所欲”开始：1996年，我50岁。有消息传出，党政机关机构改革，女50岁要提前离岗，一刀切。我早已厌倦了机关的工作，当时我家一墙之隔有一家大酒店准备开张，老总是北京来的。我想，这正是闯入既陌生又新鲜的市场经济浪潮的良机。于是我写了一份简历，应聘酒店公关销售部经理一职，没想到竟一锤定音：“你明天就来上班。”至今我一直感谢当时我单位的领导：有胆识、有魄力，竟不顾我正承担一个部门（保定市科协组织联络部）头头（部长）之职，在改革之刀还没有砍下之前，将我破例“放行”。

接下来的三年，是随我心愿的打工生涯。曾有网友在我博客上称呼我“毛经理”，她们就是当年我的兵，河北大学毕业生。以往我的工作单位，都是只要干事，上面就会拨款。酒店则截然不同，赔本赚吆喝的事儿绝不干。尤其是我的销售部，搞促销、做广告、联络客户所有的工作，目的只有一个，为获取更多的经济效益。打工使我学到了许多新的东西，丰富了我的人生。这是难忘的三年、新鲜的三年、自信的三年。可以说，是酒店的工作使我重新认识了自己，看到了我的能力和潜力。是酒店老总的一句称赞“酒店一支笔”，竟使老年的我开始喜欢起写作来。只可惜，在酒店辉煌了三年后，由于老板家族内部争权夺势，渐走下坡路，我先下手为强，炒了他们的鱿鱼。

孩子在北京工作，我自己二人世界的家是个随心所欲的家。这回是真的退而休了，回归家务，做“全职太太”，我感到从未有过的轻松。以前忙工作，家务活儿总是手忙脚乱的，这回可以细化了：女儿、亲人、朋友的来信……是浓浓的亲情、温馨的回忆，要整理装订成册；集邮几十年，邮票要配套归类；大半生走南闯北，相片那是岁月的印记、生活的纪实，要把它们好好整理；有空还应该练字、画画，拓宽知识；女儿留下的纸、笔、书、电子琴……，剩余资源别浪费掉，要想法把它再利用；家中的缝纫机、绞馅机、治疗仪、按摩器……，都要唤醒它们，发挥它们应有的作用；每天还要看报纸、看电视，等等。退休人，天地自由人，大有作为，我谋划着我的生活。

首先，为了健身，圆自己从小到大的梦想，办了张年票，报了个形体训练班。这是二十岁上下的女孩子的天下，我已经五十三四了，但我小时候练过体操，很自信。训练时候，穿着时尚的紧身运动服，伴着美妙的音乐，对着大镜子展示优美的姿态，那真过瘾啊，感觉好得不得了。一段时间坚持下来，柔韧性好了，身材苗条了，精神饱满了，最重要的是健康状况明显得到改善。遗憾的是，竟没有给最美感觉的我，留下一张“倩影”。

我井然有序整理着自己的家。凡衣物、书籍、信件、邮票、照片、资料、证件等，同类项一一归并，每一个角落一一整理。这个工程看似简单，实际很烦杂，但我付出了极大的热情和耐心，成果是累累的：书信、集邮册、相册一本本整整齐齐，各类资料、各种证件归类收存，里里外外整齐清洁。

我还当了一阵子“一派掌门人”呢。公园晨练，有几个女同胞非让我带她们练习，盛情难却。我将正在健身房里学的东西编了一套易操作的大众形体操，带领姐妹们操练。结果这支没有经过号召，自发形成的队伍，竟发展到了 35 人。跳水冠军郭晶晶的妈妈、国家气手枪种子选手任洁的妈妈也在我的队伍之中。

烹饪，是关系到家人健康幸福的大事，我坚持每天收看当时刘义伟主持的《天天饮食》电视节目，认真做笔记，去实践，乐此不疲。

养花的爱好，得以落实。女儿的房间，成了植物园：最抢眼的是婀娜多姿、妩媚动人的蝴蝶兰；最壮观的是绿萝，它在我的精心培育下，藤枝不仅爬上了屋顶，而且按我的引线乖乖地爬满了整个屋子屋顶的四周；那开满小红花的刺儿梅，挺拔秀丽的台湾竹，高雅清秀的兰草、袖珍椰子、文竹和吊兰，还有茂盛的巴西木、魁梧的绿巨人、龟背竹、滴水观音，满屋子的勃勃生机。

退休后的家渐渐变得有条有理了，时间又多出来了。我想，我爸是书法家，我可不可以继承一点？我要了些爸的字来临摹，买了些书法和美术方面的书籍、笔墨纸张，开始闭门自学毛笔字，自学水墨画。草书很艺术，水墨画很雅趣，自学、自娱、自乐，只觉得每一天的时间飞了起来，手中的笔总是不舍得放下。那时真是入迷了，今天翻出了当时的一些习作，虽然很拙劣，登不得大雅之堂，可在我看来，非常的珍贵，它们倾注了我多少心血啊。近些年来，由于有了电脑，很少再拿笔，有时写写字竟冒出汉语拼音来了，怕是快连字都不会写了。画画，练草书这些年来已经早已没了兴致，所以那时的拙品，列入了我的收藏，那是我登峰造极的“绝版”啊。

前面提到整理和女儿的往来书信，1997年女儿大学毕业只身闯荡京城，开始就职一家国企，工资很低不说，半死不活效益不好，她不愿坐以待毙，跳槽到了一家私企。这家私企做家具出口生意，工作倒是和自己的专业对口了，可每天花费在公交车上的时间长达3个多小时，且经常加班，有时夜里11点打车回家。总之，“儿行千里母担忧”啊！于是，我家的“书信工程”应运而生。我每周寄给她的信少则一封，多则四封。每当夜阑更深之时，灯明心静，展纸挥笔，和女儿“促膝”谈心，因为心中有爱，思绪滚滚，灵感涓涓，笔尖沙沙啃纸，犹如蚕吃桑叶、牛吃青草之真切，“字词”飞快从脑海中跳出，迅速穿连成句，不一会儿就是洋洋几大篇。写完信，装入信封，贴上喜欢的邮票，踏踏实实进入梦乡。次日清晨，第一件事就是寄信。投进邮筒前，端详再三，心随远去，一身轻松。可惜这样随心所欲的日子只维持了一年，这年，是1999年。

在风雨飘摇中随遇而安

我的退休生活开始有了变化。突然间，我的生活犹如一叶小舟，急流直下，在现实的浪潮中，风雨飘摇，变得随波逐流。

在2000年，有朋友找上门来，让我帮助高开区整理人事档案，我原以为是帮朋友解燃眉之急，不过一个星期的事，答应了。结果未曾想竟一直干了下去。前面那“随心所欲”的日子开始打折扣了。但工作环境很好，人际关系也很和谐，单位对我这样的打工者又很宽松。有点事做做也好，毕竟增加一份收入。

2001年12月12日，中午我正炒菜做饭，接到一个电话，是远在南方城市的弟媳打来的，我的大弟遭遇了车祸，不幸去世了。听到噩耗，我和先生马上告假，和北京的小弟弟一起瞒着父母，乘飞机于第一时间前往。交通事故的处理是很烦琐的，我们一去就是11天。家里出了这么大的事，如何让年近八十高龄的父母去接受这一残酷的现实呢？母亲身体不太好，两个老人独居，这种时候，我别无选择，刻不容缓辞去了手头的工作，毫不犹豫舍弃了刚刚倾心整理的家，撇下了还在上班的丈夫，带着悲痛的心情，义无反顾地回到了父母身边。从此，我退休生活的轨迹发生了改变。

熬过了春节，我们设法将二老分开，借带母亲去医院检查身体，在家里与父亲通报大弟已经去世的实情。父亲出乎意料的坚强，而且让我们谢绝大弟单位来京慰问，对母亲要瞒，事不声张。然而，就在这天，母亲看病竟留下住院，后诊断是肝硬化，而且到了晚期。

过了半年，我的先生也从工作岗位上退了下来，成了倒插门女婿。先生的父母也在北京，也均是八十高龄，家里我们都是老大，退休早于兄妹，照顾双方父母的责任自然落在我们肩上。

当时一篇日记反映了我的心境。

2002年12月6日日记：

我来到了邮电局，面对琳琅满目的年历、贺卡，我呆木木的。噢，不知不觉外面已经准备辞旧迎新了？以往热衷于当“新年老人”的我，居然已经没有了一点儿要迎新年的心气！转眼间，我到北京与父母同住已经快一年了。每天的日子是：围着锅台转，围着老妈转，围着猫咪转。待在家里感受不到外面的气息，倒是在自己的心里产生不少感慨。

有欣慰——照顾爸妈是回来的目的。怎么样？爸妈胖了、舒心了。每当看到爸妈坐在整洁的房间里写字、看报或听收音机的时候；每当看到爸陪着妈出去散步的时候；每当晚饭前老两口围坐饭桌，翻阅晚报，静等开饭的时候；每当电视剧插播广告时二老吃着我送上去的营养加餐的时候……，我欣慰，又不甘心——我自己的生活有些找不到北了。我原来要干的许多事，为照顾父母罢休了。在北京，家是父母的，我没有自主权。除了干家务，除了能使这个家整洁点，其他能做什么？我的个性、情趣以及生活中的创造性不能发挥，一切要追随老人的习惯。如此一年一年地下去，我不甘心。

有委曲——老人节俭得厉害。你卖力干活，不怕苦和累，可满腔热情、满身汗水会因你浪费了一点水而付诸东流。你不怕花钱、充满孝心、千方百计让他们吃点新鲜的，可因为贵，他们根本不买你的账。费力不讨好，好心不得好报。我委屈。

有后顾之忧——家务活重没什么，只是自己身上一旦有了毛病，面对老人只能挺着、扛着，外地人在北京看病全都是自费。我有后顾之忧。

有句话：“相爱容易，相处难。”说得真好，我从高中起就住校，大学毕业后一直在外地工作，没有和父母长住过。和老人一起生活，处处要想着老人、紧着老人，要“苦”着自己，“约束”自己，没有那么“随心所欲”了。“代沟”看到了，“磨合”体会了，通过写日记，思考问题，端正思想，找到的答案是：孝顺，就是“顺”；孝顺，必须我改变！

2005年，我的母亲因病离开了我们，享年80岁。我父亲说，她的一生是平淡的一生、善良的一生、勤劳的一生、节俭的一生、快乐的一生、幸福的一生。他们风雨同舟了61年，这是最公正、最客观、最概括的评价。母亲走得毫无牵挂：她的病情已发展为癌症，她不知道；她的大儿子三年前就早已不在了，她不知道；她的妹妹也在两年前就离开了人世，她也不知道。她生活在老伴对她无微不至、百依百顺的关怀之中；在子女、孙子、孙女的孝敬、孝顺之中；在看到子孙均成才，学业、就业都满意的无忧无虑之中；在抱上了久盼的重孙，尽享四世同堂的天伦之乐之中。母亲原来身体非常健康。她照顾我的姥姥长达十几年，尤其到后来姥姥成了植物人瘫痪在床，六年如一日，白天黑夜精心陪护，结果自己拖垮了身体。她是敬老爱老的榜样！我唯一感到欣慰的是：我能在她的晚年，成为她的依靠，在她需要我的时候，一刻没有离开她。

2008年的第九天，我的公公也因病离开了我们，享年86岁。他是中国纺织工业部设计院的高级工程师，对于公公，可见我的博客日志《我家的那棵大树》。晚年，他生活不能自理，多次住院，两个多月在重症监护室。面对公公，我们没有留下遗憾，在老人家的风烛残年，我们都在他的身边。尤其他长年在外的大儿子，有时整夜地在医院守候，尽了最大的孝心。

2009年，我的先生突然发现患有脑癌，在及时医治了半年后去世。这期间四次住院，我全程陪护，日夜不离，其艰难的日子不堪回首。先生的身体一向很健康，不但没有什么病，而且很阳光、很乐观的一个人，他的突然离故，让我感到世事难料，生命的脆弱，给了我很大的打击，也让我多了一份对人生的思考。

2009—2012年，我和我父亲，一个花甲老人和一个耄耋老人，朝夕相处、相依为命共处三年。这期间父亲86—89岁，身体硬朗，生活能自理，这种情况下，我想，“孝”很大的成分是“陪”好，是和老人一起开开心心地过好每一天，就是生活上的贴心，兴趣上支持，情感上关怀。老人喜欢书法，喜欢种菜，喜欢交友，热衷送字，我就给他的作品拍照，在我的博客上发表。哪些网友喜欢他的字，哪个网友给他写了什么评论，我都及时读给他听，有网友求字就马上告诉他，父亲马上就动笔写，写后，我马上拍照，将样品发给网友看，父亲则马上把真迹邮寄给网友，我们父女俩常常这样“忙并快乐着”。我就是要让老人家“与时俱进”成为时尚老人，让他永远充满成就感，沉浸在“老有所为”“老有所乐”的快乐之中。父亲喜欢种菜，门前小菜园由他一手策划、经营，凡他能干的、喜欢做的事，我绝不掺合、绝不和他“抢”活，由着他尽情发挥聪明才智，享受自己的劳动成果。我要做的就是翻地、解决种子、购买肥料……，默默无闻地把他想干又力不从心的事，早早料理好。我们生活有规律：三顿饭定点开；晚饭前、后坚持散步；晚上电视黄金时间观看电视剧；中午午休（我例外，这是我专心上网的时间）；起居按时。我们配合默契：每逢我有健身活动或有外出，我就把饭菜事先安排好，来不及做，爸就主动上厨，不会耽误准点开饭；我们相处和睦，出现不同意见，则互相尊重和理解，无论谁说了一两句气话，也都不往心里去。大家都很理智：健康第一，好好过日子。生怕一有挑剔，幸福就会远走高飞。不幸的是 2012 年我的父亲突然故去，幸福还是不翼而飞了。

我和我的父亲相依为命。

回顾我退休后照顾孝敬父母的这段生活，由于始终坚持着随遇而安这一宗旨，虽然劳累但快乐着和幸福着。2011 年 6 月 9 日，我有幸出席了“上地街道 2011 年度百名孝星温暖上地表彰大会”。

退休了，都要从工作岗位上退下来，过退休人的生活。可理想的生活往往不是自己设计的，上有老要你管，下有小要你帮，进入老年就连自己也变幻莫测，家家都有难念的经，都有难唱的曲，说起来“明天会更好”，其实“明天真的不知道”！在退休后的前 12 年内，我虽然拥有真正一身轻、随心所欲的日子只有一年，但我很满足，因为我有一年，我牢牢地抓住了这一年。

大概是一切来得太突然，或许是现实很无奈，我一度只能把肩上的责任当作了生活的全部。还好，经历了不长的时间，我便明白了必须好好爱自己的道理，渐渐学会了忙中偷闲，学会了随遇而安。

由于天天埋头家务，常常头昏脑涨的，浑身不舒服。在 2002 年底的一天，去老干部活动中心量血压，在那里发现了一支舞蹈队。其实，这支由单位退休女同胞组成的健身队已成立了十几年，每周三次，上午活动，就在院里家门口，不耽误做饭，真是“踏破铁鞋无觅处，得来全不费工夫”，我“如鱼得水”，当即就和她们一起跳了起来，量血压的事抛到了九霄云外。从此至今和她们一起活动已经 16 年，我多次随队参加学校、海淀区、北京市的中老年优秀健身项目的展示和表演，它给我平淡的生活注入了新的活力，让我看到了：生活啊！依然美好！

母亲走后，家务的压力减轻了许多。2005 年底，女儿给我买来一台电脑。这之前，我是个电脑盲。因为身边没有人指导，我完全是摸着石头过河。我把电脑当“大玩具”，练习打字，防止老年痴呆。我把日记中的东西重新提炼、编排，再一字字把它们搬上电脑的屏幕，这些日记变成了 60 篇小文章。在整理、打印日记的过程中，我的思想也再次得到洗礼和升华，真是有趣而有意义啊。一本《生活纪事》问世了，它真实地记录了我和父母共同生活中的故事，记录了我在这段特殊时期的生活经历和心路历程。看到整整齐齐的电子版的日记，喜悦之情难以言表，对打字的兴趣也越来越浓。接下来干什么呢？我又开始整理几年来和女儿的来往书信，完成了56篇。这时，打字已经很熟练了，这个时候是2006年。打字过关了，下来还干什么？上网！2006年8月，开通了互联网。上网后，接二连三遇到的问题是中毒、换系统、维修，通过解决故障问题，我也逐步熟悉了电脑。2007年2月，网友“老幼儿”到我家玩，看到我那本厚厚的《生活纪事》，动员我开博客，由“老幼儿”一手操办，给我注册了网易博客和电子邮箱。“师傅领进门，修炼在个人”，老师走了，自己摸索前进吧。记得第一次博客实践，我把《我的纪事》共116篇文章，一股脑儿全部抛了上去，而且，真名实事，在网上一展无余。我真的什么都不懂啊！后来自己问自己，这么长的东西，自己都不愿再去看，谁会看？谁有时间看？？慢慢地才渐渐醒悟，博客是干什么的？直至上了数十篇日志之后，才渐渐明确了自己办博客的目的和方向，确立了“开垦一块自留地，种些自己爱吃的萝卜、白菜”的宗旨；选定我家全部成员在自家小菜园里劳动的场面作为博客的品牌头像；将原来真名实姓的“毛某某的博客”改为“毛同志的博客”。真像是遵义会议指明了革命的航向，从此，航船乘风破浪，乘胜前进！自2007年2月注册博客到现在11年。博客等级49级，上传照片数十万张，发表日志5000余篇，点击率近178万，它丰富、记录和展示了我的退休生活。在这块“自留地”上，我不仅收获了许多“萝卜白菜”，还收获了许多珍贵的友谊，收获了许多在以前工作的时候没有的东西：电脑知识、丰富多彩的生活。

现在我的退休生活又回到了随心所欲。单身生活的我，除了当女儿和外孙女他们需要的时候全力做好帮手之外，那就是尽情享受自己的晚年幸福生活了。朋友们都说我已经实现了华丽转身。现在的我：上网、健身、舞蹈、摄影、旅游、种菜、家务，忙得不亦乐乎；手机、相机、电脑成了我最好的玩具，每天用它们记录我的晚年生活，享受美好夕阳，乐在其中。

随遇而安，抓住今天。我已经渐渐地融入了北京人的生活中。我有一支非常棒的舞蹈队，每周三次参加舞蹈健身活动；我生活在一个非常和谐友爱的社区大家庭，经常参加社区的活动；我的九三学社组织关系于2009年转入北京海淀综合二支社。近10年来我积极参加九三的活动，结交了新朋友，增长了新见识，学到了新知识，感到退休了并没有脱离社会，而是不断与时俱进，继续发挥着余热。

大学入学时

退休后

毛祥华，1946年5月出生，1964年考入北京工业大学无线电系（6431班）。

我的一生虽很平凡，但欣慰的是不太平淡：高考唯一物理不及格，竟当了八年物理教师；明明属北京市分配就业，却去了北大荒，成了兵团知青连队唯一的大学生；一心想把自己的毕生交给中国共产党，终了，急转弯却加入了民主党派；压根不想谋官，却偏偏掉下个一官半职，退休前成为保定市科协组织联络部部长；年少时读书、工作久别父母，退休后却孝敬老人返回了京城；电脑盲不以为然，未曾想，在花甲之年竟迷上了博客。现在的我上网、健身、舞蹈、摄影、种菜、家务，忙得不亦乐乎；手机、相机、电脑成了我最好的玩具，每天用它记录我的晚年生活、享受美好夕阳，乐在其中。

人生的优美和弦

——怀念校友徐祖元

6463 班　谷　岱

徐祖元同学是我校 20 世纪 60 年代的杰出校友之一，他是一位音乐爱好者，在校期间创作了许多具有时代感的歌曲；参加工作以后，他的专业技术工作成就也是出类拔萃的。不幸的是祖元于 2018 年 11 月 3 日因病永远地离开了我们。受校友们的委托，由我执笔书写如下文字，用以怀念校友徐祖元。

充满激情的青春乐章

徐祖元同学是我校 6262 班学友（土建系工民建专业）有极好的音乐素养，尤其擅长乐队指挥和创作音乐作品。20 世纪 60 年代曾为我校创作了大量的音乐作品。祖元的这些作品紧跟时代步伐，充分展现那一时代大学生的精神面貌，其曲调和内容既能为我校当时政治形势和中心工作服务，也具有浓厚的校园气息，歌曲所展示的都是北工大的真实生活，又有较高的艺术水准，故传播的广泛和受师生喜爱的程度都很高。

60 年代，在北工大读书的徐祖元

这些歌曲清晰反映出那个时代的潮流，同时也热情地讴歌了青年人的进取心。它从文化生活的角度完善了北工大的那段历史。

歌曲可分为两类：一是反映社会生活的；二是反映校园生活的。每类作品都能感受到他对祖国和人民所赋予的重托的责任感；对自己能接受高等教育的机会的珍惜之情；创作这些歌曲的激情源自内心深处的使命感。

（一）反映社会生活

在 1964 年 4 月 18 日，他曾为光未然的诗作《美国黑人要自由》谱曲。当看到这首歌的时候首先是惊愕：怎么这样的名人光未然（即著名诗人作家张光年）会委托祖元作曲？！继而恍然大悟，这肯定是祖元见到了这个诗人的作品“几百年的愤怒在燃烧，美国黑人已经觉醒……”这立即激发了他的创作热情。于是特意主动为这首诗作配曲，以表达对美国黑人斗争的支持。且他在演唱说明中特意标明：“悲壮地，正义凛然，满怀内心无比愤怒地。”这充分表达了他那清晰的政治敏感性。

1964 年 7 月，他还为知名作家老舍先生的诗作《歌唱伟大的党》配曲：“六亿五千万人民高举红旗，六亿五千万人民齐声歌唱，热爱我们伟大的国家，热爱我们伟大的党，天上的北极星，我们的共产党……”祖元特意为这首歌作出标识：“献给党的 43 周年生日。”表达了在党的生日之际他与老舍先生共同歌颂共产党的心迹。在演唱要求中明示：“千军万马，磅礴气势。”祖元在这个重要的日子里用音乐来纪念这个时刻。

1964 年 10 月 16 日下午 3 点，中国爆炸了第一颗原子弹。晚上，新闻刚刚播出，北工大校园也像爆炸了原子弹一样，人声鼎沸，群情激昂，学子们自发地聚集在食堂二楼，召开群众庆祝大会，并做次日游行的准备工作。祖元不忘自己的职责，到第二天上午 9 点他已经创作出了歌曲:《好好好》,副标题是:“热烈庆祝原子弹爆炸”。演唱要求是：“兴高采烈，满怀信心。”歌曲右下角的解释是：上午 9 点于工大食堂休息时（看来大家忙到 9 点才休息）。歌词大意：“好好好！革命的原子弹爆炸了！我们有了党领导，能把奇迹来创造！……”

在 20 世纪 60 年代，配合政治活动参加各种示威游行是我们青年学生的重要“出力点”。1964 年 11 月 29 号，学校得到通知：明日要到长安街示威游行，抗议美帝国主义对刚果（利）的入侵。这可忙坏了北工大的热血青年：立刻在食堂二楼开会，声讨美帝，写大标语，做游行的各种准备，当然这一切都是群情激奋，热火朝天的。祖元义不容辞，立即在深夜 0 点 30 分创作了歌曲《刚果（利）人民一定胜利》，（这个“0 点 30 分”在他的歌曲集第 27 页被清晰地标明）且特有这样的小字备注：“参加首都人民支持刚果（利）人民斗争集会和示威游行前夕”。但，这还不够，另一首《全世界人民团结起来》（示威游行口号进行曲）亦在凌晨 2:00 点诞生，看来这些北工大学子一宿未睡。而上午就将慷慨激昂地唱着反美歌曲、高呼着反美口号长途跋涉地走上街头。这是何等高昂的政治热情！

看来社会上每有重大事件发生，祖元总能用自己独特的方式来响应，并对其作出“和声”。而且，这些行动是自发地发自内心的。

（二）反映校园生活

这个校园生活既不是《同桌的你》，也不是《外婆的澎湖湾》之类闲情逸致情调的排遣，而是反映革命的、战斗的、艰苦的、紧张的、激情四射的生活。校园生活歌曲所反映的情景，经常是校外活动，比如军训、“四清”、野营拉练，到农村去参加农业劳动，到工厂去劳动。越是此时 就越能创作出优秀的脍炙人口的歌曲，那首为欢送60级参加农村“四清”的歌曲《下乡曲》即是人人皆知的。以至于每当有人把前奏唱出：

$\dot{1}\dot{1}\dot{1}\dot{1}\dot{1} \mid \dot{1}\dot{1}\ \ 76 \mid 5\cdot 643 \mid 2\cdot 3\ 7\cdot 2 \mid 6\cdot \dot{1}5 \mid 55555 \mid 0\ 55$

立即会有人跟唱：“战鼓响，红旗飘，劳动的大军出发了，山也乐来，水也笑，战斗的红旗到处飘……”原六系学生会文化部长回忆起当时的演出情景时，仍然感到历历在目。这首歌曲曾在不同场合，无数次演出。曲调轻快、流畅、节奏感强，前奏后的歌词引出非常自然、和谐，成了祖元的代表作。

歌词中，还有这样的嘱托：“同吃、同住、同劳动，群众的纪律要记牢，贫下中农要依靠……”唱这样的歌比听一次动员报告还生动活泼，这真是声情并茂的同窗情谊。再细看该歌曲的“演唱要求”，是这样提示的：“欢乐，信心，谆谆嘱托的。”

就在《下乡曲》创作九个月后，1965年7月，60级的校友面临毕业分配。比这些学长低两届的62级的祖元，特为欢送北工大60级毕业生创作了歌曲《听吧，祖国在召唤》，这是一首女声小合唱。（女生演唱会更温馨）演唱要求为：“热情，怀念，充满信心的。”这是我们工业大学自主招生的首届毕业生，对校内震动较大，请听这铿锵之音吧：“听吧，祖国在召唤，红旗在招展。有志青年，不畏艰险。披荆斩棘，永远向前。五湖四海，红花开遍……”祖元作为一个低年级的学弟，自己尚在初出茅庐之时，竟能有如此高的思想境界，充满激情地鼓励学长要不畏艰险地走向生活，去面对尚不可知的前程，这有点儿不好理解。于是我曾为这个歌曲的来历问过当年系学生会的干部：“这些政治性极强的歌曲是党委或团委委托他创作的吗？”但回答是令人意外的：“这是当年六系文艺宣传队自己创作的，没有引导或委托，如果是受托创作的歌曲都有标识。”果真是这样，那么我对工业人学当年政治空气之浓厚，真是感触良多。

细看祖元的歌曲集，数量最大的是歌颂学生在军队生活或军训生活的作品。比如《人民的战士人民的兵》《我们的连队永向前》《我的大杆抢》《出操歌》

《娘子军在练兵场上》等。这些作品都是鼓励青年人的革命斗志、振奋革命精神的作品。在野营拉练时、在军训时，他既要参加训练活动，又要在间隙时间为活跃气氛而抓紧创作。也许此刻其他同学可以放松一下了，但祖元精神世界却另有重担，他要细心注意观察现场情况，探寻每个人内心深处思维活动的需求，编写出鼓励青年上进心的文艺作品。

1964 年的国庆节前，工业大学接受了国庆游行中体育大军的演练任务，将代表体育健儿接受检阅，我们的演练项目是航空模型方阵。排练工作是十分辛苦的，9 月的天气仍十分炎热，而展示中国体育健儿无往而不胜的精神面貌是我们义不容辞的责任。他为配合这次排练工作立即创作了歌曲《我爱祖国的蓝天》。因为我们都穿着天蓝色的体育服装，大家簇拥着一架航空模型，他立即有感而发："我爱祖国的蓝天，万里东风吹遍。举头阳光灿烂，低头锦绣河山。保卫祖国的蓝天，不容敌人污玷。"唱着这节奏鲜明的进行曲，我们力量倍增，忘掉了疲劳。

北工大是在化工学校原址建成的，在这个中专学校尚未建成时，就决定要改建成一座综合性工业大学，它的文体活动设施添置几乎是从零开始的。1964 年，学校决定自建游泳池，当然也极大地激发了大家的劳动热情。学校每有重大活动祖元会立即想到利用音乐来鼓舞大家的干劲。他立刻和六系文艺宣传队创作组唐骏共同创作了歌曲《挑起扁担，干起来》。演唱的要求是："热火朝天地。"歌词极具鼓动性："挑起扁担干起来，劳动的汗水湿衣衫，你追我赶加油干呢，欢乐的歌声飞满天……"

每当我们在自己修建的游泳池放松健身的时候，除了回想起那紧张愉快的挥汗劳动场面，也想起了祖元那充满生机的歌曲，那是时代的强音，也是我们幸福的青春时光。

谈到游泳池，唐骏另有感想。他回忆起泳池快竣工时，祖元拉着他到此处"淘宝"，只见他拿起一块瓷砖用小锤轻轻一敲："这是 C 调的 6（啦）音。"原来祖元是想配一组打击乐乐器，唐骏对祖元听力的神奇感到十分不解。

其实，祖元的听力没有那么神奇，只因这个可爱而又可怜的"乐盲"唐骏没有注意到祖元用三秒钟完成的一个小动作：取出音叉，用手指轻轻一撸，放在耳边听一秒钟声响，原物收回。祖元依此音阶便立即推算出任何音阶。他的让人不解之处不在于此，而是在万千理工科学生中只恐仅此一人会时时装着音叉，这是对音乐的痴迷，也体现了他与音乐的热恋！

只是那次奇想因为瓷砖敲出的音域十分狭窄，连一个八度都不够，无法演奏出曲调，只好抱憾草草收兵，但，他对此事却铭记在心。这次我和祖元他们

班杨 ×× 谈到此事时，得知了后来的进展：祖元并未对此事“善罢甘休”，他还是找机会钻进食堂，搜罗到了足够两个八度音域的饭碗，在他们班成功演奏了“饭碗打击乐”。

祖元对音乐意境的追求真是无止境的，他的音乐灵感俯拾即来。在祖元的音乐作品中，都是反映 20 世纪 60 年代教育战线正能量的作品，每首歌曲都在威风凛凛地体现 “教育为无产阶级政治服务”的钢铁意志。

而《我的算尺本领大》这首由一系 6118 班蒋洪施作词，祖元配曲的歌曲是最轻松愉快的校园歌曲。当时，我们理工科的学生在校园活动时，几乎每个人都提着一把算尺，（算尺是装在布袋里的）这是校园中的一景。因为我们时时都离不开它，每个学生的基础课需要大量计算工作，到了技术基础课的“三大力学”（理论力学、材料力学、结构力学）更是离不开它，而专业课时，我们土建系、机械系的学生更是靠计算结构安全来判断解题的正确性，计算尺是我们须臾不可离的朋友 。二位学友对这个小宝贝非常有感情，并发出了无限的感慨。说它能“算得高楼平地起，算得铁水翻浪花，工程计算全靠它……”这是我们理工科学生校园生活情景的真实再现，它的旋律充满了愉悦之情，欢快、活泼，唱起来感到十分亲切、自然。

60 年代，祖元在大学学习期间，除了要完成繁重的学业，还念念不忘音乐创作，一提起音乐便思如泉涌。据他的词作者唐骏回忆：祖元满腹都是曲调和旋律，他甚至能在课间休息的 15 分钟内创作出一首歌曲，且决不是粗制滥造地随意编写，而是曲调鲜明、节率清晰、主题明确，唱起来清新流畅。其作品之丰厚可车载斗量。

这段学校生活真可谓是充满激情的青春乐章，极大地丰富了他的人生经历。

汗水浇灌的交响乐

1967 年的 4、5 月，“文革”的风浪进入相对平稳阶段，已经看不到那些激愤的场景，而运动到底向什么方向发展，如何把握运动的大方向，感到很迷茫。我们这些已进入大学门坎的学生对“文革”中一些疯狂举动感到很厌烦，但只能深藏在心里，不便表露。而沙家浜兵团的组建顺应了当时的大潮流：既不疾言厉色地争斗，又干点儿不会被追究的实事。

祖元的手风琴拉得很好，中学时在少年宫得到过专家的指点，并获奖，对音乐的爱好到了痴迷的程度。高考时是个一只脚已经踏进专业文艺院校的人，也同时被相关音乐机构录取，只不过在大学招生过程中被招生体制左右而阴差阳错地来到了理工科的北京工业大学。但这丝毫没影响他对音乐的喜爱和传播，在筹建北工大这个业余音乐团体时，他顺理成章地成为灵魂人物。

一个管弦乐团的编制按木管乐器（长笛、单簧管、双簧管、大管）的数量为准，常见的可分为单管制、双管制、三管制，其他乐器的数量多少都有相应规定。以现有学校乐队的规模来看，仅够单管制或比单管制略强，总规模不够双管制。单管制是演奏不了交响乐的，双管制要求60—80人，我们仅40余人。弦乐力量较差，中提琴一把没有，（好在它于乐团中被夹在大、小提琴中间，历来被看作是灰姑娘而不受重用，我们是用小提琴代替的）倍大提琴仅一把，还是从钢铁学院借来的。后经向学校财务处申请，买了两把园号、一支大管、一支黑管及两个定音鼓，有这样设置的乐团就可以看成是准双管制了。

演奏“武器”凑齐了，祖元便向熟人、总政歌舞团指挥胡德松索要《沙家浜》总谱，胡指挥要我们到中央乐团去找他的朋友来解决。

中央乐团虽是中国顶尖的专业音乐团体，但当得知我们这些业余音乐爱好者也要排练大型交响音乐时，并没有看轻我们，不仅热情地接待了我们，还顺利地拿到总谱。我们还意外地看到了中国音乐界最知名的指挥家李德伦，遗憾的是他并没有干专业，而是在聚精会神地刻蜡版，看来他是靠边站了。

如何把庞大的总谱逐章节地分析、消化、吸收，并使之成为自己头脑中的一个有血有肉的艺术作品，这就需要祖元付出艰辛的劳动。总谱需不需要改动，怎么改动，改动后既不能失去原作品的风貌，又能让我们这些青年学生有这个演奏能力，这对总指挥祖元来讲极需胆识和智慧。否则会因演奏难度太大而让人望而生畏，使乐队失去信心便会半途而废；若改动较大，则让懂行的人莫名其妙：“这是交响乐《沙家浜》吗？”那就真的贻笑大方了。

于是，祖元把有代表性的管乐和弦乐分谱先部分地交给乐队队员，请他们先熟悉一下，然后择时让他们分别试奏，这就可以看出大家的演奏技巧和对作品的处理能力有怎样的深度。经过几个回合的磨合，大大地拉近了与作品应有的艺术表现力及演奏能力的距离，这使他信心倍增。

器乐的排练首先要求每个人把分谱练熟，合练时才不会被别人干扰。而各器乐演奏中的强弱、轻重、节拍的掌控更是需要在祖元带领下无数次的磨合，这个过程需要他有极大的耐心（领略过的人才会知道，这可不是玩耍，而是艰苦的劳动。事实上也真有承受不起压力而中途退席者）。尽管如此，演奏者有时仍会力不从心，比如有些段落有10—20个小节连续的1/32的音符的演奏，这需要小提琴在不同把位急速在瞬间频繁换把，这些令人眼花缭乱的快节奏真是难为了这些理工科的业余乐手。个别小节虽多次演练，仍不能到位，（用我们内部语言叫“乱成一锅粥”）无奈之下，祖元简化处理了这些难度太高的段落，最后在没有失去原作品风格的情况下完成了最初排练。从能把乐曲演奏出来，到能把作品的感情表达出来，这可是有天壤之别，不同乐团水平的高低即在此处尽显。这除了考核每个演奏员综合素质外，总指挥如何调教、掌控各类乐器的关系，就是演奏成败的关键了。祖元排练时经常有这样不留情面的提示：“你，怎么了，没吃饭哪？声太小。”“你怎么又冒泡了！”“从25小节到100小节，重来，这可是新四军要上战场啊，这么没精神。”“第一提琴，出来得不齐，要用余光看我手势，精神要集中。”

听见了吧！要是没有这样精益求精地细抠，我们就上不了舞台。

合唱队的排练遇到的困难也不少，虽然不像乐队受器材购置的制约，但我们的发声器官——嗓子没受过专业训练。平常自己高兴时吼两嗓子还过得去，各声部真要唱出和声来，那就完全是另一回事了。但交响乐合唱听的就是和声，必须有各声部的配合，要懂得“和声”知识。当我们自己能听到更有空间感、层次感的悦耳的和声时内心感到十分欣慰，一切困扰也就烟消云散了！这真需要认真磨炼，要有点儿韧劲儿才行。但光有认真精神还不行，咱们那个天然器官——嗓子有时会很不给力，有些高音再卖力气也唱不上去，（这非一日之功）无奈之下，只好再对原作品做些修改处理，即“降调”，把E^b调，调整到C调，这样，经过降调后，我们就能适应这个更改后的调门了，和声也能较自然顺利地表达出来了。这优美的和声能展现音乐的表情功能！

在指挥的带领下，经过大家付出汗水和时间的磨砺后，公开的排练终于在当时学校的大礼堂——食堂二楼开场，这个亮相从某种意义上讲，要决定

《沙家浜》交响乐的演出

我们的命运。

当音调雄浑、节奏沉稳的《新四军军歌》序曲，在祖元有力地振臂下由铜管乐队奏出时，我们的心灵也在随旋律剧烈跳动。音乐的旋律有时像高山流水，一泻千里，不可阻挡；有时像小河流淌，曲径通幽，沁人心脾。大家真正体会到了音乐艺术的感召力！来助威的师生，无不投来赞许的目光，我们成功了，真地成功了！当祖元最后放下指挥棒时，他都瘫软了，真想去安慰他。

这不仅仅是一场演出的排练，更像是新四军在战场的一次成功拼杀。

在后来的每次演出中，他也是流汗最多的人。有照片为证：在当年演出剧照的黑白照片上可以清晰地看到，在第一场、第二场时，祖元背影的汗渍把两肩溻成深色，呈黑色一字形；当第四、五场时，背部的深色变宽，呈长方形，黑色范围扩至脊背；当演出到第六、七场时，从肩到裤腰已全部变了颜色。看来，乐队指挥真是个脑力、体力劳动并重的活，但他和大家一样，无任何不同待遇。

随着对音乐理解的加深，大家从仅为完成演出任务而升华到主动体验音乐之美，感受到音乐的巨大感召力，它使我们的魂魄与之共舞！它能打开我们尚未被开发的无比丰富的精神世界！

我们排练“样板戏”活动本身，就是一种在思想禁锢的夹缝中求生存的一种灵魂解脱方式。这是大家都不言自明却在思维活动中感受到的收获！这是一种无可名状的默契，想到此就有一种愉悦的释怀！

祖元在排练和演出中的那种孜孜不倦地对完美演出效果的追求，就是用美妙的音乐、这种无国界的语言来实现灵魂的解脱，思维境界的升华。

“凝固音乐”的辛勤创作

音乐是祖元一生的挚爱，毕业了，学建筑的就要干建筑。他怅然若失，无奈自慰：“也好，建筑是凝固的音乐，我还是没离开音乐。”

那么就欣赏他在“凝固音乐”的大舞台上怎样谱写更壮丽的新篇章吧！

祖元 1968 年毕业后分配到建工局装备安装公司四大队，从灰土工干起，后来担任施工员、计划员、技术员，深入工地各工种，虚心向前辈学习，不断深化对施工技术的认识，并在实践中深深地体会到建筑施工组织的复杂性，逐渐摸清了企业管理的全貌。在此基础上，执笔完成了施工队的班组两级管理的定员和岗位责任制，并付诸实施，完善了企业基层管理制度。

在担任施工员和技术员期间，经历了大量不同类型的工业与民用建筑物、构筑物的施工的全过程，极大地锤炼了他的施工组织能力，为今后从事更复杂的技术工作打下了良好的基础。

他先后六年担任施工队和工区的技术管理工作。在北京最大的施工企业集团工作，祖元是幸运的。这里藏龙卧虎，到处有施工经验丰富的前辈，身边就有20世纪30年代东京帝国大学土木科毕业的老专家，时时能遇到前沿施工技术和施工工艺，加之他的勤奋和谦谦好学，很快就积累了丰富的施工经验，大大提高了技术水平和施工组织能力。

后来他又陆续参加了大板、大模、框架、混凝土结构等十余万平方米建筑工程的技术管理工作，尤其是在摸索提高大模体系的施工进度和质量水平方面，总结出了自己的办法，使结构单元用工降为0.4工日/m^2以下，为北京同类结构施工的先进水平，1977年还担任了公司设计组负责人。

20世纪80年代祖元已被任命为住宅总公司副总工程师。工作期间，他在施工技术工作上提出了不少新的建议，对大模高层住宅如何缩短施工工期进行过较深入地研究，并在《建筑技术》杂志发表了论文《关于缩短大模高层住宅施工工期的措施和建议》。该文对自己长年工作实践中摸索出的大模高层住宅施工中影响工期的各类因素进行了总结，找到了大模住宅施工本身所具有的内部规律，并提出：“工期问题的症结是企业管理者如何把企业管理理念中‘经验管理’的水平提高到‘科学管理’的水平上来。”这篇论文在80年代为建筑企业由生产型向生产经营型过程的转变提供了一个有价值的鲜活经验。

东方广场工程是当时国内最大的综合民用建筑工程，东西长500米，南北宽250米，工程总建筑面积87.5万平方米（相当于五个人民大会堂总面积）又地处最繁华的王府井大街和东单北大街之间。该工程是向建国50周年献礼工程，市政府倍加重视。祖元当时在北京建工集团任该工程的施工技术部部长，肩上的担子之重是前所未有的。

该工程规模之大，创造了新中国成立后工程建设施工技术的很多高限。

（1）超大面积基坑开挖施工技术。基坑开挖面积86000平方米，挖深26米，土方量176万立方米。如此巨大规模的土方量在施工中遇到各种难题。当时主要采用护坡桩锚杆加土钉的方法，并对护坡桩倾斜和地面沉降长期做24小时变形监测。八层楼高的护坡悬臂桩在地基土中的锚固长度和技术措施，成了考验大家的难题（即对地基土承载力分析的准确程度和考验超长桩的施工技术）。

（2）主体结构工程综合施工技术。通过控制混凝土含碱量、补偿收缩技术、冬施采用综合蓄热法等施工技术，很好地解决了地下超长筏基基础不设变形缝而带来的防止沉降、开裂等难题，并创造了日浇灌12800立方米混凝土的纪录，确保了混凝土质量的安全性和耐久性。

（3）对面积达 125000 平方米玻璃幕墙采用单元组合体系、工厂化生产、现场组装的办法，实现了速度快，质量好的效果。

（4）超大型工程项目管理实践。强化管理，尤其深入贯彻质量保证体系，从而使该项目质量取得“结构长城杯”奖项，并保证了工程进度。

祖元在工程竣工后，对这些施工经验进行了系统的总结和提升，并写出了《北京东方广场工程建设施工综合成套技术研究》的论文，该论文 2001 年获北京市政府颁发的北京市科学技术进步二等奖，这也是一个建筑技术人员所获得的值得骄傲的劳动成果。

首都博物馆新馆是北京市政府投资新建的面向 21 世纪的现代化大型文化设施，也是 21 世纪北京市标志性建筑之一，占地位置重要，建筑面积超大（6 万平方米），投资 7.8 亿元，是新中国成立后北京市投资规模最大的文化公益设施，是代表了北京形象的大型工程。工程领导小组组长是北京市长刘淇。足见该工程的重要性。

大型工程的现场会应由业主委员会主持，或是由监理单位主持，因为监理负责工程的三控、两管、一协调工作。施工单位一般处于被质问的位置，经常会被问得张口结舌，无言以对。但祖元既是首博新馆工程施工技术负责人，又是历次现场会的主持人。要知道特大型工程的现场会参会人员都是些说话掷地有声的业务骨干，提的问题有时十分刁钻，能驾驭这样的场面所需的应对能力是可想而知的，能在这样的超大型施工工程唱主角既需要秉公办事而得到业主的信任，又要熟悉各类施工、设计规范，还要有丰富的施工管理经验。该工程的设计单位是中国建研院和法国 ADEP 设计公司，而施工单位必须对原施工图进行深化设计，这是连接施工图设计和结构构件加工及安装之间的重要桥梁，深化设计过程是将施工图设计和加工工艺、安装工艺进行沟通的过程，它使加工工艺更深入体现和贯彻施工图的设计意图。

1992 年，承担北京东方广场工程期间的徐祖元

大量的工程设计人员，并不熟悉施工工艺，不熟悉结构构件安装工艺，这使他们展示不出复杂结构的构件连接节点大样详图，或虽然有详图却是闭门造车，无法施工。尤其是钢结构构件的连接、装配工艺更是复杂，没在工地长期磨炼会束手无策。这就需要熟悉施工工艺的现场工程技术人员进行深化设

计。施工图的设计意图最终是由现场工程师来实现的，但这些现场工程师却是默默无闻的。

祖元就是代表施工单位——北京建工集团来完成这个深化设计任务的，这就要求现场技术人员不仅要懂结构设计，还要懂材料学、懂施工组织、懂施工管理，还要熟悉钢结构安装工艺、焊接工艺。要使总用钢量 1800 吨，且大跨度的屋盖系统就有 800 吨重，并由 3 万多个构件组成的一个庞大的钢构件群，在高度达 34.2 米的位置精确拼装是很艰难的事情。他作为该工程技术负责人，除了要完成施工任务还要很好地协调与结构设计（建研院）、方案设计（法国 ADEP 公司）的关系。对在施工时如何精确实现施工设计总图的要求，提出了很多科学的、符合设计规范的简便的安装工艺。这就让建研院的工程师对他作出了这样的评价：“真愿意和这样的施工技术人员配合，我们感到了前所未有的轻松。”能得到这样的评价是十分难得的。施工工地大量情景是设计人员和施工技术人员争得不可开交，要请第三方仲裁才能了结。

祖元在经年累月的工程施工中积累了大量的施工经验，具备了较高的施工管理水平，2005 年 10 月 9 日，为总结这次施工所写的《首都博物馆新馆结构工程综合施工技术》作为优秀论文登载在《建筑技术》杂志上。

综述祖元的技术工作成就，可以说是多方面的，他多次参加国家重点项目的施工管理工作，他动手能力强，又勤快，把很多感悟和经验写成文字或投给专业刊物，比如《混凝土及加筋混凝土》（双月刊）、《施工技术》（双月刊）、《建筑技术》（月刊），或写成论文交给有关部门，如《东方广场工程建筑施工综合成套技术研究》给北京市科委。由于他在专业技术上有一定的社会影响力，有些出版社也会主动找他参加大学教材的编写工作，比如建工出版社就请他参加大学教材《高层建筑施工》的编写（1998 版），中国建筑音像出版社请他编写了《高层大板结构施工》及《大模板建筑质量通病防治》，还参加了上海科技出版社的大学教材《高层建筑结构施工》的编写。

祖元俄语很好，还利用业余时间翻译了外国专业著作。比如苏联的《锥形短桩》（1981 年）、德国的《混凝土的表面养护》，这样的专业著述和文章总计有十余篇。因为在施工工地每天都有工作要忙碌，据家人讲所有出版的文字资料都是下班后在自家完成的，儿子经常在深夜见父亲还在伏案工作。

祖元还被聘为全国性专业技术培训教师，培训专业人员；是中国建筑业协会建筑施工技术专业委员会专家组成员，参加新施工技术的评定工作。

祖元 20 世纪 90 年代还从事外经工作，十余次率团出国考察。1990—1992 年曾任住宅总公司海外部驻俄罗斯首席代表，负责住总与俄罗斯的施工合作、

1992 年 8 月，徐祖元在莫斯科大学留影

工程招投标、技术谈判等。校友去俄罗斯公干，经常会得到祖元的帮助。传说他还当众在俄罗斯演唱俄语歌曲，让俄国人很惊讶。据她老伴回忆，祖元十分欣赏俄罗斯文学艺术作品。祖元在中学和大学期间学习的是俄语，1968 年参加工作前还恶补俄语，强迫背自己规定的单词数量，这就为他去俄罗斯工作打下了语言基础。

北京仅有四个局级编制的大型建安企业集团。（建工集团、住宅总公司、城建集团、中建一局）祖元在职期间及退休后居然曾受聘除中建一局外的三个企业，且都在重要技术岗位任职：城建集团副总工、住总集团全面质量管理办公室主任、亚运会工程指挥部技术负责人等。能在大型建安企业集团任职已经是十分难得的了，他且能够在三者之间游走而最终又回到建工集团，这需要怎样的工作能力和技术水平呢？为此，我专门与他家人沟通，得到这样的回复：“他是在局级一把手之间沟通后直接调动的。他的技术水平、工作协调能力，在同行业中有口皆碑，他是复合型人才（设计、施工、管理）。”

但我个人不这样认为，因为越是复合型人才越不放，哪有把优秀人才送人的？！

那是什么原因呢？答曰：这是祖元的人格魅力所至。那些了解他的能力而又有水平的领导愿意让他到更能发挥他的聪明才智的位置去工作，唯恐委屈了他。

祖元没有辜负“凝固音乐”大舞台对他的期待，在这个规模宏大的舞台上，如何把“凝固音乐”作品从蓝图演变成形象工程而呕心沥血，历尽艰辛，向社会展示了一栋栋绚丽多姿的建筑艺术品。

安详而从容的休止符

吾辈无论是在课堂上还是在传媒上从未接受过生命教育、死亡教育。提起死亡时总是缄默无语，回避这个话题。不少人对死亡没有准备，以至经常能看到亲人故去后，家人哭天喊地，撕心裂肺，捶胸顿足，悲恸欲绝，恨不得也立刻共赴黄泉。这是因为人们心中有这样一种理念，非如此不能表达对逝者的哀思，而其本质只能说明我们全民族的生命教育水准有待提高。

而欧美文化发达地区的人们总是能平静地对待此事。经常能看到这样的下葬情景：送葬人皆黑色衣裤，默立墓前，只能听见牧师在平静地颂读《圣经》的相关教诲，然后分别依次向棺木投放鲜花，下棺覆土后众人默默离去。

对待死亡有准备，把人类的这个过程看得很自然，这是一种文明人的素养，这是一种能力。祖元领悟到了，祖元做到了。

他在得知自己患绝症后当然首先想到的是如何治疗，在澳洲经历了大量西医西药的治疗无果后，也把希望寄托在国内。曾回到上海和心理咨询师见面，聆听他的精神疗法；也探讨了中西医结合治疗的办法及质子刀手术的可能性，也把回京看成一次机会之旅和希望之旅，但当知道已经回天无力时十分坦然。他的心愿和遗愿才是他生命最后阶段最关心的事。

他内心深处最关心的是什么呢？这给我们上了一堂最好的人文课。

首先，他在2018年5月26日特约了四位校友和他前往母校北京工业大学档案馆，把自己心爱的、和音乐有关的创作文稿及在工程建设施工中刊登在技术杂志上的论文交给档案馆。从某种意义上可以看作是他对自己的兴趣爱好和对专业技术追求成就的一种小结。

这些铭刻着祖元点滴心血的音乐史料，展示着北工大人曾活跃着的丰富多彩的文化生活！这些凝聚祖元辛勤汗水的学术论文，彰显着北工大学子建筑施工技术的丰硕成果。

这都体现着一切优秀人才的人生哲理，生活就是奋斗和收获！

当弥留之际到来时，科技应该让位于人性。此刻，抢救时间不如留作告别时间，祖元对这个告别时间作了充分的预留。请看他在澳洲一年半的时间里做了25次化疗、2次十二指肠放支架手术后给友人的信：

“对于十二指肠再被癌瘤梗阻的情况发生后，不能吃喝，生命也就进入最后关头，他们（指澳洲医生）做好了临终关怀的安排，估计在停止治疗后体力会有所恢复，所以想择机而行回国一次，做最后告别。……想你们，希望能有条件最后回一次北京。”

把临终的安排讲得就像安排一次寻常的旅行，说得那样平静，但又那样热切企盼，在平静的话语里显示出了他清晰的思路，丝毫没有绝望、焦虑和忧伤的情绪。而这实际上又千真万确是他75年生命行程的最后一站。

他懂得舒缓生命关怀的意义。在医院拟为他安排临终关怀时，祖元得知后

2017 年徐祖元在堪培拉

不但没有回避还主动要求参与对自己的临终关怀安排，并提出了具体建议。这是怎样的勇气和胆识啊！

上述的这些澳洲医院的治疗措施及病情的危机，绝大部分北京的同学并不知情，祖元回京后刻意隐瞒了这些细节，几次主动参与了聚会，与老同学谈笑自若，大家都心知肚明，他已时日无多，仍旧笑谈在学习期间或工作后的有趣味的事。大家都更加珍爱这惜别之情，每个人都暗自在心中流泪，真为能和如此有品味的同学为友感到荣耀。

这是祖元认真的、深情的、温暖的告别！

其实，人到了一定年龄，都应去寻找能够让你燃起热情的东西。这是对自己生命的一种责任。祖元找到了，那就是学友的亲情、对音乐执着的爱、对专业技术成就的追求。所以用他自己的话说：“我已没有尚未做完的遗憾的事。”

人类对死亡的恐惧是因为觉得尚有很多遗憾事未能成行，很多理想未能实现，很多该体验的却从未体验。其实这有不少是自我空想的内容，即使寿命很长者也会在临终前仍感有不少未竟事，这是因为在生存阶段未能珍惜时光而留下的遗憾！

临终前在和平里医院的一个真实场景最能代表他恬淡的心境：在病床上的最后时日，全家人聚拢，在平静地讨论当那一时刻来临时，他要穿哪件衣服、系什么样的领带、穿哪双鞋。这被身旁护工听到，她十分诧异：“怎么能当着他的面谈这个事？！”得到的回答是：“我们并不在意。”“我们老家绝对不许，那多让人难过呀！”反倒是护工自己痛苦地主动回避了。

在他剩余的生命以小时计算的最后时刻，祖元想到的仍是他一生乐此不疲的兴趣爱好，这也是他人生追求的思想境界、一个音乐爱好者乐观的精神象征。他轻声告诉妻子：“明天把我抄写的歌曲集带来。”而正是这一天，他冥冥之中感到会有人完成这个遗愿时，真的有两位同学来看望他，而此时他已经连翻身的力气也没有了，只好说：“请在病床下帮我找到歌曲集。”当同学拿到后，他深情地望着它：“请整理一下，帮我交给学校档案馆。”这使我想起了几个月前第一次捐赠的情景：其他资料都已交出，唯《歌曲集》仍抱在怀里，就像母亲抱着自己的婴儿，不愿交出。大家不解其意：“放在档案馆大家都能看、何时都能看到，放那儿多有意义呀。”“你们说得对，容我再想想。”便沉默不语，我们不便再动员。

直到我为写此文再次和他老伴交流时才揭开谜底：尚有五首歌曲写的字迹不规整，呈散页未能归入本集中，而这五首歌曲的词曲作者都是祖元本人，他很想留下一个完整的作品给母校，这会更有意义。但回家后病情急转直下，已经没有精力完成这个心愿，手拿笔的气力也没有了。

看着这本字迹清秀、工整的手抄本遗作真是感慨万千，这真是那句古语的现时写照：“春蚕到死丝方尽，蜡炬成灰泪始干。”我们真为上次的误解感到怅然。

祖元安祥而从容地为自己的人生画上了休止符。

天堂从此有和声

祖元走到哪里，哪里就会有歌声飞扬，三年前他追寻儿子到澳洲生活，刚到澳洲堪培拉就参加了澳大利亚堪培拉澳华会的长青合唱团的活动，并被立刻聘为合唱团的指挥。这个合唱团成员大多是六七十岁的老人，乐理知识知之甚少，祖元从简单的识谱开始教起，循序渐进耐心施教，把合唱的技巧、指挥的手势、各声部的配合一点一滴传授，后来四个声部合练时也唱出了优美的和声。这些老人自己都感到很惊奇，在堪市的寂寞生活中，参加合唱团活动成为在生活中值得期盼的事。他们自己也为唱出的歌声感到兴奋，陶醉其中，很庆幸在远离祖国的澳州还能遇到这么好的音乐老师，这让他们感受到音乐的乐趣。

当祖元病重后这些音乐爱好者去看望他时，为了不让患病的情绪影响大家，他主动提出:“我给你们弹琴大家唱一段俄罗斯歌曲吧！”当一曲流畅的《三套车》弹起来时，大家立刻随着琴声唱了起来，优美的歌声在室内回荡，大家情不自禁地流下了眼泪。在这饱受病魔的折磨中，祖元想到的仍是给大家带来欢乐。

合唱团的成员写诗一首来表达对祖元的思念：

老师架鹤已西去，
音容笑貌在心中。
高风亮节是楷模，
天堂从此有和声。

在他生命的最后时刻仍留给人们思念。

音乐伴随了祖元终生。如果用音乐语言来描绘他，那么他真地实现了：人生的优美和弦！

20 世纪 60 年代在北工大宿舍楼顶阳台上

退休后

谷岱

1969 年，毕业于北京工业大学土建系道桥专业 6463 班；

1970 年 8 月，分配到内蒙古察右前旗计委，从事工业与民用建筑的设计和施工技术管理工作；

1976 年，调到内蒙古乌盟基建局从事施工管理；

1979 年，调到天津纺织局筹建中日合资天津床单厂，负责项目的土建施工；

1984 年，调到北京中建装饰公司担负了对民族文化宫的大修改造及高级装饰工程的施工管理工作；

1991 年，到中石油经济技术研究院担负本单位基建管理工作。

乐在夕阳

6518班　李士贵

2007年，我正式进入了一个新的群体，退休人员群。从此，我真的感受到了什么叫无官一身轻。没有硬性的工作压身，每天想干什么就干什么，想怎样干就怎样干，只要合情、合理、合法，干了、累了、还乐了。完全是一种新的生活方式，新的生活乐趣。这就是乐在夕阳。

逛公园，唱红歌，自创歌曲乐呵呵

我是个爱唱歌的人，但是闷在家中，难以放声高歌。怎么办？我想到了北京市各大小公园不是都有群众歌队吗？我可以到那儿去唱呀。于是，我几乎跑遍了市内的各个大小公园和郊区的一些新建公园。最后，我选定了天坛、大观园和龙潭湖公园里面的三个老人歌队："草原之春""秋之韵""歌友情缘"。每周五个下午分别去这三个歌队唱歌。一晃十来年过去了，唱的歌，不重复的就有两三百首之多。

三个歌队的人员都是退休老人，年龄大的有80多岁，年龄小的也有50多岁。退休前他们在不同的岗位，从事不同的行业。什么军人、警员、教师、医生、工人、干部、私企人员等。这些人虽然情趣多样，但唱歌是共同爱好。也正是由于这一点，歌友之间有一种天然的凝聚力，平时相处十分和谐。除了唱歌之外，还经常组织国内外的旅游，海轮游。更有意思的是，每个月还要组织一次生日聚会，给当月出生的人祝寿。歌友有喜事，相互祝贺，有难事，相互帮助。在这样的集体中，我享受到的是开心、快乐、安康、幸福。它让我很自然地想到，要为几个歌队做点儿事儿。做什么呢？为歌队写点儿歌不是挺好吗？唱出友谊，唱出爱心。

我爱草原之春

草原之春，
天坛之乐神，
用歌声团聚着素不相识的我们。
草原之春，
天坛之乐神，
用歌声安抚着劳累一生的我们。
我爱你，
草原之春。
想起你，
眼前就展现出洁白的羊群，
想起你，
耳畔就回荡起歌声迷人。

秋之韵

秋之韵，情与魂，
集合了一群憨实的老年人。
秋伴季节跨过春与夏 ，
老被岁月刻上年轮。

秋之韵，情与魂，
集合了一群乐观的老年人，
秋已至，天高气爽，
人虽老，气和平心。

秋之韵，情与魂，
集合了一群坚强的老年人。
秋靠劲风吹走凄凉，
老人用歌声，唱出精气神。

秋之韵，情与魂，
集合了一群幸福的老年人，

秋的韵味在丰收，
老人的幸福永葆青春。

我们就是这群老年人，
我们深爱秋之韵。
秋之韵，
流露出我们的情，
秋之韵，
孕育着我们的魂。

两首词曲拿出后，很受歌友们的欢迎，草原之春歌队的司令（队长）还把《我爱草原之春》定为队歌来唱，我很受鼓舞。《秋之韵》歌词一写出来，还没容我谱曲，就有两位歌友主动把曲子谱出来了，反映出他们对我最初想法的肯定，真让我感到很欣慰。

除了为歌队写歌以外，我还壮着胆子为革命前辈写的诗词谱曲，以抒发对那些为国家富强、民族兴旺而奋斗终生的先辈们的敬仰之情。《苍松颂》就是我为段云老前辈写的诗谱写的歌曲。段云，6561班段晓乔之父。生前为国务院总理办公室主任。《苍松颂》，是他老人家在1985年为著名画家董寿平画作《苍松》题的诗句。

另外，我还为孙子辈儿的孩子们作词、谱曲，用以表达对他们现实生活的关注和对他们未来生活的美好祝愿。

抒情怀，赋诗句，顺口溜中吐情趣

我的文学功底很浅，但遇事总想抒发一下自己的情感，信手一挥，写上几句，或叫诗，或叫顺口溜。

2017年夏，我们6518班的几个同学去北戴河游玩，我写了一首诗，通过微信发给了同学们。

清平乐·北戴河

同窗好友，
北戴河畅游。
笑忆往事赞金秋，

夕阳共享无忧。

鸽子窝顶望鸥，
互挽攀上怪楼。
此行余兴未尽，
再约而非邂逅。

2017年夏，在电视中看完习总阅兵式，在朋友的启示下，我回应了一首诗。

观2017年建军节阅兵式有感

沙场阅兵震宇寰，
人民军队铁打盘。
党、国、军旗声威壮，
小看美、日、印胡缠。
“萨德”岂能称霸道，
中国不止劝与谈，
看我天兵精、气、神，
展我装备领世先。
浩浩洪流谁能匹，
陆海苍穹任盘桓！

2018年6217班的于贵林从纽约发给我一条微信视频，《顽强的四零后》。看后，我很有感受，随即写了一篇顺口溜发给于兄。

四六后的我

我生于湖南湘潭，
长在北京西护城河畔。
已到古稀之年，
一生无悔心安。

幼时京城素美，
护城河围城盘桓。

河中小鱼畅游，
时有小虾蹦岸。

某日孤身爬入，
西直门城楼里面。
年幼不知安危，
脚踏残裂楼板。

为建小学院墙，
选中古老城砖。
校长亲自带队，
连拆带运“坦然”。

为了去除“四害”，
停课满街叫喊。
麻雀受惊乱飞，
纷纷栽落地面。

为提高社会文化，
曾参加少儿辅导团。
教过一名无鼻阿姨，
旧社会逼成的面残。

为了赶超英美
师生同守炼炉边，
没有矿石不愁，
带来家中铁锅铁铲。

升上初中之后，
参加过国庆大典。
放飞和平天鸽，
飞向天安门上蓝天。

脚踏高中台阶，
已成英俊小青年。
曾扛体育大军横幅。
天安门前受检。

白天接受检阅，
晚上广场狂欢。
为让交谊舞生动，
男校女校结缘。

转瞬高中毕业，
登上大学圣坛。
心中充满自信，
高新科技勇攀。

五年大学生活，
“文革”搞了四年。
专业知识未学，
免费全国串连。

有幸毕业留校，
怀揣知识点点。
老婆孩子入睡，
仍在读书伏案。

留校三十七载，
职务不停变换。
调动十五六次，
处处力争完满。

偶遇北京风雨，
常见京城蓝天。
这些毫不为怪，

历史发展必然。

退休已过十年，
兼职工作仍干。
永远不忘初心，
我是共产党员。

除了与校友、朋友交流，在家里也充满各种乐趣。2016年，老伴的妹妹为他的外孙女过满月，在八爷府饭店举办了一个家庭宴会。为活跃宴会气氛，我赋了一首诗：

减字木兰花·满 月

十月宫藏，
万事不晓仅陪娘。
落生人生，
耳习目染渐有之。

今至满月，
如何过好能显晔。
喜讯发出，
亲友聚餐八爷府。

唱歌，写歌，赋诗是我乐在夕阳生活中不可或缺的内容。我愿所有的老校友们都能做到老有所为，老有所想，老有所乐！

素海探秘——我的业余人生

6531 班　刘诗章

引　言

在广袤的数字海洋里，有一片归属于素数的海域。它婀娜多姿，令人遐想联翩，许多名人的趣闻和逸事都是因它引起，人类至今仍未能完全掀开它的面纱。我自幼就对数学有着极大的兴趣和偏爱。初中时节就对《趣味数学》这类科普书籍爱不释手，尔后对数论的喜爱更是乐在其中，而能够吸引我并锲而不舍地追求它至今的是源于徐迟先生的一篇报道。

1978 年，《人民日报》头版发表了著名记者徐迟先生的报告文学《哥德巴赫猜想》。当时轰动了全中国，大家一下子知道了中国出了一个陈景润，是他向世界上著名数学难题“哥德巴赫猜想”发起了冲击，离摘取数学王冠上的宝石仅只有一步之遥。那时的中国太需要这种振奋了。十年“文革”的冲击，中国在这一时期几乎无一建树。邓小平提出的科学的春天，激发了广大民众对科学技术的渴望，吹响了发展我国科学技术的号角，而陈景润攻克著名数学难题的报道无疑是极大增强了人们走向世界的信念。

当时全国都处于一种亢奋之中。周边的同事对什么是“哥德巴赫猜想”还一无所知，但也陷入莫名的亢奋。由于我在北京师大附中读初中时曾有幸听到过华罗庚先生的讲座，其中就谈到过著名的“哥德巴赫猜想”，故对此难题了然于心。因此我就当上了义务解说员，向周边想探究这种问题的同事和朋友不厌其烦地详述该题的本意，并细说为什么讲这个问题还没有真正解决。只不过，那时我心中也在想，从听到华先生的报告后，已过去了近 20 年，这个难题还没有解决？仅只是证明了所谓的“2+1”，就能引起国内外如此的轰动，真的有那么难吗？于是我心中也萌动了试一试的初念。

“哥德巴赫猜想”就是要证明大于 6 的偶数都至少有一组素数对。比如

6 = 3+3，8 = 3+5，10 = 5+5，12 = 5+7……，很多不明就里的人心想，这不是太简单了吗？怎么能说是世界性难题呢？偶数只要有素数对，慢慢去找，总能找到，只要有一个偶数找不到素数对，也就证明它不成立了。其实，大多数涉足数学研究领域不深的人都忽略了无穷这个概念，把相当大与无穷大混淆起来了。“哥德巴赫猜想”的难点也正是在这里。那就是，无论你找到多么大的一个偶数，即便你找出了它和它之前所有偶数的素数对，也不能证明接下去比它大的偶数会有素数对。要如何去证明呢？

“可能素数表”的发明

工科学生与理科学生在思考问题的角度上多有不同，更注重于直观和实效。我最初的思路就是如何能尽量排除部分合数（2 个以上素因子的积），把观察范围缩小一些，这样在试着找寻偶数的素数对时不仅会便捷很多，或许还能从中找出某些规律性的东西。于是，我删除掉自然数中 2 的倍数，3 的倍数和 5 的倍数，然后将其制作成一张特殊的数表。万万没有想到的是，这个想法和发现竟成了我破解素数分布之谜的钥匙。

这以后，我就经常利用空暇时间反复琢磨这张数表，并于 1979 年向《吉林大学学报》投寄去了自己首次研究的发现和心得。该文展示了我的研究思路和框架，尽管结果是以退稿结束（理由是探讨的是初等数论问题），但这些并未打消我继续深入探索的热情。在随后的几年里，我利用业余时间系统地仔细研读了一些与基础数论相关书籍，如王元的《谈谈素数》、陈景润的《简易数论》、徐利治的《计算组合数学》、华罗庚的《数论导论》等。由于没有门派之限，我从这些大师们的著作中汲取了大量我未曾学过的知识，融会贯通，充实了我的基础知识。比如说，我所发明的“可能素数表”竟然就是以欧拉函数建立起来的“模 30 的缩剩余系”。从而让我的习作从一个门外汉的水平上升到具有坚实数学理论支撑的研究论文。

1985 年，我从市机械工业研究所调至省科技情报研究所，工作环境发生了较大的改变。主要是做情报咨询、调研和文献查阅，这样，我就有了更多的业余时间阅读一些相关知识。1984—1985 年恰恰又是宏扬科学、开拓思路的重要时期。这段时间，有关思维方法类的丛书很多。我静下来认真研读了一些书籍，对我开拓思路，从认识论的角度来开展研究帮助极大，受益匪浅。1986 年，我的首篇研究论文在《工业技术经济》上正式发表。

这篇以《可能素数表及其应用》为题的论文在开篇就以一段前言概述了我

的研究思路和宗旨："世界上的事物虽然错综复杂，但都有其内在联系及固有规律"。并明确阐明该文是在"研究方法上的一种探讨"，"其宗旨就在于探索事物内在规律性"，即如何"把单纯、孤立、貌似分离的事物形成有联系的整体，把对无规律性的研究变成对有规律性的研究，把大范围的研究尽量缩减到既能显示事物本身特征，而又不破坏其完整性的程度"。"通过对事物内在规律性的揭示，将使人们对事物本身状况，乃至对事物的发生、发展能有一个宏观认识，这样即便人们暂时尚不能认清某一事物，但也能预测到宏观世界的未来发展趋势，也就避免了探索的盲目性。甚至在某些方面能用初级、简单手段，解决高深、复杂问题，达到事半功倍的效果"。该文正是从认识论和方法论的角度对"哥德巴赫猜想"进行了深入探讨。

这篇论文的最大贡献在于它实现了本人最初的设想，即把正整数大幅度压缩，而 7 以上的素数尽在其中；同时证明了 7 以上的素数都可以通过模 M=30 的缩剩余系的形式表出。为素数的研究开辟了一条全新的途径。

数论是对"数"的研究，但单纯、孤立地研究"数"，往往难以发现数的变化规律及其内在联系。工科学生相对比较擅长使用列表法，其实，列表法也是数学分析中经常采用的研究方法。合理的列表，将会使对问题的观察更为直观，更容易提示它们的内在规律性，正是基于这种考虑，我提出了一种有别于常规素数表的新的列表方法，即"缩系展开列表法"。我将以模 M=30 互素的 8 个最小非负整数（即 1、7、11、13、17、19、23、29）作为首数，自上而下排列写出，并依次将缩系展开，即可得到一张数表。竖排为行，横展为列。由于该数表中既包含了 7 以上的全部素数，还有大量长相与素数极为相似的合数，故我将它们统称为"可能素数"。现在完全可以说它是一张极为神奇的数表。内中的周期变化规律堪与门捷列夫的元素周期表媲美！它在探寻表内合数的规律性变化及其处理计算方面的强大功能是我当时都没有想到的。（参见附表）

在我开展的研究中，逆向思维给了我极大的启迪和帮助。我仔细查阅过，以往的数学家在数论研究中，几乎都是在研究素数的分布，也就是说在找寻素数的分布规律，著名难题"哥德巴赫猜想"更是以直接找出素数对为目标的。但数学上关于素数（即质数）的定义却是"除了 1 和它自身之外不能被其它自然数整除的数"。这里就出现了一个悖论，既然素数本身并无规律可言，可是一代又一代的数学家们却师承下来要找素数的分布规律，能找到吗？由此我大胆提出质疑，数论研究之所以迟迟没有取得突破和大的进展，是否是与研究途径和方法有关？就以"哥德巴赫猜想"为例，两个多世纪过去了，仍没有人能够给予完全的证明。陈景润在利用"n+n"和"n+1"的方法求解"哥德巴赫猜想"

附表：可能素数表（1—29列）

	1	2	3	4	5	6	7	8	9	10	11	12	13	14
1行	1	31	61	7×13	11×11	151	181	211	241	271	7×43	331	19×19	17×23
7行	7	37	67	97	127	157	11×17	7×31	13×19	277	307	337	367	397
11行	11	41	71	101	131	7×23	191	13×17	251	281	311	11×31	7×53	401
13行	13	43	73	103	7×19	163	193	223	11×23	283	313	7×49	373	13×31
17行	17	47	7×11	107	137	167	197	227	257	7×41	317	347	13×29	11×37
19行	19	7×7	79	109	139	13×13	199	229	7×37	17×17	11×29	349	379	409
23行	23	53	83	113	11×13	173	7×29	233	263	293	17×19	353	383	7×59
29行	29	59	89	7×17	149	179	11×19	239	269	13×23	7×47	359	389	419

	15	16	17	18	19	20	21	22	23	24	25	26	27	28	29
1行	421	11×41	13×37	7×73	541	571	601	631	661	691	7×103	751	11×71	811	29×29
7行	7×61	457	487	11×47	547	577	607	13×49	23×29	17×41	727	757	787	19×43	11×77
11行	431	461	491	521	19×29	7×83	13×47	641	11×61	701	17×43	761	7×113	821	23×37
13行	433	463	17×29	523	7×79	11×53	613	643	673	19×37	733	7×109	13×61	823	853
17行	19×23	467	7×71	17×31	557	587	617	647	677	7×101	11×67	13×59	797	827	857
19行	439	7×67	499	23×23	13×43	19×31	619	11×59	7×97	709	739	769	17×47	829	859
23行	443	11×43	503	13×41	563	593	7×89	653	683	23×31	743	773	11×73	17×49	863
29行	449	479	509	11×49	569	599	17×37	659	13×53	719	7×107	19×41	809	839	11×79

7首周期	7×1	7×7	7×11	7×13 7×17	7×19	7×23	7×29																						
11首周期	11×1		11×7		11×11 11×13		11×17 11×19		11×23		11×29																		
13首周期	13×1			13×7	13×11	13×13		13×17	13×19	13×23			13×29																
17首周期	17×1			17×7			17×11	17×13		17×17	17×19			17×23			17×29												
19首周期	19×1				19×7		19×11		19×13		19×17		19×19		19×23				19×29										
23首周期	23×1					23×7			23×11	23×13				23×17	23×19			23×23					23×29						
29首周期	29×1						29×7				29×11		29×13				29×17		29×19				29×23						29×29

的众多数学家中，巧妙地利用加 2 权筛法，率先证明了“2+1”，是最接近最终证明的人。当时我就想，如果我能找到一种方法，能够把可能素数表中的合数全部找出来，然后加以删除，那剩下来的不就都是素数了吗？因此开启了寻找合数及合数对分布规律的探索之路。

说起做表，估计大家都会不约而同地想到门捷列夫的元素周期表，人们不仅褒奖他的伟大发现，而且对他依据元素原子量精准地预测到当时尚未发现的未知元素而惊叹不已。有意思的是，门捷列夫的发现也是通过直观取得的。门捷列夫试着排列当时已知的这些元素，他把每个元素都建立在一张长方形纸板卡片上，并在每一块长方形纸板上写上了元素符号、原子量、元素性质及其化合物，然后把它们钉在实验室的墙上排了又排。经过了一系列的排队以后，他发现了元素化学性质的规律性。因此，当有人将门捷列夫对元素周期律的发现看得很简单，说他是用玩扑克牌的方法轻松地得到这一伟人发现时，门捷列夫却理直气壮地回答说，从他立志从事这项探索工作起，一直花了大约 20 年的功夫，才终于在 1869 年发表了元素周期律。

门捷列夫把化学元素从杂乱无章的迷宫中分门别类地理出了一个头绪。并以极大的勇气和信心，不怕名家指责，不怕嘲讽，勇于实践，敢于宣传自己的观点，终于得到了广泛的承认。

事实上，很多发现，往往来自无意之间。我的发现，也纯属偶然。当年我用绘图纸按照我的方式，列出了一个长达几百列长的数表，然后从 7 开始逐个删除数表中含 7 因子的合数。圈着、圈着，我突然就愣住了，各行圈出来的合数都是一样间隔，隔 7！看到这样的情景，后面的我就不再一一去细算了，凡隔 7 就圈。然后我再逐个进行验证核对，结果是准确无误，各自就位。我以 7 作为周期来划分，每一个周期都只有 8 个含 7 因子的合数，而且都是前一个周期分布的翻版。简直太神奇了！我还特别注意到，在 8 行中，每个周期各行都只有一个含 7 因子的合数。同时还进一步发现，这 8 个合数都是以周期的中心点对称分布的。这个发现，在以后编写计算机程序时，对确定首周期合数位置时也极为有用。

这个看似极普通的发现，它激发了我的联想，这是偶然现象还是普适规律？即：含 11 因子的合数，还有含 13、17 等其他因子的合数是不是也有同样的分布规律呢？结果证实，数表中的任一个数，以它为因子的合数都有着相同的分布规律。只是以各自的数值为周期罢了。最后我都从数学上给出了严格的证明。

这个发现，也奠定了我发明的基础。大家都知道，小素数我们可以通过筛法来获得，但大的素数找起来就困难得多，要依次去除 2、除 3、除 5、除 7、……，对一个超大数，例如一个100位的大数，用于因子分解的次数将达2.3×10^{15}次，若采用常规算法，即或是用目前运算最快速的计算机来进行分解（每微秒一次），所花费的时间竟高达74年。而且，千万别忘记了，这只是运算处理一个数的时间！由此可见，要构建一个完整的全素数平台，那是一个相当漫长的基础建设工程。

而在我的这种数表形式框架下，充分利用计算机的功能，我们终于实现了无须繁复运算，仅通过简单删除的方式，就可快速生成超大的素数表。由此，我对自己创建的这个数表更坚定了信心，相信利用它也能够对“哥德巴赫猜想”作出证明。

新途径、新方法创立的艰辛和困惑，30年来始终伴随着我一路走来，就如同走迷宫一般。庆幸的是我选择的方向全然没错，虽说每一步的艰辛都难以描述，但我不改初心，攻克了一个又一个的难点，终于见到了胜利的曙光，并取得了巨大的收获。

四个引理公式的推导与证明

科学是求真求实的学问。必须要对你欲达的目标、选择的路径、采用的方法有一个全面的审视，最终确定它的可行性。只有这样才能在探索中少走弯路。首先我解决了数表中“可能素数的一般表达式”，使之可以用公式来表述；紧接着找出偶数与可能素数的关系，我从同余式概念出发，对任意一个大偶数，以30为模，根据其剩余，我发现，任一个偶数都可以在可能素数表中利用不相同的两行的可能素数组成。由此得出了两条重要引理：

引理1. 是任意一个大于30的偶数C_n都可以表为两个不同行的可能素数之和。

引理2. 是任意一个大于30的偶数C_n，利用其（i、j）行，都可用n组不相同的可能素数对表出。例如I行与J行是偶数C_n的两个相关行，并有$I_1+J_n=C_n$，按照我提出的“递推错位相加法”，于是有$C_n=I_1+J_n= I_2+J_{n-1}= \cdots = I_n+J_1$，一共有$n$组可能素数对，从而为“哥德巴赫猜想”的证明开辟出一条新的途径；第三步则是对可能素数对进行了分类。我将素数与素数的组合称为素数对，将合数与合数的组合称为合数对，将素数与合数的组合称为混合数对。从而将关于偶数C_n的n组可能素数对组成的讨论纳入计算组合数学范畴。并由此又得出了两条重要引理：

引理3. 形如$C_n = a_i+ a_j+30(n-1)$的任意一个偶数（$n>1$），当它的$(i、j)$相

关行在 n 列内的素数总数 $\prod(n)_i+\prod(n)_j>n$ 时，则该偶数总可用素数对的形式表出。引理 3 实际上是证明了，在此种条件下，“哥德巴赫猜想”成立。

引理 4．（判断定理）形如 $C_n=a_i+a_j+30(n-1)$ 的任意一个偶数，当它的 (i、j) 相关行在 n 列内的素数总数 $\prod(n)_i+\prod(n)_j\leqslant n$ 时，若 C_n 的 n 组可能素数对中，其合数对的数量 $H_{D(ih,\ jh)}>H(n)_j-\prod(n)_i$，则该偶数 C_n 必能用素数对形式表出。引理 4 是一个重要定理，通过它又将哥德巴赫的证明转换成对偶数的合数对数量的计算上来。

1987 年 3 月，经吉林省科委报请吉林省政府批准，公派我去日本国国立熊本大学电气情报工学部研究生院留学进修。一年时间里，早出晚归，几乎全天都关在自己的实验室里，无暇旁顾。我在合作完成了一项科研成果后，由于当时国内严禁公派出国人员转读学位，故我不再继续做课题研究，转至教育学部继续进修。由于仅仅是听课，一下子轻松了好多，因而有了较充裕的时间去图书馆查阅数论的相关书籍。这一时期，我的最大困扰就是如何能证明，在什么条件下偶数 C_n 必有一组合数对，在什么条件下必有两组合数对，以至 n 组？可否将合数对的数量用一个简单的通式形式写出？这个困扰持续了有半年之久。

当时我的导师帮我联系到熊本的一家三菱集成电路公司实习打工，负责成品芯片最后一道工序，电老化和热老化测试检验。工厂离市区很远，骑车单程都需要一个小时左右的时间。这个宝贵时间我也充分利用起来。我在往返途中，经常是一边骑着车，一边想着解题思路。当时模计算的不规则性一直困扰着我，卡在那里，无法往下推进，突然一天思绪大开，何不把模的剩余情况都验证一遍，看一看结果到底是什么？抓住了这个思路，回家后立刻着手，在遍举模的各种剩余后，其结果让我喜出望外，我竟然导出了一个非常简捷的通式。后续虽然还有许多难点，但都是一些计算问题，很快我就作出了初步的证明。

1989 年，从《人民日报》（海外版）报道得知，在中国将举办由 10 位著名数学家联名倡议的世界数学大会，并向海外学子征集稿件。我赶忙整理我的论文，但遗憾的是我寄去的稿件迟到了一天，不能在大会上宣读和讨论。尽管如此，我回国后的第一件大事就是参加了这次大会。在会议报到时，我找到了 10 位数学家之一的徐利治教授，他担任大会的组委。经过一番陈述，他同意给我 2 个小时的时间让我讲解一下我的论文，以决定取舍。我的天哪！让我 2 个小时把整个证明过程讲出来，怎么可能？我尝试着要讲一讲，没想到根本就没有我们之间讨论的时间，由于会议的组织安排都要徐先生亲自处理，几乎不间断地有人来找他。最终只好与徐先生达成了一个约定，在他稍有空闲之时我可以去找他。

回国后，我的工作也忙了起来。我不再担任信息公司经理，而是担任情报研究咨询室主任。业务多了起来，除了要安排研究室里的工作外，自己除了组织“吉林省高新技术成果现状调查”，同时还要主持“吉林省高新技术产业发展对策及支撑体系建设”重点软科学研究项目，然而我仍坚持在空暇时间把素数软件开发出来。出国前我曾与我单位计算机室一个年轻的副主任李占柱合作，尝试开发出素数生成软件，并企望实现对“哥德巴赫猜想”的计算机证明。由于我出国、搁置下来，等我回国后，方得知李占柱已英年早逝，之后我又找到我单位的软件工程师陈德文合作，很快，我这一愿望实现了。我们打印出 10^7 以内的纸质素数表。近 800 页，装订成厚厚的三册，这极有可能是世界上唯一的一份 10^7 以内的纸质素数表，而且我们的软件还具有生成任一大偶数的全部素数对的功能，其数量与我的理论公式得出的结论完全契合。

引理 5 的结论与计算机编程

1991 年春节期间，我与陈德文前往大连理工大学，请徐利治教授对我的研究工作进行评审和指点，徐利治教授有感于我的执着，特邀他的学生、南开大学王军博士后一起参加评审。大概是因为我的证明是未按常理出牌的缘故，一开始，我的思维方式与数学家们的思维发生了冲撞。第一天的讨论无疾而终，第二天仍无太大进展。徐先生最后答应再给我一天时间，他也准备在晚间再仔细看一下我的文稿。我带去的是两篇论文，一篇是《Goldbach 猜想的判断定理及其初等证明》，另一篇则是《关于 $H_{合} \approx n(1-\eta_{PA})(1-\eta_{PB})$ 的证明》。由于前两天的磨合，徐先生和王军博士对我的思路有了比较深的了解，在第三天，我又以组合数学举例的方式开讲。这次采用了新的研讨方式，即我每讲一小节，则由王军博士上台复述，然后展开讨论，这样进行得非常顺利，第一篇论文很快就通过了。第二篇的讨论复述也进行得很顺利。我仍清楚地记得，当我讲完后，王军博士略显激动地低声对徐先生讲：“先生，这不是已经过了吗？”然而，大师就是大师，只见徐先生说，先静一下，让我再从头捋一下。先生重新看过后沉思良久，最后说，看来你的结论极有可能是对的。公式形式若写成分数形式或许更优美一些。然而你后面的证明涉及取整的累加求和。因此，结论只能是约等于，还不能算是完全的证明。尽管当时我确实很有些失望，但对徐先生的评审心服口服。至于对我们构造大素数表的工作徐先生则赞赏有加。他指出，哥德巴赫仅是一道难题而已，当前国际上数论界的最大热门是大奇数分解，你们做的工作非常有意义，建议与国外的相关软件功能进行比较。后来，徐先生赠送给我一本组合数学专业年会文集，并要我重点钻研一下其中万哲先教授撰写的关于 RSA 公钥密码体制的那篇文章。

在我们第二天辞别时，徐先生亲手将他写的评阅意见以及给《潜科学》杂志的推荐信交给了我。通过与徐先生三天的交谈，大大改变了我对研究主攻方向的认识。需求才是最重要的，尽管当时我还不完全了解到它的要意。既然徐先生对我们在制表工作方面给予了充分肯定，那我就以大素数生成和应用作为以后的主攻方向，继续深入研究。这也是我后来没有将我们大素数生成技术的研究成果送去发表的原因。徐先生对我做的证明的评价也给了我极大鼓励。老一代科学家都独具慧眼，不轻易给出赞许，出口慎言。从他当时对我的结论翻来复去的斟酌，在黑板上板书成分式形状，并自语道，这个形式确实优美，我内心就预感到，我作出的结论一定是对的，只是在证明上还很粗糙。而我开创的这一新的证明方法和路径也只有我自己才有可能最终完成。所以，后期我又深入学习取整运算,将原来的论文又从头到尾作了全面修改。并最后取得了突破。

1993 年，我由吉林省科技情报研究所调至兵器部第 210 研究所。先是在综合研究室，后专职做竞争情报学会秘书长。很快我在计算机室又结识到了一个新的合作伙伴陈豫生，在随后的 20 多年里，我们两人基本上把自己的业余时间都贡献给了大素数生成的深度研发中。快速、准确、省内存、多功能是我们的研发目标。程序也改作 C 语言和 C++，最后又改为 Linux 大型机语言，以便适用于大型机的计算。从 1995 年开始，每年一度的全国信息安全展览会是我们俩必定参加的。也洞悉了密码技术的发展。并开始对 RSA 公钥体制进行了深入研究。这一时期我们也加紧了对密码学相关知识的学习。由于没有任何功利思想，因此也没有什么压力和负担。只是每年 1—4 月，新的课题任务还未下来前，能集中精力一起研讨一下，平时则是在紧张工作之余拿出来换换脑筋。

在我后续的研究中，终于解决了取整求和的最艰难的步骤，并得出最重要的一条引理：

引理 5. 形如 $C_n = a_i + a_j + 30(n-1)$ 的偶数，在其（i、j）相关行所组成的全部 n 组可能素数对中，i 行的合数与 j 行合数所组成的合数对总数量 $H_{D(ih,\,jh)}$ 为：

$$H_{D(ih,\,jh)} = \frac{1}{n} \cdot H(n)i \cdot H(n)_j$$

也可表述为：形如 $C_n = a_i + a_j + 30(n-1)$ 的偶数，在其（i、j）相关行所组成的全部 n 组可能素数对中，i 行的合数与 j 行合数所组成的合数对的总数量 $H_{D(ih,\,jh)}$ 为 n 乘以各行合数比率的积。也即：$H_{D(ih,\,jh)} = n \cdot \frac{H(n)i}{n} \cdot \frac{H(n)j}{n} = n \cdot \eta_i \cdot \eta_j$

既然合数对的数量我已经求出来了，那么运用我前面提到的判断定理，通过计算就能够很轻易地证明“哥德巴赫猜想”成立。同时我还发现了用组合数学中的基本法则也可导出相同结论的路径。此外，我与陈豫生研究员通过长期的研究和总结，创造出一个矩阵删除法，并推导出一个通式，即对于任何一个素数P，都能用该矩阵通项式确定出其所有合数的分布。它的“非”即为素数，这也是几代数学家梦寐以求的公式!

然而，国内数论界对民众的热情视而不见，采取了不收稿、不阅稿、不刊发的龟缩办法，实则是把数论研究看作他们的世袭领地。极大地扼杀了广大民众深入探讨基础理论的热情。我国著名数学家潘承洞先生最终深有感悟并坦承:“要解决当前数论发展相对停滞以及改变绝大多数著名难题还没有最终解决的现状，需要引进新的思想和方法。”

大素数数据库的生成

由于我的研究目标早已锁定，猜想证明的成功，大大增强了我的自信。正如徐先生对我讲的，“哥德巴赫猜想”只不过是一道数学难题而已，最终证明在我手中搁置了已有十多年之久，它只是完成了我的一个用初等数论的方法解开这个难题的心愿，我早已释怀，也不再管它，我后期的精力则完全投入到大素数生成和它的应用探索中去了。

得到名师的一次点拨，往往会受益终生。经过多年的潜心钻研，目前我已经获得了两项发明专利授权:一项是“一种适用于信息加密技术应用的素数族快速生成方法”；另一项是“基于偶数公钥密码体制应用的偶数素数对的快速生成方法”。此外，“基于FRGA的大素数暨大素数族的快速生成方法”（芯片化实现技术），“一种基于全素数库的动态加密系统”的专利申请都已进入实审阶段。由于我们解决了从素数平台到实际应用的路径，利用FPGA技术制成芯片，可以把相关功能植入现实产品中。在随机数生成、小型加密机、防伪等方面以及由我的同窗好友贺漫古提出的个人信息的用户本地加密平台，新型个人身份证数字化设计等，都具有申报专利的条件和实用开发的前景。

随着互联网络以及公钥体制的诞生，素数的重要性日益显露出来。早在20世纪60年代初，美国学者就曾宣称在中央情报局的计算机存储系统中存放了5×10^8个素数。之后就再未见其做过正面报道。显然是作为重要的战略资源而加强了保密。而我国于1989年才由信息安全国家重点实验室资助开展了类似的项目研究，代表了我国当时的最高水平。在该项目发表的《多位高精度素数表及其计算机的实现技术》文献1中，披露了素数表编制的进展，列举了国内外的一些编制成果，均不超过 10^8，这些反映了当时国内外总体研究水平，整整比美国晚了 30 年。其方法基本沿袭了逐一试除的方式，制作者也坦承在数据存储上遭遇瓶颈。

与上述成果相比，由于我们建立的素数表完全是采用我独创的方法，并充分利用了计算机的功能，无须逐一试除和繁复运算，通过简单删除即可快速生成。采用该方法编制素数表是一个连续过程，整个过程中没有任何繁复运算和逐一试除环节。因此可以说，此方法快于目前已知的任何一种素数表生成方法。

2013 年，在同班好友贺漫古积极参与和帮助下，我们在安徽大学的计算机群上进行了为期将近一年的实际生成实验和运行检测。其运算结果还送到了美国检测并得到确认。我们这种生成素数表方法，已在 Windows 和 Linux 系统上实现多线程、并行计算，并可生成任意区段的素数表。在建立基础素数库中还可采用多台计算机并行计算，把生成的数据文件汇集在一起，就可以形成一个完整的素数数据库，这样就大大缩短了建立基础素数库的时间。

在存储方面的特色是，一列 8 个数值，仅占用 1 个字节。每 90 个数仅需 3 个字节。与文献 1 试作一下比较，文献 1 几乎是用了 5 年时间才制成了一个 9 位素数表（10^9 以内），存储总共占用了 208.8M 的硬盘空间，而用本方法生成一个九位数的素数表仅须用 3 秒钟，存储一个 9 位素数表仅需要 32M 的硬盘空间，不到它的 1/6。

目前我们已经在吉林省计算中心建成了 15 位的完整素数的基础平台 (10^{15})，并可在有限时间内生成 10^{30} 以内任意区段的素数族。我国一旦扩展并建立起这种具有自主知识产权的更大的素数数据资源平台，无疑将处于国际领先水平。

素数之所以受到如此重视，源于它在当前网络安全中的作用。信息安全的核心是密码技术和管理。这也是网络信息安全的命门所在。在通用加密算法中，素数作为一项最重要的优质资源，就如同一个优质油矿一般，一直是各国竞争的重要领域。

随着网络应用的广泛普及，网络安全问题也就越发显得重要。美国棱镜门丑闻，爆料出美国通过在加密算法中安装后门监听和盗窃各国机密的行径，令世界各国震惊，中国遭受极大伤害，然而包括美国的战略盟友德国和日本也躺着中枪。这明确地告诉了人们，在网络基础建设方面，从来就没有免费的午餐。

由于历史上的原因，IPv4 互联网根服务器数量一直被限定为 13 个，唯一的主根部署在美国，其余 12 台辅根有 9 台在美国，2 台在欧洲，1 台在日本。据说，在主根服务器系统上还有一个更高级的、隐藏着的母服务器，当然也在美国，而世界所有的顶级域名都是由这台母服务器来确定的。因此，美国完全掌握了互联网的话语权。伊拉克战争期间，美国关闭了对伊拉克的网络服务，从而引发了伊拉克国内的全面瘫痪。正是因为有前车之鉴，德国于2014年率先提出“数字强国”的战略，2015年日本更是直接提出了“个人号码制度”。都是要在数字基础建设方面发力。

德国和日本提出的战略到底是想做什么？我们完全可对它们提出的一系列关键词进行解读。德国的“数字强国”战略就是要着力打造一个“数字的与信息安全有关的用于加密的独立于美国的囊括各种行业的基础建设”。不难看出，德国已经意识到素数资源的重要性，明确表示出要打造一个独立于美国的安全数字资源平台的愿景。日本的反响则更为直接，日本网络安全新战略写明，将强化应对，向每个日本国民发放一个号码并在行政手续等方面加以利用的“个人号码制度”，也就是把个人身份的认定以及社会活动的一切，比如出行、消费支付等都与一个号码绑定，而要实现它，除了利用素数唯一性之外，不会再有别的选择。习近平最近也提出了“数字中国”的发展战略，尽管相比已经晚了若干年，但表明我国对数字基础研究的重视，又重新提到了议事日程。

2015年，我们研发团队联合当地研究机构共同向吉林省科技厅提出了《适用于信息安全的素数资源深度挖掘及随机密钥生成研制》的项目申报，经过多轮答辩和评审，获得一致好评。已经被列为吉林省2016年度重大科技攻关项目。

虽然我们经历了太多挫折，但现在毕竟看到了一点点微薄的希望，数十年潜心基础研究，给我最深的体会是，没有坦途，没有鲜花，要敢于挑战权威，要甘于淡泊名利，才能取得目前的成绩。我已经非常知足，它终于圆了我年轻时的梦想。

前面的征途还会有无数的荆棘，但我们仍在艰难地前行。

2018年4月30日于北京奥园

2018年5月7日　完稿

五十年　再回首

6561 班　陈连生

谨以此文献给我敬爱的母校和老师

献给我亲爱的老同学和校友们

1966 年春，6561 班在北京颐和园门前留影

一、入学篇

数十年，弹指间，上大学，似昨天。接通知，急观看，北工大，工民建。
报到日，去校园，大望路，九龙山。化工路，西口站，高年级，迎向前。
校大门，西北面，两砖柱，立道边。报到处，人头攒，六个系，专业全。
六五级，六一班，男十七，女十三。二号楼，女生占，一号楼，全是男。
五零八，在北面，五四一，窗向南。两间房，各八员，戴国欢，睡外班。
校食堂，供三餐，两层楼，大空间。花样多，任你选，月餐费，十五元。
图书馆，校医院，开水房，俱方便。校东南，小商店，卖香槟，售香烟。

游泳池，浪花溅，有追逐，有悠闲。篮球场，战犹酣，快攻守，速上篮。
大操场，居中间，练长跑，沿外圈。边看球，边吃饭，精彩处，齐敲碗。
南北楼，最抢眼，白瓷砖，饰立面。教室大，走廊宽，供教学，做实验。
极温馨，新校园，很紧凑，待发展。莫斯科，大学园，规划建，水库边。
第一课，把煤搬，出把力，流身汗。收拾完，洗罢脸，球场边，围一圈。
坐马扎，面对面，初接触，始结缘。自介绍，互交谈，班集体，自此建。
班主任，乔有年，性情好，语绵绵。班干部，有徐平，吴大素，刘仲元。
同学们，俱京片，似相识，老伙伴。唯恒之，离越南，印尼侨，曾照山。
三十人，狗一班，鸡猪属，则少见。十九岁，正当年，下决心，拼五年。
上北楼，去参观，道桥班，毕设展。有理论，有实践，真刀枪，不简单。
老校长，朱兆雪，驸马爷，业务专。吴华庆，系主任，师资强，不一般。
北京市，有承诺，为首都，培养咱。工程师，大摇篮，当干部，末一班。
将校徽，别胸前，洁白底，红字闪。挺胸膛，自豪感，工大人，责任担。
依校训，标准建，够得着，踮脚尖。似骄子，踌躇满，誓夺取，红又专。

二、上学篇

上大学，平生愿，同学们，铆劲干。南楼跑，北楼赶，打基础，不畏艰。
学数学，勤演算，微积分，只等闲。教物理，师姓严，其叔父，名家淦。
学外语，俄文班，只三人，英格兰。教制图，陈尔玺，打雪仗，师生欢。
学力学，不畏难，实验课，最直观。多努力，勤钻研，得全优，遂心愿。
为备战，学拆弹，要心细，保安全。“运弹车，找最好，选平路”，成笑谈。
德智体，全发展，我们班，人才现。刘家鹏，中音号，李锡珩，吹黑管。
铜长笛，田仪练，手风琴，徐平弹。冯恒之，曼陀林，恰如珠，落玉盘。
何宝华，拉胡琴，路小波，歌词填。吹口琴，刘仲元，翟志军，打快板。
算盘珠，塑料管，齐发声，似管弦。宿舍里，乐声传，孟繁华，竟被骗。
摄影师，曾照山，洗放像，装备全。陈岱威，美术专，仅数笔，漫画显。
钱淑惠，女高音，似啄木，把头点。那杨波，舞翩翩，蒙古舞，摇晃肩。
潘蕴琳，浪里翻，黑玛丽，美名传。练举重，伤椎盘，为王刚，拔火罐。
自塑像，大怪冤，石膏凝，耳朵眼。王怀舜，把血献，红血抽，白脸现。
学生会，戴国欢，赛毛猴，上下窜。看杂书，讲闲篇，大毒草，名付咱。
小礼拜，星期三，可休息，可洗涮。周六晚，把家还，享亲情，膝下欢。
冬天里，冰场见，初学者，腿打战。春天游，颐和园，荡双桨，歌声传。

邢台震，驰支援，留合影，北京站。赴灾区，巨鹿县，查危房，作调研。
苇席棚，地铺摊，艰苦中，得锻炼。吴大素，常帮俺，鼓励我，靠近团。
作设计，为重建，需抗震，防盐碱。五月初，回校园，“文革”近，和谐远。

三、动乱篇（略）

四、闯荡篇

经保定，过阳泉，坐火车，到太原。脚没歇，气未喘，再分配，孝义县。
古战场，白壁关，走十里，进了山。黄土色，满眼帘，传说中，土高原。
煤炭部，第九处，山沟里，赫名传。被安置，农家院，窑洞内，把身安。
火炕上，放铺板，烧太热，被子燃。去茅房，防腚溅，到夜间，老鼠窜。
郭婉君，董素然，加田仪，女生三。吴雷达，胡炳荣，我们仨，男子汉。
全对口，分土建，董和胡，到水暖。郭与田，抹灰班，我同吴，瓦工干。
挖河堤，开大山，垒过石，砌过砖。能抹墙，压地面，混凝土，常浇灌。
棉背心，草绳拴，去食堂，似要饭。名钢筋，高粱面，味苦涩，难下咽。
盐不咸，醋不酸，油不多，肉可怜。吃饼干，当地产，赛过那，耐火砖。
常怀念，那一年，锡珩家，把肉涮。双井口，小饭馆，与家鹏，去解馋。
和雷达，不同班，二中鼠，命运连。说得来，最无间，炕同睡，裤同穿。
围坐在，火炉边，细翻烤，窝头片。忆小吃，京味饭，精神上，享大餐。
小麻雀，糊泥团，大田鼠，上菜单。得机会，身手显，水晶肘，狗肉烂。
翻山路，集市赶，收活鸡，买鸡蛋。卖的慌，买的颤，联防来，鸟兽散。
去介休，公事办，招待所，跳蚤悍。防夹带，留心眼，衣脱光，挂上边。
裸体睡，炕上寒，民兵查，似捉奸。回家痒，细查看，虱子卵，满衣衫。
生活苦，不觉难，政治上，难过关。五一六，魂不散，无理由，怀疑咱。
假不准，如囚犯，技术活，别想沾。幸工人，多良善，结友谊，护着咱。
七六年，元月间，失总理，天地暗。清明举，是民愿，遭镇压，盼晴天。
大地震，降唐山，千余里，有震感。钉木架，铺油毡，地震棚，把家安。
十月初，锣鼓喧，“四人帮”，被清算。“文革”止，前途见，思进取，争时间。
缺人才，放手干，专业上，苦钻研。虽本科，夹生饭，誓自强，敢为先。
做预算，拿方案，搞设计，趴图板。新技术，勇实践，抓管理，宽中严。
建高阳，建柳弯，水峪矿，改扩建。工作中，成骨干，受重用，责任担。

与田仪，心相连，苦与甜，永相伴。结了婚，儿女全，虽平凡，很美满。
八一年，调老田，到山大，搞扩建。做学问，如她愿，太工大，设计院。
结构师，业务专，得发挥，有施展。教授级，高工担，重质量，解疑难。
八四年，我调转，省科协，基建办。细组织，精心建，山西省，科技馆。
当馆长，角色换，搞科普，办展览。天命年，建会展，迟退休，延五年。
说折翼，心不甘，不服气，敢挑战。事有成，本事添，未虚度，立世间。

五、思念篇

弹指间，五十年，校庆日，回校园。北工大，大门宽，小学弟，迎上前。
南北楼，连成片，宿舍楼，大树掩。科学楼，奥运馆，大礼堂，新饭店。
规模大，得巨变，多学科，名斐然。莫斯科，大学愿，到如今，已实现。
学子们，笑灿烂，似你我，在当年。七十叟，近晚年，不由得，热泪含。
再回首，忆碎片，有欢快，有心酸。老同学，常留恋，传信息，朋友圈。
戴国欢，不肯闲，发余热，干得欢。吴大素，内助贤，爱摄影，太极拳。
高熙敏，老赵伴，享清福，天坛边。王怀舜，心坦然，秦皇岛，把家安。
那徐平，哪肯闲，美利坚，搞科研。李克彬，上海滩，常赴美，外婆扮。
冯恒之，样没变，曼陀林，仍在弹。赵光熙，慈母愿，陪孩子，住彼岸。
曾照山，港府转，如两制，不见面。钱淑惠，长裙穿，老校友，合唱团。
刘仲元，呼市汉，好几年，看不见。董淑兰，住石门，话能通，难相见。
韩二婷，不简单，变化少，身康健。史瑞英，奶奶担，为儿女，顾孙男。
翟志军，五百半，居天津，儿女全。何宝华，亦庄安，愿寻得，另一半。
赞王刚，公务员，职虽退，情不变。同学去，主人欢，地主谊，招待全。
刘家鹏，极乐观，装修业，顾问担。国内景，都游遍，与夫人，全球转。
崔天德，大怪物，曾工作，在太原。随爱人，继遗产，居深圳，度晚年。
潘蕴琳，好事办，同学间，联络官。有追求，善决断，听讲座，常充电。
李锡珩，心最宽，不买房，不攒钱。邀校友，结成伴，陪王泓，游山川。
陈岱威，张芸伴，自驾游，武夷山。国外游，似忘返，乐分享，发照片。
吴雷达，画具店，美术馆，正对面。买卖做，书法练，敢开车，西藏转。
与田仪，受感染，自由行，享休闲。登山庄，上舟山，游水乡，大海边。
同学会，常思念，似手足，我们班。小波故，梦难见，同林逝，常相叹。
怪杨波，王秀芬，毕业后，就失联。问王震，齐志洁，这些年，可平安？
思过去，如云烟，同窗情，皆是缘。愿我们，全康健，盼大家，多亲善。

男十五，女十三，到何时，齐会面？相约好，待明年，眉州酒，东坡宴。

2015年12月12日写于太原

在大学

退休后

陈连生，1946年9月12日生于北京，教授级高级工程师。

1965年，由北京八中考入北京工业大学，进入土木建筑工程系工业与民用建筑专业6561班；

1970年毕业，分配到煤炭部第九工程处，后改为汾西矿务局基建工程处，从技术员到工区主任，在山西省孝义县从事矿山建设14年；

1984年，调入山西省科学技术协会，筹建山西省科技馆；

1987年，从事科普展览教育工作，历任山西省科技馆副馆长、馆长；

1999年，调入山西省科委，主持筹建山西科技会展中心；

2010年，在山西省科技基金发展总公司退休。

跋：奉献和承前启后的一代

李庆林

2015年10月回忆文集《难忘的青春——北工大“老五届”纪事》问世以来，得到社会各界，特别是母校和校友们的热切关注、支持和好评；校档案馆也将其作为珍贵史料永久保存。而后，又陆续收到校友们的来稿，一些校友通过不同渠道和方式表示希望能够开展续集的编辑和出版工作，以更好地反映出20世纪60年代建校初期5000余名老校友的成长经历、奋斗历程，以及他们为国为民作出的贡献和退休后的生活。把我们五十多年的岁月，以回忆录的形式献给母校，这也将是我们老校友献给北工大建校60周年最好的礼物。

2018年1月编辑出版回忆文集（续集）的工作正式启动以来，立即得到老校友们的积极响应，纷纷发来稿件，有的校友连续书写多篇文章，最多的竟达七篇，文章数量超出了预期。以至于在最终汇总编辑的时候，为了不使回忆文集过厚，不得不限定每位校友最多只录用两篇文章，其余文章编委会也会考虑下一步再用。

对回忆文集的名称，编委会内部曾提出过一些各有特色的书名，都很不错，在最终确定文集的名称时，我们感到，老校友们的文章，篇篇都很精彩，这是校友们用自己的亲身经历、用泪水和汗水而书写的客观、真实的经历。北工大“老五届”校友同其他院校的校友一样，有着跌宕起伏的人生路，在他们的奋斗历程中，既有欢快的和声，也有忧伤的音符，既有甜蜜的欢乐，也有苦涩的回忆，60年的岁月有写不完的歌，60年寒来暑往，他们在征程上留下一首首难忘的歌，现在沉淀下来的就是我们北工大老校友最动听的歌、最绚丽的年华——《如歌的岁月》。2015年出版的回忆文集《难忘的青春》的姊妹篇，终于和大家见面了！

当你捧在手中，读完回忆文集《如歌的岁月——北工大“老五届”纪事》一书时，你会发现，书中反映了“老五届”校友成长和生活的三部曲，即校园生活、工作征程和夕阳生活，她连同第一集较为完整地反映出北工大“老五届”大学生60年来的奋斗经历。

“老五届”大学毕业生是指1961年至1965年进校，1966年至1970年毕业的大学生。如何评价“老五届”大学生，这是“老五届”本身和社会较为关注的一个话题。有人说“老五届”是“折翼的一代”；有人说“老五届”是“不甘被折翼的一代”。这折翼指的是什么？普遍地认为应该是指“文革”中，学生的学业受到不同程度的影响，即所谓“没学什么东西”。

但当你静下心来客观地回忆和分析一下，会发现：“老五届”中的前两届，尤其是1961年、1962年入学的学生已完成或基本完成了大学学业；1963年、1964年入学的学业受到不同程度的影响，相对于四年制大学来说，最后一年是实习，写毕业论文；而把1965年入学说成是“高中四年级”，这其实是不承认1965级学生的大学生资格。但是，进大学校门和没进大学门是有重大区别的。事实证明，他们不是“高中四年级学生”，而是历史的幸运儿，赶上了新中国成立后17年教育制度的末班车，经历了大浪淘沙式的筛选，百里挑一，幸运地进入了大学校园。两个在高中阶段成绩相当的1965级同学，一个进了大学在“文革”中“混”了几年，一个没进大学直接走上社会，你会看到身边有很多例子，区别也很大。

有“老五届”大学生在评价自身的时候，曾引用爱因斯坦说过的一段话，不无道理。爱因斯坦说：“所谓教育，就是忘掉学校所学之后剩下的东西。”那么，那“剩下的东西”是什么呢？首先是对人的心灵的教育和精神人格的教育。如果没有这一点，教育就丧失了它的灵魂。这里包括对于生命本身的敬畏，包括做人做事的道理，包括理想追求，包括思考思维方式，包括生活态度，包括价值观等，也就是世界观、人生观、价值观这三观。第二是养成独立思考和自我教育、自我学习的习惯。

就这两点来说，“老五届”所接受的教育是足够的。由于有了健全的人格和自我学习的方法，“老五届”中的大多数就能够在走上社会的几十年中为国家作出贡献，完成自己的历史使命，成为社会的中坚。其实，大学所学的知识对于任何人来说都是远远不够的。

这一代人由于历史原因，都不同程度地拥有过曾经的俄罗斯情结，其中不少人也都读过苏联著名文学家、思想家高尔基的著作《我的大学》。高尔基1868年出生于俄国伏尔加河畔的一座城市（今高尔基城）。他4岁丧父，11岁开始在社会上奔波，先后当过鞋店学徒、洗过碗碟、搬过货物、做过短工，干过铁路工人、面包工人、看门人、园丁等工作。

高尔基的一生只上过两年小学。但凭借顽强的自学，在他24岁的时候就发表了第一篇小说。他的一生著作颇丰，早期的作品多是描绘底层人民的苦难生活；

《海燕之歌》被认为是革命的宣言书；而他的自传体三部曲《童年》《在人间》和《我的大学》，则是最为世人所称道的经典之作。高尔基不仅是一个伟大的文学家，而且也是杰出的思想家和社会活动家。列宁称他为“无产阶级艺术最杰出的代表”。

高尔基没有进过正规的大学读书，而是进入了一所没有围墙的社会大学。他生活在社会最底层与劳苦大众直接接触，他如饥似渴地从书籍中汲取知识养料，是他得以成长，攀上文化高峰的重要条件。

在现实社会中，在我们的身边，家长们都有一种望子成龙的想法，即“考上大学便成龙，考不上便成虫”。当然，这是一句很片面的话，在现实生活中，考上大学的成龙的不少，没上过大学成龙的也不在少数，要想成龙，必须依靠自己的勤奋努力，还要抓住机遇。

“老五届”大学生，从进入大学校门，学习专业知识，有的年级到农村参加“四清”运动，再到“文革”中的红卫兵，而后又接受“再教育”。从另一个角度看，诸多的经历，使他们也走出大学围墙，来到一个更广阔的社会大学，学到许多校园里学不到的知识，知道了什么是政治，知道了社会深层次的矛盾，了解了社会底层民众的生活，了解了民生之所想、所求、所乐，同时也使他们更深刻地了解自己的国家，了解自己民族的文化，使得他们的思想更加成熟，羽毛更加丰满，翅膀更加坚强！

说到这里，笔者丝毫没有称赞可以不接受系统、正规的教育，不进入大学校门，来到广阔天地的“社会大学”去学习和成长之意。读完九年的义务教育，上高中，再考入大学，是当今社会成员的主要成长之路，切切不可忽视。

“文革”期间的所谓“停课闹革命”，特别是那些十多岁的初中生、高中生，在他们正应当接受正规的教育，坐在课堂上学习文化知识的最好时光里，却被迫走上社会，搞所谓的“斗、批、改”，而后又来到农村和兵团插队落户，接受所谓的“再教育”，长达数年之久，这是历史的悲剧，是不能提倡的，更不能重演！

那么，应该如何客观、公正地评价共和国历史上六七十万的“老五届”大学生呢？有老校友在文章中明确提出“他们是吃苦耐劳的一代！奉献的一代！承前启后的一代！”笔者认为，这正是对“老五届”大学生客观、公正的历史评价，代表了社会的公正认知，也代表了广大“老五届”大学生的心声！

“老五届”大学生和他们的同龄人一样，1949年新中国成立之初开始读小学，他们从小受到的是集体主义、爱国主义和共产主义的教育。他们从小唱响的歌声是：“我们新中国的儿童，我们新少年的先锋……，不怕艰难，不怕那担子重……”上中学了，他们又唱响了《勘探队员之歌》：“是那山谷的风吹动了我们的红旗！是那狂暴的雨，洗刷了我们的帐篷！我们有火焰般的热情，战胜了一切疲劳和寒冷……”那时候，学校也时常组织他们到农村、到工厂参加各种劳动，他们对劳动不陌生，在他们的头脑中从小就深深地植入了不怕困难，吃苦耐劳和奉献的精神！

在完整地接受了小学到高中12年的教育之后，20世纪60年代他们经过严格的高考和政审，是从一百个同龄人中挑选一名而成为大学生的，是名副其实百里挑一的“佼佼者”。进大学后，再听听他们列队行进在路上，高声歌唱的那首《建设者之歌》吧！“……住着帐篷和土房，冒着原野的风霜，一旦盖好了高楼大厦，我们就再换一个地方。面前总是无尽的原野，身后总是崭新的厂房，我们的生活就是这样，战斗着奔向前方……”再听听那首《航标兵之歌》吧！“……我们在海上架桥铺路，让年轻的朋友们一路顺畅……”

在大学他们读书学习、下厂下乡参加劳动、“真刀真枪”地参加毕业设计、到农村参加“四清”运动、经历了“文化大革命”的磨难和洗礼，他们经了风雨，见了世面。

毕业后，他们根据“面向农村，面向边疆，面向厂矿，面向基层”的原则，被分配到祖国的四面八方，分配到社会的最基层，与人民零距离接触，真正地走上了与工农相结合的路。他们用行动践行着“人民送我上大学，我上大学为人民”的诺言。

国家的改革开放，正是他们在基层“锻炼”五六年以后，真正进入工作状态的时候。由于受到十年“文革”的影响，国民经济遇到很大困难，文化教育出现了十年的断层，人才断档。“老五届”大学生责无旁贷地顶了上去，在各行各业，充当了主力军。他们勇于吃苦，带着拼搏奉献精神投身到改革开放的事业中去。六七十万“老五届”，加上新中国成立后的毕业生，再加上山下乡的千百万知青，他们是共和国改革开放之初的脊梁。在政界、科技界、教育界、企业界都活跃着“老五届”和知青的身影，其中不乏佼佼者。这个群体对国家的改革开放和建设事业作出了巨大的贡献，真正地成为承前启后的担当者！

半个多世纪以来，“老五届”大学生历经艰辛，把最美好的年华奉献给了祖国和人民。如今对国家、对人民的爱心没有改变，报效祖国、报效人民的信念从来没有动摇。这就是共和国培养的“老五届”大学生！

北工大20世纪60年代的老大学生是5000余人的一个群体，分布在祖国各地。有大量值得书写的人和事，一部文集不可能囊括以尽。书中收集了建校初期六个系，各个年级校友的文章，其中也包括了老领导和老教师的文章。但由于信息所限，许多同学未能知晓并参与此项活动，难免有遗珠之憾。文章是按照系和年级的顺序编排。鉴于一部书的内容有限，对部分来稿只能忍痛割爱，诚望见谅！在此再次衷心感谢各位校友的热情参与、理解和支持！

在我们编辑出版回忆文集的整个过程中，始终得到母校北工大领导、校友总会、校档案馆的热情支持与帮助，在此一并表示衷心的感谢！

2019 年 6 月